데이비드 드레먼의
역발상 투자

데이비드 드레먼의

역발상 투자

데이비드 드레먼 지음 | 신가을 옮김

이레미디어

개인 투자자는 시장을 이길 수 없을까

최근 한국 주식시장이 사상 최고치를 돌파하는 강세를 보이고 있지만, 개인 투자자들은 별다른 재미를 보지 못하고 있다. 2017년 초 이후 5월 24일까지 종합주가지수KOSPI는 14.4% 상승했지만, 개인 순매수 상위 10종목의 평균 수익률은 9.9%에 불과하다. 반면 기관 투자자들의 순매수 상위 종목은 21.2%, 그리고 외국인의 순매수 상위 종목은 19.5%의 성과를 올렸다.

문제는 이런 현상이 올해에만 국한되지 않는 데 있다. 도표를 보자.

2008년 이후 개인 및 외국인 순매수 10대 종목 수익률(YTD 기준)

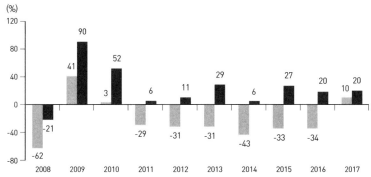

출처: 한국거래소, Wisefn

2008년 이후 10년 동안 개인 투자자들의 순매수 상위 10개 종목의 연평균 수익률은 −20.9%인 반면, 같은 기간 KOSPI 수익률은 연평균 4.5%를 기록했기 때문이다. 10년 동안의 기관 순매수 상위 종목의 연평균 수익률은 21.2%, 그리고 외국인 투자 종목의 연평균 수익률은 무려 23.8%에 달한다. 즉 한국 주식시장은 외국인과 기관 투자자는 높은 수익률을 올리는 반면, 개인 투자자는 손해 보는 구조가 만성화되어 있는 셈이다.

왜 이런 현상이 나타날까?

이에 대해 한양대학교의 곽노걸 · 전상경● 교수는 정보 격차가 수익률의 괴리를 불러왔다고 지적한다. 두 교수는 1998년 이후 2010년까지의 외국인과 국내 기관 및 개인 투자자의 주식투자 성과를 분석한 결과, 다음과 같은 세 가지 현상을 발견했다.

첫째, 외국인 투자자는 국내 기관 투자자나 개인 투자자에 비해 월등한 성과를 기록했다.

둘째, 외국인의 탁월한 성과는 외국인 투자자가 우월한 정보력을 가지고 있었기 때문이다.

셋째, 외국인 투자 비중이 높은 기업일수록 외국인이 내국인에 비해 탁월한 성과를 기록했다.

곽노걸 · 전상경 교수의 발견은 많은 시사점을 제공한다. 외국인들은 한국 주식, 특히 그들이 집중적으로 투자하는 종목에 대해서는 우월한

●곽노걸 · 전상경(2013), 〈외국인의 투자 성과와 주식시장 영향력 분석〉, 재무관리연구 제30권 2호

정보를 가지고 있다. 반면 한국의 개인 투자자들은 정보력의 격차 때문에 제대로 된 성과를 내지 못한다는 말이 되기 때문이다.

이 대목에서 한 가지 의문이 제기된다. 외국인들은 바다 건너 한국 기업의 사정을 왜 더 잘 알까? 더 나아가 한국의 개인 투자자들은 손쉽게 한국 기업을 방문하고 또 전화해서 영업 상황을 물어볼 수도 있는데, 왜 정보 격차가 발생하는 것일까? 특히 전자공시시스템 등을 통해 앉은 자리에서 기업의 핵심적인 재무 데이터를 볼 수 있는데 말이다.

정보 격차가 발생하는 이유는 바로 '정보의 비대칭성' 때문이다. 사람들 사이의 정보력 격차 문제를 처음으로 다룬 사람이 미국의 경제학자 조지 애커로프다. 그는 1970년 발간한 논문 〈레몬시장 불확실한 품질과 시장 작동구조〉를 통해 정보의 비대칭성에 주목했다.

애커로프의 논문은 중고차 시장에서 자동차 공급자는 자신이 공급하는 중고차의 품질을 정확하게 아는 반면, 구매자는 전문가가 아니라는 사실에서 시작한다. 시장에 있는 중고차 중 절반은 제대로 된 좋은 자동차이고, 나머지 절반은 보기에만 그럴듯하지 실제로는 제시된 가격에 훨씬 미치지 못하는 가치를 지니고 있다고 가정해보자.

구매자는 이런 비율을 알고 두려움에 떨면서 중고차를 사러 간다. 그들은 '레몬'을 잡을까 봐, 즉 잘못된 자동차를 사게 될까 봐 두려워하며 매우 조심스럽게 자동차를 구매한다. 하지만 어쩌다 레몬을 선택하는 것을 완전히 피할 수는 없다. 그렇기에 소비자들은 일단 가격을 깎고 본다. 왜냐하면 좋은 자동차를 평균적인 시세보다 싸게 산다면 이전에 사기를 당해서 본 손해를 어느 정도 상쇄할 수 있기 때문이다.

이런 상황에서 중고차 시장은 '역선택' 문제에 직면한다. 역선택이란, 시장에 공급되는 상품의 품질에 대한 불신이 지배하면 좋은 상품 공급자들이 아예 중고차 시장에 물건을 내놓지 않는 현상을 의미한다. 결국 중고차 시장에는 레몬만 득실거리고, 적절한 가격을 지불하고 괜찮은 중고차를 사려는 사람들은 좌절하게 된다.

이런 문제가 주식시장에서 더 크게 나타난다. 왜냐하면 중고차 시장에 비해 주식시장에 유통되는 정보가 압도적으로 많아, 어떤 것이 가치를 지닌 진정한 정보인지 구분하기가 어렵기 때문이다. 데이비드 드레먼은 《역발상 투자》 제3부 7장에서 다음과 지적한다.

> 새로운 정보가 더 많이 쌓인다고 해도 정확도는 아주 미미하게 상승한다. 경마 도박사를 대상으로 한 실험의 결과도 마찬가지였다. 노련한 8명의 경마 도박사에게 우승마를 고르는 데 중요한 정보 5개에서 40개를 차례로 주었다. 받는 정보가 늘어날수록 우승마를 맞출 수 있다는 자신감은 높아졌지만, 우승마를 맞출 확률은 높아지지 않았다.

자신감은 높아졌지만 승률은 높아지지 않았다는 대목에서 우리는 이미 '비극'을 예감하게 된다. 명지대학교의 변영훈[*] 교수에 따르면, 매매회전율이 높은 사람일수록 성과가 부진하기 때문이다.

특히 남성보다 여성의 수익률이 높았는데, 그 이유가 너무나 놀라웠다. 남성의 총수익률은 연간 0.79%였지만, 매매회전율이 여성보다 월등히 높아(월평균 21.95%) 매매비용을 뺀 순수익률은 −2.86%에 불과했던 것이다. 반면 여성은 총수익률은 연간 2.06%, 그리고 순수익률은 −1.66%로 남성보다 상대적으로 우월했다. 여기서 한 발 더 나아가 월간 매매회

[*] 변영훈(2005), 〈개인투자자의 주식투자 성과분석〉, 재무관리연구, 제22권

전율을 기준으로 5개의 그룹을 나눠 살펴본 결과, 매매회전율이 가장 높은 그룹은 연간 총수익률이 −5.06%를 기록한 데 비해 매매회전율이 가장 낮은 그룹이 무려 29.93%의 총수익률을 기록한 것으로 나타났다.

이상과 같은 연구는 드레먼의 지적을 확인시켜준다. 즉 정보가 늘어난다고 매매를 많이 해봐야 투자 성과는 개선되지 않고, 오히려 비용을 제외한 순수익률은 떨어진다는 것이다. 결국 우리는 '더 많은 정보'가 아닌 '더 정확한 정보'를 찾는 데 주력해야 한다.

그럼 어떻게 '정확한 정보'일까? 그것은 데이비드 드레먼이 이 책의 11장과 12장에서 강조했던 것처럼, 바로 기업의 내재가치를 보여주는 지표들이다. 배당을 지급하고, 주가수익비율^{PER}이 낮으며, 순자산 가치에 비해 주가가 싸게 거래되는 기업들에 대한 정보가 투자자의 수익률을 높여주는 정확한 정보다.

그런데 여기서 한 가지 궁금증이 제기된다. 배당을 지급하고 이익도 잘 나는데, 왜 주가가 내재가치에 비해 싸게 거래될까?

이런 기업들은 보통 불황에 집중적으로 출현한다. 경기가 급격히 악화되는 과정에서 좋은 기업들의 주가도 함께 주가가 폭락하는 일은 일상다반사라 할 수 있다. 불황이 아닌 시기에는 각종 추문이나 일시적인 난관에 빠져 있을 때, 내재가치에 비해 주가가 싸게 거래된다.

그런데 문제는 이런 주식들이 눈에 띌 때가 항상 부정적 정보, 다시 말해 '부정확한 정보'가 우세한 시점이라는 점이다. 이에 대해 드레먼은 장기투자의 필요성을 역설한다.

지금까지 항상 그랬듯이, 주식은 탄탄대로로 순항할 것이다. 연구 결과에 따르면 물가가 급등하는 하이퍼인플레이션 시대에도 주식은 잘나갔다. 몇 년 전《주식에 장기투자하라》의 저자 제레미 시겔은 내가 요청한 몇 가지 자료를 보냈다.

1920년대 독일 바이마르 공화국부터 제2차 세계대전 이후 브라질과 아르헨티나에 이르기까지, 하이퍼인플레이션 시절 주식 동향을 보여주는 차트였다. 이 국가들의 통화 구매력은 과거에 비해 10억분의 1로 쪼그라들었다. 그러나 독일, 브라질, 아르헨티나 모두 주가는 인플레이션을 상쇄할 만큼 주가가 상승한 것은 물론 인플레이션 속도보다 주가의 상승 속도가 더 빨랐다.

타석에 들어설 때마다 홈런을 칠 필요는 없다. 인덱스 펀드에 투자하면 성적이 탁월할 것이다(참고로 이 책은 2011년에 쓰여졌다! 이후의 수익률을 생각해보라!). 역발상 전략의 장기 성공을 신뢰해 11장과 12장처럼 역발상 주식들로 포트폴리오를 분산해 수십 년 동안 운용한다면 시장보다 상당히 높은 수익을 얻을 수 있다.

물론 쉽지 않은 일이다. 데이비드 드레먼처럼 탁월한 투자의 구루들이야 가능하지만, 우리 같은 일반인들은 어떻게 투자해야 할까?

한국의 투자자들 입장에서는 두 가지의 대안이 있다. 첫 번째로 이 책을 읽고 열심히 공부해서 시장을 보는 눈, 특히 진정한 정보를 골라내는 눈을 키우는 것이다. 수백 페이지가 넘는 두꺼운 책을 끝까지 읽어낼 인내심을 가진 진지한 투자자들이라면 충분히 가능한 선택이라 생각한다.

두 번째 선택은 드레먼의 역발상 투자 전략과 비슷한 운용 스타일을 가진 펀드나 상장지수펀드에 장기투자하는 것이다. 한국에는 가치투자의 명가로 유명한 다양한 운용사들이 존재하며, 또 최근에는 주요 운용사들이 다양한 가치투자 유형의 상장지수펀드를 출시하고 있기 때문에 종목을 골라 장기 보유하는 데 따르는 어려움을 '위탁'할 수 있다.

부디 많은 독자가 데이비드 드레먼의 가르침을 수용해, 안정적인 미래를 설계할 수 있기를 바라는 마음이다. 끝으로 이 역작을 출간하기로 결심한 이레미디어 출판사와 역자 그리고 편집부 직원 모두에게 감사한다는 말을 전하고 싶다.

홍춘욱_키움증권 투자전략팀장

20여 년 전에 《주식투자는 심리전쟁》이란 책을 소개받은 적이 있다. 저자 소개도 없이 편역자 약력만 실려 있던 조악한 편집의 책이었다. 그러나 내용을 읽는 순간, 손에서 놓을 수가 없었다. 그 이후로 저자의 이름은 늘 내 머리 한편에 자리 잡았고, 나는 완전히 그의 팬이 됐다. 바로 이 책의 저자 '데이비드 드레먼'이다. 인터넷으로 그의 투자 철학을 검색해 읽으면서 설레던 때가 엊그제 같다.

투자에 심리학을 접목한 역발상 투자의 대가大家 데이비드 드레먼은 이 책에서 투자 세계에서 살아남는 방법을 그 누구보다도 철저하고 논리적으로 제시하고 있다. 투자에 관심에 있다면, 이 책을 읽지 않을 하등의 이유가 없다. 읽지 않는 게 오히려 이상한 일이 될 것이다.

이상건_미래에셋은퇴연구소 상무

시장에서 얻은 중요한 교훈이 하나 있는데 그것은 주가가 적정가치 Fair Value 수준에서 거래되는 시기는 그리 길지 않다는 것이다. 주식은 대부분 기간에 저평가 혹은 고평가 상태에 놓이는데, 이런 일이 발생하는 이유는 시장 참여자들의 심리가 정보에 때로는 둔감하게, 때로는 과도하게 반응하기 때문이다.

이 책에서 얘기하는 역발상 투자의 기본 전략은 가치투자의 기본 전략과 많은 것을 공유한다. 무엇보다 '소외된(인기 없는) 주식'에 투자하는 가치투자의 원칙은 역발상 투자의 기본 원칙과 정확하게 일치한다. 불가능하겠지만 제목을 '시장의 편견에 맞서는 가치투자'로 바꾸고 싶은 책이다.

이채원_한국투자밸류자산운용 부사장

책을 읽는 내내 가슴이 뻥 뚫리는 느낌이 들었다. 오랫동안 고민해오던 주식시장의 다양한 현상들에 대해 논리적으로 풀어놓았을 뿐만 아니라, 그에 대한 다양한 전략까지 제시하였다. 또한 데이비드 드레먼의 심리학적인 접근은 가치투자와 완벽하게 이어져 있다. 이 책을 통해서 투자 실력을 퀀텀 점프$^{Quantum\ Jump}$시키기 바란다.

김태석(남산주성)_'가치투자연구소' 카페 매니저

주식투자를 하다 보면, 늘 반갑지 않은 손님인 폭락과 이로 인한 공황상태에 주기적으로 빠지게 된다. 이런 공황상태에서는 합리적인 결정을 내리지 못하고 가장 나쁜 악수를 두는 경우가 발생하는데, 이를 극복하기 위해서는 훈련을 해야 한다. 그 훈련이 모의훈련이든, 혹은 학습을 통한 훈련이든 말이다. 이 책은 주식투자를 하면서 맞게 되는 폭락과 이로 인한 공황상태를 훌륭하게 극복하는 좋은 지침서가 될 것으로 믿어 의심치 않는다.

김철광(바람의숲)_'보수적인 투자자는 마음이 편하다' 카페 매니저

역사상 군중은 과잉반응해왔다. 인기주는 더 고평가시키고, 비인기주는 더 저평가시키는 투자자 과잉반응 가설이 그것이다. 그 과잉반응에

서 오히려 성공 투자의 기회가 있는 것을 드레먼은 이 책을 통해서 보여준다. 그것은 가치투자 철학과도 일맥상통하며, 이 책을 통해서 시장의 오해가 심한 저평가 투자처를 찾는 힌트를 얻을 수 있을 것이다.

구도형(좋은 습관)_'현명한 투자자들의 모임' 카페 매니저

주식투자, 특히 가치에 비해 싼 주식을 사서 기다리면 큰 수익을 얻을 수 있음을 믿는 가치투자자라면 이 책을 통해 그러한 믿음에 확신을 가질 수 있습니다. 시장의 변덕스러움으로 인해 때때로 자신의 믿음에 의심이 갈 때, 흔들리는 자신을 잡아줄 수 있도록 의지가 되는 몇 안 되는 양서이기 때문입니다. 최고의 책이라고 할 수는 없으나 반드시 읽어야 할 책이라고 주저 없이 말할 수 있는 책입니다.

숙향_《이웃집 워런 버핏, 숙향의 투자 일기》 저자

데이비드 드레먼은 여러 해 동안 심리학을 열심히 공부했다. 드레먼이 인지심리학의 최신 이론과 금융시장에 대한 광대한 지식을 연계하는 걸 보며 감탄했다. 오늘날 위험과 변동성이 도사린 투자 세계에서 기회를 찾는 투자자들에게는 이 책은 시사하는 바가 많은 귀한 나침반이다.

폴 슬로빅 박사_Decision Research 창립자겸 회장, 《The Feeling of Risk》 저자

드레먼은 단순하지만 심리적으로 간단하지 않은 투자전략, 즉 완전한 역발상 투자의 대가다.

노엘 녹스, 〈뉴욕타임스〉

〈The Motley Fool〉의 수많은 열성 신자들에게 역발상 투자는 이미 종교이지만, 만약 역발상 투자가 종교라면, 선지자는 데이비드 드레먼이 될 것이다.

〈The Motley Fool〉

뮤추얼펀드 투자자들에게 드레먼의 위상은 가히 우상이다… 드레먼은 일찍이 행태재무학을 깨우쳐 자신의 투자철학에 녹였다… 행태재무학에 끼친 드레먼의 공헌은 투자자들에게 수익을 안겨 주었다. 뉴욕 소

재 조사업체 리퍼^{Lipper}에 따르면 지난 18년 동안 주식수익펀드에서 최고의 수익을 낸 펀드는 DWS Dreman High Return Equity Fund이다.

<Institutional Investor>

데이비드 드레먼은 세계적으로 명성이 자자한 가치 투자자이다. 오늘날 시장에 대한 분석과 기회에 집중하면서 드레먼은 이 책에서 더 많은 가치를 창출할 것이다.

A. 마이클 리퍼_CFA, Lipper Advisory Services, Inc. 창업자겸 회장

학자들의 공자왈, 맹자왈은 한 귀로 흘려버리고 드레먼만 읽어라.

돈 필립스_Morningstar, Inc. 이사

내 '전문가 전략'의 토대가 되는 전문가들은 역발상 투자자들인데 그중에서 단연 돋보이는 존재가 데이비드 드레먼이다. 오랜 투자 경력을 통해 드레먼은 시장에서 필요 없는 찌꺼기를 걸러내 숨은 보석들을 찾고 있다. 그는 정말 보석 찾기의 달인이다… 드레먼은 내가 따르는 어떤 전문가들보다 투자자 심리를 깊이 조망하고 있다… 드레먼은 대중이 총애하는 주식을 멀리하고 대중의 눈에서 벗어난 주식들을 잡으면 큰돈을 벌 수 있다는 것을 발견했다.

존 리스_Seeking Alpha

드레먼은 역발상 투자로 두둑한 수익과 함께 월 가의 찬사를 받고 있다… 앞으로 한창 뜨는 주식을 사고 싶어 손이 근질거린다면 대세를 따르고 싶은 유혹을 물리쳐라. 역발상 투자의 제왕인 드레먼에 따르면 대

중이 선호하지 않는 주식을 매수하면 훨씬 나은 결과를 얻을 수 있다. 드레먼의 경험만 이 사실을 증명하는 것은 아니다. 드레먼이 옳다는 연구 결과는 계속 나오고 있다.

에쿼티_Equity

2011년 8월 말, 서문을 쓰는 이 시점에서 분명해 보이는 몇 가지가 있다. 대공황 이후 최악의 경제와 시장 상황에서 겨우 살아남기는 했지만, 지금 우리가 처한 상황은 위태롭기 짝이 없다. 많은 시장 전문가가 2000~2009년을 '잃어버린 10년'이라고 부른다. 2000~2002년 닷컴 버블이 꺼지면서 돈을 왕창 날렸고, 2007~2008년 서브프라임 사태가 터지면서 그나마 남았던 잔고마저 날아가고 집값은 폭락했다. 현대의 투자 방식과 나노 속도로 전달되는 주요 정보들로 판단하건대 이것은 거의 일어날 수 없는 일이었다는 이야기는 그만하자.

2011년 6월 주가는 2009년 3월 저점 대비 2배가량 뛰었다. 그러나 이런 장세는 오래 가지 못했다. 2009년 3월 저점 대비 111%까지 뛴 주가는 수십 년 만에 몇 번 있을까 말까 할 정도로 급격히 추락했다. S&P500 지수는 7월 고점을 찍은 뒤 9월 말 20%가량 폭락했고, 투자자들은 3조 달러가 넘는 돈을 날렸다. 주가 폭락과 함께 경제 활동이 급격히 위축되자 고참 펀드매니저들은 새로운 하락 장세가 시작되었다고 생각했다.

세계 경제와 시장이 나아지고 있다는 것이 투자 세계의 일반적인 의견이었지만 경기 침체기에 접어드는 것은 아닐까 하는 두려움은 빠른 속도로 확산되었다. 대다수 투자자는 당황했고 많은 사람이 겁에 질렸다. 누가 이들을 탓할 수 있을까? 2008년 9~12월을 떠올리게 하는 소름 끼치는 폭락과 함께 18개월 동안 바닥을 기던 시장이 2011년 8월, 나흘 동안 폭등했다. 다우존스산업평균지수는 635포인트 하락했다가 430포인트 상승했고, 이후 520포인트 하락 후 423포인트 상승했다.

그 결과 혼란과 패닉에 휩싸였다. 미국의 신용평가사인 스탠더드앤드푸어스S&P는 미국 역사상 처음으로 미국 국채의 등급을 낮추었다. 하지만 투자자들은 급격한 침체를 두려워한 나머지, 안전한 투자처는 국채와 금밖에 없다면서 미국 국채와 금을 사들였다. 2011년 7월 주가 하락이 시작되면서 미국 국채가격은 15%나 치솟았다. 그리고 수많은 투자자가 금을 매입하면서, 6개월 만에 금값은 1,400달러에서 1,900달러로 뛰었다. 경기 침체가 도래한다고 믿고 국채를 사고, 경기 과열로 앞으로 물가가 걷잡을 수 없이 오르리라고 믿고 금을 사는 행위는 동일한 시장 사건을 두고 정반대의 반응을 보이는 것이다. 마치 경주마 한 필이 우승할 확률과 꼴찌로 들어올 확률에 거액을 거는 것과 마찬가지다. 어느 쪽이나 하우스의 승률이 훨씬 높기 때문에 투자자, 즉 도박꾼은 돈을 날리게 되어 있다.

최근에 복잡한 사정을 더 꼬이게 만든 일이 있었으니 바로 국가 채무한도 조정이다. 2011년 7~8월 두 달 동안 미국 정부는 채무 한도액을 늘려 임박한 국가 부도를 방지하려고 했다. 그러나 이 사태가 조기에 해결되지 않으면서 러시아, 중국, 일본 등 미국 국채에 투자한 외국 큰손들이 동요했다. 그리고 미국 시장은 또다시 공포에 휩싸였다. 채무동결이되면 주 정부와 지방 정부는 재정 지원을 받지 못할 것이다. 그렇게 되면 도로 및 고속도로 건설, 유지 보수, 기타 시급하게 필요한 기반시설을 추진할 수 없으므로 미국 내 일자리 100만 개가 사라지게 된다.

미국 정치인들은 영 인기가 없다. 최근 여론조사에 따르면 의정 활동

지지도가 20%대다. 부정적인 평가를 받는 곳은 의회뿐만이 아니다. 많은 사람이 경제를 이끌고 있는 재무부와 독립적인 연방준비제도에 대해 의문을 품고 있다. 대중은 2007년과 2008년 미국과 전 세계 금융 시스템을 무너뜨린 투자 은행과 월스트리트를 불신하고 있을 뿐 아니라,* 클린턴 행정부, 부시 행정부 그리고 지난 오바마 행정부에 대해서도 쭉 우려의 눈길을 보냈다.

2008년 연방준비제도는 문제가 많은 대형 은행에 1조 2,000억 달러를 조용히 빌려주었다. 대출액이 가장 많은 은행들 절반이 외국 은행이었다. 1조 2,000억 달러는 상환을 연체하거나, 담보물인 주택을 빼앗긴 미국 내 모기지 대출자 650만 명의 연체액과 맞먹는다.[1] 위기에 빠진 대형 은행 간부들은 상상을 초월한 보너스와 퇴직금을 받았지만, 모기지 대출 연체자들은 한 푼도 받지 못했다.

오늘날 시장과 경제는 어떤 상태일까? 실상을 아는 사람은 아무도 없다. 전 세계적으로 일어난 끔찍한 사건들 때문에 주식 상승에 대한 기대를 포기하고 싶을 것이다. 2011년 3월 일본에서 리히터 9 규모의 지진이 일어날 것이라고 누가 예측했겠는가? 지진이 일어나고 몇 분 후 뒤따라 일어난 엄청난 쓰나미로 수천 명이 사망하고 마을이 초토화되었다. 며칠 사이에 도쿄전력의 원전 4기가 노심용해 직전까지 이르러 추가 인명 피해가 우려되었다. 그러자 이번 재앙으로 세계 경제가 오랜 침체에 빠질지도 모른다는 두려움에 전 세계 시장이 폭락했다. 대다수의 사람이 곧 더 강력한 폭풍이 닥칠 것이라고 생각했지만, 최악의 폭풍은 거의 지

● 이 책에서 월스트리트란 용어는 금융위기를 불러온 은행, 투자 은행, 일부 헤지펀드를 의미하며 금융위기와 상관없는 펀드매니저, 애널리스트, 뮤추얼 펀드 등 업계 종사자들과 금융위기로 상처 입은 고객들을 의미하지 않는다.

나갔다. 시장이 크게 흔들렸지만 앞으로 장기간 상승할 것이라고 생각하는 나 같은 사람들도 있다.

그러나 한 가지는 분명하다. 10여 년 전과는 상황이 다르다는 점이다. 즉 우리가 오랫동안 사용해온 투자의 기준들이 완전히 실패했다는 점이다. 오늘날 금융계의 가르침 중 대부분은 당신의 포트폴리오에 독이 된다. 오랜 세월 투자자들은 채권에 돈을 묻어두는 것이 신중한 투자라고 생각했다. 하지만 지금 그렇게 하면 망한다. 가장 안전한 투자처라고 생각했던 미국 단기 국채는 1946년 이후 구매력이 77% 하락했다.

이 시련에서 벗어나려면 시장 사정에 해박한 펀드매니저들을 믿어야 할까? 그건 안 될 말이다. 펀드매니저들의 실적은 장기간 시장 실적을 꾸준히 밑도는 실정이다. 뱅가드 그룹 오브 뮤추얼 펀드Vanguard Group of Mutual Funds의 전 회장이자 금융시장리서치센터Financial Markets Research Center 대표인 존 보글John Bogle은 뮤추얼 펀드 전문가이다. 보글에 따르면 1970년부터 2005년까지 36년 동안 355개 주식형 펀드 중 S&P500 대비 2% 이상 초과 실적을 올린 펀드는 겨우 2.5%뿐이다. 87%는 사라지거나 시장 실적에 못 미쳤다.[2]

그렇다면 우리에게 남은 것은 무엇일까? 2400년 전 플라톤이 한 말을 떠올려보자. "필요는 발명의 어머니다." 하늘이 무너질 일은 없다. 과거에 얽매이지 않는 자들에게는 좋은 기회가 기다리고 있다. 나는 미국이 지난 10년 동안의 참혹한 시장 붕괴 사태를 떨쳐버릴 힘이 있다고 믿는다. 정책 입안자들의 실수와 무능, 서브프라임 사태를 불러온 탐욕은 사라지지 않을 것이고, 쉽게 잊히지도 않을 것이다. 그러나 이 책에서는 통장의 잔고를 다시 불리고 앞으로 다가올 상황에 대처할 수 있도록 포트폴리오를 구성하는 방법, 장기간 포트폴리오 잔고를 쑥쑥 늘릴 수 있는 적절한 조치는 무엇인지에 대해 말하고자 한다.

물론 버거운 일이다. 대다수가 여러 세대에 걸쳐 사용해온 투자 이론을 근본부터 의심하고 재검토해야 하기 때문이다. 유용한 이론은 남겨두어야 하지만, 통하지 않는 이론은 버려야 한다. 또한 무엇을 버리고 무엇을 남길지 결정할 때는 입증되지 않은 기록이 아니라, 확고하고 실증적인 실적 데이터에 근거해야 한다. 누워서 떡 먹기처럼 쉬운 일은 아니다. 최근의 시장 폭락 사태나 다수의 유력한 연구 결과를 통해, 지배적인 투자 패러다임인 효율적 시장 가설EMH로는 현재의 투자 이론이 왜 참담하게 실패했는지 정확히 규명할 수 없다. 나는 이 점을 책 앞부분에서 설명하고자 한다. 효율적 시장 가설은 시장 사정에 밝은 투자자들이 항상 가격을 적정 수준으로 유지한다고 주장하는 이론으로, 앞으로 철저히 분석해나가면서 이 이론의 오류를 입증할 것이다.

앞으로 살펴보겠지만 효율적 시장 가설에는 핵심적 오류가 있는데, 투자결정에 심리가 영향을 미친다는 사실을 인정하지 않는다는 것이다. 효율적 시장 이론가 그리고 대다수 경제학자는 심리가 인간의 이성을 약화시키며, 경제적 의사결정이나 투자에 영향을 미친다는 사실을 믿지 않는다. 이들은 현학적이고 추상적인 이론이라는 돼지고기에 복잡한 수학이라는 물감을 벌겋게 칠해 베이컨이라고 속여 팔았다. 물론 고의로 속인 건 아니다. 효율적 시장 가설의 전제들을 반박하는 논거는 많지만, 효율적 시장 가설을 지지하는 사람들은 진심으로 이 이론을 믿고 있다. 어떤 학문이든지 소중한 이론을 포기하지 않으려는 신실하지만 눈 먼 연구자들은 있기 마련이다.

이 책은 새로운 투자 패러다임, 즉 투자 방식을 소개한다는 점에서 중요한 의미를 갖는다. 이제까지 명백하게 설명할 수 있다고 믿었던 기존의 패러다임으로 더 이상 사건들을 설명할 수 없을 때 새로운 패러다임이 수용된다. 오늘날 우리가 바로 그 전환점에 서 있다. 효율적 시장 가설을 토대로 한 투자 전략에 근본적 결함이 있음을 인정한다면, 투자 오류의 주 원인 중 하나를 자세히 들여다보아야 한다. 즉 매일 아침 거울에 자신을 비춰보는 것과 같다.

개인으로서, 집단으로서 우리의 투자 행위에 심리가 미치는 영향은 최적의 투자 전략을 짜는 데 놀랄 만큼 유용하다. 독자 여러분도 동의하게 될 것이라고 믿는다. 투자자들이 툭하면 틀린 결정을 내리고, 시장에 버블이 잔뜩 끼었다가 꺼지는 이유를 심리학적 통찰로 소개할 것이다. 이러한 통찰을 통해 아직도 투자 세계에서 주류를 차지하고 있는 실패한 수많은 방법의 유혹을 뿌리치고 심리를 아는 투자자가 될 수 있을 것이다. 또한 역발상 심리라는 새로운 색안경(특허 출원중)을 통해 '별난' 투자 세계를 들여다보게 될 것이다.

이 책의 구성

딱딱한 학구적인 논쟁이나 따분한 논문이 나오는 건 아닌지 걱정하는 독자가 많을 것이다. 안심해도 좋다. 연구 결과를 복잡한 수학 방정식이 아니라 쉽게 이해할 수 있도록 제시할 것이다. 이 책은 주요 주제를 다루는 5부로 구성되어 있다. '제1부 심리학의 첨단 이론들이 시사하는 것'에서는 역사상 가장 기이했던 광기를 살펴보고 투자자의 행위에 대한 새로운 심리학적 통찰을 제시한다. 18세기 초 고상한 프랑스 귀족부터 미끈한 제냐 양복을 입은 오늘날의 투자 은행 관계자들(2006년경)까지, 한 몫 크게 벌 수 있다고 생각하면 물불 가리지 않았다. 흥미진진한 이야기들이지만, 이 책에서 말하는 목적은 역사적 관점을 심리적 관점으로 돌려 앞으로 닥칠 버블의 속성을 예견하고 투기 광풍이 몰아칠 때 부화뇌동하는 것을 피하기 위해서다.

심리학과 주식시장의 상호작용에 친숙한 독자들이라면 이 책의 주제들과 경고음이 낯익을 것이다. 그러나 투자 전략에 대한 이해를 넓힌 최근의 심리학적 연구는 모두에게 새로울 것이다. 특히 감정 이론과 신경경제학은 학자들에게 대단히 흥미로운 이론이지만, 월스트리트에 아직 흡수되지 않은 개념들이다.

감정의 작용 방식에 대한 연구를 보면 버블에 발목이 잡힌 사람들이 버블이 꺼질 때쯤 빈털터리가 되는 사태가 비일비재한 이유를 알 수 있다. 정상적인 시장 환경에서도 감정은 투자자들의 발목을 잡는다. 앞으로 감정이 미치는 영향, 심리학적 연구를 통해 감정의 존재가 발견된 경위, 다양한 부수적 작용으로서 감정이 '합리적인' 시장 행위를 어떻게 왜곡하는지 고찰하고자 한다.

또한 방심한 투자자들을 덫에 빠뜨리는 수많은 심리적 함정도 살펴볼 것이다. 예를 들어 인간은 통계학적 정보를 처리하는 데 서투르며, 이러한 일관된 결점이 예측 가능한 투자 오류로 이어진다. 인간은 특정 투자처를 선호할 때 실제로는 위험이 큰 투자처지만, 위험이 작다고 생각하며 승률이 크게 떨어짐에도 도박을 건다. 그리고 그 결과는 우리가 익히 아는 시나리오대로 흘러간다. 또한 버블이 꺼지기 직전의 '뜨는' 주식들을 매수하고, 승률이 낮은데도 돈을 걸게 되는 심리적 배경 역시 살펴볼 것이다.

대표성과 가용성 등 인간의 판단을 어긋나게 만드는 두 가지 어림판단^{Heuristic}(심리적 지름길)을 소개하면서 제1부를 끝맺을 것이다. 대표성 어림판단과 가용성 어림판단은 대다수 투자자의 포트폴리오 잔고를 갉아

먹는다. 이런 심리적 지름길이 얼마나 강력한지, 그리고 우리 심리에 얼마나 깊이 박혀 있는지 살펴볼 것이다. 그러나 그 어림판단들이 작용하는 원리를 이해하면 우리를 옭아매는 심리적 올가미들을 피할 수 있다.

'제2부 새로운 암흑시대'는 효율적 시장 가설을 비판적으로 고찰하면서 최근의 시장 붕괴 사태들이 그토록 파괴적이었던 이유, 그리고 마지막 사태가 그토록 오래 지속되었던 이유를 규명할 것이다.

효율적 시장 가설과 짝을 이루는 위험 분석도 살펴보겠다. 위험 분석 이론은 고수익을 원하면 고위험을 감수해야 하며, 위험은 변동성으로 규정된다고 주장한다. 변동성이 낮으면 수익 또한 낮다. 그러나 잔고를 안전하게 지켜준다는 이 포트폴리오 이론은 통하지 않으며, 결코 통한 적이 없다. 오늘날 사용되는 위험평가 방식도 참담하게 실패했다는 점 역시 살펴보겠다. 투자자들이 포트폴리오를 지키기 위해 수십 년 동안 의지해온 위험 이론은 허울만 좋은 논리 위에 구축되었다. 지금 우리에게는 스스로를 지킬 만한 위험 이론이 없다. 아니, 40년 동안 그런 이론을 가져보지 못했다.

하락장에서 실적이 아주 실망스러운 것은 그다지 놀라운 일이 아니다. 앞으로 상세하게 살펴보겠지만, 효율적 시장 가설의 위험 이론은 1987년 이후 시장을 뒤흔든 세 차례의 시장 붕괴 사태를 일으킨 주범이다. 그 이유와 시장에서 통하는 새로운 위험 이론을 살펴보겠다. 새로운 위험 이론은 증거가 탄탄하며, 오늘날 우리가 직면한 중요한 위험 요인 다수를 잘 반영하고 있다. 뿐만 아니라 아직 투자 이론에 포함되지 않은 잠재적인 위험 요인들까지 포함하고 있다.

이 과정에서 우리는 엄중한 교훈을 배우게 될 것이다. 예를 들어 2008년 금융 시스템에서 완전히 고갈된 유동성은 아직까지 부분적으로만 회복되었다. 미국 내 신규 일자리의 60%는 직원 수 100인 이하의 기업들에서 창출된다. 그러나 납세자의 돈 수조 달러를 직간접으로 지원받은 은행들은 일자리를 만드는 이런 기업들에 대출을 거부해왔다. 은행들은 자본을 유동성이 낮은 서브프라임 모기지에 과도하게 투입했기 때문에 기업에 대출할 여력이 없었던 것이다. 그렇다면 어떤 학계의 이론이 이처럼 유동성 비율을 낮추도록 부추겼을까? 이번에도 효율적 시장 가설이다. 제2부는 효율적 시장 가설과 천동설을 비교하면서 마무리하고자 한다. 익살스럽기는 하지만 딱 맞는 비유이다. 효율적 시장 이론가들은 수많은 방정식과 고차원 수학을 내세워 태양이 지구 주위를 돈다는 주장을 굽히지 않았던 천문학자들과 다름없다.

'제3부 엉터리 전망과 형편없는 투자 수익'에서는 애널리스트들은 예측의 정확성에 대해 굳게 확신하고 있지만, 실제로는 그들의 예측이 오랫동안 크게 빗나갔음을 보여준다. 예측과 다른 어닝 서프라이즈가 발생해 수익에 치명타를 입지 않으려면, 실제 보고된 수익에서 애널리스트의 예측이 3% 이상 빗나가지 않을 정도로 정교해야 한다. 제3부에 제시한 증거에 따르면 40여 년에 걸쳐 애널리스트 집단의 예측은 크게 빗나갔으며, 어닝 서프라이즈도 아주 빈번하게 발생했다.

아주 작은 어닝 서프라이즈에도 주가가 요동칠 수 있다는 증거도 있다. 가장 중요한 사실은 장기적으로 볼 때 어닝 서프라이즈는 역발상 주식에 유리하고, 대중이 선호하는 주식에는 불리하다는 점이다. 역발상 전략에 주목해야 하는 새로운 증거이다. 이런 연구 결과들이 탄탄한 증거로 뒷받침되고 있지만, 애널리스트와 펀드매니저들은 이를 무시하고 있다. 우리는 이런 실수를 저질러서는 안 된다.

'제4부 시장의 과잉반응 : 새로운 투자 패러다임'에서는 심리적 약점과 예측 오류를 설명할 수 있는 역발상 전략을 소개한다. 그리고 이 전략들이 장기간의 검증을 통과했으며, '잃어버린 10년'과 21세기의 첫 10년에도 시장과 대중이 선호하는 주식보다 높은 실적을 거두었다는 점을 보여줄 것이다(이 기간에 있었던 두 차례의 시장 폭락으로 수익률은 낮았다. 그러나 대다수 투자자처럼 깡통 계좌만 남거나 큰돈을 잃지는 않았다). 약세장에서도 역발상 투자자들은 확신을 갖고 역발상 전략을 유지해나갔다. 1996~2000년 닷컴 버블, 2007~2008년 금융위기에서 역발상 전략의 실적이 어떠했는지 자세히 살펴보겠다. 또한 2007~2008년 시장 폭락 사태에 비추어 투자 지침과 안전망을 더하여 역발상 전략을 더 섬세하게 가다듬을 작정이다.

투자자들이 걸핏하면 투자 대상에 대한 평가를 그르치는 이유와 경위를 설명해줄 강력한 투자 행위 가설도 소개할 것이다. 바로 투자자 과잉반응 가설[10]로 투자자는 선호하는 주식에는 지나치게 비싼 값을 치르며, 선호하지 않는 주식에는 지나치게 싼 값을 매긴다는 것이다. 투자자 과잉반응 가설의 12가지 핵심 명제는 연구가 계속되면 추가될 수도 있다.

'제5부 우리 앞에 놓인 도전과 기회'에서는 미래 시장을 예측해보고 앞으로 닥칠 시장에서 버틸 수 있는 투자 전략들을 논의할 것이다. 새로운 금융 전략을 살펴보면서 앞으로 닥칠 일을 엿볼 수 있을 것이다. '대침체'에 작별을 고하게 되겠지만, 투자자들은 인플레이션이라는 위험천만한 숲을 빠져나가야 한다. 멀리 내다보는 투자자라면 앞으로 언제든 우리를 삼켜버릴 수 있는 중요한 금융 이슈들에 관해 숙지하고 대비해야 한다. 가장 중요한 시나리오는 2~5년 사이 미국뿐 아니라 전 세계적으로 심각한 인플레이션이 시작될지도 모른다는 것이다. 그래서 인플레이션 환경에서 자본을 지키고 불릴 수 있는 최선의 투자 방법을 생각해 볼 것이다. 또한 비슷한 인플레이션에 처했던 다른 국가 투자자들이 생존하고 번영한 방식들도 검토해볼 것이다.

나의 이야기

개인으로서 또는 직장인으로서 내가 겪은 경험도 소개할 예정이다. 재미있게 읽기를 바라지만, 개인적으로 다시 떠올리고 싶지 않은 순간들도 있다. 심리적 규율을 많이 다룬 책에서 소개하는 나의 개인적 경험을 통해 결국 우리 모두는 인간이라는 사실을 깨달을 수 있다.

물론 나 역시 되돌리고 싶은 결정을 많이 했고, 내가 고른 주식이 모두 오른 것도 아니다. 나 역시 다른 사람들처럼 심리적 영향으로, 기억하고 싶지 않은 결정들을 수차례 했다. 그러나 워런 버핏이 말한 것처럼 펀드매니저는 승률이 60%라면 큰돈을 벌 수 있다. 다행히 나는 장기간 시장 실적을 초과한 극소수 투자자에 속했다.

이 책에서 여러분이 얻을 가장 중요한 핵심은 심리를 아는 투자자는 이론적 지식뿐 아니라, 실제 투자에서 비교우위에 있다는 것이다. 이것이 이 책을 계속 읽어야 할 충분한 이유가 되기를 바란다. 틀림없이 모든 시장 애널리스트가 내 분석에 동의하지는 않을 것이다. 실제 투자 경험과 심리학 연구로 검증되었다고 해도, 현재 왕좌를 차지하고 있는 이론을 위협하고 거스르기 때문에 많은 사람이 새로운 발상을 받아들이지 않는다. 새로운 연구가 아무리 훌륭하고, 기존의 개념이 아무리 참담하게 실패했더라도 말이다. 기존의 이론을 철저하게 신봉하는 사람들은 마지막 한 푼이 날아갈 때까지 신념을 놓지 못한다. 태곳적부터 패러다임이 바뀔 때에는 이러했다. 다행히 독자들은 공격을 받지 않는다. 늘 소환되는 것은 저자이다.

나는 30년이 넘도록 학계와 금융계 전문가들로부터 뭇매를 맞았으며, 간혹 인신공격도 받았다. 집중 공세로 상처도 입었고, 때로는 뒷목 잡는 일도 있었지만 내 연구를 망치지는 못했다.

시장에서 심리가 작용하는 역할을 과소평가해서는 안 된다. 검증된 역발상 전략을 잘 따르면 심리적 함정을 피할 수 있으며, 심리가 가장 든든한 우군이 될 수 있다. 함정을 무시하고 '시장에 버블이 터지겠군. 하지만 조금 더 버틸 거야', '이런 10배나 올랐네. 11배 오르면 팔아야지'라고 생각한다면 심리는 가장 무서운 적이 될 수도 있다. 이런 식으로 생각한다면 포트폴리오는 묘지에 묻히게 될 확률이 높다. 심리는 아무리 연구하고 이해하고 있다고 해도, 자존심과 순자산을 급속하게 갉아먹을 수 있다.

데이비드 드레먼

애스펀, 콜로라도 주

2011년 9월 30일

이 책은 한 세기를 훌쩍 넘기며 계속해서 전쟁을 벌여온 두 진영에 뿌리를 두고 있다. 양쪽 진영 모두 특출한 학자와 전문가가 허다하고 노벨상 수상자도 여럿 있다. 그러니 서로 자신들의 이론, 즉 명확하게 정의되고 문서로 입증된 각자의 이론이 경제 행위와 금융 행위를 정확하게 설명한다고 믿는 것도 무리가 아니다. 첫 번째 진영에는 인간이 경제나 투자에 관한 의사결정을 할 때 철저하게 이성적으로 행동한다고 굳게 믿는 경제학자들과 금융 전문가들이 있다. 두 번째 진영은 행동주의자들이다. 이들은 인간이 대체로 이성적으로 행동하지만, 상당히 자주 이성적 행위에서 벗어난다고 주장한다. 운이 좋은지 나는 젊은 시절부터 양쪽 진영 모두와 인연이 있었다.

아버지는 상품 트레이더 겸 투자자이셨는데, 내가 세 살 때부터 상품거래소로 데려가셨다. 아버지는 금융 관련 교육을 받은 분이셨지만 인간의 판단에는 심리가 크게 작용한다고 믿으셨고, 나에게 계속해서 그 이유를 설명해주셨다. 나는 자연스럽게 아버지의 영향을 받았고, 대학 시절부터 지금까지 아버지 말씀에서 가치를 발견하고 있다.

지난 수십 년 동안 나는 〈포브스〉의 고(故) 짐 마이클스, 〈배런스〉의 앨런 애블슨, 미국 전역의 수많은 걸출한 투자자 등 유수의 금융 사상가들과 의견을 나누는 영광을 누려왔다. 마팅게일 인베스트먼트^{Martingale}

Investments 회장 아니 우드Arnie Wood, 〈행동재무학 저널The Journal of Behavioral Finance〉 편집자이자 힐크레스트 자산운용Hillcrest Asset Management 회장 브라이언 브루스Brian Bruce와 금융 및 행동재무학에 관해 오랜 기간 토론을 즐겼다. 두 사람은 수준 높은 투자 사상가이자 열렬한 행동주의자이다.

행동주의자 진영에서 시장 심리학을 연구하는 주요 인물과도 알고 지냈다. 폴 슬로빅Paul Slovic과는 30년 넘게 의견을 교환하면서 행동심리학에 대해 많이 배웠으며, 그와 함께 행동심리학의 창시자로 꼽히는 고 아모스 트버스키Amos Tversky와 공동으로 논문을 저술하는 영예도 누렸다.

이 책을 쓰면서 투자 및 행동재무학에 해박할 뿐 아니라 탁월한 연구자인 두 사람의 협조를 얻었다. 바로 국제재무분석가CFA이자 탁월한 펀드매니저 겸 애널리스트인 제이슨 알트먼Jason Altman, 행동재무학 박사인 블라디미라 일리에바 박사Dr. Vladimira Ilieva다. 알트먼은 이 책의 중요한 연구들을 훌륭하게 해냈고, 일리에바 박사는 이 책의 중요한 연구 결과를 꼼꼼한 통계로 입증했다. 또한 일리에바 박사의 행동재무학에 관한 해박한 지식은 큰 도움이 되었다. 책을 쓰면서 이 두 분께 크게 신세를 졌다. 마지막으로 미할 스피처Mihal Spitzer와 사라 조이스Sarah Joyce는 차트를 보기 쉽도록 멋지게 만들어줬다. 네 분 모두에게 진심 어린 감사를 전한다. 사이먼Simon, 슈스터Schuster와도 즐겁게 일했고, 이 책을 편집하느라 엄청난 노고와 시간을 아끼지 않은 에밀리 루스Emily Loose에게도 감사를 전한다.

이 책에 오류가 있거나, 일부 부족하다고 느낄 만한 부분이 있다면 전적으로 필자의 잘못임을 밝혀둔다.

데이비드 드레먼

2011년 9월 30일

제**1**부 심리학의 첨단 이론들이 시사하는 것

제2부 새로운 암흑시대

제3부 엉터리 전망과 형편없는 투자 수익

9장 고약한 서프라이즈와 신경경제학 314

제4부 시장의 과잉반응 : 새로운 투자 패러다임

10장 수익을 거두는 강력한 역발상 투자 전략 354

제 **1** 부

심리학의 첨단 이론들이
시사하는 것

1장

거품 천지

주식 하는 재미가 쏠쏠하던 시절을 기억하는가? 나는 기억하고 있다. 1960년 후반 뉴욕은 너무나 살기 좋았다. 더구나 내 나이가 20대 중반이었으니 말해 무엇하리오. 나는 고고 버블Go-Go Bubble이 일어나기 1년 전쯤부터 애널리스트 일을 시작했다. 뭘 사든지 올랐다. 20~30%는 오르는 축에 끼지도 못했다. 그 정도면 돈만 버린 셈이었다. 컴퓨터 서비스, 헬스케어, 반도체 등 수많은 종목이 10배, 20배, 심지어 100배까지 치솟았다. 모두가 벼락부자가 되었고, 나와 동료들도 그랬다. 1년 반 동안은 말이다.

이제까지 존재하지 않았던 새로운 시장이 열렸고, 우리는 새로운 세대였다. 고루한 늙은이들은 우량주를 사 모으고 가격이 폭락하기 전에 팔라고 경고했지만, 우리는 코웃음을 쳤다. 고리타분한 영감들은 이제부터가 시작이라는 걸 모르는 걸까? 애널리스트들은 앞다투어 '뜨는' 주식들을 추천했고, 뜨는 펀드들은 주식들을 편입하면서 펀드가격은 올랐다. 1920년대에 그랬던 것처럼 누구나 주식을 매수했다. 주가가 계속 오르면서 우리의 희열은 끝을 모르게 계속되었다.

내 친구 중 한 명(팀이라고 해두자)은 당시 집단요법Group therapy(정신장애를 치료하기 위해 집단토론·집단활동 등을 이용하는 정신요법)을 받았다. 머릿속을 정리하기 위해서라고는 했지만 이야기를 들어보니 괜찮은 여자나 한번 만나볼까 하는 심산인 것 같았다. 아무튼 후끈 달아오른 시장의 열기가 그 모임에도 침투한 모양이었다. 똑똑하고 입심 좋고 자신의 의견을 주장하는 데 거리낌이 없는 팀은 얼마 안 가 사람들의 시선을 독차지했다. 치료 모임을 이끄는 정신분석가 역시 주식투자에 열심이어서 치료 모임은 점차 종목 선정 세미나로 변질되었다. 모임에는 한 중년 사업가가 있었는데, 소심한 데다 아직 아버지의 뜻대로 사는 파파보이였다. 그는 투자에 관해서는 스스로를 '실패자'라고 생각하고 있었다. 그런데 팀이 추천한 종목 중 하나인 레코그니션 이큅먼트 주식을 산 후 주가가 배로 뛰고, 뛰고, 또 뛰었다. 그는 엄청난 성공을 거두며 일약 백만장자가 되었다. 부자가 된 뒤로는 어찌나 자신감이 넘치는지 급기야 모임의 정신적 지주였던 팀의 지위가 흔들릴 지경이었다.

그러나 중년 사업가가 새로 발견한 금융제국은 오래 가지 못했다. 시장이 갑자기 곤두박질 칠 때 그의 신용거래 비중은 너무 높았다. 레코그니션 이큅먼트 주가는 폭락했고, 그는 결국 파산하고 말았다. 팀은 감사의 표시로 받은 피아제 시계를 돌려줘야 했고, 상처받은 자존심을 달래기 위해 뉴욕 퍼스트 애비뉴의 술집으로 향했다. 그때까지만 해도 우리는 자신만만했다. 주가 하락은 일시적인 조정일 뿐이라고 확신했다. 다른 주식은 몰라도 우리가 보유하고 있는 주식은 견실하기 때문에 더 오를 것이라고 생각했다. 하지만….

누구도 피하지 못했다.

친구들 대부분이 수익을 몽땅 날리고 원금마저도 까먹었다. 시장이 곡소리를 내며 추락하는 사이 나는 가치분석가였다는 사실을 깨달았고, 쥐꼬리만 한 수익을 챙겨 빠져나왔다. 하지만 그 덕분에 위궤양까지 얻었다. 나중에 알고 보니 궤양은 아니고 신경성 위통이었지만. 그래도 한 가지 교훈은 얻었다. 주가가 오를 때는 하늘을 날 것 같았지만, 마지막은 끔찍했다. 버블에 대해 알 만큼 알고 있던 나 역시도 당하고 말았다.

버블로 인해 주가가 오를 때는 희희낙락했지만, 주가가 떨어질 때는 마치 단테의 여덟 번째 지옥으로 빨려 들어가는 듯했다. 버블은 단순히 아주 가끔 있는, 시장이 정상을 벗어난 상태가 아니다. 앞으로 살펴보겠지만 버블은 주가 움직임에 내재되어 있는 중요한 요소다. 버블은 시장의 과잉반응을 급격히 증폭시키고, 투자자의 이익을 해치는 방향으로 계속해서 움직인다. 버블의 역학 그리고 버블이 붕괴되었을 때 시장 반응의 양태 또한 오랫동안 놀라우리만치 일관되게 유지되었다. 안타깝게도 우리는 실수를 통해 배우는 능력이 부족했다.

이런 시나리오를 머릿속에 그려보자.

두 달 가까이 거래량이 늘면서 주가가 미끄러지고 있다. 투자자들은 단지 조정을 견뎌내는 과정일 뿐, 주가가 다시 반등할 것이라고 확신하고 있었다. 하지만 믿음은 점차 의구심으로 바뀐다. 반등하는가 싶으면 주저앉고, 반등하는 듯하면 다시 주저앉으면서 의구심은 극도의 불안감으로 바뀐다. 이번이라고 사정이 다를까?

게다가 증거금까지 추가로 내라고 한다. 한 나라의 성장과 발전의 중심인 금융 상품들이 뚜렷한 이유도 없이 추락한다. 하루에 2~3%는 물론이고, 종종 10% 이상 추락하기도 한다. 어찌된 일일까?

대형 은행들이 줄줄이 파산 직전이라는 소문이 걷잡을 수 없이 퍼진다. 너도 나도 투매에 나서고 예금을 인출하면서 유례 없는 규모의 금융 공황 조짐이 보이면, 시장 개입을 주저하던 대통령도 수석 고문들의 요청에 못 이겨 이런 담화를 발표한다. '앞으로의 경제 전망은 밝으며, 지금 겪고 있는 현상은 일시적인 침체일 뿐이다. 곧 경기가 크게 호전될 것'이라며 국민들을 안심시킨다.

월스트리트에서 막강한 투자회사의 대표를 역임했고, 전설로 불리던 재무장관(골드만삭스그룹 CEO 출신으로 미 재무부 장관을 지낸 헨리 폴슨Henry Paulson)도 대통령을 거들고 나서며 시장을 진정시키려고 한다. 막후에서는 시장의 거물들이 대거 나서며 그들의 명성과 영향력으로 장관과 대통령을 돕는다.

재무장관은 금융 파탄으로 치닫는 싹을 잘라내기 위해 나라에서 몇 손가락 안에 드는 대형 은행, 투자 은행과 공조한다. 은행들은 즉각 실행에 옮길 수 있는 매머드급 구제금융 계획을 수립한다. 이러한 뉴스가 알려지면서 주가는 상승한다. 만신창이가 된 투자자들은 이러한 조치가 시장과 금융 산업을 구할 것이라고 기대한다. 그러나 반등세는 일주일 만에 흐지부지되고, 주가는 다시 곤두박질 친다. 은행과 큰손들이 힘을 합쳐도 사태를 수습할 수 없다면 누가 해결한단 말인가? 그제야 많은 전문가가 경제가 파탄 날 가능성이 있음을 어렴풋하게나마 예견한다.

이것이 바로 2008년 시장 폭락 직전에 일어난 일이다. 가만, 1929년 대폭락 직전의 혼란과도 딱 들어맞는다. 대통령의 자리에 조지 W. 부시가 있든 허버트 후버가 있든 상관없다. 그리고 재무장관 자리에 헨리 폴

슨이 있든 후버 시절의 앤드루 멜론*이 앉아 있든 마찬가지다.

이러한 시장 폭락으로 어떤 타격을 입었을까?

1929년 대폭락과 이어진 대공황의 충격파는 미국 경제와 세계 경제를 뒤흔들었고, 미국인들은 더 이상 월스트리트를 그냥 두고 볼 수가 없었다. 1929년 이후 몇 년 동안 확인된 어처구니 없는 악습들을 없애기 위한 주요 법안이 통과되었다. 하지만 이런 개혁 조치에도 불구하고 금융 시스템에 대한 신뢰는 오랫동안 회복되지 않았다. 미국이 제2차 세계대전에 참전하면서 1940년 선발징병제가 재도입되었는데, 당시 주식중개업은 가장 하찮은 100개 직업 중 99위로 지정되면서 징병에서 제외되었다. 1930년대 실업률은 20%를 웃돌았으며, 다우존스산업평균지수에 편입된 기업들의 시장가치는 1929년 1,500억 달러에서 1932년 170억 달러로 89% 하락했다.

2007~2008년의 시장 폭락 역시 여러 측면에서 대공황만큼이나 치명적이었다. 불과 21개월 사이에 금융주 주가가 83% 하락했는데, 1932년 주가가 바닥을 칠 때까지 걸린 기간의 약 절반의 시간 동안에 벌어진 일이었다. 자산가치가 끝없이 추락하자 은행들은 필요한 자금을 구하지 못했고, 시장의 존립 근거이자 수백 년에 걸쳐 상업의 수레바퀴를 굴리는 윤활유 구실을 했던 신용은 경색되었다. 장 클로드 트리셰Jean-Claude Trichet 유럽중앙은행ECB 총재는 산업혁명 이후 최악의 신용 경색이었다고 말했다. 중세 암흑시대 이후 겪어본 적이 없는 신용 위기가 코앞에 다가온 것이다.

● 3개 행정부에서 장관을 지낸 멜론은 멜론은행장 출신으로 당대 최고의 자본가이자, 경영자였다. 그 시절 멜론보다 돈을 잘 번 사람은 록펠러와 헨리 포드뿐이었다.

버블과 패닉은 왜 골칫거리일까

〈사이먼 & 슈스터〉의 탁월한 편집자였던 프레드 힐스가 1997년 내게 한 말이다. 내가 마지막 원고를 건넸을 때 힐스는 이렇게 말했다. "열두 살 먹은 우리 딸도 버블과 패닉은 알고 있어." 프레드의 말이 맞다. 투기 광풍과 시장의 폭락에 대해 모르는 독자는 없을 것이다.

1630년대 네덜란드에서 튤립 광풍이 불자 너도나도 튤립을 사려고 미쳐 날뛰었고, 희귀종인 셈페르 아우구스투스 구근을 사기 위해 7만 5,000달러를 지불한 이야기도 들어봤을 것이다. 1720년 영국 남해회사 버블 사건 당시 인쇄업자의 이야기도 들어봤을 것이다. 주위에서 '지옥 불을 끌어올려 난방을 하는 회사', '무에서 석유를 추출하는 회사'를 창업한 후 주식을 발행해 큰돈을 벌자 인쇄업자는 자신만의 사업을 구상했다. 이름하여 '누구도 모르는 방법으로 큰 수익을 거두는 회사'를 설립했다. 다음 날 오전 9시, 회사가 문을 열기도 전에 주식을 청약하겠다며 몰려온 사람들이 줄을 지어 기다리고 있었다. 인쇄업자는 약삭빠르게 그날 밤 돈을 몽땅 챙겨 배를 타고 유럽으로 도망갔다. 이후 그 인쇄업자는 완전히 종적을 감추었다(놀랍게도 1996~2000년 규모는 더 컸지만, 동일한 형태의 인터넷 버블이 있었다).

아마 1720년 프랑스의 미시시피 버블도 들어봤을 것이다. 미시시피 컴퍼니를 창업한 존 로는 그럴듯한 이야기를 꾸며 사기를 치는 전문가로, 주식을 팔기 위해 여러 번 장관을 연출했다. 한번은 인디언 수십 명에게 금, 다이아몬드, 루비, 사파이어를 주렁주렁 달게 한 다음 파리의 거리를 행진하게 했다. 이 인디언들은 루이지애나 광산에 금과 보석이 널려 있다는 광고판인 셈이었다. 이를 통해 1720년 미시시피 컴퍼니의 주가는 4,000배 폭등했다가 폭락했다.

선조들이 폭정과 박해를 피해 더 나은 삶을 찾아 신세계로 향할 때도 '미스터 버블'은 이 위험한 여정에 동참했다. 그리고 어느 누구 못지않게 번창했다. 버블과 시장 붕괴는 미국의 건국 이후 주기적으로 발생했다. 1785, 1792, 1819, 1837, 1857, 1873, 1893, 1907년은 패닉이었고, 1929, 1967, 1987, 2000, 2008년에는 폭락이 있었다. 어떻게 정의하느냐에 따라 연도는 더 추가될 수도 있다.

모두 익히 아는 이야기들일 것이다. 하지만 이 책에서 경제학자의 관점을 통해 버블을 논의하거나, 투자자들이 얼마나 터무니없는 어리석음과 망상에 빠질 수 있는지에 대해서는 거론하지 않을 것이다. 이 책이 겨냥하는 바는 사뭇 다르다. 하지만 앞으로 이 책에서 살펴볼 투자법을 이해하려면 버블에 대한 논의가 빠질 수 없다.

사실 전염과 폭락Contagion and crashes은 시장의 심리상태를 이해하는 출발점이다. 금융 버블에 대해 모르는 사람이 없는데, 왜 버블은 계속해서 발생하는 것일까? 지금쯤이면 경제학자들이 버블에 대한 경고등을 볼 수 있는 방법을 찾아냈어야 하지 않을까?

모두가 공감하듯, 금융시장의 과열이 위험한 지경을 넘어 금융구조를 파탄 내는 시점이 언제인지 정확히 짚어내기는 어렵다. 카지노에서 돈을 땄을 때 카드를 덮고 도박판을 떠나는 사람은 거의 없다. 마찬가지로 주식이 고평가되었다는 것을 알지만, 빠져나와야 할 때를 알지 못한다. 경제학자들이 선전하는 이론들도 지금까지는 도움이 되지 못했다.

효율적 시장 가설을 신봉하는 경제학자들은 버블 예측이 불가능하다고 단언한다. 버블은 스텔스 폭격기 같아서 레이더로 감지할 수도 없고, 폭격이 시작되기 전까지는 실체를 알 수가 없다는 것이다. 낙관론자이자 연방준비제도이사회 의장을 역임한 앨런 그린스펀 같은 권위자도 이 견해에 동의한다. "버블을 정확하게 판별하기기는 무척 어렵습니다. 꺼지고 나서야 비로소 버블이었다는 걸 알게 되죠.[2]" 대부분의 경제학자는 그린스펀의 말에 동의한다. 더 어이없는 것은 널리 신봉되는 이 이론은 버블이 합리적이라고 주장한다는 사실이다. 간단히 말하면 투자자들은 전적으로 합리적이며, 감정에 휘둘리지 않기 때문에 언제나 타당한 수준으로 가격을 유지한다. 그렇기 때문에 터무니없는 가격도 언제나 옳다는 것이다.

앞으로 살펴보겠지만 이건 쉽게 빠져나가는 길이다. 또한 연방준비제도이사회와 학계의 명성을 유지하는 방편이 되고 있는 것도 사실이다. 이 이론을 받아들인다면 어떤 대상도 정확한 가치를 평가할 수 없다. 즉 집을 사거나, 주식을 매수하거나, 공장을 새로 지을 때 어떤 가치평가 이론도 쓸모가 없기 때문에 작별을 고해야 한다. 어떤 가격도 타당하다. 그 가격이 타당하지 않게 될 때까지는 말이다. 앞으로 이 문제를 자세히 따져보겠지만 투자자들이 타당하다고 여기는 수준에서 가격을 유지하는 일이 종종 벌어진다는 것은 분명하다.

이 책은 이런 생각을 바꿔보려고 한다. 이 견해가 얼마나 어리석은지 드러내서 여러분이 생각을 바꾸고 투자결정을 바꾸는 데 도움이 되고자 한다. 제1부에서는 역사를 되돌아보면서 버블의 주요 원인과 가지를 짚어보고, 버블을 포착하여 대학살을 피하는 방법을 아는 것이 얼마나 중요한지 보여주고자 한다. 사람들은 대부분 과거의 투기 광풍을 돌이켜보며 똑같은 실수는 되풀이하지 않을 것이라고 생각한다. 1960년대 후반 처음 월스트리트에 발을 디딜 무렵 나도 그렇게 생각했다. 처음 일을 맡아 연구를 진행할 당시 나는 뉴욕공립도서관에서 몇 시간씩 머물면서 버블과 패닉에 대한 책을 모조리 읽어보았다. 1929년 대폭락 당시 분위기가 어땠는지 살펴보기 위해 1929년 이전의 몇 년치 〈뉴욕타임스〉와 〈월스트리트저널〉 경제면을 독파했다. 금주법 실시로 밀주 제조가 횡행하고, 상이한 가치관들이 서로 갈등을 빚고, 미니스커트, 모던한 의상과 짧은 커트 머리를 한 여성들이 재즈 음악을 즐기던 시대. 당시 어리석은 투자자들의 광기에 반대로만 하면 한몫 잡는 건 일도 아니었을 것이다. 그들은 끝없이 계속 상승하기만 하는 시장은 없다는 사실을 몰랐단 말인가? 투자자들의 멍청함을 이용하는 건 누워서 떡 먹기보다 쉬워 보였다.

하지만 오판이었다. 월스트리트에서 일을 시작한 지 1년 만에 고-고 버블(1966~1969년)이 형성되고, 나 역시 똑같은 어리석음에 발목이 잡히고 말았다. 인기주들은 고평가되는 일이 잦다는 것, 그리고 광풍의 원인을 철저히 이해해야 자본을 지키고 불릴 수 있다는 사실을 몸소 체득한 것이다.

투기 광풍의 전개 양상은 언제나 비슷하다

앞서도 언급했지만 투기 광풍의 두드러진 특징 중 하나는 시대가 달라도 전개 양상은 비슷하다는 점이다. 심지어 수백 년의 간극이 있어도 비슷하다. 버블에 내재된 파괴적인 여러 특징 중 가장 중요한 것은 과도한 대출이다.

1929년과 2007~2008년의 대폭락을 잠시 돌아보자. 과거 수많은 버블에서 그랬듯이 막대한 차입금을 이용한 레버리지 투자(차입금 등을 이용해 자기자본수익률을 극대화하는 투자 방법)가 성행했다. 1929년에는 투자자가 10%의 증거금만 내면 주식을 살 수 있었다. 당시 많은 투자자가 투자신탁 주식을 매수했는데, 투자신탁 회사들이 대규모 차입금을 끌어다 쓰는 바람에 매수자들이 부담하는 증거금이 인상되는 결과를 초래했다. 1929년 연방준비제도이사회는 투기를 우려한 나머지 증거금을 20%까지 인상했다. 그러자 증거금만으로 주식을 사는 행위가 잠시 수그러드는 듯했지만 그때뿐이었다. 1년에 20%라고 해도 한 달에 불과 1.67%인데, 최근의 수익률을 고려할 때 투자자 대부분은 몇 달 안에 10%, 20% 이상의 수익률을 기대했다. 게다가 주가는 더 빨리, 더 높이 오를 것이라고 생각했다.

주택시장 버블은 5~30배까지 차입금을 끌어다 썼고, 베어스턴스와 리먼브라더스, 골드만삭스, 모건스탠리 같은 투자 은행들은 30~40배까지 차입금을 끌어다 투자하는 바람에 2007~2008년 버블이 폭삭 꺼지게 되었다. 부동산시장은 오르기만 할 거라는 믿음으로 차입금 대부분은 유동성이 아주 낮은 주택담보 상품에 투자되었다. 결국 엄청난 차입금 때문에 서브프라임 모기지의 가치가 아주 조금만 하락해도 버블은 터질 수밖에 없었다.

투기 광풍이 불 때 나타나는 공통적인 현상은 또 있다. 바로 경제 여건이 탄탄한 시기, 투자자들의 믿음이 확고한 시기에 잉태된다는 점이다. 투기 광풍도 시작은 아주 건전했고, 투자 개념은 단순하고 군침이 돌만 했다. 그런데 어느 순간, 수십 년 동안 이어져 내려온 이성적인 투자 원칙이 완전히 사라져버렸다.

시장에 버블이 생길 때마다 사람들은 유례가 없는 절호의 기회라고 믿었다. 버블의 전형이라고 할 수 있는 남해회사와 미시시피 버블 사건 당시에는 신대륙에서 들어오는 금과 보석으로 막대한 부를 거머쥘 수 있다고 투자자들을 유혹했다. 기술 산업 버블이 있었던 1960년대와 1970년대, 1980년대에는 반도체, 컴퓨터, 기타 최첨단 기술 제품을 통해 어마어마한 수익을 얻게 될 것이라고 믿었다. 시장에 버블이 생길 때마다 막대한 수익에 눈이 먼 투자자들은 적정주가 평가기준 따위는 모두 폐기해버렸다.

1929년 대폭락 이전의 거침 없는 주가 상승의 시기를 '새로운 시대'라고 불렀다. 이번에는 정말 사정이 다르다면서 수익이 엄청날 것이며 어마어마하게 성장할 것이니 구닥다리 평가기준은 모조리 버려도 된다고 생각했다. 광란의 1920년대에는 라디오 발명과 항공 여행이 실현된다는 가슴 벅찬 약속, 그리고 거의 무제한으로 제품과 서비스를 생산할 수 있는 수익성이 아주 높은 자동화된 산업 제조 신기술 등 획기적인 발전이 있었다. 이를 통해 지속적으로 국내외 시장의 성장을 끌어올림으로써 주가 수익률이 신기원을 이룰 것이라는 전망이 대두되었다. 1996~2000년 닷컴 버블 당시 투자자들은 닷컴 기업들이 '신경제' 시대를 열었기 때문에 매우 높은 주가가 적절하다고 주장했다. 이로 인해 오랫동안 사용하던 잣대로 주가를 평가할 수 없게 되었다. 급격하게 높아진 기술 산업의 수익성 덕분에 이제는 새로운 주가평가 기준이 필요해졌다.

버블이 생길 때마다 전문가들 역시 투기에 휘말렸는데, 단순히 치솟는 가격을 눈감아주는 정도가 아니라, 앞으로 가격이 더 오를 거라고 예측했다. 아무튼 거품이 일어날 때마다 사람들은 이번만큼은 지금까지 볼 수 없었던 가장 좋은 기회라고 믿었다.

투기 광풍에서 흔히 나타나는 또 하나의 착각은 바로 '더 바보 이론 Greater Fool Theory'이다. 투기 광풍이 불 때마다 독자적이고 회의적인 사람들은 희열에 도취되지 않았다. 이들은 가격이 터무니없이 올랐으며, 대중이 광기에 사로잡혔다고 생각했다. 또한 이들은 상황이 걷잡을 수 없이 더 미쳐 돌아갈 것이라고 생각했다. 가격이 10배로 뛰었는데 광풍이 계속 몰아치면 15배, 20배로 뛰지 못할 이유가 없지 않은가? 1720년 남해회사 버블 사건 이후 파산한 영국의 한 하원의원은 이렇게 말했다. "물론 붕괴가 임박했다고 말했죠. 하지만 제가 예상했던 것보다 두 달 일찍 닥쳤어요.[3]"

투기 광풍에서는 과도하게 무모한 행동도 현명한 행동으로 정당화되었다. 시류를 좇지 않는 사람들은 고루한 늙은이, 심지어 '늙다리'로 치부되었다. 나 역시 CNBC 일일 프로그램을 진행하는 투자 전문가 짐 크레이머로부터 이 찬란한 호칭을 부여받은 바 있다. 닷컴 버블이 꺼지기 한 달 전, 크레이머는 나에게 닷컴 주의 어마어마한 잠재력을 모른다고 비아냥거렸다. 다행히 내가 아니라 짐이 구석기 시대 사람이라는 것이 드러났지만 말이다.

주가가 터무니없이 올랐다는 사실을 깨닫는 순간, 서로 빠져나가려고 아귀다툼을 벌인다. 병적인 행복감이 절망으로 바뀌면 끔찍한 패닉이 찾아온다. 언제나 소문이 큰 역할을 한다. 처음에는 큰돈을 벌고 있다느니, 좋은 시절이 온다느니 하는 소문이 돌다가 나중에는 끝장이라는 소문이 퍼진다. 결국 주가는 시초 가격으로 돌아가거나 더 떨어진다. 그렇게 커튼이 처지고 황홀한 드라마는 끝이 난다.

투기 광풍이 불 때마다 나타나는 가장 신기한 현상이 있다면 바로 꼭 짓점에서 80~90% 이상 어마어마하게 폭락한다는 점이다. 표 1-1, 1-2가 이 현상을 잘 보여주고 있다.

세월 따라 버블의 양상도 변할까

앞으로 이 책을 통해 세월이 흘러도 버블의 양상은 변하지 않는다는 것을 입증하고자 한다. 변한 것이 있다면 1960년대 이후 버블이 더 자주 발생하고 있으며, 주가 변동폭이 더 심해져 미국과 전 세계의 금융 시스템과 경제는 더 큰 타격을 입고 있다는 점이다.

표 1-1을 보면 시장 역사상 대표적인 네 번의 버블 사례에서 가격이 폭락하는 양상을 볼 수 있다. 바로 튤립 광풍(1637), 미시시피 컴퍼니 버블(1720), 남해회사 버블(1720) 그리고 1929년의 대폭락이다. 셈페르 아우구스투스 튤립가격은 고점 대비 99%나 곤두박질 쳤다. 미시시피 컴퍼니 주가 역시 99% 폭락했고, 남해회사의 주가는 88% 하락했다. 또한 1929

표 1-1 시대별로 본 시장의 버블			
	고가	저가	고가 대비 가격 하락폭
네덜란드, 1637 셈페르 아우구스투스 (튤립 구근)	5,500a	50a	99%
영국, 1720 남해회사	1,050b	129b	88%
프랑스, 1720 미시시피 컴퍼니	18,000c	200c	99%
대폭락, 1929~1932 다우존스산업평균	381.2	41.2	89%

출처: © 데이비드 드레먼 2011
당시 각국 화폐 단위로 표시: a(플로린 백동화), b(파운드 스털링), c(리브르)

년 381.2로 고점을 찍은 다우존스산업평균은 1932년 41.2로 폭락했다.

표 1-2는 1960~2009년 동안 미국에서 발생한 여섯 차례의 버블을 보여준다. 1929년과 대공황의 쓰라린 기억 때문인지 1932~1969년 사이에는 투기 광풍이 없었다.

1960~2009년 사이에는 심각한 부동산 광풍이 세 차례나 발생했다. 1980년대 중반 저축대출조합$^{Savings \& Loan}$ 위기, 1980년대 말과 1990년대 초반의 부동산가격 폭락(표에는 없음), 그리고 불과 몇 년 전 있었던 최악의 위기인 서브프라임 사태가 있다. 1920년대 중반 플로리다 남부의 토지 투기 당시 어마어마한 늪지가 팔렸던 사건 등 수많은 부동산 버블 사태 역시 표에는 빠져 있다. 땅을 사려는 매수자들의 열기가 얼마나 뜨거웠던지 〈마이애미 뉴스〉는 부동산 광고만 504면을 싣기도 했다. 그러다 1930년대에는 부동산가격이 폭락했다.

그밖에 몇 차례 있었던 미술품 투기 열풍 등 수많은 소소한 버블 역시 포함되지 않았다(1980년대 후반 몇 달 사이에 피카소 작품은 하루에 1%씩 가격이 오르기도 했다). 우표, 소장품, 귀금속, 다이아몬드, 주화 투기 열풍과 동유럽에서 공산주의 체제가 무너진 이후 1990년대 초반에 일어났던 버블 등도 빠져 있다. 표 1-1을 보면 1929년 대폭락 이전 약 300년 동안 과열 시장이 세 차례밖에 없었는데, 1960년대 이후에는 표에서 빠진 것까지 포함하면 수십 차례 광풍이 일었다.

최근 발생한 버블 중 표에서 빠진 사례가 많은데, 달러 규모로 볼 때 표에 포함된 주식시장 버블과 맞먹거나 더 크다.

또한 표 1-2를 보면 1960년대 이후 여섯 차례의 주식시장 버블에서 가장 두드러진 추세는 기술 관련 주식이 차지하는 역할이 점점 커지고 있다는 점이다. 주식시장 버블은 1996~2000년 악명 높은 닷컴 버블에

표 1-2 현대판 튤립 버블

	고가 (달러)	저가 (달러)	고가 대비 하락폭
공모주 버블, 1961~1962			
아시아통화기금(AMF)	63.31	15.63	75%
오토매틱 캔틴(Automatic Canteen)	44.52	9.75	78%
브런즈윅(Brunswick)	9.36	0.63	93%
라이오넬(Lionel)	30.81	3.86	87%
텍사스 인스트러먼츠(Texas Instruments)	0.85	0.20	76%
트랜지트론(Transitron)	42.38	6.25	85%
아들러 일렉트로닉스(Adler Electronics)	24.00	8.50	65%
유니버설 일렉트릭 랩스(Universal Electric Labs)	18.00	1.38	92%
'고고 버블' 시장, 1966~1969			
컨트롤 데이터(Control Data)	29.12	4.81	83%
일렉트로닉 데이터 시스템(Electronic Data Systems)	162.00	24.00	85%
리스코 데이터 프로세싱(Leasco Data Processing)	53.96	6.60	88%
링-템코-보트(Ling-Temco-Vought)	164.36	6.91	96%
모호크 데이터(Mohawk Data)	111.00	18.13	84%
내셔널 스튜던트 마케팅(National Student Marketing)	143.00	3.50	98%
폴라로이드(Polaroid)	72.88	25.19	65%
레코그니션 이큅먼트(Recognition Equipment)	102.00	12.00	88%
유니버시티 컴퓨팅(University Computing)	442.92	52.63	88%
아이텍(Itek)	160.47	20.12	87%
칼바(Kalvar)	73.00	11.00	85%
증시 2분화, 1971~1974			
키더 피바디 니프티 피프티(Kidder Peabody Nifty Fifty)	—	—	81%
에이본(Avon)	17.50	2.33	87%
클로록스(Clorox)	6.63	0.69	90%
커티스-라이트(Curtiss-Wright)	7.41	0.63	92%
데이터 제너럴(Data General)	24.75	5.25	79%
폴라로이드(Polaroid)	74.75	7.06	91%
라이트 에이드(Rite Aid)	3.55	0.16	96%
심플리시티(Simplicity)	4.88	0.88	82%
트로피카나(Tropicana)	60.38	6.50	89%
월마트(Wal-mart)	0.07	0.01	79%
IBM	22.83	9.41	59%
이스트먼 코닥(Eastman Kodak)	54.13	20.56	62%

기술주 버블, 1979~1990			
애스크 코퍼레이션(Ask Corp)	32.67	0.06	100%
컬리넷 소프트웨어(Cullinet Software)	33.38	4.13	88%
플로팅 포인트 시스템(Floating Point Systems)	46.00	0.44	99%
닷컴 버블, 1996~2002			
나스닥100 지수(NASDAQ 100 Index)	4,704.73	804.64	83%
부동산 버블, 2007~2009			
S&P 파이낸셜 섹터 SPDR (S&P500 Financial Select Sector SPDR)	38.02	6.18	83%

출처: © 데이비드 드레먼, 2011. 데이터 출처: Center for Research in Security Prices(CRSP)

서 절정에 이르렀는데, 이는 사상 최악의 기술산업 버블이다. 사람들은 기술주에 특히 끌렸는데, IBM 주가가 얼마나 올랐는지는 삼척동자도 다 알 정도였다. IBM주는 1945년에서 1968년 사이 1만 1,000% 상승했고 여전히 오르고 있었다. 제2의 IBM주를 사지 않을 이유가 없었다. 바람잡이들, 그렇다. 투자 은행가들은 수많은 기술주를 새로 발행했고, 매수자들은 덥석 사들였다. 매수자들에게는 컴퓨터 임대 업체가 IBM 컴퓨터를 사서 저가로 임대하면 수익이 4배, 5배로 뛰어오를 거라고 속삭였다. 리스코 데이터 프로세싱 이큅먼트, 레빈 타운센트 컴퓨터 소유주와 투자 은행들은 수십억 달러를 벌었지만 결국 회사는 도산했다. 10년 뒤 제2의 IBM을 꿈꾸던 기업 대부분이 파산했다.

버블에서는 열렬한 투자 개념이 작동한다. 시장이 과열될 때마다 투자자들은 '피리 부는 사나이'를 믿고 따른다. 1960년대 후반 주식시장이 활활 타오르자 가장 뜨거운 주식이었던 학생대출마케팅공사^{이하 NSM}가 부는 피리 소리에 투자자들은 춤을 추었다. NSM이 대학생 수십만 명을 통한 집단 마케팅 파워를 약속하자 NSM주는 수익 대비 100배 가까운 가격에 거래되었다. 그 회사가 실제로 무엇을 파는지, 얼마나 잘 팔 수 있는지는 아무도 몰랐다. NSM의 '엄청난' 마케팅 파워란 아마 700명에 달하는 대학생들을 파트타임으로 동원할 수 있다는 의미 같았다. 그리고 이 그럴싸한 이야기에 주가는 143달러까지 치솟았다. 물론 나중에 버블은 꺼졌고, 주가는 마치 50미터 아래로 번지 점프를 하듯 3달러까지 폭락했다. 물론 번지 점프처럼 다시 튕겨 올라오지는 못했다.

오늘날 더욱 심각해진 폭락

지금까지 버블이 보이는 뚜렷한 유사성을 살펴보았다. 그러나 최근의 호황과 불황Boom and Busts 사이에는 중요한 차이가 하나 있다. 네덜란드, 프랑스, 영국은 버블이 꺼지고 난 뒤에도 계속해서 번영을 누렸다. 많은 투기꾼이 집과 사업체, 귀금속을 비롯한 소중한 자산을 잃었지만 국가 경제는 여전히 탄탄했다. 그리고 해를 거듭할수록 더 성장했다. 1960년대에서 1990년대 초반에 걸친 버블 경제는 거품이 심하기는 했지만, 장기적으로 경제에 타격을 입히지 못했다. 국가는 계속 번영했고, 성장했다. 그러나 표 1-2에 나타난 마지막 두 번의 버블은 전혀 성격이 달랐다. 훨씬 자주 발생했을 뿐 아니라 타격도 매우 컸다. 1996~2000년의 닷컴 버블과 폭락으로 투자자들은 7조 달러를 날렸고, 연금까지 손해를 본 수백만 명이 정년 퇴직 후에도 일을 해야 했다.

어마어마한 규모의 자산 손실이 발생한 데는 그린스펀과 후임인 벤 버냉키 의장 시절 연방준비제도가 초저금리 정책을 너무 오랫동안 유지한 것도 한몫 했다. 당시 저금리 정책으로 인해 주식 가치만 25~30조 달러의 손실을 발생한 최근의 금융위기가 촉발되었다. 그 밖에도 GDP 하락, 실업 등을 합하면 총 손실은 훨씬 더 늘어난다. 현대의 투기 광풍은 과거 수백 년 동안의 사례만큼 타격이 컸고, 때로는 훨씬 더 큰 타격을 입었다. 남해회사의 주가는 720% 상승했고, 튤립가격은 1,500% 올랐다. 이에 비해 퀄컴주는 고점을 찍을 때 2만 2,000% 치솟았고 야후주는 1만 8,000%, 아마존 닷컴주는 7,500% 급등했다. 이밖에도 수많은 닷컴주의 주가 상승률이 수천 %에 달했다.

당시 투자자들은 역사상 가장 고학력자들이었지만, 이런 일이 일어나고 말았다. 이들은 돈으로 최고급 연구 결과를 살 수 있었고, 성능 좋은 첨단 컴퓨터와 메신저도 능숙하게 다루고, 최신 나노초 데이터에도 정통했다. 합리적인 결정을 내릴 수 있는 훌륭한 도구들은 어느 때보다 많았다. 다만 결과가 사상 최악이었을 뿐이다. 바로 이런 이유로 투자자와 시장의 심리를 이해하는 것이 대단히 중요하다. 하지만 이제야 인지심리학과 신경경제학 분야의 학자들이 투자자의 과잉반응을 연구하고 있다. 연구 결과에 따르면 버블이 발생하는 이유와 전개 양상, 그리고 시장의 종류에 상관없이 버블을 만든 요인들이 투자결정에도 똑같이 영향을 미친다. 그리고 연구 결과는 투자자의 심리가 투자결정에 어떤 방식으로 영향을 미치는지도 규명하고 있다. 통찰력 있는 선구자들의 뒤를 잇는 이런 연구 덕분에 투자자의 불합리한 행위를 이해하는 데 큰 도움이 되고 있다.

버블의 이해 : 초창기

시장에서 보이는 대중의 행위에 대한 심리학적 통찰은 한때의 유행이 아니라 170년 동안 꾸준히 발전해왔다. 과학적 연구 방식의 첫 단계는 정확한 관찰이다. 화학, 의학 등의 학문뿐 아니라 심리학 역시 마찬가지다. 1840년대로 거슬러 올라가 스코틀랜드의 저널리스트 찰스 매케이는 빈틈없는 관찰력을 이용해 행동재무학의 초석을 마련했다. 1841년 처음 발행된 매케이의 책《대중의 미망과 광기》는 지금도 출간되고 있다.

매케이는 앞서 언급한 바 있는 세 차례의 역사적인 버블 사건인 네덜란드 튤립 광기(1637), 영국 남해회사 버블(1720), 프랑스 미시시피 컴퍼니 버블(1720)을 비롯하여 연금술과 마녀를 화형에 처하는 사건을 통해 대중의 광기를 연구했다. 매케이는 이렇게 단언했다.

"공동체가 갑자기 한 가지에 정신이 팔리면 점점 더 몰입하면서 미쳐 간다. 멀쩡하던 나라가 갑자기 필사적으로 도박에 매달리고, 종이 조각 하나에 생명을 건다. 옛말대로 미쳐 돌아갈 때는 우르르 떼를 지어 광기에 휩싸이고, 제정신으로 돌아올 때는 서서히 한 사람씩 돌아온다.[4]"

매케이가 관찰한 대로 광기의 거대한 파도가 수그러들고 버블이 꺼지기 시작하면 대중은 과열장에서의 병적인 희열만큼이나 바닥 모를 패닉에 빠진다. 너도나도 팔려고 난리통이 되면 신중함이나 합리성은 끼어들 자리가 없다. 투자자들은 터무니없이 비싼 가격도 비싸다고 생각하지 않고, 가격이 폭락하면 내재가치 따위는 망각한다.[5] 지금까지 매케이처럼 광기와 패닉의 특성을 맛깔나게 설명한 저자는 없다.

귀스타브 르 봉은 매케이에게서 영감을 받아《군중심리》를 저술했다. 르 봉은 프랑스 사회심리학자이자 사회학자이며 아마추어 물리학자로

1896년 영국에서 《군중심리》를 출간했다. 《군중심리》는 매케이가 묘사한 군중의 행동과 감정을 제대로 포착하고 있다. 르 봉은 이렇게 말했다.

"어느 한 집단에 속한 모든 사람의 감정과 생각은 하나의 동일한 방향으로 향한다. … 집단의식이 형성되는 것이다. … 이렇게 형성된 집단의식은 매우 명확한 특징을 보인다. 그리하여 집단은 하나의 심리적 군중이 된다.[6]"

르 봉은 군중은 가상과 현실을 구별하지 못한다는 점에 주목했다.

"군중은 이미지를 통해 생각하는데, 이미지 자체가 즉각 다른 이미지를 연달아 소환하지만 첫 번째 이미지와 아무런 논리적 연관성이 없다. … 의식 속에 환기된 이미지 대부분은 관찰된 사실과 연관관계가 희박하지만 군중은 의식 속에 환기된 이미지들을 현실로 받아들인다. … 이미지로만 사고가 가능한 군중은 이미지로만 인상을 형성한다.[7]"

군중에게는 '한탕' 크게 먹는 것만큼 솔깃한 게 없다. 한평생 땀 흘려 모아도 될까 말까 한 엄청난 재산을 며칠이나 몇 달 만에 손쉽게 거머쥘 수 있다는 유혹은 뿌리치기 매우 힘들다. 2000년대 초반, 감당하지 못할 줄 알면서도 엄청난 빚을 안고 집을 산 사람들을 생각해보면 매케이와 르 봉이 시대를 앞서간 특출한 관찰자임에 틀림없다. 그런데 매케이와 르 봉이 설명한, 어처구니없이 군중이 휩쓸려가는 이유에 대한 최근의 연구 결과는 없다.

최신 심리학 엿보기

1970년대부터 심리학 연구를 통해 인간이 예측 가능한 실수를 반복하는 이유가 상당 부분 규명되었다. 이 연구를 통해 대니얼 카너먼^{Daniel} Kahneman과 버논 스미스^{Vernon Smith}가 행동재무학의 기초를 확립하여 노벨 경제학상을 공동 수상했다. 1998년 내가 《역발상 투자》를 펴낸 뒤로 진전된 연구 결과가 나오기 시작했다. 인지심리학과 신경경제학을 통해 버블이 생기는 이유와 버블이 거듭해서 발생하는 이유가 규명되었다. 뿐만 아니라 역발상 투자 전략이 오랫동안 효과적이었던 이유와 어떤 접근법보다 더 실적이 뛰어날 수밖에 없는 이유를 규명했다.

정신과 의사들이 정신 질환자들의 연구를 통해 인간 의식의 기제에 대해 많은 것을 알게 된 것처럼, 이 분야 연구자들도 과열과 폭락을 연구해 투자결정에 대한 귀한 통찰을 얻는다. 투자 버블이 끓어오르면 가치와 가격 사이에 극단적 괴리가 생기므로, 투자자의 과잉반응이 뚜렷하게 관찰된다. 이 분야는 아주 흥미진진하다.

왜 사람들이 광기와 버블의 덫에 걸리는지, 그리고 어떤 사태가 벌어지고 있는지 알아차리기 어려운 이유가 무엇인지 규명하는 데 이런 연구가 큰 도움이 된다. 필사적으로 돈의 유혹을 좇는 우스꽝스럽고 심술궂은 18세기 영국 공작부인과 붉으락푸르락 하는 21세기 투자 은행 직원들에게 이제 작별을 고하자. 그리고 그들을 이 지경이 되도록 만든 심리가 무엇인지 살펴보자.

2장

감정의 위험

그렇다. 1장에서 살펴본 역사적인 버블에서 투자자들이 한결같이 돈을 쏟아부었다니 그저 놀라울 뿐이다. 버니 메이도프^{Bernie Madoff}(사상 최악의 폰지 사기 주모자)조차도 그 당시 회사를 설립한 사람들을 부러워할 것이다. 그들의 계략은 메이도프에 비해 허술하기 짝이 없었지만, 걸린다 해도 감옥에 가거나 속옷까지 경매에 내놓을 일은 없었으니 말이다. 그러나 퇴직 연금과 종자돈을 날린 수많은 개미를 생각하면 도저히 웃을 수가 없다.

앞으로 우리가 살펴볼 투자와 시장 행동의 심리에 관한 연구 결과들 외에도 관심 있는 투자자들에 의해 많은 연구 결과가 소개되었다. 하지만 경제학자와 금융학자, 월스트리트 전문가들 대부분은 아직도 투자 결정에 심리가 영향을 미친다는 점을 묵살하고 있다.

나는 1970년대 후반부터 인지심리학, 사회학, 실험심리학을 통해 투자 심리를 연구하여 글을 써왔다. 나는 투자자들이 거듭 덫에 걸리게 되는 시장 현상을 이해하려면 이런 연구 결과들이 중요하다는 생각에는 추호의 의심도 없다. 이런 맥락에서 2장과 3장에서는 심리학 분야의 연구 결과들을 상세히 살펴보고자 한다.

몇 년 전만 해도 시장에서 일어난 중요한 사건들 때문에 당혹스러웠다. 물음표로 남아 있던 궁금증은 대부분 해소되었지만, 그림 맞추기에서 중요한 조각 하나가 빠진 느낌이었다. 1장에서 살펴본 바로 그 조각, 왜 군중은 광기와 패닉에 사로잡히는가? 희귀한 튤립 하나를 사기 위해 7만 5,000달러(현재 구매력으로 환산)나 지불하더니, 몇 달 뒤 750달러에도 안 사는 이유가 뭘까? 2000년 초 한창 뜨는 컴퓨터 소프트웨어 업체인 레드햇Red Hat 주식을 주당 150달러에 사더니, 2년도 안 돼 고작 주당 3달러에 팔게 되는 이유는 무엇일까?

철두철미하고 합리적이라는 20세기 후반과 21세기 초반의 투자자들이 몇 세기 전보다 훨씬 치명적인 광기에 휩쓸리는 이유가 뭘까?

물론 인지심리학, 사회심리학을 비롯한 다양한 관련 학문들이 투자자들이 저지르는 수많은 심리적 오류에 대해 지적해왔다. 그리고 이러한 오류를 이해하면 자산을 지킬 수 있을 뿐 아니라 큰돈을 벌 수 있다고 밝혀왔다. 하지만 아직 어떤 심리학 연구도 규명하지 못한 의문이 있다. 바로 가격이 양극단을 오가는 이유와 병적인 희열이 눈깜짝할 사이 패닉으로 변하는 이유이다.

감정 : 심리학에서 새롭게 발견된 위력적인 존재

다행히 이제 그 의문이 풀렸다. 1980년대 초반 연구가 시작되고, 지난 20년 동안 참신하고 훌륭한 연구 결과들이 발표되면서 이런 의문에 대한 해답을 제시하고 있다. 이 해답들은 버블이 아주 빈번하게 발생하는 이유, 그리고 광기와 패닉에서 가격 변동이 극심한 이유를 이해할 수 있는 열쇠이다. 뿐만 아니라 투자결정에 필수적인 사항들과 오늘날 위험분석의 핵심을 관통하는 문제를 이해하는 단초가 되고 있다.

가장 중요한 발견은 흔히 말하는 감정, 즉 감정의 어림판단은 최근에서야 인간의 판단과 결정에 중요한 요소로 인식되고 있다(3장에서 인지적 어림판단에 관해 논의할 것이다). 이 이론에 따르면 행복, 슬픔, 흥분, 두려움 같은 감정이 강렬한 호감이나 극도의 반감 같은 의견에 의식적 혹은 무의식적으로 크게 영향을 미칠 수 있다는 것이다.

감정은 시장 내부 또는 외부에서 단독으로 작용할 수도 있고, 이성적인 의사결정 과정과 동시에 작용할 수도 있다. 감정은 인지와 달리 정서로서 신속하고 자동적으로 반응한다. 감정적 속성을 가진 반응은 이성적일 필요가 없으며, 실제로도 비이성적인 경우가 많다.

우리가 살펴볼 감정과 어림판단의 중심에는 노벨경제학 수상자인 대니얼 카너먼의 연구와 더불어 인지심리학의 거두인 폴 슬로빅Paul Slovic 교수의 연구가 있다. 슬로빅은 이렇게 말했다. "긍정적이고 부정적인 감정으로 각인된 심상들이 판단과 의사결정을 주도한다.[1]" 즉 사물 또는 사건이 인간의 의식 속에 어떻게 각인되는지는 의식에 부착된 긍정적 · 부정적 감정에 좌우된다. 예를 들어 열성적인 스포츠 팬의 의식 속에 응원하는 팀은 긍정적으로 표상되는 반면, 숙적인 팀은 부정적으로 표상

된다. 슬로빅의 논문을 인용하면 다음과 같다. "사람은 판단을 내릴 때 감정 어림판단을 사용한다. … 인간은 판단을 내릴 때 '감정의 풀(의식 혹은 무의식 속 표상에 붙은 긍정적·부정적인 태그를 포함한)'을 참고한다.[2]"

인간의 마음 속에는 판단력을 흐릴 수 있는 강한 호감이나 반감이 쌓인다는 사실은 누구나 알고 있다. 여러분도 경험해보았겠지만 정치적 견해나 종교적 견해가 확고한 사람을 상대로 아무리 조리 있게 설명해봐야 생각을 바꾸기가 매우 힘들다. 사실 논리로 설득하려고 할수록 상대의 견해는 더욱 확고해질 뿐이라는 것이 입증되었다. 이를테면 상대방의 논거를 '틀에 박힌' 진부한 의견이라고 치부해버린다. 마찬가지로 자신이 선택한 투자처를 좋아하면 할수록 그 투자처에 대해 품고 있는 긍정적인 감정은 한층 강화된다. 반면 특정 주식이나 업종을 싫어하면 할수록 부정적인 감정은 더욱 강화된다. 정치적 견해와 마찬가지로 어떤 주식에 대한 긍정적인 소식이 들리면 긍정적 감정이 강화되고, 부정적인 소식이 들리면 부정적 감정이 강화된다.

감정은 인간의 정보 처리에 관한 이론인 소위 이중 정보처리 이론에서 주된 역할을 담당한다.[3] 심리학자 세이모어 엡스타인Seymour Epstein은 개인이 현실을 인식할 때 두 가지 처리 과정이 상호작용한다고 주장했다. 이성적–분석적 시스템은 (수학, 공학 같은) 기존의 규칙과 증거를 도구로 삼아 심사숙고하며 분석한다. 나머지 시스템은 심리학자들이 경험적 시스템이라고 부르는 것으로 직관적이며 비언어적이다. 경험적 시스템은 경험과 정서적 회상에서 정보를 도출해 현실을 이미지, 은유, 서사로 가공해 처리하는데, 이러한 이미지, 은유, 서사에는 감정과 정서가 개입되어 있다.[4]

경험적 시스템은 인지 대신 정서에 의존하므로, 필요한 부분들을 모두 조합하고 끼워 맞추는 데 며칠이나 몇 주가 걸리는 이성적−분석적 시스템보다 정보 처리 과정이 훨씬 빠르다. 한몫 크게 잡을 투자처가 있다거나(긍정적 감정), 애지중지하던 주식이 휴지조각이 되었다거나(부정적 감정), 아니면 '유괴'나 '달리는 차에서 일어난 총격 사건'이라는 말만 들어도 뇌가 얼마나 번개같이 반응하는지 생각해보라. 감정은 매우 강력한 정서적 압박으로, 암암리에 시장에서 받은 훈련과 경험을 뭉개버린다. 앞으로 살펴보겠지만 주가가 적정 수준에서 한참 벗어나 극단으로 치닫는 현상도 감정을 통해 설명할 수 있다.

과거의 경험, 현재의 경험 그리고 겪기를 희망하는 경험에서 얻은 이미지와 연상은 의식으로 들어간다. 관념이든, 특정 집단이든, 주식이든, 업종이든, 시장이든 긍정적 또는 부정적 감정이 강렬할수록 결정에 더 큰 영향을 미친다.

감정은 사고나 범죄 목격담에도 영향을 미칠 수 있다. 사고나 범죄 목격담은 감정에 정신이 팔리기 때문에 목격담으로는 사건을 재구성하기가 힘들다. 따라서 목격담은 범죄 수사에 그다지 쓸모가 없는 경우가 많다. 감정에 단단히 뿌리 박고 있는 감정 시스템은 고도의 이성과 거리가 멀다.

무언가를 결정해야 할 때 분석적 접근이 중요하지만, 복잡하고 불투명하며 때로는 위험한 세상을 탐험할 때는 감정과 정서에 의지하는 편이 더 손쉽고 신속하며 효율적이다. 그렇기 때문에 불안과 불확실성이 난무하는 시기에는 감정에 지배되는 경험적 시스템이 주도권을 잡게 된다. 왜냐하면 감정은 이성적−분석적 기억을 압도하는 위력을 갖고 있기 때문에 관련된 사건과 사건에 결부된 감정들이 이성적−분석적 기억을 대체한다. 감정에 지배되는 이 시스템은 사용하기에 간편하지만 때로는 위험천만하다. 1장에서 살펴본 버블에서 뿐만 아니라 앞으로 살펴볼 버블에서도 예외 없이 감정이 밑바탕에 깔려 있다.

이런 상황을 가정해보자. 상당량의 정보가 있지만, 필요한 정보는 부족하거나 정보들이 서로 상충된다. 그런데 결정은 내려야 한다. 이럴 때 감정은 잠재의식 속에서 강력한 힘을 발휘해 투자자의 판단을 흔들어놓을 수 있다. 여러분도 지금쯤 짐작했겠지만 말이다. 시장이 상승세를 보이면 투자자들은 종종 이미 손에 넣은 거액의 수익, 그리고 곧 손에 잡힐 듯 어른거리는 더 큰 수익에 최면에 걸린 듯 흘려버린다. 경험적 시스템은 이성적-분석적 시스템이 보내는 경고의 이미지를 손쉽게 제압한다. 버블 뒤에는 필연적으로 패닉이 오는데, 이때 감정 이미지는 극적으로 변한다. 우량주를 끈기 있게 보유하면 막대한 수익을 거머쥘 수 있지만, 그런 게 눈에 보일 리가 없다. 이야기를 하다 보니 자연스럽게 부정적 감정이 밀려온다. 감정 시스템 때문에 앞으로 닥칠 뼈 아픈 손실이 계속 머릿속에 떠오른다. 주가가 떨어지면 떨어질수록 부정적 감정의 위력은 증폭된다. 대다수 투자자의 머릿속에는 '팔아, 팔란 말이야'라는 외침이 들리고, 주가는 더 폭락한다. 얼마 안 가 머릿속에는 주식시장이 완전히 끝장나는 이미지만 남게 된다.

감정은 시장에만 국한된 이야기가 아니다. 자동차, 패션 등 종류를 막론하고 성공한 마케터들은 감정 효과를 이용해 특정 상품을 선호하도록 소비자를 조종해왔다. 학자들은 스포츠 팬의 난동에서 살인까지 모든 영역의 행위에서 집단이 때로는 어리석고, 치명적인 행동을 하게 만드는 감정의 위력이 무엇인지 연구하고 있다. 감정의 가장 어두운 면은 대량학살이다. 1945~1946년 뉘른베르크 국제군사재판소, 1945년 헤이그 국제사법재판소에서 홀로코스트에 대해 엄중하게 단죄했지만 이후에도 끔찍한 일들은 수없이 벌어지고 있다. 감정에 의해 확산된 증오가 극단으로 치달으면 희생자는 더 이상 인간으로 보이지 않고, 내가 살기 위해서는 모조리 쓸어버려야 할 대상으로 인식된다. 감정 때문에 인간 행동은 정상에서 벗어나 일탈 행위를 하게 되는 것이다.

감정은 아주 미묘하게 작동하기도 한다. 예를 들어 머크^{Merck}라는 제약회사가 견실해 보이는데, 제약주는 저평가되어 있다. 그래서 더 많은 정보를 살펴보고 싶다. 그런데 주가는 계속 오르고, 필요한 정보를 다 수집할 시간은 없다. 그러면 종종 자신도 모르는 사이에 감정에 의지한다. 왜냐하면 얼른 주식을 사고 싶은 마음과 직관에 감정이 맞장구를 치기 때문이다.

감정에 의존하면 잘못된 판단을 할 수 있는데, 이로 인해 대형 참사가 일어나기도 한다. 감정적 본능에 따르는 것이 언제나 최상이라면 인간의 역사에서 이성적-분석적 사고체계가 이토록 발달하고, 중요한 위치를 차지할 이유도 없을 것이다.[5]

감정이 시장에 남긴 치명적 상처는 심리적 추진력을 얻은 경험적 시스템이 수익이라는 강력한 이미지를 강화한다는 것이다. 감정은 인지가 아니라 정서에 바탕을 두고 있어 더 유용하기도 하지만, 때로는 더 위험하기도 하다.

이제 감정의 네 가지 주요 형태를 살펴보자. 네 가지 형태 모두 오랜 세월 투자자들의 포트폴리오를 적자로 붉게 물들인 주범이다. 네 가지 형태는 바로 (1) 확률에 대한 무감각, (2) 위험과 혜택은 반비례한다는 판단, (3) 영속성 편향, (4) 시기 추론이다.

첫 번째, 확률에 대한 무감각

감정은 다양한 방식으로 잘못된 판단을 유도하는데, 투자한 자산의 가치가 상승하거나 하락할 실제 확률에 무감해지게 만든다. 또한 실제 확률에 무감해질 수도 있다는 가능성을 계산에 넣지 못한다. 주식을 사서 큰돈을 만질 수 있다는 생각에 강렬한 감정이 어우러지면, 여건이 달라졌을 때 확률이나 결과가 변할 수 있다는 사실은 문제가 되지 않는다.[6]

확률에 무감해진다는 사실은 연구 결과로도 입증되고 있다.[7] 조지 로웬스타인George Loewenstein, 엘케 웨버Elke Weber, 크리스토퍼 시Christopher Hsee, 네드 웰치Ned Welch[8]의 연구에 따르면 복권에 당첨될 것 같다는 생각이 들면 실제 확률이 0.01%이든 0.00001%이든 사람들이 느끼는 당첨 확률과 복권 구입에 쓰는 돈은 비슷하다고 한다. 당첨되겠다 싶으면 1,000배의 돈을 기꺼이 복권을 사는 데 지불한다! 흥미롭게도 이 수치는 과열된 주식시장에서 투자자들이 그날에 상승하는 주식을 사기 위해 돈을 지불하는 것과 같다. 로웬스타인과 공동 연구자들이 밝혀낸 바에 따르면 도박꾼들은 바람직한 결과가 나올 실제 확률보다는 막연한 가능성에 휘둘린다. 즉 매우 희박한 확률에 집중한다.

흥미로운 연구 결과는 또 있다. 버블에서 이른바 '뜨는' 공모주가 있으면 투자자들은 가격이 얼마든 개의치 않는다는 점이다. 저명한 경제학자인 로버트 쉴러Robert Shiller에 따르면 100주(1주당 10달러라고 하자)를 매수하겠다고 작심한 투자자는 해당 기업이 100만 주를 공모하든, 공모 직전에 액면분할을 해서 500만 주를 공모하든 전혀 상관하지 않는다고 한다. 발행주식이 액면분할을 하면 100주의 가치는 5분의 1 토막이 나지만, 매수자들은 가격이 더 오르리라고 확신하기 때문에 여전히 주당 10달러에

100주를 매수한다.

확률에 무감해진다는 사실을 뒷받침하는 연구는 또 있다. 유발 로텐슈트라이히[Yuval Rottenstreich]와 크리스토퍼 시[9]가 규명한 바에 따르면 도박으로 얻을 수 있는 결과가 정서에 미치는 호소력이 강하면, 도박이 갖는 매력(또는 도박에 대한 혐오감) 때문에 승률이 99%에서 1%로 떨어져도 확률 변화에 무감해진다고 한다.

"버블에서는 주가가 고평가되는데, 이 연구 결과는 고평가 현상의 핵심을 포착하고 있다. 어떤 주식이나 투자처의 전망이 괜찮다는 감정에 휩싸이면 실제 가치보다 100배가 넘는 돈을 지불하기도 한다. 이 연구 결과는 버블에서 주가가 천문학적으로 뛰어오르는 원인을 설명해준다."

그림 2-1은 이 연구결과가 얼마나 정확한지 보여준다. 기업 수익 대비 주가가 100배 이상 오르는 경우도 있다. 1996년부터 들썩거리던 주식시장은 2000년 3월 고점을 찍었는데, 당시 주로 대형 닷컴주와 첨단 기술주로 구성된 나스닥100 지수는 717% 상승했다. 2000년 3월 고점을 찍은 나스닥100 지수는 2002년 10월 83% 폭락하면서 바닥을 찍었다. 1929~1932년 다우존스산업평균지수가 89% 폭락한 이래 미국 주식 지수 사상 최악의 하락이었다. 버블이 최고조에 이를 무렵 나스닥의 주가수익비율[Price-Earning Ratio], 이하 PER은 200배를 돌파했다. 나스닥100 지수에 포함된 거의 모든 기업이 고속 성장의 이미지를 가진 제품이나 서비스를 보유하고 있었는데, 실제 고속 성장을 달성할 수 있는지 여부와는 상관없는 이미지에 불과했다.

이런 주식들에 투자자들이 얼마나 열광했는지 보여주는 전형적인 사례 두 가지를 보자.

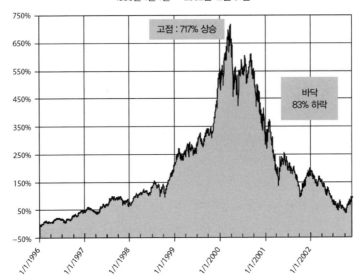

그림 2-1 시장 버블에 나타난 감정의 위력

나스닥100 지수
1996년 1월 1일 ~ 2002년 12월 31일

출처: © 데이비드 드레먼, 2011. 데이터 출처: FactSet Research Systems Inc.

사례 A : 2000년 3월 아메리카온라인AOL의 PER은 200배였다. AOL은 6년 동안 엄청난 수익 성장률을 보여주었고, 애널리스트들은 해마다 수백만 명의 신규 고객이 AOL이 제공하는 인기 있는 온라인 서비스를 구매할 것이므로, 성장률은 더 상승할 것이라고 믿었다. 표준수익할인 모형을 사용해 계산해보니 당시 주가가 적정 수준이 되려면 약 180억 명의 이용자가 필요한데, 이는 당시 전 세계 인구의 3배에 이르는 숫자였다. 당시 나는 이렇게 결론을 내렸다. 이런 '겸손한' 성장 목표를 달성하려면 외계인들을 아주 많이 빨리 발견해야 한다.

얼마 안 가서 AOL은 타임워너와 합병했다. 세계 시장의 경쟁은 예상보다 훨씬 치열해졌고, 온라인 사업의 성장은 심각한 정체를 겪게 되면서, 터무니없이 수익을 부풀렸던 회계 방식을 수정하자 수익은 급격히 하락했다. 그리고 합병회사의 주가도 폭락했다. 2000년 1분기 주가는 100달러였는데 합병회사 AOL 지분의 가치는 90% 하락했다.

사례 B : 이토이스^{eToys}는 온라인에서 다양한 장난감을 판매하는 떠오르는 신생 닷컴기업이었다. 이토이스의 사업 계획은 인기 있는 장난감의 종류를 가장 많이 구비하여, 사이트 이용자들의 쇼핑 시간을 줄여준다는 것이었다. 사이트 이용자들은 할인을 통해 주요 경쟁사들에 비해 저렴한 가격에 장난감을 살 수 있었다.

수많은 경쟁사가 이미 온라인 사이트를 구축했거나 구축하는 중이라는 사실을 애널리스트와 투자자 대부분이 무시했다. 이들이 간과한 사실은 또 있다. 이토이스의 할인 정책은 대규모 손실로 이어졌다. 경쟁사들은 대형 장난감 제조업체들로부터 납품 대금을 대폭 할인받았지만, 이토이스는 대량 주문이 없어 이런 할인 혜택을 받을 수 없었다.

1999년 10월 고점을 찍을 당시 이토이스의 시가총액은 107억 달러로, 미국 전역에 걸쳐 수백 개의 매장을 보유한 최대 장난감 도매업체인 토이저러스^{Toys 'R' Us}의 시가총액보다 3배 높았다. 하지만 이토이스의 매상은 토이저러스의 1%에도 미치지 못했다. 토이저러스는 오랫동안 수익을 올리고 있었지만, 이토이스는 계속 손실을 보고 있었다. 임원진도 문제였다. 소매 사업을 구상하고 운영해야 하는 임원들의 역량은 그저 그런 수준이었고, 경영진의 인력 층도 얇았다. 좀 더 정확하고 냉정하게 평가하자면 경영진은 겨우 나쁘지 않은 수준이었다.

현실적인 사업 계획이 없었던 이토이스는 막대한 손실을 보더니 2001

년 결국 파산했다. 물론 당시에도 이러한 사실들을 모두 알 수 있었다. 그러나 애널리스트, 펀드매니저, 투자자들은 이 기업이 전달하는 강력한 긍정적인 감정 이미지에 이끌려 이런 정보들을 고려하지 않았다. 그리고 이토이스의 주식은 무덤에 들어갈 때까지 탁월한 투자처로 남아 있을 것이라고 믿었다. 거듭 말하지만 긍정적 감정이 커지면 경험적 시스템이 이성적이고 논리적인 분석을 압도한다.

AOL과 이토이스의 주식은 독특한 속성을 지니고 있지만 두 기업 모두 나스닥종합지수에 속해 있었다. 당시 첨단 기술주와 닷컴주들이 그렇듯 두 기업 역시 지나치게 고평가되었다. 인간은 막대한 수익을 거머쥘 '확률'이 아니라 막연한 '가능성'에 민감하게 반응한다. 이것이 1996~2000년 닷컴 버블에서 닷컴주와 첨단 기술주들이 터무니없이 고평가되는 데 큰 역할을 했다.

표 2-1은 내가 1999년 11월 작성한 것으로 당시는 인터넷 버블이 절정으로 치달을 무렵이었다. 표 2-1은 당시 가장 인기 있었던 인터넷 기업 10개 주의 PER을 보여준다. 주식시장이 양극화되었던 1971~1974년에는 고속 성장하는 대기업 주식만 인기가 높았는데, 50개 고성장 기업의 PER은 평균 51이었고, 일반적인 기업의 PER은 평균 25~35였다. 이들 주식은 1973~1974년 하락장에서 주가가 폭락했고, 오랫동안 투자자가 잠재 성장력에 과도하게 투자한 사례로 남아 있다.

1996~2000년의 닷컴 버블은 달랐다. 표 2-1에 나타난 최고의 PER은 1,930이고, 이 기업들의 평균 PER은 무려 739였다. 주식시장 양극화가 심했던 1971~1974년 니프티피프티 50주(S&P500 지수에 편입된 종목 가운데 최상위 우량주 50종목)의 평균 PER이 51이었다는 점을 감안할 때, 표 2-1에 표시된 10개 닷컴 기업의 평균 PER은 어마어마한 버블이 아닐

수 없다. 1996~2000년 당시 버블 기업들은 규모가 작지도 않았고, 무명 기업도 아니었다. 이들 기업의 시가총액은 16억 달러에서 310억 달러로 S&P500 지수에 편입된 기업의 평균 시가총액보다 훨씬 컸다.

우리는 버블이 최고조에 달했던 1999년 10월 당시 주식의 진짜 펀더 멘털, 즉 기본 가치를 알아보기로 했다. 1999년 애널리스트들이 평가한 수익 예측을 출발점으로, 이후 21년은 미국 역사상 최고의 수익 성장률 을 각 기업에 적용했다. 그 뒤로는 S&P500 지수의 평균 수익 성장률을 적용했다. 군침 도는 사업 계획을 내세운 이들 기업에 적용된 수익 성장 률은 말도 안 되게 높았고(표 2-1의 1 참고), 설사 이런 불가능한 목표 수익

표 2-1 광기가 남긴 흔적
닷컴 버블 1996~2000년

인터넷 기업	1999년 10월 31일 주가(달러)	1999년 10월 31일 PER	할인된 미래 EPS의 현재가치 : 15%[1, 2](달러)	2002년 8월 31일 주가(달러)
이베이(eBay)	67.57	1,930	4.75	56.52
리얼네트웍스(RealNetworks)	54.85	1,219	5.31	4.58
야후!(Yahoo!)	89.53	1,194	10.18	10.29
더블클릭(DoubleClick)	70.00	933	6.70	5.63
프라이스라인(Priceline.com)	60.25	603	8.92	2.35
아마존(Amazon.com)	70.63	353	17.87	14.94
라이코스(Lycos)[3]	53.38	334	18.87	11.19
퀘스트(Qwest)	36.00	327	13.00	3.28
마인드스프링(MindSpring)[3]	25.69	257	11.80	6.10
이*트레이드(E*Trade)	23.81	238	10.27	4.34

1999년 11월부터 2002년 8월 31일까지 평균 하락폭 = −79.1%

1. 수익 성장률 첫 3년 50%, 이후 5년 25%, 이후 6년 20%, 이후 7년 15%, 이후 7.5%로 가정
2. 할인률 계산 : 장기 국채 5.9% + 위험 프리미엄 9.1% = 총 15%
3. 라이코스(Lycos)는 라이코스 주식 1주당 2.15주를 교부받는 조건으로 2000년 10월 30일 테라 네 스웍스 SA(Terra Networks SA)에 인수되었다. 마인드스프링은 현재 어스링크(Earthlink)이다.

출처: © 데이비드 드레먼, 2011

을 실제로 달성한다 해도 주가는 여전히 터무니없이 높은 수준이었다.

3열에 추산한 주가는 더 낮긴 하지만 여전히 지나치게 고평가되었으며, 각 기업의 할인된 수익을 이용해 도출한 것이다. 우리가 사용한 모델은 주가 평가 표준 모델인 '단순 수익할인모형●'이다.

3열과 당시 주가인 1열을 비교해보자. 3열과 1열의 격차를 보면 최대 14배에서 최소 2배가 조금 넘는다. 수익이 초고속 성장을 한다는 가정하에 산출한 3열의 주가조차도 어이없이 높지만, 1열의 주가는 2000년 3월에 2배 가까이 치솟아 닷컴주의 주가를 다시 한 번 끌어올렸다.

표 2-1의 4열(1999년 프레젠테이션 이후 추가됨)은 버블이 꺼진 후인 2002년 8월 31일의 주가이다. 표에 나타난 10개 기업의 평균 주가 하락률은 79.1%였다. 이베이만이 3열에 산정된 현재가치 모델 추정치를 훨씬 웃돌았다. 야후 주가는 3열보다 1% 정도 웃돌고, 나머지 8개 기업은 3열의 추정치를 밑도는데 일부는 그 폭이 상당하다. 당시 첨단 기술주와 시장에서 7조 달러가량이 증발했다. 참고로 1987년 주가 폭락 사태에서 1조 달러가 시장에서 증발했다.

두 번째, 위험과 혜택은 반비례한다는 판단

감정은 어느 한 주식, 아니 전체 포트폴리오의 위험조차 보지 못하도록

●수익할인모형은 애널리스트의 기업 미래 수익 예측(종종 30년 이상)을 취해, 연간 수익률에 장기 국채의 현재 가격과 5.9%의 할인율을 적용한 뒤 9.1%의 위험 요소를 추가 적용한 것이다. 걸음마 단계에 있는 시장의 성장이 삐걱거릴 수밖에 없는 점, 미래 시장의 경쟁, 장기적으로 성장을 옥죄는 수많은 다른 요소를 생각할 때 저자는 이 할인율이 매우 보수적이라고 생각했다.

눈을 멀게 만드는 걸까? 우리가 배운 투자법에 따르면 결코 그렇지 않다. 50년 동안 위험 이론이 존재했고, 위험의 공격에서 포트폴리오를 방어하는 대비책도 셀 수 없이 많았다. 그러나 효율적 시장 가설과 오늘날 투자자, 재정 자문, 뮤추얼 펀드가 사용하는 많은 위험 이론에서는 단지 변동성만을 고려한다. 최근의 감정 연구에 의하면 대다수가 사용하고 있는 방어책은 아쉽게도 통하지 않는다는 것이 입증되었다.

효율적 시장 가설은 부담하는 위험이 클수록 투자자가 인지하는 수익은 더 커진다고 주장한다. 감정 이론은 이 명제의 허구성을 입증했다. 바루크 피쇼프Baruch Fischhoff, 폴 슬로빅, 사라 리히텐슈타인Sarah Lichtenstein, 스티븐 리드Stephen Read, 바바라 쿰즈Barbara Coombs[10]가 규명한 바에 따르면 위험과 보상은 서로 반비례한다. 즉 부담하는 위험이 클수록 인지하는 이익은 작아지며, 부담하는 위험이 작을수록 인지하는 이익은 커진다. 한마디로 현대의 위험 이론을 완전히 뒤집는 결론인데, 감정이 의사결정에 미치는 영향을 연구하다 보면 그 경위를 알 수 있다.

이 연구 결과를 뒷받침하는 후속 논문들이 속속 발표되었다. 연구자들은 피험자들에게 다양한 위험 상황에서 위험의 강도가 어느 정도인지에 대해 물었다. 피험자들은 위험하고 아찔한 상황에서도 혜택이나 보상이 크다고 인식할수록 위험은 낮다고 대답했다. 사실 모든 상황에서 위험이 존재하지만 혜택이나 보상의 크기에 따라 인지하는 위험의 정도가 달랐다. 반대로 보상이나 혜택이 작다고 인식할수록 위험은 크다고 인식했다. 예를 들어 알코올과 식품 첨가제는 혜택은 작고 위험이 크다고 느낀다. 하지만 백신이나 항생제, 엑스레이는 혜택이 크고 위험은 작다고 생각한다. 그런데 오늘날 투자 업계는 위험이 클수록 위험에 비례하여 수익이 크다고 믿는다. 현재 투자 업계의 가르침에 의하면 실험 결과에서 보이는 심리 기제는 존재할 수 없다.

슬로빅, 맥그리거MacGregor, 맘포스Malmfors, 퍼처스Purchase[11]는 영국 독성학협회British Toxicological Society 회원들을 대상으로 설문조사를 실시했다. 조사 결과 전문가인 회원들 역시 위험과 혜택을 반비례 관계로 인식했다.[12] 행태학자들은 속성과 질적 측면에서 수익과 혜택, 위험이 전혀 다를 때에도 위험과 보상 간에는 반비례 관계가 성립한다고 주장한다. 시장에서는 이성적 분석 방법을 통해 위험과 보상이 비례해야 한다고 말한다. 따라서 투자자들은 위험과 보상이 반비례한다는 심리를 이해하기 어렵다.

알리 알하카미Ali Alhakami와 폴 슬로빅의 연구 논문에 따르면[13] 어떤 행위(예를 들어 살충제 사용)에 대해 사람들이 인지하는 위험과 혜택은 그 행위에 따르는 긍정적 혹은 부정적 감정과 결부되어 있다. 연구 결과 검증되지 않은 암 치료제 복용이나 닷컴주 매수 등 좋아하는 행위를 할수록 위험은 작고 혜택은 크다고 판단했다. 반대로 석탄을 에너지원으로 사용하거나, 술을 마시거나, 수익률이 시원찮은 주식을 사는 행위 등 싫어하는 행동일수록 위험 수준이 높다고 생각했다.

알하카미와 슬로빅에 따르면 인간은 어떤 행위나 기술의 위험 그리고

● 예상대로 전문가는 감정에 크게 영향을 받아 위험 물질을 판단할 때 반비례 관계로 파악했다. 두 번째 연구에서 동일한 독성학회 회원들을 대상으로 벤젠, 아스피린, 간접흡연, 다이옥신 등 30가지 화학 물질의 순위를 감정에 따라 나쁨에서 좋음까지 '재빨리 직관적으로' 순위를 매기라고 요청했다. 그런 다음 감독기관이 우려하는 최소 노출 수준의 100분의 1 이하인 극소량의 화학물질에 노출됐을 때 위험한 정도를 판단하라고 요청했다. 노출 정도가 극히 작으므로, 전문가들이 감정의 순위와 상관없이 한결같이 위험이 낮다고 판단할 것이라고 예상했다. 그런데 감정과 극소량 노출의 위험도 판단 사이에는 밀접한 상관관계가 존재했다. 감정 순위에서 부정적 평가를 받은 화학물질은 극소량 노출됐을 때에도 위험도가 높다는 평가를 받았다. 감정 순위에서 긍정적 평가를 받은 화학물질은 위험도가 낮다는 평가를 받았다. 97명 중 95명으로 거의 모든 응답자가 이렇게 대답했다.

혜택을 판단할 때 이성적 사고에 의존할 뿐 아니라 직감에도 의존한다. 인간은 어떤 생각이나 개념을 좋아하면 위험이 낮다고 판단한다. 이런 판단의 배후에는 역시 감정이 도사리고 있다. 인간의 감정은 위험에 대한 이성적 판단이나 선택을 바꾸어놓거나 간섭할 수 있다.

금융 분야에서 요아브 간자크$^{Yoav Ganzach}$[14]가 이 이론을 입증했다. 간자크에 따르면 어떤 주식에 대해 호감을 가지고 있으면 수익은 크고 위험은 작다고 판단한다. 반면 어떤 주식에 대해 반감을 가지고 있으면 수익은 작고 위험은 크다고 판단한다. 그러나 익숙한 주식일 경우 위험과 수익에 대한 인식은 호감이나 반감 같은 정서에 휘둘리지 않고 서로 비례했다.

그림 2-1과 표 2-1을 보면 감정이 위험 인식에 막대한 영향력을 행사한다는 것을 알 수 있다. 그림 2-1과 표 2-1 모두에서 투자에 관한 감정은 매우 긍정적이었는데, 실제 가치보다 몇 배 높은 수준에서 주가가 형성되는 것으로 보인다. 널리 추종되는 투자 원칙과는 상관없이 주식에 대한 강한 호감이 투자 위험을 압도하는 듯하다. 분석적·논리적으로 비교해보면 1999년 후반 나스닥 상위 종목들이 지나치게 고평가되었다는 것을 알 수 있지만(표 2-1), 투자자들은 여전히 이 종목들의 위험이 낮다고 인식했다.

애널리스트들 역시 감정에 사로잡힌 탓에 기대 수익률에 비해 위험이 지나치게 높다고는 생각하지 못했다. 닷컴 버블이 한창일 무렵 애널리스트가 쓴 보고서를 수도 없이 읽어보았지만 위험이 크다고 경고한 보고서는 거의 없었다. 정서적 영향 같은 감정 요소가 개입될 때 현대의 증권분석에서는 일반적으로 이성적-분석적 프로세스의 효율성 측정을 중요하게 생각한다. 이토이스를 비롯하여 수많은 기업이 재정적 한계, 미심쩍은 경영진, 허술한 사업계획 등의 위험이 뻔히 보였지만, 주가는 하늘 높은 줄 모르고 치솟았다. 어떤 유능한 연구자도 이런 위험 요소를 점검하지 않았고, 어떤 정보도 제공되지 않았다. 대신 수많은 보고서가 잠재 수익이 막대하다는 이유만 구구절절 설명했다.

반대로 표준 가치평가 척도에 따르면 1996~2000년의 버블에서 위험이 훨씬 작은 가치주에는 부정적 감정이 결부되어 있었다. 따라서 감정의 영향을 받는 대부분의 투자자는 당시 가치주들이 가치평가 기준보다 훨씬 위험이 크다고 믿었다. 당시에는 가치주가 공모주, 즉 닷컴주나 첨단 기술주보다 위험이 훨씬 크다고 인식되었고, 닷컴주와 첨단 기술주의 주가는 이후 폭락했다. 닷컴 광기 속에서 위험-보상관계가 뒤집혔다. 위험과 보상은 언제나 존재하며, 버블로 위험-보상관계가 극명하게 드러났다. 그리고 위험-보상관계를 이용해 좋은 기회를 잡을 수 있는 길은 언제나 활짝 열려 있다. 이에 대해서는 다시 논의하겠다.

2000년 봄, 인터넷 버블로 인해 닷컴주를 비롯하여 애지중지되던 종목들이 대참사 수준으로 폭락하였다. 그러자 그동안 위험은 높고 수익은 낮다고 평가되던 가치주들이 긍정적으로 재평가되었다. 다시 한 번 감정이 이성적-분석적 접근을 압도하는 현상을 똑똑히 목격하게 된 것이다. 그런데 이처럼 감정이 이성을 제압하는 현상은 지금까지 다른 분야에서는 경험적 실험으로 관찰되지 않았다. 얼마 지나지 않아 닷컴주와 가치주에 대해 정상적인 평가방법이 적용되면서 1996~2000년 버블의 가치평가는 뒤집히게 되었다.

안타깝게도 많은 투자자가 감정에 압도되어 엄청난 손실을 보았는데, 그중에는 은퇴를 앞둔 사람들도 많았다. 언론에서 하루가 멀다 하고 보도한 것처럼 수많은 사람이 은퇴하지 못하고 일을 계속해야 했다. 이 현상들은 감정 연구를 통해 드러난 사실들로 설명할 수 있다.

투자자는 심리적으로 강력한 긍정적 감정의 영향을 받으면 위험이 제한되어 있다고 생각하며, 부정적 감정의 영향을 받으면 위험이 크다고 생각한다. 버블에서는 이런 심리 현상이 두드러지게 드러난다. 그런데 앞으로 살펴보겠지만 버블 말고도 다른 형태의 시장 환경에서도 이런 현상이 드러난다. 66페이지에서 살펴보았듯이 위험과 감정의 상관관계는 오늘날의 위험관리나 금융 이론에 중요한 시사점을 던져준다.

세 번째, 영속성 편향

감정이 시장에서 판단을 왜곡하는 방식은 또 있다. 우리는 긍정적·부정적 사건이나 어닝 서프라이즈가 한 종목이나 업종 또는 시장 전체에 영향력을 미치는 기간을 과대평가하는 경향이 있다. D. T. 길버트^{D. T.} Gilbert, E. C. 피넬^{E. C. Pinel}, T. D. 윌슨^{T. D. Wilson}, S. J. 블룸버그^{S. J. Blumberg}, T. P. 휘틀리^{T. P. Wheatley}가 연구한 바에 따르면 시장 참여자들은 유쾌한 사건이나 불쾌한 사건을 경험한 뒤, 긍정적이나 부정적 감정이 지속하는 기간을 과대평가하는 경향이 있다.[15] 이를 '영속성 편향^{Durability Bias}'이라고 한다.

영속성 편향은 크고 작은 시장의 사건이나 호재들 그리고 긍정적·부정적 사건이나 어닝 서프라이즈에 대한 대중의 과민반응을 판단하는 중요한 요소이다. 예를 들자면, 2010년 봄 영국 석유회사 BP(브리티시석유회사)의 굴착장치가 폭발해 멕시코만에 석유가 다량 유출되자 석유탐사 회사와 유전개발 회사의 주가가 폭락했다. 당시에는 앞으로 멕시코만이나 아메리카 대륙 연안에서 심해 시추가 장기간 허용되지 않을 것이라는 분위기가 지배적이었다. 더불어 BP와 협력 업체에게는 천문학적인 해안 청소 비용이 부과되어 힘들어질 것이라고 예측했다. 그러나 1년 만에 연안에서 심해 시추가 허용되었고, 청소 비용도 엄청나긴 했지만 관련 업체들은 감당할 수 있었다. 가장 위태롭다고 생각했던 일부 기업의 주가는 1년도 못 가 2배로 뛰었다.

제3부와 제4부에서 살펴보겠지만 '최고' 주식보다 '최악' 주식의 실적이 더 좋은 이유, '최고' 주식과 '최악' 주식에서 서프라이즈가 발생할 때 투자자들이 시장에서 일관되게 정반대의 반응을 보이는 이유도 이런 맥락에서 설명할 수 있다.

네 번째, 시기 추론

시간과 관련된 인간의 판단 역시 감정을 통해 왜곡된다. 시기적으로 가까운 사건들은 매우 구체적이고 자세한 언어로 제시되는 경향이 있다. 예상보다 높거나 낮은 판매고나 수익을 비롯해 애널리스트들이 내놓는 수많은 예측은 단기 사건에 집중된다.[16] 반면 먼 미래에 일어날 사건일수록 예상 수익은 주식에 관해 인지한 핵심을 담은 몇 가지 추상적이고 일반적인 특성으로 표현된다. 이런 현상을 '시기 추론'이라고 한다. 감정의 하나인 시기 추론의 이런 속성 때문에, 투자자는 선호주와 비선호주에 관한 예측을 먼 미래까지 확장시키게 된다. 비록 예측이 부정적이라도 투자자의 시선이 먼 미래까지 확장될 경우 결과는 바뀌게 된다.

감정은 장기 예측이 좀 더 그럴듯하게 보이도록 만드는 효과도 있다.

장기 예측은 수많은 단기 정보(대부분 긍정적이지만 일부 부정적인 정보도 있다)에 집중하는 대신, 두루뭉술하게 가슴 설레는 장기 예측에 대해 생각하기 때문에 단기 예측보다 더욱 장밋빛으로 물들게 된다.

강한 긍정적 감정이나 부정적 감정 때문에 한 주식이나 업종 또는 시장의 가격은 너무 높거나 너무 낮게 책정될 수 있다. 트롭과 리버먼 교수는 장기 수익을 아주 낙관적으로 보는 것도 이러한 감정의 속성으로 설명할 수 있다고 보았다.

버블 상황에서 기술주뿐 아니라, 장기적으로 역발상 투자의 수익이 꾸준하게 좋은 이유 역시 시기 추론으로 설명할 수 있다. 첫 번째 경우(제4부에서 자세히 설명되어 있다), 투자자들은 대중의 눈밖에 난 종목이 최악의 상황을 맞을 것이라고 예측하고, 이런 기업은 먼 미래에도 부진을 면치 못할 것이라고 예측한다. 역발상 투자자는 이런 군중 심리를 역이용해 투자 종목을 고른다. 기술주의 경우 그럴싸한 사업 계획을 내세우는 기업들이 아주 먼 미래까지 시장이 커질 수 있다고 장담하면, 투자자는 대체로 이 기업들의 긍정적인 결과가 먼 미래까지 연장될 것이라고 예측한다. 기술주 버블 상황에서 투자자들이 닷컴주 같은 선호주의 긍정적 감정이 지속할 시간을 과대평가하면, 주가가 어느 수준까지 과대평가될 수 있는지 몇 가지 사례를 통해 확인했다.

트롭 교수와 동료들은 실험을 통해 단기 예측과 장기 예측이 구축되는 방식이 상이하다는 점을 보여주는 증거들을 다수 제시했다. 두드러진 사례가 닷컴주 폭락 이전의 야후 성장 예측이다. 야후는 1996년 4월 상장되었고, 닷컴 버블 내내 공모주들 중 가장 인기 있는 종목이었다.

야후 주가는 1996년 7월 말부터 2000년 1월까지 무려 1만 8,000% 상승하며 119달러로 고점을 찍었다(주식 분할 조정). 투자자들은 야후가 탁월한 웹사이트라고 여겼다. 거의 무한정 증가하는 광고, 고공 행진하는 수익 흐름, 폭발적인 사용자 증가 등 야후의 잠재 성장률은 타의 추종을 불허한다고 생각했다.

1999~2000년 야후의 매출 성장은 어마어마했다. 5년 사이 매출은 2,380만 달러에서 무려 11억 달러로 뛰었다(5년간 연평균 성장률이 116%에 달했다). 그러나 이익은 그리 좋지 못했다. 1996~1998년에는 손실이 발생했고, 이후 1999~2000년에 주당 순이익은 푼돈 수준이었다. 1996~2000년을 통틀어 주가는 120달러를 육박했는데, 주당 순이익은 2~3페니에 불과했다. 그럼에도 흥미진진한 사업 개념이 이런 사실을 보지 못하도록 투자자들의 눈을 가렸다.

2000년 초, 야후의 PER은 5,398이었고, 대다수 투자자가 향후 10년간 연간 50%를 훨씬 웃도는 엄청난 수익 성장률을 기대했다. 야후가 비록 괜찮은 회사이긴 하지만 이런 장기 예측은 지나친 고평가였다. 2000~2002년 닷컴 버블이 꺼질 즈음 야후의 미래 성장률은 재평가되었고, 야후의 성장률이 시장의 기대에 훨씬 못 미친다는 사실이 드러났다. 그러자 닷컴주 폭락이 최악으로 치닫던 2001년 초 가을, 야후 주가는 97% 폭락하면서 바닥을 찍었다.

시간 추론의 현상을 보여주는 흥미로운 사례는 또 있다. 연구자들은 투자자들에게 1996~2000년 버블 기간 동안 주식 포트폴리오의 미래 실적을 추산하라고 요청했다. 버블이 최고조에 이를 무렵인 1998년 미국 투자자들은 주식의 미래 수익을 지나치게 낙관하고 있었다. 1998년 말 나는 폴 슬로빅, 스티븐 존슨, 도널드 맥그리거와 함께 다수의 뮤추얼 펀드 투자자를 대상으로 향후 10년간의 장세를 예측하는 연구 논문을 집필했다.[17] 향후 10년 동안의 평균 수익률을 예측해보라고 요청하자 투자자들은 매우 낙관적으로 연평균 14%의 수익률을 올릴 것이라고 기대했다. 사실 1920년대 이후 연평균 약 10%씩 주가가 올랐으므로 열성 투자자들은 앞으로 10년간, 지난 70년 동안보다 40% 더 많은 수익을 기대한 셈이었다.

감정이 증권분석에 미치는 영향

2장에서 다양한 형태의 감정이 버블과 광기에 기름을 붓고, 환경이 바뀌면 버블이 꺼지면서 공포와 패닉이 급속도로 퍼진다는 사실을 살펴보았다. 감정 어림판단은 경이로운 동시에 무시무시하다. 속도, 섬세함, 정교함으로 본다면 감정 어림판단은 경이롭다. 하지만 감정 때문에 얼마나 길을 잃고 헤맬지에 대해 생각하면 아찔하다. 폴 슬로빅은 이렇게 말했다. "의미는 감정에 의존하므로 어떤 정보를 통해 의미를 포착하는 일이 얼마나 힘든지 고려해야 한다.[18]"

우리는 정보를 통해 의미를 끌어내기 위해 정보 취합에 들이는 막대한 시간과 비용을 아까워하지 않는다. 하지만 이제는 당연하게 여기던 의미들을 재고해봐야 한다. 앞으로 살펴보겠지만 주식분석, 시장분석 같은 '의미 있는 정보'에는 감정이 개입되어 있다. 그렇다면 대부분 이런 정보를 활용하는 것이 헛수고가 아닐까?

분명 이런 위험을 피하기는 쉽지 않다. 이 책에서 감정이 우리의 이익을 해치는 방향으로 작용할 때 전기 충격기처럼 저지할 수 있는 지침을 소개하는 이유도 바로 이 때문이다. 진짜 문제는 정확한 때 방아쇠를 당길 수 있느냐는 것이다(때가 되었을 때 방아쇠를 당기는 건 생각보다 어렵다). 어쨌든 감정의 존재를 인식하는 것만으로도 더 나은 투자 전략을 수립하기 위한 훌륭한 첫걸음이다.

펀더멘털과 가격의 괴리

감정에 의해 촉발된 버블의 가장 두드러진 특징 중 하나는 앞에서 살펴본 대로 펀더멘털과 가격의 엄청난 괴리다. 애널리스트, 펀드매니저 그리고 고강도 훈련을 받은 금융 전문가들도 예외는 아니다. 기업의 전망을 평가하는 데 사용되는 표준 지침은 이성적-분석적 시스템에서 도출한 것이다.

CFA(국제재무분석가)협회와 학계의 교육 자료들은 애널리스트와 펀드매니저에게 이성적으로 행동하고, 주가를 결정할 때 기업의 주요 펀더멘털을 빠짐없이 살피라고 가르친다. 이런 교육 자료의 바이블격인 책이 벤저민 그레이엄Benjamin Graham과 데이비드 도드David Dodd의 《증권분석Security Analysis》이다.[19] 그레이엄과 도드는 상세한 기업 정보뿐 아니라 수많은 재무비율을 사용해 주식 가치를 판단한다. 앞서 살펴본 기업 전망 평가에 사용되는 표준 지침들은 건너뛰거나 간단하게 축약되었다.

안타깝게도 대다수의 전문가는 종종 평범한 투자자들보다 별로 나을 것이 없거나, 오히려 더 형편없을 때도 있다. 교육도 받고, 최신 정보도 갖고 있고, 최고급 연구 자료를 이용할 수 있는데도 말이다. 이 점만 보아도 감정의 위력이 얼마나 대단한지 알 수 있다.

도대체 감정에 어떤 속성이 있기에 금융 전문가들이 평범한 투자자들과 똑같은 실수를 저지르게 만드는 것일까? 가장 중요한 속성은 바로 확률 무감각이다. 버블에서는 어떤 기업의 성장과 수익이 무한한 것처럼 보이는데, 이처럼 지나치게 과장된 기업 가치에 함몰되면 평범한 투자자나 금융 전문가 모두 똑같은 실수를 저지르게 된다. 앞에서 살펴봤듯이 위험과 혜택이 반비례한다는 판단과 영속성 편향, 시기 추론 모두 포트폴리오를 가차 없이 난도질할 수 있다. 감정이 판세를 뒤바꿀 수 있는 것이다. 안타깝지만 감정은 평범한 투자자만큼이나 해박한 전문 투자자들도 빨리 무너뜨릴 수 있다.

거부하기 힘든 정도는 아니더라도 흥미진진한 사업 계획이 있고, 한 번 폭등한 경험이 있는 기업의 주가는 아무리 올라도 비싼 느낌이 들지 않는다. 닷컴주나 공모주를 사면 금방 돈을 벌 것 같은 이미지에 강력한 긍정적 감정까지 결부되면 이성적-분석적 시스템을 압도하게 된다. 그리고 최적의 의사결정과 거리가 먼 엉뚱한 결론을 내리게 된다.

증권분석 결과

우리는 애널리스트나 펀드매니저들에게 이성적 평가모델을 사용했음에도 왜 주가가 극단적으로 과대평가되는지에 대해 물어봐야 한다. 애널리스트나 펀드매니저들은 온갖 말로 이성적 평가모형을 사용한다고 주장할 것이다. 하지만 표 2-1에서 볼 수 있듯이, 펀더멘털로 산정할 수 있는 주가 최대치보다 훨씬 높은 주가를 보면 애널리스트나 펀드매니저들이 사용하는 모델은 타당한 평가기법이라고 볼 수 없다.

최근 몇 년 동안 수많은 애널리스트가 천정부지로 치솟은 가격으로 주식을 매수했다. 그레이엄이 이 모습을 보았다면 고개를 절레절레 흔들었을 것이다. 아직 생존해 있는 그레이엄 동료라면 더 격렬한 반응을 보였을 것이다. PER 등 다양한 평가 기준에 대해 그레이엄은 극단적 보수주의자였다. 그레이엄은 '미스터 마켓'은 언제 돌변해 극단으로 치달을지 모르기 때문에 기업 전망이 어떻든 PER이 20을 훨씬 웃도는 주식은 사지 말라고 누누이 당부했다. '미스터 마켓'은 그레이엄이 붙인 시장의 별명이다.

성장 전망이 평이한 주식의 경우 대체로 PER은 12~15 사이이고, 성장 전망이 평균을 훨씬 웃도는 주식은 25~35, 수익 성장 전망이 탁월한 주식은 40~50이다. 그렇다면 수많은 애널리스트가 PER이 100~1,000이 넘는 수준에서 거래되는 주식을 추천하는 이유는 어떻게 설명해야 할까?

감정은 증권분석에 치명타를 입힐 수 있을까

유능한 애널리스트라면 저평가된 주식을 매수하거나, 고평가된 주식을 매도해서 수익을 얻어야 한다. 그러나 불행하게도 투자 전문가들이나 금융 이론상 유능한 애널리스트라면 당연히 취해야 할, 주식이 펀더멘털 가치 대비 25~35배 정도 높거나 낮은 범위에서 거래되는 경우에도 가격을 정확하게 측정하지 못한다. 앞서 살펴본 것처럼 1960년대 초 이후 닷컴과 기술주 버블에서 애널리스트는 인터넷과 첨단 기술주의 주가를 50~100배 고평가했다. 따라서 일시적이지만 표준 증권분석을 토대로 한 어떤 수준보다 평가 가치가 터무니없이 높아졌다(Chapter 7에서 중요한 논점으로 등장하므로 기억해두어야 한다).

버블 같은 극단적인 상황에서 당시의 증권분석을 따르는 애널리스트는 긍정적 감정에 압도된다. 그 결과 주가는 장기 평가 기준이 용인하는 수준보다 훨씬 고평가된다. 반대로 패닉에서 부정적 감정에 휘둘린 투자자들은 어이없이 낮은 가격에도 팔려고 안달한다. 시장에 태풍이 몰아칠 때 우리를 안전하게 인도해야 할 사람들이 막상 비바람이 몰아치면 제일 먼저 떠내려 가버린다.

대탈출

기업의 전망을 예측하는 데 사용되는 표준 지침은 이성적–분석적 시스템을 토대로 한다. 앞서 언급했듯 CFA협회와 금융 분야의 전문적인 교육에 따르면 애널리스트와 펀드매니저는 합리적으로 행동하며, 기업의 중요한 펀더멘털을 이 잡듯이 샅샅이 살펴 주가를 예측한다. 이러한 교육의 바이블은 그레이엄과 도드의 《증권분석》, 그리고 노련한 투자 전문가들이 저술한 수백 페이지 분량의 CFA 교재이다.

거듭 말하지만 주식분석이 의미가 있으려면 펀더멘털 가치에서 약 ±25~35 범위 안에 있어야 한다. 예를 들어 어떤 기업의 주가가 주당 순수익 대비 10배 수준으로 저평가되었다면 명석한 애널리스트는 그 주식을 매수해 2배로 돈을 불릴 수도 있다. 그런데 주가가 터무니없이 높거나 낮으면 펀더멘털 분석이 통하지 않는다. 버블에서는 PER이나 주가현금흐름비율Price Cashflow Ratio, 이하 PCR이 10~100, 때로는 1,000을 상회한다. 주가순자산비율Price on Book-Value Ratio, 이하 PBR은 4에서 40, 400까지 뛸 수 있다. 이 정도 수준이면 펀더멘털 분석은 기능 정지 상태가 된다.

버블이나 고평가가 극심한 시기에는 애널리스트나 펀드매니저들이 예측하는 기업이나 업종의 전망이 터무니없이 과장되며, 대중의 시선은 이 과장된 전망에 쏠린다. 수익할인모형 같은 표준 펀더멘털 분석도구는 향후 수십 년간의 수익 예측을 매우 낙관적으로 전망하는데, 표 2-1에서 본 것처럼 이 분석도구로 봐도 버블 주식의 주가가 너무 높다는 것이 확인된다.

대다수가 그렇지만 애널리스트들 역시 모르는 사실이 있다. 바로 감정이나 심리에 의해 이성적-분석적 표준이 간과된다는 사실이다. 앞으로 이런 심리에 대해 살펴볼 것이다. 경험적 시스템이 활개를 치면 애널리스트와 펀드매니저는 이성적-분석적 시스템 내에서 일하기가 매우 어렵다. 전문가는 정신을 바짝 차리려고 애쓰지만 알다시피 긍정적 감정과 부정적 감정의 위력은 녹록하지 않다. 나는 30년 넘게 CFA협회의 전국 총회에서 여섯 차례 강연했고, 수많은 애널리스트협회와 유명 경영대학원에서 강연했다. 그렇기 때문에 전문가들이 펀더멘털 방식을 따르려고 전심전력한다는 사실을 잘 알고 있다.

금융 전문가 집단 사이에서 심리학이 널리 인정받고 있지만, 오늘날 투자 이론은 이성적-분석적 접근법 위에 단단히 자리 잡고 있기 때문에 심리학이 오늘날 투자 이론과 아귀가 맞을 리가 없다. 그런데 심리가 투자 이론과 부딪히면 애널리스트와 펀드매니저들은 이성적-분석적 접근법을 내팽개치고 감정이 지배하는 경험적 시스템으로 갈아탄다. 앞서 살펴보았듯이 극단적인 환경에서는 감정이 이성적-분석적 시스템을 쉽게 압도한다.

결론적으로 말하자면 이성적-분석적 방식만 사용한다면 애널리스트가 버블 주식을 추천하는 일도, 펀드매니저가 버블 주식을 매수하는 일도 없어야 한다. 굳이 예를 들면 애널리스트와 펀드매니저는 GPS 같은 정교한 첨단 분석기 없이도 주가가 얼마나 정상 궤도에서 이탈해 있는지 알 수 있다. 이 정도 격차라면 GPS는 고사하고 줄자만 있어도 충분히 알 수 있었을 것이다.

애널리스트와 펀드매니저는 강한 긍정적 감정에 도취되어 기대 심리에 휩싸인다. 금융 이론에 따르면 준수한 애널리스트라면 비교적 좁은 범위 내(앞서 언급한 대로, 대략 펀더멘털 가치의 ±25~35% 범위 이내)의 주가는 정확하게 산정해야 하는데, 전문가들도 그렇게 할 수 없다는 사실이 분명해졌다. 따라서 전문가가 저평가된 주식을 매수하거나 고평가된 주식을 매도해서 수익을 얻는다는 것 또한 불가능하다.

앞서 살펴보았듯이 버블에서 애널리스트들의 평가가 적정 주가보다 50~100배로 빗나가는 경우가 빈번했다. 애널리스트는 표준분석 기법을 사용해 적정 수준보다 천문학적으로 높은 PER을 옹호하는 평가 패러다임을 창조했다. 오늘날의 이성적–분석적 방식을 사용한 주식분석이 통하는가? 파도가 잔잔한 동안은 잠시 통할 수 있다. 하지만 그다지 오래 가지는 못할 것이다. 우리는 선체의 길이가 200미터가 넘는 원양선이 아니라 손바닥만 한 돛단배를 타고 노를 저어가고 있다. 이 사실을 잊으면 안 된다.

심리적 덫에 걸렸을 때 입는 손실을 줄여줄 심리 지침 몇 가지를 소개하고자 한다. 심리적 덫에 대해서는 앞으로 살펴볼 것이다. 이 지침을 준수한다면 대다수 투자자가 빠지는 일부 함정을 피할 수 있다. 이런 예측 가능한 실수를 이용해 유리한 고지를 선점하는 방법도 찾아야 한다.

인간이 생활을 단순하게 영위하기 위해 매일 이용하는 어림판단, 즉 심리적 지름길로 시야를 넓혀보자. 이 지름길은 아주 유용하기도 하지만, 투자결정에는 선입견으로 작용해 중대한 실수로 이어져 치명상을 입힐 수 있다. 이런 지름길이 무엇인지, 어떻게 작용하는지에 대해 이해하면 과도한 선입견에 따른 피해를 막을 수 있다.

3 장

의사결정 과정에 도사린
위험천만한 지름길

상어의 습격을 받아 죽을 확률이 높을까, 아니면 하늘에서 떨어진 비행기 부품에 맞아 죽을 확률이 높을까?[1] 천만다행으로 이런 사고를 당하는 일은 드물지만, 이 질문을 받으면 대개 상어에 물려 죽을 확률이 더 높다고 대답한다. 사실은 그렇지 않다. 미국에서는 하늘에서 떨어지는 비행기 부품에 맞아 죽을 확률이 상어에 물려 죽을 확률보다 30배나 높다고 한다.[2]

어떻게 된 일일까? 상어의 공격은 아주 드물지만 언론에서 많이 다루었기 때문에 끔찍한 장면을 쉽게 떠올리게 된다. 특히 영화 〈죠스〉를 보았다면 처참한 장면이 머릿속에 금방 떠오르게 된다.[3] 그런데 하늘에서 비행기 부품이 떨어졌다는 언론 보도가 있었던가? 만화에서나 볼 수 있는 그런 우스꽝스러운 장면이 떠오를 것이다. 하늘에서 비행기 부품이 떨어진다는 건 꿈에도 생각하지 못한다. 비행기 사고라고 하면 으레 끔찍한 추락 사고로 승객들이 희생되는 것만 떠올리기 마련이다. 반면 하늘에서 비행기 부품이 떨어져 지상에 있는 사람이 죽는 일은 상상하지 못한다. 하늘에서 비행기 부품이 떨어지는 장면은 본 적도 없을뿐더러, 그런 사건에 대한 기사를 읽은 적도 없다. 그런데 상어 이빨에 몸이 물어 뜯기는 장면은 금방 머릿속에 연상되기 때문에, 심리적으로 상어에 물려 죽을 확률이 높다고 생각하는 것이다.

이것이 바로 가용성 어림판단$^{Availability\ Heuristic}$으로, '희미한' 이미지보다 바로 머릿속에 떠오르는 이미지를 무의식적으로 중요하게 생각한다.[4] 이제 인지적 어림판단에 대해 좀 더 자세히 살펴보자.

심리적 지름길

1970년대 이후 연구자들이 발견한 바에 따르면 인간은 어떤 사건이 일어날 실제 확률을 정확히 계산하지 않고 수많은 심리적 지름길, 즉 경험에 의한 법칙을 이용해 일상에서 다양한 결정을 내린다. 이 분야를 개척한 학자로 현재 프린스턴대학에 재직 중인 대니얼 카너먼, 그리고 고인이 된 스탠퍼드대학의 아모스 트버스키$^{Amos\ Tversky}$가 있다. 카너먼은 이 연구로 2002년 노벨 경제학상을 수상했다. 트버스키도 당연히 공동 수상을 해야 했지만 생존자만 노벨상을 받을 수 있다는 규정 때문에 수상하지 못했다(트버스키는 드레먼 재단 이사회에서 일했다). 심리적 지름길을 판단의 어림판단(몇 가지 특정한 정보만을 보고 의사결정을 단순화하여 판단) 혹은 인지적 어림판단이라고 하는데, 방대한 양의 정보를 처리하기 위해 사용하는 단순화 전략이라고 할 수 있다. 어림판단 혹은 인지적 어림판단은 우리의 의식 속에 고착되어 일상적인 환경에서는 잘 감지되지 않는다. 대다수는 이 어림판단의 존재를 전혀 의식하지 못하며, 특히 행동에 옮길 때에는 더더욱 의식하기 어렵다.

기나긴 세월을 거치면서 경험을 통해 진화된 판단의 지름길은 감정을 형성하는 감성적 의사결정 과정처럼 대개는 잘 통하며, 시간도 많이 아낄 수 있다. 예를 들어 고속도로에서 운전을 하고 있다고 생각해보자. 운전도 해야 하고 도로 상황도 살펴야 하며, 도로 표지판과 전방에 집중하면서 아이팟에서 흘러나오는 음악 등 정신을 산만하게 만들거나 방해하는 수많은 정보를 걸러내야 한다. 바로 이럴 때 다양한 심리적 지름길을 사용한다. 이처럼 '의식하지 않고' 이런 일이 가능한 것은 심리적 어림판단의 효율성 덕분이다.

우리는 수많은 결정을 하고 판단을 내릴 때도 이와 같은 어림판단을 사용하는 과정에서 '직관적 통계학자'가 되는 경향이 있다. 예를 들어 시속 95마일로 달릴 때보다 시속 55마일로 달릴 때 충돌 사고에서 살아남을 확률이 높다고 생각한다. 실제 수치를 확인해보지도 않고 말이다. 아마추어는 올림픽에서 겨룰 만한 실력이 안 되기 때문에 프로팀이 아마추어팀을 이길 것이라고 속단한다. 그리고 500킬로미터 떨어진 도시에 가려면 자동차나 기차보다 비행기가 더 빠르다고 예측한다(저자의 투덜거림 : 콜로라도 스키장행 유타이티드 익스프레스는 제외한다. 그들은 선천적으로 매우 느리다).

인간에게는 이런 상황에서 과거 경험을 이용해 재빨리 판단할 정도의 직감이 있다(아니면 있다고 착각한다). 하루에도 수백 번 이런 어림판단은 별 문제없이 통한다.

그러나 '직관적 통계학자'가 되면 장점이 있는 반면, 한계도 있다. 단순화 과정이 대개는 시간을 단축하는 효율적인 방법이지만, 의사결정 시스템에서 오류를 야기하기도 한다. 많은 경제학자와 금융 이론가의 짐작과 달리 결과적으로 인간은 직관적 통계에 능숙하지 못하다. 어림판단은 끊임없이 투자자를 속이며 전문가조차 속인다. 어림판단 때문에 투자자가 범하는 실수 중 가장 중대한 실수 한 가지를 꼽으라고 한다면 투자결정을 내리면서 확률을 적절하게 계산하지 않는다는 점이다. 때로는 어림판단에 따른 계산은 왜곡이 크고 전면적이어서 영민한 투자자조차 큰 실수를 저지르게 한다. 또한 이런 인지적 편향은 집단이 가하는 압박에 의해 더 공고하게 자리 잡는다.[5] 존경하는 전문가나 동료 집단의 강한 영향력 때문에 개인의 편향은 더욱 강화되어, 그들을 따라야 한다는 부담감에 짓눌린다.

연구 결과에 따르면 인지적 편향에 대해 미리 경고해도 별 효과가 없다. 따라서 인지적 편향의 함정을 피하려면 스스로 집중하고 노력하는 수밖에 없다. 그러기 위해서는 어림판단에 대해 먼저 숙지해야 한다. 어림판단의 속성을 이해해야 스스로의 결정을 점검하고, 중대한 사고를 미연에 방지할 규칙을 마련할 수 있다. 그리고 덤으로 수익을 올릴지도 모른다. 앞으로 살펴보겠지만 어림판단의 속성을 숙지해도 실제 행동에 적용하기는 쉽지 않다.

가용성의 위험

먼저 가용성 어림판단부터 자세히 살펴보자. 트버스키와 카너먼에 따르면 '어떤 부류의 빈도나 사건의 확률을 판단할 때 사례가 얼마나 쉽게 마음에 떠오르느냐에 따라 판단[6]하게 되는데, 이것이 바로 가용성 어림판단이다. 하늘에서 떨어지는 비행기 파편에 맞아 죽을 확률보다 상어에 물려 죽는 경우가 더 많다고 생각하는 것도 바로 가용성 어림판단 때문이다.

대체로 자주 일어난 사건들이 가장 먼저 떠오르므로, 지름길을 통한 이런 식의 빠른 답변은 대개 정확하다. 그런데 때로는 과녁을 엉뚱하게 빗나가기도 한다. 어떤 사건이 특별히 중요한 의미를 갖는다면, 즉 뇌리에 강하게 박혀 있다면, 게다가 최근에 일어났다면 머릿속에 쉽게 떠오르기 때문에 일어날 확률이 높다고 생각하게 된다.[7]

여기에는 두 가지 심리적 오류가 있다. 첫째는 '현저성'이고, 둘째는 '최근성'이다. '현저성' 때문에 인간은 실제 빈도와 상관없이 두드러지게 '좋은' 사건(또는 '나쁜' 사건)을 떠올리게 된다. 이는 자동적인 반응이어서 미처 의식하지 못하는 사이에 일어난다.[8] 야생의 자연 상황을 예로 들어보자. 국립공원에서 회색 곰에게 습격을 당할 실제 확률은 방문객 100만 명당 1~2명꼴이다. 사망할 확률은 이보다 훨씬 낮다. 바닷가에서 수영을 하다가 죽는 사람 중 상어의 공격으로 사망하거나 부상을 입을 확률은 이보다 훨씬 더 낮다. 그러나 상어의 공격이라는 이미지가 너무 또렷해서 실제보다 일어날 확률이 더 높다고 단정한다. 이처럼 인간의 기억은 어림판단에 의해 왜곡되기 때문에 실제로는 드물게 일어나지만, 또렷한 이미지들이 더 빨리 머릿속에 떠오르게 된다.

몇 년 전 있었던 일이다. 바하마의 엑서마국립공원에서 혼자 스노클링을 즐기고 있는데 멀리서 상어가 다가왔다. 물론 이성적으로는 상어의 공격을 받을 확률이 희박하다는 사실을 잘 알고 있었다. 300킬로그램 무게의 흉상어가 서서히 다가오고 있었다. 불과 몇십 센티미터 옆에서 등지느러미가 스쳤는데, 녀석이 마치 핵잠수함처럼 거대하게 느껴졌다. 상어가 인간을 공격할 확률이 매우 낮다는 점을 녀석이 제발 알아주기 바라며 기도했다. 녀석이 옆을 스쳐 지나가는가 싶더니 멈추었다. 그러자 상어의 공격 확률에 관한 판단은 왜곡되어 급격히 높아졌다. 천만다행으로 그날 녀석은 스노클링하는 인간이 구미에 당기지 않았던 모양이다. 하지만 너무 놀란 나머지 상어의 공격 확률에 대한 계산이 왜곡된 그 기억은 오랫동안 뇌리에 박혔다.

'최근성'의 사례를 보자. 홍수나 지진 같은 재난이 일어나면 실제 홍수나 지진이 일어날 확률이 변하지 않았는데도 홍수나 지진 피해에 대비하는 보험 판매가 늘어난다. 최근에 홍수나 지진이 일어났기 때문에 이런 재난이 일어날 확률이 높다고 생각하는 것이다.[9] 최근에 일어난 생생한 사건들은 이런 무의식 기제를 통해 주식시장이나 채권시장에서 투자자의 의사결정을 뒤흔들어 급격한 주가 등락을 촉발하거나 악화시킨다.

주식시장에서 이런 현상이 발생하는 이유는 최근의 추세가 새롭고 영구적인 추세라고 인식되기 때문이다. 최근 주식이 창출한 매우 높은 단기 수익률, 즉 이 사례 비율이 장기 주가 수익률을 짓밟아버린 것이다(곧 살펴보겠지만 다른 중요한 인지적 어림판단에서는 기본 비율이 사례 비율을 압도하기도 한다). 사례 비율은 대부분의 경우 지속되지 못하며, 결국 기본 비율로 회귀한다는 것을 알고 있다. 하지만 하나의 주식이든, 일군의 주식이든, 특정 업종이든 군중 심리는 이번에는 다를 거라는 헛된 망상에 매달리게 한다. '최근성'은 사례 비율이 이제 새로운 기본 비율이 되었다고 믿게 만든다.

최근의 사례를 보자. 2007년과 2008년 금융위기 여파로 경제가 휘청거릴 때 세계 최대 채권운용회사인 핌코PIMCO의 걸출한 수장인 빌 그로스Bill Gross와 CEO 모하메드 엘 에리안Mohamed El-Erian은 '뉴 노멀New Normal' 이라는 신조어를 만들어냈다. 뉴 노멀은 세계 경제 성장률이 지속적으로 하락세로 전환되었으므로, 향후 상당 기간 낮은 수익률과 주가가 '표준'이 될 것이라고 예측했다. 펀드매니저와 언론 모두 대체로 이 말에 동조했고, 뉴 노멀은 2년 이상 시장 전망을 지배했다.

그러나 비틀거릴 것이라는 전문가들의 예상을 완전히 무시한 채 주식 시장은 반등하기 시작했다. 2009년 3월, 시장은 바닥을 찍더니 2011년 중반 100% 이상 상승했다. 주가가 2배로 뛰자 뉴 노멀은 광채를 잃고 사그라졌다. 과거에도 비슷한 상황이 있었다. 주가가 폭등했던 1920년대의 '신 시대New Era'나 인터넷 버블 시절의 '신 경제New Economy'를 생각해보라. 이런 영리한 신조어들의 최후가 어땠는지를 말이다.

더 생생한 예를 들어보자. 공모주는 청약 미달을 방지하기 위해 실제 가치보다 소폭 할인된 가격(약 10% 내외)에 발행된다는 것이 통상적인 금융 이론이다.

그림 3-1을 보면 1996~2000년 3월 인터넷 버블 당시 공모주 주가가 크게 고평가되었음을 알 수 있다. 그림에서 보듯 1989년부터 1994년까지 8년 동안, 공모주는 평균 10% 내외의 작은 프리미엄으로 상장 첫날 종가가 형성되었다. 이후 4년 동안 프리미엄은 대폭 상승해 약 20%가 되었다. 하루 20%의 수익률은 매우 드물다. 이처럼 공모주 주가가 가파르게 상승하자 전통적인 투자처에 머물러 있던 많은 투자자가 투기성이 짙은 공모주에 몰렸다. 1999년과 2000년 1~3월까지 투기 분위기가 시장을 지배하며 상장 첫날 종가 기준 공모주의 평균 프리미엄은 무려 90%까지 상승했다(공모주가 낯선 독자들에게 설명하자면, 운이 좋아서 공모가에 공모주를 산다면 거래 첫날 마감 무렵 평균 90~95%의 수익을 얻을 수 있다는 말이다).

더욱이 버블이 최고조에 이른 2000년 1월부터 3월까지 닷컴 공모주의 상장일 평균 종가는 (그림에는 표시 안 됨) 최초 공모가 대비 135%까지 뛰었다. 인터넷 버블에서 공모주 프리미엄은 통상적인 프리미엄 대비 10배 이상 치솟았다. 이런 엄청난 가격 변동이 최근에 일어났고(최근성), 생생하게 뇌리에 박혔기 때문에(현저성) 투자자들은 공모주로 벌어들인 막대한 수익률만 기억하고 상당한 위험은 무시했다.

지금 당시를 분석해보니 닷컴 공모주들이 특별히 우량하지도 않았고, 높은 기업 파산율로 미루어보아 과거 공모주들보다 훨씬 더 부실했을 것으로 보인다.

1장에서 논의했듯이 1960년대 이후 크게 4번의 기술주 버블이 발생

그림 3-1 극도의 과잉반응은 버블이나 패닉을 불러온다

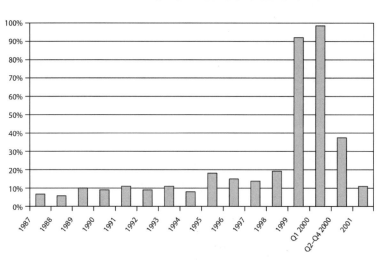

1990년대 말 버블 심리를 가장 적나라하게 보여주는 장세는 공모주 시장이다.
현재 공모주 시장은 위축될 대로 위축되었고, 아마 빠른 시일에 회복되기는 힘들 것이다.
출처: © 데이비드 드레먼, 2011

했는데 1996~2000년의 광기는 규모면이나 상승폭에서 과거 어느 때보다 규모가 컸고, 고평가되었으며, 버블이 꺼지면서 낙폭도 컸다.

예를 들어 1980년대 초반의 버블에서 밸류라인 신주발행 현황Value Line New Issue Survey이 공모주를 분석한 결과 신생 기업이 많았는데, 사업의 실체가 허황된 기업이 95%였다. 실제로 많은 기업이 정규직 사원을 겨우 한두 명 고용하고 있었고, 일부는 아예 정규직 사원이 없었다. 대다수 기업이 수익이 전혀 없는 상태에서 장부가액의 20~100배 가격에 상장을 시도하고 있었다.[10]

1994년 행동재무학의 선구자인 어바나 샴페인 소재 일리노이주립대학의 제이 리터Jay Ritter와 아이오와주립대학의 팀 루그런Tim Loughran 교수는 신주에 대한 광범위한 연구를 진행했다. 이 연구를 통해 리터와 루그런은 1970~1990년 사이 뉴욕증권거래소, AMEX, 나스닥에서 거래된 4,753개 공모주의 수익을 추적했다.[11] S&P500의 평균 수익률은 10.8%인데 이 공모주들의 평균 수익률은 5%였다. 다시 말하면 21년 동안 공모주에 투자했다면 179%의 수익, S&P500에 투자했으면 762%의 수익을 올릴 수 있었다. 훨씬 안전한 S&P 주식의 수익이 4배 이상이었다!

더 확실한 증거를 보자. 5년이 지난 시점에서 약 5,000개 공모주는 최초 공모가에서 39% 하락했다(중간값 기준). 만약 개미 투자자가 상장 첫날 2~3배 주가가 오른 극소수의 공모주를 사지 못했다면, 투자 원금의 상당 부분을 날리게 된 셈이다. 대형 펀드매니저, 헤지펀드, 뮤추얼 펀드 등은 이런 주식을 살 수 있었겠지만 말이다.

밸류라인의 조사와 마찬가지로 루그런과 리터의 연구 결과를 보면 상당수 공모주가 신생 기업의 주식이었고, 기대 수익은 컸지만 실제 수익은 미미하거나 아예 없었다. 로그런과 리터에 따르면 신규 발행주 대부분이 공모주 시장이 고점을 찍을 때 상장되었는데, 이때는 수요가 가장 많지만 가치는 바닥인 시기다. 바로 이때 투자자들은 가시성이 뛰어나 보이는 주식에 광분한다. 이것은 최근성과 현저성의 위력을 입증하는 증거다.

광기는 1977년에 시작해[12] 1983년에 절정에 이르렀는데, 1991년 리터 교수의 연구에 따르면 그 기간 중 공모주의 61%가 1983년에 상장되었다. 하지만 공모주 가치가 최고였던 1977~1983년의 5년 사이에는 얼마나 상장되었을까? 고작 6%다.

2011년 나는 드레먼 재단의 블라디미르 일리에바와 함께 닷컴 버블이 시작될 무렵인 1997년 1월 1일부터 최고조에 이른 2000년 3월 10일까지 1,547개 공모주(주가 2달러 이상)의 주가를 계산했다. 그런 다음 2001년 12월 31일까지 고가와 저가의 차이를 계산했다. 그림 3-2에서 보듯 닷컴 버블에서 고점과 저점의 차이는 무려 97%였다.[13] 주가가 공모가에서 얼마나 하락했는지를 보여주는 평균 낙폭은 리터와 로그런이 계산한 평균 낙폭보다 73%나 컸다. 당시 주가 하락은 그만큼 심각했다.

공모주의 질 역시 초지일관 나빴다는 점도 흥미롭다. 처음 표본에 포함된 1,547개 기업 중 2011년 중반까지 상장 상태를 유지한 기업은 고작 524개뿐이었다. 나머지 66%의 기업은 합병되거나 파산했다.

리터와 로그런의 연구와 더불어 공모주 투자가 얼마나 참담했는지를 보여주는 40여 년의 기록이 있는데, 최근성과 현저성이 이런 결과에 결코 작지 않은 역할을 한 듯하다. 이 결과를 뒷받침하는 연구들도 있다. H. 네잣 세이헌[H. Nejat Seyhun]의 연구에 따르면 6년 동안 2,298개의 공모주 표본의 수익률보다 시장평균이 높았다.[14] 마리오 리바이스[Mario Levis]의 연구에 의하면 3년 동안 영국 공모주 표본의 수익률은 영국 시장평균을 밑돌았다.[15] 또 다른 연구에 따르면 상장 이후 공모주의 펀더멘털은 하락했다. 이는 투자자들이 공모주에 열광할 때, 악화되는 사업의 실상이 정확하게 드러나기 시작한다는 것을 의미한다.[16]

로그런과 리터(1995)의 결론은 다음과 같다. "기업들은 상당히 과대평가되는 반짝 기회를 이용해 주식을 발행한다. 우리가 보유한 증거도 시장의 이러한 속성과 일치한다.[17]" 로흐런과 리터는 점잖게 표현했다. 솔직히 말하자면 노다지를 캐는 사람은 투자자가 아니라 사업 개념을 '날조'하는 꾼들, 즉 투자 은행들이다. 수백 년 전 버블에서 그랬듯이 말이다. 투자 은행들은 마치 수백 년 전부터 어림판단의 오류에 대해 알고 있기라도 한 듯 이 오류를 이용해 큰돈을 벌어왔다. 그런데 수입이 너무 짭짤하다 보니 자신들이 발견한 어림판단의 오류를 투자자나 학계에 알리

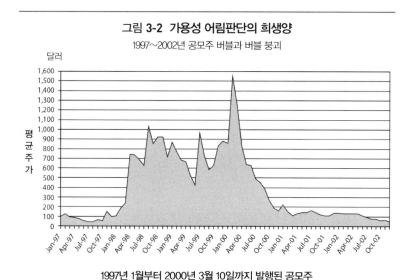

그림 3-2 가용성 어림판단의 희생양

1997~2002년 공모주 버블과 버블 붕괴

1997년 1월부터 2000년 3월 10일까지 발행된 공모주
공모주 주가 2달러 이상

출처: © 데이비드 드레먼, 2011. 데이터 출처: FactSet Research Systems Inc.

지 않고 꽁꽁 숨겨두었던 것은 아닐까?

이 연구 결과가 보여주듯 최근의 사건, 두드러진 사건이 무의식에 미치는 영향은 아무리 강조해도 지나치지 않다. 사람들이 1996~2000년 닷컴 버블의 고통을 오랫동안 기억했는지, 아니면 금세 잊었는지 모르겠지만 어쨌든 공모주 버블이라는 위력적인 버블이 새롭게 나타났다. 버블의 결과는 앞에서 살펴본 것처럼 불을 보듯 뻔하다.

> **심리 지침 2(a)**
> '사례 비율'에만 의존하지 마라. 수익 또는 손실의 과거 확률인 '기본 비율'을 고려하라. 주식의 장기 수익(기본 비율)은 다시 굳건히 자리 잡는 경향이 높다.
>
> **심리 지침 2(b)**
> 주식이나 시장이 과거의 상궤를 벗어날 때 개별 주식이나 시장의 최근 수익률(사례 비율)에 현혹되지 마라. 수익이 지나치게 높거나 낮으면 이는 이상치일 확률이 높다.

1루수가 누구야

1장에서 과열과 광기에서 감정이 발휘하는 위력을 상세하게 서술했다. 2장에서는 최근성과 현저성이라는 어림판단의 미끼를 덥석 물었을 때 저지르는 실수에 대해 자세하게 논의했다. 여기서 누군가 이렇게 질문할지도 모르겠다. 하나의 버블이나 투자자 오류에서 어떻게 이 세 가지가 전부 나타날 수 있는가? 이 의문을 해소하려면 인지심리학자들이 연구하고 있는 최신 연구를 살펴보아야 한다.

감정은 인지적 어림판단보다 훨씬 뒤늦게 발견되었지만, 많은 연구자는 감정이 가격 변동 이면에 놓인 동력이라고 생각했다. 그러나 최근성, 현저성, 감정 중 어떤 어림판단이 어느 정도 영향력을 미치는지에 대해 정확하게 규명하려면 애보트^{Abbott}와 코스텔로^{Costello}의 유명한 코미디 "1루수가 누구야?"처럼 끝없는 되돌이표가 되기 십상이다. 현재로서는 최근성, 현저성, 감정의 상대적인 영향력을 몰라도 곧 닥칠 위험을 쉽게 포착하고 경계할 수 있다.

세 가지 어림판단 하나하나가 어느 정도 영향을 미치는지에 대해 결론이 나려면 꽤 긴 세월이 걸릴 것이다. 하지만 현재로서는 어림판단을 아는 것만으로도 버블을 인지할 수 있으며, 너무 늦기 전에 빠져나올 수 있는 대비책을 세울 수도 있다. 주가가 지나치게 싼 수준까지 하락할 때도 비슷한 접근법을 적용할 수 있다.

특히 최근성과 현저성에 대비하는 최선의 방책은 장기적인 관점을 견지하는 것이다. 최근의 경험이나 기억에 뚜렷하게 남은 경험을 절대적인 기준에 넣어 객관적으로 재단할 확실한 방법은 없다. 그러나 극단적 낙관주의나 비관주의가 팽배한 시기에는 도서관을 둘러보는 것이 도움이 된다. 시장이 추락하면 가장 최근의 폭락장 시기에 발행된 경제 간행물을 다시 읽어보라. 가능하다면 2009년 2월 말에 나온 〈월스트리트저널〉을 찾아서 전문가들의 탄식과 한숨을 읽어보라. 그 직후 시장은 가파른 상승세를 보인다. 투기 열풍이 불 때도 마찬가지다. 1996~2000년 또는 2005~2006년 버블 기간에 발행된 〈월스트리트저널〉 논평을 다시 읽어보는 것도 나쁘지 않다. 일간지를 다시 읽는 것이 만병통치약은 아니지만 도움이 된다고 생각한다.

나는 도움이 되는 다른 방어책도 제시할 것이다. 이런 정보만으로 투자 전략을 수립할 수는 없지만, 앞으로 우리가 논의할 전략에 덧붙이면 요긴할 것이다. 앞으로 지금까지 논의한 어림판단의 공격을 막기 위해서 대포로 무장할 텐데, 이 정보는 그 전에 사용할 휴대용 권총쯤으로 여기자.

백문이 불여일견? 아닐 수도 있다

두 번째 인지적 편향은 카너먼과 트버스키 교수에 의해 알려진 것으로 '대표성'이다. 카너먼과 트버스키는 철저한 실험과 연구를 통해 유사성이 존재하지 않는 곳에서 유사성을 끌어내어 동일한 상황으로 보려는 것이 인간의 본성이라는 사실을 입증했다.

시장에서 대표성은 표면적 유사성에 불과하다. 즉 실질적인 유사성이 없는데도 두 기업이나 두 시장 환경을 동일시하려는 경향이 있다.[18] 사람들에게 약간의 정보를 주면 머릿속에서 번쩍 하고 익숙한 그림을 끄집어낸다. 하지만 그 그림에는 아주 희미한 진실밖에 없다.

대표성 편향으로 계산 착오에 이르는 길은 두 갈래다.

첫째, 사건들 간의 유사성에 과도하게 중요성을 부여해 사건이 일어날 실제 확률을 고려할 수 없게 된다. 둘째, 어떤 사건의 확률을 판단할 때 결정적인 변수들의 중요성을 폄하하게 된다.

1987년 주가 폭락의 후유증이 한 가지 예다. 4거래일 동안 다우지수는 769포인트 하락했고, 1987년 10월 19일 블랙 먼데이에는 508포인트 하락했다. 이때 약 1조 달러가 증발했다. 언론들은 굵직하게 다음과 같은 헤드라인을 뽑았다. '1929년의 재림인가?' 많은 투자자가 이런 어림판단의 지름길을 취해 성급하게 주식을 현금화하는 바람에 거짓 유사성에 발목이 잡혔다.

당시로서는 1929년과 1987년이 소름 끼치도록 닮은 것처럼 보였다. 58년 동안 주식시장에는 폭락 사태가 없었다. 1929년 주가 폭락 이후 경기 침체가 이어졌기 때문에 여러 세대가 늘 폭락 이후에는 침체가 온다고 믿고 자랐다. 대다수 월스트리트의 전문가, 언론, 투자자도 동의했다. 두 번의 주가 폭락 사태 사이에는 유사성이 거의 없다는 사실이 간과되었다. 우선 1929년은 특별한 경우였다. 19세기와 20세기 초반 미국에서는 여러 차례 패닉과 폭락이 발생했지만, 경기 침체는 없었다. 폭락이든 아니든, 미국 경제는 언제나 단기간에 반등했다. 따라서 폭락과 경기 침체는 언제나 붙어다니는 사건은 아니다.

더 중요한 사실은 1988년 봄, 당시에도 경제 환경과 투자 환경이 1929년과 완전히 딴판이라는 것이 확연히 드러났다는 점이다. 나는 1988년 5월 2일 〈포브스〉 칼럼에서 당시 또렷이 드러났던 몇 가지 차이점들을 지적했다. 이 칼럼을 통해 나는 이렇게 주장했다. "내로라하는 학자들과 언론이 차트를 제시하면서 1987년 폭락장 이후 주가 동향이 1929년과 충격적일 정도로 닮았다고 한다. 하지만 눈에 보이는 것처럼 유사성이 크지 않다." 시장은 1929년 와해된 이후 힘차게 반등하더니 1930년 봄, 끝을 모르고 추락했다. 많은 전문가가 58년이 지난 후에도 역사가 반복될 것이라고 믿었다. 백문이 불여일견이라지만, 차트는 틀릴 수도 있다. 때로는 한눈에 보는 차트 때문에 오판에 이를 수도 있다.

결론 : 경제나 펀더멘털 측면에서 1988년과 1930년은 판이하게 달랐다. 1987년 대폭락 이후 경제는 대부분 폭락 전 예측보다 잘 굴러갔고, 폭락 후 예측한 경기 후퇴 수준을 훌쩍 넘었다. 그리고 수익은 10월 19

일 폭락 후 몇 주 만에 예측치를 훨씬 웃돌았다. S&P500의 PER은 폭락 직전 20배에서 상당폭 하락해 장기 평균인 15~16보다 낮은 13배를 기록했다. 1929년 폭락장 이후의 상황과는 딴판이었다. 1929년 폭락장 이후에는 기업 수익과 재정 시스템이 붕괴됐고, 실업률이 치솟았다. 1987년은 1929년과 달랐지만, 대표성 편향에 빠진 투자자들은 절호의 매수 기회를 놓쳤다. 1997년 7월 무렵 시장은 저점 대비 4배로 뛰었다.

대표성 편향이 작용한 가장 최근의 예는 2007~2008년 폭락장과 대침체 초기부터 2010년까지의 유가나 상품가격이다. 1992년부터 꾸준히 상승하던 유가는 배럴당 20달러를 돌파하더니 2008년 초반에는 배럴당 100달러까지 뛰었다. 석유시장의 펀더멘털은 아주 탄탄했다. 1982년부터 2007년까지 해마다 세계 석유 수요는 신규 공급을 초과했다. 2008년 후반, 경제가 무너지기 시작한 뒤에도 2009년 석유 수요는 겨우 1.1% 하락했다. 게다가 석유 시추 비용은 급격히 상승하고 있었고, 새 유전 개발은 흘러간 꿈이었다. 하루 100만 배럴을 생산할 수 있는 유전이 마지막으로 발견된 것은 1970년대 말이었다(1970년대 말 마지막으로 하루 100만 배럴의 생산이 가능한 유전이 발견된 것을 끝으로 더 이상 발견되지 않았다). 또한 중국의 산업화, 극동을 비롯한 여러 저개발 국가들의 산업화로 석유 수요는 급격히 늘어났다.

유가는 가파르게 상승해 2008년 초 배럴당 100달러를 돌파해 계속 급등하다가, 2008년 중반에는 배럴당 145달러까지 올랐다. 2007년부터 2008년 봄까지 투자자들은 국채를 제외한 금융자산을 팔아 석유와 기타 상품에 필사적으로 쏟아부었다. 그 뒤 패닉이 시장을 장악했다. 2008~2009년과 대공황 당시의 경제를 비교하는 수많은 논평이 쏟아졌다. 안전한 투자처는 어디에도 없었고, 펀더멘털에 상관없이 석유도 예외는 아니었다. 몇 달 만에 유가는 고점인 배럴당 145달러에서 76% 하락하며 35달러로 폭락했다. 새로운 유전을 개발하는 비용보다 유가가 훨씬 쌌다. 2009년 중반, 시장이 안정되자 유가는 다시 상승해 2011년 6월에는 배럴당 95달러로 저점 대비 약 170% 상승했다.

이 사례에서 인지적 편향이 감정과 어떻게 결합하는지 그 양상을 볼 수 있다. 손실에 대한 두려움 때문에 사람들은 1929년 이후 주가 폭락과 2008년 유가 폭락 사이에 유사성이 있다는 가정을 지나치게 중시했다. 따라서 실제 석유 수요는 사실상 아주 소폭 감소했고, 경제가 비록 더디게 회복하고 있었지만, 석유 소비가 대폭 증가할 수 있다는 점을 합리적으로 계산에 넣지 못했다. 이러한 편향에 감정이 가세하면 시장에서는 핵융합에 버금가는 사태가 벌어진다.

1996~2000년 버블에서 일부 주식과 상품이 터무니없이 고평가되었다는 것을 감지할 수 있었을까? 마찬가지로 일부 주식과 상품이 터무니없이 저평가되었다는 것을 감지할 수 있었을까? 나의 대답은 '가능하다'이다. 나는 2009년 6월 초에 쓴 칼럼에서 이러한 이유들 때문에 유가가 터무니없이 저평가되었다고 단언했다.[19] 당시 석유는 68달러 언저리에서 거래되었는데 2011년 6월까지 40% 상승했다.

시장 전반에서 볼 때도 대표성 어림판단이 크게 영향을 미칠 수 있지만, 특정 기업이나 업종에도 그에 못지않게 강력한 영향력을 미칠 수 있다. 2007~2008년 수많은 사람이 패닉에 휩싸이면서 여러 업종의 많은 탁월한 종목이 파도에 휩쓸려 떠내려갔다. 은행주와 금융주들이 속절없이 추락하자 많은 투자자는 이튼코퍼레이션과 에머슨 일렉트릭처럼 전 세계적으로 수요가 있는 제품을 생산하는 탄탄한 기업들 역시 휩쓸려 갈 것이라고 생각했다. 패닉이 악화되자 합리적 분석에 입각해 투자하던 사람들도 떼 지어 황급하게 주식을 팔아치웠다. 이튼코퍼레이션과 에머슨 일렉트릭을 비롯해 수많은 기업이 10년 동안 저조한 수익을 보일 것이며, 많은 기업이 살아남지 못할 것이라는 두려움이 팽배해졌다.

2009년 3월 초, 이런 암울한 예측들은 쓰레기더미로 취급되었다. 2011년 6월 말이 되자 이튼코퍼레이션은 265%, 에머슨일렉트릭은 142% 상승했다. 그리고 중장비, 광업, 석유 시추 등 경기순환과 궤를 같이 하는 시황 산업 수십 개 종목이 비슷한 수준으로 반등했다. 2011년 6월 8일까지 프리포트 맥모란 커퍼앤드골드Freeport-McMoRan Copper&Gold는 315%, 유나이티드 테크놀로지스는 149%까지 급등했다. 이것이 현실이었다.

대표성 편향을 인식하면 유용한 심리 지침이 또 하나 탄생한다.

심리 지침 3
현재의 투자 환경과 과거의 투자 환경 간에 유사성이 보이더라도 그 이면을 볼 수 있어야 한다. 현저히 다른 결과로 이어질 수 있는 중요한 요소들을 고려해야 한다.

소수의 법칙

사고의 결함 중 대표성 편향 유형에 속하는 구체적인 예로 아모스 트버스키와 대니얼 카너먼이 명명한 '소수의 법칙Law of Small Numbers **20**'이 있다. 심리학 및 교육 저널을 살피던 두 사람은 연구자들이 소수의 표본에서 얻은 결과의 중요성을 과장하고 있다는 것을 발견했다. 통계학적으로 타당한 '다수의 법칙'에 따르면, 표본이 클수록 표본이 속한 집단을 비교적 정확하게 반영한다. 예를 들어 여론 조사는 대규모 집단과 대표적 집단에서 추출한 것이므로 상당히 정확하다. 그러나 표본이 작을수록 또는 기록된 내용이 적을수록 결과물의 통계학적 의미는 낮아지고, 우연에 가까워진다.

트버스키와 카너먼의 연구에 따르면 심리학 및 교육학 실험자들은 대체로 너무 작은 표본을 토대로 삼기 때문에 연구 결과물이 우연에 가까워질 확률이 아주 높다.[21] 심리학자와 교육학자들은 통계 기법에 대한 지식이 있고, 그 위험성도 알고 있다. 하지만 소수의 사례 관찰이나 단기간의 사례를 바탕으로 한 연구 결과의 중요성을 과신한다. 이는 중대한 인지 오류로, 다양한 시장 환경에서 자주 나타난다.

예를 들어보자. 금융 연구자들에 따르면 특정 시기에 '뜨거웠던' 펀드들이 다른 시기에는 실적이 바닥인 경우가 종종 있다. 그런데도 1년 또는 몇 년 동안 실적이 좋았던 뮤추얼 펀드에 투자자들이 꾸준히 몰린다. 1996~2000년 닷컴 버블 당시 가장 뜨거웠던 펀드들의 최후를 보면 이런 의사결정이 재앙을 부르는 이유를 알 수 있다. 닷컴 버블이 한창일 때 제이너스 캐피털 그룹Janus Capital Group에 수백억 달러가 유입되었다. 제이너스 캐피털의 단기 실적은 놀라웠다. 1998년 S&P500이 급등하기 이전에 제이너스 펀드는 10.3% 상승했고, 버블이 꺼지기 직전인 1999년 26.1% 상승했다. 닷컴 버블과 그 이후 폭락기를 모두 포함한 1994년부터 2003년까지 10년 동안 닷컴주들은 훨훨 날았지만, 제이너스 펀드의 평균 수익률은 고작 8.7%였다. 같은 기간 시장평균 수익률인 22%에 훨씬 못 미쳤다.

이런 암울한 통계조차도 제이너스가 입힌 타격을 설명하기에는 부족하다. 1993년 제이너스 펀드의 자산은 불과 90억 달러였는데, 닷컴시장

이 최고조에 이른 몇 주 뒤인 2000년 3월 31일에는 490억 달러로 불어났다. 1990년대처럼 엄청난 수익을 향유하기에는 너무 늦었지만 이어지는 강세장에 속아 수많은 고객이 펀드에 몰렸다. 물론, 투자자들이 손에 쥔 건 10년 동안 제이너스가 벌어들인 수익률 8.7%에 훨씬 못 미쳤다.

뜨는 펀드를 추격 매수하면 종종 참담한 결과를 맞게 된다. 뜨는 주식에 경쟁적으로 투자했던 제이너스의 경쟁사들 역시 실적이 형편없었다. 1998년 피델리티 셀렉트 텔레커뮤니케이션즈 이큅먼트Fidelity Select Telecommunications Equipment 펀드의 실적은 S&P500 지수 대비 12.4% 상회했고, 1999년에는 45.5% 더 높았다. 얼라이언스 번스타인 테크놀로지 Alliance Bernstein Technology 펀드의 실적은 1998년 S&P500 지수 대비 34.6% 상회했고, 1999년에는 50.7% 상회했다. 1994년부터 2003년 12월 31일까지 10년 동안 닷컴주들이 다른 종목의 실적을 훨씬 상회할 때도 피델리티 펀드의 연간 실적은 S&P500 지수 대비 6% 밑돌았고, 얼라이언스 번스타인 펀드의 실적은 S&P500 지수와 비슷했다.

닷컴 버블에서 뜨는 기술주와 닷컴주에 직접 투자하거나 기술주와 인터넷 뮤추얼 펀드에 투자한 투자자들은 수천억 달러의 손실을 보았다. 장기적인 관점에서 볼 때 소위 '핫Hot'한 펀드들은 우량주에 보수적으로 투자하는 펀드들에 밀렸다.[22]

선무당이 사람 잡는다

투자자들이 지나치게 작은 표본에서 추출한 결과를 바탕으로 투자결정을 하게 되는 또 한 가지 방식은 '뜨는' 애널리스트를 맹신하기 때문이다.

투자자들과 언론은 단기간의 '뜨는' 실적에 늘 현혹된다. 사람들은 시장에서 선풍을 일으킨 한두 종목을 맞춘 펀드매니저, 애널리스트 또는 시장의 방향을 제대로 예측했다고 믿는 기술적 전문가는 신뢰할 만한 실적을 탄탄하게 세웠으므로, 좋은 투자처를 언제든지 영원히 찾아낼 수 있다고 믿는다.

사실 어느 자문가가 이전에 계속 틀린 예측을 했다는 사실은 문제가 되지 않는다. 이 게임은 누가 더 극적인 예측을 하느냐의 싸움이기 때문이다. 인기 있는 뉴스레터 기고가가 적절한 타이밍을 맞추면 어마어마한 돈을 벌 수 있다. 금융학 교수이자 디서플린드 인베스트먼트 어드바이저스Disciplined Investment Advisors 대표인 뉴스레터 기고가 유진 러너는 하락장에서 약세를 예측하면 어떤 일이 벌어지는지에 대해 이야기했다.

"향후 3년 동안 시장이 하락하면 크라수스(로마 최고의 부자)처럼 거부가 될 수 있다. … 다음에는 모두 당신 말에 귀를 기울일 테니까.[23]" 세상에는 수백만 개의 증권가 뉴스레터가 있으니 어느 누군가는 맞출 것이다. 다시 말하지만 그건 우연에 지나지 않는다. 복권 당첨자도 마찬가지다. 수백만 장의 복권이 팔려나가지만, 그중 당첨자는 단 한 명뿐인 것과 같다.

일레인 가자렐리는 1987년 대폭락을 족집게처럼 맞춰서 신의 반열에 올랐다. 가자렐리가 시어슨레먼의 시장 전략가로 일할 때 그의 예측이 시장분석 보고서에 실린 적도, 고객들에게 전달된 적도 없었다. 하지만 CNBC TV 인터뷰에 잠깐 나와서 폭락을 예측한 것으로 명성과 인기를 얻었다.

이 '신통한 예측' 후 가자렐리의 실적은 '다른 사람들처럼 좋을 때도, 나쁠 때도 있었다.[24]' CNBC에서 가자렐리는 당시 5,300 수준이었던 다우지수가 폭락할 수 있다고 예측했는데, 이 예측은 1996년 7월 23일 그러잖아도 불안하던 시장을 뒤흔들어놓았다. 57포인트 상승했던 다우지수는 44포인트 하락했고, 가자렐리의 예측이 다우지수 하락에 상당한 영향을 미친 것으로 평가되었다. 하지만 불과 며칠 전 가자렐리는 다우지수가 5,400에서 6,400으로 상승할 것이라고 예측했다. 그래도 많은 사람이 '1987년의 위대한 예측' 때문에 여전히 가자렐리를 추종했다.

CNBC의 인기 진행자이자 전직 헤지펀드 매니저 짐 크레이머는 첨단 기술주와 닷컴 버블을 가장 왕성하게 부채질한 사람이었다. 1999년 12월 27일 크레이머는 한 뉴스레터에서 터무니없이 고평가된 닷컴주를 매수하지 않으려는 펀드매니저들에게 이렇게 말했다. "인생 낙오자들은 방향을 트는 게 좋을걸. 그렇지 않으면 내년에 또 손해 볼 거야.[25]" 그 뒤 3주도 못 가 닷컴시장은 붕괴됐다.

버블 붕괴 직후 당시 모닝스타의 회장 겸 CEO였던 돈 필립스는 지나가는 말로 크레이머가 공개적으로 추천한 종목들이 90% 폭락했다고 언급했다. 그리고 가공할 버블을 공공연히 부추기는 데 적극 가담했다며 크레이머를 비난했다. 이후 크레이머의 실적을 추적한 〈배런스〉는 첨단 기술주 버블 이후 수년 동안 크레이머의 실적이 시장 실적을 밑돌았다고 발표했다. 그의 실적은 전혀 찬란하지 않았다. 하지만 '평균의 법칙'에 따르면 크레이머가 추천한 종목들 중 일부는 오르게 되어 있다. 크레이머는 약삭빠르게 자신이 추천한 종목들 중 일부 오른 종목들을 과대 포장하여 부풀렸고, 그 덕분에 오늘날 어느 때보다 높은 인기를 누리고 있다.

몇 번만 맞추면 한동안 영웅이 되어 돈을 긁어모을 수 있다. 그 옛날 서부 개척시대에는 총잡이를 꿈꾸다가는 단명하기 십상이었지만, 오늘날 투자자와 언론에게는 선무당 짓이 통한다. 이 새로운 심리 지침이 도움이 될 것이다.

방금 발표된 정부 통계를 조심하라

소수의 법칙 때문에 때때로 우리가 받아들인 증거는 엉뚱한 방향으로 흘러간다. 투자자들은 고용지수, 산업생산지수, 은행 시스템의 건전성, 소비자물가지수, 재고지수 등 연방준비제도나 정부가 발표하는 수많은 통계 자료를 맹신하는 경향이 있다. 이는 어림판단 편향인 소수의 법칙이 유발하는 과민반응의 좋은 예다.

연방준비제도나 정부의 발표에 주식시장이나 채권시장이 출렁거리는 경우가 자주 있는데, 나쁜 소식일수록 시장이 받는 영향은 더 크다. 예를 들어 변동이 없을 것이라던 실업률이 한 달 사이 0.1% 상승하거나 전문가의 예상보다 산업생산지수가 조금만 감소해도 주식시장이 하락하기도 하는데, 때로는 낙폭이 상당한 경우도 있다. 이런 현상이 당연한 결과일까? 아니다. 이렇게 방금 발표된 통계들은 쓸모가 없다. 이런 통계들은 소수의 법칙에 따른 잘못된 의사결정의 전형적인 예다.

경제 수치와 연방준비제도의 수치가 발표된 뒤 몇 주 또는 몇 달이 지나 새로운 정보나 최신 정보가 입수되면 수치가 수정되는데, 가끔은 대폭 수정되는 경우도 있다. 따라서 수치가 수정되면 상승이나 증가한 것으로 발표된 고용률, 소비자구매지수, 공장주문지수는 하락하거나 큰 폭으로 감소할 수 있다. 이런 수치는 자주 수정되므로 투자자, 특히 전문가는 당연히 최초 발표된 수치를 회의적인 시선으로 볼 것이라고 생각한다. 하지만 대다수의 투자자가 이런 수치들이 추세의 전개 양상을 정확히 짚어낸다고 생각하고, 권위 있는 기관의 발표를 신줏단지 모시듯한다.

연방준비제도 버냉키 의장이나 앨런 그린스펀 전임 의장의 말 한 마디 한 마디에 과민반응하는 것은 물론, 2005년부터 2007년 중반까지 버냉키나 그린스펀 모두 서브프라임 모기지 위기를 전혀 감지하지 못했다는 사실을 간과하고 있다. 그런데도 시장은 버냉키 의장과 뉴욕, 필라델피아, 댈러스, 샌프란시스코 등 12개 지역의 연방준비은행 의장은 물론이고, 연방준비제도 간부나 정부 관료들의 말 한 마디에 목을 매고 있다. 이들의 말이 아무리 모순적이고 상충되더라도, 의장의 예측 실적이 아무리 별 볼 일 없더라도 말이다.

닭의 내장을 살펴 미래를 점치던 고대 점술가들처럼 많은 전문가가 확실히 알지도 못하면서 이런 말 한 마디를 살핀 후 즉각 행동에 옮긴다. 악수를 두지 않으려면 어떻게 해야 하느냐는 질문에 세계 체스 챔피언은 이렇게 대답했다. "수를 두지 않으면 됩니다."

그러나 많은 투자자가 도무지 가만히 있지를 못한다. 무슨 대단한 추세의 증거를 잡은 것처럼 별것 아닌 정보에 경거망동한다. 평균의 법칙에 따르면 대세를 따를 경우 많은 전문가가 몇 달 또는 몇 년 동안 탁월한 예측 성공률을 기록할 수 있지만, 결국에는 참담하게 실패한다. 이것이 투자자가 수백 년에 걸쳐 혹독한 시련을 통해 얻은 교훈이며, 두 번 다시 없는 기회가 올 때마다 이 교훈을 곱씹어야 한다.

무시되는 과거의 확률

상황들에서 유사성을 보려는 경향 때문에 과거의 교훈을 인식할 수 없게 된다. 과거 비슷한 상황에서 어떤 결과가 나왔는지 연구하지 않는다. 비슷한 과거 상황들에서 도출한 결과인 '과거의 확률'은 현재의 결정에 유용한 정보로 간주해야 한다. 그러나 인간이 과거의 확률을 얼마나 무시하는지를 보면 경악스러울 정도다.[26] 우리가 사례 비율을 지나치게 중시하고 기본 비율을 무시하는 것도 이 때문이다.

의사결정 과정에서 과거의 확률을 과소평가하거나 무시하는 경향은 금융분석, 회계, 지리, 엔지니어링, 군사 기밀 등 다양한 분야에서 직관에 따라 예측할 때 가장 중차대한 문제로 손꼽힌다.[27]

심리학과 대학원생을 대상으로 한 흥미로운 실험을 살펴보자.[28] 이들은 한 대학원생의 성격에 관해 쓴 짧은 글을 읽은 후 이 사람의 전공이 무엇일까라는 질문에 대답했다. 성격에 관한 글은 의도적으로 전공과 무관한 정보로 구성되었다. 성격에 관한 평가는 몇 년 전 이 피험자에 대해 몇 가지 실험을 했던 심리학자가 쓴 것이었다. 성격을 분석한 글은 오래 전 실험을 바탕으로 했기 때문에 시의성이 떨어졌고, 피험자의 학문적 취향에 대한 어떤 표시나 암시도 없었다(심리학도들은 이런 유형의 인물 정보가 정확하지 않다는 점을 배운다). 심리학과 대학원생들이 읽은 글은 다음과 같다.

톰 W.는 창의력은 부족하지만 아주 똑똑하다. 톰은 질서와 청결을 좋아하며, 깔끔하고 정돈된 체계를 원하므로 아무리 사소한 물건이라도 모두 정확히 제자리에 있어야 한다. 톰의 글은 공상과학 소설 같은 상상력이 번뜩일 때도 있지만, 대체로 진부한 말장난처럼 따분하고 기계적이다. 경쟁심이 무척 강해서 타인에 대한 감정이나 동정심이 부족해 보이며, 다른 사람과 어울리는 것도 좋아하지 않는다. 이기적이지만 윤리의식은 강하다.

톰은 현재 대학원생이다. 다음 9개의 전공 학문 중 톰의 전공일 가능성이 높은 순서대로 번호를 매겨라. 가장 확률이 높아 보이는 전공을 1번으로 한다.

경영학

컴퓨터공학

엔지니어링

인문학과 교육학

법학

도서관학

의학

생명공학 및 생명과학

사회학 및 사회복지학

전공을 알 수 있는 실질적인 정보가 없었기 때문에 대학원생들은 성격분석을 완전히 무시하고 유일하게 남은 합리적 선택을 해야 한다. 다시 말하면 각 분야 대학원생의 비율, 즉 기본 비율대로 순서를 매기는 것이다. 물론 이 정보는 제공되었다. 실험자들은 심리학도들이 전공별 대학원생 비율만이 유의미한 정보라는 사실을 깨달을 것으로 예상했다. 심리학도들은 특정 상황에서 입수 가능한 밑그림이 불확실할수록 이미 구축된 정보에 의존해야 한다고 배운다. 즉 인지심리학의 용어를 빌면 '사례 비율(피험자 톰 W.에 관한 인물 소개)'을 '기본 비율(각 학과에 등록한 대학원생의 비율)'과 혼동하면 안 된다. 그렇다면 정확한 정보는 기본 비율뿐이라는 사실을 학생들이 인식했을까?

아니다! 학생들은 아무 상관도 없는 인물 소개에만 의존해 톰의 전공으로 컴퓨터공학과 엔지니어링을 꼽았다. 컴퓨터공학과 엔지니어링은 등록 학생 수가 비교적 적었다.

하지만 이 학생들을 비난할 수는 없다. 앞서 살펴보았듯이 주식시장 투자자들 역시 데이터에 따른 근거가 희박한 사례 비율에 현혹되어 늘 비슷한 실수를 하니 말이다. 닷컴 버블 시대에 '뜨는' 기술주를 매수한 투자자들은 과거 기술주 버블이 붕괴할 때 유사한 주식들이 80%나 폭락했다는 사실을 고려하지 못했다. 이 기본 비율을 계산에 넣어야 했다.

이런 현상을 토대로 다음의 심리 지침을 만들어보았다.

심리 지침 5
시장이 복잡하고 불확실성이 클수록 단기 수익이 아무리 눈부시더라도 사례 비율의 비중을 낮추고, 기본 비율을 중시해야 한다.[29]

평균으로의 회귀

대표성에 기인한 인지적 편향은 투자에서 헛발질을 유도하는 가장 중요하고 끈질긴 원인이다. 인간은 직관적인 통계학자로 평균회귀 원칙을 이해하지 못한다. 통계학적 현상인 평균회귀는 100여 년 전 우생학의 선구자인 프랜시스 골턴Francis Galton 경이 주목했는데, 투자 실수를 피하려면 꼭 알아야 하는 현상이다.

남성의 키를 연구하던 골턴은 가장 키가 큰 집단의 아들은 대체로 키가 작고, 가장 키가 작은 집단의 아들은 대체로 키가 크다는 사실을 발견했다. 키가 큰 남성 중 다수가 평균키 집안 출신으로 자식은 아버지보다 키가 작을 확률이 높다. 마찬가지로 키가 작은 남성의 자식은 아버지보다 키가 클 확률이 높다. 어느 경우에나 자식의 키는 아버지처럼 양극단에 있지 않았다. 즉 자식의 키는 전체 집단의 평균키로 회귀했다.

이런 현상을 연구하면서 '회귀'라는 용어가 탄생했다. 회귀 효과는 우리 주변 어디에나 널려 있다. 경험을 통해 보면 부모의 능력이 특출하면 아들이나 딸은 다소 실망스러우며, 아내가 아주 멋지면 남편은 따분하다. 적응에 어려움을 겪는 듯했던 사람들이 종종 가치 있는 인재가 되고, 유별나게 운이 좋았던 사람은 나중에는 고배를 마시게 된다.[30]

야구 선수의 타율에 대한 우리의 반응을 예로 들어보자. 3할의 타율을 기록하는 타자라도 타격은 기복이 있게 마련이다. 열 번 타석에 들어설 때마다 안타 3개를 칠 수는 없다. 어떨 때는 평균을 훨씬 상회하는 5할을 칠 수도 있고, 어떨 때는 겨우 1할2푼5리를 칠 수도 있다. 메이저리그는 정규 시즌 동안 162게임을 치르는데 10~20게임에서 1할2푼5리를 치든, 5할을 치든 평균 타율에는 영향을 미치지 않는다. 한 주 또는 한 달 동안 그 선수의 타격이 시즌 평균 타율에서 크게 벗어날 수도 있다는 사실을 인식하지 못한 채 우리는 바로 직전 단기간의 기록에만 눈을 돌리는 경향이 있다. 즉 그 선수가 '연속 안타'를 기록하고 있다든지, '슬럼프'에 빠졌다고 이야기한다. 선수들의 성적은 장기 평균으로 회귀할 확률이 높지만, 팬이나 스포츠 캐스터 그리고 안타깝게도 선수들조차 단기간의 성적을 지나치게 중시한 나머지 장기 평균을 망각한다.

회귀 현상은 우리가 예상치 못한 곳에서도 많이 일어난다. 이스라엘 공군기 조종사 교관들은 한 훈련생이 아주 어려운 비행을 성공해내자 칭찬한 후 짓궂게 웃었다. 이렇게 성공하고 나면 다음번에는 제대로 못 하기 마련이기 때문이다. 반대로 제대로 못 해서 질책을 받으면 다음번에는 훌륭하게 해낸다. 훈련생이 훈련을 제대로 소화하는지 여부 역시 야구 선수의 하루하루 타격만큼 일관성이 없다. 이번에 비행을 잘 못 하면 그다음에는 잘하고, 이번에 비행을 잘하면 그다음에는 잘 못 할 수 있다. 훈련생의 비행 실력도 평균으로 회귀한다. 이번에 멋지게 착륙하고 나면 다음번 착륙에는 애를 먹는다. 솜씨 좋게 목표물을 명중시킨 다음에는 목표물을 놓치고, 편대 비행에 성공하면 다음번에는 들쭉날쭉 대형이 엉망이 된다. 교관들은 비행에 기복이 심한 이유를 칭찬과 질책 때문이라고 짐작했는데, 즉 칭찬하면 해롭고 질책하면 도움이 된다고 생각했다. 하지만 이것은 오해다. 학습 이론 연구자들은 입을 모아 그렇지 않다고 단언한다.[31]

주식시장에는 이런 현상이 어떤 형태로 나타날까?

시카고대학 교수였던 로저 이보슨Roger Ibbotson과 렉스 싱크필드Rex Sinquefield[32]는 1926년부터 2010년까지 85년에 걸친 주식과 채권의 수익률을 계산했는데 채권의 연평균 수익률은 5.5%, 주식의 연평균 수익률은 9.9%였다(주가 상승분과 배당금을 합침). 코울즈경제학연구위원회의 연구에 따르면 1880년대까지 거슬러 올라가도 주가 수익률은 비슷했다.

그런데 그림 3-3에서 보듯, 주가 수익률은 일관성이 없다. 3할 타자가 몇 주 동안 한 게임, 한 게임에서 치는 안타 수가 들쭉날쭉한 것과 마찬가지다. 주가 수익률이 평균인 9.9%를 장기간 상회한 적이 여러 차례 있었고, 어떤 기간에는 주가가 급등해 한 해에 40% 이상 오르기도 했다. 반면 어떤 기간에는 끝없이 추락하기도 했다. 따라서 평균은 일정하지만 주식 역시 '연속 안타' 기간이 있는가 하면, '슬럼프'에 빠질 때도 있다.

투자자라면 주식의 장기 수익률이 야구 선수의 장기 타율과 같다는

그림 3-3 연간 주가 수익률

1926~2010년

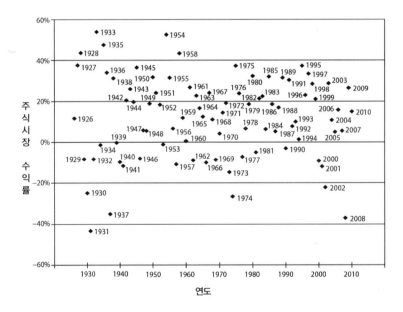

출처: © 데이비드 드레먼, 2011. 데이터 출처: Ibbotson® SBBI® Classic Yearbook 2011

점을 명심해야 한다. 그러나 직관적인 통계학자인 우리로서는 그렇게 하기가 무척 힘들다. 시장의 역사는 우리에게 이러한 사실을 가르쳐주고 있다. '시장이 정상 궤도에서 벗어나면 인간은 사실상 이를 새로운 정상으로 믿어버린다'는 사실이다.

1927~1928년 또는 1995~1999년 투자자들은 평균에서 훨씬 벗어난 수치인 25~35% 수익률이 완전히 자리 잡을 것이라고 생각했다. 1930년, 1973년, 1974년, 2007~2008년에 투자자들은 막대한 손실이 필연이라고 믿었다. 그림 3-3을 보면 이 역시 장기 평균에서 한참 벗어난 현상이다. 1982년 중반 다우존스산업평균지수의 실적이 지지부진하자(당시 실적은 1965년보다 낮았다), 많은 사람이 주식은 더 이상 성공할 가망이 없다고 생각했다. 〈비즈니스위크〉는 '주식의 죽음33'이라는 제목으로 커버스토리를 실었는데 그 직후인 1982년 7월 엄청난 상승장이 시작되었다. 1987년까지 다우지수는 4배 가까이 뛰었다. 게다가 1990년대 말이 되자 월스트리트 명망가들은 연방준비제도가 마침내 경기 주기에 통달했으므로 시장이 큰 폭으로 하락하는 일은 이제 완전히 과거의 일이 되었다고 믿었다. 이런 낙관적인 믿음은 네바다 주 리노 카운티의 평균 결혼 지속 기간보다 수명이 더 짧았다.

시장이 주 추세의 꼭짓점이나 바닥에 도달할 때마다 동일한 시나리오가 작동한다. 투자 전문가들의 매수와 매도 양상을 연구해보면, 전문가 대다수는 마치 족쇄라도 채워진 듯 현재 시장 동향에 꽁꽁 묶인다. 그러고는 수익이든 손실이든 극단적인 실적이 그대로 쭉 이어질 것이라고 믿는다. 사실 그림 3-3에서 보듯 그 실적들은 차트에서 이상치이며, 주가는 평균을 향해 회귀할 가능성이 높다.

특정 추세를 면밀히 조사함으로써 특정 추세에 매몰되면 장기 수익의 타당성을 놓치기 쉽다. 장기 표준을 이해하는 사람조차 단기 여건에 함몰되면 장기 표준을 놓치는 경우가 있다.[34] 시장의 장기 수익은 인간의 평균키에 비유할 수 있다. 유별나게 키가 큰 사람이 키가 더 큰 자식을 낳을 확률이 낮은 것처럼, 높은 수익률 뒤에 잠깐이라면 몰라도 오랫동안 유별나게 높은 수익률이 지속될 확률은 낮다.

　주식시장 전문가들 역시 일반인들처럼 평균회귀 원리를 인식하지 못하기 때문에, 주가가 과거의 정상치에서 크게 벗어날 때마다 그럴싸한 새 이론을 내세워 설명한다.

'충분히 알고 있어TMI'의 법칙

투자를 결정할 때 필수 고려 사항인 장기적인 진실을 쉽게 놓치는 이유는 또 있다. 바로 정보의 홍수 속에서 씨름해야 하기 때문이다. 'TMI Too Much Information(과다한 정보)'는 2000년대 초반에 유행한 속어다. 때때로 별로 알고 싶지 않은 사람이나 사물에 대한 정보를 들으면 농담 삼아 'TMI'라고 대꾸했다. 그러나 TMI에는 심각한 측면이 있다. 바로 투자자 정보 과잉이다. 오늘날 홍수처럼 쏟아지는 데이터, 최신 컴퓨터의 정보 처리 능력, 손끝만 까딱하면 되는 통신이 정보 과잉을 초래했다. 웃을 일이 아니다.

　TMI는 전혀 새롭지 않다. 1524년 2월 1일이 되기 몇 달 전 예언자들은 런던 시민에게 무시무시한 경고를 날렸다. 예언자들은 방대한 점성학 증거를 토대로 1524년 2월 1일, 고요하게 흐르는 템스 강의 수위가 돌연 수십 미터 불어나 런던에 살고 있는 사람은 죄다 몰살당할 것이라고 경고했다. 그리고 운명의 날이 닥치기 몇 주 전 많은 런던 시민이 피난길에 나섰다. 그런데 예언자들의 점괘가 빗나갔다는 것을 곧 깨닫게 되었다. 두 말할 필요도 없이 템스 강물이 강둑을 넘치기는커녕 고요히 흐르기만 했다.

런던으로 돌아온 사람들은 길길이 날뛰었다. 수많은 사람이 예언자들을 자루에 넣어 강에 던지려고 했다. 겁에 질린 예언자들은 서로 부둥켜안은 채 성난 군중을 향해 별은 결코 틀리는 법이 없다고, 언젠가는 홍수가 일어날 것이라고 말했다. 예언자들은 매우 복잡한 계산을 하다가 실수를 한 것이다. 홍수는 1524년 2월 1일이 아니라 1624년 2월 1일에 일어나게 되는 것이었다. 물론 선량한 런던 시민들은 집으로 갈 수 있었다, 잠시 동안은 말이다.

TMI, 좀 더 격식을 갖춘 말로 '정보 과잉'에 부딪히면 정확히 어떤 일이 일어날까.

정보 과잉에 따른 편향

1959년 노벨 경제학상 수상자이자 박학다식했던 허버트 사이먼은 최초로 정보 과잉을 엄밀하게 규명한 학자다. 사이먼은 간단한 공식을 통해 정보가 많다고 해서 언제나 더 좋은 판단을 내리는 것은 아니며, 때로는 더 나쁜 결정을 내릴 수도 있다는 사실을 입증했다. 인간은 많은 양의 정보를 효과적으로 처리할 수 없기 때문이다. 사이먼은 이렇게 말했다.

"인간이라는 생명체는 1초에 수백만 비트의 새로운 정보가 쏟아지는 환경 속에서 살아간다. 그러나 인체의 지각 기관은 1초에 1,000비트 이상을 수용할 수 없고, 어쩌면 훨씬 적을 수도 있다. 우리는 던져진 정보 중 극소량의 정보에만 의식적으로 반응한다.[35]"

그런데 정보에 대한 인간의 반응은 편향성을 갖는다. 사이먼은 정보를 거르는 과정이 수동적인 행위가 아니라 '처음부터 전체 정보의 극히 일부분에만 주목하며, 관심 영역을 벗어나는 정보 대부분을 배제하는 능동적 과정'이라고 지적한다.[36] 사이먼은 인간은 수많은 정보에 둘러싸이면 관심 있는 부분만 보고 나머지는 걸러내는데, 이것이 편향성의 핵심이라고 지적했다. 1999년 바바 쉬브와 알렉산더 페도리킨,[37] 최근에는 2000년 넬슨 코완 교수가 사이먼의 이론을 뒷받침하는 연구 결과를 발표했다.[38]

주식시장(그리고 기타 매매시장)에서 정보 과잉에 가장 시달리는 사람은 누구일까? 전문 투자자나 개인 투자자라고는 보기 어렵다. 정보의 양은 거의 무한대에 가깝기 때문이다. 엄청나게 많은 주식 애널리스트가 있고, 한 기업을 분석하는 애널리스트만 스무 명이 넘는다. 이들은 조사 보고서와 수정 보고서를 제출해야 하며 관련 기업이나 업계, 시장, 기타 중요한 경제와 금융 데이터에 관련된 정보를 처리해야 한다. 정보 과잉? 차라리 정보 파탄에 가깝다. 이들은 다양한 제품라인의 수익, 경쟁, 환경 변화에 따른 업계와 기업 수익의 상승이나 하락 가능성 등 전통적인 투자 이론에서 분석이 필요하다고 주장하는 수백 가지 요소를 매일 다루어야 한다.

시장 정보는 이처럼 정신이 아득해질 정도로 방대한데, 정보의 상당 부분이 서로 뒤엉켜 있거나 서로 모순될 수도 있기 때문에 정보를 효과적으로 처리하기란 거의 불가능하다. 2장에서 보았듯, 펀드매니저의 장기 실적이 형편없고 시장 대비 초과 수익을 올리는 애널리스트와 펀드매니저가 드문 것도 이 때문이다. 물론 이런 상황에서는 감정과 어림판단이 동원될 수밖에 없다(조심스럽고 방어적으로 잘 쓴 글귀들로 가득한 투자 추천 보고서의 행간을 자세히 들여다보면 감정이나 인지적 어림판단이 빼꼼히 고개를 내민다). 고등교육을 받고, 대기업의 정교한 의사결정 과정을 통해 내리는 결론인데도 말이다.

어쩔 수 없이 이대로 시장의 TMI와 정보 과잉과 더불어 살아가야 하는 건 아닌지 걱정스럽다. 그러나 TMI와 정보 과잉의 부정적 영향을 희석시킬 효과적인 방법이 있다. 이 방법들은 제4부에서 살펴보기로 하고, 이제 어림판단 오류와 씨름할 때 우리의 뇌가 실수하는 또 다른 이유들을 살펴보자.

어림판단으로 계산하기

대표성에 기인한 강력한 어림판단 편향이 또 있다. 직관적으로 생각해보면 심리적 인풋과 아웃풋은 서로 상관관계가 있는 듯하다. 판매고가 크게 성장(인풋)하고 있는 기업은 장기적으로 수익과 이윤 폭이 상승(아웃풋)해야 마땅하다. 우리는 인풋이 일관성이 있으면, 오락가락하는 일관성 없는 정보보다 예측 가능성이 높다고 믿는다. 예를 들어 피험자들은 어떤 학생이 두 과목에서 A, C를 받지 않고 모두 B를 받았다면, 앞으로 이 학생의 평균 학점은 B일 것이라고 확신했다.[39] 그러나 이 결론은 통계학적으로는 타당성이 없다. 이 실험을 주식시장의 용어로 바꾸면 동일 기간에 15% 성장했지만 성장률의 변동이 심한 기업, 즉 첫해에는 18%, 두 번째 해에는 3%, 세 번째 해에는 15%의 성장을 기록한 기업보다 해

마다 지속적으로 10% 성장을 기록한 기업을 투자자는 더 신뢰한다.[40]

이 실험 결과가 적용되는 사례가 또 있다. 투자자들은 좋은 주식을 주가 상승, 나쁜 주식을 주가 하락과 동일시한다. 애널리스트, 펀드매니저, 증권 중개인들은 이런 질문을 아주 흔하게 듣는다. "그 주식이 그렇게 좋다면서 왜 주가는 오르지 않죠?" "역발상 전략이 그렇게 신통하다면서 지금은 왜 안 통하죠?" 물론 종종 가치(인풋)는 꽤 오랫동안 가격(아웃풋)에 반영되지 않는다. 역발상 전략에 따라 선정된 주식들이 수십 년 동안 시장에서 수익이 높았던 건 사실이지만, 한 해나 몇 해 동안은 시장 평균보다 수익이 나쁠 수도 있다. 앞서 배운 평균회귀 교훈을 돌이켜보라. 그런데 투자자는 엉터리 예측이라고 해도 즉각 성과를 요구하기 때문에 치명적인 실수를 저지르기도 한다.

또 하나 이 현상의 흥미로운 측면은 투자자들이 극단적인 인풋과 아웃풋에 과도한 신뢰를 보낸다는 점이다. 앞서 보았듯이 1990년대 후반에 인터넷 주식은 사업 전망이 눈부시다고 인식되었고(인풋), 천문학적으로 주가가 올랐다(아웃풋). 1990년대 중반 건강 보건 관련 주, 1968년과 1973년 컴퓨터 소프트웨어와 의료 기술주처럼 버블이 있을 때마다 기업의 탄탄한 기초 여건에 비례해 주가는 급등했다. 급성장하는 닷컴 기업들의 주가 차트는 시원하게 상승곡선을 그리는데, 이런 차트를 보면 펀더멘털과 주가의 상관관계가 한눈에 보이는 듯하다. 사람들은 펀더멘털과 주가의 상관관계를 통한 주가 예측을 신뢰할 수 있다고 믿는다. 그러나 수십 년 동안 투자자들이 고초를 겪으며 얻은 교훈에 의하면, 이런 상관관계는 오래 가지 못한다.

폭락과 패닉이 발생할 때마다 매번 동일한 사고 기제가 적용된다. 주가(아웃풋)가 하락하면 애널리스트와 펀드매니저들은 수익 예측치(인풋)

를 낮춘다. 영민한 시장 진단가인 그레이엄과 도드는 인풋과 아웃풋의 관계를 똑똑히 목격했다. 두 사람은 이렇게 지적했다. "유행하는 주식 평가 이론은 당시 주가 수준의 변화와 밀접하게 관련되어 발전한다는 것이 중요한 시장 법칙 중 하나다.[41]"

지금까지 살펴보았듯 당장 성공을 원하다 보면 펀더멘털이 탄탄한 주식에 투자하기보다 현재 수익이 높고 인기 있는 주식에 투자하게 된다. 투자 계획을 세웠다고 해도 제대로 통하려면 시간이 필요하다. 인풋만큼의 아웃풋을 얻으려고 하면 투자 목표는 어그러지고 만다. 문제는 보기보다 훨씬 복잡하다. 연구 결과에 따르면 경영자와 투자자는 불확실성을 몹시 싫어한다.[42] 대대수는 심리적으로 인풋에 대한 아웃풋이 빨리 나오면 투자가 성공했다고 여긴다. 투자자들은 어림판단으로 이런 실수를 거듭 저지르는데, 제4부에서는 이 심리를 이용한 투자 전략을 제시할 것이다. 투자자의 일관된 실수를 통해 다음과 같은 심리 지침을 도출했다.

심리 지침 6

자신이 도입한 전략이 시장에서 즉시 성공할 것이라고 기대하지 마라. 전략이 성과를 낼 때까지 어느 정도 시간이 필요하다.

기준점 편향과 사후확신 편향

투자 실패로 이어지는 어림판단 편향 두 가지를 더 살펴보자. 이 두 가지 편향은 다른 편향들을 강화하는 속성을 가지고 있어서 교정하기가 어렵다. 첫 번째는 '기준점 편향[43]'으로 단순화 어림판단의 일종이다. 마치 배를 닻으로 단단히 고정하듯이 주가를 현재 거래가의 가까운 위치에 고정시키는 것이다. 시장처럼 복잡한 환경에서 투자자는 특정 주식이 매수하기 좋거나 매도하기 좋다고 생각되는 지점을 본능적으로 미리 정해놓고 거기서 조금씩 조정해나간다. 하지만 대개 조정은 충분하지 않다.

1997년에 주식을 매수하려는 투자자라면 PC네트워킹의 선두 업체인 캐스케이드 커뮤니케이션즈Cascade Communications 주가가 91달러면 너무 비싸고, 80달러면 적절하다고 생각했을 것이다. 그런데 캐스케이드 커뮤니케이션즈 주가는 엄청나게 고평가되어 91달러까지 올랐고, 22달러로 폭락했다가 다시 약간 회복했다. 어림판단으로 보면 현재 주가 가까이에 닻을 내리는 경향이 있기 때문에 팔고 싶은 투자자는 주가가 현 수준에서 대폭 하락할 것이라는 생각을 미처 하지 못한다. 또 사고 싶은 투자자는 주가가 현 수준보다 대폭 상승할 것이라는 생각을 하지 못한다. 이런 믿음 때문에 종종 기회를 놓친다.

마지막 편향 역시 흥미롭다. 연구자들의 발견에 따르면, 사람은 과거의 실수를 되돌아보면서 비관적이나 낙관적으로 생각하지 않았더라면 오류를 더 또렷하게 볼 수 있었을 것이라고 생각했다. 사건의 필연성은 뒤돌아보면 명확하게 보이는 듯하다. 이처럼 사후확신 편향은 과거의 실수에 대한 정확한 평가를 방해하기 때문에 경험에서 배울 수 없도록 만든다.[44]

2007~2008년 부동산 폭락 사태를 돌이켜보면서 많은 투자자가 부동산 버블이 뻔히 보였다면서 자책했다. 파생상품의 종류도 어지러울 정도로 많았다. 우리 중 일부는 노바스타 파이낸셜, 뉴 센추리 파이낸셜 등 수많은 서브프라임 모기지 대출사들이 과도한 레버리지를 사용하고 있다는 것을 분명히 알고 있었다. 그리고 그들은 2007년 초부터 일찌감치

조치를 취했다.

　그러나 대다수가 금융시장이 무너지고 나서야 깨달은 사실이 있다. 바로 수많은 은행과 투자 은행은 부실 서브프라임 대출을 어마어마하게 재생산했을 뿐만 아니라, 유동성이 낮고 복잡한 파생상품이 증가하면서 전체 금융 시스템의 레버리지가 폭발적으로 증가했다는 사실이다. 이런 정보의 대부분이 금융위기가 지난 한참 후인 2009년 말과 2010년이 되어서야 공개되었다. 하원과 상원위원회가 은행, 신용평가기관, 투자 은행에 이메일과 기타 정보를 증거물로 요구하면서 공개된 것이다. 투자자 대다수는 버블이 터지기 전까지는 몰랐다. 레버리지가 통제되지 않을 만큼 규제가 허술했다는 것, 그리고 무디스와 S&P, 피치가 서브프라임 모기지를 얼마나 터무니없이 과대평가했는지 말이다(모기지 업체들은 채권 등급을 적정 수준에 비해 과도하게 높였고, 이것이 금융위기를 초래한 중요한 원인이 되었다).

　2011년 초, 칼 레빈Carl Levin(상원상임조사소위원회)이 위원장으로 있는 월스트리트와 금융위기위원회Wall Street and the Financial Crisis Commission, 필 안젤리데스Phil Angelides 위원장이 이끄는 금융위기규명위원회Financial Crisis Inquiry Commission에서 민주, 공화 양당이 초당적으로 서브프라임 모기지론 사태를 통렬히 분석한 보고서를 발간했다. 이 보고서들은 위험이 큰 대출, 규제기관과 신용평가기관에 의한 부실채권 평가, 월스트리트 거대 기업들 간의 이해 충돌이 미국 역사상 최악의 금융 재앙에 어떤 식으로 기여했는지 낱낱이 밝히고 있다. 위원회들은 골드만삭스에서 워싱턴 뮤추얼에 이르기까지 주요 금융회사의 행위도 통렬히 비판하고 있다. 이 보고서들은 혐의를 조사하고 있던 법무부로 전달되었는데, 일부 혐의는 유죄가 될 여지가 충분했다.

이 모든 것은 뒤돌아보면 너무도 뻔히 보이는데, 당시에는 잘 보이지 않는다. 악몽 같은 일이다. 이를 통해 실수는 알아차리기 쉬우며, 다시는 실수하지 않을 거라고 확신한다. 그러나 우리는 또 실수를 한다. 이 편향 역시 통제하기 어렵다. 다시 말하지만 도서관으로 가는 것이 최상의 해결책이 될 수 있다. 도서관에 가보면 지금은 너무나 분명하게 보이는 실수들이 당시에는 전혀 보이지 않았다는 것을 알 수 있다.

어림판단과 의사결정 편향

지금까지 투기 광풍이 불 때마다 현명한 투자자들이 대박 수익의 유혹에 넘어가는 모습, 그리고 시장을 휩쓰는 풍조가 얼마나 그럴듯하게 사람들을 홀리는지에 대해 살펴보았다. 이제 대표성 편향을 비롯해 인간의 판단에 영향을 미치는 인지적 편향들을 알게 되었다. 그러므로 시장에서 군중과 전문가도 이런 편향의 영향에서 벗어날 수 없는 이유, 쉽게 돈을 벌 수 있을 것이라는 유혹을 뿌리치기 힘든 이유를 이해할 수 있을 것이다.

시장에 어떤 유행이 퍼질 때 전문가들은 최근의 통계를 근거로 특정 투자 대상의 실적이 대중이 열광하지 않는 투자 대상에 비해 실적이 좋았다. 그리고 때로는 꽤 오랫동안 우월한 실적을 유지했다는 점도 보여주었다(사례 비율이 기본 비율을 앞지른다). 이번에는 정말 틀림없다고 하면서 말이다.

언제나 똑같은 패턴이 되풀이된다. 1830년대 운하 채권을 산 사람들과 1929년 우량주를 산 사람들은 주식이나 채권이 비싸긴 하지만 최근 수익률이 엄청나게 높았다고 우길 수 있었다. 1929년 시장이 폭락하고 대공황이 발발하자 15년 동안 제로 금리에 가까운 국채 열풍이 불었다. 시장이 한 번 타격을 입자 수익률이 아무리 보잘 것 없다고 하더라도 안전자산에 투자자들이 몰리기 시작했다. 2007~2008년 폭락과 2011년 8월에도 안전을 갈구하는 투자자들이 앞다투어 제로 금리나 마찬가지인 국채로 몰렸다.

1950년대와 1960년대에는 등급이 좋은 보통주에 투자하는 것이 유행하였다. 그리고 제2차 세계대전 이후 주식의 수익률이 높아지자 1960년대 말 채권 투자는 시들해졌다. 〈인스티튜셔널 인베스터〉는 시장의 유행을 포착하는 데 매우 능숙한 경제지로, 1969년 2월 초 표지에 대문짝만 하게 이렇게 실었다. '채권시장은 살아남을 수 있을까?' 기사는 이렇게 계속된다. '장기적으로 볼 때 회사채 시장은 역사의 뒤안길로 사라질지도 모른다.[45]'

1970년대 초반 불황으로 상품 재고량이 급증하자 주식 수익률도 하락하기 시작했다. 그러자 즉시 채권 수익률이 주식 수익률을 앞지르게 되었다. 전문가들은 유행하는 것에 편승하는 경향이 있다. 닷컴 버블이 부풀대로 부풀자 한 펀드매니저는 당시 첨단 기술주와 인터넷주의 주가가 치솟는다고 말하며, 기술주와 인터넷주의 실적이 '어둠 속의 등대'처럼 빛난다고 했다. 하지만 그 등대가 암초로 우리를 인도했다는 사실은 이제 모르는 사람이 없다.

시장의 역사를 보면 터무니없이 높거나 낮은 수익률은 일시적 현상에 지나지 않는다는 것이 확연하게 드러났다. 하지만 투자자는 대대로 한 시대를 풍미하는 사고에 휩쓸려왔다. 어떤 풍조가 유행할 때마다 그 풍조를 합리화하는 통계가 존재했다. 유행하는 풍조에는 강력한 감정과 어림판단이 녹아 있다. 따라서 가격 상승은 더욱 생생하며 떠올리기 쉬운 현저성과 최근성을 부추긴다. 이런 편향들이 서로 상승 작용을 일으키면, 지금 시장을 휩쓰는 풍조가 앞으로 오랫동안 계속된다는 생각이 기정사실이 되어버린다. 어떤 풍조가 유행할 때 투자자가 늘 저지르는 실수는 몇 달, 아니 몇 년 동안 계속된 풍조라 할지라도 대표성을 띤다고 볼 수 없고, 주식이나 채권의 장기 실적과는 거리가 멀다는 사실을 망각한다. 뒤돌아보면 이런 오류가 금방 식별되기 때문에 우리는 의아해한다. 이렇게 분명하게 보이는 걸 그때는 왜 몰랐을까.

여러분이 여기서 취해야 할 가장 큰 교훈은 우리가 정보를 처리할 때 늘 이용하는 지름길은 일상생활에서는 편리하지만, 시장에서는 판단에 방해가 된다는 점이다. 인간은 여러 가지 측면에서 정보 처리에 미숙하며, 인지적 편향은 인간의 의사결정에 큰 영향을 미친다. 단지 투자결정뿐 아니라 경제, 경영 등 인간사의 모든 영역에서 마찬가지다.

사정이 이러함에도 그동안 주류 경제학에서는 이런 연구 결과를 철저히 무시해왔다. 시장을 지배하는 이론인 효율적 시장 가설은 우리가 지금까지 살펴본 심리학적 고찰을 전적으로 제외한다. 오히려 효율적 시장 가설은 투자자들이 거의 언제나 합리적으로 정보를 처리한다고 가정한다. 효율적 시장 가설을 자세히 살펴보면서 이 이론이 어떤 오류를 범할 수 있는지, 그리고 투자 수익률에 얼마나 큰 타격을 입히는지 알 수 있을 것이다. 그리고 효율적 시장 가설을 폐기해야 하는 다양한 이유들, 그리고 전면 폐기하지는 않더라도 적어도 투자결정을 좌지우지하지 못하도록 해야 하는 이유들을 고찰해볼 것이다.

제 **2** 부

새로운 암흑시대

4장

트위드 재킷을 입은 정복자들

1500년대 신대륙으로 향하는 스페인 정복자들의 머릿속에는 황금 생각이 떠나지 않았다. 무자비한 약탈자들의 귀에는 페루에 가면 도시 전체가 황금으로 도배되어 있다거나, 왕은 황금 호수에서 몸을 씻고 순금 가루를 몸에 칠한다는 등의 소문이 들렸다. 무자비한 약탈자들은 황금 도시 엘도라도를 찾고 또 찾았으며, 다른 사람들에게도 황금 도시가 있다고 떠들어댔다. 그러나 황금 도시는 끝내 발견되지 않았다.

시계 바늘을 500년 앞으로 돌려보자. 새로운 정복자들은 수세기 전신앙과 칼로 무장한 선조들이 직면했던 고난보다 더욱 힘든 역경 속으로 뛰어들었다. 하지만 이 새로운 정복자들은 16세기 전사들처럼 무시무시한 약탈자의 모습이 아니었다. 팔꿈치에 가죽을 댄 트위드 재킷을 입은 이들은 학구적인 풍모를 풍겼다. 누구라도 학자가 아닐까 짐작하겠지만, 보수적인 옷차림에 속지 마시라. 이들은 그동안 투자 세계가 일찍이 보지 못했던 가공할 무기로 무장하고 있었다. 바로 첨단 컴퓨터 프로그램으로 탄생한 고등 수학과 통계학이다. 그리고 이들의 발견은 투자 세계를 압도했다. 미국의 유명 대학에서 일하는 일단의 이론가들이 괴력을 지닌 신 이론을 개발해 월스트리트뿐만 아니라 투자에 대한 사고 자체를 바꾸어놓았다. 강철 심장을 지닌 이들의 믿음은 꺼질 줄 몰랐고, 열정은 원조 정복자들의 신앙적 열정 못지않게 뜨거웠다. 그리고 이들의 무기는 어리석은 무리를 공포에 떨게 했다.

나는 황금 도시로 안내하겠다고 나선 정복자의 제자 몇 명을 알고 있다. 이들에게는 수학이라는 지도와 투자자가 어떻게 의사결정을 내리며, 시장은 어떻게 작동하는지 등 궁금한 모든 것을 설명할 수 있는 기가 막힌 이론이 있다. 또한 매우 겸손할 뿐만 아니라, 시장의 비밀을 풀 열쇠를 손에 넣으려는 열망 또한 누구보다 뜨겁다.

이들의 주장을 듣다 보면 윈스턴 처칠이 러시아에 대해 한 말이 생각난다. '수수께끼 속 신비에 싸인 수수께끼.[1]' 이들의 주장이 얼마나 황당한지 이해하려면 수많은 사람이 효율적 시장 가설의 타당성을 납득하게 된 경위를 먼저 살펴보아야 한다. 어쨌거나 과학적이고 설득력이 있으니 말이다.

파격적인 신 금융 이론

수학적 분석으로 무장한 새로운 정복자들이 쇠락해가는 금융 문화를 갈아엎고 과학적인 문화로 대체했을까, 아니면 일이 심상치 않게 꼬였을까? 새로운 정복자들이 신 계몽시대 대신 암흑시대를 불러온 걸까? 역사학자들은 문화적 · 경제적 쇠퇴기를 암흑시대라고 부른다. 로마제국 멸망 이후 시작된 서유럽의 파멸과 쇠락은 중세 초기까지 이어졌다. 그리스와 로마의 고도로 발달된 문화와 문명, 그리고 이후의 르네상스와 달리 암흑시대는 인간의 계몽에 기여하지 못했다. 18세기 영국 역사가 에드워드 기번은 《로마제국 쇠망사》에서 이 시기를 가리켜 '쓰레기 암흑시대'라며 조롱했다.[2]

에드워드 기번이 지금 시대를 어떻게 볼지 궁금하다. 아마 이런 의문을 제기할 것이다. 기술, 의학, 과학, 문화가 찬란하게 꽃핀 이 시대에 인간의 사고력이 이렇게까지 뒷걸음질 칠 수 있을까? 물론 문화와 기술 발전의 모든 영역이 그렇다는 말은 아니다. 오히려 그 반대다. 이는 오로지 사회과학의 한 분야인 경제학에 국한된 현상이다.

지난 65년 동안 경제학 연구는 상아탑이라는 아늑한 울타리를 탈출해 괴력을 발휘했다. 이제 경제학자들이 신봉하는 경제 · 금융 이론들은 전 세계 수억 명의 삶에 영향을 미치고 있으며, 우리가 20세기 전반에 배운 교훈에서 첫 걸음을 떼도록 독려하고 있다.

간결한 역사 강의

새로운 정복자들이 내세운 바이블은 효율적 시장 가설이었다. 효율적 시장 가설은 수십 년 동안 최고의 영향력을 행사한 금융 이론이다. 이 이론은 최근 몇십 년 사이 학계를 뛰쳐나와 전 세계 금융계에서 최대 다수의 추종자를 거느리고 있으며, 구석구석 영향력을 미치지 않는 곳이 없다. 효율적 시장 가설에 반기를 든 사람들은 이론의 전제와 연구의 상당

부분이 입증되지 못했다고 주장한다. 한 발 더 나아가 효율적 시장 가설의 전제들과 이론을 뒷받침하는, 소위 정교한 수학적 논문들이 다양한 사회과학 분야의 연구 결과는 물론이고, 시장에 의해 타당성이 기각되었다고 단언한다. 그러나 여전히 수많은 투자자가 스스로, 혹은 뮤추얼 펀드 매니저나 투자 자문가를 통해 효율적 시장 가설을 추종하고 있다.

효율적 시장 가설과 사촌뻘인 자본자산 가격결정모형Capital Asset Pricing Model, CAPM과 현대 포트폴리오 이론Modern Portfolio Theory, MPT(일명 마코비츠-샤프-린트너-모싱Markowitz-Sharpe-Lintner-Mossin 이론)은 어떻게 투자 업계에서 막강한 권력을 행사하게 되었을까?• 이 이론들의 가르침이 투자자에게 어떤 영향을 미치고 있으며, 어떤 경위로 오늘날 우리가 보는 시장의 모습을 형성하게 되었을까? 감정을 비롯한 인지적 어림판단들을 이해하는 것만으로도 심리적 오판을 피할 수 있듯이, 효율적 시장 가설의 폐해를 예방하려면 반드시 이 이론의 허점부터 파헤쳐야 한다.

가공할 위력의 새로운 가설의 탄생

혁명의 시작은 아주 평화로웠다. 프랑스에서 수학을 연구하던 루이 바슐리에는 박사학위 논문에서 20세기 초 상품가격 변동을 조사했다.[3] 바슐리에는 상품가격은 일정한 패턴 없이 무작위로 움직인다는 결론을 내렸다. 즉 예측할 수 있는 패턴이 없다는 것이었다. 그에 따르면 최근의

• 현대 포트폴리오 이론은 위험 수준 대비 수익의 최대화를 꾀하는 이론이다. 자본자산 가격결정모형은 고수익을 창출하는 유일한 길은 고위험을 감수하는 것이며, 위험이 낮으면 수익은 낮아진다고 본다.

가격 데이터는 미래의 가격 변동을 예측하는 데 아무 쓸모도 없다. 바슐리에의 연구 결과는 '랜덤워크Random Walk 가설'의 첫 번째 기여다.

바슐리에의 연구는 수십 년 동안 겨울잠을 자고 있다가, 1960년대 주가 움직임의 연구가 시작되면서 비로소 빛을 보게 됐다. 초기의 한 연구에 따르면 숫자를 선정해서 무작위로 점을 찍어놓으면 장기 주가 변동을 나타내는 차트와 비슷하다고 한다.[4] 또 어떤 연구에 의하면 주가 움직임은 1827년 스코틀랜드 식물학자 로버트 브라운이 처음 관찰한 현상인 물리학의 '브라운 운동'과 놀라울 정도로 닮았다.[5]

1960년대 전반기에 주가 변동의 무작위성을 입증하는 증거가 발표되었는데, 사실상 모든 통계가 현재의 주가 동향은 과거의 주가 동향과 무관하다는 가설을 지지했다.●

근본적으로 랜덤워크 이론에 의하면 주가 변동과 거래량의 역사에서는 주식을 매수 후 보유하는 전략보다 더 나은 것이 없다.[6] 즉 시장을 이길 가능성이 없다. 시장은 '기억'이 없다. 잔뜩 술에 취한 친구를 부축해 차를 주차해둔 곳으로 가고 있다고 해보자. 취한 친구가 오른쪽으로 휘청거렸다고 해서 다음 발걸음을 내디딜 때에도 또 오른쪽으로 휘청거린다는 보장은 전혀 없다.

주식 가치와 시장 가치를 측정하는 데 가장 널리 쓰이는 두 가지 방법 중 하나가 기술적 분석이다. 그런데 기술적 분석을 활용하던 사람들은 랜덤워크 이론을 거부했다. 그도 그럴 것이, 주가 움직임을 예측해서

● 노벨상 수상자 폴 새뮤얼슨은 이 논제에 대해 가장 중요한 논문인 〈적절히 예상된 가격의 무작위적 변동의 증명(Proof That Properly Anticipated Prices Fluctuate Randomly)〉(인더스트리얼 매니지먼트 리뷰, 1945년 봄호)을 남겼다.

먹고사는 사람들이니 당연한 반응이었다. 아주 다양한 기법들이 기술적 분석의 범주에 속하지만, 과거 주가와 거래량 정보를 보면 앞으로 주가가 전개될 양상을 또렷하게 볼 수 있다는 것이 기본 전제다. 기술적 분석이 오로지 시장 데이터를 분석해 주가 변동을 예측하는 데 반해, 주식분석의 양대산맥을 이루고 있는 기본적 분석은 기업의 수익과 재무상태, 전망을 따져본다.

머리가 희끗희끗한 고참들이 깔끔하게 면도한 젊은 컴퓨터 도사들에게 차마 듣고 싶지 않은 말은 "당신들 방식은 안 통해요"였다. 젊은 도사들의 말이 맞으면 기술적 분석은 폐기될 운명에 처하게 될 것이다.

한바탕 이론 전쟁이 벌어질 게 뻔했다. 기술적 분석가들은 지지 수준, 저항 수준, 고도의 차팅 기법 등 정밀한 기법들을 총동원했다. 또한 수십 가지의 주가 패턴과 방식을 이용하는데, 각자 판단에 따라 적절히 조합해서 활용했다. 이들은 최선을 다했고, 포기하는 법이 없었다. 덕분에 컴퓨터 성능이 점점 좋아지면서 전에 없었던 그래프와 차트, 데이터 히스토그램이 완성돼 과거 주가 동향을 분석할 수 있게 되었다.

진격의 교수들

그러나 학계에서 엄청난 화력을 과시하면서 반격에 나섰는데, 기본적으로 두 가지 기법이 사용되었다. 첫 번째는 주가가 무작위로 움직인다는 증거였다. 1960년대 초반 정밀한 연구들이 속속 발표되면서 기존 연구 결과들을 보완하고 주가 동향의 무작위성을 입증했다.* 한편 기술적 분석가에게 없어서는 안 되는 '추세'의 존재를 입증할 만한 증거는 발견되지 않았다. 1964년에는 아놀드 무어,[7] 1963년에는 클라이브 그레인저와 오스카르 모르겐슈타인,[8] 1965년에는 유진 파마가 실험을 단행했다.[9] 예를 들어 파마는 박사 논문에서 다우존스산업평균지수 30개 주식의 가격을 5년여에 걸쳐 1일~2주 사이로 시간 단위를 달리해서 분석했다. 파마의 연구 결과는 랜덤워크 가설을 뒷받침했다.

주가가 무작위적이라면 앞으로 주가가 어떻게 움직일지는 과거 주가와 거래량과는 전혀 상관이 없다. 따라서 어떤 주가 정보나 거래량 정보도 앞으로의 주가 동향 예측에는 아무짝에도 쓸모가 없으며, 차트가 아무리 강렬한 패턴을 보인다 해도 마찬가지다. 주가가 7일 연속 상승했다고 해서 8일째도 상승하리라는 법이 없다. 즉 과거 주가 동향은 미래 주가 동향에 어떤 영향도 미치지 않는다. 동전 던지기에서 계속해서 앞면이 나왔다고 해서 다음 차례에 앞면이 나올 확률은 바뀌지 않는다. 앞면이 나올 확률은 여전히 50%다. 주가는 내릴 수도, 오를 수도 있고 제자리걸음일 수도 있다.

엄밀한 통계학적 절차를 이용한 광범위한 실험에서 일일, 주간, 월간 단위로 분석한 결과, 역시 무작위성에서 벗어나는 현상은 미미했다.[10] 기술적 분석의 핵심 명제는 시장과 주식이 식별 가능한 주요 추세를 보이며, 이 추세를 이용해 미래의 주가 동향을 예측할 수 있다는 것이다. 하지만 이 명제에 배치되는 결과였다.

기술적 분석가들이 내세운 두 번째 주장은 대응하기 까다로웠다. 기술적 분석가들은 이런 논리를 내세웠다. "며칠, 몇 주 연속 또는 몇 달은

●바슐리에의 연구에 따르면 불규칙적으로 움직이는 브라운 운동의 작은 입자와 마찬가지로 상품가격 역시 무작위로 움직인다. 이 연구에서는 주가 움직임의 임의성은 직접 언급되지 않았다.

무작위성이 증명될 수 있다. 그런데 측정법이 부정확한 것은 아닐까? 이 때까지 실험들은 주가 데이터를 너무 광범위하게 사용해 무작위성을 증명했다. 연구 대상 기간 중에 일간 또는 주간 단위 연구에서는 포착하지 못했지만, 시간 단위로 보면 주가 변화에 유용한 방향성이 존재하지 않을까? 콘드라티예프 파동과 함께 주가-거래량 통계 같은 선별적인 데이터를 활용해야만 추세가 보이는 건 아닐까?"●

　사실 기술적 분석가들은 학자들에게 주가 움직임을 뭉뚱그려 보지 말고, 기술적 분석에 사용되는 시스템으로 테스트해보라고 요청했다. 그러나 학계 연구자들이 테스트한 결과는 참담했다. 예를 들어 처음에는 어떤 주식의 추세 전환을 알려주는 다양한 '필터' 시스템들을 실험했는데, 기술적 분석가들은 이 시스템들이 추세 전환을 보여준다고 믿었다. 필터 시스템은 주가가 하락해 바닥을 치면 매수 주문이 실행되고, 주가가 꼭지를 형성하면 매도 주문이 실행된다. 그러나 테스트 결과 수수료를 빼고 나면 필터들이 창출한 수익은 미미했다.[11] 투자자가 매수 후 전략, 즉 매수한 뒤 포트폴리오를 그대로 유지하는 전략을 써도 그 정도 수익은 얻을 수 있다. 일정 기간 실적이 좋은 주식을 매수하는 상대강도 방식도 실험해보았지만 결과는 마찬가지였다.[12] 인기가 높은 다우 이론 역시 검증 대상이 되었다. 기술적 분석가에게 중요한 고점, 저점, 지지, 저항 수준 모두 예측에 전혀 쓸모가 없었다. '매도' 신호나 '매수' 신호가 난 뒤, 주가는 무작위로 움직였다.

● 이런 지표들은 수없이 많다. 주가 거래량 통계는 거래량 증가에 따른 주가의 상승이나 하락을 측정한다. 거래량 증가와 함께 주가가 상승하면 상승장, 주가가 하락하면 하락장으로 간주된다. 콘드라티예프 파동으로 유명한 러시아 경제학자 니콜라이 D. 콘드라티예프는 유럽 경제가 약 50년을 주기로 호황과 불황을 반복한다고 주장했다. 러시아 혁명 이후 레닌 치하에서 요직을 맡았던 콘드라티예프는 소련에 강제수용소 체제가 들어선 이후 종적을 감추었고, 행방은 묘연하다.

컴퓨터는 변덕이 심했다. 차트 분석가에게 컴퓨터는 유용했지만, 막상 컴퓨터로 매매한 결과는 차트 분석가를 배신했다. 한 실험에서 컴퓨터 프로그램으로 뉴욕증권거래소에서 거래되는 548개 주식을 분석했다. 이 프로그램은 5년 동안의 정보를 분석해 '머리-어깨 패턴', '삼중 천장형과 바닥형' 등 가장 널리 이용되는 32가지 패턴을 식별해냈다. 그런 다음 발견한 패턴을 토대로 차트 분석가처럼 반응하도록 설계하였다. 이를테면 주가 상승을 예고하는 강력한 기술적 신호인 삼중 천장형 이후 상향 돌파 시 매수하고, 주가 하락을 예고하는 신호인 삼중 바닥형의 지지선 아래로 주가가 하락하면 매도한다. 이 신호들을 토대로 한 실제 매매 결과를 시장평균 실적과 비교해보았다. 그런데 매수/매도 신호와 그 후 이어지는 주가 움직임 간에는 어떤 상관관계도 발견되지 않았다. 다시 한 번 말하지만 우리의 오랜 벗인 매수 후 보유 전략도 그 정도 실적은 올렸을 것이다.

주가-거래량 시스템 역시 같은 운명을 맞았다. 주가 변동폭과 거래량 변동폭은 중요한 기술적 도구이지만, 어느 쪽도 미래 주가의 방향이나 변동폭과는 상관관계가 없는 듯하다. 많은 거래량을 동반하면서 하락하는 주식이 상승 전환하기도 하고, 많은 거래량을 동반하면서 상승하는 주식이 하락 전환하기도 한다.[13]

모든 실험을 통해 기계적인 규칙이 단순한 매수 후 보유 전략보다 나을 게 없음이 입증됐다.[14] 축적된 다량의 증거는 랜덤워크 가설을 강력하게 지지하고 있지만, 극히 일부 예외는 있었다. 일부 실험에서 몇 가지 매매 규칙들이 소폭의 수익을 보이거나, 소수의 필터들이 지속적으로 통하는 등 무작위성에서 벗어나는 주가 움직임을 보이기도 했다. 그런데 이런 시스템으로는 빈번한 거래로 수수료가 많이 발생해 기대 수

익을 잠식한다는 게 문제였다.[15]

지금까지 수많은 실험을 했지만 랜덤워크 가설을 반박할 수 있는 증거는 없었다. 그런데도 기술적 분석가들은 기술적 방식이 통한다고 주장하는데, 그들이 내놓은 사례를 보면 통하는 것 같기도 하다. 그러나 지금까지 살펴보았듯이 평균의 법칙에 따른 우연한 성공일 뿐이다. 물론 뒤돌아보면 훨씬 더 잘 통했을 것으로 보인다. 기술적 분석가들도 인간이므로 '실패'는 잊고 '성공'만 기억한다. 만약 결과가 나빴다면 그건 토대가 되는 기법이 문제가 아니라, 기법을 잘못 적용했거나 보충 정보가 필요했기 때문이라고 생각한다. 기술적 분석가들은 또한 일부 기술적 시스템을 통하여 일정 기간 동안의 상관관계가 컴퓨터를 통해 입증되었다고 주장했다. 물론 그렇기는 하지만 일부 성공한 결과를 시간대를 옮겨 적용하거나, 더 폭넓은 주가 정보를 이용해 철저히 테스트해보면 상관관계는 사라졌다. 즉 기술적 시스템이 보여준 성공은 단지 우연에 지나지 않았다.

모든 내용을 종합해볼 때, 랜덤워크 가설이 절대 통하지 않는다고 100% 입증하기란 불가능하다. 그러려면 수백만 가지 시스템뿐만 아니라 수십만 가지의 가능한 조합을 테스트하되 최종 결정은 기술적 분석가의 해석에 의존해야 하기 때문이다. 이를 위해서는 천문학적인 횟수의 실험이 요구된다. 기술적 분석가들은 아직 모든 시스템을 조사하지 않았다. 그리고 게다가 어느 한 가지 방식을 토대로 결정한 것이 아니라 판단과 경험의 결과라고 말할 것이다. 물론 이 말은 정당하다. 아무튼 상당량의 축적된 증거에 따르면 랜덤워크 가설에 치명타를 가할 수 있는 기술적 분석은 아직까지 발견되지 않았다.

학계의 연구 결과는 기술적 분석을 강력하게 반박하고 있지만, 차트

분석가를 비롯한 기술적 분석가들은 계속 번창하고 있다. 그들은 '자신들의 시스템은 다르다고 말하며 학계의 연구 결과를 무시한다. 또한 투자자들 역시 학계의 연구 결과를 무시했으면 하고 바란다. 이들은 때때로 반대파를 향해 분노를 표출하는데, 이들의 주장은 대체로 사실에 입각한 증거가 결여되어 있다.

학계에서는 투자자에게 기술적 분석가를 조심하라고 진지하게 경고한다. 하지만 이제는 사라진, 병을 고치는 주술사나 예언자 보듯 기술적 분석가들을 무심하게 바라본다(오늘날의 점성술사는 포함시키지 않을 것이다). 금융의 미래를 예측한다는 이 불굴의 광신도 집단은 학계뿐 아니라 기본적 분석 지지자들에게도 오랫동안 뭇매를 맞고 있는데, 이는 스스로 자초한 업보이다.

내가 아는 고약한 기본적 분석가 몇 사람은 학계에 새로운 실험을 제안하였다. 기술적 분석가 표본 집단의 옷 중에서 낡아서 반들반들해진 양복, 해진 옷깃, 구멍 등을 조사해 다른 월스트리트 사람들의 통계 표본과 비교해보자는 것이다. 그러면 기술적 분석가들은 대체로 자신들이 한 말에 충실하므로 옷이 훨씬 더 낡았을 것이라나.

그런데 많은 기본적 분석가가 수시로 기술적 분석의 신비에 빠진다. 월스트리트에서 기본적 분석이 지배적이긴 하지만, 기본적 분석가 대다수가 경제위기가 닥치거나 최종 매수결정을 내리기 전 가끔 '차트를 들여다본다.' 기술적 분석의 무용함을 증명하는 50년 치의 증거가 쌓여 있지만 많은 투자자가 여전히 기술적 분석을 이용하고 있다.

계속되는 학계의 기습 공격

낙승을 거둔 학계는 월계관에 만족하지 않았다. 펀드매니저, 애널리스트 대다수에게는 안타까운 일이지만 말이다. 1960년대 중반부터 연구자들은 대다수 월스트리트 전문가들이 신줏단지 모시듯 떠받드는 기본적 분석이 시장평균 대비 초과 수익을 얻는 데 과연 도움이 되는지 물었다. 그리고 야심 찬 실험이 시작되었다.

기본적 분석 추종자들은 매출, 수익, 배당 전망, 재무 건전성, 경쟁력 등을 면밀히 분석하면 기업의 가치를 판단할 수 있다고 믿었다. 대학과 대학원에서 여러 가지 미묘하고 복잡한 차이와 응용 프로그램에 대해 훈련받은 기본적 분석가들은 매일 분석 작업을 통해 지식을 확장해왔다(아직도 학자들 상당수가 기본적 분석을 신뢰하고 있고, 대학에서 여전히 기본적 분석을 가르치고 있다). 대다수 주식 중개인은 물론이고 뮤추얼 펀드, 은행 신탁 부서, 연금 펀드, 투자 자문사 등 절대 다수가 기본적 분석을 활용하고 있다.

흠 하나 없는 자격증을 보유한 펀드매니저들이지만, 이들의 장기 실적은 경외로운 것과는 거리가 멀다. 미국증권거래위원회^{SEC}는 펀드매니저의 실적을 조사했는데, 그들의 실적을 연구한 것은 그때가 처음이었다. 증권거래위원회는 1920년대 말부터 1930년대 중반까지 투자사들의 실적을 조사하였고, 보고서에는 이렇게 적고 있다. "전체 투자관리회사(폐쇄형 펀드)의 실적은 모두 수익 상위 주식의 지수보다 낮았으며, 1927~1935년의 지수보다 낮았다.[16] 이는 상당한 확실성을 부여할 수 있는 결론이다."

미국의 경제학자이자 〈이코노메트리카〉를 발간하는 코울즈경제학연구위원회를 창업한 알프레드 코울즈는 1933년 투자 전문가의 실적을 분석했는데, 주식시장 펀드매니저들의 실적이 시장 실적보다 높지 않다는 결론을 얻었다. 1944년에 다시 조사했지만, 결과는 마찬가지였다.[17]

1960년대와 1970년대 학계에서는 펀드매니저의 초라한 실적을 폭로하는 연구가 쏟아졌다. 그중 가장 자세하고 충격적이었던 연구는 1970년 와튼스쿨의 어윈 프렌드, 마셜 블룸, 진 크로켓의 연구였다.[18] 수많은 학계 연구자와 전문 투자자가 이 연구 보고서를 읽고 토론했다. 1960년 1월부터 1968년 6월 30일까지 136개 펀드의 연평균 수익률은 10.6%였다. 같은 기간 뉴욕증권거래소 주식의 평균 수익률은 12.4%였다.

기본적 분석가들은 초라한 결과에 당황했지만 학계는 전혀 당황하지 않았다. 1960년대 중반부터 학계는 기술적 분석에서 기본적 분석으로 목표를 수정했다. 뮤추얼 펀드를 비롯하여 증권분석 전문가들의 실적에 대한 광범위한 연구가 수행되었다. 교수들은 다시 한 번 펀드, 즉 대다수 펀드매니저의 실적이 시장보다 나을 것이 없다는 사실을 보여주었다.[19]

유진 파마, 리처드 롤 같은 저명한 학자뿐 아니라 노벨상 수상자 마셜 블룸, 머튼 밀러, 윌리엄 샤프, 마이런 숄즈를 비롯해 저명한 금융학자들이 효율적 시장 가설을 무기로 당시 통념이었던 기본적 분석에 대한 공격을 진두지휘했다.

기술적 분석가에게 가차 없었던 학계의 분석은 기본적 분석가에게도 예외는 없었다. 학계는 투자 업계에 널리 퍼진 다른 통념들 역시 모질게 다루었다. 포트폴리오를 자주 조정하면 실적이 향상된다는 통념도 근거가 없는 것으로 드러났다. 잦은 조정이 실적을 높이기는커녕 오히려 실적을 소폭으로 갉아먹는 듯하다. 판매 수수료가 높은 뮤추얼 펀드가 실적이 좋다는 주장도 있었지만, 판매 수수료와 실적 간에는 어떤 상관관계도 발견되지 않았다.[20] 요약하면 뮤추얼 펀드가 시장 실적을 넘어서지 못한다는 것이 학계 보고서의 결론이다.

고객에게 탁월한 실적을 제공한다는 것을 과시하고 싶은 펀드매니저들에게 이런 결과가 달가울 리 없었다. 뮤추얼 펀드 매니저들은 시장보다 실적이 낮았을 뿐 아니라 학계에서 말하는 위험 조정 후에는 오히려 실적이 더 나빠지는 경우가 많았다. 당시 펀드매니저들은 마치 무시무시한 대포로 무장한 프란시스코 피사로의 기병대(당시 아메리카 대륙에는 말과 기병이 없었다)로부터 도망치는 잉카 군대처럼 볼썽사납게 퇴각했다. 효율적 시장 가설은 컴퓨터라는 기병대를 앞세워 원주민 통치자의 이론을 퇴치했지만, 이론 세계를 완전히 장악할 수는 없었다. 이 문제는 앞으로 다시 살펴보겠다.

효율적 시장의 군대, 세력을 확장하다

지금까지 보았듯 학계 연구자들은 앞서 잠깐 살펴본 효율적 시장 가설이라는 파격적인 새 가설을 제안했다. 효율적 시장 가설을 통해 시장 사정에 밝고 지식을 갖춘 투자자들 사이의 경쟁으로부터 주가를 적정 수준으로 유지할 수 있다고 주장했다. 이것이 가능한 이유는 주가를 결정하는 모든 요소가 합리적이고, 똑똑한 수많은 투자자에 의해 분석되었기 때문이다. 기업의 수익 전망이나 배당 전망 같은 새로운 정보가 생기면 빠르게 흡수되어 즉각 주가에 반영된다. 수많은 시장 참여자가 숨은 가치를 찾아 경쟁하기 때문에 주가는 진정한 가치를 최대한 반영하게 된다. 주가가 항상 정확한 것은 아니지만 편향성은 없다. 따라서 주가가 틀렸다면, 주가가 너무 낮을 확률이나 너무 높을 확률은 동일하다.

의미 있는 정보는 예고 없이 시장에 들어오므로 주가는 무작위로 반응한다. 이것이 바로 차트와 기술적 분석이 통하지 않는 진짜 이유다. 어떤 새로운 데이터가 시장에 들어올지, 이 데이터가 긍정적일지 부정적일지, 시장 전체에 영향을 미칠지, 아니면 한 기업에만 영향을 미칠지는 아무도 모르기 때문이다.

효율적 시장 가설의 핵심 전제는 시장은 새로운 정보에 거의 즉시 (그리고 정확하게) 반응하며, 따라서 투자자는 수익을 취할 수 없다는 것이다. 학자들은 이 주장을 입증하기 위해 많은 연구를 수행했고, 연구 결과가 이 명제를 입증한다고 주장했다.

액면 분할에 대한 시장의 이해를 탐구한 중요한 연구가 있다. 세상에 공짜는 없는 법, 주식이 분할되어도 주주 지분은 이전과 동일하다. 학자들은 어리석은 투자자들이 주가를 끌어올리면 현명한 투자자들이 매도해서 주가가 다시 제자리로 돌아오는데, 이로써 시장의 효율성이 증명된다고 주장했다. 연구자들은 실제로도 그렇다고 주장했다.

분할된 주식이 시장에 풀린 뒤에도 주가는 분할 전의 장기 시장 동향과 궤를 같이 했다.[21] 1946~1966년 261개 대기업의 수익률을 계산한 연구에 따르면, 수익 보고서에 발표된 데이터 중 보고서가 발표되는 달까지 예측되지 못한 정보는 10~15%에 불과했다. 이는 시장이 정보에 밝다는 것을 보여준다.[22] 다른 실험들에서도 비슷한 결과가 나왔는데, 교수들은 이런 결과가 시장이 정보에 빨리 적응하는 증거라고 주장했다.

이 실험들이 정말 학자들의 주장을 입증하며, 시장이 새로운 정보에 신속하게 반응한다는 명제를 확증하는 것일까? 이 실험을 비롯해 효율적 시장 가설의 초석들을 기억해두자. 학자들은 투자자를 향해 자신 있게 효율적 시장 가설을 제시했다. 하지만 이 실험들이 부메랑이 되어 돌아올지, 아닐지는 곧 살펴보도록 하자.

자본자산 가격결정모형 :
효율적 시장 가설의 승리인가, 트로이의 목마인가

주식시장이 효율적이라고 선언하자 이론가들은 투자자들에게 공정한 보상, 즉 특정 주식을 매수하는 위험에 정확히 상응하는 수익만 기대해야 한다고 말했다. 이 대목에서 효율적 시장 가설의 동생뻘인 자본자산 가격결정모형이 개입한다. 여기서 위험(자본자산 가격결정모형이 정의한 대로)은 변동성이다. 시장 대비 주식 또는 포트폴리오의 변동성이 클수록 위험은 커진다.

변동성을 수치화하는 데 가장 널리 쓰이는 잣대가 베타이다.● 베타는 뮤추얼 펀드, 포트폴리오, 보통주의 변동성에 모두 적용할 수 있다. 베타는 특정 뮤추얼 펀드, 포트폴리오 혹은 주식을 벤치마크와 비교해 산출하는데, 이때 벤치마크로는 대개 주식시장 지수가 사용된다. 시가총액 상위 종목들로 구성된 뮤추얼 펀드 등 주식 포트폴리오는 S&P500의 베타를 1로 하여 S&P500 대비 베타를 측정한다. 학자들에 따르면 특정 뮤추얼 펀드의 베타가 높으면 주식시장 지수보다 위험이 크다고 본다. 반대로 베타가 낮으면 주식시장 지수보다 위험이 작다고 본다. 이론가

● 베타는 회귀 계수를 사용해 계산한다. 주식과 관련해서는 전체 시장 대비 주식의 상대적 변동성을 나타내는 수치다.

들은 장기적으로 위험과 수익은 언제나 비례한다고 주장한다. 이 논리에 따르면 위험이 큰 주식이나 포트폴리오가 고수익을 제공하고, 위험이 작은 포트폴리오는 수익도 작아야 한다.

펀드매니저의 포트폴리오 연간 수익률이 시장 대비 3% 웃돈다면 해당 펀드매니저의 포트폴리오는 베타가 아주 높은 것이다. 학자들은 위험(변동성)과 수익 사이에 직접적인 상관관계가 있으므로 변동성 조정 후 시장 대비 3% 초과 수익을 올린 펀드매니저는 시장 대비 1% 초과 수익을 올린 펀드매니저보다 오히려 실적이 더 나쁠 수 있다고 보았다. 학계에서는 이런 산출법을 위험 조정 수익률Risk-Adjusted Return이라고 부른다.

얼핏 생각하면 단순함 속에 명쾌함이 깃든 효율적 시장 가설은 그럴듯해 보인다. 왜냐하면 효율적 시장 가설이 투자의 미스터리 하나를 설명해주기 때문이다. 바로 영리하고 부지런한 수많은 종목 선정 전문가가 시장보다 늘 한 수 뒤지고, 선택한 주식 때문에 난감한 처지가 되는 이유를 말이다.

랜덤워크 가설(이후 약형 효율적 시장 가설이라고 부른다)은 투자자들이 기술적 분석에서 수익을 올릴 수 없다는 것만을 알려주지만, 효율적 시장 가설은 훨씬 더 많은 것을 시사한다. 만약 효율적 시장 가설이 옳다면 이 새로운 명제는 기본적 분석을 근본부터 발기발기 찢어발긴다. 월스트리트 증권가에서 비싼 수업료를 치르며 진이 빠지도록 복잡한 기본적 분석을 아무리 배워도 투자자는 절대로 우위에 설 수 없다. 새로운 정보를 정확하게 평가할 매수자와 매도자가 시장에 충분히 존재한다면 저평가 주식과 고평가 주식은 드물 것이기 때문이다.[23]

효율적 시장 가설은 이것저것 의미하는 바가 많다. 효율적 시장 가설에 따르면 시장에서 매매를 자주하는 것보다는 매수 후 보유하는 것이 좋다. 자주 매매해봐야 지불할 수수료만 늘어나기 때문에 수익이 늘지 않는다. 또한 과거 시장보다 수익이 높았던 투자자는 단지 운이 좋았을 뿐이며, 계속 수익이 높을 것이라고 보장할 수 없다.[24]

준강형 효율적 시장 가설은 이렇게 주장한다. 어떤 뮤추얼 펀드도, 수백만 달러 수익을 올리는 펀드매니저도, 아무리 정교한 지식과 기술을 겸비한 개인 투자자라도 공개된 정보를 이용해서는 시장을 이길 수는 없다. 오늘날 널리 수용되는 효율적 시장 가설이 바로 준강형이다.

효율적 시장 가설의 '약형'인 랜덤워크 가설이 인상적인 주장을 했다면 강형은 한 발 더 나아간다. 강형에 따르면 어떤 정보도 시장을 이기는 데 도움을 줄 수 없다. 기업 내부자만 아는 정보나 해당 기업의 주식을 거래하는 전문가(회계장부에 아직 집행되지 않은 지시에 관한 기밀 자료를 갖고 있는 전문가)가 아는 정보 역시 마찬가지다. 지금까지 극소수 연구에서 내부자[25]와 전문가[26] 모두 시장을 이기는 능력이 있다는 일부 증거가 제시되기도 했다. 아무튼 강형 효율적 시장 가설은 대체로 너무 극단적이라는 평가를 받고 있어 널리 수용되지 못하고 있다.

효율적 시장 가설에 대한 학계의 지지

효율적 시장 가설 학파의 우두머리인 유진 파마 교수●는 1991년 12월[27]과 1998년[28]에 효율적 시장과 관련된 문헌들을 검토했다. 파마는 20년

● 2011년 현재 파마는 시카고대학 부스경영대학원에서 로버트 R. 매코믹 금융학 공훈 교수로 재직하고 있다. 〈포천〉은 한때 유진 파마를 증권계의 솔로몬이라고 불렀다.

전에도 광범위한 연구에 착수한 바 있었는데, 이번에는 그 이후 발간된 수백 편의 논문을 망라해 철저히 연구했다. 파마가 검토한 논문들은 준강형 효율적 시장 가설을 확고하게 지지했다.

지난 45년 동안 효율적 시장 가설에 관한 수만 편의 논문이 쏟아졌지만, 효율적 시장 가설을 뒷받침하는 연구 결과 중 새롭다고 할 만한 것은 두 가지뿐이었다. 일부 새로운 연구 결과들이 과거의 주가 움직임에서 하루나 주간으로 주가 행태를 예측할 수 있다는 것을 보여주었다. 그러나 거래 비용을 빼면 실제로 손에 쥘 수 있는 수익은 거의 없었다.

파마 교수에 따르면 특정 사건이 한 주식이나 시장에 어떤 영향을 미치는지에 대한 사례 연구에서 효율적 시장을 뒷받침하는 새로운 증거들이 나오기 시작했다. 지난 20년 동안 수많은 사례 연구가 있었다. 파마는 연구 결과 다음과 같은 결론을 내렸다. "대체로 주가는 투자결정, 배당금 변동, 자본구조 변화, 기업 거래에 관한 정보에 빨리 반응한다.[29]"

파마는 정반대되는 결론을 보여주는 다량의 사례 연구도 언급했는데, 연구 결과에 따르면 주가는 새로운 정보에 신속하게 반응하지 않고 서서히, 즉 비효율적으로 조정된다. 그럼에도 불구하고 파마는 논문에서 다음과 같은 결론을 내렸다. "시장의 효율성을 입증하는 가장 명백한 증거는 사례 연구, 특히 일일 수익률에 관한 사례 연구에서 나온다.[30]"

파마는 1998년 논문에서 시장 효율성은 여전히 타당하다고 덧붙이면서, 오랜 시간을 들여 효율적 시장 가설에 어긋나는 이상치는 우연한 결과라고 논박했다. 그러나 이 과정에서 파마는 수십 년째 무너지지 않던 다른 학자들의 연구뿐 아니라, 자신의 연구도 묵살해야 했다. 훌륭한 교수인 파마와 효율적 시장 가설 추종자들은 사실 이상치[anomalies]가 존재한다는 사실조차 부인하게 된다. 앞으로 이 이상치에 대해 더 자세히 살펴보겠다.

1960년대 이후 효율적 시장 가설 연구자들은 다른 연구자의 방법론을 비판하거나 다른 근거를 들어 이상치를 묵살해왔다. 이에 대해서는 6장에서 다시 살펴보겠다.*

생각의 힘

시장을 제대로 설명하든, 아니면 허튼소리에 지나지 않든지 효율적 시장 가설과 자본자산 가격결정모형, 현대 포트폴리오 이론은 학계뿐 아니라 월스트리트의 상상력에 불을 지폈다. 이 이론들이 나오기 전에는 펀드매니저와 뮤추얼 펀드의 평가는 S&P500이나 다우존스 수익률 대비 포트폴리오 수익률로 측정했고, 위험 조정은 전혀 없었다. 자본자산 가격결정모형 이론이 발전하면서 학계와 컨설턴트는 포트폴리오의 실적을 결정하는 공식에 위험 측정을 도입하게 되었다. 포트폴리오 수익률이 시장 수익률과 동일한데 위험이 더 크면 위험 조정 후에는 시장보다 수익률이 낮은 것으로 간주된다. 포트폴리오 수익률이 시장 수익률과 동일한데 위험이 작으면 시장보다 수익률이 높은 것으로 간주된다.

위험 측정은 시장 규모가 수십억 달러에 달하는 산업으로 성장했고, 직접적 또는 연기금(연금제도에 의해 모여진 자금)을 통해 수많은 투자자의

● 파마 교수는 방법론상의 오류를 지적하며 20년 동안 역발상 전략을 무시해오다 1992년 역발상 전략이 시장에서 통한다는 사실을 스스로 '발견했다.' 그리고 역발상 전략은 '이상치'로 간주했다. 사실 역발상 전략에 관한 논문을 비롯해 다수의 연구 논문들이 한두 가지 방법론상의 이유 때문에 배척되었다. 그러나 비판의 대상이 된 방법론을 수정해 다시 수행한 연구에서도 결과는 여전히 유효했다.

결정에 영향을 미치고 있다. 모건 스탠리나 찰스 슈왑 그리고 거의 모든 증권회사를 통해 뮤추얼 펀드를 매수하는 경우에도 찰스 슈왑의 추천 목록을 보고 결정을 내린다. 펀드 순위를 매길 때 찰스 슈왑을 비롯한 대형 마케터 대부분은 실적뿐 아니라 위험도 고려한다. 대형 연기금과 증권회사의 펀드매니저를 추천하는 컨설턴트도 비슷한 위험 측정을 활용한다. 증권회사는 수백만 명의 소액 투자자에게 펀드매니저를 추천한다. 이로써 장기적으로 시장을 이길 수 없다는 이론에 근거하여 1조 달러가 넘는 돈이 다양한 형태의 인덱스 펀드에 몰렸다.

지금까지 수십 페이지에 걸쳐 학계가 우리 시대의 2대 시장 이론인 기술적 분석과 기본적 분석을 무장해제한 논리, 그리고 최소한 논리적으로는 이 이론들을 대체하는 세 번째 이론을 설명했다. 새로운 이론은 학계를 휩쓴 뒤 금융 언론을 뒤덮으며 승승장구했다. 개인 투자자, 기업 투자자, 전문가들도 장악했다. 시장을 능가하는 것이 불가능하다는 전제 하에 많은 전문가가 기법과 위험에 대한 개념을 180도 바꾸었다. 불과 50년 전에 착안한 생각의 힘에 찬사를 보낸다.

효율적 시장 가설이 전문 투자 영역과 학계를 완전히 압도하자, 이 이론의 발전에 중요한 공헌을 한 마이클 젠슨조차 몇 해 전에 이렇게 말했다. "어느 정도인고 하니, 감히 이 가설을 비판하는 논문을 발표하려는 사람이 없을 정도다.[31]" 또한 슬프게도 새로운 길을 수용하면서 펀드매니저는 스스로의 가장 큰 존재 이유, 즉 고객에게 더 나은 수익을 제공한다는 목표가 불가능하다는 점을 인정하게 되었다.

새로운 믿음이 전파되는 양상은 피사로와 180인의 정복자들에 의해 광활한 잉카 제국이 무릎을 꿇는 모습과 흡사했다. 학자들은 정복자들처럼 신앙과 무기를 사용해 낡은 시장에서 이교도들의 사상을 궤멸했다. 자신들의 신앙을 수용하지 않는다면, 그때는 무기를 사용했다. 즉 경외로운 통계학으로 무차별 공격해 전문가들이 믿고 있던 것이 모두 그릇됨을 입증했다. 되돌아보면 새로운 믿음의 지도자들이 스페인 정복자보다 더 적은 숫자로 수백만 명의 투자자를 제압했다는 사실이 놀랍다.

아킬레스건

그러나 아직 백기 투항은 이르다. 효율적 시장의 황금시대는 어쩌면 그리 길지 않을 수도 있다. 최근 시장에서 일어난 오싹한 사건들을 좀 더 면밀하게 들여다보니 이 명쾌한 가설에도 꺼림칙한 점이 한두 가지가 아니었다. 학자들은 투자자가 컴퓨터처럼 감정이 없고, 효율적이라고 가정했다. 자신들의 이론을 정립하는 데 사용한 컴퓨터처럼 말이다. 우리가 앞에서 살펴본 심리적 요인들로 인해 투자자는 거듭 실수를 저지르게 되는데, 학자들은 이런 심리적 요소를 계산에서 완전히 배제했다. 이것만으로도 효율적 시장 가설에 치명타가 될 수 있다. 그런데 이보다 더 치명적인 결함이 있다. 이에 대해서는 5장과 6장에서 살펴보겠다.

효율적 시장 가설이 전문가 집단이 시장 수익률을 능가할 수 없는 이유와 같은 투자의 난제를 해결한 것처럼 보이지만, 다른 많은 난제는 풀지 못했다. 예를 들어 수십 년 동안 투자자의 수익률이 시장 수익률에 미치지 못하는 이유는 무엇인가? 결정적인 시장 전환점에서 많은 전문가의 의견이 터무니없이 계속 빗나가는 이유는 무엇인가? 투자자들이 그토록 이성적이라면 앞선 장들에서 보았듯 희열과 패닉이 그토록 자주 시장을 지배하는 이유는 무엇인가? 좀 더 구체적으로 질문하겠다. 시장이 그렇게 효율적이라면 경제사에서 가장 심각했던 두 차례의 버블인 1996~2002년, 2007~2009년의 사태가 불과 몇 년 사이에 발생한 이유는 무엇인가? 특히 투자 전문가들이 현대판 복음이라고 할 수 있는 효율적 시장 가설의 가르침을 신중하게 따라 수조 달러를 투자했는데도 말이다.

진실은 이렇다. 효율적 시장 가설과 현대 포트폴리오 이론의 기반을 마련한 노벨 수상자 수십 명을 비롯한 걸출한 학계의 연구가 지난 25년간 수많은 버블에서 유례없는 타격을 촉발했다는 것이다. 전 세계 금융학계에서 떠오른 이 혁신적인 이론으로는 시장을 이길 수 없을 뿐만 아니라, 시장에서 살아남기도 힘들다. 효율적 시장 가설은 통계학 분석을 이용해 투자업계의 이교도들을 무찔렀다. 하지만 효율적 시장 가설의 기초 이론 중 많은 부분이 바로 이 통계학의 발달된 형태들에 의해 부정되었다. 그러나 현재 투자 관행은 효율적 시장에 대한 믿음 위에 구축되었다. 수많은 투자자는 효율적 시장 가설이 이제는 파산상태라고 믿고 있지만, 달리 기댈 곳이 없는 실정이다.

효율적 시장 가설은 지난 200년 동안 내려온 경제학 이론의 연장선상에 있다. 경제학자들은 수백 년 동안 인간이 합리적으로 행동한다는 것을 대전제로 삼았고, 경제학자들의 가정이 영원히 설 수 있는 토대가 마련되었다. 물론 주식시장을 비롯한 금융시장은 경제학자들의 실험실이다. 만약 인간이 정말 시장에서 이성적으로 행동한다는 것을 입증할 수 있다면, 경제학의 복음서를 발견하는 것과 진배없을 것이다.

파마, 블룸, 젠슨, 숄즈 등이 시장이 효율적이라는 '증거'를 처음으로 내놓자 경제학자들이 쌍수를 들고 반긴 것은 어쩌면 당연한 반응이었다. 특히 자유방임 경제의 고매한 보루인 시카고대학에서였으니 두말하면 잔소리다. 시카고가 연구의 중심이 된 것도 자연스러운 일이었다.

시장 경제학자들은 도전장을 내밀었다. 한 학자는 이렇게 말했다. "'주식시장에서 투자자들이 정보를 완벽하게 알고 있다'라는 이론이 왜 솔깃한지 이해가 될 겁니다. 경제학자들이 완벽한 시장만큼 안성맞춤인 것을 어디서 발견할 수 있겠어요? 비빌 언덕이 없었는데 비빌 언덕이 생긴 거죠.[32]" 경제학자들은 이 언덕에 누울 자리를 찾았다. 하지만 그 최후는 커스터 장군의 최후와 점점 닮아가기 시작했지만 말이다. 이 점은 앞으로 살펴볼 것이다. 경제학자들은 효율적 시장 이론이 시장의 황금기(경제학자의 황금기가 아니라)로 인도하리라고 굳게 믿었기 때문에, 경제학자들은 통계학이 비빌 언덕이 될 것이라고 확신했다. 그러나 앞으로 살펴보겠지만 그렇지 못했다.

효율적 시장 가설의 덫에 걸리지 않으려면 교리를 잘 숙지해야 한다. 효율적 시장 가설, 자본자산 가격결정모형, 현대 포트폴리오 이론에는 정부 인증 경고 라벨 따위는 없기 때문에 그것을 모르면 덫에 걸리기 쉽다. 투자 이론의 결함은 시장에 영향을 미친다. 즉 투자 이론에 결함이 있으면 일반 투자자와 전문 투자자 모두 자본을 잠식당한다. 성공 투자로 가는 길을 찾으려면 이런 이론을 피해야 한다. 하늘만 애타게 쳐다본다고 피할 수는 없다.

그렇다면 성공 투자의 진짜 열쇠는 어디에 있을까? 그런 열쇠가 있기는 한 걸까? 곧 해답을 살펴보겠지만, 먼저 효율적 시장 가설이 왜 실패했으며, 효율적 시장 가설의 실패가 투자자에게 어떤 영향을 미치는지에 대해 살펴보자.

5장

대수롭지 않은 상처

효율적 시장 가설을 추종하는 사람들을 보면 영국 코미디 영화 〈몬티 파이튼의 성배〉에 나오는 명장면이 떠오른다. 아서 왕과 시종이 의기양양하게 나무와 수풀을 헤치며 나아가고 있었다. 그때 흑기사가 길을 가로막더니 아서 왕에게 이 숲을 지나가려면 자신과 목숨을 걸고 싸워야 한다고 말한다. 싸움이 벌어지고 아서 왕이 흑기사의 두 팔을 모두 자르지만 흑기사는 항복하지 않는다. 아서 왕은 그에게 이렇게 말한다. "보라고! 팔이 하나도 남지 않았어."

"뭐? 이 정도 상처쯤이야." 흑기사가 반박한다. 싸움이 계속되고 아서 왕은 흑기사의 양 다리를 모두 자른다. 상체와 머리만 남은 흑기사는 그래도 굴복하지 않는다. "흑기사에게는 승리뿐!"이라며 호기롭게 외친다. "돌아와서 이거나 받아라. 네 놈 다리를 물어뜯어 주마!"

효율적 시장 가설은 아무리 큰 타격을 입어도 항복하지 않으려는 흑기사를 닮았다.

홍미롭게도 아서 왕에 관한 역사적인 진실은 한 번도 시원하게 규명된 적이 없었다. 그런데도 소설, 시, 희곡, 동화책, 몬티 파이톤의 풍자까지 아서 왕의 전설은 견고하다. 효율적 시장 가설의 경우 데이터는 지나칠 정도로 많다. 그러므로 지금쯤이면 이 '전설적인' 발견의 타당성을 간단히 입증하거나 반박할 수 있어야 한다. 어쨌든 아서 왕의 이야기와 달리 효율적 시장 가설의 역사적 토대는 충분한 수정을 거쳤고, 매번 수정될 때마다 통계학적 토대는 점점 더 흔들렸다.

앞서 나는 1960년대 효율적 시장 가설이 어떻게 학계를 휩쓸고, 월스트리트를 휘몰아쳤는지 설명했다. 1945년 독일로 진군하는 미군 야전사령관 조지 패튼의 군대처럼 효율적 시장 가설은 통계학적 분석과 수학이라는 난공불락의 신무기로 무장한 채 기술적 분석가, 기본적 분석가의 낡은 무기를 압도했다. 학계의 연구 결과 펀드매니저들이 시장 수익률을 능가할 수 없다는 것이 명백히 입증되었기 때문에 1조 달러의 돈이 S&P500, 러셀2000(가장 널리 쓰이는 소형주 지수) 등 다양한 인덱스 기반 펀드에 몰렸다.

효율적 시장 가설이 압승을 거두자 학계에서는 펀드매니저와 애널리스트가 시장을 이길 수 없다는 것을 많은 사람이 깨닫게 되면, 펀드매니저와 애널리스트가 해고당하면서 시장의 효율성이 떨어지지 않을까 우려했다. 효율적 시장 가설에 의하면 펀드매니저와 애널리스트는 시장 효율성을 유지하는 데 없어서는 안 될 존재로, 이들이 대량 해고된다면 시장의 효율성도 떨어질 수밖에 없다. 이런 일은 투자 업계에서 일하는 우리 같은 사람들에게도 악몽이었다. 하지만 악몽에 그쳤다. 5장과 6장에서는 효율적 시장 가설이 사상누각이며, 그 이유를 설명하려고 한다. 이를 통해 그토록 막강해 보였던 효율적 시장 가설의 통계학 자료들은 허물어지게 될 것이다. 왜냐하면 그 도구가 주장만큼 제구실을 하지 못했고, 연구자들은 효율적 시장 가설을 부인하는 데이터를 무시하거나 얕보았기 때문이다.

효율적 시장 가설 이론을 정립한 걸출한 학계 선구자들의 예측과 현실의 결과 사이에는 분명한 괴리가 있다. 5장에서는 효율적 시장 가설의 기본 전제가 잘못되었음을 입증하는 시장의 주요 사건들을 살펴본 다음, 효율적 시장 가설 이론을 강화하는 데 이용되는 분석 방식의 근원적인 결함을 짚어보겠다. 이를 통해 효율적 시장 가설이라는 안개가 걷힐 때 우리가 얻을 수 있는 교훈은 매우 값질 것이다.

곤경에 처한 흑기사처럼 썩 보기 좋은 광경은 아니겠지만, 미래의 성공 투자로 가는 길이 활짝 열릴 것이다. 흑기사가 양팔을 잃고, 뒤이어 두 다리까지 잃고도 싸움을 멈추지 않았던 것처럼 효율적 시장 가설 역시 지지 기반을 차례로 잃었지만 여전히 다른 이론들을 제압하고 있다.

다음 시장의 세 가지 사건을 자세히 살펴보자. 이 사건들은 효율적 시장 가설 신봉자들이 보기에는 도저히 일어날 수 없는 사건이었다. 자금 출혈이 그 정도였으면 교훈을 깨달을 법도 하건만, 우리는 깨닫지 못했다. 세 가지 사건은 다음과 같다.

사건 1. 1987년 주식시장 폭락
사건 2. 1998년 롱텀캐피털매니지먼트^{LTCM} 파산 사태
사건 3. 2006~2008년 부동산 거품과 주택시장 붕괴

사건 1. 1987년 주식시장 폭락

1987년의 주식시장 폭락은 당시로서는 1929~1932년 이후 최악의 패닉이었다. 불행의 씨앗은 1980년대 초반 시카고에서 뿌려졌다. 밀, 콩, 소 선물, 가축 등을 거래하던 시카고상품거래소^{Chicago Mercantile Exchange, Merc}는 사업을 확장하려고 했다. 사업 확장에 가장 목말라했던 곳은 시카고상품거래소로, 오랫동안 시장을 독점하고 뻔뻔하게 불법을 저지른 탓에 악평이 자자했다. 시카고상품거래소를 폐쇄하려는 시도도 여러 차례 있었다. 온갖 추문과 물의가 난무했는데, 특히 양파 공판장에서 가장 심했다. 양파는 주요 거래 상품에 속했는데 독점, 강매 등 불법 행위 때문에 마침내 의회는 양파 선물거래를 법으로 금지하기에 이르렀다. 거래소는 활력을 잃고 맥을 못 추다가 1960년대와 1970년대에는 소량의 거래만 이루어졌다.

그러나 불과 10년 남짓한 기간에 판도가 완전히 뒤바뀌게 된다. 곡물, 육우, 돈육 선물을 거래하던 시카고거래소들은 활동적인 레오 멜라메드 회장의 지휘 아래 미국 주식시장과 채권시장에서 핵심 역할을 하게 된다. 거래소들이 사업 행태를 전면 쇄신한 이면에는 효율적 시장 가설을 지지하는 교수들이 있었다. 대다수 교수가 미국에서 자유방임 경제의 가장 강력한 보루인 시카고대학 소속이었다. 교수들은 금융 선물이 시장에 유동성을 공급하면 할수록 시장이 확장되고, 거래 비용이 낮아져 결국 시장의 효율성이 높아질 것이라고 믿었다.

한바탕 쇼의 스타는 시카고상품거래소가 1982년 4월 도입한 S&P500 선물이었다. 선물거래는 도박의 일종으로 인식되었기 때문에 상품 거래자 대다수는 이 시도가 실패할 것이라고 예상했다. 그동안 선물거래는 투기적 성향 때문에 주식거래와 연계되는 것이 허용되지 않았다. 투자자 대다수는 선물거래와 주식거래가 연계되면 주식시장의 변동성이 높아질 것이라고 믿었다. 선물 업계의 거두들조차 그렇게 믿었다. 당시 시카고옵션거래소CBOE 회장이자 CEO였던 월터 E. 오슈는 미국 상품거래를 규제하는 최고 기관인 선물거래위원회CFTC에 편지를 보내 '교묘한 조작으로 지수 선물이 분칠한 노름판'이 될지도 모른다고 경고했다.[1]

실제로도 그럴 위험이 있었다. 알고 있듯이 1929년 폭락의 주요 원인은 고작 10%의 증거금으로 거래할 수 있는 과도한 증거금 거래 때문이었다. 이런 일을 방지하고자 1930년대도 의회 개혁의 일환으로 연방준비제도에 주식 매수 증거금을 인상할 수 있는 권한을 주었다. 이로써 주식 증거금은 50% 아래로 내려간 적이 없었고, 제2차 세계대전 이후 투기성이 강한 시장에서는 이따금 증거금이 100%까지 올랐다. 그러나 오늘날 주식 선물의 증거금은 주식 증거금보다 훨씬 낮아서 1987년 대폭락 이전에는 5%, 지금은 약 7%이다.

1987년 상품 증거금은 주식 증거금의 약 10분의 1 수준이었다. 1929년 대폭락 당시에도 낮은 증거금이 원흉으로 지목되었지만 그보다 훨씬 낮은 수준이었고, 1929년 폭락 이후 증거금거래를 규제했던 의회 개혁의 상당 부분이 무용지물이 되었다. 교수들은 시장 유동성에 집착해 높은 레버리지의 위험성을 철저히 무시했고, 상품거래는 학계의 열렬한 지지를 받았다.

과거 증거금이 턱없이 낮았을 때, 상품시장과 주식시장에서 급락 사태가 자주 발생했다. 따라서 열렬한 효율적 시장 가설 신봉자들의 도움을 받아 시카고상품거래소와 시카고선물거래소는 금융 선물거래를 통해 사실상 1929년 수준보다 낮은 증거금으로 주식을 매수하거나 공매도할 수 있었다. 상품거래소 참여자들(수많은 월스트리트 기업과 헤지펀드들)은 주식을 매수할 때보다 주식 선물의 포지션을 거의 10배 가까이 취할 수 있었다. 주식 선물거래는 뉴욕증권거래소 거래액의 2배에 육박했으므로, S&P500 선물이라는 꼬리가 몸통인 주식시장을 뒤흔드는 꼴이 되었다. 학자들은 과거 상품시장이 수차례 붕괴되었던 사건들을 무시했고, 요즘은 그럴 일이 없으니 걱정할 필요가 없다고 말했다. 시장은 효율적이니 선물거래의 분파인 지수차익거래(일명 프로그램 매매)는 시장의 효율성을 더욱 높일 것이라고 말이다.

시카고상품거래소가 선물거래위원회에 S&P500 선물거래를 허가해 달라고 신청할 당시 거래소는 S&P500 선물의 가격 동향이 S&P500 지수의 주가를 흔들지 않을 것이라고 강하게 주장했다. 그리고 학계 역시 동조하고 나섰다. 이런 예측에 의해 상품거래라는 투기적인 문화를 보수적인 뉴욕증권거래소와 연결시킴으로써 투자자들은 수천억 달러의 손실을 보게 되었다.

주식 선물이 큰 돈벌이가 될 것임을 알았던 상업거래소는 S&P500 선물을 대대적으로 홍보하기 시작했다. 〈월스트리트저널〉에 전면 광고를 싣고, TV쇼 〈월스트리트 위크〉 진행자 루이스 루케이저 같은 저명인사를 고용해 S&P500 선물을 알렸다. 그리고 유명한 효율적 시장 가설 이론가를 섭외해 잘나가는 펀드매니저를 대상으로 미국 전역에서 S&P500 선물의 장점을 설명하는 세미나를 열었다. 사람들은 구름떼처럼 몰려 들었고, 세미나는 성황을 이루었다.

홍보는 효과가 있었다. 1987년 말, 한 달 동안 S&P500 선물거래만 3,000억 달러가 넘었는데, 이는 뉴욕증권거래소 거래액인 1,530억 달러의 2배에 가까운 금액이었다. 시카고옵션거래소의 S&P100(S&P500 종목

중 시가총액 상위권 종목만 모아놓은 지수) 거래는 240억 달러에 달했다.[2]

달걀과 돈육을 거래하던 시카고거래소는 세계 최대 금융시장으로 떠올랐다. 시카고상품거래소는 주식 지수시장의 75%를 쥐락펴락했다.[3] S&P500 선물거래는 금융상품으로 영원히 승승장구할 것 같았고, 이런 현상을 반영하듯 푼돈이었던 회원권 가치는 11년 만에 19만 달러로 껑충 뛰었다.[4]

그리고 지수차익거래가 있었다. 지수차익거래란 S&P500 주식과 S&P 선물가격에 괴리가 생길 때 어느 한쪽을 팔거나 사는 동시에, 다른 한쪽을 사거나 파는 매매 기법이다. S&P 인덱스 펀드를 비롯해 수많은 거대 기관이 지수차익거래에 참여했다. 예를 들어 S&P500 주식이 250, S&P 선물이 252에 거래되고 있다면 재빠른 기관투자자는 컴퓨터를 이용해 S&P 선물을 공매도하고 주식을 매수해 0.8%의 수익을 확보할 수 있다(수수료 지불 전). 선물과 S&P 지수가 정상가격을 회복하면 주식을 공매도하고 S&P 선물을 매수한다. 수익이 미미해서 그만한 가치가 없어 보이지만 대량으로 거래한다면, 예를 들어 1억 달러를 거래한다면 1~2개월 안에 여러 번 반복해 거래함으로써 막대한 수익을 거둘 수 있다.

포트폴리오 보험 : 폭락의 마지막 퍼즐

포트폴리오 보험Portfolio Insurance이란 기관투자자가 상승장에서 수익을 취하고, 하락장에서는 자본을 보호하도록 고안된 상품이다. 즉 두 마리 토끼를 다 잡을 수 있는 방법이다. 교활하게도 보험이라는 이름을 붙여 마치 보험처럼 보이지만, 마케팅 수단일 뿐이다. 이 상품의 목적은 시장이 하락하고 있을 때 S&P500 선물을 공매도해 기관투자자의 포트폴리오를 보호하기 위한 것이다. 시장이 하락하면 할수록 선물의 매도량이

늘어 기관의 주식 보유에 따른 위험은 점차 낮아진다.[•] 포트폴리오 가치
가 3% 하락하면 릴랜드 오브라이언 루빈스타인 어소시에이츠^{LOR, Leland}
^{O'Brien Rubinstein Associates} 등 허가된 포트폴리오 보험회사의 컴퓨터는 포
트폴리오에서 약 10%의 선물을 매도한다. S&P가 또 3% 하락하면 선물
10%를 다시 매도한다. 이후 S&P가 3% 상승하면 선물 포지션 10%를 환
매해 손실은 거의 없게 된다.

S&P500이 하락하면 연금펀드와 헤지펀드 그리고 기타 기관투자자
가 보유한 주식 대신 선물을 매도한다. 일반적으로 선물은 유동성이 크
고, 효율적 시장 가설에 따르면 효율적인 시장에서는 순식간에 매도가
가능하다. 효율적 시장 가설 추종자들에 따르면 포트폴리오 보험은 적
은 비용으로 시장 수익률을 극대화하고, 손실을 예방할 수 있는 완벽한
시스템이다.

그 이유는 무엇일까? S&P 선물의 유동성이 무한하기 때문이다. 이것
이 바로 효율적 시장 이론자들의 핵심 신앙이자 포트폴리오 보험의 중
심 개념이다. 시장이 하락하면 영리한 매수자들이 침묵을 깨고 떼를 지
어 몰려와 즉시 낮은 가격에 선물을 매수한다. 시장이 더 하락하면 가격
이 떨어진 기회를 이용하기 위해 더 많은 매수자가 구름처럼 몰려온다.
즉 시장은 전적으로 합리적이기 때문에 가격이 하락하면 매수자가 더
많이 나타난다는 것이다. 효율적 시장 가설이 그렇다고 하니 더 이상 왈
가왈부 금지!

● S&P500 선물 공매도는 주식을 직접 매도하는 것과 동일한 효과를 포트폴리오에 미치는데, 실행하기는
훨씬 더 수월하다. 펀드매니저가 주식 비중을 10%만큼 낮추고 싶다면 S&P 선물 10%를 공매도하면 동일
한 효과를 얻을 수 있다.

"유동성은 유동성을 낳는다." 학계는 노래를 불렀다. 그런데 아니나 다를까, 학계의 장담은 엉터리였음이 드러났다. 포트폴리오 보험이 정말로 포트폴리오를 보호했을까? 절대 아니다. 잘 운용하면 기관의 손실을 줄여주긴 했지만 손실을 막을 수는 없었다. 그리고 손실을 막도록 설계된 것도 아니었다. 더욱이 시장 진입과 청산이 잦아서 소액 손실과 수수료가 발생해, 가격이 크게 움직이지 않아도 시장 변동성이 크면 결국 큰 손실을 보게 되었다.

〈배런스〉 편집자이자 예리한 안목의 소유자인 앨런 애빌슨은 이런 본질을 꿰뚫어보았다. 애빌슨은 이렇게 말했다. "포트폴리오 보험은 말하자면 소액 투자자의 손절매 주문과 마찬가지로, 그럴듯하게 포장해놓은 것에 불과하다." 복잡한 수학 공식을 사용하지만 포트폴리오 보험은 시장 타이밍 기법의 일종일 뿐이다. 앞장에서 시장 타이밍 상품들의 보잘 것 없는 실적에 대해 잠깐 논의했다. 그런데 대다수 시장 타이밍 상품처럼 포트폴리오 보험 역시 효율적 시장 가설이라는 신앙에 푹 빠진 학계의 응원을 받아 크게 유행했다. 이 시점에서 시장 타이밍에 관한 학계 논리가 과연 일관성이 있는지 살짝 회의가 든다.

포트폴리오 보험에 사용되는 수학적 연산의 토대는 블랙-숄즈 옵션 가격결정모델Black-Scholes Option Pricing Model로, 이 모델은 복잡한 것으로만 따지자면 우주선 발사에 이용되는 수학 공식에 맞먹는다. 피셔 블랙과 노벨상 수상자 마이런 숄즈가 고안한 이 모델은 금세 스톡옵션 가격결정모델로 부상했다. 캘리포니아대학 버클리 캠퍼스 금융학부의 헤이니 릴랜드와 마크 루빈스타인은 이 모델을 포트폴리오 보험에 적용했다. 릴랜드는 1980년 〈저널 오브 파이낸스〉에 실린 기사 때문에 포트폴리오 보험의 아버지라는 별칭을 얻었다. 〈저널 오브 파이낸스〉는 가장 권위 있는 학술지이자 효율적 시장 가설에 우호적인 잡지다.[5] 무시무시한 방정식 뒤에는 황당할 정도로 단순하지만 그릇된 개념이 있다. 상승장에서는 포트폴리오에서 주식 비중을 늘려 수익을 거두고, 하락장에서는 위험을 제거해 완벽하게 대처할 수 있다는 것이다.

연기금을 비롯한 기관 펀드들은 '성공이 보장된' 이 보험에 참여하기 위해 줄을 섰다. 1986년 여름, 뉴욕에서 열린 한 투자 회의에서 포트폴리오 보험에 관한 워크숍에 참석하려는 기관투자자가 너무 많아서 회의 내내 워크숍을 열어야 했다. 릴랜드 오브라이언 루빈스타인 어소시에이츠[이하 LOR]의 존 오브라이언은 이렇게 말했다. "광적이었죠.[6] 하지만 오브라이언은 이 '광기'를 즐겼는데 기관 자산 수백억 달러가 회사로 몰려왔기 때문이다. 1987년 대폭락을 연구한 브래디특별조사위원회[Brady Commission]의 보고서에 따르면 대폭락 직전 포트폴리오 보험에 600~900억 달러의 펀드가 투자되었다.

무시된 사전 경고

뭔가 잘못되었다. 처음에는 그저 우연인 듯했다. 효율적 시장 이론자들은 지수차익거래, 포트폴리오 보험, 지수옵션, 주식옵션이 시장 변동성을 줄일 것이라고 규제 당국과 대중에게 장담했다. 하지만 정반대 현상이 벌어졌다. 지수차익거래, 포트폴리오 보험, 지수옵션, 주식옵션시장은 크게 성장했지만, 1986년 7월 7일과 8일 주식시장은 100포인트 폭락했다. 그리고 1986년 9월 11일과 12일에 소폭 하락하더니 1987년 3월 말에는 또다시 100포인트가량 폭락해 붕괴 직전까지 갔다. 뉴욕증권거래소 회장인 존 펠란[John Phelan]을 비롯해 업계 고참 전문가들의 우려의 목소리가 커지기 시작했다. 나는 〈포브스〉에 '인류 파멸의 흉기'라는 제목의 칼럼을 실었다. 부제는 '금융 지수선물+프로그램 매매(지수차익거래)+낮은 증거금=시한폭탄'이었다. 1987년 3월 23일 나온 이 기사는 지수차익거래와 포트폴리오 보험의 상호작용이 시장 붕괴를 촉발하는 과정을 상세하게 설명하고 있다. 안타깝게도 6개월 뒤 유사한 사태가 벌어지고 말았다.

〈포브스〉의 기사 덕분에 나는 저명한 학계 인사들과 함께 토론 패널로 참석하게 되었다. 학계 인사 대다수는 포트폴리오 보험과 지수차익거래 기법을 열렬하게 지지하고 있었다. 증권거래위원회 위원 세 명도 참석했는데, 모두 효율적 시장 가설의 신봉자들이었다. 회의는 1987년 6월 효율적 시장 가설의 본진인 뉴욕 로체스터대학에서 열렸다. 내가 시장이 붕괴할지도 모른다고 생각하는 이유를 이야기하자 한 학자가 코웃음을 쳤다. 몇 사람은 키득거렸고, 예의를 지킨 몇 사람은 하품을 했다. 월스트리트 펀드매니저 나부랭이가 뭐라고 고매한 학자들에게 대들어!

나와 견해를 같이 했던 토론자 두 사람은 더 험한 꼴을 당했다. 앞서 언급했던 로버트 쉴러는 토론장에서 끌려 나와서 '이단자' 소리를 들었다. 청중 한 사람은 이렇게 따졌다. "배웠다는 사람이 어떻게 그런 어처구니없는 견해에 동조할 수 있죠?" 당시 MIT 금융학 교수였던 제이 파텔Jay Patel도 비슷한 꼴을 당했다. 지수차익거래와 포트폴리오 보험의 격렬한 상호작용으로 세 차례나 시장이 폭락했지만, 회의에서 지수차익거래와 포트폴리오 보험은 이상이 없다는 면죄부를 받았다. 뿐만 아니라 시장 효율성을 유지하는 필수 도구로 인식되었다. 그런데 상상하지 못한 일이 일어났다.

이론적으로는 불가능한 폭락

나는 포트폴리오 보험과 지수차익거래가 상승 작용을 일으킬 때 얼마나 위험한지 알고 있었고, 포트폴리오 보험과 지수차익거래에 수백억 달러가 투자되고 있다는 사실도 알고 있었다. 하지만 1987년 폭락의 흉포함은 놀라웠다. 내가 상상한 최악의 시나리오도 이 정도는 아니었다.

폭락의 원인으로 이런저런 이유가 거론되었지만 특별한 사건도 없었고, 시장이 지나치게 고평가된 것도 아니었다. 물론 으레 그렇듯 어느 정도 우려는 있었지만 미미한 수준이었다. 꺼림칙한 것은 조정이 오래 지체되다 새로운 S&P 파생상품 때문에 재앙으로 변했다는 사실이었다. 즉 하락장에서 파생상품이 하락을 부채질한다는 점이었다. 1987년 10월 19일 블랙 먼데이가 그랬다. 소폭 조정에 그쳐야 할 다우지수는 그날 하루에만 508포인트 폭락했다. 맙소사!

블랙 먼데이 하루에만 다우존스는 22.6% 폭락했는데, 이는 1929년 10월 29일 블랙 서스데이의 2배에 이르는 낙폭이었다. 시작은 1987년 10월 14일 아침이었다. 그날 오전 다우지수는 2,500을 조금 상회하고 있었다. 다음 주 화요일인 10월 20일 정오 무렵 다우지수는 3분의 1 이상 폭락해 1,600을 살짝 상회했다. 이는 미국 역사상 최악의 붕괴였다(10월 19일의 508포인트 하락은 전체 낙폭의 60%에 불과했다).

무엇이 이러한 재앙을 불러왔을까? 끔찍했던 닷새 동안 포트폴리오 보험과 지수차익거래가 어떤 역할을 했는지 자세히 들여다보자. 시장이 100포인트 폭락하자 상품거래소들은 시장 변동성과 포트폴리오 보험, 지수차익거래의 상관관계에 대한 연구를 의뢰했다. 거래소를 위한 이 '공정한 연구'를 수행한 사람들은 포트폴리오 보험과 지수차익거래에서 발생하는 막대한 수수료로 먹고사는 컨설턴트들이었다. 앞으로 살펴볼 다른 연구들도 마찬가지지만, 이 연구 역시 비교적 평온했던 단기간의 시장을 대상으로 했다는 점에서 결함이 있었다(소수의 법칙을 떠올려보라. 이 연구에서는 대상 기간이 너무 짧아 다양한 시장 사이클의 특징을 담지 못했다는 결함이 있었다). 연구자들은 포트폴리오 보험과 지수차익거래의 상호작용이 시장 변동성에 영향을 미치지 않는다고 결론을 내렸다. 과연 그럴까?

누가 매도하기 시작했는가? 컴퓨터들, 그리고 충격에 휩싸인 인간들이었다. 실험실에서는 안정적이었던 니트로글리세린을 마구 흔들면 어떻게 될까? 안타깝게도 니트로글리세린은 흔들리고 말았다. 쾅!

10월 14일 수요일, S&P가 3% 하락하자 포트폴리오 보험 공식이 가동되었다. 주가가 3% 이상 하락하자 10월 14일과 15일 LOR과 웰스 파고는 선물을 매도하기 시작했다. 그래도 S&P 선물은 S&P500 대비 소액의 프리미엄을 유지했다(효율적 시장 가설에 따르면 선물은 동일 만기일 현금가격 이하로 떨어질 수 없다. 자세한 내용은 174쪽 참고). 10월 16일 금요일 S&P500 지수는 5% 이상 급락했다. 그리고 S&P500 대비 선물 0.2% 이하로 소폭 할인되었다.

포트폴리오 보험회사를 운영하는 효율적 시장 가설의 전문가들은 시장이 급락할 때 쭉쭉 상승곡선을 그리는 포트폴리오 수익률을 보고 흐뭇했을 것이라고 생각하는 사람도 있을 것이다. 하지만 사실 그들은 겁에 질려 있었다. '유동성은 유동성을 낳는다'라는 자신들의 선전 구호가 고사될 판이었기 때문이다. 선물을 매수하려는 사람은 점점 줄었고, S&P 선물이 계속 하락하자 선물 매수자들도 호가를 낮추었다. 효율적 시장 가설에 따르면 불가능한 현상이었지만, 그런 일이 벌어지고 있었다. 그 결과 포트폴리오 보험은 공식이 요구하는 S&P 선물 매도 분량의 극히 일부만 매도할 수 있었다. 10월 16일 금요일, 포트폴리오 보험은 600~900억 달러 규모였는데, 보험 공식이 요구하는 매도 물량을 소화하지 못해 다음 주 시장이 추가 하락한다면 문제가 심각해질 수 있었다. 상상하지도 못한 일이 일어나 효율적 시장 가설의 유동성 이론은 허구가 되고, 유동성이 고갈되면 어떻게 될까? 문제 정도가 아니라 악몽이 될 것이다.

포트폴리오 보험회사의 박사들이 알았는지는 모르겠지만, 악몽에 맞먹는 폭탄이 도사리고 있었다. 제2차 세계대전에서 영국이 암호해독기로 독일군의 중요한 암호를 해독해 동향을 파악했듯이, 거대 증권사와 S&P 선물 거래자들은 포트폴리오 보험 매니저들이 매도하지 못하고 있는 선물 물량이 얼마나 되는지 정확하게 꿰뚫고 있었다. 암호보다 해독하기가 훨씬 간단했다. 시장이 3% 하락하면 보험 매니저는 선물의 10%를 매도해야 델타를 중립으로 유지할 수 있기 때문에(공식에서 요구하는 주식과 채권 비중) 미리 산정된 수준까지 위험을 낮출 수 있다.

학계가 범한 사소한 오류는 또 있었다. 학자들은 증권사와 선물 거래자를 비롯하여 시장 참여자들이 얼마나 악랄한지 계산에 넣지 않았다. 물론 효율적 시장 가설에서도 고려하지 않았다. 그러나 게임 참여자들은 모두 알고 있었다. 포트폴리오 보험 매니저들이 선물을 팔지 못해 쩔쩔매고 있다는 것을. 다른 증권사나 트레이더가 월요일 아침 재빨리 대량의 선물을 매도하거나 주식을 공매도한다면, 포트폴리오 보험회사보다 한발 앞서 아주 싼값에 선물을 매수해 막대한 수익을 올릴 수 있다. 멍석은 깔렸다.

1987년 10월 19일 블랙 먼데이에 불가능하다고 생각했던 일이 일어났다. 유동성이 급격히 얼어붙었다. 장이 열리자 S&P500 선물 매도 물량이 쏟아졌고, 첫 거래에 3.5% 하락하면서 시장은 급락하기 시작했다.

시장에 정통한 프로들은 누구나 S&P 선물을 공매도했다. 선물가격이 하락하자 컴퓨터를 이용하는 프로그램 매매자들(지수차익거래자들)이 대거 뛰어들어 점점 더 낮은 가격에 선물을 매수하고, 주식을 매도해 주가는 급락했다. 그러자 포트폴리오 보험회사에는 고객의 포트폴리오를 보호하기 위해 팔아야 할 매도 물량이 쌓이기 시작했고, S&P500 현물 대비 크게 할인된 가격에 어떡하든 선물 물량을 팔아치워야 했다. 죽음의 소용돌이는 멈출 줄 몰랐다.

포트폴리오 보험 매니저들이 쩔쩔맨다는 것을 눈치 챈 주요 투자 회사와 상품 거래자들은 포트폴리오 보험회사들보다 한발 앞서 계속 선물을 공매도했다. 포트폴리오를 재편성하려면 포트폴리오 보험 매니저들은 가격을 불문하고 팔아야 했다. 포트폴리오 보험은 결딴이 났고, 시장이 계속 곤두박질치자 유동성 이론은 산산조각이 났다. S&P 선물이 S&P500 현물 대비 크게 할인된 가격에 거래되자, 포트폴리오 보험 매니저들은 어떤 일이 있어도 팔려는 생각을 하지 않았던 고객의 주식을 울며 겨자 먹기로 팔아야 했다. 이로 인해 S&P 주식은 더 하락했다.

파멸의 날, 하루 종일 포트폴리오 보험과 프로그램 매매는 서로 상승 작용을 일으켰다. 그리고 패닉상태에서 기관과 개인이 서로 빠져나가려고 아우성치면서 매도 물량은 더 늘어나 상승 작용을 부추겼다. 처음 보는 폭락 사태였다. 시카고선물거래소에서 불이 붙은 패닉은 들불처럼 번져 주식시장을 삼켰고, 불길은 더욱 거세졌다. 상품거래소의 도박 정신이 미국의 주요 증권거래소에 주입되어 파멸을 불러온 것이다.

있을 수 없는 일이 일어나다

10월 19일 S&P500은 20.5% 하락 마감했고, S&P500 선물은 28.6%

하락했다. 선물 포지션은 S&P500 대비 23.3포인트(10.4%) 할인 됐다. 효율적 시장 가설에 따르면 선물은 만기일이 동일한(이 경우 1987년 12월 말) 현물보다 가격이 떨어질 수 없었다. 이유는 간단하다. 투자자가 신용 매입으로 주식이나 S&P500을 매수하면 중개업자에게 조달비용인 이자를 지불해야 한다. 따라서 S&P500 선물계약이 성립하려면 S&P500 가격에서 이자(당시 약 5%)를 더해야 한다. 만약 인간이 합리적이라면 이는 패닉상태에서도 동일하게 적용해야 한다. S&P500 선물가격이 하락하면 S&P500 주식을 팔고, 즉시 하락한 선물을 매수해 땅 짚고 헤엄치기로 수익을 올릴 수 있다. 선물계약이 두 달도 안 돼 만기가 되면 수입을 챙길 수 있다.

그러나 알다시피 S&P500 선물은 프리미엄을 유지하지 못했고, 현금가격보다 10.4% 하락했다. 이때 인덱스 펀드, 투자회사처럼 시장 사정에 밝고 현금이 많은 투자자들은 엄청난 돈을 벌었다. 그들은 간단하게 선물을 매수하는 동시에 S&P500 주식을 매도하거나 공매도했다.

어떻게 이런 일이 일어나게 되었는지 살펴보자. 선물 증거금은 어처구니없이 낮아서 5%만 납입하면 되었고, 그들은 거의 납입한 돈의 228%를 벌어들였다. 절대적으로 안전한 위험 헤지 투자로 말이다. 1987년 12월 말 계약 만기가 되면 선물계약 만기와 동시에 S&P 주식을 매도한다. 이것이 기초 형태의 지수차익거래다. 현금가격 대비 크게 할인된 가격에 매수한 선물계약이 만기일에 S&P500 주가지수만큼 상승하면 S&P500 선물로 10.4%의 수익을 고스란히 챙길 수 있다.

기관이나 증권사가 1,000만 달러 선물을 매수했다고 가정하자. 증거금으로 50만 달러만 납입하면 계약 만기일에는 113만 7,900달러를 챙길 수 있다. 즉 납입한 돈의 228%를 수익으로 남기는 셈이다(S&P500 지수, S&P500 선물 모두 종가 기준으로 가정한다. 해당 거래일 내내 스프레드가 변동했고, 수익률은 수수료를 포함하여 계산했다. 이 밖에도 스프레드를 이용하는 방법은 여러 가지가 있다). 이 행위는 효율적 시장 가설에서 말하는 전지적이고, 합리적인 투자자를 조롱거리로 만들어버렸다.

효율적 시장 가설에 따르면 효율적 시장에서는 이런 식으로 위험 없이 고수익을 얻는 거래는 불가능하다. 거래가 활발하고 신중하기로 손꼽히는 시장에서 현명한 투자자들이 위험 없이 큰 수익을 거둔다는 사실은 효율적 시장 가설에게는 심각한 도전이다. 내가 아는 한 효율적 시장 이론자들은 어떤 설명도 내놓지 못했다. 이 사건은 롤 교수와 파마 교수의 합리적 폭락 이론에도 큰 타격을 입혔다. 이에 대해서는 다시 살펴보겠다.

앞서 보았듯 1987년 시장이 붕괴하면서 효율적 시장 가설을 떠받치는 거대한 기둥들이 와르르 무너져내렸다. 이에 다음 다섯 가지 사실을 주목해야 한다.

1. 유동성 고갈. 효율적 시장 가설의 핵심 전제는 시장에는 언제나 유동성이 충분하다는 것인데, 언급한 사건들을 통해 이 전제의 오류가 입증되었다. 학자들과 포트폴리오 보험 매니저들의 유동성에 대한 이해 부족이 1987년 시장 붕괴를 불러온 주요 원인이었다.

2. 합리적인 투자자들이 주가를 가치 수준에서 유지한다는 효율적 시장 가설의 핵심 전제 역시 위태로워졌다. 시장이 언제 효율적이었던가? 전문 투자자와 난다 긴다 하는 투자자들이 315이던 S&P500을 5거래일 만에 216으로 31% 끌어내렸을 때인가? 아니면 기초자

산의 펀더멘털은 눈곱만큼 변했는데, 19개월 만에 하락분을 모두 회복했을 때인가?

3. 시장이 비효율적이라는 명백한 증거는 또 있다. 10월 19일 S&P500 은 20.5% 하락했는데 S&P 선물은 28.6% 하락함으로써 약삭빠른 투자자는 두 달 만에 막대한 수익을 올렸다. 효율적 시장 가설에 따르면 합리적인 투자자는 기계적인 합리성 때문에 이런 행동을 할 수 없다.

4. 효율적 시장 가설의 자손뻘인 자본자산 가격결정모형에 따르면 위험은 오로지 변동성으로 규정된다. 위험을 낮추려면 변동성을 낮추는 수밖에 없다. 그러나 1987년 폭락을 일으킨 위험은 변동성이 아니었다. 막대한 추가 증거금 요구와 함께 선물시장이 얼어붙으면서 유동성 고갈로 패닉이 닥쳤기 때문이다. 효율적 시장 가설의 위험 이론에는 이 두 가지 위험이 빠져 있다. 위험 판단에 이런 엄청난 구멍이 있으면 투자결정의 성공 여부를 좌우하게 된다(해결책은 14장에서 논의할 것이다).

5. 효율적 시장 이론가들은 레버리지를 확대하면 낮은 증거금에 주식 선물거래가 크게 늘어 시장의 효율성을 촉진할 것이라고 믿었다. 학자들은 선물 증거금을 주식 증거금의 10% 수준으로 대폭 낮출 것을 규제 당국인 증권거래위원회와 선물거래위원회에 권고했고, 당국은 이를 수용했다. 학자들은 시장이 큰 폭으로 하락해 증거금 부족으로 매물이 대량으로 쏟아지면 1929년처럼 시장이 곤두박질

칠 수도 있다는 가능성을 염두에 두지 못했다. 1987년은 1929년의 반복이었다.

독실한 효율적 시장 가설의 신자들, 연방준비제도 의장 그린스펀 그리고 효율적 시장 이론가들은 폭락 사태에서 무엇을 깨달았을까? 앞서 언급한 것처럼 이들은 아무것도 깨닫지 못했다. 효율적 시장 이론가들은 폭락 사태의 원인을 규명하려고 애썼지만 논거가 빈약하거나 너무나 어리석었다. 따라서 실수는 반복되었고, 시장은 두 차례 더 붕괴하게 되었다. 이후 어떤 사태가 벌어졌는지 살펴보자.

사건 2. 1998년 롱텀캐피털매니지먼트^{LTCM} 파산 사태

1987년 폭락 사태를 겪은 월스트리트 애널리스트들이 효율적 시장 가설에 완전히 등을 돌리지는 않았겠지만, 적어도 만만찮게 이론이 수정되거나 신도들이 의문을 제기했을 거라고 짐작할 것이다. 하지만 그렇지 않았다. 1998년 시장은 새로운 위기가 닥치기 직전이었다. 초대형 헤지펀드의 투자 전략 때문이었다. 이 헤지펀드 회사는 '대마불사^{too big to fail}'라는 말이 유행하기 전에 이미 몸집이 너무 커졌다. 효율적 시장 가설을 등에 업은 떠오르는 슈퍼스타들의 신출귀몰한 투자 솜씨에 대한 믿음과 막대한 자본이 어우러져 위기를 빚어냈고, 그 속도와 범위는 상상을 초월하는 것이었다.

롱텀캐피털매니지먼트^{이하 LTCM}는 세계 최대의 헤지펀드였다. 1994년 3월에 출발한 LTCM이 1998년 초에는 펀드 자산이 1,000억 달러가 넘었

178

고, 파생상품은 1조 달러가 넘었다. LTCM이 말도 안 되게 까다로운 조건을 내걸고 다른 헤지펀드에는 없는 특권을 요청했지만, 미국을 비롯한 각국 대형 은행과 투자 은행 50곳 이상이 LTCM 펀드와 손을 잡으려고 몰려들었다. 1998년 4년도 안 돼 초기 출자액을 4배 이상 불리자 월스트리트에서 LTCM은 선망의 대상이 되었다.

존 메리웨더 사장이 이끄는 LTCM이 일류라는 평가를 받은 데에는 트레이더들의 수준이 유난히 높았기 때문이기도 하지만, 무엇보다도 로버트 머튼과 마이런 숄즈를 필두로 효율적 시장 가설의 슈퍼스타들을 영입했기 때문이었다. 마이런 숄즈는 블랙-숄즈 모델을 개발하는 데 주도적인 역할을 했다. 1997년 머튼과 숄즈는 노벨 경제학상을 공동 수상했다. 게다가 천재적인 박사들이 두 거장을 호위하고 있었는데, 이들 중 몇몇은 탁월한 트레이더였다. 이 정도로 화려한 진용을 갖춘 회사는 없었고, 화려한 등장만큼이나 처음부터 고수익을 올렸다.

LTCM은 국내외 채권시장에서 '상대 가치' 거래에 집중했다. 예를 들어 만기가 비슷한 두 개의 우량 채권이 있는데 한 채권의 수익률이 0.25 베이시스포인트(1%의 4분의 1) 더 높다면 LTCM은 수익률이 높은 채권을 매수하고, 수익률이 낮은 채권을 매도한다. 또는 스페인의 고등급 채권이 영국 채권보다 수익률이 높은데 만기는 비슷하다면, 스페인 채권을 매수하고 영국 채권을 매도한다. 이런 방식을 '페어 트레이드'라고 한다.

LTCM 펀드는 수천 개의 채권을 고도로 다각화한 전략으로 보유하거나 매도한다. LTCM 전략의 또 다른 특징은 매도한 채권보다 다소 위험이 크고 비유동적인 채권을 매수해 채권 금리 간 격차(스프레드)를 더욱 확대하는 것이다. 유동성이 작고 위험 부담이 조금 더 큰 채권이 위험과 유동성이 동일한 채권보다 수익률이 좋기 때문에 페어 트레이딩을 통해 수익률을 높였다. LTCM은 채권 금리는 동시에 오르거나 내려가기 때문에 금리 스프레드는 채권 가치만큼만 움직이는 이 전략의 위험성은 낮다고 믿었다. 채권가격이 오르든 내리든, 심지어 시장이 폭락해도 LTCM은 잘나갈 것이라고 믿었다. 어떤 학자는 이런 스프레드 거래 방식이 그냥 채권을 보유할 때보다 위험이 4%밖에 안 된다고 산정했다.

LTCM 포트폴리오의 상당 부분을 차지했던 페어 트레이드 전략은 본질적으로 박리다매 장사다. 훌륭한 학자였을 뿐 아니라 LTCM의 최고 마케터였던 마이런 숄즈는 이렇게 설명했다. "수천 건의 거래에서 아주 조금씩 긁어모으죠. 아무도 거들떠보지 않는 5센트짜리 동전들을 진공청소기로 싹 빨아들이는 셈이죠.[7]" LTCM의 방식은 사실 수많은 게임기를 설치한 후 투입되는 5센트, 25센트로 거액을 벌어들이는 초대형 게임장에 비유할 수 있다.

많은 사람이 이 전략을 자신했던 것은 탁월한 위험 전문가인 로버트 머튼의 연구를 토대로 했기 때문이었다. 머튼은 효율적 시장 가설의 위험에 관한 획기적인 업적으로 노벨상을 수상했다. 대다수 효율적 시장 가설 신봉자들처럼 머튼 역시 변동성이 위험을 가늠하는 유일한 척도라고 확신했다. 이 점이 LTCM 전략의 밑바탕에 깔린 근거였다. 머튼은 장기간 변동성은 안정적인 상태를 유지한다고 믿었다. 주식이나 채권이 일정한 변동폭을 보이면 일시적으로는 변동폭을 벗어나 주가가 등락할 수 있지만, 항상 계산된 비율로 되돌아온다는 것이다. 따라서 LTCM은 변동성을 가장 중요한 도구로 활용하였다. 페어 트레이드에서 매수한 채권의 변동성이 평소보다 높고, 매도한 채권의 변동성이 평소보다 낮다면 각각 평균 수준으로 회귀할 것이다. 매수한 채권의 변동성이 높고, 매도한 채권의 변동성이 낮을수록 위험이 평균 수준으로 되돌아올 때

거래에서 얻는 수익이 더욱 커진다. 이 가정이 한 번도 입증된 적이 없다는 사실은 중요하지 않았다.

또한 이 전략은 변동폭이 수학적으로 예측 가능하다는 믿음을 기반으로 한다. 전략이 어그러질 확률과 함께 변동성에 관한 실험이 수없이 시행되었다. 변동성은 변하지 않는다는 머튼의 원칙을 활용했던 LTCM은 포트폴리오가 심각하고 치명적인 손실을 입을 확률뿐 아니라 최상, 보통, 최악의 날에 수익이 어떨지 정확히 계산할 수 있다고 확신했다. 최악의 경우, 즉 금융계에 아무리 혹독한 삭풍이 몰아쳐도 LTCM은 무사히 견뎌낸다는 것이 계산 결과였다.

LTCM만 수학적으로 변동성을 예측할 수 있다고 믿었던 것은 아니었다. 변동성의 예측 가능성은 월스트리트를 관통하는 핵심 신앙이었다. 블랙-숄즈 가격결정모형은 변동성의 예측 가능성을 전제로 하고 있으며, 월스트리트 주요 금융센터의 트레이딩룸에서는 마치 성배라도 되는 양 전 세계 시장의 변동성을 점검했다. 주요 매매 데스크는 파마, 머튼, 숄즈 등 효율적 시장 가설 거두의 문하에서 수학한 젊고 총명한 박사들로 팀을 꾸렸다. 그리고 이들은 어제의 가격이 오늘의 가치를 결정하는 예측 가능하고 신뢰할 만한 지표라는 전제에 의문을 품지 않았다. 물론 검증되지 않은 전제였다. 로저 로웬스타인은 최고의 저서 《천재들의 실패》에서 입심 좋은 LTCM의 언론 담당 대변인 피터 로젠탈의 말을 인용했다. "위험은 변동성과 함수관계에 있습니다. 위험과 변동성은 수량화할 수 있죠.[8] 메리웨더, 머튼, 숄즈가 이보다 더 진지하게 믿은 것은 없습니다.[9]" 변동성과 기대 수익에 관한 정확한 데이터를 토대로 한 수천 개의 페어 트레이드가 LTCM의 포트폴리오를 구성하고 있었다.

절대적으로 확실한 전략

학자들과 트레이더들이 주목하지 못한 것은 레버리지와 유동성이었다. 이들에게는 변동성만이 유일한 위험이었기 때문에 변동성만을 완전히 통제했고, 유동성과 레버리지는 거들떠보지 않았다. 이들은 변동성에 매몰되어 변동성만이 위험 요소라고 과신한 나머지, 독립적인 위험 요소로서의 레버리지와 유동성은 하찮게 생각했다. 효율적 시장 가설에서 탄생한 LTCM 공식에서 레버리지와 유동성은 티끌보다 못한 신세였다. LTCM 학자들과 포트폴리오 관리자들이 가장 자주 하는 질문은 최대 수익을 얻으려면 변동성이 어느 정도 필요한가였다. 이에 대해 "추가 위험 부담 없이 변동성을 높일 수 있다"라는 것이 일관되게 돌아온 대답이었다. 이들은 레버리지가 20배에서 30배로 올라가도 변동성을 더 높일 수 있다고 믿었다.

행운의 여신은 계속해서 LTCM의 손을 들어주었다. 1994년 LTCM의 수익률은 20%였고, 1995년 순수익률은 43%였다. 1996년 봄에는 1,400억 달러의 운용자산을 보유했고, 자본은 3배로 늘어 36억 달러가 되었다. 문을 연 지 2년 만에 리먼브라더스나 모건 스탠리의 자산을 추월했고, 업계 거물인 살로몬 브라더스와 어깨를 나란히 했다. 1996년 LTCM은 수수료로 수익률의 41%, 즉 21억 달러를 벌어들여 월트디즈니, 맥도날드, 아메리칸 익스프레스 등 대형 우량주 성장 기업들보다 더 많은 돈을 벌었다.

이러한 화려한 성장에도 불구하고 찜찜한 구석이 있었다. 앞서 언급한 것처럼 1996년 초 LTCM의 레버리지는 30배로 상승했다. 1929년과 1987년 폭락 직전처럼 시장이 상승할 때 레버리지는 제대로 작동한다. 그러나 시장이 하락하면 끝장이다. 레버리지가 30배였던 LTCM은 시장 가치가 불과 3.3%만 하락해도 자산을 모두 날리게 된다. 한편 수천억 달러의 파생상품 포지션을 제외한 총자산이익률$^{Return\ On\ Assets}$은 2.5%도 되지 않았다. 파생상품 포지션까지 포함하면 총자산이익률은 1%도 되지 않을 것이다.¹⁰ 당시 90일물 재무성 단기 채권의 수익률은 4.5%로, LTCM 총자산이익률의 4.5배였다. LTCM이 올린 수익은 거의 전부가 중력을 무시한 엄청난 레버리지 덕분이었다.

1997년 중반 아시아 경제가 몰락하기 시작했다. 캄보디아를 필두로 필리핀, 말레이시아, 대한민국에 이어서 싱가포르와 인도네시아까지 무너졌다. 어마어마한 물량의 주식이 투매되었다. 시장이 붕괴되고 통화 가치는 바닥을 모르고 추락했다. 아시아의 호랑이들은 겁먹은 새끼 고양이가 되었고, 이 사태는 남아메리카와 동유럽, 러시아까지 번졌다.

LTCM은 특유의 도박을 감행하기로 했다. 변동성이 크게 확대되었으므로 S&P500뿐만 아니라 유럽을 비롯한 주요 시장의 변동성 옵션을 공매도하기로 한 것이다(이런 옵션은 존재하지 않았기 때문에 LTCM은 맞춤형 파생상품을 만들어 매도해 거래를 성사시켰다). 머튼 일당은 변동성이 평균으로 회귀해 변동성 선물가격이 급락할 것이라고 확신했다. 이때 LTCM은 변동성을 잘못 판단하는 최대의 실수를 저질러 회복 불능의 타격을 입게 된다.

머튼은 극히 희박한 확률에 도전하고 있었다. 효율적 시장 가설, 블랙-숄즈 모델, 머튼의 모델은 장기적으로 주식의 변동성이 한결같다는 점만 말할 뿐, 변동성이 큰 주식이나 파생상품이 언제 평균으로 회귀할지는 말해주지 않는다. 마치 20킬로그램짜리 짐을 지고 수심이 평균 1.2미터인 강을 건너는 것과 같다. 어떤 곳은 수심이 90센티미터지만 어떤 곳은 4.5미터나 된다. 머튼 같은 수학 천재가 이처럼 생존 확률이 낮은 확률을 선택했다.

머튼과 효율적 시장 이론가들은 변동성이 정상 수준으로 회귀한다고 강력하게 믿었다. 하지만 최악의 폭락이나 약세장에서 변동성이 정상 수준으로 돌아오려면 6개월이 걸릴까, 12개월, 아니 몇 년이 걸릴까? 효율적 시장 가설은 이에 대해 어떤 답도 내놓지 않았다. 어떤 답이 있겠는가? 변동성 회귀에 대한 믿음은 효율적 시장 가설에서 도출된 것으로 엄격한 검증을 거치지 않았다. 그런데 LTCM은 레버리지가 30배였으므로 신속하게 정상적인 변동성으로 회귀해야 했다. 왜냐하면 시장이 계속 하락한다면 효율적 시장 가설이 위험 요인으로 인식하지 않는 레버리지가 빛의 속도로 자본을 잠식할 것이기 때문이다. 안타깝게도 LTCM에게 바로 이런 상황이 닥칠 수 있었다. 머튼과 숄즈는 돈에 쪼들려 자포자기한 아마추어나 할 법한 도박을 하고 있었다. 여차하면 LTCM은 끝장이었다.

아마도 신들은 효율적 시장 가설을 믿지 않았던 것 같다. LTCM의 페어 트레이드 스프레드는 좁혀지지 않고 더 벌어졌다. 1998년까지 LTCM은 투자한 거의 모든 섹터에서 안전자산을 선호했다. LTCM은 항상 위험이 크고 안전하지 않은 채권에 투자하고, 가장 안전한 채권을 매도했다는 점을 기억하라. 엎친 데 덮친 격으로 변동성이 확대되면서 공매도한 변동성 높은 지수들이 폭등했다. 5월이 되자 아시아 호랑이들의 문제가 다시 확산일로에 접어들었다. 6월 초, 러시아의 금융 시스템은 붕괴 직전이었고, 전 세계 시장들이 급락했다. 변동성이 확대되는 사이, 안전한 유가증권으로 투자자들이 몰리면서 매수 포지션과 매도 포지션 간의 스프레드가 급속하게 벌어지는 바람에 LTCM이 받은 타격은 더 컸다.

1998년 전반기에 LTCM은 18%의 손실을 입었다. 자본금이 줄어들면서 레버리지가 급격히 상승해 마진콜(추가 증거금 납부 요구)을 감당하기가 점점 더 어려워졌다. 1998년 8월 러시아가 디폴트, 즉 채무불이행을 선언하면서 전 세계 시장에서 공포가 고조되었다. 1997년 말 50억 달러가 넘던 LTCM의 자본은 4개월 사이에 수억 달러로 쪼그라들었다. 효율적 시장 이론가 머튼과 숄즈가 털끝만큼도 신경 쓰지 않았던 두 가지 위험, 즉 레버리지와 유동성이 전면에서 주목받기 시작했다. 1987년 폭락에서 그랬던 것처럼.

시장이 곤두박질치자 LTCM이 보유한 어마어마한 매도 포지션들은 엄청난 손실을 보았다. 안전자산에 대한 선호가 증가하면서 LTCM이 보유한 위험이 큰 채권은 페어 스왑으로 매도한 고등급 채권들보다 훨씬 더 낙폭이 컸다. 게다가 머튼과 그의 팀은 변동성이 지나치게 높다고 생각하고 변동성 스왑을 다량 매도했다. 손실이 속속 쌓이자 증거금 납부 요구가 빗발쳤고, 회사의 자본금은 급속도로 빠져나갔다.

증거금이 눈덩이처럼 불어났고, 대부분 주요 포지션들의 유동성이 악화돼 매도가 어려워졌다. 그러자 LTCM 펀드의 레버리지는 100배로 급등했다. 즉 자산가치가 1%만 하락해도 파산할 지경에 이르렀다. 그러나 포지션 물량이 워낙 큰 데다, 공매도 포지션보다 유동성이 떨어져 매도할 수도 없었다. 좋은 시절에는 레버리지로 몸집을 크게 불려 막대한 수익을 올렸다. 그러나 무자비한 시장에서는 보유 포지션의 극히 일부만 매도해도 가격이 급락하게 된다(역시 유동성 부족 때문이다). LTCM은 외통수에 걸리고 말았다!

LTCM에게 8월은 잔인한 달이었다. 자본금의 45%인 19억 달러가 날아갔다. 자산은 1,550억 달러가 되었고, 쪼그라든 자본 때문에 레버리지 비율이 55배에 달했다. 수학자들이 8월에 LTCM이 입은 손실을 당할 확률을 계산해보았더니 우주의 수명이 여러 번 반복되어도 일어날까 말까 할 정도로 말도 안 되는 확률이었다(분명 이는 LTCM에 소속된 수학자들이 계산한 것이다. 높은 레버리지, 유동성 위축 속에서 이런 재앙이 일어날 확률은 보수적으로 잡아도 수백만분의 1보다 작다).[11] 포지션을 방어할 수가 없었다. 거래량이 어마어마하고 유동성이 완전히 고갈되었기 때문에 레버리지를 축소할 수도 없었다. 10여 년 뒤 서브프라임 채권처럼 미미한 거래 물량조차 소화할 수 없을 정도로 시장의 깊이가 종잇장처럼 얇아진 상태여서, LTCM이 증권을 매도하려고 내놓기만 해도 시장이 무너질 판이었다.

시장은 거의 패닉상태였다. 한편 냄새를 맡은 포식자들이 LTCM을 둘러쌌다. LTCM이 유동성과 레버리지 문제에 시달린다는 것을 눈치 챈 은행과 중개회사가 LTCM을 제압할 수 있다고 생각한 것이다. 이들은 LTCM의 포지션들을 매도하기 시작했다. 만약 강제 청산된다면 가격은 급격이 떨어지게 되고, 은행들이 헐값에 매도할 것이기 때문이었다. 1987년의 포트폴리오 보험사와 LTCM은 놀라울 정도로 흡사했다. 둘 다 약세장에서 유동성이 절실할 때, 극심한 유동성 부족으로 파멸했다.

1998년 9월 당시 뉴욕 연방준비은행은 유능한 은행장인 윌리엄 맥도너가 이끌고 있었다. 맥도너는 궁지에 몰린 LTCM 사태를 우려했다. 뉴욕 연방준비은행장에게 헤지펀드 회계장부를 조사할 권한은 없었지만, LTCM의 조사는 허용됐다. 회계장부를 본 맥도너는 경악했다. LTCM의 붕괴가 임박했을 뿐 아니라, 어마어마한 포지션들이 시장에 헐값에 나오는 순간, 그렇지 않아도 휘청거리고 있는 금융 시스템은 파국에 이를 것이 뻔했다. 맥도너와 간부들은 미국의 거대 은행과 투자회사 수장들, 펀드와 유가증권 스왑을 담보로 LTCM에 거액을 대출해준 해외 주요 은행장들을 회의에 소집했다.

LTCM이 보유한 포지션들을 모두 인수하려면 월스트리트에 있는 거의 모든 주요 은행과 투자 은행들의 동의를 구해야 할 판이었다. 결국 지루한 실랑이 끝에 16개 은행으로 구성된 컨소시엄에 LTCM의 포지션들이 매각되었는데, 하나의 은행이 2억 6,000만 달러씩 지불했다. LTCM 펀드 주주들은 5개월 만에 투자금이 92%나 폭락하는 상황을 지켜보았다. 그에 비해 LTCM이 존재한 4년 동안 S&P500은 배로 뛰었다.

효율적 시장 가설은 이처럼 참담하게 실패했지만, LTCM 펀드 전략을 옹호했던 노벨상 수상자 두 사람은 이 이론에 의문을 제기하지 않았다. 머튼은 LTCM 펀드의 위험 판단이 실패했다고 시인했지만, LTCM이 추구한 원칙은 옳았다고 단언했다. 머튼은 더 정교한 모형이 필요했을 뿐이라고 주장했다. 그는 하버드대학으로 돌아가 다시 학생들을 가르쳤고, 얄궂게도 J. P. 모건의 리스크 컨설턴트로 채용되었다.

1년 뒤 한 강연에서 숄즈는 변동성에 변화가 생긴 것은 LTCM이 집행한 위험한 투자에 투자자들이 어느 정도 대가를 지불할지에 대해 마음을 바꾼 탓이라고 단언했다. 즉 그동안 활용했던 모든 변동성 이론이 LTCM이 망하면서 영원히 바뀌었다는 것이다. 이 말은 물리학 법칙이 갑자기 바뀌어서 일정한 길이와 너비의 다리를 건설할 때 견뎌야 하는 하중이 갑자기 바뀌었다는 말과 같다. 숄즈는 효율적 시장 가설이 변동성 이론을 제대로 입증한다는 점을 믿어 의심치 않았다. 숄즈가 말한 영구적인 변화는 몇 년도 못 가 뒤집혔는데, 그의 이론에는 몇 가지 사소한 허점이 있다.

효율적 시장 가설 신봉자들은 대체로 변동성에 대한 LTCM의 전제를 의심하지 않았다. 그리고 레버리지나 유동성이 위험 요인이 될 가능성을 생각하지 않았다. 어떻게 그럴 수가 있을까?

사건 3. 2006~2008년 주택 버블과 주택시장 붕괴

지금은 2000년대 초중반의 주택 버블에 대해 모르는 사람이 없을 것이다. 금융 시스템의 끝없는 상승 작용과 수많은 대형 기관이 자행한 복잡다단하고 비윤리적인 행태를 이 책에서 다 논할 수는 없다. 다만 여기서는 효율적 시장 가설이 주택 버블을 엄청나게 키우는 데 어떤 역할을 했는지 간략하게 설명하겠다. 주택시장 위기는 LTCM의 파멸과 크게 다르지 않은데, 규모 면에서 훨씬 더 광범위했다.

1987년 폭락과 LTCM의 파산에도 투자기관들은 여전히 변동성이 유일한 위험 척도라는 맹목적인 신앙을 버리지 않았다. 서브프라임을 비롯해 비우량 주택담보대출 증권$^{RMBS•}$의 레버리지가 지나치게 높았지만, 효율적 시장 가설과 자본자산 가격결정모형 이론으로 무장한 포트폴리오 매니저들이나 위험 통제를 담당하는 기관 부서들은 레버리지 따위는 눈곱만큼도 신경 쓰지 않았다. 유동성 역시 문제 삼지 않았다. 주택 모기지는 수천 가지가 있었고, 등급도 천차만별이었다. 모기지 증권은 최고 등급인 AAA부터 부실자산까지 다양한 주택담보대출 증권으로 구성되므로 대체로 유동성이 낮았다. 대충 가격 범위를 정하려고 해도 상당한 분석이 필요하므로 매수-매도 호가 스프레드가 대체로 컸다. 그래도 여전히 변동성만이 유일한 위험 요소로 고려되었는데, 주택 경기가 호황을 누리고 집값이 계속 상승했으므로 변동성은 아주 낮았다.

• 다양한 신용등급의 모기지를 모아 만든 모기지 담보 증권이다. 이론상으로 최고 신용등급인 AAA, AA, A가 가장 안전하며, 채무불이행 발생 시 최우선으로 상환받을 수 있다. 또한 가장 낮은 금리의 적용을 받는다. 담보 증권의 신용등급이 낮을수록 위험도 크고 금리도 높아진다. 이 분류들은 S&P 등급으로 다른 신용평가사들의 등급 역시 대동소이하다. 예를 들어 무디스는 AAA 대신 Aaa를 사용한다.

2002년 이후 일부 모기지 차입자, 투자 은행, 헤지펀드의 레버리지가 35대1에서 40대1로 상승했고, 가장 공격적인 일부 은행의 레버리지 비율은 30%까지 급등했다. LTCM 파산 사태나 1987년 폭락 당시와 마찬가지로 싼 이자에 얼마든지 자금을 쉽게 빌릴 수 있었으므로 레버리지를 부추긴 셈이었다. 은행들은 모기지 발행 업체*와 모기지 업체에 돈을 마구 퍼주었다.

결과적으로 은행과 투자 은행들은 많은 채권을 소유한 복잡한 투자회사뿐만 아니라, 유동성이 낮은 파생상품을 보유한 투자회사에게도 자금을 지원하였다. 대부분의 대출담보부 증권이 서브프라임 모기지라는 사실과 투자 은행들이 자본금에 비해 엄청난 규모의 레버리지를 이용하고 있다는 점은 모조리 무시되었다. 은행의 리스크 관리 부서는 전혀 문제가 없다고 생각했다. 아무튼 버블이 절정에 이르기 직전 주택담보대출 증권 포트폴리오의 변동성은 아주 낮은 상태를 유지했다. 이 은행 관계자들은 머튼과 숄즈, 파마 교수에게 결코 변동성은 장기적으로 변하지 않는다고 배운 사람들이었다. 위험은 '강철 우리' 안에 있었기 때문에 그들은 편안하게 큰돈을 벌 수 있었다.

연방준비제도 의장 앨런 그린스펀과 후임 벤 버냉키를 비롯한 많은 전문가는 모든 게 순탄하다고 확신했지만, 미국의 광적인 주택시장 버블은 끝을 향하고 있었다. 2006년 늦여름부터 떨어지기 시작한 집값은 2007년까지 꾸준히 하락했고, 2007년 초 주택 모기지시장이 와해되기 시작했다. 2008년부터 2009년 4월까지 집값은 계속 떨어졌고, 대출금을

---

*은행을 비롯한 모기지 발행 업체가 모기지를 창출한 후 모기지를 투자 은행에 판매하여 모기지 담보 증권으로 만든다. 모기지 담보 증권은 헤지펀드 등 금융기관에 매도해 큰 수익을 올린다.

갚지 못해 연체하는 주택 소유주가 급증했다. 그러자 집을 압류당하는 사태가 밀물처럼 주택 소유주들을 덮쳤다. 당연히 모기지 채권시장은 와르르 무너졌다. 2007년부터 얼어붙기 시작한 유동성은 2008년에 완전히 고갈되었다. 2006년 8월부터 하락세로 접어든 주택담보대출 증권은 그 후 2년 동안 내려앉았다. 미국 역사에서 주식시장이 폭락한 사례는 몇 번 있었지만, 이보다 더 타격이 큰 경우는 없었다. 쓰레기 같은 서브프라임 채권에 AAA등급을 부여했던 S&P는 2011년 미 국채에는 그보다 낮은 등급을 부여했다. 흥미로운 일이긴 하지만 문제의 핵심에서 벗어난 이야기이므로 다시 본론으로 돌아가자.

그림 5-1 패닉과 폭락 : 모기지 투자─등급 지수의 몰락

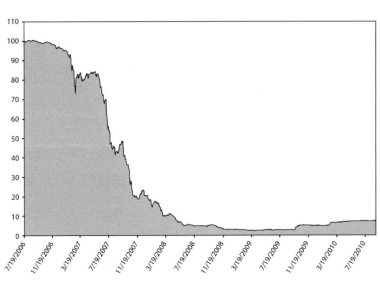

ABX─HE─BBB 06─02 지수로 입증됨

출처: © 데이비드 드레먼, 2011. 데이터 출처: Bloomberg L. P.

그림 5-1은 변동성이 낮다고 하는 ABX-HE-BBB 모기지 지수로, 투자 적격 등급(비교적 높은 채권 등급)의 모기지 채권을 묶어 지수화한 것이다. ABX 지수는 바닥을 모르고 추락해 2006년 7월 19일에 하락하기 시작해 2009년 4월에 바닥을 찍는다. 또 다른 사례를 보면 최상위 신용 등급인 AAA등급의 모기지 기반 서브프라임 채권들 역시 같은 기간 70% 이상 하락했다.

어쩌다 이 지경이 됐을까? 여러 가지 이유가 있겠지만, 이번에도 레버리지와 유동성 부족이 치명타였다. 앞서 보았듯 은행, 투자 은행, 헤지펀드, 모기지 업체들은 모두 레버리지 비율이 아주 높았다.

표 5-1은 주택담보대출 증권 등에 투자한 업체들이 무너진 원인을 설명해준다. 이들 업체들은 레버리지 비율이 높았다. 표 5-1은 투자자가 자본금의 30배에 달하는 금액을 차입한다고 가정했는데, 주택담보대출 증권의 가격이 3.3%만 떨어져도 투자자는 원금을 전부 날리게 된다. 채

표 5-1 금융 레버리지의 가공할 파괴력

ABX-HE-BBB 06.02 하락폭(%)	30대1 레버리지 활용 시 시초가 대비 하락폭(%)
1	−30
5	−150
10	−300
25	−750
50	−1,500
75	−2,250
90	−2,700
98	−2,940
100	−3,000

출처: © 데이비드 드레먼, 2011

권가격이 5% 하락하면 원금을 전부 날리는 것은 물론이고, 원금의 50% 만큼 추가 손실을 입는다. 그러나 알다시피 주택가격은 5%도 하락하지 않았다.

2009년 4월 바닥을 찍으면서 주택가격은 33% 하락했지만, 주택담보 대출 증권은 낙폭이 훨씬 더 컸다. ABX AAA RMBS 서브프라임 채권 (평가기관이 부여하는 최고 등급)을 보유하고 있었다면, 주택가격이 바닥을 찍을 때 원금의 70%를 날렸을 것이다. 만약 30배의 레버리지를 활용했 다면 마진콜로 투자 원금의 21배를 날렸을 것이다. 그림 5-1에서 살펴 본 ABX 채권을 소유하고 있었다면, 투자 원금의 30배를 날렸을 것이다. 수치로 살펴보면 어떤 기관이 30배의 레버리지를 활용해 ABX 채권에 1,000만 달러를 투자했다면 2억 9,400만 달러의 손실을 보았을 것이다.

엄청난 레버리지를 활용해 부실 채권에 투자했던 베어스턴스, 리먼브 라더스, 워싱턴 뮤추얼이 모두 사라진 것도 이런 사정 때문이다. 행크 폴 슨 장관 시절 재무성이 은행과 투자 은행을 구제하기 위한 부실자산 구 제 프로그램 기금으로 7,000억 달러가 필요했던 것도 사정은 마찬가지 다. 이 기금이 없었다면 더 많은 은행과 투자 은행이 사라졌을 것이다.

그런데 부실 채권을 그냥 팔면 될 것을, 투자자들은 왜 팔지 못했을 까? 이번에도 완전히 말라버린 유동성 때문이다. 포트폴리오에는 대체 로 수십 가지 종류로 구성된 다양한 주택담보대출 증권이 포함되어 있 다. 누구도 주택담보대출 증권의 실제 가치를 알지 못했다. 바닥을 모르 고 추락하는 시장에서 위험을 감수할 이유가 없지 않은가. 레버리지와 유동성은 핵폭탄이 되어 모기지 채권을 산산조각 냈다. 퍽이나 고맙소. 효율적 시장 가설, 자본자산 가격결정모형!

물론 모든 주택담보대출 증권이 이런 최후를 맞은 것은 아니지만, 이 수치들을 보면 금융기관에 엄청난 구제 자금을 퍼부은 이유는 명백해진다. 은행과 투자 은행 임원들의 무능이 경악스러웠다는 점에서 은행과 투자 은행을 구제하는 것이 옳았느냐는 문제는 독자들의 판단에 맡기겠다. 그러나 과도한 레버리지와 유동성 부족으로 세 번이나 폭삭 망했으면, 그들도 과도한 레버리지와 유동성 고갈이 금융 시스템에 얼마나 위험한지는 최소한 알고 있어야 하는 것 아닐까?

군이 변호한다면, 변동성이 근심해야 할 유일한 위험 척도라는 이론을 너무 고집한 나머지 유동성과 레버리지 등 다른 위험 요인들을 고려하지 못했다는 것밖에는 변명할 말이 없다. 시티그룹을 비롯한 일부 대형 은행들은 모기지 대출 업체(주택담보대출을 내주는 회사) 수십 개를 거느리고 있었고, 이 상품이 얼마나 엉망인지 알고 있었다. 하지만 변동성 이외에 다른 위험 요인들을 고려하지 못해 발목이 잡혔다.

파마 교수와 그의 동료들은 이런 일을 겪은 후 변동성이 유일한 위험 척도라는 믿음과 시장의 효율성에 대한 믿음이 흔들렸을까? 전혀 아니다. 2007년 주택담보대출 증권이 급락하는 상황에서도 그는 인터뷰에서 이렇게 말했다. "버블이라는 말을 들으면 화가 치밀어요." 그러면서 파마는 주택시장을 신뢰해야 하는 근거에 대해 이렇게 설명했다. "주택시장은 유동적이지 않습니다. 그러나 집을 살 때는 아주 신중하게 판단합니다. 매입 과정에서 요모조모 꼼꼼하게 따지죠.[12]" 그리 될지어다!

합리적 시장에는 버블도, 폭락도 없다

지금까지 버블의 이모저모를 살펴보았지만 효율적 시장 가설 신봉자들은 여전히 버블과 폭락이 존재한다는 사실을 부인하고 있다. "도대체 버블이 무슨 뜻인지도 모르겠어요. 요즘 버블이라는 말을 많이 쓰는데, 아무런 의미도 없는 말입니다.[13]" 가격이 항상 적정 수준을 유지한다는 효율적 시장 가설의 핵심 논리를 변호하면서 파마 교수가 한 말이다. 파마 교수는 광기와 폭락이 존재한다는 것을 부인한다. 하지만 버블과 공모주IPOs는 인간이 언제나 합리적으로 행동한다는 전제를 거역하기 때문에 효율적 시장 가설에서는 유달리 성가신 존재들이다. 파마 교수를 비롯한 효율적 시장 가설 추종자들은 궁지에 몰렸다. 광기와 폭락의 존재를 부인하지 않는다면 효율적 시장 가설은 급소를 관통 당하게 될 것이다. 따르는 사람이 많은 가설이 이런 모양새로 죽는다면 볼썽사나울 것이다. 빠져나갈 하나의 이 길을, 똑똑하지 않다는 비난을 들어본 적이 없는 파마 교수가 발견한 것이다.

파마 교수는 버블이 없다고 단호하게 말했다. 왜? 합리적인 투자자는 언제나 가격을 적정 수준으로 유지하기 때문이다. 〈뉴요커〉에 실린 기사에서 파마 교수는 금융 전문 기자 존 캐시디가 퍼붓는 화살을 요리조리 잘도 피해나갔다. 그러나 노루 피하니 범이 온다는 격으로 이리저리 피하려다 더 난감한 위치에 처하고 말았다. 지금까지 아무도 살펴보지 못한 그런 곳에 당도한 것이다.

효율적 시장 가설의 논리를 계속 밀어붙여 파마 교수가 말한 것처럼 버블과 패닉이 존재하지 않는다고 하자. 그렇다면 이런 괴상한 '재주'를 부리는 합리적 투자자들이란 도대체 어떤 존재인지 더 깊이 살펴볼 필요가 있다. 앞서 2장에서 이 문제를 자세히 살펴보았고, 이번 장에서도 간략하게 언급했다. 하지만 버블은 합리적인 투자자에게 정상적인 가치보다 10배, 100배가 넘는 값을 주고 주식을 매수하도록 한다. 그런데 이는 증권분석가나 펀드매니저 또는 합리적 투자자들이 널리 추종하는 기본적 분석 방식에 따라 그런 행동을 하는 것은 아니다. 2장에서 분명하게 밝힌 것처럼 애널리스트와 펀드매니저는 일제히 분석 방식을 팽개치고, 이해할 수 없는 가격에 주식을 산다. 즉 이들은 효율적 시장 가설의 가정처럼 기계적 합리성을 바탕으로 행동하지 않는다. 이들이 교육받은 대로 펀더멘털을 중시한다면 주가에는 버블이 생기지 않을 것이다.

효율적 시장 가설 신봉자들은 스스로 무덤을 판 듯하다. 이들은 전문가와 시장에 정통한 투자자들이 가격을 적정 수준으로 유지한다고 말한다. 그러나 우리가 보듯 이 논리는 전혀 통하지 않는다. 효율적 시장 가설이 또다시 손톱만 한 증거도 없이, 투자자들이 합리적으로 행동한다는 무모한 가정을 내세울 수 있을까? 시장에 정통한 투자자가 주가를 적정 수준에 붙잡아둔다는 명제가 바로 효율적 시장 가설의 핵심 전체를 위협하고 있다. 매우 수준 높은 투자자들이 이론적으로 어떻게 행동해야 하는지가 아니라, 실제 어떻게 행동하는지 조금만 탐구해도 도움이 될 것이다.

우리는 아직 아무것도 깨닫지 못한 걸까

이제 효율적 시장 가설의 핵심 가정들이 얼마나 정확했는지 살펴보자.

- 유동성
- 레버리지
- 변동성과 수익의 상관관계

- 장기적으로 변동성이 안정적인지 여부
- 합리적인 투자 '로봇'들이 항상 가격을 적정 수준으로 유지한다.

효율적 시장 가설과 자본자산 가격결정모형을 떠받치는 대들보 이론들은 모두 무너진 듯하다. 효율적 시장 가설이 오랫동안 권좌를 누리는 동안 시장과 경제가 막대한 타격을 입는 모습도 목격했다.

이제 어떻게 해야 할까? 그냥 시장을 뛰쳐나와 투자는 잊고, 장판 밑에 현금을 묻어두어야 할까? 효율적 시장 가설 때문에 수백만 명이 잘못된 투자결정으로 재앙을 맞았다. 그러나 더 좋은 방법이 있다. 흑기사도 지나갔고, 효율적 시장이라는 최악의 숲도 통과했으므로 더 나은 길이 멀리 있지 않았다. 장담컨대 시장에는 아직도 좋은 기회가 남아 있다. 식별하는 방법만 배운다면 말이다.

그러나 우선 더 단단한 갑옷을 입고 심리학과 역발상 전략으로 연마한 새 칼로 무장해야 한다. 그런 다음 효율적 시장 가설이라는 괴물을 영원히 퇴치할 방법을 배워야 한다.

6장

효율적 시장과
프톨레마이오스의 천동설

30년 동안 〈포브스〉의 칼럼니스트로 일하면서 나는 17세기 과학자인 갈릴레오의 심정을 조금이나마 이해하게 되었다. 열렬한 효율적 시장 가설 신봉자들은 내 칼럼에 불편한 심기를 드러냈다. 위대한 과학자 갈릴레오는 수많은 철학자와 천문학자가 천동설, 즉 지구가 우주의 중심이라고 믿던 시대에 지구가 태양 주위를 돈다는 지동설을 주장했다. 하지만 갈릴레오는 자신의 견해를 철회해야 했다. 1632년 갈릴레오가 책을 출판하자 체포되어 종교 재판에 회부되었다. 종교 재판에서 갈릴레오는 '중대한 이단 혐의자'라는 선고를 받고, 자신의 견해를 또 철회해야 했다. 그리고 가택에 연금된 채로 남은 여생을 보내야 했다.

천동설을 처음 주장한 사람은 프톨레마이오스로, 알렉산드리아의 저명한 학자였다. 이집트의 도시 알렉산드라를 학문의 중심지로 만든 범세계적인 엘리트인 프톨레마이우스의 탁월한 업적이 바로 천동설이다.

프톨레마이오스는 오랜 세월 우주를 관찰한 결과를 토대로 태양과 행성의 움직임을 설명했고, 행성들의 과거와 미래 위치를 계산할 수 있는 간편한 도표를 제시했다. 기본 전제는 지구가 우주의 중심이며 행성, 태양, 별이 지구 주위를 돈다는 것이었다. 천동설은 1600년 가까이 문명 세계에서 널리 수용되었고, 지상과 해상 여행에서 중요한 역할을 담당했다.

1609년 천문 연구에 현미경을 처음 도입한 사람이 바로 갈릴레오였다. 갈릴레오는 달 표면에 움푹 파인 구덩이인 크레이터, 태양 흑점, 목성의 거대한 위성 4개, 토성의 고리를 처음 발견했다. 새롭게 관찰된 사실을 천동설에 통합하려다 보니 모델은 점점 더 복잡해졌다. 그러자 원, 주전원, 편심원(커다란 타원형으로 주전원이 편심원 축을 중심으로 돈다고 한다. 곤란하니 더는 묻지 마시라)이 마구 얽히면서 위성과 별이 서로의 주위를 돌고, 지구 주위를 돌게 되었다. 그러자 정신이 아득해질 정도로 뒤죽박죽되고 말았다.

아무튼 천동설은 유용한 과학적 가설이 갖추어야 할 두 가지 기준을 충족했다. 첫째, '예측적'으로 천동설은 다양한 천체들이 미래에 어느 지점에 위치할지 정확하게 예측했다. 둘째, '설명적'으로 행성의 운동체계를 하나의 법칙으로 정리한 '설명서' 역할을 했다. 하지만 이는 전적으로 틀린 이론이다.

이제 효율적 시장 가설로 돌아가보자. 앞서 설명했듯이 효율적 시장 가설과 현대 포트폴리오 이론, 자본자산 가격결정모형은 방대한 수학적 분석을 토대로 한다. 다른 사람들과 마찬가지로 나 역시도 이 사실을 부정할 생각은 없다. 5장에서 살펴본 사건들에 관한 기록이 효율적 시장 가설의 오류를 명백히 입증하고 있지만, 이제 논점을 진전시켜 오류의 원인을 파헤쳐보도록 하자. 앞으로 살펴보겠지만 효율적 시장 가설의 토대가 되는 가정들은 무척 의심스럽거나, 전혀 검증되지 않았거나, 그릇된 주장이다. 효율적 시장 가설의 복잡한 수학적 분석은 대개 결함이 심각한 가정들 위에 구축된 것으로, 사상누각이나 다름없다. 설계가 매우 복잡한 우주선을 발사시키려면 정교한 발사대가 필요하듯, 시장 동향을 정확히 예측하기 위해서는 탄탄한 고등 수학의 토대 위에 자리 잡아야 한다.

우리가 살펴볼 두 번째로 중요한 영역은 수학적 검증으로, 여러분은 놀라운 사실 몇 가지를 발견하게 될 것이다. 5장에서 살펴본 변동성 이론과 마찬가지로 효율적 시장 가설의 실험에는 결함이 있으며, 변동성이 유일하거나 중요한 위험 요인이라는 점을 입증하지 못했다. 효율적 시장 가설 신봉자는 갈릴레오가 태양이 지구 주위를 도는 게 아니라는 사실을 밝힌 후에도 여전히 천동설을 믿는 사람과 다를 바 없다. 앞으로 효율적 시장 가설의 가정들과 결함을 살펴보고 나면 이 말을 이해할 수 있을 것이다.

변동성, 최후의 결판을 앞두다

5장에서 보았듯 1987년 시장 붕괴, LTCM의 파산(1998), 그리고 2007~2008년 폭락과 이어진 심각한 경기 불황을 거치면서 효율적 시장 가설은 완전히 망가졌다. 주범은 엉터리 위험 이론이었다. 즉 효율적 시장 가설은 레버리지와 유동성 등 중요한 위험 요인들을 모조리 배제하고 오로지 변동성만을 위험 요소로 지목했다. 천동설과 달리 효율적 시장 가설은 신뢰할 만한 예측력조차 없었다. 천동설은 행성의 움직임은 어느 정도 설명했지만, 효율적 시장 가설은 시장의 움직임조차 정확하게 설명하지 못한다.

이 시점에서 다음 두 가지를 물어야 한다.

첫째, 학계가 변동성을 위험의 유일한 척도로 보고 변동성에 집착한 이유는 무엇인가?

둘째, 학계가 이토록 변동성에 집착하는 데는 타당한 근거가 있는가?

이제 의문을 풀어보자.

5장의 상당 부분이 변동성을 둘러싼 논의였다. 변동성이 커지면 투자자의 수익이 커질까? 변동성이 작아지면 투자자의 수익이 줄어들까? 우리가 살펴본 바에 따르면 결코 그렇지 않다. 사실 학계의 연구는 이미 30년 전에 이 질문에 대한 해답을 구했다. 그럼 해답을 알아보자.

대표적인 효율적 시장 이론가들이 투자자는 오로지 변동성만으로 주식의 위험을 측정한다고 주장하게 된 근거는 무엇일까? 효율적 시장 이론가들은 그 근거를 몰랐을 뿐 아니라, 근거를 찾기 위한 연구도 수행하지 않았다. 변동성과 수익의 상관관계에 대한 초기 연구가 전부인데, 그마저도 결과가 들쑥날쑥했다. 그럼에도 학계는 진리인 양 천명했다.

더 중요한 사실이 있다. 변동성을 유일한 위험 요인으로 정의하면 복잡한 금융 모델 구축에 활용하기가 쉬웠는데, 바로 이것이 교수들이 원하는 바였다. 이 논리를 토대로 교수들은 단순하고 명쾌한 이론을 확립할 수 있었다.

경제학 이론에 따르면 합리적인 인간은 응당 그렇게 행동해야 하므로 경제학자들은 이 위험 개념에 거의 강박적으로 집착했다. 투자자들이 위험 회피를 선택하고 경제학자들이 이것을 증명할 수 있다면, 경제학자는 경제학 이론의 핵심 개념, 즉 인간은 합리적으로 판단한다는 것을 입증하는 증거를 손에 쥐게 될 것이다. 만일 투자자들이 더 큰 수익이 보장될 때만 더 큰 위험을 감수한다면 투자시장과 미시경제 이론 사이에 8차선 고속도로가 시원하게 뚫리는 셈이다. 이 고속도로를 통해 투자시장은 경제학 이론에 최고의 날개를 달게 되는데, 바로 경제학자들이 200년 넘게 찾아 헤맨 시장의 합리적 행위에 대한 확증이다. 옳든 그르든 이 개념은 경제학자들이 포기하기에는 너무 솔깃하다.

학자들이 포트폴리오의 위험에 따라 뮤추얼 펀드와 펀드매니저의 수익을 조정하는 방법을 고안했다. 그런데 만약 변동성이 유일한 위험 척도가 아니라면 이 측정법은 그릇된 방식이 된다. 40년이 지난 지금도 이 방식이 위험과 수익을 측정하는 핵심 척도로 이용되고 있다. 나의 연간 수익률이 15%이고 경쟁자의 연간 수익률이 30%라도 나보다 경쟁자의 포트폴리오 변동성이 크다면 리스크 조정 수익률은 내가 더 높을 수도 있다.

오즈의 마법사에게는 불가능한 것이 없다. 그런데 그게 왜 놀라운 걸까? 변동성은 매우 정교한 수학 공식의 모양을 취하고 있지만, 거울을 들여다보며 구축된 것이다. 이들은 과거에서 변동성과 위험의 상관관계를 보여주는 듯한 정보만 취해서 미래에도 똑같은 현상이 반복된다고 말한다. 이는 올바른 과학은 아니다. 내가 보기에는 과거의 가격 동향을 토대로 미래의 가격 동향을 판단하는 기술적 분석과 다름없어 보인다. 하지만 이런 기술적 분석 방식은 학계에서 거의 조롱거리로 전락하면서 폐기되었다. 그런데 학계는 자신들이 구축한 변동성 이론을 지키기 위해 비슷한 잔꾀를 부리고 있다. 이쯤 되면 여러분도 짐작했을 것이다. 바로 자본자산 가격결정모형 이론과 효율적 시장 가설을 보호하기 위해서인 것이다.

그런데 아직 결정적인 의문이 남아 있다. 기업의 재무 건전성, 수익 창출 능력, 레버리지, 유동성, 채무 잔고 등 투자 전문가들이 기업 경영 분석에 사용하는 수십 가지 척도들이 있다. 그런데 왜 변동성이 위험의 척도가 되는 것일까? 물론 효율성이라는 측면에서 변동성은 솔깃하겠지만, 또 그밖에 다른 척도는 무엇일까? 대다수가 별 의심 없이 변동성 척도를 수용하지만, 변동성은 그릇된 척도다.

우선 위험과 수익 사이에는 어떤 상관관계도 없다는 것이 수십 년 전부터 확인되었다. 변동성이 높다고 결과가 좋은 것도 아니며, 변동성이 낮다고 결과가 나쁜 것도 아니다.

J. 마이클 머피는 1977년 가을 〈저널 오브 포트폴리오 매니지먼트The Journal of Portfolio Management〉에 실린 한 논문에서 위험 관련 연구를 검토했다.[2] 이 논문은 매우 중요하지만 읽은 사람은 거의 없다. 그러나 효율적 시장 가설과 자본자산 가격결정모형 신봉자들은 이 논문의 결론에 경악했다. 머피는 4건의 연구를 통해 이렇게 주장하고 있다. "종종 위험이 작은 주식이 기대보다 큰 수익을 실현하고, 위험이 큰 주식의 수익은 기대보다 낮은 경향이 있다. 위험-수익의 상관관계는 생각보다 훨씬 미미했다.[3]" 머피는 또 이렇게 말했다. "중요한 다른 연구들도 위험과 수익 간에 **안정적이고 장기적인 관계가 없을 수도 있으며**,[4] 실현된 수익과 감수한 위험 사이에는 연관성이 없는 경우도 있다.[5] 또한 변동성이 큰 펀드의 경우, 변동성이 높은 수익으로 상쇄되지 않는다는 결론을 얻었다.[6]" (강조한 문구는 저자의 의견임)[7]

1975년 로버트 하우겐과 제임스 하인즈는 위험을 분석한 논문에서 이렇게 결론 내리고 있다. "우리가 살펴본 실제 사례들은 (체계적 위험이든 다른 위험이든) 위험(변동성)이 특별한 보상으로 이어진다는 전통적 가설에 들어맞지 않는다.[8]" 명심하기 바란다. 이 연구는 1970년대 후반에 이루어진 것으로, 당시는 투자 혁명으로서 자본자산 가격결정모형과 위험조정 수익 개념이 막 시작되던 시기였다. 또한 효율적 시장 가설과 자본자산 가격결정모형 신봉자들에게 노벨상이 수여되기 10여 년 전이었다.

학자들을 괴롭히는 문제는 위험과 수익 사이에 상관관계가 없다는 것만이 아니었다. 더 근본적인 문제는 변동성 척도들이 장기적으로 일관성을 유지하지 못했다는 점이다. 일관성은 자본자산 가격결정모형과 현대 포트폴리오 이론 모두에 핵심 요소였다. LTCM을 설립한 노벨상 수상자 로버트 머튼은 LTCM이 파멸하기 전까지 변동성 척도로 시간도 맞출 수 있다고 장담하였다. 1987~1988년의 폭락에서 S&P500 선물과 지수의 변동성이 급등했고, 2000~2002년의 폭락장에도 닷컴주와 첨단 기술주의 변동성이 급등했다. 그리고 2007~2008년 서브프라임 모기지 채권이 붕괴할 때도 변동성이 크게 요동쳤다.

변동성이 미치는 영향은 시장을 넘어선다. 기업 경영자들은 위험 부담이 있는 신규 사업의 매력도를 판단할 때 자본자산 가격결정모형을 이용해왔다. 변동성이 큰 기업은 그에 상응하는 높은 수익을 올려야 한다는 통념 때문에 CEO는 추가 수익에 대한 확신이 없으면 신규 설비 투자에 매우 신중한 입장을 취한다.

좀 더 시야를 넓혀 보면 변동성 이론은 오랫동안 '미국'이라는 기업이 오판하는 원인을 제공한 것으로 보인다. 왜냐하면 '좋은 기업'은 언제든 시장에서 성장을 위한 자본을 구할 수 있다고 들었고, 이 말에 고무된 기업들은 유동성을 줄여나갔다. 1980년대 경제학자들, 특히 효율적 시장 가설의 선구자인 하버드대학의 마이클 젠센은 이렇게 주장했다. 효율적 시장에서 가격은 언제나 적정 수준을 유지하므로 CEO가 할 수 있는 최선은 기업뿐만 아니라 경제를 위해 주가를 극대화하는 것이다.[9]

주가를 극대화하면 CEO는 자본시장에서 돈을 더 쉽게, 더 싸게 구할 수 있게 된다. 메시지는 크고 분명해졌다. 바로 장기적인 생존 가능성과 수익성을 해치더라도 물불 가리지 말고 주가를 끌어올리라는 것이다. 이런 논리는 2007~2008년 금융위기 때 기업의 유동성이 대폭 감소하는 데 한몫했고, 이는 경기 하락을 부추기는 결과로 이어졌다. 그릇된 이론이 어떤 피해를 입히는지 보여주는 또 다른 사례이다.

베타, 황천길로 떠나다

변동성을 측정하는 데 가장 널리 쓰이는 척도는 베타이다. 하지만 학자들은 처음부터 미래의 변동성을 정확하게 예측할 수 있는 베타를 찾지 못했다. 윌리엄 샤프, 존 린트너, 잰 모신이 구축한 초기 베타들에는 예측력이 없었다. 즉 특정 시기의 변동성은 다음 시기의 변동성과 거의 또는 아무런 상관관계가 없었다. 주가는 심하게 요동치다가도 언제 그랬냐는 듯 순한 양처럼 잠잠해지기 일쑤다.

투자자는 누구나 위험을 회피한다는 것이 현대 포트폴리오 이론의 초석이자 효율적 시장 가설의 명확한 가정이므로, 학자들에게는 내세울 만한 베타가 없다는 것이 처음부터 심각한 문제였다. 투자자들이 위험을 회피한다면 베타를 비롯한 위험-변동성 척도에는 예측력이 있어야 한다. 위험-변동성 척도에 예측력이 없다는 것, 즉 과거의 베타와 미래의 베타 사이에 상관관계가 없다는 것은 중대한 결함으로 효율적 시장 가설의 '블랙홀'이었다. 지속 가능한 위험 이론이 없었기 때문에 효율적 시장 가설은 멸종 위기에 처했다.

저명한 학자 바 로젠버그Barr Rosenberg는 특정 주식의 위험을 측정하는 방식으로 변동성 이외에 많은 정보를 투입하는 멀티팩터 베타를 개발했다. 일명 '바의 초강력 베타Barr's bionic betas'라고도 하는 멀티팩터 베타는 널리 이용되었지만, 아쉽게도 이 베타들 역시 선조들만큼이나 불운했다. 다른 베타들도 실험해보았지만 결과는 마찬가지였다. 어떤 베타로도 과거의 변동성을 통해 특정 주식과 포트폴리오의 미래 변동성을 예측할 수는 없었다.

유진 파마가 1992년 위험과 수익에 관한 논문을 내놓자 비로소 베타와 수익 사이에는 뚜렷한 상관관계가 없다는 것이 입증되었다. 파마는 1973년 공동 저자인 제임스 맥베스James MacBeth와 함께 베타가 높을수록 수익이 크다는 것을 보여주는 논문을 발표하였다.[10] 이는 자본자산 가격 결정모형에 아주 중요한 논문이었다. 그 후 파마는 시카고대학의 케네스 프렌치와 함께 1963년부터 1990년까지 9,500개 주식을 조사했다.[11] 그들이 내린 결론은 베타로 측정한 위험은 믿을 만한 수익 예측 지표가 되지 못한다는 것이었다.

파마와 프렌치는 베타가 낮은 주식의 수익이 베타가 높은 주식의 수익과 거의 동일하다는 것을 발견했다. 파마는 이렇게 주장했다. "베타를 유일한 변수로 삼아 주식의 수익을 설명하던 시대는 이제 끝났다.[12]" 그리고 묘비에는 이렇게 새겨라. "과거 50년간의 변동성을 안다고 해서 주식의 수익률을 정확하게 예측할 수 있는 것은 아니다.[13]" 물론이다. 이를 위해 크고 웅장한 묘비를 세워야 한다.

1992년 6월 1일 〈포천〉에 실린 기사의 결론은 이렇다. "시카고 출신 학자들이 베타가 가짜라고 말한다.[14]" 그리고 〈시카고 트리뷴〉은 깔끔하게 이렇게 요약했다. "베타를 신봉하던 유명한 학자들이 지금은 베타를 헐뜯고 있다.[15]"

베타가 아니라면 대안은 무엇인가? 변동성으로 위험을 측정할 수 없다면 무엇으로 위험을 판단할 것인가? 프렌치 교수에 따르면 "투자자에게 정말 돈이 되는 전략은 대접받지 못하는 주식들을 보유하는 것이다.[16]" 앞으로 살펴보겠지만 프렌치 교수의 연구에 따르면 PBR이 가장 낮은 주식이 시간이 경과함에 따라 높은 수익률을 제공한다고 지적하였다. 중소형 종목 역시 마찬가지다. 주식의 수익은 베타를 비롯한 유사한 위험 척도보다는 이런 척도들과 더 연관성이 높다.[17]

파마는 이렇게 덧붙였다. "한 가지 위험 요인으로는 부족하다." 투자자들은 베타를 넘어서, 가치 측정 등 다양한 척도를 포함하는 복수의 요인을 통해 위험을 계산해야 한다.[18] 1996년 파마와 케네스 프렌치는 한 논문에서 베타를 옹호하는 학계의 논문에 대해 이렇게 반박한다. "베타로만 기대 수익을 설명할 수 없다는 것이 입증되었다. 따라서 베타로는 자본자산 가격결정모형을 살릴 수 없다.[19]"

효율적 시장 가설의 상당 부분이 현대 금융학의 규범인 베타와 함께 무덤에 묻히는 신세가 되었다. 그리고 현대의 포트폴리오 이론 역시 같은 운명을 맞았다. 파마의 새로운 발견들은 파마 자신의 업적을 포함해 과거 학계의 업적 대부분을 거부했다. 파마는 베타의 무덤가에 앉아 이렇게 중얼거렸다. "세상이 더 복잡하다는 건 알고 있었죠.[20]" 파마도 알고 있었는지는 모르겠지만 20년 넘게 그 사실을 이야기하지 않았다. "베타는 죽었다"라는 파마의 선언은 금융계에 떠도는 변동성 신화를 정면으로 저격했다.

베타 모델과 자본자산 가격결정모형은 산산조각이 나고 말았지만, 파마는 언제까지 슬프게 울고 있지만은 않았다. 1993년 파마와 프렌치는 베타의 장례를 치른 지 1년도 못 돼 새로운 위험 이론을 개발했다. 장례식이 채 끝나기도 전에 이미 새로운 사랑이 싹트고 있었던 건 아닌지 의심할 사람들도 있을 것이다. 파마와 프렌치가 제시한 공식에는 베타 외에 시가총액이 작은 소형주Small cap(스몰캡)와 자본금의 시장가치 대비 장부가치value(가치)가 낮은 가치주가 포함되었다(우연의 일치겠지만 세 가지 요소 중 2가지 요소를 나는 30년 넘게 역발상 전략에 사용하고 있다). 파마는 "3요소 이론은 완벽하지 않다"고 말했다.[21] 맞는 말이다. 파마는 이유는 밝히지 않았지만, 변동성을 정확하게 측정하는 것처럼 보인 것은 '이상치' 때문이었다는 것을 발견했다.

앞으로 살펴보겠지만 효율적 시장 가설이 멸종을 피하기 위해서는 고수익과 높은 변동성 사이의 상관관계를 보여주는 새로운 척도가 필요한 비상 상황이었다. 효율적 시장 가설의 대들보가 무너지는 것을 막기 위해 방법론과 논리를 동원하다 보니 과학적 방식이 꽈배기처럼 꼬여버린 듯하다. 금융학 교수인 게오르그 프랑크푸르트George Frankfurter는 파마와 프렌치의 연구 결과를 논하면서 이렇게 말했다.

"오늘날의 금융은 마치 잉카나 마야 문명의 종교처럼, 대사제가 추종자들뿐 아니라 교단 자체를 희생 제물로 삼고 있다. 금융계는 철저히 세뇌되고 교조화되었기 때문에 창시 당시 선도적인 모델의 부흥을 이끌었던 교주들만이 이 종교를 무너뜨릴 수 있다.[22]"

앞서 보았듯 상아탑에 국한된 문제는 아니다. 연기금, 기관투자자, 수많은 대중이 베타를 비롯한 위험 척도를 기준으로 수조 달러를 어떻게 투자할지 결정한다. 베타가 낮은 포트폴리오로 만족할 만한 수익을 내는 펀드매니저는 명사 대접을 받지만, 높은 베타는 금기 사항이다.[23]

최대의 뮤추얼 펀드 평가회사인 모닝스타를 예로 들어보자. 모닝스타는 탁월하고 읽기 쉽게 정보를 제공해서 나 역시도 자주 참고하지만, 위험 개념에는 문제가 있다. 모닝스타는 파마의 3요소 모델을 사용해 펀드에 1~5개의 별점을 매긴다. 많은 사람이 최고 점수인 별 다섯 개짜리 펀드를 찾는데, 3요소 모델은 위험 측정법으로는 미심쩍은 측면이 있다.

자본자산 가격결정모형의 몰락 이후 변동성 이론

지금까지 살펴본 바로는 변동성 이론은 한 번도 통한 적이 없었고, 40여 년 동안 변동성 이론에 의존한 대다수가 큰 타격을 입었다. 그런데 연구자들은 이보다 문제가 더 심각한 위험—변동성 가설들을 조합하고 있다. 생각만 해도 등골이 오싹하다. 그 근처에도 가지 마라. 그 이유에 대해서 지금 설명하겠다.

앞서 보았듯이 윌리엄 샤프 같은 노벨상 수상자들은 아직 미련을 못 버리고 있지만, 파마 교수를 비롯해 많은 사람이 변동성 이론의 원조인 자본자산 가격결정모형의 실패를 인정하고 폐기했다.[24] 망원경의 정밀도가 높아져 천체의 움직임에 대한 새로운 사실들이 속속 발견되면서 천동설이 무너졌듯이, 강력하고 새로운 통계학 정보가 대량 유입되면서 오늘날 변동성 척도는 통하지 않게 되었다. 이로써 자본자산 가격결정모형과 효율적 시장 가설은 위태로운 처지가 되었다.

효율적 시장 가설–자본자산 가격결정모형 변동성 이론의 허점

효율적 시장 가설을 지지하는 세력은 이론이 위기에 처했다는 것을 인식하고 있다. 투자자들이 모르는 것이 없고 합리적이라면 위험과 수익 간에는 체계적인 상관관계가 존재해야 한다. 상관관계가 없다면 효율적 시장 가설은 거대 초식공룡 브론토사우루스의 전철을 밟게 될 것이다. 앞서 5장에서 보았듯 일부 투자자는 동일하거나 더 낮은 변동성으로 더 많은 수익을 얻고, 일부는 동일하거나 더 높은 변동성으로 더 적은 수익을 얻는다면 이는 투자자들이 전능하지도, 합리적이지도 않다는 의미다. 단검이 효율적 시장 가설과 자본자산 가격결정모형의 심장을 겨누고 있다.

여러 학자가 위험과 수익의 상관관계를 입증하기 위해 4요소 또는 5요소의 위험평가모델 등 다양한 모델을 내놓았다. 그리고 파마 교수는 자본자산 가격결정모형 이론을 폐기한 후 효율적 시장 가설을 옹호하기 위해 1992년 논문에서 3요소 위험모델을 내놓았다.

그러나 새롭게 구축된 모델들이 심각한 오류를 낳게 되었다. 자본자산 가격결정모형을 대체하기 위해 개발된 모델이지만 똑같은 방식으로 구축되고 있기 때문이다. 즉 이 모델들은 하나같이 고변동성이 고수익으로, 저변동성이 저수익으로 이어진다는 것을 보여주기 위함이다. 자본자산 가격결정모형이 실패했는데, 같은 방식으로 구축된 새로운 모델이 성공하겠는가? 자본자산 가격결정모형이 통하지 않는다는 이유로 폐기되었지만 위험과 수익 간에는 직접적인 상관관계가 존재한다는 핵심 신조는 지금도 효율적 시장 가설에서 위험 분석의 근간으로 보존되고 있다.

사정이 이러므로 연구자들은 고위험과 고수익 간에 상관관계가 있음을 보여줄 새로운 위험 변수와 수익 변수 조합을 찾아나서야 한다. 사실상 연구자들은 새로운 자본자산 가격결정모형을 창조해야 한다. 물론 이름도 새로 붙여야 한다. 자본자산 가격결정모형이 해야 했지만 하지 못한 일을 해낼 새로운 자본자산 가격결정모형이 절실하다. 간단히 말하면 학자들은 마치 영화 속 스텝포드의 완벽한 아내들 같은 금융계의 총아를 창조하기 위해 시도하고 있다. 그러나 그럴수록 더 깊은 이론의 수렁으로 빠져들고 있다.

한물 간 자본자산 가격결정모형은 통하지 않는다는 것이 입증되었다. 그렇다면 자본자산 가격결정모형보다 결과도 더 좋고 시장에 통할 수 있는 새로운 위험 변수들을 어디서 찾을 수 있을까? 〈뉴욕타임스〉나 〈월스트리트저널〉에 '구함 : 새로운 위험 요소들'이라는 광고를 낼 수도 없는 노릇이다. '구함 : 금융계의 스텝포드 아내들'이라는 광고는 말할 것도 없고.

안타깝게도 이것이 오늘날 효율적 시장 이론가들이 처한 상황이다. 그들은 변동성이라는 울창한 정글에서 빠져나갈 길을 찾은 걸까? 아니다. 첫 번째 문제는 이들이 위험과 수익의 연계성을 보여주기 위해 단순한 상관관계라는 요술방망이를 제시했다는 점이다. 과학적으로 볼 때는 위험천만한 시도다. 밀턴 프리드먼은 이렇게 경고했다. "입수 가능한 증거와 일치하는 한 가지 상관관계가 있다면, 무한정으로 많은 상관관계가 존재한다.[25]" 학계에서 변동성과 수익의 상관관계를 발견한다고 해도 앞서 살펴본 바와 같이 미심쩍으며, 위험과 수익을 더 분명하게 설명할 수 있는 방법은 수백 가지가 있다.

연구자들이 겪는 첫 번째 문제는 3요소 모델이든, 4요소 모델이든, 그 밖의 어떤 모델이건, 단순히 우연한 상관관계가 아니라 실제 시장에서 통한다는 사실을 입증할 수 없다는 것이다. 프리드먼도 지적했듯이 과학적 방식의 기본 원칙 중 하나는 상관관계는 인과관계와 멀리 떨어져 있다는 것이다. 상관관계는 수없이 많을 수 있지만, 진리임을 입증할 수 있는 합당한 증거가 없으면 우연일 뿐이며, 세월이 흐르면 사라진다.

우연한 상관관계를 보여주는 우스꽝스러운 사례가 헴라인 지표다. 헴라인 지표는 수십 년 동안 월스트리트에서 차트로 이용된 유명한 지표로 스커트 길이와 주가지수는 상관관계가 있다고 주장한다.● 1920, 1960, 1980, 1990년대처럼 치마 길이가 짧아질 때 호황을 누렸고, 1930, 1940, 1970년대처럼 치마 길이가 길어질 때 불황이었다는 것이다. 농담 반, 진담 반인 이 가설에 따르면 치마 길이가 시장의 방향을 나타낸다는 것으로, 물론 이 가설을 심각하게 받아들인 사람은 거의 없었다.

그런데 효율적 시장 이론가들이 선택한 변수들만큼, 아니 그보다 더 확실한 상관관계를 보여주는 수많은 다른 변수가 있다는 증거는 어디에도 없다. 하지만 대부분의 효율적 시장 이론가들은 우연한 상관관계를 증거로 수용하는 듯하다. 변동성과 수익의 지속적인 상관관계를 보여주는 새로운 이론은 지금까지 발견되지 않았다. 하지만 효율적 시장 이론가들은 여전히 변동성과 수익 간의 상관관계를 보여줄 새로운 이론을

● 여자 치마 길이와 미국의 주식시장의 상관관계, 즉 일정한 패턴을 연구한 것이다. 치마 길이가 길어지면 주식시장이 내려가고, 반대로 치마 길이가 짧아지면 주식시장은 상승한다고 주장한다.

찾기 위해 고군분투하고 있다. 그들은 수많은 금융 변수를 훑어보았지만 지속적으로 상관관계를 보여주는 변수는 어디에도 없었다.

이는 엉터리 과학이다. 뿐만 아니라, 변동성과 수익의 상관관계를 뒷받침할 결정적인 과학적 토대가 없기 때문에 시간이 지나면 결국 무너질 것이다. 더 중요한 사실이 있다. 파마 교수는 1998년 시장 효율성을 조사하면서 지금까지 실험한 변동성 모델은 모두 '평균 수익에 대한 불완전한 설명[26]'이라고 했다. 요약하자면 변동성 모델은 지속적인 상관관계를 보여주지 못했고, 이 방법을 사용함으로써 연구자들은 스스로 자기 발등을 찍고 말았다.

안타깝게도 이 논리에는 제거해야 할 장애물이 또 있다. 위험과 수익 사이에 상관관계가 발견되었다거나, 곧 발견되리라고 말하는 것만으로는 충분하지 않다. 시장이 효율적이라면 학자들은 몰랐더라도, 시장 물정에 밝아 가격을 가치와 동일한 수준에서 유지하고 있는 투자자들은 새로운 상관관계를 이미 알고 있어야 한다. 투자자들이 몰랐다면 시장이 지난 수십 년 동안 효율성을 유지했다는 것 자체가 말이 안 된다. 변동성에 대한 새로운 증거가 제시되었거나, 제시된다는 보장이 없으므로 우리는 이런 결론을 내릴 수밖에 없다. **지난 수십 년 동안 효율적 시장 가설의 위험 측정은 정확하지 않았고, 심각한 오류가 있었을 가능성이 크다.** 새로운 사실이 발견될수록 논리의 정글에서 빠져나오기는 더 어려워진다.

그런데 변동성 상관관계가 없어지면 효율적 시장 가설은 천동설의 전철을 밟게 될 것이다. 지금 상황은 프톨레마이우스가 천동설을 증명하기 위해 주전원과 편심원을 열심히 연구한 것과 흡사하다. 재능 있는 학자들이 과학적 발견이라는 영역을 넘어 몽상가의 세계로 들어서고, 일부는 광신도로 변하는 모습을 보게 되어 서글프다.

효율적 시장 가설의 아킬레스건

4장에서 장기적으로 시장 대비 초과 수익이 불가능하다는 압도적 증거가 있다는 주장을 살펴보았다. 어떤 투자자도 시장 수익을 능가할 수 없음을 '입증한' 학자들의 연구를 좀 더 자세히 살펴보자. 결과를 보면 아마 놀랄지도 모른다.

파마 교수에 따르면 스스로 설명한 정의보다 효율적 시장을 더 명료하게 설명한 말은 없다.[27] 효율적 시장에 필요한 환경이 조성된다면, 즉 충분한 수의 투자자가 정보를 바로 입수할 수 있고, 거래 비용이 적절하다면 시장 참여자들이 지속적으로 더 나은 수익이나 더 낮은 수익을 얻는다는 증거는 없다.

이 주장의 전제는 수많은 애널리스트, 펀드매니저, 시장 물정에 밝은 투자자가 입수 가능한 모든 정보를 찾아내어 분석한 후 가격을 적정 가치 수준으로 꾸준히 유지한다는 것이다.[28] 학계에서는 투자자들이 어떤 방식으로 정보를 분석해 저평가된 주식을 판단하는지 가늠하기 어렵다고 주장했다. 따라서 시장의 효율성을 검증하는 작업은 투자자 집단이 시장 대비 초과 수익을 얻었는지 여부에 집중되었다. 그중 자주 실험실 기니피그 신세가 되는 집단은 뮤추얼 펀드매니저들이었다. 뮤추얼 펀드매니저의 결정과 수익에 관한 정보는 금세 입수할 수 있기 때문이었다. 연구 결과 위험 조정 여부에 상관없이 뮤추얼 펀드는 주요 시장의 평균 수익률을 초과하지 못했다. 효율적 시장 가설을 뒷받침하는 위험 조정 연구들은 분명 의심의 여지가 있다.

결함투성이 통계와 캥거루 재판

1960년대와 1970년대 뮤추얼 펀드를 처음 연구한 학자들의 통계에 따르면 투자자가 시장평균을 초과하는 수익을 내지 못했고, 이 결과는 효율적 시장 가설을 입증하는 중요한 증거가 되었다.

그러나 자세히 조사해보면 효율적 시장의 승리는 사라진다. 당시 연구자들이 사용한 표준위험 조정도구Standard Risk Adjustment Tools는 너무 부정확해서 펀드매니저들이 운용하는 주요 펀드들이 벤치마크 대상인 시장평균 수익률을 상당폭 초과한 사실조차 탐지하지 못했다. 포트폴리오가 넘어야 할 장벽이 너무 높았기 때문에, 당시에 사용한 통계학 실험으로는 실적이 좋은 펀드매니저의 활약이 드러나기가 매우 어려웠다. 예를 들어 마이클 젠슨의 기법을 사용한 통계학 실험에서는 펀드매니저 115명 중 단 한 사람만이 시장평균 수익률을 초과했다. 신뢰 수준은 95%로 통계학적으로 수용되는 최소한의 신뢰 수준이었다.[29]

컴퓨터 화면에 초과 수익으로 표시되려면 펀드매니저는 14년 동안 시장 수익률을 연간 5.83% 상회해야 했다. 그러나 일류 매니저라도 시장 수익률 대비 연간 1.5~2%를 상회하는데, 젠슨의 테스트에서 요구되는 조건은 불가능할 정도로 높았다. 이 정도면 워런 버핏이나 존 템플턴John Templeton이라야 가능한 실적이며, 두 사람도 해마다 그런 실적을 올리기는 힘들다. 한 펀드가 20년 동안 시장 대비 연 2.2% 초과 수익률을 얻는다고 해도 젠슨식 계산법에 따르면 이런 탁월한 수익도 통계학적으로 큰 의미가 없었다.[30] 당시 젠슨은 이렇게 말했다. "어떤 펀드도 우연에서 기대할 수 있는 것보다 더 나은 수익을 올린다는 증거는 거의 없었다.[31]"

표준위험 조정 기법을 사용한 또 다른 연구 논문에 따르면 신뢰 수준

95%에서, 10년 동안 90% 이상 시장 대비 초과 수익률을 거둔 포트폴리오가 시장 대비 3%의 손실을 본 포트폴리오보다 운용이 좋았다고 말할 수 없다. 논문에서는 이렇게 지적했다. "상당폭 시장평균을 상회하는 연간 수익률과 변수(변동성)를 고려할 때, 95% 신뢰 수준에서 통계학적으로 유의미성을 획득하려면 약 70년 동안의 분기 데이터가 필요하다.●"

한 연구자는 통계학적 도구의 취약성에 문제가 있다고 지적했다. 대통령 경제자문회의 수석이자 공동 연구자였던 로렌스 서머스Lawrence Summers는 타협을 모르는 신봉자들을 설득할 정도로 효율적 시장 가설의 허구성을 입증하려면 5만 년의 데이터가 필요하다고 추산했다. 순전히 우연으로나마 효율적 시장 가설을 깰 수 있는 단 한 가지 증거는 탁월한 실적인데, 효율적 시장 가설의 실적이나 위험 측정 도구들은 아주 취약해서 탁월한 실적이 있을 수 없다는 사실이 입증되었다.[32] 펀드매니저들이 시장 수익률을 넘어설 수 없다는 중요한 '증거'는 탁월한 실적을 올리는 매니저들에게 지속적으로 불리하게 작용하는 매우 부적절한 통계학 방식에 따라 조성되었다는 점이다.

예를 들어보자. 3인의 독립된 펀드매니저가 운용하고, 100만 명이 넘는 주주로 구성된 630억 달러 규모의 마젤란 펀드가 10년이 넘는 세월 동안 시장 수익률을 상회할 수 있었던 이유는 무엇일까? 존 템플턴과 존 네프는 또 어떤가? 존 네프는 20년 이상 수십억 달러 규모의 윈저 펀드Windsor Fund를 운용해 시장 수익률을 웃도는 실적을 올렸다. 어떻게 공개된 정보만으로 이런 휘황찬란한 실적이 가능할까? 효율적 시장 이론가들이 주장하듯, 그저 강요당한 확률일까? 아니면 '탈선aberration(어떤 이론

● 펀드매니저의 탁월한 실적을 가려내는 데 이런 식의 통계를 설정한다는 것이 의아할 것이다.

으로 설명되지 않는 사건을 이르는 일반적 용어)' 사례가 하나 더 추가되는 것뿐일까? 만약 그렇다면 젠슨의 방식과 달리 시장 수익률을 웃도는 실적을 고의로 걸러내지 않고 탐지해낼 수 있는 통계학 방식을 이용할 때, 얼마나 많은 기관투자자가 시장 수익률을 능가했는지 살펴보아야 한다.

효율적 시장 가설의 성과 측정치는 왜 다시 계산되지 않았나?

이러한 상황에서 개선된 통계학적 기법이 나오자 불편부당하다는 학자들이 연구 결과를 수정했을까? 어림없었다. 앞서 본 것처럼 여러 증거가 있음에도 심각한 오류가 발견된 젠슨의 뮤추얼 펀드 연구 결과는 아직도 효율적 시장 가설의 주요 전제를 뒷받침하는 데 이용되고 있다.

파마, 프렌치 등이 자본자산 가격결정모형의 위험 측정이 무가치하다는 것을 입증했지만, 효율적 시장 이론가들은 굽힐 줄 몰랐다. 젠슨의 실적 측정과 마찬가지로 위험 조정 뮤추얼 펀드 실적 측정과 위험 미조정 뮤추얼 펀드 실적 측정 역시 활용된 통계학 도구의 취약성 탓에 빗나간 정보라는 것이 드러났다. 그런데도 효율적 시장 가설 옹호론자들은 다시 계산해 뮤추얼 펀드가 시장 대비 초과 수익을 올린 이유를 더 공정하게 판단하려 하지 않았다.

지금까지 살펴본 측정법들로는 탁월한 실적을 감지할 수 없었는데, 효율적 시장 이론가는 이 점을 시장의 효율성을 뒷받침하는 가장 강력한 '증거'의 하나로 삼고 있다. 앞서 지적한 것처럼 꾸준히 시장 대비 초과 수익을 올린 펀드매니저들의 실적에 대한 기록 대부분은 무의미한 통계학 방식에 의해 삭제되었다.

베타를 비롯한 학계의 위험 측정 도구들은 지금도 망령처럼 밤길을 돌아다니며 효율적 시장 가설을 옹호하고, 효율적 시장 가설이 용인하지 않는 시장 대비 초과 실적을 솎아내고 있다. 독실한 신도들이 사용하는 계략은 이뿐만이 아니다. 시장 수익률을 웃도는 실적은 효율적 시장 가설의 종말을 알리는 징표다. 효율적 시장 가설을 믿는 신도들은 망령과 오류를 동원해 시장 대비 초과 실적을 제거하려고 하지만 실패했다. 이제 귀신 잡는 퇴마사들을 살펴보자.

무시무시한 이상치

전문지식과 방법론으로 무장한 투자자 집단이 가격을 적정 수준으로 계속 유지한다는 주장 역시 난관에 부딪혔다.[33] 지금까지 살펴본 대로 실상은 달랐다. 하지만 효율적 시장 가설은 한 발짝 더 나아가 강도 높은 주장을 펼친다. 어떤 투자자 집단도, 어떤 투자 전략도 장기적으로 시장 수익률을 상회할 수 없다는 것이다. 이 지점에서 또 문제가 발생한다.

펀드매니저들이 시장 수익률을 웃돌거나 밑돌 수 없다는 명제는 필연적으로 다음과 같은 결론으로 이어진다. 즉 장기적으로 시장보다 높은 수익을 지속적으로 제공할 수 있는 방법이나 시스템은 없다. 그러나 장기적으로 일부 투자 전략은 지속적으로 시장 수익률을 초과하는 실적을 올리고, 일부는 시장 수익률에 미달하는 실적을 보인다는 수많은 증거가 이 주장을 반박하고 있다. 배심원들은 이 건에 대해 만장일치로 결론을 내렸는데, 배심원의 판결은 효율적 시장 가설의 주장에 단호하게 반대한다.

제4부에서 집중적으로 살펴보겠지만, 상당수 문헌에서 역발상 투자 전략이 수십 년에 걸쳐 시장 수익률을 상당폭 웃도는 수익을 창출했다는 것을 볼 수 있다. 그 이유를 분명하게 설명하다 보면 시장 참여자들이 거의 전능하며, 합리적으로 행동한다는 효율적 시장 가설의 핵심 명제를 반박할 수 있다.

반대로 효율적 시장에서 어떤 투자자 집단이나 전략도 지속적으로 시장 수익률을 밑돌 수 없다는 명제 역시 효율적 시장 가설의 걸림돌이 되고 있다. 역발상 전략을 검토할 때 자세히 살펴보겠지만 대중이 선호하는 주식을 매수하는 투자자는 수십 년간 시장 수익률을 밑돌았다. 지난 40년간 공모주가 실패작이라는 연구 결과 역시 시장 수익률에 미달하는 실적을 보여주는 중요한 증거이다.[34] 따라서 효율적 시장 가설이 불가능하다고 주장하는 장기간의 시장 초과 수익과 미달 수익 모두가 이상치로 동전의 양면으로 나타나고 있다.

40년 동안 도전을 받았지만 이상치는 사라질 기미가 보이지 않는다. 수많은 논문이 역발상의 효능을 검토하면서 이상치는 지난 몇 년 사이 오히려 더 힘을 얻고 있다. 장기간 시장평균 수익률을 상회한 역발상 전략은 가장 중요한 이상치로 1992년 파마와 프렌치가 문서로 입증했다.[35] 두 사람의 데이터는 효율적 시장 가설이 떠받치는 주장을 반박하고 있다. 반면 역발상 전략의 위험이 더 크다는 주장은 문서로 입증된 적이 없다. 효율적 시장 가설과 충돌하는 일련의 연구 결과들은 신봉자들에게 이론의 상당 부분을 철회하든지, 아니면 이런 결과가 어떻게 나올 수 있었는지 설명하라고 요구하고 있다.

효율적 시장에 대한 또 다른 도전

효율적 시장 가설의 또 다른 대전제는 새로운 정보가 거의 모두 즉시, 정확하게 분석되어 주가에 반영되기 때문에 투자자는 시장을 이길 수 없다는 것이다. 《이기는 투자: 랜덤 워크$^{A Random Walk Down Wall Streeet}$》의 저자 버턴 말킬$^{Burton Malkiel}$은 2005년 시장의 효율성을 입증하는 증거를 검토한 한 논문에서 이렇게 말했다. "내가 보기에 새로운 정보는 주가에 바로 반영되기 때문에 평균보다 큰 위험을 감수하지 않으면 시장 대비 초과 수익을 거둘 수 있는 차익거래 기회는 없다.[36]"

그러나 주가가 정말 새로운 정보에 '바로' 맞추어 조정되는 걸까? 말킬의 주장은 40년 이상 단호한 효율적 시장 가설로 건재했고, 거의 모든 학자가 이 주장을 인용해왔다. 주식에 관한 새로운 정보가 나타나면 종종 주가가 반응하기는 한다. 그렇다면 정보가 주가에 제대로 반영된다는 증거는 어디에 있을까?

그런 증거는 없다. 앞으로 일련의 연구를 통해 살펴보겠지만, 학자들은 새로운 정보에 대한 시장의 반응이 모두 정확하다고 간주하는 오류를 범하고 있다. 상당수 연구에 따르면 새로운 정보가 들어올 때 시장의 첫 반응은 헛다리 짚기였다. 38년 이상 어닝 서프라이즈에 대한 시장의 첫 반응을 분석한 결과 역시 마찬가지였다. 따라서 새로운 정보에 대한 시장의 반응은 예측이 가능하다. 이것은 9장에서 상세히 살펴보겠다. 레이 볼$^{Ray Ball}$과 필립 브라운$^{Philip Brown}$의 논문(1968),[37] 빅터 버나드^{Victor} ^{Bernard}와 제이콥 토마스$^{Jacob Thomas}$의 논문(1990)[38]에서도 이 점을 밝히고 있다. 그리고 유진 파마도 1998년 효율적 시장 가설에 대한 조사에서 이 점을 지적했다.[39]

파마가 이 학자들의 연구 결과를 '확고하다'라고 한 점은 특히 흥미롭다. 왜냐하면 이 연구 결과들은 새로운 정보가 주가에 즉시, 정확하게 반영된다는 효율적 시장 가설의 주요 전제에 정면으로 배치되기 때문이다. 효율적 시장 가설의 필수 전제 하나가 이론 지지자들에게 철저하게 검증된 적이 없다는 점에서 우리는 또다시 효율적 시장 가설의 결정적인 기둥 하나가 흔들리는 모습을 목격하게 된다. 주가가 새로운 정보에 반응하는지 여부만 테스트되었고, 올바른 반응인지 여부는 테스트되지 않았다. 특정 정보에 주가가 어디로 튈지는 수십 가지 경우의 수가 있는데, 어떤 반응이 정확한지 어떻게 알 수 있을까? 이는 마치 달리기만 할 수 있으면 올림픽 육상 100미터 경기에서 우승할 수 있다는 말과 같다.

효율적 시장의 험난한 길

새로운 정보가 주가에 즉시, 정확하게 반영된다는 주장을 뒷받침하기 위해 사용된 갖가지 실험들을 이해하기 위해 지난 수십 년 동안 수행된 연구들을 살펴보도록 하자. 어쩌면 실험의 다양성이 부족했다는 증거가 될지도 모른다. 이 연구들은 투자자가 시장의 정보를 빠르고 정확하게 해석한다는 명제를 한 치의 의혹도 남기지 않고 해소했다고 주장한다.

소 잃고 외양간 고치기

1969년부터 효율적 시장 가설의 4대 학자인 유진 파마, 로렌스 피셔, 마이클 젠슨, 리처드 롤(앞으로 FFJR로 통칭함)은 주가가 새로운 정보에 따라 재빨리 조정된다는 것을 보여주는 기념비적인 연구를 내놓았다.

이들은 1926년부터 1960년까지 뉴욕증권거래소에서 일어난 주식분할을 전수 조사했다.[40] 연구자들은 당시로서는 매우 정교한 통계학적 기법을 사용하여 '투자자들이 긍정적 정보를 미리 모두 소화했기 때문에 정작 주식분할 뒤에는 주가가 오르지 않는다'는 결론에 도달했다. 이들은 이 연구가 효율적 시장 가설을 강력하게 뒷받침한다고 결론 내렸다. 사실 다른 실험들과 마찬가지로 이 연구 역시 지나치게 단순한 실험이다. 2장과 3장에서 본 것처럼 일반적인 투자분석에서는 상호작용하는 수많은 변수가 포함된 복잡한 판단이 요구된다. 그런데 FFJR의 주식분할 연구는 기본적으로 단순하고 즉시 입수 가능한 정보만 테스트했다. 어쨌든 본격적으로 이 연구를 살펴보자.

이 연구는 수백 편의 학술 논문에서 인용되었으며, 수십만 명의 대학원생들에게 시장의 효율성을 지탱하는 주요 연구 중 하나로 가르쳐왔다. 그러나 이 연구에는 심각한 결함이 있다. 연구자들은 정보가 시장에 미치는 영향을 측정하면서 정보 공개 시점이 아니라, 정보가 공개된 뒤 몇 달 동안을 조사 기간으로 삼았다. 이것은 마치 소 잃고 외양간을 고치는 것과 다름없다.

주식분할이 공표되면 해당 정보가 시장에 유입된 후 대개 2~4개월 뒤에 주주들에게 분배된다. 어닝 서프라이즈, 배당금 인상이나 하락 등 주가에 큰 영향을 미치는 발표가 그렇듯 주식분할 소식으로 주가가 상승했는지 여부를 알아보려면 더 일찍 조사를 시작해야 한다.

하지만 이 정보는 입수할 수 없었기 때문에 학자들은 정보가 공개된지 2~4개월 뒤 주식이 실제로 분배된 달부터 주가를 측정하였다. 그리고 이 시점 이후 추가 수익이 없었다고 보고했다. 시장은 이미 2~4개월 전에 해당 정보를 소화했기 때문에 정보가 주가에 충분히 반영된 시점에서 주가 동향을 측정한다는 것은 당연히 의미가 없었다.

《역발상 투자Contrarian Investment Strategies: The Next Generation》(1998)에서 나는 연구자들이 조사에 사용한 차트를 분석해보았다. 주식분할 발표 이후 가장 가파른 주가 상승을 보인 시기는 발표 직후 2~4개월 동안이었다. 사실 주식분할이 발표된 4개월 동안 시장평균을 초과하는 월평균 초과 수익은 이전 26개월 동안 시장 수익률의 약 2배에 달했다.[41]

이 사실은 연구자들에게 난제를 제시하였다. 대부분 2~4개월 전에 주식분할을 발표한다는 전제하에, 해당 차트는 발표일 뒤에 시장평균 이상의 수익을 거두었음을 보여준다. 그렇다면 주식분할에 따른 긍정적 주가 조정은 즉각 나타나는 것이 아니라, 발표 이후 몇 달에 걸쳐 나타난다는 것을 알 수 있다.

만약 그렇다면 연구자들의 주장은 타당성이 없다. 가장 논리적인 결론은 주가는 분할 발표 뒤 꽤 긴 기간 동안 계속 상승했다는 점이며, 이는 논문의 결론과 정면으로 배치된다.

학자들은 주식분할 발표일이 데이터베이스에서 누락되었다고 논문에서 여러 번 설명하고 있다(주식분할 발표일을 알 수 있는 경우는 904회 중 52회, 즉 6% 미만이었는데 학자들은 이를 근거로 논지의 타당성을 주장하고 있다). 어쩌면 이것이 그들에게는 다행이었는지도 모른다. 만약 분할 시점을 정확하게 알 수 있었다면 결론은 달라졌을 것이다. 그랬다면 시장이 새로운 정보에 효율적으로 반응하지 않고, 비효율적으로 반응한다는 명제를 입증하는 데 도움이 되었을 것이다. 그리고 시장의 효율성에 대해 전면적으로 의문을 제기했을 것이다.

30년이 지난 1996년, 데이비드 아이켄베리David Ikenberry, 그램 랜킨Graeme Rankine, 얼 스타이스Earl Stice[42]는 1975~1990년까지 뉴욕증권거래소와 AMEXAmerican Stock Exchange(NYSE 밖의 노상에서 이뤄지던 옥외 시장거래를 조직화한 것)에서 있었던 1,275건의 2대1 주식분할을 조사했다. 이들이 조사한 바에 따르면 분할 발표 이후 초과 수익률은 3.4%, 발표 후 1년 동안의 초과 수익률은 7.9%, 분할 이후 3년 동안 시장평균을 초과하는 수익률을 거두었다.

헤망 데사이Hemang Desai와 프렘 제인Prem Jain(1997)은 주식분할 이후 12개월간 7~12%의 초과 수익률을 거둔 사례를 조사했다.[43] 이런 결과들은 FFJR의 1969년 논문과 정면으로 배치되며, 시장이 새로운 정보에 효율적으로 반응하지 않는다는 점을 또다시 입증하고 있다. 이런 연구 결과는 우리의 분석과 궤를 같이 한다.

파마 교수는 1998년 효율적 시장 가설 연구 조사에서 1969년 FFJR의 연구 결과에 방법론상 결함이 명백하게 드러났다는 점을 간과하고 있다. 파마는 연구 시기가 다르다는 점과 사소한 방법론의 차이를 들어 다른 연구 결과들에 의문을 제기하였다. 이렇게 함으로써 파마 교수는 FFJR 논문의 비판적 초점, 즉 시장이 주식분할 발표 직후에 반응하는지 여부에 대한 판단이 실패했다는 사실을 피해가려는 듯하다. 하지만 연구 시기가 달랐다는 것은 이 연구와 전혀 관련이 없으며, 교묘하게 빠져나가려는 술책이다. 애초에 연구의 초점은 주식분할이 주가에 즉각 영향을 미치는지 여부였고, 파마 교수는 1969년 연구의 존재 이유를 회피해왔다. 그리고 이후 연구들이 FFJR 연구를 부정하고 있다는 사실을 피했다. 미디어 담당 조언자라면 이 분야의 고질적인 이런 사고를 연구하고 싶을 것이다.

FFJR 논문과 역시 중대한 문제가 있는 유사 연구들이 없다면 투자자가 정보를 신속 정확하게 처리한다는 효율적 시장 가설의 핵심이자, 중요한 명제는 완전히 무너질 것이다. 앞서 언급했듯이 많은 사람이 FFJR의 연구가 효율적 시장 가설을 뒷받침하는 가장 확고하고, 유명한 연구로 꼽고 있다.

효율적 시장 가설의 전함에 또 물이 새다

원본 데이터를 자세히 살펴보는 것보다 요긴한 작업은 없다. 연구자가 하는 일을 보려면 원본 데이터를 정말 꼼꼼하게 들여다보아야 한다. 그러므로 시장이 새로운 정보에 따라 재빨리 조정된다고 주장하는 다른 연구들을 살펴보자. 먼저 1968년 레이 볼Ray Ball과 필립 브라운Philip Brown의 연구를 살펴보자.[44] 두 사람은 1946년부터 1966년까지 261개 기업의 평균 수익률을 조사했다. 이들은 특정 연도에서 수익이 증가한 주식과 수익이 감소한 주식 두 집단으로 나누었다. 실적은 매년 연말마다 측정되었다. 연구 결과 수익이 증가한 주식은 시장보다 실적이 높았고, 수익이 감소한 주식은 시장보다 실적이 낮았다. 이에 대한 연구자들의 결론은 주가가 수익 발표 소식을 예견하고 미리 부응하고 있었다는 것이다.

　이 연구자들은 투자자가 익히 아는 단순한 사실 하나를 간과했다. 즉 기업들은 대체로 1년 치가 아닌 분기별로 보고한다는 사실이다. 증권거래위원회는 오랫동안 주식회사에게 재무정보를 90일 이내에 공표하라고 요구해왔다. 더욱이 당시에도 애널리스트의 기업 동향 연구 보고서에는 대체로 1년 치 수익 예측이 포함되었고, 때로는 기업 대변인이 발표한 보도자료도 있었다. 그러나 볼과 브라운은 투자자들이 기업의 전망을 정확하게 예측하기 때문에 기업 전망 정보가 입수되면 주가 동향의 판단에 사용한다고 주장했다. 여기서 다시 한 번 의문이 제기된다. 연구자들은 보도자료나 연구 결과 같은 실질적인 시장 정보를 얼마나 파악하고 있을까? 어찌 보면 뻔하고 단순한 연구 결과를 통해서 시장이 효율적이라고 결론 내리는 것은 확대 해석이다.

효율적 시장 가설을 뒷받침하는 기막힌 증거로 꼽히는 연구는 또 있는데, 바로 1972년 마이런 숄즈의 연구이다.[45] 이 연구에서 구주분매(이미 주식을 발행한 기업이 주식 매각을 통해 추가적인 자금 조달에 나서는 것)의 효과를 분석하였는데, 여기서 숄즈가 내린 결론은 분매가 이루어지면 주가는 평균적으로 1~2% 하락한다는 것이었다. 이때 기업이나 임원이 주식을 팔 때 가장 낙폭이 컸다. 숄즈는 또한 구주분매의 적정가격은 6일 내에 모두 반영된다고 주장했다. 숄즈가 내린 결론은 다음과 같다. "증권거래위원회는 분매 후 6일까지는 매도자의 신원 확인을 요구하지 않기 때문에, 시장은 구주분매의 정보를 예측할 수 있다. 따라서 시장은 효율적이다." 이는 단기간의 명목가격 변동에 기인한 결론이다.

구주분매는 일반적으로 주가를 일시적으로 낮춘다. 이것은 공식에 가깝다. 중요한 것은 주식이 적절한 수준으로 하락했는지의 여부이다. 3개월, 6개월, 12개월 뒤 시장 대비 실적은 어떠한가? 대부분의 증권사가 사전에 매도자를 밝히지만, 증권거래위원회는 매도자 공표를 요구하지 않는다. 때문에 시장이 이 정보를 예측한다고 주장하는 것은 불확실한 결론이다. 어쨌든 일반적으로는 매도자 정보가 공개된다.

시장이 새로운 정보를 얼마나 빨리 주가에 반영하는지에 대해 조사한 연구가 있다. 이 연구에서는 기업들이 합병과 주식 공개 매수 발표에 어떻게 반응하는지를 고려했다. 파마 교수는 1991년 효율적 시장에 대한 검토 후 이렇게 주장했다.

> 합병과 주식 공개 매수 발표 전후 3일 동안 대상 기업 주가의 평균 상
> 승폭은 15% 이상이다. 주식의 일평균 수익률은 겨우 0.04%(연간 10%
> 를 250거래일로 나눔)에 불과하다. 따라서 기대 수익의 측정 방식을 바
> 꿔도 합병과 주식 공개 매수 발표 전후로 대상 기업의 주가가 평균 이
> 상으로 막대한 수익을 거둔다는 사실에는 영향을 미치지 못한다.[46]

이 주장 역시 현실과는 괴리가 있어 보인다. 합병과 주식 공개 매수는
거의 언제나 높은 가격을 형성하며, 때로는 공개 매수 이전보다 훨씬 높
은 가격을 형성한다.

기업공개[IPO] 3일 전후로 주가가 평균 15% 상승한다는 것은 시장이 효
율적이라는 명제를 입증하는 증거가 될 수 없다. 다시 말하지만 저명한
효율적 시장 이론가들은 주가가 새로운 정보에 반응한다는 것만으로 주
가가 새로운 정보에 정확하게 반응한다고 가정하는 중대한 오류를 범하
고 있다. 종종 합병과 주식 공개 매수는 기업 경영권을 획득하거나 보호
하기 위해 진행되며, 그 과정에서 주가가 오르는 경우가 많다(특히 적대적
인수합병의 경우, 대상 기업이 맞대응하는 과정에서 주가가 오른다). 때로는 꽤 오
랫동안 주식이 공모가 대비 할인되어 거래되는 경우도 있다.

공개 매수 최초 발표일 전후로 주가가 15% 상승한다고 하는데, 다른
연구들에 따르면 공개 매수 성사 전후 몇 주에서 두 달 사이의 기간에 주
주들이 누린 주가 상승폭은 약 30%에 이른다.[47] 공개 매수가 성사되지
못하는 일부 경우를 논외로 하더라도, 처음 입찰가격은 너무 낮은 듯하
다. 이를 통해서도 알 수 있듯이 합병과 공개 매수에 대한 시장 초기 가

격 책정은 빗나간 것으로 보인다.

공개 매수 발표 이후 주가는 거래 수준보다 상승하는 일이 비일비재하지만, 새로운 소식에 대한 초기 시장 반응이 정확하다는 증거는 제시되지 않았다. 이를 전제로 엄청난 자본 수익을 거두는 위험 차익거래자가 생겨났다. 이 연구는 인수합병에 대한 지식이 정교하지 않기 때문에 활용 가능한 증거를 통해 최종 인수가격에 비례하여 최초의 공모가격을 판단할 때 시장은 효율적이라기보다는 비효율적이다.

체스에 비유하자면 현재 체스 세계 챔피언이 두는 수를 그대로 따라서 말을 움직이면, 내가 말을 움직인다는 사실만으로 체스 챔피언의 실력과 맞먹는다고 주장하는 것과 같다. 어떤 가격 움직임이든 모두 정확하다는 이론은 어처구니없고 뜬구름 잡는 소리다. 우리가 살펴보고 있는 효율적 시장 가설의 취약한 '증거들' 역시 마찬가지다.

시장 효율성에 반박하는 또 다른 증거

효율성은 이론가들이 인정하는 것보다 드문 현상이라는 증거는 또 있다. 이런 증거들은 우리의 주장에 힘을 실어주고 있다. 시장이 새로운 정보에 따라 빨리 조정되지 않는다는 증거는 계속 쌓이고 있다. 1994년 로니 마이클리Roni Michaely, 리처드 탈러Richard Thaler(행동재무학의 창시자), 켄트 워맥Kent Womack이 이 주제를 연구했다.[48] 세 연구자들은 1964~1988년 사이 배당금 삭감이나 증가 후 주가 움직임을 측정했다. 평균적으로 배당금 삭감 발표 뒤 1년 동안 시장 대비 수익률은 11% 낮았고, 3년 동안은 15.3% 낮았다. 배당금 증가 뒤 1년 동안은 시장 대비 수익률은 7.5%

높았고, 3년 동안은 24.8% 높았다. 이 연구 역시 시장이 새로운 정보에 빨리 적응하지 않는다는 것을 보여준다.

이밖에도 시장이 새로운 정보를 소화하는 데 시간이 걸린다는 것을 보여주는 연구들은 많다. 몇몇 학자들은 기업이 어닝 서프라이즈(애널리스트의 예상치보다 높거나 낮은 수치)를 발표하면 주가는 이후 3분기 동안 긍정적일 때는 상승하고, 부정적일 때는 하락한다.[49] 9장에서 설명하겠지만 제프리 아바바넬Jeffery Abarbanell과 빅터 버나드Victor Bernard는 애널리스트들이 실수한 뒤 자신들의 수익 예측치를 신속하게 조정하지 않는다고 했다.[50] 11장과 12장에서 제시한 '매수 후 보유'하는 역발상 전략에 따르면[51] 어닝 서프라이즈가 발표된 후 9개월 동안 시장에서는 '최악'의 주식은 아웃퍼폼(특정 주식의 상승률이 시장평균보다 더 클 것이라고 예측하기 때문에 해당 주식을 매입하라는 의견)이 유지되고, '최고'의 주식은 언더퍼폼(특정 주식의 하락률이 시장평균보다 더 클것이라고 예측하기 때문에 해당 주식을 매도하라는 의견)이 유지되었다. 시장이 정보에 즉각 반응하지 않고 더디게 반응한다는 이러한 연구 결과는 효율적 시장 가설을 공격하는 것이다.

마침내 로버트 쉴러Robert Shiller는 이렇게 주장했다. 만약 시장이 효율적이라면 특정 시점의 주가는 '합리적'이어야 한다.[52] 사실 여부를 판단하기 위해 쉴러는 배당금 지급의 관점에서 합리적이라고 생각되는 주가를 산정해보았다. 연구 대상 기간은 1871~1979년이다.

쉴러가 산출해낸 합리적인 지수는 완만하고 안정적인 그래프를 그렸는데 실제 시장지수는 상당 기간 동안 급등하거나 급락해 변동폭이 컸다. 이에 대해 쉴러가 내린 결론은 다음과 같다. "향후 실제 배당금에 대한 새로운 정보 탓이라고 보기에는 지난 10년 동안 주가는 변동폭이 너무 컸다.[53]" 요약하면 100여 년이라는 긴 세월 동안 시장은 정보에 정확하게 반응하지 않았고, 타당하다고 인정되는 수준보다 훨씬 높거나 낮았다.

효율적 시장 가설의 블랙홀

효율적 시장 가설 신봉자들은 시장에 정통한 투자자들이 주가를 적정 수준으로 유지한다고 믿는다. 그러나 안타깝지만 실상은 그렇지 않은 듯하다. 만약 사실이 아니라면 효율적 시장 가설의 가장 중요한 원리가 사라지는 셈이기 때문이다.

효율적 시장 가설 신봉자들은 가장 중요한 의문 한 가지를 검토하지 않고 있다. 바로 전문 투자자들이 가격을 가치와 어떻게 일치시키는가이다. 전문 투자자들은 어떤 방법을 사용해 가격과 가치를 일치시키는가? 이 의문이야말로 효율적 시장 가설의 토대가 되는 결정적인 가정인데, 신봉자들은 이 질문에 대해 한 번도 해명한 적이 없다. 아마도 학자들은 시장에 정통한 투자자들이 사용하는 도구와 방법을 이해하지 못했기 때문일 것이다. 2장에서 수많은 주식시장 평가 기법과 비율을 비롯해 애널리스트와 펀드매니저 교육에 사용되는 주요한 펀더멘털 방식을 살펴보았다. 이 방식들은 터무니없이 고평가된 주식을 매수하지 않도록 방지한다.

애널리스트와 펀드매니저가 거품이 잔뜩 낀 주식이나 지나치게 고평가된 주식을 산다면, 오랜 기간의 경험과 훈련 그리고 계속해서 사용했던 가치평가 방법에서 벗어나는 일이다. 이런 행위는 합리적이라고 할 수 없으며, 있어서는 안 된다. 그런데 이런 행위는 버블이나 천정부지로 물가가 치솟는 기간 동안에 반복해서 일어난다. 이는 패닉의 시기에 급격히 저평가된 초우량 기업의 주식을 파는 것과 마찬가지다.

효율적 시장 가설은 전문적이며, 시장 물정에 밝은 투자자들이 시장의 효율성을 유지한다고 주장한다. 하지만 바로 전문적이며 물정에 밝은 투자자들이 이런 오류를 저지른다는 사실이 중요하다. 전문적이며 시장에 정통한 투자자들이 가격을 적정 수준으로 유지할 수 없다면 어떻게 시장이 효율성을 유지할 수 있을까? 대답은 분명하다. 시장은 효율적이지 않기 때문이다. 버블이 빈번하게 발생하고, 주가가 천문학적으로 치솟다가 패닉이 이어지면서 가격이 폭락하는 이유는 시장이 효율적이지 않기 때문이다.

합리적인 투자자가 이런 식으로 행동한다니 좀 이상하다 싶을 것이다. 지금은 효율적 시장 가설을 다루는 장이므로, 제1부에서 배운 심리학에 대해 잠깐 언급하려고 한다. 심리학적 설명이 없으면 이런 행위는 이해하기 어렵기 때문이다.

효율적 시장 가설의 검은 백조들

과학의 역사를 보면 유능하고 현명한 사람들은 가설을 세우는 과정이 아니라, 가설 구축의 토대가 되는 전제에서 큰 실수를 한다. 강력한 통계학적 기법도 현실적인 전제가 없으면 무용지물이다. 악화가 양화를 구축하듯, 금융과 경제 분야에서는 50년 이상 잘못된 개념이 올바른 과학을 몰아냈고, 엄청난 노력에도 쓸 만한 기여는 거의 하지 못했다.

공정하게 말하자면, 효율적 시장 개념은 금융학계에서도 공격을 받고 있다. 에드워드 선더스 주니어$^{Edward Saunders Jr.}$는 20세기 후반 학문적 방법론을 정립한 중요한 이론가인 칼 포퍼$^{Karl Popper}$의 업적을 활용해 효율적 시장 가설의 접근법을 비판하였다.[54] 포퍼는 유명한 비유인 '백조는 모두 희다'라는 이론을 증명하려면 하얀 백조를 발견하는 데 주력할 것이 아니라, 검은 백조를 찾아나서야 한다고 주장했다. 왜냐하면 검은 백조가 단 한 마리라도 발견된다면 이 이론은 무너지기 때문이다.[55] 하지만 효율적 시장 이론가들은 포퍼의 가르침을 따르지 않았다. 검은 백조는 효율적 시장 가설에서는 설명되지 않는 이상치였고, 이 변수는 점점 늘어났다. 효율적 시장 이론가들은 계속 백조만 찾아다녔을 뿐 아니라 검은 백조, 즉 효율적 시장 가설이 옳다면 존재할 수 없는 변수인 검은 백조를 말살하기 위해 무자비한 합동 작전을 펼쳤다.

믿음으로 도약하다

시장이 효율적이라고 주장하는 연구들에 문제가 없다고 해도 4장에서 본 것처럼 훨씬 심각한 의문이 제기된다. 연구자들의 전면적이고 혁신적인 결론의 타당성을 입증하기에는 연구 결과가 너무 허술하다는 점이다. 즉 시장이 새로운 정보에 즉각 반응할 뿐 아니라, 정확하게 대응한다는 증거는 어디 있을까? 없다. 연구자들은 복잡하지 않은 정보에 대한 시장의 반응을 새로운 정보에 시장이 반응한다는 증거일 뿐 아니라, 주가에 정확하게 반영된다는 증거라고 보았다. 연구자들은 이 책에서 살펴본 것 같은 훨씬 더 복잡한 금융이나 경제 데이터를 해석하는 투자자의 역량은 테스트하지 않았다.

이런 행태는 효율적 시장 가설 연구에 국한된 것이 아니며, 수리 경제학의 대부분 영역에서 공통적으로 나타난다. 연구자들은 통계학적 분석에서는 아주 엄격했지만, 더 폭넓은 문제를 해석할 때는 매우 개방적이었다. 시장 효율성을 입증하려고 시도했던 연구를 제시하는 방식에서도 이런 점을 볼 수 있다. 이 연구들은 시장에 영향을 주는 새로운 정보에 대한 분명한 사례들을 관찰했다. '효율성의 단서들slivers of efficiency'이라고 할 만한 이런 연구 결과를 두고 연구자들은 엄청난 비약을 통해 광범위한 결론을 내리게 된다. 시장이 합병이나 구주분매 같은 비교적 단순한 소식이 주는 영향을 이해할 수 있다면 기업, 산업, 경제, 통화, 금융 여건, 시장 자체에 대한 복잡한 데이터도 수집하고 정확하게 해석할 수 있다는 것이다.[56]

불충분한 증거들로 모든 것을 포괄하는 이론을 구축한 학자들의 대담함이 놀랍다. 이런 단순한 연구 결과만으로 버블이나 패닉에서 나타나는 시장의 복잡한 모든 정보를 정확하고도 즉각적으로 해석한다고 결론을 내린다는 것은 엄청난 믿음의 도약이다. 마치 여섯 살 꼬마가 100까지 막힘없이 셀 줄 안다고 해서 상대성 이론을 이해한다고 말하는 것과 다름없다. 여섯 살 때 나의 딸은 무슨 질문을 해도 척척 대답했는데, 만약 상대성 이론에 대해 물어봤어도 즉시 대답했을 것이다. 물론 엉뚱한 답이었겠지만.

안타깝게도 효율적 시장 가설의 규범들을 테스트한 결과, 군대의 충격적인 패배와 같았다. 학자들이 합리적 투자자에게 부여한 어떤 위험 측정법도 시간이라는 시험대를 통과하지 못했다. 여기서도 우리는 금융계의 천동설과 마주하게 된다. 위험-수익 패러다임은 존재해야 한다. 그렇지 않으면 효율적 시장 가설은 역사에서 오랜 세월 널리 인정되다 폐기된 천동설처럼 기억될 것이다.

효율적 시장 가설의 세 가지 핵심 전제들도 깊이 있게 살펴보았다(세 가지 믿음은 다음과 같다. 첫째, 투자자가 꾸준히 시장을 이기는 것은 불가능하다. 둘째, 시장은 새로운 정보에 신속하고 정확하게 반응한다. 셋째, 노련하고 시장 상황에 밝은 투자자들이 주가를 타당한 수준으로 유지한다). 효율성 시장 가설을 반박하는 아주 강력한 증거들은 물론이고, 세 가지 핵심 전제들은 '증거'로 추정되는 것들의 상대적 취약성과 오류에 의해 불신당했다.

마지막으로, 앞서 입증한 것처럼 투자자들이 방대한 데이터를 해석할 수 있다는 효율적 시장 가설의 전제에는 심각한 문제가 있다. 인지 심리학을 비롯한 심리학 연구 결과에 따르면 이 전제는 정확하지 않다. 또다시 체스에 비유하자면, 수백만 명이 체스를 즐긴다고 해도 고수는 수십 명밖에 되지 않는다. 그리고 세계 챔피언은 단 한 명이다. 복잡한 체스판을 읽어내는 능력이 사람마다 다르다면, 훨씬 더 복잡하고 심리에 크게 영향받는 시장을 이해하는 능력이 사람마다 같을 리 없다.

결국 5장과 6장을 통해 효율적 시장 가설, 자본자산 가격결정모형, 현대 포트폴리오 이론의 신봉자들에게 들려줄 말은 이것이다. "미안하지만 태양이 지구 주위를 돈다는 얘기는 틀렸어. 제발 인정해!"

제2부를 마치며 : 현대 경제학의 위기

오늘날 효율적 시장 가설은 어느 정도 지지를 받고 있을까? 세계 최고 명성의 금융저널과 경제저널에 아직도 수많은 논문이 발표되고 있다는 점, 그리고 투자 업계에서 아직도 널리 활용되고 있다는 점을 고려하면 지지세가 아주 탄탄한 듯하다. 그러나 이제까지 살펴본 바에 따르면 이 파격적인 이론은 매우 부실한 토대 위에 건설되었다. 냉혹한 반대파라면 카드로 만든 집이라고 혹평할 것이다. 앞서 본 것처럼 효율적 시장 가설의 가장 중요한 기둥 중 하나인 합리적인 위험 측정 이론은 금융학계의 의심스러운 가정일 뿐이다. 하지만 학계에서는 투자 이론을 접목시키기 위해 필요한 작업이었다. 효율적 시장 가설이 타당해지려면 투자자들은 위험을 합리적으로 측정해야 한다. 학자들은 이것이 사실이기를 바랐다. 그리고 그들은 지금도 사실이기를 바라고 있다. 세계에서 가장 우수한 경제학자들이 논리적으로 변호의 여지가 없는 입장을 취해 스스로의 발목을 잡다니 경악스럽다.

연구자들이 위험 측정에서 참담하게 실패한 가장 큰 이유는 효율적 시장 이론가를 비롯한 경제학자 대다수의 연구 방식 때문이다. 제2차 세계대전 이후 사회과학은 자연과학처럼 엄밀한 학문이 되려고 시도했다. 경제학만큼 이 목표에 매진한 학문은 없었다. 60여 년 전부터 경제학자들은 수학을 이용해 이 참담한 학문을 아인슈타인의 상대성 이론이나 요하네스 케플러Johannes Kepler의 행성운동 법칙만큼 예측 가능한 학문으로 만들 수 있다는 원대한 포부를 제시했다. 노벨상 수상자인 폴 새뮤얼슨Paul Samuelson은 젊은 시절 MIT 경제학 교수 재직 당시 물리학에서 대성공을 거둔 미분방정식의 기법을 경제학 연구에 사용할 수 있도록 구조적 접근법을 시도한 최초의 학자였다.

핵심 가정은 합리성이었다. 기업에게 합리성은 이윤 극대화이다. 개인에게 합리성은 자신의 경제적 욕구를 극대화하는 것이다. 합리적 행위는 새뮤얼슨 연구의 초석이다. 이 미심쩍은 토대 덕분에 경제학자들은 복잡하기 그지없는 수학적 모델을 흥겹게 구축할 수 있었다. 곧 경제학은 정밀한 자연과학으로 변모할 참이었다.

메피스토펠레스와 악마의 계약을 맺다

경제학자들과 효율적 시장 가설 신봉자들은 자신들이 세운 전제의 단순함과 취약성을 몰랐다고 할 수 없다. 경제적 합리성이라는 전제는 오랫동안 경제학자들을 당혹하게 만든 주제다. 이 전제는 18세기와 19세기 초 합리주의의 황금기에 탄생했다.

철학과 사회과학에서 절대적 합리성은 폐기되었다. 인간이 종종 합리적으로 행동하기는 하지만, 그렇지 않을 때도 많기 때문이다. 시장의 역사, 경제사는 행동 전문가들의 연구 결과가 옳았음을 입증하고 있다.

그렇다면 경제학자 대부분이 이제는 쓸모없어진 인간 행동의 합리성을 고집스럽게 이론의 초석으로 활용하는 이유는 무엇인가? 효율적 시장 가설의 핵심이라고 할 수 있는 합리성 개념에 문제가 있다는 점은 많은 사람이 공감한다. 그런데도 경제학자들은 이 개념의 유용성을 옹호하고 있다. 수십 년 전 어느 책에서는 이렇게 단언했다. "좀 더 현실적인 가정을 도입한다면 경제학 이론은 무척 어려워질 것이다.[57]"

경제학 이론과 이후 금융 이론은 수십 년 동안 딜레마에 빠져 있었다. 현실적인 가정들을 옹호해야 할까? 그렇다면 무엇을 해야 할까? 또는 아무리 가치 면에서 결함이 있더라도, 비현실적인 가정이 광범위한 분석을 가능하게 하는 걸까? 비록 그들이 현실적이라고 하더라도 수많은 행동이나 다른 가정에 대해 경제 이론을 구성하는 것은 어렵다. 합리성 덕분에 경제학자들은 단순하고 확고한 한 가지 가정을 얻게 되었다. 그러나 그 가정 위에 세운 구조물은 종종 심각한 결함을 드러냈다.

폴 새뮤얼슨은 경제학의 문제를 해결하는 데 고도로 정교한 수리학을 활용한 선구자였다. 새로운 경제학의 시대가 시작되었고, 목표는 경제학을 물리학 같은 자연과학처럼 예측 가능한 학문으로 만드는 것이었다. 그렇게 된다면 경제학 이론의 연구 결과는 마치 온도가 상승할 때 일정 길이의 교량에 놓인 강철이 팽창하는 정도를 측정하는 것만큼 정확할 것이다. 고등수학이 만들어질 수 있는 튼튼한 플랫폼의 기반은 합리성밖에 없었다. 사회학이나 심리학 이론을 끌어들이면 출발점이 여러 군데 생기게 된다. 세월이 흐르면서 새로운 출발점이 계속 추가되면 행동학이라는 변화무쌍한 부두에 복잡한 수학 공식을 묶어둘 수 없게 된다. 그럴 수는 없다. 대다수 경제학자에게 가장 현실적인 해결책은 일관된 합리성이라는 가정을 이용하는 것이었다. 종종 오류가 생기더라도 말이다.

그 결과 일부 경제학자들이 경고했지만, 대다수 경제학 연구가 합리성으로 쏠리게 되었다. 존 메이너드 케인스는 수학을 연구했지만, 비현실적인 전제 위에 이론을 구축하려고 하지 않았다. 빅토리아 시대의 위대한 경제학자이자 케인스의 스승인 알프레드 마셜처럼 케인스 역시 경제학을 유사―자연과학이 아닌 논리학의 한 분파로 보았다. 마셜은 경제 현상 대부분이 수학 방정식으로 설명할 수 없으며, 가장 쉽게 계량화할 수 있는 경제 요소를 과도하게 강조하는 함정에 빠질 위험에 대해 경고했다.

자연과학을 모방해 복잡한 계량화를 강조했던 새뮤얼슨의 혁명은 전후 경제학을 완전히 압도하게 된다. 새뮤얼슨 이전에 수학은 현실에 토대를 둔 가정들을 보충하는 중요하지만 종속적인 존재였는데, 이제는 경제학을 지배하게 되었다. 경제학자들은 단지 지극히 복잡한 통계학적 공식이 없다든지, 혹은 그리스 문자로 된 방정식을 사용하지 않았다는 이유로 훌륭한 견해들을 무시해버리곤 한다. 학술지에 게재된 연구 논문의 상당수가 정교한 수학적 모델로 치장했지만, 경제학 이론에 기여하는 바는 미미하다. 잘못된 개념들이라도 난해한 수학에 뿌리를 두고 있으면, 설령 전제가 미심쩍고 결론과 모순되는 증거라고 해도 유지되는 경향이 있다. 노벨상 수상자 폴 크루그먼Paul Krugman은 이렇게 지적했다. "내가 보기에 경제학자들은 잘못된 길로 빠졌다. 왜냐하면 경제학자 집단은 근사한 수학으로 치장한 아름다움을 진리로 착각하고 있기 때문이다.[58]"

교양 있는 독자라면 이해할 수 있었던 경제학 개념과 원리들이 이제는 고도로 훈련된 수학자들 말고는 누구도 이해할 수 없는 것이 되어버렸다. 만약 경제학이 물리학의 예측 가능성을 달성했다면 별 문제는 없을 것이다. 그러나 현실적인 가정이 결여된 탓에 '음울한 과학'은 수학으로 활기를 되찾기는커녕 붕괴되고 말았다. 노벨상 수상자 조셉 스티글리츠Joseph Stiglitz는 2001년 노벨 수상 강연에서, 선호되는 경제학 모델들의 미흡함을 논의하면서 이렇게 말했다. "(한 가지 모델을 연구하면서) 한 가지 가정을 다양화했다. 그럴듯한 것처럼 보이는 방식의 완전한 정보에 관한 가정. … (그 결과) 표준 이론이 탄탄하지 않음이 드러났을 뿐 아니라 … 하나의 가정만 바꾸고도 드라마틱한 결과를 얻었다. (이론에) 위대한 설명력을 지닌 대안적인 패러다임이 구축될 수 있음을 시사했다.[59]"

금융위기와 대침체(2009년 서브프라임 사태 이후 미국과 전 세계가 겪고 있는 경기 침체를 1930년대 대공황에 빗대어 이르는 말)의 여파로 수많은 사람이 경제가 어떻게 이 지경으로 망가질 수 있는지 따지기 시작하였다. 그러면서 경제학과 효율적 시장 가설의 결함이 문제의 원인으로 떠오르게 되었다. 저명한 경제학자들이나 수많은 실업자뿐 아니라, 〈월스트리트저널〉

등 자유방임의 보루들에서도 이런 의문이 제기되었다.[60]

수십 년 동안 대부분의 경제학자들과 세계에서 가장 힘 있는 중앙은행장들은 인간은 충분히 합리적이고, 시장은 충분히 평온하므로, 경제를 '소수의 방정식'으로 축약할 수 있다고 믿었다. 방정식들은 워싱턴, 베를린, 베이징에 이르는 다단계 경제 행동을 모방하려는 수학적 모델로 조합된다. 하지만 우리가 지금 목격하고 있듯이 이 모델들은 통하지 않았다. 통하기는커녕 현대사 최악의 금융위기 속에 고통받고 있다. 의심의 눈초리를 받는 대상은 효율적 시장 가설만이 아니다.

의혹은 수십 년째 제기되고 있다. 존 캐시디[John Cassidy]가 〈뉴요커〉에 실린 기사에서 지적했듯이, 시카고대학의 노벨상 수상자인 로버트 루카스 주니어[Robert Lucas, Jr.]의 수학 이론처럼 복잡하고 새로운 수학 이론 탓에 초보 경제학자들은 수십 년째 더욱 복잡한 모델을 구축해왔다. 사람들은 이런 복잡하고 새로운 수학 이론들에 줄곧 의혹을 품고 있지만, 대체할 수 있는 대안에 대해서는 전혀 합의가 도출되지 않았다.

루카스 연구의 결론은 연방준비제도가 적극적으로 경제를 이끌어내지 말고, 통화 공급을 일정한 비율로 증가시켜야 한다는 것이었다.[61] 이 논리는 신랄하게 비판을 받았는데, 그 이유는 루카스의 복잡한 수학 공식의 핵심에는 어느 시장에서나 공급과 수요는 일치한다는 명제를 옹호할 수 있는 가정들이 없었기 때문이었다(이 명제가 진리라면 인력 공급이 인력 수요를 초과할 수 없으므로 실업이 있을 수 없다). 수요-공급의 전제가 폐기되면 루카스의 결론들 중 버틸 수 있는 것은 거의 없다. 당시 대통령 경제자문위원회 자문인 조셉 스티클리츠는 루카스 연구의 비현실성을 지적하면서 이렇게 말했다. "대통령이 일자리에 대해 걱정할 때 완전 고용이라는 가정으로 시작할 수 없다. 이번 대통령뿐 아니라 어떤 대통령도 마찬가지다.[62]"

전통적으로 가장 중요한 사회과학의 한 분야로 손꼽히는 경제학은 몰락을 자초했다. 경제학계에서 이 사실을 깨달은 사람들이 있는데, 1996년 노벨 경제학 수상자인 컬럼비아대학 명예 교수인 윌리엄 비크리[William Vickrey](1961년 연구 논문), 캠브리지대학 교수 제임스 멀리스[James Mirrlees]이다. 언론에서는 조세 정책과 국채 경매 등의 분야에서 신선한 지적 토대를 마련하는 데 기여했다며 비크리를 격찬했다. 하지만 비크리는 과찬이라며 손사래를 치며 이렇게 말했다. "(그것은) 추상 경제학으로의 일탈이었다. 인류의 복지라는 관점에서는 그다지 중요하지 않다[63]." 대신 언론 인터뷰에서 비크리는 자신이 한 일은 아니지만, 훨씬 더 중요하다고 생각하는 작업에 대해 이야기했다. 복잡한 통계학적 분석 역시 경제학의 한 분야이기 때문에, 통계학적 분석은 투자 분야와 다르지 않다. 난해한 통계학적 방식에는 대체로 토대가 되는 단순한 가정들이 필요하다. 복잡한 가정들은 현실 세계를 설명하는 데는 잘 맞지만, 복잡한 가정들로는 학자들이 원하는 수학적 방식이나 학술지에 게재되는 수학적 분석을 개발할 수 없다.

합리성이라는 단순한 전제가 생기자, 새뮤얼슨 혁명의 수혜를 받은 연구자들은 쾌재를 부르며 합리적인 투자자들이 시장에 접근하는 방법를 조사하기 시작했다. 그런 다음 연구자들은 아주 복잡한 미분방정식 등 다양한 수학 방식을 이용해 새로운 결과를 발견할 수 있게 되었다. 가정들이 현실과 동떨어졌는지 여부는 상관이 없다. 현실 따위 알게 뭐야.

토마스 쿤은 고전이라고 할 수 있는《과학 혁명의 구조》[64]에서 패러다임 변화 문제에 대해 관대한 접근법을 취했다. 쿤은 이 책에서 과학자에게는 작업을 진행하는 출발점이 되는 패러다임이 필수라고 말한다. 패러다임이란 한 분야의 학문 공동체에게 수용되는, 연구의 틀이 되는 이론 체계이다.

쿤은 이렇게 단언했다. "어떤 이론 틀이 전문가들이 심각하다고 느끼는 몇 가지 문제를 해결하는 데 다른 틀보다 우월하면 패러다임의 지위를 얻는다.[65]" 초기 효율적 시장 가설은 주가가 무작위로 변하는 이유 그리고 기술적 분석 전략이 꾸준히 시장평균 수익을 넘어설 수 없는 이유를 설명해주었다.

쿤은 이런 지적도 덧붙였다. "정상 과학^{과거의 과학적 성취에 확고히 기반을 둔 연구 활동}은 사실이나 이론의 새로움을 추구하지 않는다. 정상 과학은 어떤 새로움도 발견하지 못할 때 성공한다.[66]" 하나의 패러다임이 널리 수용되면서 패러다임의 도구와 방법은 문제해결에 더 깊이 천착하게 된다. 효율적 시장이라는 패러다임을 확장하는 데 수용된 도구는 베타와 현대 포트폴리오 이론이었다.

정상 과학의 목표는 지배적인 패러다임에 의문을 제기하는 것이 아니라, 패러다임을 통해 세상을 보고 설명하는 것이다. 패러다임의 기본 원리에 위배되는 변칙은 심각한 도전이 된다. 패러다임이 변칙을 설명하지 못하면 이 패러다임은 실패로 돌아가고, 변칙을 설명하는 새로운 패러다임으로 교체된다.

따라서 과학자들은 자신의 패러다임을 옹호할 수밖에 없다. 과학자들은 모든 백조가 희다고 믿으며 검은 백조를 찾지 않는다. 만약 검은 백조를 발견하면 효율적 시장 가설의 경우처럼 이론 안에서 검은 백조라는 이상치를 설명하려고 노력한다. 패러다임 전환기에는 온통 신경이 곤두서고 험한 말이 오간다. •

낡은 패러다임을 고수하는 사람들은 자신들의 지식, 경험, 인식이 전부 이 낡은 패러다임에 묶여 있기 때문에 낡은 패러다임의 타당성을 옹호하려고 한다. 그들의 패러다임을 부정하는 것은 말 그대로 그들의 종교를 부정하는 것과 다름없다. 쿤은 이렇게 말했다. "많은 노회한 과학자들이 현재의 패러다임을 포기하지 않으려고 한다. 나머지는 새로운 패러다임 일부를 수용해 낡은 패러다임과 새로운 패러다임을 융합하려고 한다. 대개 새로운 패러다임을 온전히 받아들이려면 한 세대가 걸린다." 폴 새뮤얼슨이 표현한 대로 "과학의 진보는 장례식을 계속해서 치르면서 진행된다."

효율적 시장 가설이 아직도 이렇게 많은 추종자를 거느리는 이유에 대해 쿤은 핵심을 찌르고 있다. 과학자들은 낡은 패러다임이 해결하지 못한 문제 대부분을 해결해줄 더 강력한 패러다임을 손에 쥐지 않는 한, 아무리 비판이 거세도 기존 패러다임을 결코 버리지 않는다. 사정이 이러하므로 중대한 사안에 의문이 제기되었음에도 효율적 시장 가설이 아직도 폐기되지 않은 것은 그다지 놀랍지 않다. 아니, 실증에 의해 핵심 원리들이 파기되었음에도 아직 건재하다.

자본자산 가격결정모형의 논리가 무너지자 효율적 시장을 주창한 원로들은 새로운 위험 측정법이 무대 뒤에서 꿋꿋하게 대기하고 있으며, 아직 발견되지 않은 측정법도 있다고 주장했다. 또는 역발상 가치투자 방법이 시장을 능가하는 것으로 나타났을 때 효율적 시장 조사자들은 역발상 가치투자 방법이 더 위험하다고 주장했다. 효율적 시장 가설은

● 변화가 일어나면 과학자의 근본적 접근 방식이 흔들린다. 과학자들은 효율적 시장 가설을 비롯한 경제학적 원리들을 이용해 가장 익숙한 방식으로 연구를 진행할 수 있다. 어쨌든 과학자들이 철저히 익힌 것은 행동재무학이 아니라 통계학적 방식이기 때문이다.

쿤이 예견한 과학의 발견 과정을 그대로 따르고 있다.

제4부에서는 시장 행동의 새로운 패러다임을 제시할 것이다. 이 패러다임은 예측 가능한 투자자 심리에 대한 지식을 기반으로 하고 있으며, 강력한 실증적 증거들이 패러다임의 전제를 뒷받침하고 있다. 이 패러다임이 장기간 꾸준하게 시장 대비 초과 수익을 올리는 투자 방식으로 이어진다는 점에서 투자자들에게 희소식이 아닐 수 없다. 나쁜 소식이라면 쿤의 생각이 옳다면 수년, 어쩌면 수십 년 동안 학계라는 단테의 지옥불을 통과해야 한다는 점이다.

쿤에 따르면 새로운 연구는 배척당할 뿐 아니라 새로운 연구를 신봉하는 자들은 처벌받기도 한다. 르네상스 시대의 시인이자 철학자인 조르다노 브루노Giordano Bruno는 화형을 당했으며, 갈릴레오는 투옥되었다. 효율적 시장 이론가들은 효율적 시장 가설에 대적하는 연구를 용납하지 못할 것이다. 과학 발견의 역사를 보면 충분히 예견할 수 있다. 당연한 일이지만 학술지는 대체로 자신들의 패러다임에 맞지 않는 연구 논문은 게재하지 않으므로, 반대 의견을 개진할 수 있는 토론도 벌어지지 않는다. 물론 시장에 정통한 월스트리트 전문가들이나 심리학자들의 연구도 예외는 아니다.

효율적 시장 가설 신봉자들도 별 수 없이 자신들의 믿음에 반하는 연구들을 공격했다. 예를 들어 1980년대 초반 〈배런스〉와 〈포브스〉는 효율적 시장 가설의 효험에 의문을 제기하는 기사를 실었다. 그러자 몇 달 동안 학계에서 수백 통의 항의 편지가 폭주했는데, 공통된 내용은 감히 저명한 학자들의 업적에 도전할 수 있느냐는 것이었다.

패러다임 전환기에는 이런 고약한 일도 겪는다. 효율적 시장 이론가들은 다양한 수법을 사용해 검은 백조를 내쫓으려고 한다. 주요 금융지나 경제지에 실리지 않는 이상 효율적 시장 가설에 대한 비판에 어떠한 대응도 하지 않거나, 방법론상의 이유를 들어 묵살해버린다. 역발상 전략 역시 부인하기에는 너무 강력한 증거가 나타나기 전까지 이런 대접을 받았다. 강력한 증거가 나타나자 효율적 시장 이론가들은 아무런 근거도 없이 역발상 전략의 위험이 더 크다고 주장했다.

검은 백조들이 무시할 수 없는 존재가 되면 공격하기 시작한다. 학계 원로들이 효율적 시장 가설을 옹호할 때 즐겨 사용하는 무기는 이른바 데이터 마이닝(대량의 데이터에서 유용한 정보를 추출하는 것)인데, 이는 자신이 원하는 정보만 추출하는 기술이다. 물론 효율적 시장 이론가들에 맞서 이 무기를 휘두르는 사람은 없다. 효율적 시장 이론가들은 지금 실제로 통하는 위험-보상 공식을 필사적으로 찾고 있다. 이 과정에서 효율적 시장 이론가들이 사용할 수 있는 데이터 마이닝은 규모로 보아 세계 굴지의 광산업체인 리오 틴토나 BHP 빌리턴에 못지않아 보인다. 이들이 즐겨 사용하는 또 다른 기법은 방법론상의 결함을 헐뜯는 것이다. 이들은 세미콜론의 위치가 잘못된 것까지 트집 잡고 있다. 효율적 시장 이론가들은 그런 실수를 한 적이 없었으니 다행이라고나 할까.

그러나 검은 백조들은 달아날 기미가 보이지 않는다. 효율적 시장 이론가의 위험 이론이 산산조각 나고, 버블과 폭락으로 터무니없는 가격에 투자자가 과잉반응한다는 증거가 도처에서 발견되자 알을 깨고 검은 백조들이 태어나고 있다. 효율적 시장 가설 신봉자들은 투자자의 과잉반응과 과소반응이라는 두 가지 상반되는 이상치로 일축하는데, 과잉반응과 과소반응이 상쇄한다는 중요한 증거가 있다는 말만 늘어놓는다(유진 파마 1998년, 213쪽 참고). 과잉반응과 과소반응은 효율적 시장 이론가들이 설명하지 못하는 두 가지 개별적인 이상치다. 상반되는 결과를 보인다고 해서 두 가지 별개의 증거를 제거하는 것은 마치 1+1=0이라고 하는 것과 다름없다.

효율적 시장 가설을 믿지 않는다면 이런 장애물을 반드시 넘어야 한다. 일부 불신자들은 이런 과정을 수없이 통과했다. 나는 1977년 저PER 전략의 탁월한 결과에 관한 첫 번째 논문을 제출했다. 그러나 이 논문은 한 학술지에 실리지 못했다. 편집장이 이 논문을 '이단'이라고 규정했기 때문이다. 15년이 지나 효율적 시장 가설의 원로 학자 몇 명이 유사한 연구를 들고 나오면서 주목받게 되었는데, 물론 모든 공은 처음에 그 연구를 일축했던 원로 학자들에게 돌아갔다. 더 가관인 것은 사실상 학술지들이 효율적 시장 가설 거두들의 손아귀에 있었다는 점이다. 주요 학술지에 실리기 위해서는 진실한 신도이든지, 아니면 적어도 그들과 타협해야 한다. 물론 학술지는 연구자의 출셋길을 열어줄 수도 있고, 막을 수도 있다.

어떤 이론을 파기하려면 검은 백조 한 마리면 충분하다는 칼 포퍼의 말을 상기하자. 이론가들에게는 안 된 일이지만, 효율적 시장 가설이라는 연못에는 검은 백조가 너무 많아서 멸종 위기종이 될 것 같지는 않다. 이것이 효율적 시장 가설의 어두운 면이다. 그 어떤 기성의 지식 체계로도 설명할 수 없는 사실들로 존립이 위협받게 되면 저항과 원성이 터져 나온다. 그래도 내가 아는 한 반대파라고 해도 화형당하지는 않는다.

내가 효율적 시장 가설에 매우 가혹한 이유는 논거가 구축된 방식을 인정할 수 없기 때문이다. 또한 효율적 시장 가설의 핵심 개념이 시장에 끼친 막대한 폐해와 그로 인해 수많은 사람이 입은 상처 때문이다. 비록 효율적 시장 가설을 믿지는 않지만, 효율적 시장 이론가들의 실험에 대한 열정은 존중한다. 이들의 노력 덕분에 마침내 월스트리트에 변화의 바람이 불게 되었다. 시장이 작동하는 원리를 정말 알고 싶은 투자자라면 대학 연구자들에게 감사해야 한다. 이 연구의 대부분은 지루하고, 따분하며 많은 시간이 걸렸다. 하지만 새로운 투자 체계의 토대를 세우는 데 반드시 필요한 일이었다.

효율적 시장 이론가들이 기술적 분석과 기본적 분석의 실적을 철저히 측정하지 않았다면 월스트리트는 변화의 힘을 잃은 채 낡고 실패한 방식, 때로는 피해가 막심한 방식을 계속 고수했을 것이다. 효율적 시장 가설이 오래 가지 못할 거라고 생각했지만, 변화를 촉발한 것은 사실이다.

심리가 투자결정에 미치는 영향력도 이해했고, 우리 시대에 가장 널리 추종되는 투자 이론이 도움이 되기는커녕 방해가 된다는 것도 알았다. 그러므로 이제는 지금까지 통했고, 우리가 상대하고 있는 난해한 시장에서 계속 통할 수 있는 전략을 살펴보도록 하자.

제 **3** 부

엉터리 전망과
형편없는 투자 수익

7장

예측 중독에 빠진
월스트리트

미국에서 포크송이 유행하던 시절을 기억하는가? 우연히 포크송을 들은 후 즐겨 듣게 된 경우도 있을 것이다. 그렇다면 우디 거스리라는 이름을 들어보았을 것이다(그의 노래 '이 땅은 너희의 땅이다'를 대부분 알 것이다). 대공황으로 고통받던 시절 오클라호마 주에서 활동했던 거스리는 미국인의 고단한 삶을 노래했다. 거스리가 1939년에 발표한 '귀여운 소년 플로이드의 발라드'에는 이런 가사가 있다. '어떤 이는 6연발 권총을 든 강도에게 당하고, 어떤 이는 만년필 든 강도에게 당한다네.[1] 당시 수많은 사람이 은행에 담보로 잡힌 농장과 집을 빼앗겼는데 이들에 대한 노랫말이다. 만년필을 컴퓨터 스프레드 시트로 바꾸고, 부채담보부 증권, 신용부도 스왑, 부실자산 등 현대의 골칫거리를 한두 소절만 보태면 오늘날 실정에 딱 맞는 노랫말이 탄생할 것이다.

규제를 더 해야 하는지, 아니면 줄여야 하는지, 정부 지출을 늘려야 할지, 줄여야 할지 아직도 갑론을박이 계속되고 있다. 그리고 합의에 도달할 기미는 보이지 않는다(자세한 내용은 234쪽 참조). 요즈음 돌아가는 판세를 보니 경제학자들 사이에서 큰 틀의 합의가 이루어질 것 같지도 않다. 어쨌든 모두가 궁금해하는 것이 무엇인지는 분명하다.

"전문가라는 사람들이 어떻게 이 지경이 되도록 놔뒀을까?"

지금쯤 독자 여러분은 뉴욕 마라톤 대회에서 막 완주한 기분이거나, 패리스 섬에서 막 신병 훈련을 마친 기분일지도 모르겠다. 시장이라는 전쟁터에 들어갈 때 우위에 서려면, 투자자의 심리와 효율적 시장을 둘러싼 이론의 충돌을 상세히 이해하는 것이 왜 중요한지 지금까지 숨 가쁘게 살펴봤다.

우리를 가로막는 험난한 장애물들을 살펴보고, 이 장애물을 보기 좋게 훌쩍 뛰어넘을 수 있다는 것도 알았다. 열쇠는 바로 투자자의 심리다. 투자자의 심리를 알면 잔고를 지키고 불리는 방법을 알 수 있다. 효율적 시장 이론은 실패한 가설이지만 그 가설이 어떤 식으로 타격을 입히는지 모르면 치명상을 입게 된다. 1장과 2장을 통해 앞으로 살펴볼 투자 심리 프로그램의 중요성을 뼈대만이라도 이해했으면 좋겠다.

이번 장에서는 오늘날의 투자 이론이 실망스럽기 그지없는 결과로 이어진 이유를 간략하게 설명할 것이다. 효율적 시장 이론가들은 인간이 합리적인 로봇이라고 주장하지만, 실은 인간은 실수할 수 있는 존재이다. 하지만 표준 투자 이론에서는 이런 실수를 고려하지 않는다.

인간 심리와 중대한 투자 오류들

지난 50여 년에 걸쳐 인지심리학은 경제학의 이론과 사뭇 다른 방향으로 움직였다. 경제학자들은 인간을 '합리적 인간'이라는 편리한 개념으로 정립했지만, 심리학자들은 인간의 정보 처리 과정을 점점 더 복잡다단하게 설명해나가고 있다. 1980년대 인지심리학과 관련된 학문이 급속하게 발전하면서, 심리학자들은 컴퓨터 기반의 논리와 인간의 의식을 구별하는 것에 대해 더욱 깊이 탐구하고 있다.

컴퓨터가 인간의 사고력을 모방할 수 있게 된 것처럼 보이지만, 어떤 컴퓨터도 인간의 총체적 사고력을 능가할 수는 없다. 그러나 앞서 살펴보았듯 인간의 정신 작용은 컴퓨터 논리처럼 무결점이 아니므로, 심리학자들은 전문 지식과 정보 처리의 한계를 탐구했다. 그 결과 심리학자들은 전문가조차 실패하는 이유, 우리 같은 평범한 사람들은 물론, 전문가들도 별로 나을 것 없이 실패하는 이유를 무의식에서 찾았다.

수많은 연구에 따르면 전문가가 실패하는 영역은 투자 분야에 국한되지 않는다. 사실 인간의 정보 처리 능력에는 근본적인 문제가 있기 때문이다. 인간의 뇌는 순차식, 직렬식으로 데이터를 처리하므로 정보를 1차원 방식으로 처리한다. 즉 논리적 순서에 따라 한 지점에서 다음 지점으로 넘어간다. 선박이나 우주선 모형을 제작할 때도 정해진 일련의 과정이 있다. 기술이 아무리 복잡해도 전 단계에서 다음 단계로 한 걸음, 한 걸음 단계를 밟아 완성된다.

그런데 전문가들에게 어렵다고 판명된 유형의 문제인 경우 정보 처리 과정은 판이하게 달라진다. 이 경우 선형 사고가 아닌 구성적(혹은 쌍방향) 추리가 요구된다. 구성적 추론에서 의사결정자가 정보를 어떻게 해석할지는 다른 입력 정보들을 어떻게 판단하느냐에 따라 달라진다. 증권분석을 예로 들어보자. 두 기업이 있는데 수익 추세가 동일하다면 업종 전망, 매출 성장률, 이윤폭, 자본이익률 그리고 앞서 살펴본 수많은 분석 기준에 따라 성장에 어느 정도 중요성을 부여할지가 달라진다. 경제 상황, 금리 수준, 회사의 경쟁 환경 등이 변하면 애널리스트의 평가도 조정된다. 따라서 애널리스트로 성공하려면 구성적 처리 방식에 능숙해야 한다. 즉 다양한 요인들을 종합하고 경중을 판단하며, 한 요소가 바뀌면 전체적인 판단도 재조정해야 한다.

마치 저글링을 할 때 공중에 다른 공이 떠 있도록 하는 것이 어려운 것처럼, 각각의 요소들이 정보 처리를 더욱 어렵게 만든다. 투자 분야이든 아니든, 분야를 막론하고 전문가는 나름의 방법론을 이용한다. 그런데 방법론에서 요구되는 복잡한 분석을 감당할 역량을 갖추고 있을까? 지금까지 우리는 이 작업이 얼마나 어려운지, 많은 사람이 자신도 모르게 합리적인 분석법 대신 경험에 따른 추론에 의지하는 이유가 무엇인지 살펴보았다.

전문가의 구성 능력을 평가하기 위해서 아노바ANOVA(분산분석)라는 통계학적 검증 방식을 이용한 특별한 기법이 고안되었다. 연구의 일환으로 9명의 방사선 전문의에게 위궤양이 악성인지를 판단하는 고차원의 구성적 문제를 제시했다.[2] 정확하게 진단하려면 방사선 전문의는 일곱 가지 주요 단서들을 분석해야 하는데, 이 단서들 중에는 엑스레이에 나타나는 것도 있고 나타나지 않는 것도 있다. 단서들을 조합하면 모두 57가지 경우의 수가 생긴다. 숙련된 소화기 전문의들은 일곱 가지 단서들로 조합된 결과를 구성적으로 검토해야만 온전히 정확한 진단을 내릴 수 있다고 말했다.[3]

이 진단에는 고난도의 구성적 처리 과정이 필요하지만, 연구자들에 따르면 실제 의료 현장에서 이 과정이 차지하는 비중은 약 3%로 극히 작았다고 한다. 반면 개별 증상들을 순차적으로 더하는 작업이 90% 이상을 차지했다.

정신과 입원 환자에게 병원 밖 외출을 허락할지 여부를 결정하는 일도 비슷한 문제다. 병원 관계자는 드러나거나 드러나지 않는 여섯 가지 주요 단서들(이를테면 환자가 알코올 중독인가?)과 64가지 경우의 수로 가능한 상호작용을 고려해야 한다. 하지만 간호사, 사회복지사, 심리학자들은 구성적 사고를 거의 보여주지 않았다. 이 분야들에서 최적의 해결책에 도달하려면 구성적 사고가 필수이지만 말이다.[4]

세 번째 연구에서 임상심리사 13명과 대학원생 16명을 조사해서 환자 861명의 증세가 신경증 문제인지, 정신병인지 진단할 것을 요청했다. 신경증과 정신병은 구별하기 매우 어려워서 고도의 구성적 작업이 필요한데 결과는 앞서 살펴본 위궤양, 정신과 환자 진단과 마찬가지였다.[5]

주식시장은 어떤지 궁금했던 폴 슬로빅은 시장 전문가들의 결정에 구성적(또는 쌍방향) 추론이 갖는 중요성을 실험했다. 한 연구에서 슬로빅은 13명의 주식 중개인과 5명의 금융학 전공 대학원생에게 주당순이익 추세, 이윤폭, 단기 수익 예측 등 피험자들이 기업분석에 중요하다고 고려한 여덟 가지 주요 금융 정보를 제공했다. 최적의 해결책을 찾으려면 구성적으로 사고해야 했다. 그러나 실험 결과 구성적 추론이 차지한 비중은 평균 4%에 지나지 않았다. 방사선 전문의, 심리학자를 대상으로 한 실험과 거의 비슷한 수치다.

더구나 주식 중개인들이 다양한 정보를 분석하는 방식이라고 말한 것과 실제 분석은 달랐다.[6] 예를 들어 어떤 중개인은 가장 중요한 추세가 주당순이익이라고 답변했는데, 실제 분석에서는 단기 예측을 가장 중요하게 보았다. 마지막으로 경험이 많은 중개인일수록 가중치 척도에 대한 판단이 더 부정확했다. 전반적으로 보아 시장에서건, 시장 밖에서건 구성적 추론에 취약했다. 따라서 짐작했겠지만 인간 의식은 컴퓨터가 작동하는 방식과 전혀 다르며, 고정된 상태가 아님을 알 수 있다.

정보 처리 과정의 약점

3장에서 정보 처리에 관해 처음 살펴본 대로 허버트 사이먼Herbert Simon은 50여 년 전에 정보 과잉에 대해 지적했다. 특정 조건하에서 전문가는 예측할 수 없을 정도로 오류를 범했다. 심리학, 엔지니어링, 출판 사업, 심지어 토양 표본 추출 등 상이한 분야의 전문가들이 하나같이 똑같은 실수를 저질렀다. 주식시장은 이런 오류를 범하게 만드는 조건이 가장 풍부한 곳이다.

앞서 오늘날 투자 방식에서 요구하는 기업, 산업, 경제에 관한 방대한 데이터가 전문 투자자에게 '우위'를 선사하지 않는다는 점을 간략하게 소개했다. 처리할 정보가 방대하고 복잡하면 정보를 통합하는 분석 작업이 필요하다. 그런데 종종 전문가조차 자신도 모른 채 심의하고 분석하는 합리적 시스템 대신 경험적 시스템에 의존한다. 또한 추론 과정에서 합리적 데이터 뱅크를 교묘하게 흘려보낸다. 앞서 보았듯 방대한 양의 투자 정보를 수용하면 대표성, 가용성 같은 인지적 어림판단과 함께 작용하는 감정의 지배를 받으므로 올바른 결정 대신 악수를 두게 된다.

다음 장에서는 증권분석의 핵심인 예측에 대해 살펴볼 것이다. 우리

가 의심하고 있는 바로 그 방식들로 이루어지는 주식 선정이 거듭 빗나
간다는 사실을 확인하게 될 것이다. 또한 지난 수십 년간 전문 투자자 대
다수가 선호하는 주식과 업종이 평균 이하의 성적을 거두었다는 사실도
확인하게 될 것이다. 효율적 시장 가설은 인간이 흠이 없는 결정을 내리
는 합리적인 로봇이며, 따라서 시장은 효율성을 유지한다고 주장한다.
그러나 2부에서 살펴보았듯이 효율적 시장 이론가들이 밝힌 것처럼 전
문가들의 실적은 평균을 밑돈다. 주된 이유는 바로 인간이 합리적 로봇
이 아니기 때문이다.

　따라서 시장을 이기려면 먼저 전문가들조차 쓰러뜨리는 힘이 무엇인
지부터 이해해야 한다. 이 힘을 이해하고 나면 투자자들은 방어막을 구
축하고 함정을 피할 수 있는 길을 알게 된다.

과유불급

복잡다단하고 불확실한 환경에서 전문가는 판단에 도움이 될 정보를 최
대한 많이 요구한다. 맞는 말인 듯하다. 투자자 역시 정보량이 늘어나면
일확천금을 거머쥘 수 있는 확률이 높다고 믿기 때문에 월스트리트는
더 많은 정보를 얻기 위해 혈안이 되어 있다. 그러나 앞서 언급했듯이 정
보가 많다고 도움이 되지는 않는다. 전문가에게 더 많은 정보를 준다고
해서 정확한 판단이 도출되지 않는다는 것이 수많은 연구를 통해 입증
되었다.[7]

　임상심리사는 마치 인간 기니피그처럼 피험자로 선호되는 집단인데,
임상심리사들에게 다수 환자에 대한 배경 정보를 주고 환자 한 사람 한

사람을 정확하게 진단할 가능성을 물어보았다. 정보량이 늘어날수록 임상심리사의 확신은 크게 높아졌지만, 정확도는 낮아졌다. 정보량이 적을 때 의사들은 정확도를 33%로 추정했지만, 실제 정확도는 26%였다. 정보량을 4배로 늘리자 의사들은 정확도를 53%로 추정했지만, 실제 정확도는 28%로 겨우 2% 상승했다.

흥미롭게도 이 연구 결과는 보편적인 현상으로 보인다. 새로운 정보가 더 많이 쌓인다고 해도 정확도는 아주 미미하게 상승한다. 경마 도박사들을 대상으로 한 실험의 결과도 마찬가지였다. 노련한 8명의 경마 도박사에게 우승마를 고르는 데 중요한 정보 5개에서 40개를 차례로 주었다. 받는 정보가 늘어날수록 우승마를 맞출 수 있다는 자신감은 높아졌지만, 우승마를 맞출 확률은 높아지지 않았다.[8]

이 연구들이 보여주듯 불확실한 상황에 놓인 인간은 대개 입수한 정보를 토대로 평소보다 훨씬 정확한 판단을 내릴 수 있다고 과신한다. 과신에 대한 초기 연구 중 하나로 면접의 예측력에 관한 실험이 있다. 대부분의 사람이 한 사람의 행동을 제대로 예측하는 데는 잠깐의 면담이면 충분하다고 생각한다. 예를 들어 애널리스트는 1시간도 못 되는 면담을 거쳐 기업 경영자를 판단한다. 다양한 연구들은 이런 판단이 종종 빗나갈 수 있음을 보여주고 있다. 하버드 경영대학원에서 흥미로운 사례가 발견되었다. 하버드 경영대학원은 사전에 지원자 면접을 거치면 우수한 인재를 뽑을 수 있다고 생각했다. 그런데 면접을 통해 선발된 학생들은 학점만으로 입학한 학생들보다 성적이 나빴다. 그럼에도 불구하고 표면적 인상은 떨쳐내기 어렵고, 종종 행동을 지배한다.

인지심리학자들에 의하면 과신은 인간의 판단에 대해 많은 것을 알려준다. 다수 연구에 따르면 비교적 진단하기 간단한 문제면 전문가는 자신의 문제해결 능력을 현실적으로 판단한다. 그런데 문제가 복잡해지고, 계량화하기 힘든 여러 가지 요소로 문제를 해결해야 하면 전문가는 해결책을 도출하는 자신의 능력을 과신하게 된다(정확도 61%). 예를 들어 유럽인의 글씨와 미국인의 글씨를 구별하는 것처럼 불가능한 과제를 주면 전문가는 터무니없이 자신만만하다(정확도 51%).[9]

인간은 한정된 지식을 통해 강렬한 인상을 받으면 일관되게 과신한다는 것이 수많은 연구로 입증되었다. 예를 들어 변호사는 승소 확률을 과도하게 높게 추정하는 경향이 있다. 피고와 원고 양측에게 승소할 확률을 물어보면 양쪽 다 승소 확률을 50% 이상으로 본다.[10] 임상심리사,[11] 의사들,[12] 엔지니어,[13] 협상가,[14] 증권 애널리스트[15]를 대상으로 한 연구에서도 전문가들이 예측력의 정확도를 과신한다는 점이 드러났다. 임상심리사의 경우 정확하게 진단할 확률을 90%로 보았지만 실제로는 50%에 지나지 않았다. 어떤 평론가는 전문가의 예측에 관해 이렇게 평가했다. "빗나가기 일쑤지만 의심받는 경우는 드물다."

책을 저술하는 노련한 작가나 연구 논문을 쓰는 학자들은 탈고 시기에 대한 자신의 예측을 과신한다. 그러나 이들의 과신에도 불구하고 책이나 논문이 일정보다 몇 달 혹은 몇 년 늦게 완성되기도 하고, 때로는 완성 자체가 안 되는 경우도 있다.

인지심리학 연구 결과 역시 인간은 자신의 예측 정확도를 과신한다는 것을 보여준다. 대체로 응답자들은 99% 확실하다고 했지만 80%만 정확했다.[16] 스트레스 테스트 등 중요한 건강검진의 정확도가 이 정도라면 실망스럽다.

전문가와 일반인을 비교해보면 결과는 더욱 흥미롭다. 어떤 문제의 예측 가능성이 적당히 높은 경우, 전문가는 대체로 일반인보다 정확했다. 예를 들어 프로 브리지 선수는 보통 사람보다 판세를 훨씬 더 정확하게 판단했다.[17] 그러나 예측 확률이 낮으면 전문가는 초보자보다 과신하는 경향이 있다. 포르투갈과 그리스처럼 곤경에 빠진 EU 국가들의 미래, 종교 근본주의자들이 중동 정세에 미치는 영향, 주식시장의 동향처럼 아주 복잡한 상황을 예측할 때 전문가는 대체로 과신했다. 활용할 수 있는 정보가 풍부하므로 전문가는 자신의 전문 분야에서 다른 사람보다 낫다고 믿는다. 반면 주제에 대한 이해가 극히 제한된 일반인은 대체로 신중하게 판단했다.[18]

투자 현장에는 자신의 판단을 과신하는 전문가가 차고 넘친다. 월스트리트는 전문가가 작성한 상세한 분석에 큰 신뢰를 부여한다. 심층 연구를 수행하는 연구소들은 표와 차트로 도배된 100페이지짜리 보고서를 홍수처럼 쏟아낸다. 연구소들은 정부 정책이나 해외 경제 여건의 미미한 변화까지도 놓치지 않기 위해 워싱턴과 해외에 비밀 정보 수집책을 두고 있다. 이런 연구소에서는 최후의 수단으로 대기업 전직 임원들을 고용해 '알짜배기' 내부 정보를 빼내기도 하는데, 현재 증권거래위원회가 이런 행태에 대해 조사를 벌이고 있다. 펀드매니저들에게 기업 내부 정보를 제공하기 위해 하루가 멀다고 회의가 소집된다. 누군가 비난한 것처럼 '심도 있게 틀리는' 경우가 너무 많아서 탈이지만 말이다.

전문가는 세밀한 지식을 얻을수록 확률이 올라간다고 생각한다. 2005~2007년 주택시장에 대한 우려가 확산되었지만 시티그룹, 리먼브라더스, 골드만삭스 등 주요 은행과 투자 은행들은 주택시장의 버블을 알리는 신호는 없다고 단언했다. 이들은 자신들이 보유한 채권 일부를 비롯해 고객에게 수백억 달러의 쓰레기 같은 악성 서브프라임을 계속 판매했고, 마침내 2007년 중반 서브프라임 시장은 완전히 얼어붙고 말았다. 파산을 면하기 위해 많은 은행과 투자 은행이 구제금융을 신청해야 했다. 당시 재무장관이자 골드만삭스 CEO를 역임한 행크 폴슨이 기업 구제를 진두지휘하고 있었다. 임상심리사나 경마 도박사와 마찬가지로 정보량이 많고 적고는 결과를 정확히 예측하는 데 아무런 상관이 없었다.

앞서 살펴본 형편없는 투자 수익 그리고 앞으로 살펴볼 형편없는 투자 수익 모두 바로 이런 세밀한 연구를 바탕으로 한 것이다. 1970년대 환멸에 빠진 한 펀드매니저는 이렇게 말했다. "당신은 월스트리트에서 제일 잘나가는 연구소, 손꼽히는 연구소를 고르죠. 심층 연구로 명성이 자자한 곳입니다. 하지만 이런 연구소 때문에 고객은 망했어요.[19]" 지금도 별로 변한 게 없다.

이를 통해 거의 모든 분야에 적용할 수 있는 다음의 투자 심리 지침을 제시하겠다.

심리 지침 7
방대한 정보를 다루어야 하는 직업이 어렵다는 것을 인정하라. 방대한 정보를 제대로 활용할 수 있는 사람은 드물다. 심층 정보가 바로 고수익으로 이어지지는 않는다.

지금쯤 구성적 관계가 극도로 복잡하다는 점을 분명히 이해했기를 바란다. 주식시장 투자자들은 24가지, 48가지가 아닌 천문학적으로 많은 요인이 상호작용하는 시장을 다루고 있다. 앞서 보았듯이 적은 정보라도 전문가의 구성적 또는 쌍방향 판단에 과중한 짐이 된다. 다른 곳도 마찬가지지만, 월스트리트 전문가 대다수는 이런 심리학적 연구 결과를 모르기 때문에 추가 정보 몇 가지만 입수하면 문제를 처리할 수 있다고 확신한다. 전문가들은 정보 과부하에 걸려 있는데, 방대한 정보는 사고에 도움이 되기는커녕 자신감만 높여서 자칫하면 심각한 오류에 빠지기 쉽다. 안타깝게도 투자자나 효율적 시장 이론가 모두 구성적 추론이 얼마나 어려운지 모르고 있다.

과신의 답례

과신은 감정인 동시에 인지적 편향이다. 다시 말하면 인간의 의식은 닥치는 대로 최대한 정보를 빼내도록 설계되어 있다. 3장에서 보았듯 정보를 걸러내는 과정은 실상을 그대로 반영하려는 수동적인 과정이 아니다. 인간은 '관심 밖'의 정보를 적극적으로 배제한다.[20] 따라서 불확실한 상황에서 정확한 예측을 위해 전체 정보에서 필요한 정보를 걸러내는 과정을 통해 아주 작은 부분만 제공된다.

주식평가도 다르지 않다. 불안과 불확실성이 공존하는 상황, 수많은 단편적 정보가 거미줄처럼 얽혀 상호작용하는 상황에서 주식평가는 방대한 로르샤흐 테스트*처럼 될 수가 있다. 투자자는 보고 싶은 패턴만 본다. 사실 구성적 처리 과정에 관한 최근 연구에 따르면 투자자는 존재하지 않는 패턴을 볼 수 있는데, 이런 심리 현상을 '착각적 상관Illusory correlation'이라고 부른다.

예를 들어 노련한 심리학자에게 정신질환에 대한 정보를 주고 연구자

●성격분석에 널리 사용된다. 대칭 모양의 잉크 얼룩들을 보여줬을 때 측정 대상자가 보이는 총체적인 반응을 분석해 성격을 판단하는 검사이다.

들이 준비한 그림을 보여주면서 정신질환자가 그렸다고 하면 심리학자들은 그림에서 정신병의 단서를 끌어내려고 한다. 이는 매우 일관된 현상이다. 예를 들어 근육질의 사람을 그린 그림을 보면 남성성에 콤플렉스가 있는 환자가 그린 것으로 판단하고, 커다란 눈이 그려져 있으면 의심병 환자가 그렸다고 해석한다. 그런데 실제 그림에서는 이런 속성들이 두드러지게 묘사되지 않았고, 오히려 일반적인 묘사보다 약한 경우가 많다.[21] 심리학자들은 자신이 그림에서 볼 것이라고 기대한 병리적 현상에 집중한 탓에, 그림에 실제로 존재하는 중요한 상관관계를 놓친 것이다.[22]

투자자들은 도저히 헤아릴 수 없는 복잡한 현상을 만나게 되면 단순화·합리화하려고 시도한다. 때로는 그저 우연에 불과한 사실들 속에서 상관관계를 발견했다고 착각하기도 한다. '상관관계'가 있는 주식을 매수해 주가가 오르면, 고집스럽게 계속 투자해서 손실을 본다. 시장은 착각적 상관에 빠지기 아주 쉬운 곳이다. 차티스트는 차트의 머리-어깨 패턴은 수많은 정보를 담고 있지만, 그것을 분석할 수 있는 사람은 아무도 없다고 생각한다. 성장주를 매수하면 여러 투자 대안에 대한 고민이 간단해진다. 과거에는 통하는 것처럼 보였던 이 방식은 지금도 월스트리트에 퍼져 있다. 효율적 시장 이론가들이 이론에 필요한 변동성과 수익의 상관관계를 찾는 것 역시 착각적 상관이다. 즉 일부 상관관계는 착각이며, 나머지는 우연의 일치라는 점이 문제다. 이런 상관관계를 믿다가는 오류를 저지르게 된다. 차티스트라면 이렇게 한마디로 요약했을 것이다. "가끔 돈을 벌지 못했더라면 시장의 지혜를 더 빨리 깨우쳤을 텐데."

이렇게 해서 다음 심리 지침을 얻게 되었다. 간단해 보이지만 중요한 수칙이며, 생각보다 지키기 어렵다.

이 심리 지침은 투자자에게 중요하다. 애널리스트 대다수가 낙관적인 예측을 내놓을 때면 나중에 실망하는 사람들이 많아진다. 그 이유는 시장에서 돌발 사건이 발생해서가 아니라, 처음부터 장밋빛 안경을 끼고 기업이나 업종을 보았기 때문이다.

인지심리학의 창시자인 아모스 트버스키는 주식시장에서 전문가의 과도한 낙관주의와 자신감에 대해 연구했다. 트버스키에 따르면 "애널리스트에게 특정일까지 특정 주식의 주가가 X달러를 돌파할 확률에 대해 물었다. 연구 결과 평균적으로 애널리스트는 예측의 적중률이 80%라고 확신했지만 실제 적중률은 60%에 불과했다.[23]" 이런 연구 결과는 많은 연구를 통해 입증되었다.

또 다른 연구에서는 애널리스트에게 한 종목의 고점과 저점을 판단하라고 요구했다. 고점이란 그 이상으로 주가가 오르지 않는 지점이며, 저점은 그 이하로 주가가 떨어지지 않는 지점이다. 애널리스트들은 자신이 예측한 고점과 저점의 적중률을 95%로 확신했다. 따라서 애널리스트들이 편견 없이 현실적으로 분석했다면 고점과 저점 사이에 주가의 90%가 포함되어야 하며, 고점과 저점을 벗어나는 주가 움직임은 10% 정도가 되어야 한다. 그러나 실제로는 애널리스트의 예측에서 벗어난 주가 움직임이 35%로 애널리스트의 예측보다 3.5배 높았다.

트버스키는 이렇게 지적했다. 효율적 시장 이론가는 투자자가 전적으로 합리적이며 행위에 영향을 받지 않는다고 하지만, "인간은 합리적인 예측에 따라 움직이지 않으며, 대체로 몇 갈래 방향으로 치우친 편견을 가지고 있다. 인간은 낙관적이기 때문에 성공할 확률을 과도하게 높게 잡는다. 또한 인간은 자신의 지적 수준을 지나치게 높게 평가하므로 '적 중률'을 훨씬 넘어서는 자신감에 차 있다.[24]"

트버스키는 1995년 투자 행위에 대한 회의에서 과도한 자신감에 대해 질문을 받았는데, 나도 여기에 참석해 발언하였다. 질의자는 애널리스트들의 미래 수익 예측이 자주 빗나가는 현실에 대해 어떻게 생각하는지 물었다. 트버스키는 이렇게 대답했다. "행동 현상의 입장에서 볼 때 … 애널리스트는 자신의 (수익) 예측을 지금보다 더 회의적으로 잡아야 합니다. 자신감을 믿으면 안 되는데, 인간은 자신감을 신뢰하죠. 과도한 자신감은 잘못된 판단으로 이어진다는 교훈을 거듭 배우고 있습니다. 미래를 예측하는 인간의 능력에는 한계가 있다는 것을 깨달아야 합니다.[25]"(강조 문구는 저자 의견임)

트버스키는 그 회의에서 애널리스트와 전문 투자자들이 경험을 통해 깨우치는지 여부에 대해서도 질문을 받았다. 이에 대해 트버스키는 이렇게 대답했다. "안타깝게도 인지적 편향은 쉽게 떨칠 수 없는 버릇입니다. … 실제로 인간은 자만심을 버리는 법을 배우지 못했어요. … 자신감이 지나치죠.[26]"

과신하는 경향이 있다는 사실을 인식하는 것만으로 과도한 자신감을 극복할 수 있다고 자만하지나 않을지 염려스럽다. 오호 통재라, 그렇게 간단하지가 않다.

멈출 줄 모르는 애널리스트의 지나친 낙관주의

애널리스트의 수익 예측치는 어느 정도 낙관적이라고 생각하는가? 제
니퍼 프랜시스Jennifer Francis와 도나 필브릭Donna Philbrick은 1987~1989년
사이 밸류라인 투자 통람에서 분석한 애널리스트의 예측치를 연구했
다.[27] 918개 주식이 애널리스트의 예측 대상이었다. 밸류라인은 월스트
리트에서 전체 애널리스트의 합의에 가까운 예측을 내놓는 것으로 유명
하다. 연구자들에 따르면 애널리스트의 예측은 실제 연간 수익률을 9%
웃돌았다. 즉 애널리스트의 예측은 현실보다 9% 더 낙관적이었다. 변동
성이 심한 주식의 경우 예측이 조금만 빗나가도 엄청난 타격이 있음을
감안하면, 정밀한 수익 예측을 추구하는 투자자들에게 9%는 상당히 높
은 수치다.

애널리스트의 과도한 낙관주의는 최대 수익 예측 서비스인 I/B/E/S
Institutional Brokers Estimate System(기업 실적 추정기관)를 보면 극명하게 드러난
다. I/B/E/S는 7,000여 개에 이르는 미국 기업에 대한 분기별 전망을 종
합해서 제공하고 있다. I/B/E/S에 따르면 예측은 분기별로 수정이 가능
하지만, 그래도 애널리스트의 예측은 낙관적인 경향이 있다. 분명한 것
은 애널리스트들이 낙관주의로 편향된 예측을 전반기에 충분히 수정하
지 않고 있다가 하반기가 되어서야 수정 폭을 약 3배가량 늘리는데, 대
체로 하향 조정한다. 비록 그렇더라도, 연말의 수익 예측은 여전히 지나
치게 높다.

몇 해 전(1998년 1월 26일) 나는 모건스탠리의 에릭 러프킨Eric Lufkin[28]과
함께 〈포브스〉에 칼럼을 실을 요량으로 함께 연구를 진행했다. 이 연구
역시 애널리스트의 과도한 낙관주의를 입증하고 있다. 2006년 말에 수

표 7-1 과잉반응 이용하기

애널리스트와 경제학자의 예측 전망치 : S&P500, 1988~2006년

연도*	애널리스트	경제학자	실제 수익
1988	30%	15%	36%
1989	10%	4%	-4%
1990	14%	12%	-7%
1991	2%	7%	-25%
1992	38%	49%	20%
1993	23%	36%	15%
1994	39%	29%	39%
1995	11%	5%	11%
1996	18%	12%	14%
1997	20%	5%	3%
1998	14%	14%	-5%
1999	28%	15%	28%
2000	8%	7%	4%
2001	17%	19%	-51%
2002	57%	50%	15%
2003	44%	39%	72%
2004	19%	10%	20%
2005	8%	11%	19%
2006	-2%	0%	17%
평균	21%	18%	12%
연평균 수익률 오차*	81%	53%	

*수익 예측은 매년 1월에 실시됨.

출처: © 데이비드 드레먼, 2011. 데이터 출처: I/B/E/S and Thomson First Call

정 보완한 것이 표 7-1이다. 이 연구에서는 1988~2006년까지 19년 동안 애널리스트와 경제학자들의 예측치와 S&P에 보고된 실제 수익률을 비교하고 있는데, 이 기간에는 경기 호황과 침체뿐 아니라 버블과 폭락도 함께 나타난다.

애널리스트들은 '상향식'으로 예측치를 산출한다. 즉 기업의 주요 편

더멘털을 모두 살핀 다음 주가를 추정한다. 기업별로 차례로 예측한 다음 S&P500에서 차지하는 비중에 따라 각 기업별로 가중치를 두어 합산한 뒤 최종 예측을 내놓는다. 반면 경제학자들은 '하향식'으로 예측한다. 즉 경제를 먼저 살핀 다음 거시 경제 전망이 개별 기업에 미치는 영향을 추정한다. 연도별로 수익률 증감을 정리한 표 7-1을 보면 왼쪽부터 차례로 애널리스트와 경제학자의 예측, 마지막에 S&P500에 나타난 실제 수익률 증가 또는 감소를 표시했다.

애널리스트와 경제학자의 예측치가 얼마나 과도하게 낙관적인지 놀라울 따름이다. 공정하게 판단하기 위해 19년 동안의 애널리스트와 경제학자의 예측치 그리고 S&P500의 실제 수익률을 비교해보자. 표 7-1이 보여주듯 애널리스트의 평균 예측치는 21% 증가였고, 경제학자들의 평균 예측치는 18%, S&P500의 실제 수익률은 12% 증가였다. 경제학자들은 아마도 '음울한 과학'이라는 용어를 만들어낸 사람들로 추정되는데, 연평균 수익률로 따질 때 이들은 19년에 걸쳐 (S&P가 보고한 수익보다) 무려 53%나 더 낙관적으로 예측했다. 이보다 더 형편없을 수 있을까? 물론이다. 동일한 기간 동안 애널리스트들은 연평균 수익률을 81%나 낙관적으로 보았다. 빗나가도 한참 빗나간 예측이었다. 이 연구가 입증하는 것은 수익 예측은 기술도, 과학도 아닌 치명적인 금융 바이러스라는 것이다.

애널리스트가 이토록 낙관적인 이유는 무엇일까? 이 주제는 결코 고답적인 학문의 영역이 아니다. 왜냐하면 대다수 전문가를 포함해 수많은 사람이 애널리스트의 지나친 낙관주의에 현혹되어 그들이 추천하는 주식에 투자하기 때문이다. 최근의 사례에서 보았고, 앞으로도 더 상세히 살펴보겠지만 근거 없는 낙관주의 때문에 끔찍한 대가를 치를 수도 있다. 여기서 심리 지침 하나가 또 정리된다.

극도로 복잡한 상황을 추상적으로 추론(요약적 추론 능력)하는 데 탁월
한 재능을 가진 사람들이 있다. 어느 분야나 윌리엄 밀러^{William Miller}나 빌
그로스^{Bill Gross} 같은 사람이 있다. 그러나 그런 사람은 드물기 때문에 오
늘날 투자 방식에서 요구되는 정보 처리 능력과 추상적 추론 능력은 평
범한 사람들이 정확하게 활용하기에는 너무 복잡하다.

돈을 날리는 확실한 방법

지금쯤 아마 이런 생각이 들지도 모르겠다. 주식시장에서의 의사결정과
예측의 문제를 너무 과장하는 것 아닐까? 장기적으로 시장 전문가들이
가장 선호하는 투자를 생각해보면 답이 나올 것이다.

1968년 2월 뉴욕 힐튼 호텔에서 열린 대규모 기관투자자 국제회의를
생각해보자. 수백 명의 참석자를 대상으로 그해에 탁월한 수익을 보일
주식에 대해 설문 조사를 실시했다. 참석자들이 가장 선호한 주식은 유
니버시티 컴퓨팅으로 당일 오름폭이 가장 큰 종목이었다. 그런데 12개
월이 못 되어 주가는 443달러에서 88% 폭락했다. 1972년 겨울에 열린
기관투자자 회의에서 항공주가 그해 최고의 수익을 올릴 것이라고 예측
되었다. 그런데 시장은 가파르게 상승했지만, 당시 고점에서 1%도 조정

받지 못하고 있던 항공주의 주가는 50% 추락했다. 이듬해 열린 총회에서는 항공주는 피해야 할 종목으로 선정되었다. 1999년 열린 총회에서 투표에 참가한 전문가들은 향우 12개월간 탁월한 실적을 보일 종목으로 엔론을 꼽았다. 이 잘나가는 주식이 어떻게 되었는지는 다 알 것이다.

이런 결과들이 단지 우연일까? 나는 이전에 출간한 《새로운 역발상 투자The New Contrarian Investment Strategy》(1982)에서 다수의 전문 투자자가 고른 주식들의 성과가 1929~1980년 사이에 어떻게 되었는지에 관한 52개의 조사 결과를 실었다. 참여한 전문가 수는 적게는 25명에서 많게는 수천 명에 이르며, 평균 100명이 훨씬 넘는다. 가능한 한 전문가들이 선정한 종목을 향후 12개월간의 S&P500 지수의 실적과 비교해보았다(다수의 연구들은 다양한 평균과 기간을 이용했다).

18건의 연구에서 전문가가 최고 선호주로 선정한 5개 이상 주식의 실적을 검토했다.[29] 1~2개 주식을 검토하는 대신 검토 대상 주식의 수를 다양화하면 우연의 요소를 줄일 수 있기 때문이다. 그런데 그렇게 선정된 18개 포트폴리오 중에 16개가 시장 실적을 밑돌았다! 사실상 고객이 이런 주식을 권하는 전문가의 말을 들으면, 십중팔구 시장 실적보다 수익이 나쁘다는 의미다. 차라리 동전을 던지면 시장을 이길 확률이 절반은 된다. 34개의 다른 표본들 역시 마찬가지였다. 다수의 펀드매니저와 애널리스트가 꼽은 주식과 업종은 52개 포트폴리오 중 40개, 즉 77%가 시장 실적에 미달했다.

그렇게 50년 넘게 계속되던 설문조사는 1980년에 끝났다. 그 이후로 전문가의 주식 선정에 진전이 있었을까? 〈월스트리트저널〉은 1986년부터 1993년까지 4명의 유명한 전문가가 선정한 주식들이 시장 실적을 능가하는지 조사했다. 연말 무렵 4명의 전문가는 이듬해에 추천할 종목을 골라 금융 전문 편집자인 존 도프먼^{John Dorfman}에게 보냈다. 도프먼은 12개월 뒤 실적이 가장 나쁜 전문가 2명을 배제하고, 새로운 전문가 2명을 추가했다. 그러나 32개 포트폴리오 중 16개가 시장 실적을 밑돌았다. 예전보다는 좀 나아졌지만 여전히 동전 던지기보다 못한 결과였다.[30]

표 7-2는 1993년까지 입수한 설문조사 결과를 총망라한 것이다. 표에서 보듯 전문가가 '최고'라고 추천한 종목들 중 25%만 시장 실적을 웃돌았다. 나는 그 결과에 깜짝 놀랐다. 전문가도 실수한다는 건 알고 있었지만, 이토록 초지일관 형편없을 줄은 몰랐다.

표 7-2 인기주 및 인기 업종에 대한 전문가의 예측

기간	조사 주체	총 조사 횟수	이듬해 시장평균 보다 실적이 밑돈 경우
1929~1932	콜스 서베이즈(Cowles Surveys)	3	100%
1953~1976	신탁과 부동산	21	67%
1967~1969	파이낸셜 애널리스트 저널	1	100%
1967~1972	캘리포니아 비즈니스(California Business)	7	71%
1969~1973	기관투자자	7	100%
1973	비즈니스위크	2	50%
1974	세미나(에드슨 굴드 ^{Edson Gould})	2	100%
1974	칼란 어소시에이츠(Callan Associates)	4	100%
1974~1976	뮬러 서베이즈(Mueller Surveys)	4	75%
1980	금융 세계 '올스타'	1	100%
1986~1993	월스트리트저널	8	50%
총 조사 횟수		60	
전문가 추천 종목 중 시장 실적을 밑도는 경우			75%

주: 실적 비교 시 배당금은 포함되지 않음

출처: © 데이비드 드레먼, 2011, 《역발상 투자(Contrarian Investment Strategies: The Next Generation)》(1998)에서 전재

일부 연구는 1920년대까지 거슬러 올라갔고, 마지막 연구가 1993년에 마무리되었다. 그 뒤로 주식 선정이 더 나아졌을까? 지난 15년 동안 그 어느 때보다 전문 투자자들의 실적에 대한 연구가 철저하게 진행됐다. 1장과 2장에서 보았듯이 펀드매니저 집단은 시장 실적을 능가하지 못했다.

어드바이저 퍼스펙티브Advisor Perspective는 2007년 12월 31일에 완료한 10년에 걸친 연구를 통해 미국 내 S&P 지수에 속한 주식의 실적과 S&P 벤치마크 지수의 실적을 분석했다. 표 7–3에서 보듯 S&P 지수 중 하나를 벤치마크로 활용할 때 9개 섹터 중 6개 섹터에서 S&P 지수의 실적이 우수했고, 1개 섹터는 동일했다.

S&P500/시티그룹 그로스 뮤추얼 펀드만이 S&P 지수보다 현저하게 실적이 좋았다. 요약하면 10년 중 3분의 2에 해당하는 기간 동안 시장평균 수익률이 펀드매니저의 수익률을 능가했다.

마지막으로, 2009년까지 5년 동안 거래가 잦은 미국 대형주 펀드의 60.8%는 S&P500 지수보다 실적이 낮았고, 중형주 펀드의 77.2%는 S&P 미드캡 400 지수보다 실적이 나빴다. 또한 소형주 펀드의 66.6%는 S&P 스몰캡 600 지수보다 실적이 나빴다.

75년 이상 축적된 연구 결과는 펀드매니저와 애널리스트의 실적이 시장평균에 비해 얼마나 형편없는지 분명하게 보여주고 있다. 또한 대부분 전문 투자자의 경우 그날그날 가장 인기가 높은 주식에 끌려다니는

● 나도 6년 동안 이 전문가 집단에 속해 있었다. 1987년부터 1992년까지 6년 동안 나는 앞으로 우리가 살펴볼 역발상 전략을 사용했는데, 6년 중 5년 동안 시장 실적을 초과했다. 시장 수익률은 120%, 내 포트폴리오 수익률은 156%였다.

표 7-3 10년 동안(1998년부터 2007년)				
지수	연간 상승률	지수 실적	액티브 펀드매니저의 실적보다 지수 상승률이 높은 경우(%)	
	%	순위	%	축약 기호
S&P 미드캡(Mid-Cap) 400	11.2	1	78	MC(Mid Core)
S&P 미드캡 400 성장률	11.1	2	72	MG(Mid Growth)
S&P 미드캡 400 가치	11.1	3	70	MV(Mid Value)
S&P 스몰캡(Small-Cap) 600 가치	9.0	4	53	SV(Small Value)
S&P 스몰캡 600	9.0	5	61	SC(Small Core)
S&P 스몰캡 600 성장률	8.2	6	50	SG(Small Growth)
S&P500/시티그룹 가치	6.6	7	46	LV(Large Value)
S&P500	5.9	8	60	LC(Large Core)
S&P500/시티그룹 성장률	4.8	9	35	LG(Large Growth)

주: S&P 성장 지수 및 가치 지수 수익 산정 시 1998~2005년은 바라(Barra) 방식, 2006~2007년은 시티그룹(Citigroup) 방식 사용

출처: © Copyright 2009, Advisor Perspectives, Inc.

데, 이런 주식들은 대개 고점에 가깝다. 그리고 대부분 투자자처럼 인기 없고 저평가된 주식은 멀리한다. 이듬해 시장 동향을 보면 전문가들이 회피한 주식들이 저평가 주식이었다는 점이 드러난다. 또한 흥미로운 것은 수십 개의 업종이 있지만 수년 동안 하나의 산업(기술)을 유독 선호했다. 그런데 애지중지 편애한 보람이 하나도 없었다! 적어도 이 설문조사 결과만 보면 전문가들의 조언은 투자자들에게 고평가된 주식들을 권하고, 더 가치 있는 주식에서 멀어지게 만든다.

이런 결과를 통해 무엇을 얻을 수 있을까? 단순히 우연으로 치부하기에는 표본의 증거 수가 너무 많다. 이 연구 결과들은 65년 동안 전문가들이 주식을 선정하고 포트폴리오를 구성하는 데 놀랍도록 오류가 많았다

는 점을 입증하고 있다.

금융 전문가의 실패율은 종종 90%에 육박하여 오류가 있음을 나타내기 때문에, 불확실한 환경에서는 체계적인 예측을 통해 부주의한 투자에 대응해야 한다.

다시 말하지만 이 증거들은 효율적 시장 가설의 핵심 전제와 양립할 수 없다.[31] 우리가 지금까지 살펴본 것이 실질적으로 어떤 의미를 갖느냐가 훨씬 더 중요한데, 바로 펀더멘털 방식이 종종 통하지 않는 이유가 설명된다는 점이다. 투자 이론대로 하려면 구성적 정보 처리 과정을 거쳐야 하므로 우리에게 지워진 짐은 너무 버겁다. 시장 안팎에서 정보 과잉에 시달리는 인간의 두뇌에는 '용량 초과'라는 경고등이 켜진다. 이렇게 되면 정보를 제대로 처리할 수 없다. 투입되는 정보가 늘어나면 확신은 커지지만, 그렇다고 좋은 판단을 내리는 것은 아니다. 이를 통해 다음의 심리 지침을 하나 더 얻었다.

심리 지침 10
현재의 투자 방식을 사용하되 조심스럽게 한 발 한 발 내디뎌라. 인간은 대체로 복잡한 정보를 처리하는 데 한계가 있기 때문에 투자 방식을 제대로 활용하기 어렵다.

복잡한 환경에서 일하는 다른 분야의 전문가들 역시 시장 전문가만큼이나 형편없을지도 모른다. 그런데 시장 전문가들의 실적은 불행히도 많은 사람에게 그대로 공개된다. 판단의 결과가 이토록 쉽게 계산되는 직업은 없을 것이다.

펀드매니저를 비롯한 시장 전문가들의 주식 선정 기록을 살펴볼 때한 가지 결정적인 의문을 던져야 한다. 애널리스트의 수익 예측치는 얼마나 정확한가? 수익 예측치는 주식 선정의 핵심 요소이자, 오늘날 투자 관행에서 볼 때 투자결정의 알맹이다. 그러나 최고로 손꼽히는 주식 애널리스트들의 정확도를 철저하게 분석한 연구 결과를 보면 놀랄 것이다.

8장

당신은 승산 없는 게임에 얼마를 걸겠습니까

1970년대 초반 내가 애널리스트로 일할 무렵에는 인터넷이 없었다. 정말로 없었다. 요즈음 대형 증권사에서 일하는 애널리스트들은 경쟁사의 보고서, 예측치 수정 등 방대한 양의 정보를 즉시 손에 넣을 수 있다. 지금은 1970년대에 비해 입수할 수 있는 정보가 기하급수적으로 증가했다. 수동식 전화기에서 최신형 아이폰으로 갈아탄 셈이다. 그러나 정보 혁명에도 불구하고 수익 예측의 오차가 너무 커서 대부분 주식의 내재가치를 산정하는데 전혀 활용되지 못하고 있었다. 그렇게 믿을만한 충분한 이유가 있으며, 그러한 사실을 곧 확인하게 될 것이다. 이것은 단지 업계에 종사하는 동료들만의 문제가 아니다. 다들 알겠지만 아이폰이 있든 없든, 예측은 과학과는 거리가 멀다. 기상 예보관이 화창하다고 해서 외출했더니 오후에 소나기가 내려 홀딱 젖는 경우가 있는데, 월스트리트의 애널리스트는 이런 기상 예보관과 닮은 점이 생각보다 많다.

여러분도 가끔 나처럼 푼돈으로 포커를 즐길 것이다. 그런데 사람들은 승산 없는 게임에 얼마나 돈을 걸까? 애널리스트라면 아마 훨씬 더 큰돈을 걸 것이다. 2장에서 보았듯 사람들은 돈을 딴다고 생각하면, 당첨 확률이 1만분의 1이든 1,000만분의 1이든 똑같은 금액을 주고 기꺼이 복권을 산다. 실제로 돈을 딸 확률이 아니라, 돈을 딸 수 있다는 막연한 가능성이 머릿속에 들어오는 순간 아주 낮은 승산에도 큰 의미를 부여하는 것이다. 돈을 날릴 확률이 1,000배로 치솟아도 마찬가지다.

이 사람들은 바보일까? 그럴 수도 있겠지만 우리가 살펴본 대로 버블이 부풀고 광기가 휩쓸 때마다 많은 투자자 역시 승산 없는 게임을 했다. 투자자들은 안정적인 시장에서도 불리한 게임을 한다. 물론 버블에서만큼은 아니지만 그래도 여전히 아주 불리한 게임에 뛰어든다. 그렇다면 투자자들은 왜 일관되게 이런 행동을 할까?

새벽부터 CNBC나 블룸버그의 주식 프로그램을 보거나, 눈을 뜨자마자 〈월스트리트저널〉부터 챙겨본다면 앵커나 기자들은 시장에 대해 모르는 것이 없는 양 떠들며, 말쑥하게 차려 입은 사람들의 조언을 귀담아듣고 기사로 낸다는 것을 알 수 있다. 어쩌다 보니 주식 애널리스트가 된 이 근사한 집단의 조언이 얼마나 믿을 만한지 이번 장에서 살펴보자.

애널리스트가 특정 주식이나 업종의 수익 예측치를 올리거나 낮추면 경제뉴스에서 종종 속보로 다룬다. 그 기업의 이름도, 업종도 모르지만 사람들은 예측치 상승이나 조정이라는 말이 나오면 유심히 듣는다. 애널리스트가 주요 기업의 예측을 수정하면 사람들은 그 자리에 멈춰 서서 박수갈채를 보낸다. 예측치의 상승폭이나 하락폭이 크면 기업이나 업종의 주가가 크게 출렁거리기도 한다.

언론에서 관심을 갖고 취재하는 사람들은 두뇌만 쓰는 이론가가 아니라, 철두철미한 현실주의자라고 자평한다. 수학 방정식이나 끼적이고 컴퓨터로 시뮬레이션만 하는 것이 아니라, 매일의 시장 동향이라는 현실에 철저히 뿌리를 내리고 있기 때문에 투자자에게는 유효성이 입증된 분석을 통해 전문적인 조언을 제공한다고 말이다. 뭐, 그렇다고 치자. 이 전문가들을 시험대에 올려놓고 실제 실적이 어떤지 추적해보자. 어떤 주식을 매수하거나 보유할지, 아니면 매도할지를 결정할 때 전문가의 예측치와 추천 주식은 대다수 투자자에게 결정적인 요인으로 작용한다. CNBC, 블룸버그 등 언론이 주는 정보가 기상 채널의 날씨 예보보다 조금이라도 더 정확한지 점검해보아야 한다.

엉터리 예측 1 : 기업 수익 예측

월스트리트 사람들과 금융학자들은 여러 가지 문제를 놓고 갑론을박하지만, 기업의 수익이 주가를 결정하는 주요 요소라는 점에는 이견이 없다. 오늘날 주식분석은 정확한 수익 예측을 통한 주가 동향 예측에 중점을 둔다. 따라서 대형 증권사는 아직도 수천만 달러의 예산을 들여 최고 애널리스트들을 고용해 정확한 예측치를 제공하려고 한다. 대형 은행의 신탁관리부, 뮤추얼 펀드, 헤지펀드, 펀드매니저들은 수억 달러의 수수료 때문에 '최고'를 요구한다.

몇 년 전 〈인스티튜셔널 인베스터〉는 '최고'의 애널리스트를 선정하는 과정을 공식화했다. 〈인스티튜셔널 인베스터〉는 해마다 수백 개 금융기관을 대상으로 설문조사를 실시해 생명공학, 컴퓨터, 통신, 제약, 화학 등 주요 업종에서 '최고'의 애널리스트들로 구성된 '올스타' 팀을 선정한다. 각 업종마다 1군팀, 2군팀, 3군팀 그리고 후보 선수들이 있다. 그리고 그렇게 선정된 '올스타' 팀을 〈인스티튜셔널 인베스터〉의 표지에 싣는데, 가끔 선수들에게 소속 증권사의 회사명을 새긴 축구 유니폼을 입히기도 한다. 이 장 후반부에 살펴보겠지만, 올스타 팀에 들어가기 위한 경쟁은 매우 치열하다. 여러 명의 올스타를 배출한 증권사의 수익은 치솟기 때문이다.

몇 년 전 어느 대형 증권사의 파트너겸 리서치 팀장은 애널리스트 한 사람을 해고하겠다고 결정했다. 인사담당자가 애널리스트에게 해고 통보를 하려고 복도를 지나는데, 리서치 팀장이 뛰어와서 팔을 잡더니 숨을 헐떡이며 말했다. "잠깐만. 해고하면 안 돼. 올스타 2군에 뽑혔어."

짐작하겠지만 애널리스트의 연봉은 어마어마하다. 경력직 애널리스트는 70~80만 달러의 연봉을 받는다. 좀 잘나간다 하면 더 받는다. 연봉 100만 달러 클럽도 있는데, 월스트리트에서 예측 좀 한다는 애널리스트 수십 명이 여기에 속해 있다. 수입만 따지면 인기 연예인이나 프로 운동선수와 동급이다. 1,000만 달러 단위로 버는 애널리스트도 있는데, 이는 〈포천〉 선정 500대 기업 CEO의 연봉보다 많다. 한때 통신 업계 분석가로 명성이 높았던 잭 그루브먼Jack Grubman은 1990년대 중반 페인 웨버Paine Webber에서 살로몬브라더스Salomon Brothers로 옮기면서 연봉 250만 달러에 2년 계약을 했다. 연봉이 너무 높았기 때문에 그루브먼의 연구 동료는 살로몬브라더스의 고객에게 제공되는 회사채 인수는 건당 '그루브먼 단위'인 250만 달러에 제공된다고 우스갯소리를 했다. 물론 월스트리트는 10대 청소년들이 록스타나 영화배우를 우러러 보듯 최고 애널리스트를 영웅으로 대접하고 있다.

2002년 닷컴 버블이 붕괴된 후 증권거래위원회와 주 정부가 유명 애널리스트들을 조사했고, 충격적인 결과에 의해 영웅 숭배는 약간 잦아들었다. 2003년 4월 말 증권거래위원회와 뉴욕 주 규제 당국은 수천 건의 문서를 공개했다. 이 문서는 월스트리트의 전통 규정들이 위반되었으며, 금융회사들이 애널리스트의 작업에 영향을 미치지 않도록 막는 '정보 차단벽(금융회사 내 사업부서 간 미공개 정보의 교류를 차단하는 절차)'이 무너졌다고 보고했다. 당시 조사는 월스트리트에서 최고 연봉을 받으며 막강한 영향력을 휘두르던 살로몬 스미스 바니$^{Salomon Smith Barney}$(현재 시티그룹의 자회사)의 잭 그루브먼, 메릴린치의 헨리 블로젯 두 사람에게 집중되었지만, 수십 명의 애널리스트까지 조사가 빠르게 확산되었다.

이메일을 비롯한 문서를 통해 많은 애널리스트가 부실기업에 호의적인 등급을 부여하도록 압력을 받았음이 드러났다. 이런 부실기업 중 상당수는 사업계획이나 수익, 성장 기반도 없는 다 쓰러져가는 인터넷 기업이었다. 1990년대 후반 닷컴 버블이 한껏 부풀었을 때 공모주 인수 수익성이 좋았기 때문에 개인 고객보다 중요한 기업 고객의 이익을 도모해야 한다는 부담감이 컸다. 공모주 인수로 수수료 수십만 달러를 끌어들이기 위해 혈안이 된 상황에서 애널리스트는 속 다르고 겉 달랐다. 공개적으로는 흔들리는 기업들을 '강력 추천'으로 평가하거나 심지어 '필수' 매수주로 추천하였다. 그리고 투자 은행 고객에게 보내는 이메일에서는 이 기업들을 '골치 덩어리', '쓰레기', '똥' 등으로 묘사했다. 고객도 분명한 서열이 존재했다. 애널리스트는 일반 개인 고객에게는 이런 불량 주식을 심지어 상당한 버블을 감수하면서 사라고 부추겼고, 기관투자자들에게는 이런 주식을 멀리하라고 귀띔해주었다.

헨리 블로젯은 공개적으로는 닷컴 주인 고투^{GoTo}를 사라고 추천했다. 주식 업계 큰손인 기관투자자가 고투를 추천하는 이유를 묻자 블로젯은 뻔뻔하게도 이렇게 대답했다. "메릴린치에게 받는 거액의 투자 수수료를 제외하고는 이 주식에는 '눈곱만큼도' 흥미가 없다.¹" 이것도 나쁘기는 하지만, 이 정도 게임은 더 심각한 애널리스트에게는 보잘것없는 푼돈 장사에 불과했다.

잭 그루브먼은 대가의 반열에 오른 사람이다. 그루브먼은 늘 AT&T를 부정적으로 평가했고, 한 번도 추천한 적이 없었다. 그런데 시티그룹 CEO인 샌디 웨일Sandy Weill은 그루브먼에게 AT&T의 등급을 다시 재고해달라고 '부탁했다.' 여기서 '부탁했다'는 말은 부탁을 들어주면 그루브먼에게 수백만 달러의 보너스가 지급된다는 암시이다. 당시 통신 업계에서 막강한 영향력을 행사하던 그루브먼이 AT&T 주식의 평가등급을 높이지 않으면 AT&T 회장이 앞으로 시티그룹 중요 인수전 참여를 막을 거라는 소문이 돌았다. 시티그룹 CEO인 웨일이 부담스러운 눈길로 지켜보자 그루브먼은 1999년 고점에 가까운 AT&T 주식의 등급을 상향 조정했다. 그 직후 AT&T가 무선 사업부를 분리하자 시티그룹은 인수 수수료로 6,300만 달러를 벌어들였다.

2002년 무렵이 되자 시장은 180도 돌변했다. 그루브먼이 월드컴 WorldCom을 비롯한 통신주를 높게 평가하자, 영세한 개미 투자자들은 시장이 붕괴하는 와중에 이런 주식을 샀다가 빈털터리가 되고 있었다. 그러자 그루브먼이 시티그룹의 장사를 돕고 있다는 의혹이 모락모락 피어올랐다. 특히 불미스러운 스캔들에 여러 번 휘말렸던 월드컴이 대형 인수 프로젝트를 진행하면서 시티그룹이 막대한 수수료를 벌어들이자 의심은 더욱 커졌다. 주주들은 통신주 스캔들만으로 2조 달러를 날렸지만, 시티그룹 투자금융 자회사들은 그루브먼 덕분에 수수료로 10억 달러를 벌었다.² (그루브먼은 의혹 속에서 2002년 8월 사임했다. 시티그룹 증권 자회사에서 퇴직수당으로 3,000만 달러를 받았고, 상호 협의하에 시티그룹은 계속해서 소송비용을 그루브먼에게 지불했다.)

시티그룹을 비롯한 11개 은행은 뉴욕 주 검찰총장인 엘리엇 스피처 Eliot Spitzer에게 14억 달러의 합의금을 냈다. 그중 4억 달러를 시티그룹에서 내놓았다. 스피처 총장, 증권거래위원회와의 별도 합의로 인해 그루브먼은 헨리 블로젯처럼 증권 업계에서 영구 퇴출되었다. 얄궂게도 살아남은 증권사와 투자 은행들은 2008년 부실자산 구제 프로그램에 의해 납세자의 세금으로 구제되었다. 사악한 애널리스트가 추천한 종목을 사는 바람에 등골이 빠진 개미 투자자와 영세 자영업자들이 낸 세금으로 말이다.

인간이 얼마나 빨리 망각하는지를 보면 매우 놀랍다. 2000년대 중반이 되자 애널리스트의 예측 능력에 대한 신뢰는 완전히 원상 복구되었다. 미국 전역의 애널리스트 1만 5,000명 중에 〈인스티튜서널 인베스터〉에 의해 '올스타'로 뽑힌 이들은 선풍을 일으키며 오늘도 주식을 추천하고 있다.

그렇지 않은가?

몇 년 전 〈파이낸셜 월드〉는 애널리스트의 예측 결과를 분석했다.[3] 기사에서는 이렇게 말하고 있다. "쉬운 일이 아니었다. 대다수 증권사가 슈퍼스타들의 타율을 공개하지 않았다.[4]" 대부분의 경우 증권사 등 외부에서 자료를 얻었는데 이들도 마지못해 자료를 내놓았다. 몇 달을 파헤친 끝에 〈파이낸셜 월드〉는 슈퍼스타 20인의 추천 종목을 손에 넣었고, 이런 결론을 얻었다. "영웅은 극히 드물었다. 분석 대상 기간 동안 시장은 14.1% 상승했다. 슈퍼스타들이 추천한 132개 주식을 그들이 권하는 시기에 매수 또는 매도했다면 수익률은 9.3%에 그쳤을 것이다." 동전을 던져 주식을 고를 때보다 약 34% 더 낮은 수익률이다.

기사는 이렇게 덧붙였다. "슈퍼스타가 추천한 132개 주식 중 3분의 1에 해당하는 42개 주식만이 S&P500 지수보다 수익이 높았다." 애널리스트의 고객인 대형 기관투자자는 이렇게 요약했다. "과열된 시장에서 애널리스트는 신중해야 할 때 무모하고, 대담해야 할 때 몸을 사립니다. 애널리스트가 입으로는 이렇게 말하고, 행동은 정반대로 하고 있다는 것을 안다면 섬뜩합니다.[5]"

전문 투자자는 슈퍼스타 외에도 I/B/E/S, 잭스, 인베스트먼트 리서치, 퍼스트 콜 같은 수익 예측 서비스 제공 기업에도 의존한다. 그런데 이런 기업들은 온라인에서 예측치를 그때그때 수정해 전문 투자자들에게 제공한다. 퍼스트 콜은 서로 경쟁하는 애널리스트들뿐만 아니라, 펀드매니저들에게도 모든 애널리스트의 보고서가 공개된 즉시 제공한다.

최근 몇 년 사이 정확한 수익 예측치에 대한 수요가 커지고 있다. 기업의 수익이 애널리스트의 예측치를 조금만 비껴가도 주가가 급락하기도 한다. 수익이 애널리스트의 예측치보다 좋으면 주가가 급등하기도 한다. 그렇다면 애널리스트의 예측치는 얼마나 정확할까? 〈인스티튜셔널 인베스트먼트〉가 선정한 '올스타 팀'의 실적이 변변치 않았다는 사실은 이미 확인했지만, 검토 대상의 1년 치 자료에 불과했다. 어쨌든 완벽한 사람은 없다.

한 번 실수일까? 어쩌다 요행으로 맞춘 걸까? 아니면 검은 백조가 물살을 가르며 서서히 우리에게 다가오는 걸까? 이 물음들에 대한 대답은 앞으로 고려할 투자 전략에서 중요한 요소가 될 것이다.

엉터리 예측 2 : 장기 실적

〈포브스〉 등에 실은 몇 편의 논문과 《새로운 역발상 전략The New Contrarian Investment Strategy》(1982)을 개정하면서[6] 나는 제임스매디슨대학의 마이클 베리Michael Berry와 함께 애널리스트들의 예측치와 실제 수익이 얼마나 차이가 나는지 연구했다. 이 연구 결과는 1995년 5~6월 〈파이낸셜 애널리스트 저널〉에 실렸다.[7] 이 논문에서는 1973년부터 1991년까지 증권사 애널리스트의 분기 수익 예측치와 실제 보고된 기업 수익을 비교했고, 최근 2010년까지 보완했다. 분기 예측은 대개 석 달 전에 이루어지는데 애널리스트는 분기 말 2주 전까지 예측치를 수정할 수 있다. 모두 합쳐 21만 6,576개의 예측에 대한 합의를 활용했고,[8] 1개 주식당 최소 애널리스트 4인의 예측치가 있어야 연구에 포함시켰다.[9] 마이크로소프트나 애플 같은 대기업의 경우 30~40개의 예측치가 포함되었다. 뉴욕증권거래소, 나스닥, AMEX에서 거래되는 1,500개 기업이 포함되었고, 표본에는 약 1,000개 기업이 포함되었다. 내가 아는 한 이 연구는 애널리스트의 예측에 대한 가장 폭넓은 연구일 것이다.[10]

삐끗하는 순간 바로 퇴출되는 이 게임에서 애널리스트들의 성적은 어떨까? 이는 그림 8-1만 봐도 확실히 알 수 있다. 결과는 충격적이다. 애널리스트들의 예측은 꾸준히 그리고 터무니없이 과녁을 빗나갔다. 심지어 실제 수익이 공표되는 분기 말을 3개월도 남기지 않은 시점에서 내놓은 예측도 마찬가지였다. 표본에서 평균 오차는 무려 연간 40%였다. 다시 말하지만 표본이 작지 않았고, 애널리스트 예측이 80만 개 이상 포함되어 있었다.

정보 혁명이 한창인 시기에 이토록 큰 오차가 발생하고 있다는 점이

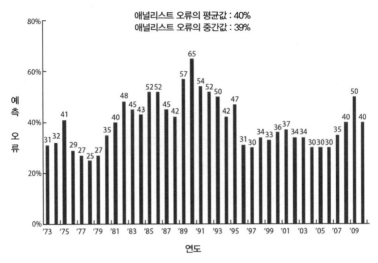

그림 8-1 실제 수익 대비 예측 오류, 1973~2010년

애널리스트 오류의 평균값 : 40%
애널리스트 오류의 중간값 : 39%

출처: © 데이비드 드레먼, 2011
데이터 출처: Abel/Noser Corp., I/B/E/S and Thomson First Call

흥미롭다. 정보 혁명의 와중에도 예측치 오차는 여전히 엄청나게 커서, 주식의 진짜 가치를 결정하는 데 전혀 도움이 안 될 정도다. 오차가 너무 커서 수익을 정확하게 판단할 수 없다!

많은 시장 전문가는 ±3%의 예측치 오류에도 주가를 크게 출렁이게 만든다고 생각한다. 하물며 1991년의 54% 빗나간 예측치나, 지난 38년 동안의 평균 40% 빗나간 예측치는 어떻겠는가? 파죽지세로 상승세를 타던 주식이 불과 몇 % 빗나간 애널리스트의 예측치 때문에 급락하는 것을 보면 예측치의 사소한 오류도 투자의 안전을 위협할 수 있다. 그런데 월스트리트에서 애널리스트, 대형 뮤추얼 펀드, 연기금, 기타 기관투자자들이 바로 이런 식으로 게임을 벌이고 있고, 일반 투자자들이 이런 게임을 감내하고 있다.

어쩌면 몇 가지 큰 실수가 있어 결과가 왜곡된 건 아닐까? 혹시 실수에 따른 왜곡이 있었는지 점검하기 위해 네 가지 다른 방식으로 어닝 서프라이즈를 측정했다.[11] 측정 방식을 막론하고 오차 비율이 높았다. 수익이 작거나 명목상의 수익만 기록된 기업에 어닝 서프라이즈가 발생하면 어떻게 될까? 같은 금액만큼 빗나갔다고 해도, 주당순이익이 큰 기업에 비해 아주 작은 기업의 오류율이 더 높게 나타날 것이다. 예를 들어 수익 예측치가 1달러이고 실제 보고된 수익이 93센트이면 예측치 오류는 7.5%이다. 그러나 수익 예측치가 10센트인데 실제 보고된 수익이 3센트이면 예측치 오류는 233%가 된다.●

어떤 분석 방법을 사용하든 수익 예측치가 조금만 빗나가도, 주가의 운명에는 큰 영향을 미쳤다. 하지만 이는 기업의 건전성이나 경영 실적 등에 대한 평가와는 관계가 없었다.

엉터리 예측 3 : 합의 예측치의 실종

합의 예측치와 실제 수익의 괴리가 클 때 주가가 어떻게 되는지 대부분의 독자는 잘 알고 있을 것이다. 한때 닷컴주의 총아였던 이-트레이드

● 이 효과를 측정하기 위해 우리는 그림 8-1의 주식들에서 하나의 부분 집합을 따로 만들어 분석했다. 수익이 ±10센트 범위인 기업은 모두 배제한 부분 집합을 만들어 수익이 ±10센트인 집단 때문에 오차가 커져 연구 결과가 왜곡되는 현상을 방지했다. 문제는 성장 속도가 빠른 소기업의 경우, 많은 기업이 연간 주당 30~50센트의 수익, 분기로 따지면 7.5~12.5센트의 수익을 보고한다는 점이다. 이 범주에 속하는 대기업들 역시 배제했다. 이처럼 극히 보수적인 방식을 적용해도, 평균 예측 오차는 20.5%로, 시장 전문가들이 주가 급등락을 촉발할 수 있다고 판단하는 규모의 4배가 넘는다.

E-Trade는 수익률이 예측치보다 4% 이상 떨어진 2009년 4월 말, 주가가 42% 곤두박질쳤다. 아코마이 테크놀로지스는 수익률이 예측치보다 2% 떨어지자 2009년 7월, 주가가 19% 하락했다. 시만텍Symantec은 보고된 수익이 예측치를 4% 밑돌자, 2009년 7월 주가가 14% 하락했다. 정반대 현상도 있다. 아마존닷컴은 수익률이 예측치를 36% 웃돌자, 2009년 10월 주가가 33% 상승했다. 이 모든 일이 시장이 20% 상승한 2009년에 일어났다.

어닝 서프라이즈는 오랜 세월 주가에 큰 영향을 미쳐왔다. 1997년 인터넷 버블 당시 쓰리콤3Com은 애널리스트들의 예측보다 보고된 수익이 겨우 1% 낮았지만, 주가는 45% 곤두박질쳤다. 선마이크로 시스템즈Sun Microsystems의 경우 예측치보다 수익률이 6% 낮았는데, 주가는 30% 하락했다. 1997년 5월 30일 인텔Intel은 1996년 2분기보다 수익이 급등하겠지만 애널리스트의 합의 예측치보다는 3% 밑돌 것이라고 발표했다. 그러자 장이 열리기 무섭게 주가는 26포인트, 즉 16% 하락했고, 기술주부터 시작해 장 전체가 출렁거렸다. 결국 몇 분 사이에 S&P500에서 870억 달러가 증발했다. 예측치를 믿었던 사람들은 만신창이가 되었다. 점잖게 표현해서 그렇다.

그렇다면 예외는 없을까? 헌신적이며 부지런한 애널리스트 집단은 일을 얼마나 잘하고 있는 걸까? 방금 살펴보았듯이 고작 몇 % 정도 어닝 서프라이즈나 쇼크에도 주가는 크게 요동칠 수 있다. 그래서 오늘날의 투자 현실에서는 아주 근사치에 가깝거나 정확한 수익 예측치가 요구된다. 대체로 주식 가치가 높을수록 정확도는 더 중요해진다.

앞서 언급했듯 시장 물정에 밝은 프로들은 대개 실제 수익 보고가 합의 예측치의 ±3% 이내에 들어오리라 기대하며, 더 정확한 예측을 원하는 사람들도 많다.

±3%, 이것이 가능할까? 그림 8-2를 보자. 데이터베이스로 21만
6,576개의 방대한 합의 예측치를 사용했다. 1개 주식에 적어도 애널리
스트 4명의 예측치를 자료로 사용했고, 최소 총 86만 6,000개의 개별 예
측치가 활용되었다. 대다수 주식의 예측치가 이보다 많았는데, 애플 같
은 경우 40개의 예측치가 포함되었는다. 그리고 2010년 말까지 38년 동
안 예측에 참여한 애널리스트는 총 100만 명이 훌쩍 넘었다.

그림 8-2는 이 책의 분석 결과를 한눈에 보여준다. 예측치가 실제 수
익보다 3~5% 이상 벗어날 때를 '실패'라고 분류했는데, 이 정도는 애널
리스트들이 스스로를 평가할 때보다 훨씬 후한 평가다. 그럼에도 불구

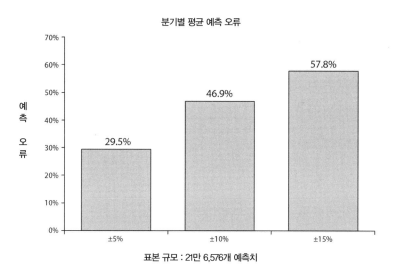

그림 8-2 엉터리 예측, 1973~2010년

분기별 평균 예측 오류

표본 규모 : 21만 6,576개 예측치

출처: © 데이비드 드레먼, 2011
데이터 출처: Abel/Noser Corp., I/B/E/S and Thomson First Call

하고 정확한 예측치를 기대하는 사람들에게 결과는 충격적이다. 예측치의 분포를 보면 투자자에게 애널리스트의 예측이 얼마나 쓸모없는지가 확연히 드러난다. 전문 투자자들에게 ±5% 수준은 결코 양보할 수 없는 마지노선이다. 그런데 실제 보고된 수익에서 ±5% 이내에 있는 예측치는 30% 이하였다. 10%라면 많은 전문 투자자가 너무 관대하다고 주장할 수준인데, 오류 범위를 ±10%로 잡아도 합의 예측치의 47%만이 이 범위 안에 들었다. 이처럼 후하게 잡았는데도 53% 이상이 과녁을 맞히지 못했다. 갈수록 태산이다. 합의 예측치의 58%만이 ±15% 안에 들었다. 월스트리트 사람이라면 어떤 분기라도 이 정도면 너무 높다고 판단할 것이다.

100번 예측에 50~70번은 엉뚱하게 빗나가는 예측치가 무슨 소용일까? 예측치가 조금만 빗나가도 끔찍한 사태가 벌어지는 걸 보면 그다지 소용이 없는 듯하다. 지금까지 고액 연봉을 받는 부지런한 애널리스트들이 불과 3개월 전에 신중하게 준비한 예측치가 터무니없이 빗나갔다는 것을 확인했다. 많은 주식이 오늘의 수익이 아니라 미래의 예상 수익을 판매하기 때문에, 즉 앞으로 수년간의 기대 전망치를 토대로 매도되므로 문제는 더욱 복잡해진다. 애널리스트가 예측으로 돈을 벌 확률은 경마에서 3번 연속 우승마를 맞힐 확률이나 마찬가지다.

오늘날 투자 환경에서는 상당히 높은 적중률이 필요하지만, 이는 불가능하다. 이런 예측치를 믿고 돈을 건다는 것은 이길 확률이 매우 불리한 상황에서 도박을 하는 것과 같다.

여기서 11번째 심리 지침이 정리된다.

엉터리 예측 4 : 업종 전망

애널리스트의 예측 역량을 신뢰하는 사람들은 이렇게 항변할 것이다. "이유가 있겠죠. 대체로 애널리스트들이 과녁을 맞히는 데 영 서투를 수도 있지만 변동성이 큰 업종이 많기 때문이에요. 그런 업종들은 정확하게 예측하기가 힘들죠. 십중팔구 상승할 수밖에 없는 안정적인 성장 산업은 예측하기 쉽지만요."

그럴듯하다. 그래서 컴퓨터에 데이터를 넣었더니 몇 분 후 답을 내놓았다. 동일한 애널리스트의 컨센서스 예측치를 24개 업종*으로 구분한 뒤 각 업종의 정확도를 측정했다. 결과는 표 8-1에 정리되어 있다.

업종의 오차 수준은 개별 기업 예측치보다 낮았지만 ±5% 오차 수준보다 6배 정도 높았다. ±5% 오차 수준은 애널리스트 대부분이 너무 후하다고 여기는 수준이다. 평균 오차는 28%, 중간값은 26%였다. 또한 전체 기간에 걸쳐 예측치의 오차가 연간 30% 이상인 업종이 전체 업종의 40%였고, 오차가 40% 이상인 업종도 10%였다.

●에릭 러프킨의 최초 연구는 1973~1996년을 대상으로 했다. 러프킨은 1990년대 말 중단된 정부 산업 분류 시스템을 사용했다. 재무나 금융 목적으로 사용하기에는 S&P, 모건스탠리 캐피털 인터내셔널(MSCI)이 개발한 산업 분류인 글로벌산업기준(GICS)이 더 정확하다. GICS 시스템의 데이터는 1990년대 중반부터 이용할 수 있다. 그런데 1973~1996년을 대상으로 한 러프킨의 연구 결과, 업종 예측치의 오차는 더 컸다. 따라서 38년 동안의 업종 예측치의 오차가 컸다는 점을 알 수 있다.

표 8-1 업종별 애널리스트의 예측 오류, 1997~2010년

24개 업종
업종 예측 오류 평균값 : 28%
업종 예측 오류 중간값 : 26%

업종	오류(%)	업종	오류(%)
자동차 및 자동차 부품	45	보험	24
은행	26	원자재	33
자본재	23	미디어	49
상업 및 전문 서비스	24	의약, 생명공학, 생명과학	31
내구 소비재 및 의류	26	부동산	13
고객 서비스	27	소매	26
금융 서비스	20	반도체 및 반도체 장비	34
에너지	35	소프트웨어 및 서비스	31
식품 소매	23	기술, 하드웨어, 장비	35
식품, 음료, 담배	22	통신 서비스	35
의료 장비 및 의료 서비스	21	교통	29
가정용품 및 개인용품	16	유틸리티	26

출처: © 데이비드 드레먼, 2011

데이터 출처: Abel/Noser Corp., I/B/E/S, and Thomson First Call

표 8-1에서 보듯 전 업종에 걸쳐 애널리스트의 예측은 빗나갔다. 컴퓨터, 의약 등 전망이 뚜렷하게 설명되고 미래의 '가시성'도 좋은 업종 역시 자동차, 원자재처럼 예측이 불투명한 업종만큼 오차가 컸다. 일관성 있는 결과를 얻은 만큼 다음과 같은 심리 지침을 얻었다.

심리 지침 12
애널리스트의 예측을 신뢰할 수 있는 업종은 없다. 애널리스트의 예측을 믿다가는 곤란한 지경에 빠진다.

가시성과 수익이 좋은 업종들 역시 다른 업종만큼 오차가 컸다. 가시성이 좋은 기업에 대한 애널리스트의 예측이 꾸준히 빗나가 실제보다 훨씬 높게 평가한다는 것은 이들 종목의 주가가 고평가되는 경우가 많다는 것을 시사한다. 마지막으로 애널리스트 예측에서 한 가지 남은 항목을 해결해보자. 수익을 예측하기가 힘들다는 경기 호황기나 경기 침체기에 애널리스트의 예측은 더 크게 빗나갈까?

엉터리 예측 5 : 호황기와 불황기에 애널리스트 예측

연구 대상 기간인 1973년부터 2010년에는 7번의 경기 확장과 6번의 경기 침체가 있었다. 경기 침체기에는 애널리스트가 예측하기 불가능한 경제 요인들 때문에 수익이 급감하므로, 애널리스트의 예측치가 지나치게 높을 것이라 짐작하기 쉽다. 반대로 경기 확장기에는 경제학자나 기업 경영진이 예상하는 것보다 실제 경기가 훨씬 좋으므로 예측치가 너무 낮을 것이라고 짐작할 것이다. 아주 그럴 듯하다. 게다가 얼핏 애널리스트의 실적이 형편없는 이유에 대한 설명도 되는 듯하다. 안타깝지만 표 8-2에서 볼 수 있듯이 사실은 그렇지 않다.

표 8-2는 전체 서프라이즈(긍정적 서프라이즈와 부정적 서프라이즈의 평균), 긍정적 서프라이즈(깜짝 실적), 부정적 서프라이즈(실망 실적) 3개의 영역으로 구분된다.[12] 경기 확장기와 침체기의 서프라이즈가 표시되어 있고, 하단의 수치는 확장기와 침체기 전체에 대한 예측치의 평균이다. 확장기의 전체 서프라이즈 평균은 39.2%로, 전체 기간의 서프라이즈인 39.3%, 침체기의 전체 어닝 서프라이즈 평균 43.9%와 큰 차이가 없었다. 더욱이 확장기와 침체기의 긍정적 서프라이즈 평균 역시 각각 23.3,

	전체 서프라이즈 (절대적 가치)	긍정적 서프라이즈	부정적 서프라이즈
확장기	39.2%	23.3%	−66.0%
침체기	43.9%	26.0%	−70.0%
전체 표본 (1973~2010년)	39.3%	23.8%	−65.1%

모든 수치는 평균 서프라이즈
서프라이즈 = (실제 수익 − 예측치)÷실제 수익(%)

26.0%로 대동소이하고, 확장기와 침체기의 부정적 서프라이즈 평균 역
시 −66.0, −70.0%로 유사하다.

통계를 분석해볼 때 경제 상황 때문에 애널리스트의 오차가 커지는
것은 아니다. 평소나 확장기 또는 침체기의 오차 수준과 빈도 면에서 큰
차이가 없었다. 이를 통해 애널리스트는 언제나 낙관적이라는 사실은
분명히 입증되었다.

애널리스트는 경기 침체기에 지나치게 낙관적이었는데, 평상시나 경
기 회복기에도 낙관의 수위는 줄어들지 않았다. 애널리스트들이 낙관적
이라는 사실은 새로운 발견은 아니다. 7장에서 다룬 것처럼 애널리스트
의 낙관주의에 대해 연구한 논문들이 다수 있는데, 연구 대상 기간이 지
나치게 짧은 연구 논문 1편을 제외하고는 모두 결론이 일치하였다.[13] 이
것은 투자자들에게 중요한 결과다. 애널리스트들이 대체로 낙관적이라

면, 7장에서 보았듯 시장 안팎의 사건 때문에 자주 낙담할 일이 생기는 것이 아니라, 애초에 장밋빛 색안경을 끼고 해당 기업이나 업종을 바라보기 때문이다.

엉터리 예측 6 : 이 모든 사실은 무엇을 의미하는가

장기간에 걸친 애널리스트의 예측치 오류는 용인하기 힘든 수준이었음을 살펴보았다. 오차 범위 40%는 충격적이다. 펀드매니저나 개별 투자자가 주식 선정에 활용하기에는 너무 높은 수준이다. 다시 말하지만 주식 선정 전문가들은 자신들이 오차 범위 3% 이내에서 예측치를 맞출 수 있다고 생각한다. 그러나 연구 결과 평균 오차는 이보다 13배나 컸다. 오차 수준이 10~15%이면 평균적인 기업(수익 성장률 7%), 심지어 저성장 기업(수익 성장률 4%)과 성장주(수익 성장률 20%)를 구별할 수 없다. 그렇다면 오차가 40%에 육박하면 어떨까?

주당순이익이 낮은 기업을 탈락시켜 큰 폭의 오차를 피한다고 문제가 해결되지는 않는다. 오차 범위는 여전히 20%가 넘는다. 설상가상으로 오차 빈도 역시 높다. 그림 8-2를 보면 애널리스트의 합의 예측치가 오차 범위 5% 이내로 들어온 경우는 전체의 약 30%뿐이다. 다시 말하지만 오차 범위 5%는 많은 애널리스트가 지나치게 큰 오차라고 생각한다. 주식을 선정하려면 정확한 예측치가 있어야 하는데, 5%로는 나중에 크게 곤욕을 치를 수도 있다.

안타깝게도 문제는 여기서 그치지 않는다. 산업별 예측도 형편없기는 마찬가지다. 2010년까지의 연구 결과(그리고 1973년에서 1996년까지 초기 연구 결과, 283쪽 각주 참고), 투자자들이 거금을 투자하는 이른바 가시성이 높은 업종이나 전망이 불투명한 업종 모두 비슷한 오차 범위를 보였다. 수익 예측치의 정확도가 진짜 성장주와 저성장주를 구별할 수 없을 정도로 떨어진다면 비싼 돈을 들여 '가시성이 높은' 기업의 주식을 살 이유가 있을까?

지금까지 애널리스트 예측의 두 가지 문제점을 더 살펴보았다. 첫 번째로, 오차율은 경기 사이클 탓이 아니다. 애널리스트 예측치의 오류는 경기 사이클과 관계없이 모두 높았다. 더 중요한 것은 두 번째 문제이다. 애널리스트의 예측은 지나치게 낙관적인 방향으로 치우쳐 있다. 오차가 클 뿐 아니라, 일관되게 수익을 과대평가하는 경향이 있다. 고평가된 주식을 살 때 이는 치명적이다. 애널리스트의 낙관주의와 터무니없이 높은 오차가 결합되면 재앙에 이를 확률이 높아진다. 앞서 보았듯 전망이 탁월한 주식들도 근소한 '착오'에도 매도세가 촉발돼 주가를 예측치 오차보다 5배, 심지어 10배만큼 끌어내린다.

대다수 주식 선정 방식에는 미래를 내다보는 정교한 예측치가 필요한데, 예측치 오류의 크기와 빈도를 보면 이런 방식들에도 의구심이 든다. 2장에서 살펴본 대다수 주식평가 방식에는 정확한 수익 예측이 필수적이다. 존 버 윌리엄스John Burr Williams는 향후 20년 이상의 수익 예측, 현금흐름 또는 배당을 바탕으로 내재가치 이론을 만들었다. 성장 및 모멘텀 투자 전략 역시 향후 수년 앞을 내다보는 정교하고 정확한 예측치를 토대로 특정 주식을 어떤 가격에 매수할지 판단한다. 먼 미래를 내다볼수록 수익 예측의 가시성은 좋아야 한다.

1년 예측치의 오차 평균이 40%라면 10년 뒤의 예측치가 제대로 과녁을 맞힐 확률은 극히 희박하다. 이 시점에서 다음 두 가지 중요한 의문이 생긴다.

첫째, 과연 효율적 시장 이론가와 로봇 같은 인간이 핵심 정보를 나무랄 데 없이 분석해, 주가를 응당 합리적인 수준으로 유지할 것인가? 그림 8-2를 통해 애널리스트가 예측을 위해 투입한 정보들이 전혀 정확하게 처리되지 않는다는 사실이 드러났다. 지금까지 검토한 결과들을 고려할 때 핵심 분석 정보를 이용한 예측에서 심각한 오류가 계속된다면 무엇으로 시장의 효율성을 유지할 수 있을까?

둘째, 애널리스트들은 30여 년 동안의 오류에서 교훈을 얻지 못했다. 효율적 시장 가설에 따르면 합리적인 투자자는 거의 즉각적으로 판단을 조정해 시장이 효율성을 유지한다고 한다. 이렇게 되지 않는 이유는 무엇일까? 안타깝게도 검은 백조 무리가 요란스럽게 날아와 앉으며 예측 오류를 분명하게 드러냈지만, 이 역시 효율적 시장 가설을 보호하기 위한 '이상치'로 치부되었다.

여기서 심리학 지침을 또 하나 얻게 되었다.

심리 지침 13
오늘날 대다수 주식분석 방식은 애널리스트의 예측치에 의존하지만, 정확한 예측은 불가능하다. 높은 수준의 정확도가 요구되는 분석 방식을 피하라.

엉터리 예측 7 : 이봐, 난 특별해

이 결과를 어떻게 받아들여야 할까? 증거가 이토록 명백한데 많은 투자자, 특히 전문가는 왜 이 점을 간과하고 있을까? 왜 분석 방식에 이 증거를 통합하지 않고 복병이 매복하고 있는 숲으로 돌진하는 걸까? 월스트리트의 사람들은 왜 이 결과를 그저 신기한 현상쯤으로 치부하고, 다른 사람들에게는 영향이 있겠지만 자신들에게는 아무 상관없는 단순한 통계라고 생각하는 걸까? 많은 전문가가 자신의 분석은 다르다고 믿고, 딱 맞아떨어지는 정확한 예측을 계속 할 수 있을 것이라고 자신한다. 어쩌다 예측이 빗나가면 깜박 실수했거나, 기업이 허위 정보를 주었기 때문이라고 생각한다. 그리고 이렇게 믿는다. '좀 더 철저히 연구했으면 실수하지 않았을 거야. 다시는 실수하지 않을 거야.'

반증이 되는 압도적인 증거들이 있는데도 이런 식으로 생각하는 이유를 살펴보자. 몇 개의 막으로 구성된 흥미진진한 드라마가 펼쳐질 것이다. 다양한 분야의 훌륭한 전문가들이 배우로 등장하고, 연기는 감탄이 나올 정도다. 그리고 관객은 가슴이 훈훈해지는 (아마도 포트폴리오가 훈훈해지겠지만) 교훈을 얻게 될 것이다.

엉터리 예측 8 : 예측 오류의 원인들

예측의 오류로 수십 년 동안 엄청난 피해가 발생했지만, 투자자들은 예측의 통계학적 파괴력을 무시하거나 하찮게 여기고 있다. 눈금 맞추듯 정교한 예측이 필요한 투자자들에게 망신살이 뻗치는 몇 가지 이유가 있는데, 경제학적 원인과 심리학적 원인이 섞여 있다. 일찍이 존 크래그 John Cragg와 버턴 말킬Burton Malkiel(말킬은 6장에서 잠깐 언급되었다)은 〈저널 오브 파이낸스〉에 장기 예측에 관한 분석을 실었다.[14] 두 사람은 뉴욕 시 은행 2곳의 신탁관리부, 뮤추얼 펀드, 투자자문회사 등 평판이 아주 좋은 투자기관 4곳에서 일하는 주식 애널리스트들의 수익 예측을 검토했다. 이들 기관에서는 185개 기업에 대해 1~5년 치 예측을 내놓았다. 연구 결과 애널리스트 대다수의 예측치와 실제 수익 사이에는 상관관계가 낮았다.

이에 대해 크래그와 말킬은 이렇게 말하고 있다. 오늘날에는 입수할 수 있는 정보도 방대하고 기업도 자주 방문하는데, 예측치는 여전히 과거 추세의 연장선상을 벗어나지 못하고 있다. "이번 연구 결과가 놀라운 것은 주식 애널리스트가 신중하게 분석한 예측치를 사용하는 것이 과거 기업 성장률을 예측치로 사용하는 것보다 실적 면에서 별로 나을 게 없다는 것이다." 연구자들에 따르면 기업 수익률이 연 4%의 장기 성장률을 보인다고 단순하게 추정해도 5년 예측치의 성적이 더 나았을 것이라고 한다.[15]

더욱 중요한 교훈은 수익 예측에 의존하면 나중에 후회한다는 것이다. 옥스퍼드대학의 이안 리틀 교수는 1962년 논문 〈뒤죽박죽 성장〉에서 최근의 수익 추세로 영국 기업들 대다수의 미래를 점칠 수는 없다고 한다.[16] 논문 제목은 적절했다. 리틀의 연구는 효율적 시장 이론가와 효율적 시장 가설을 활용하는 전문가 모두에게 껄끄러웠고, 이들은 즉각 리틀의 방법론이 잘못되었다며 비난했다. 사람 좋은 리틀은 비난을 수용해 다시 신중하게 연구에 착수했지만, 결과는 마찬가지였다. 과거의 수익과 미래의 수익 사이에는 사실상 어떤 상관관계도 없으며, 수익은 제멋대로 갈지자 행보를 보였다. 따라서 (수익을 예측하는 주식분석에서 아주 중요한) 현재의 추세는 앞으로의 행보에 어떤 암시도 주지 못한다.[17]

다수의 연구도 동일한 결론에 이르고 있다.[18] 장기적으로 미국 기업의 수익 변화는 불규칙하게 요동쳤다. 예를 들어 리처드 브리얼리[Richard]

Brealey는 1945년부터 1964년까지 711개 미국 기업의 수익률 변화를 조사했다. 브리얼리의 연구 결과 역시 추세가 지속되지 않았으며, 오히려 살짝 추세가 반전되는 경향을 보였다. 가장 꾸준한 수익 성장률을 보이는 기업들이 유일한 예외였는데, 이런 기업들조차도 과거 수익과 미래 수익과의 상관관계는 미약했다.[19]

두 가지 연구를 나란히 놓고 보면 애널리스트의 예측 오차가 왜 그렇게 큰지 어느 정도 설명이 된다. 크래그와 말킬이 보여준 것처럼 애널리스트들이 과거 수익률 추세를 근거로 미래 수익을 추정하고, 리틀과 브리얼리가 보여준 것처럼 수익 변화가 임의적이라면 오차는 커질 수밖에 없다. 즉 큰 폭의 예측 오차는 계속해서 나타나게 된다.

맥락은 다르지만 이번에도 역시 수익 예측에 너무 큰 의미를 부여하는 것이 위험하다는 사실이 드러났다. 이로써 또 하나의 심리 지침이 도출된다.

> **심리 지침 14**
> 정치, 경제, 산업, 경쟁 환경이 끊임없이 바뀌는 역동적인 경제에서 과거를 이용해 미래를 예측한다는 것은 불가능하다.

수익 예측이 헛다리를 짚는 데는 몇 가지 원인이 있는데, 돈과 관련된 문제도 있다. 하나는 하버드대학 경제학자 리처드 젝하우저가 이름 붙인 '빅 배스 이론(목욕을 해서 더러운 것을 없앤다)'이라는 회계 방식이다. 젝하우저와 보스턴대학의 제이 파텔Jay Patel, 파리 HEC 경영대학원의 프랑수아 드 조르주Francois Degeorge는 공저 논문에서 많은 기업이 꾸준히 성장하는 수익을 대외적으로 과시하기 위해 수익을 '관리'하고 있다고 밝혔다.[20] 애널리스트는 지속적인 성장세를 좋아하기 때문에 경영진은 애널리스트의 입맛에 맞춰 꾸준한 성장 실적을 내놓으려고 한다. 그게 불가능해지면 경영진은 '빅 배스'를 감행하는데, 목욕을 하듯 부실 요소를 모조리 회계에 반영해 한방에 털어버리는 수법이다. 심지어 (회계를 다시 정리하면서까지) 필요 이상으로 부실 요소를 털어내어, 꾸준한 실적 향상을 보여주려는 속셈이다. '빅 배스' 역시 애널리스트의 예측이 빗나가게 만드는 예측 불가능한 요소가 될 수 있다.

지금까지 나온 증거를 고려할 때, 예측은 과학이라기보다 종합 예술에 가깝다. 창의력이 요구되는 다른 분야들처럼 주식 예측에도 '장인'은 드물다. 수치가 말해주듯, 재능이 특출한 몇 사람을 제외하고는 신뢰할 만한 미래 예측을 내놓을 수 없다.

행동재무학 : 애널리스트의 추천에 녹아 있는 월급쟁이의 애환

애널리스트에게 직접 영향을 미치는 본질적인 요소 몇 가지가 있는데, 가장 중요한 것이 월급쟁이 직장인이 가질 수밖에 없는 부담감이다 (행동재무학에서는 이를 대리 이론●의 일부로 본다). 직장인 신분으로 회사의 눈치를 볼 수밖에 없기 때문에, 예측이 현저하게 빗나갈 수 있다는 것이다.

몇 해 전 〈월스트리트저널〉 편집자인 존 도프먼은 대형 증권사를 조사해 애널리스트의 보너스를 결정하는 항목들을 정리했다.[21] 애널리스트의 보너스는 연봉의 상당 부분을 차지한다. 도프먼의 말을 그대로 옮기면 다음과 같다. "애널리스트의 보너스를 산출할 때, 포함되지 않는

● 하나의 조직을 다른 사람에게 일을 위임하는 주인과 위임받은 일을 하는 대리인의 결합으로 파악한다. 대리 이론에 따르면 특정 상황에 동일한 목표를 가진 조직에서 주인과 대리인의 심리적 동기는 다르며, 상이한 심리적 동기가 다른 방식으로 표출된다. 인터넷 버블에서 나타난 잭 그루브먼, 헨리 블로젯을 비롯한 애널리스트의 행동은 대리 이론의 한 측면을 보여준다.

항목이 무엇인지 알면 투자자는 깜짝 놀랄 것이다. 수익 예측의 정확도? 결코 직접적인 변수가 아니다. 애널리스트가 좋아하거나 싫어하는 주식의 실적? 역시 큰 비중을 차지하지 않는다." 애널리스트의 보너스를 결정하는 일곱 가지 항목 중 '예측 정확도'는 꼴찌를 차지한다.

무엇보다 중요한 것은 애널리스트가 증권사의 영업력에서 차지하는 비중이다. 인터넷 버블이 잔뜩 끼었을 때 애널리스트는 영업력을 발휘해야 하는 부담감에 시달렸다. 이 때문에 많은 애널리스트가 고객들과 심각한 갈등을 빚기도 했다.

대부분의 증권사가 애널리스트의 영업력을 공식적으로 조사하는데, 수단과 방법을 가리지 않고 얼마나 많은 수수료를 벌어들였는지를 기준으로 순위가 결정된다. 레이먼드 제임스 파이낸셜에서는 영업력 순위가 애널리스트 보너스의 50%를 차지한다. 고위 임원들도 애널리스트가 선정한 주식이 회사 돈벌이에 얼마나 보탬이 되었는지 조사한 보고서를 검토한다. 이런 보고서를 '주식중개실적Stock done'이라고 한다.

페인웨버(현재 UBS 자회사)는 증권분석 서비스를 제공한 모든 주식의 거래 비율과 시장점유율을 꼼꼼하게 기록해 경쟁사의 시장점유율과 비교했다. 프루덴셜증권(현재 와코비아증권과 합병) 임원이었던 마이클 컬프 Michael Culp는 애널리스트는 한 달에 110명의 고객과 연락해야 한다는 규칙을 정했는데, 대다수 애널리스트가 눈썹 하나 까딱하지 않았다고 한다. 이미 한 달에 135명의 고객을 만나고 있었기 때문이다. 어떤 증권사는 보너스를 계산할 때 애널리스트의 추천으로 순위를 매긴다. 매수 추천은 130점이지만, 매도 추천은 고작 60점이다. 그 이유는 매도 추천은 매수 추천만큼 장사에 도움이 되지 않기 때문이다. 예측의 정확도는 아예 점수가 없다.[22] 앞서 닷컴주 마케팅을 다루면서 이런 행태가 어떤 결과를 낳는지 살펴보았다.

〈월스트리트저널〉에 따르면 두 번째로 중요한 것은 〈인스티튜셔널 인베스터〉의 올스타 팀에 선정되는 것이다. 앞서 보았듯 애널리스트가 올스타에 선정되면 증권사는 수수료로 떼돈을 번다. 연구부서 임원은 〈인스티튜셔널 인베스터〉가 중요한 요소가 아니라고 부인하면서도 이렇게 말했다. "봄이면 애널리스트 대부분이 기관투자자들을 방문하죠." 즉 애널리스트는 해마다 봄이 되면 성지 순례하듯 기관투자자들을 만나고 다니는데, 투표를 잘해달라고 로비를 하러 가는 것이다. 올스타에 뽑히면 부와 명예를 거머쥘 수 있으니까. 그 임원은 이렇게 덧붙였다. "투표 직전인 3월과 4월이 되면, 사무실이 텅텅 빈다니까요."

듣기에 불편한가? 애널리스트의 행태는 닷컴 버블 당시보다는 나아졌지만, 되도록 매도 추천보다 매수 추천을 많이 해서 보너스를 받으려는 유혹은 여전히 강하다. 대다수 투자자는 직간접으로 애널리스트의 손에 투자금을 맡기고, 애널리스트는 예측을 토대로 주식이나 종목을 추천한다. 그러나 애널리스트 입장에서 예측은 빛 좋은 개살구로, 자신이 회사에서 받을 보수를 결정하는 데는 소소한 요인이다. 안타깝지만 언제나 그랬다. 최선의 주식을 추천하는지, 아니면 수수료를 최대한 부풀려서 보너스를 왕창 받기 위해 흥행이 될 것 같은 주식을 추천하는지가 문제다. 어느 쪽인지 단정하기는 어렵지만, 도움이 되는 심리 지침이 있다.

심리 지침 15
애널리스트의 추천을 받고 싶다면, 적어도 3~5년 동안의 보고서를 모두 구해서 실적이 어떤지 살펴본다. 실적이 변변치 않거나 보고서를 주지 않으면 거래하지 말라.

애널리스트를 짓누르는 부담은 또 있다. 월스트리트 사람이라면 잘 알겠지만 매도 추천을 하기 두렵다는 점이다. 이 점은 직접 체감되는 압박감이다. 매수 추천에 비하면 매도 추천은 아주 드물다. 매도 추천 대상이 된 기업은 향후 해당 애널리스트를 만나려 하지 않는 경우가 다반사다. 업종 전체를 매도 추천하면 그 업계에서 '왕따'가 되어 고위 임원을 만날 기회가 사실상 차단된다. 만약 특정 업종에 정통한 전문가인데 해당 업종을 매도 추천한다면 애널리스트로서의 경력에 심각한 타격을 입게 된다.

매도 추천 예측이 정확했다고 해도 상당한 대가가 따른다. 1980년대 말 재니 몽고메리 스콧Janney Montgomery Scott 소속 애널리스트 한 사람이 도널드 트럼프가 소유한 애틀랜틱시티 카지노를 매도 추천했다. 화가 머리끝까지 난 트럼프는 무식한 애널리스트를 해고해야 한다며 길길이 날뛰었다. 얼마 후 애널리스트는 해고되었지만, 증권사는 '다른 이유로' 해고했다고 속이 훤히 들여다보이는 거짓말을 했다. 하지만 애널리스트는 옳았고, 카지노는 파산법 제11장에 의거해 파산 보호를 신청했다. 직장에서 쫓겨난 애널리스트는 중재위원회를 통해 몇 년 치 연봉에 해당하는 돈을 받았다. 하지만 탁월한 예측에 대해서는 어떤 보상도 받지 못했고, 오히려 그 예측 때문에 고초만 겪게 되었다.

승승장구하던 보스턴 치킨(이후 사명을 보스턴 마켓으로 바꿈)의 애널리스트 모임에서 쫓겨난 사람도 있다. 보스턴 치킨을 매도 추천했다는 죄목이었다. 보스턴 치킨 CFO(재무담당 최고책임자)는 이렇게 말했다. "자네는 빠져. 앞뒤 분간 못 하는 사람, 우리는 필요 없네.[23]" 사실은 이랬다. 얼마 못 가 보스턴 치킨은 파산법 제11장 규정에 따라 파산 보호를 신청했다. 다수의 연구에 따르면 매수 추천이 매도 추천보다 5~6배 많다고 한다.[24] 매수-매도-보유 등급을 정하는 데 직장인을 짓누르는 부담감은 분명 작용한다.

애널리스트가 기업에 대해 부정적인 보고서를 작성하면 많은 기업이 보복한다. 앙갚음하는 방식은 다양하다. 프루덴셜증권에 근무하는 애널리스트 한 사람이 1992년 시티그룹에 대해 여러 번 부정적인 보고서를 작성했다. 프루덴셜이 자산담보부 채권 발행에서 주간사로 선정되는 데 실패하자 다급해진 프루덴셜 투자금융 부서장은 시티그룹으로 달려갔다. 그리고 애널리스트 때문이라는 소리를 들었다. 1년 뒤 그 애널리스트는 복잡한 파생상품을 보유했다며 뱅크 원을 비난했고, 결국 뱅크 원은 수억 달러를 상각했다. 그리고 뱅크 원은 프루덴셜과 채권거래를 중지했다. 까마귀 날자 배 떨어진다고, 애널리스트도 곧 프루덴셜을 떠났다. 키더 피바디Kidder Peabody 소속 애널리스트는 거듭 내이션스뱅크(현 뱅크 오브 아메리카)를 매도하라고 추천했다. 그 결과 내이션스뱅크는 키더와 신탁계정을 통한 주식 및 채권거래를 모두 중단했다.[25]

대규모 인수업무도 겸하는 증권사에 소속된 애널리스트들이 갖는 부담감은 더 크다. 부정적인 보고서는 금기사항이다. 살로몬브라더스 소속 애널리스트가 벨사우스의 경영진이 무능력하다고 공공연히 떠들고 다니며, 7개 지역 자회사 중 벨사우스를 6위에 놓았다. 그러자 벨사우스 간부들은 심기가 뒤틀렸다. 그 결과 금융 업계 최강자인 살로몬브라더스는 막대한 돈이 오가는 벨사우스 공모주 인수전의 주간사 역할에서 배제되었다.

1994년 말 메릴린치 애널리스트가 콘세코 주식의 등급을 낮추자 콘세코는 곧바로 대형 채권 발행 사업에서 메릴린치의 주간사 지위를 박탈해버렸다. 스미스 바니는 소속 애널리스트가 오웬스코닝 파이버글라스

Owens-Corning Fiberglas에 대해 부정적인 보고서를 쓴 탓에 스미스 바니가 오웬스코닝 파이버글라스의 인수단에 참여할 기회를 잃었다는 소문도 돌았다.[26]

인수업무를 대신하는 대행사에 근무하는 애널리스트가 매도를 추천하면 얼마나 큰 부담에 시달리게 되는지 보여주는 학계의 연구가 있다. 이 논문은 투자 은행 소속 애널리스트 250명과 투자 은행 업무를 하지 않는 증권사 소속 애널리스트 250명을 비교했다. 연구 결과 투자 은행의 중개업자는 매수 추천이 25% 많았고, 매도 추천은 46%나 적었다.[27]

앞에서 살펴본 대로 다양한 근무 여건을 고려할 때, 애널리스트의 가장 중요한 임무는 증권사 매출을 올려주는 훌륭한 장사꾼이 되는 것이다. 애널리스트는 듣기 좋은 이야기를 해야 한다. 사실이 아니더라도 말이다. 결국 문제는 수수료다. 장사를 잘하는 것과 예측을 잘하는 것은 전혀 다른 문제다. 앞서 본인들이 선정한 주식들로 시장평균 수익률을 크게 밑도는 성과를 보인 '올스타들'을 보면 알 수 있다. 올스타들이 크게 관심을 기울이는 유명한 펀드매니저들 역시 꾸준히 시장평균을 밑돌고 있다.

애널리스트들은 등급을 솔직히 밝히기 어려우므로 비중 축소, 비중 감소, 적정평가, 과대평가, 자금의 원천, 교체 매매 후 보유, 심지어 강력 보유라는 말을 쓰는데 이는 사실상 '매도'를 의미한다. UBS증권에서 애널리스트로 일했던 피터 시리스가 몇 년 전에 이에 대해 깔끔하게 정리했다. "술수가 판을 친다. 대다수는 애널리스트가 한통속이라는 것을 알기 때문에 애널리스트가 하는 말에 속지 않는다. 그러나 (소수의) 가련한 투자자들에게는 누군가 알려줘야 한다.[28]" 여러분에게 나는 분명히 경고했다!

증권사들이 정확한 예측에 집착하지 않는 것은 사실이지만, 분석가들도 그들이 내놓은 예측에 대해서 책임지지 않는다. 증권사가 기업 고객으로부터 자사 주식을 매도 추천하지 말라는 압력을 받는지는 모른다. 하지만 내가 아는 한 기업 고객의 주식을 지나치게 낙관적으로 평가한 보고서를 썼다고 문책을 받는 경우는 없었다.

엉터리 예측 9 : 의사결정에 미치는 심리적 영향

7장에서 주식시장을 비롯한 다양한 분야에서 전문가의 예측이 크게 빗나간다는 사실을 확인했다. 시장에서 애널리스트는 노트북을 들고 다니면서 스프레드 시트를 활용하거나 주식 시황을 점검할 수 있고, 팩스를 받거나 방대한 양의 데이터베이스를 이용할 수 있다. 집이나 사무실에서는 수집할 수 있는 데이터 용량이 엄청나게 늘어났다. 모건스탠리의 한 애널리스트는 모건스탠리가 사용하는 49개 데이터베이스에서 유용한 정보를 추출하는 건 모래밭에서 바늘 찾기라고 말하며 이렇게 탄식했다. "데이터가 늘어날수록 쓸 만한 정보는 적죠.[29]" 이 애널리스트가 직관으로 얻은 깨달음은 심리학 연구 결과와 일치한다. 이미 입증되었듯이 정보가 많다고 정확도가 높아지는 건 아니다. 수많은 인지심리학 연구에서 인간의 판단은 당연하게도 자주 빗나간다는 사실을 입증하고 있다. 과도한 자신감 역시 애널리스트에게만 국한된 문제가 아니다. 불확실한 상황에서 인간은 활용 가능한 정보를 믿고 과신하는데, 대개 스스로 옳다고 믿지만 실상은 그렇지 않은 경우가 훨씬 많다.

이 사실은 다른 분야에도 적용된다. 인지심리학자들이 분석한 최고 수준의 연구에 따르면 심리학자들 중 누가 정확한 진단을 내리게 될지에 대해서는 예측이 불가능하다. 더욱이 판단의 정확도를 높이는 데 지속적으로 활용할 수 있는 기계적인 예측 모델도 없다. 이 문제를 해결하려면 상당 기간에 걸친 심리학자의 진단 기록을 살펴보는 수밖에 없다는 것이 이 연구의 결론이다.

연구자들에 따르면 '적중률'이 그다지 높지 않다는 것을 알고 있을지라도 사람들은 자신이 내린 답을 굳게 믿는다고 한다. 앞에서 잠깐 밝혔듯 이런 현상을 '정당성의 착각Illusion of Validity'이라고 한다.[30] 정확한 예측이 어렵다는 확고한 증거가 있는데도 애널리스트들이 한 치의 오차도 없는 정확한 예측을 자신하는 것도 이 때문이다. 인간은 불완전하며 틀릴 수도 있는 데이터를 이용해 정확한 예측을 할 수 있다고 자신한다. 주식 예측가들은 이 사실에서 귀중한 교훈을 얻어야 한다.

엉터리 예측 10 : 내부 관점과 외부 관점

수십 년 동안 아모스 트버스키와 함께 중요한 논문을 다수 발표한 대니얼 카너먼은 댄 로밸로Dan Lovallo와 함께 이 주제에 대해 기술했다.[31]

예측가들은 그동안의 역사는 완전히 무시하고 각각의 문제를 지나치게 독자적인 사안으로 취급한다. 이에 대해 인지심리학자들은 예측에는 뚜렷하게 구별되는 두 가지 방식이 있다고 지적한다. 첫째는 '내부 관점'이다. 이 방식은 수익률과 주가를 예측할 때 주로 사용된다. 애널리스트나 예측가는 오로지 해당 주식과 성장률, 시장점유율, 제품 개발, 시장, 경기 전망 등 여러 변수에 집중한다.

반면 '외부 관점'은 개별 예측에 들어가는 다양한 요인들을 무시하고 가장 유사하다고 생각되는 일군의 사례를 집중 분석한다. 예를 들어 수익 예측의 경우, 애널리스트 예측의 정확성과 신뢰성에 대해 판단할 때 예측이 전반적으로 어느 정도 정확했는지 혹은 특정 업종이나 기업에 관한 예측이 얼마나 정확했는지에 초점을 맞춘다.

주식시장 예측가들이 내부 관점을 이용해 성공하려면 미래를 내다보는 핵심 요소들을 포착해야 한다. 반면 외부 관점은 기본적으로 통계학과 비교 분석법을 사용하여 미래를 자세히 들여다보려고 하지 않는다.

카너먼은 자신이 겪은 일화를 통해 이 차이점을 설명하고 있다. 1970년대 중반 카너먼은 여러 전문가와 함께 불확실한 상황에서 인간의 판단과 의사결정에 관한 내용으로 이스라엘의 고등학교에서 사용할 교재를 개발하고 있었다. 1년 정도 지나 교재 개발이 어느 정도 진척되자 언제쯤 프로젝트를 마칠 수 있을지에 대한 토론이 벌어졌다. 카너먼을 비롯해 팀원 모두 예측을 내놓았는데, 18개월부터 30개월까지 다양했다. 카너먼은 동료 중 커리큘럼 개발 전문가에게 시간과 개발 면에서 동일한 단계에 있는 유사 프로젝트를 생각해보라고 말하며 이렇게 물었다. "이 단계에서 그 프로젝트가 완료될 때까지 얼마나 걸렸지?"

그는 곤란한 기색이 역력했고, 한참 망설이더니 프로젝트의 40%는 미완성인 상태로 남는다고 대답했다. "7년 안에 끝난 프로젝트도 없었고, 10년 이상 걸린 프로젝트도 없었네." 그러자 카너먼은 이 팀에서 프로젝트를 수행하는 데 특별히 뛰어나다고 할 만한 요소가 있는지 물었다. 그는 이렇게 대답했다. "없어. 사실 자원이나 잠재 역량 면에서 평균에 살짝 못 미치네." 그는 외부 관점에 능숙한 노련한 전문가이지만, 내부 관점에 빠질 뻔한 것이다(카너먼에 따르면 토론 이후 프로젝트를 완성하는 데

8년이 더 걸렸다고 한다).

　이로써 내부 관점과 외부 관점이 출처가 전혀 다른 정보에 의지하며, 정보 처리 과정 역시 상반된다는 사실이 분명해졌다. 외부 관점은 착수한 프로젝트의 세부 사항(내부 관점을 활용하는 분석에서는 초석이 됨)을 무시하며, 앞으로 프로젝트의 결과가 어떨지 예측하려고 하지 않는다. 대신 유사 프로젝트들의 통계를 통해 당면한 프로젝트의 성공이나 실패 확률을 판단하는 데 주안점을 둔다. 외부 관점에서는 문제를 독립된 사항으로 취급하지 않고, 비슷한 많은 문제 중 하나로 취급한다는 것이 근본적인 차이점이다. 외부 관점은 커리큘럼 개발, 의학적 진단, 정신의학적 진단, 심리 진단, 수익 또는 미래 주가 예측 등 우리가 살펴본 수많은 문제에 적용될 수 있다.

　카너먼에 따르면 "두 방식 모두 현명하고 능숙하게 적용한다고 할 때 외부 관점이 더 현실적인 예측치를 내놓을 확률이 훨씬 높다. 그러나 시간이 오래 걸리고 복잡한 프로젝트는 대체로 자세하게 예측하기 힘들다." 수많은 요소가 서로 얽혀 상호 영향을 미치는 시장에서 어떤 결과가 나올지에 대한 경우의 수는 사실상 무한하다. 혹시 가능한 경우의 수를 하나하나 전부 예측할 수 있다고 해도 특정 시나리오가 그대로 일어날 확률은 극히 희박하다. 그러나 애널리스트들이 바로 이 방법을 이용해 단 하나의 정확한 예측을 하려고 애쓰고 있다.

엉터리 예측 11 : 예언자의 저주

다시 애널리스트 친구들로 돌아가서, 내부 관점을 사용하는 애널리스트의 적중률을 살펴보자. 표 8-3에서 명확히 드러나듯 기간이 조금만 늘어나도 애널리스트의 예측 적중률은 지극히 낮아진다. 즉 정확한 예측을 이용해 계속해서 돈을 벌 수 있는 확률이 미미해진다는 것이다.

앞서 보았듯 월스트리트는 오차범위 ±3% 이내의 예측을 요구한다. 과거 애널리스트의 예측을 분석한 표 8-3을 보면 오차범위를 더 넓혀 5%로 잡아도 예측치가 그 안에 들어올 확률이 얼마나 낮은지 알 수 있다. 명심하자. 1분기에 예측치가 ±5% 안에 들 확률은 30%에 불과하다.

표 8-3은 1분기, 4분기, 10분기, 20분기 애널리스트의 예측이 ±5% 안에 들 확률을 나타낸다. 1열은 전체 서프라이즈, 2열은 부정적 서프라이즈, 3열은 긍정적 서프라이즈이다. 표에 나타난 결과를 보니 불안해진다. 정밀한 수익 예측에 의존하는 투자자라면 표에 나타난 확률에 아연실색할 것이다. 애널리스트의 합의 예측치가 4분기 연속 ±5% 안에 들 확률은 132분의 1이다. 기간이 길어지면 확률은 급격하게 낮아진다. 10분기 연속으로 한 기업에 대한 전망이 ±5% 안에 들 확률은 19만 9,000

표 8-3 예측치가 ±5% 안에 들 확률, 1973~2010년			
	전체 서프라이즈	부정적 서프라이즈	긍정적 서프라이즈
1분기	30%	66%	62%
4분기	1/132	1/5	1/7
10분기	1/199,000	1/62	1/113
20분기	1/400억	1/3,800	1/12,800

출처: © 데이비드 드레먼, 2011. 데이터
출처: Abel/Noser Corp., I/B/E/S and Thomson First Call

분의 1이며, 20분기 연속은 400억분의 1로 떨어진다. 20년까지 가면 확률이 몇조분의 1로 떨어질 것으로 보여 우리는 이쯤에서 계산을 중단했다. 그런데 월스트리트에서 대다수 투자자, 즉 효율적 시장 이론가들에 따르면 시장을 효율적으로 유지시킨다는 투자자들이 바로 내부 관점 기법을 사용하고 있다. 투자자와 효율적 시장 이론가 모두 심각한 오류를 범하고 있는 것이다. 투자자들은 예측이 이처럼 적중률이 낮다는 사실을 믿으려고 하지 않으며, 효율적 시장 이론가들은 증권분석에 사용되는 주요한 도구들의 성능이 얼마나 나쁜지 낌새조차 못 차리고 있다.

결론적으로 향후 5년 동안 매 분기 수익을 정확히 예측할 확률보다 뉴욕주 복권에 당첨될 확률이 777배나 높다. 복권 당첨 확률이 이 정도라면 2~3달러를 내고 복권을 살 사람이 드물겠지만, 시장에서는 수백만 명의 투자자가 엄청난 도박을 벌이고 있다.

이렇게 말할 사람도 있을 것이다. "예측치보다 실제 수익이 높으면 싫어할 사람이 있을까? 나 같으면 박수를 칠 텐데." 좋다. 그래서 우리는 이렇게 질문했다. "10~20분기 연속 실제 수익이 예측치 대비 −5% 이내에 들 확률은 어느 정도일까?" 정답은 "매우 낮다"이다. 4분기 후 실제 수익이 합의 예측치 대비 −5% 이내에 들 확률은 20%밖에 되지 않는다. 10분기 후 적어도 한 번 이상 심각한 부정적 서프라이즈를 피할 확률은 1.6%(62분의 1)로 떨어지며 20분기 후는 3,800분의 1이다.

그런데 앞서 보았듯이 고성장 기업들의 주식이 비싼 값에 거래되면 애널리스트들은 현재 주가 수준의 타당함을 입증하기 위해 10년 이상 미래를 예측해야 한다. 향후 5년간의 예측도 틀릴 확률이 매우 높다면 10년, 15년의 예측은 오죽하겠는가? 주가가 턱없이 높은 성장주의 경우, 현재의 주가가 적정 수준임을 입증하려면 10~15년 치 예측을 내놓아야 한다.

한번 생각해보라. 제정신이라면 이렇게 불리한 도박판에 뛰어들겠는가? 그런데 알다시피 대다수 사람이 정확한 예측치를 요구하는 투자 방식을 무기로 투자 게임에 뛰어든다. 이처럼 끔찍한 확률을 안다고 해도 방법만 있으면 어떻게 해서든지 투자 방식을 버리려 하지 않는다. 이 현상에 대해서는 다음에 살펴보겠다.

여기서 외부 관점 대신 내부 관점을 이용하는 전형적인 사례를 볼 수 있다. 지금까지 살펴본 증거에 따르면 외부 관점이 현실적인 결과를 도출할 확률이 훨씬 높다는 카너먼의 진술은 타당하다. 그러나 카너먼이 말했듯이 "내부 관점이 압도적으로 선호된다."

시장에서 외부 관점은 주식 투자자에게 스스로 상황을 통제하면서, 전문지식을 활용하여 힘차게 전진해 평균 이상의 수익을 얻는다는 확신을 주지 않는다. 고객들은 짜릿함과 '무용담'을 좋아하는데, 외부 관점으로는 짜릿함도 느낄 수 없고 '무용담'도 생기지 않는다. 외부 관점은 내부 관점에 비해 활용 빈도가 훨씬 낮은데, 7장에서 보았듯 오로지 외부 관점으로만 구축된 인덱스 펀드는 장기간 대다수 뮤추얼 펀드보다 높은 수익을 올리고 있다. 곧 살펴보겠지만 역발상 전략의 월등한 수익 역시 외부 관점을 활용한 덕분이다. 여기서 심리 지침 하나를 또 소개하는 것이 적절하겠다.

심리 지침 16
장기적으로 외부 관점은 대체로 더 높은 수익을 창출한다. 수익을 극대화하려면 외부 관점 접근법을 제공하는 투자 상품을 구매하라.

앞에서 열거한 수치를 보면 "왜?"라고 물어볼 사람이 있을 것이다. 이번에도 관건은 심리다. 사람들은 의사결정을 할 때 문제가 발생하면 문제의 고유한 특성에 집중하면서 자신이 가진 지식을 총동원해 문제를 해결하려고 한다. 카너먼이 지적한 바에 따르면, 예측에 관한 인간의 과신을 관찰할 때 예측가들은 앞서 설명한 결과들을 알고 있을지라도 통계 자료에 나타나는 외부 관점의 우월함을 무시하고 여전히 내부 관점을 사용하려고 한다.

종종 외부 관점의 타당성을 노골적으로 무시하기도 한다. 애널리스트와 펀드매니저에게 오류 확률이 높다고 거듭 이야기했지만, 모두 간단히 무시해버렸다. 말하자면 이들은 투자 이론만 적절히 적용하면 원하는 대로 결과를 얻을 수 있다고 배웠고, 또 믿기 때문에 그간 예측의 정확도가 어땠는지 따위는 무시한다. 애널리스트와 펀드매니저는 예측에 내재된 문제점들을 인식하지 못하는 듯하다.

월스트리트만 이런 건 아니다. 외부 관점의 본질인 통계의 타당성은 노골적으로 무시되기 일쑤다. 의사와 변호사는 통계학적 확률을 특정 사례에 연계하는 것에 반발한다. 때로는 도덕적으로 옳다는 식으로 내부 관점을 옹호하기도 한다. 따라서 전문가는 이렇게 말한다. "내 고객(환자)의 사례(병명)는 흔하지 않아요. 특이합니다." 대부분의 분야에서 수습사원 교육 시 특이한 문제에 직면할 때 전문적으로 대처할 수 있는 방식은 내부 관점뿐이라고 가르친다. 또한 외부 관점은 겉보기만 유사한 사례에서 도출하는 조잡한 방식이라며 거부한다.

인터넷 기술의 첨단을 달리고 있는 구글 같은 회사의 급상승하는 수익 예측치에 막대한 가격을 지불하지 않아도 되기 때문에 현재 주주들과 잠재적 투자자들에게 불공평하다고 주장할 애널리스트가 많을 것이다. 얄궂게도 가파른 수익 상승과 빠른 기술 변화가 맞물려 그저 그런 평범한 기업보다 구글 같은 기업을 예측하기가 더욱 어려워지고 있다.

엉터리 예측 12 : 애널리스트의 과신

예측이 점점 혼잡해지고 있다. 그래서 예측의 문제를 명확하게 이해하는 계기가 된 2000년대의 사례들을 살펴보면서 마무리하려고 한다.

기업이 생소한 신기술이나 프로젝트에 자본 지출을 단행할 때 흔히 심각한 낙관주의 오류가 나타난다. 몇 해 전 랜드연구소$^{Rand\ Corporation}$는 에너지 분야 신규 공장의 건설 비용을 조사했다.[32] 대체로 실제 공사비는 최초 견적의 2배가 들었는데, 프로젝트의 80%는 기대한 시장점유율을 획득하지 못했다.

이런 유형의 실패가 일어나는 원인을 분석한 심리학 연구에 따르면 자본 지출이 필요한 프로젝트에 착수할 때 대부분의 기업은 최악의 시나리오를 요구한다. "그러나 최악의 예측도 거의 언제나 너무 낙관적이다. 경영자가 부정적인 면을 이야기할 때는 대체로 최악의 미래보다는 약간 비관적인 미래를 의미한다.[33]"

외부 관점 대신 내부 관점으로 예측할 때 다양한 예측들의 차이로 인해 과도한 낙관주의에 빠지기 쉽다. 금융위기의 시작부터 끝날 무렵까지 대형 은행, 투자 은행, 연방준비제도, 재무부가 한 행동이 명쾌한 사례가 될 것이다. 2006년 말과 2007년 초 금융 시스템이 무너지기 시작할 때 이런 거대 기관들은 별 타격 없이 어려움에서 벗어날 수 있다는 성명을 수십 차례 발표하면서 대중을 안심시켰다. 연방준비제도 의장 버냉키, 재무장관 폴슨, 수많은 고위 관료도 이런 성명에 힘을 실어주었다.

바깥 세상에서는 노벨 경제학자인 폴 크루그먼, 〈뉴욕타임스〉 기자로 퓰리처 상을 받은 그레첸 모겐슨Gretchen Morgenson 등 날카로운 평론가들이 버블이 사라지기 2년 전부터 언론을 통해 주택시장 버블과 과잉 공급에 대해 입이 아프도록 떠들었다. 그러나 연방준비제도와 정부 고위 관료들은 이를 무시하였다.

2007년과 2008년, 상황이 악화되고 있는데 은행과 투자 은행은 여전히 부실한 담보대출 포트폴리오의 가치를 터무니없이 낙관적으로 보고 있었다. 서브프라임 모기지 발행과 다수의 헤지펀드가 몇 달 전에 풍비박산이 나고, 상당수의 헤지펀드가 완전히 퇴출되었다. 하지만 은행과 투자 은행은 2008년 봄까지 손실을 유보 처리했다. 냉혹한 현실이 이빨을 드러내자 은행과 투자 은행은 그제야 생존이 위태롭다는 사실을 깨달았다. 하지만 은행과 투자 은행의 주식과 채권 가치는 이미 폭락했다. 물론 너무 늦었다. 여기서 훌륭한 심리 지침을 제시하려고 한다. 이 지침을 지키도록 훈련하자.

심리 지침 17
현실적인 눈으로 투자의 부정적 측면을 바라보라. 최악의 경우는 생각보다 훨씬 참담할 것이라고 예상하라.

8장에서 애널리스트의 예측은 오류가 심각해 현재 투자 방식 대부분은 실행이 불가능하다는 점을 살펴보았다. 또한 수십 년 동안 오류가 심각하다는 점을 인식했지만, 애널리스트의 예측을 종교처럼 의지하는 애널리스트나 투자자 모두 투자 방식을 전혀 바꾸지 않았다는 점 역시 살펴보았다.

이는 애널리스트나 시장 예측가들에게만 국한된 문제는 아니다. 정보

를 분석하기 어려운 전문 영역에서 이런 문제가 얼마나 만연한지, 변화
는 고사하고 이 문제를 인식하는 것조차 얼마나 힘든지도 살펴보았다.
마지막으로 주식시장은 물론 다른 분야와 영역을 불문하고 전문가의 예
측에는 과도한 낙관주의가 강하게 작용하고 있다는 것도 알게 되었다.

자, 그렇다면 어떻게 할 방법이 없을까? 해결책은 효율적 시장 가설
이나 증권 애널리스트의 기업 수익 예측에 크게 의존하지 않는, 더 나은
투자 패러다임으로 갈아타는 것이다.

반대로 가는 길이 더 나을 때도 있다.

9장

고약한 서프라이즈와
신경경제학

역사에서는 위험의 경고음을 듣지 못하여 끔찍한 참사를 겪는 일은 비일비재하다. 100여 년 전인 1915년 독일 대사는 〈뉴욕타임스〉에 미국 시민들에게 연합군 여객선이 어뢰 공격을 받을 수 있다는 경고성 광고를 실었다. 바로 미국이 제1차 세계대전에 참전하기 전이었다(당시 우드로 윌슨 대통령은 '그가 미국의 참전을 막았다'는 슬로건을 내걸고 재선에 성공했다). 그런데 원양정기선인 영국 리투아니아 호가 영국군이 사용할 라이플총 탄약과 포탄 173톤을 싣고 뉴욕을 떠나 리버풀로 향했는데, 이때 많은 미국인이 이 배에 타고 있었다. 아일랜드 남쪽 연안에서 독일 잠수함이 리투아니아 호를 공격해 승객과 승무원 1,198명이 숨졌고, 미국인 114명도 희생되었다. 국제법상 리투아니아 호 공격은 정당했지만, 미국인들은 독일의 '기습 공격'에 분노했고, 독일에 맞서 싸워야 한다는 여론이 일기 시작했다. 2년 뒤 미국은 영국 측에 가담해 참전했다.

26년 뒤 미국은 또다시 기습 공격에 당하게 된다. 이번에는 진주만이었다. 일본이 하와이의 미군 기지를 기습 공격하였고, 이를 계기로 미국은 제2차 세계대전에 직접 참전하게 된다. 수십 년이 지난 후 되돌아보니 1941년 일본 해군이 무슨 일을 꾸미는지 알려주는 경고 신호는 많았다(흥미롭게도 미군 장성들은 '열등한' 일본이 그런 공격을 감행할 수는 없다고 생각한 것 같다). 미국에는 당시 사회 갈등, 정치적 혼란 그리고 공산주의에 대한 공포가 만연했다. 그리고 대공황의 충격에서 완전히 회복하지 못한 채 휘청거리고 있었다. 그때 진주만 공습이 충격 요법이 되어 미국이 하나로 뭉치는 계기가 되었다.

역사를 통해 배웠는지, 23년 뒤 린든 존슨 대통령은 또 한 번 미국인들을 놀라게 한다. 1964년 존슨은 통킹 만에서 미군 구축함이 공격받은 사건을 크게 부풀려 발표했다. 베트남전에 본격적으로 개입하기 위해 대중의 지지를 이끌어내려는 속셈이었다. 도발도 없었고, 그럴 만한 이유도 없었지만, 북베트남 어뢰정이 미군 구축함 매독스 호를 공격했다고 발표한 것이다(사건 전날, 미군의 지휘를 받는 우방국 해군이 통킹 만 인근의 북베트남 섬들을 비밀리에 공습했고, 당시에 매독스 호가 정보 수집 활동을 하고 있었다는 사실을 알고 있는 사람은 거의 없었다). 존슨이 결의안을 상정하자 의회는 즉각 자유롭게 무력을 행사할 수 있는 권한을 부여했다.

그러나 곧 의회는 인준 행위를 후회했는데, 이는 주식 매수 후 심술궂은 시장이 예상치 못한 움직임을 보여 발목을 잡힌 '매수자의 후회'에 비할 만하다. 애국심 때문에 합리적인 생각은 완전히 뒷전으로 밀렸고, 엄청난 결과를 낳고 말았다. 그렇다, 여기에도 감정이 그늘을 드리우고 있는 것이다.

역사가 증명하듯, 당시에는 경고 신호가 또렷하게 보이지 않는다. 그러다가 정치적으로 고약한 불의의 사건이 터지면 정부와 대중은 모두 과잉반응할 개연성이 아주 높다.

시장에서 투자자들이 불의의 사건에 반응하는 양상 역시 예측 가능하다. 2000년대만 보아도 2000~2001년 엔론이 무너지고 2002년에는 월드컴, 2008년에는 버니 매도프가 무너지자 이 기업 주식에 투자한 수백만 달러가 사라졌다. 2010년 5월 6일 주가가 급락해 다우존스 지수가 몇 분만에 600포인트 이상 떨어지고 일일 변동폭이 1,000포인트를 넘어가자 불신은 더욱 깊어졌다. 그때까지도 증권거래위원회와 선물거래위원회는 주가 급락을 방지할 수 있는 적절한 조치를 취하지 않았다. 증권거래위원회와 선물거래위원회의 직무유기에 진절머리가 난 투자자들은 주식시장에서 돈을 빼서 수익률이 '0'에 가까운 재무부 채권을 매입했다.

월스트리트에서 예상치 못한 사건이 터지면 이런 일이 일어난다. 불의의 사건이 터지면 채권, 주식, 금 보유에 대한 투자자의 관점이 바뀌는 것이다. 주식시장에서 예기치 못한 사건이 터지면 기업의 수익을 바라보는 관점도 바뀌고, 결국 주가를 보는 관점도 바뀌게 된다. 시장은 언제나 서프라이즈에 적응하기도 하고, 기대하기도 하며, 무시하기도 한다. 그래서 매일 투자 뉴스를 읽거나 들어야 한다.

물론 시장에서 서프라이즈를 촉발하는 핵심 주체는 8장에서 만났던 애널리스트들이다. 무슨 일이 일어날지 예측해서 서프라이즈를 차단한다는 바로 그 사람들 말이다. 얄궂게도 이 사람들은 자신들이 예측하면 그대로 될 것이라고 믿는다. 하지만 맞는 경우가 드물기 때문에 정확한 예측을 내놓는다는 이 사람들이 어닝 서프라이즈를 유발하는 원흉이 되고 있다.

9장에서는 서프라이즈의 다양한 측면과 체계적 패턴을 살펴본 후 '신경경제학'이라는 새로운 학문을 소개하려고 한다. 전통적인 학문의 경계를 허물고 있는 신경경제학은 신경과학, 심리학, 경제학을 통섭해 인간의 의사결정 방식을 탐구한다. 신경경제학은 뇌의 변화와 활동을 읽어내는 첨단 기술을 활용해서 인간이 의사결정 과정을 고려한 후 위험과 보상을 분류하고, 타인과 소통할 때 뇌에서 어떤 활동이 일어나는지를 기록한다. 즉 신경경제학은 인지심리학의 중요한 발견들을 객관적으로 확인하고, 생물학적 영역으로 확장한다. 그 결과는 경이롭다!

서프라이즈와 시장

이쯤에서 주식 매수에 대해 재고해야 할까? 그럴지도 모른다. 하지만 더 중요한 것은 서프라이즈의 전체 메커니즘을 재고하는 것이다. 서프라이즈를 하나의 일회성 사건으로 볼 것이 아니라, 견고한 통계학적 토대를 통해 보아야 한다. 물론 부정적 서프라이즈는 시민이자 투자자인 우리에게 엄청난 영향을 미친다. 그러나 동전에 양면이 있듯, 서프라이즈에도 즐겁고 밝은 일면이 있다. 긍정적 서프라이즈, 즉 깜짝 실적은 우리의 발걸음을 가볍게 하며 포트폴리오 잔고를 두둑하게 만들어준다. 서프라이즈는 자주 일어나긴 하지만 항상 근심만 안겨주는 것은 아니다. 사실 정반대라고 할 수 있다. 자신이 추구하는 바를 확실히 알고 있다면 긍정적 서프라이즈는 우리에게 즐거운 나날들을 선사해줄 것이다. 어닝 서프라이즈는 주가에 미치는 영향은 일관되고 예측 가능하기 때문에 우리는 이 점을 십분 활용할 수 있는 방법을 살펴볼 것이다.

대중이 선호하는 주식인지, 아니면 기피하는 주식인지에 따라 서프라이즈가 미치는 영향은 전혀 다르다. 또한 신경경제학이라는 급속히 성장하는 신학문은 두뇌 스캔을 통해 서프라이즈에 대한 감정의 반응을 연구함으로써 시장의 현상에 대해 많은 것을 설명해줄 것이다. 이러한 서프라이즈의 속성을 이해하면 시장을 이길 확률을 높일 수 있다.

서프라이즈 : 성장 기업의 주가는 아무리 올라도 비싸지 않다

성장세가 고공비행하는 기업의 주식이나 공모주는 아무리 비싸도 비싸지 않게 느껴질 때가 많다. 투자자들은 턱없이 비싼 값을 주고 이런 주식을 계속해서 사지만, 사는 족족 바가지를 쓴다. 이렇게 사람들이 급등주를 사도록 만들고, 어디가 잘못되었는지 분석하지 못하게 막는 강력한 심리적 영향력이 있다.

짐작대로 이러한 패턴은 비교적 큰 기업에서 반복된다. 투자자는 한창 뜨는 주식이나 김이 샌 주식에 대해 꽤 먼 미래까지 예측할 수 있다고 자신한다. 투자자들은 '우량주(블루칩)'에 엄청난 기대를 갖고 있으며, 그 기대가 충족되리라고 확신한다. 마찬가지로 맥이 빠지거나 전망이 나빠 보이는 주식에 대해서는 별 기대를 하지 않으며, 이런 예측이 한 치도 빗나가지 않을 것이라고 확신한다.

8장에서 이런 예측들이 실제로 얼마나 정확한지 살펴보았다. 대체로 최고의 예측, 초고속 성장률, 소비자가 열광할 만한 사업 아이디어가 있는 기업들이 주가수익비율^{PER}, 주가현금흐름비율^{PCR}, 주가순자산비율^{PBR} 대비 높은 주가에 거래된다. 그런데 언제나 배당금은 쥐꼬리만 하거나 거의 없다. 반대로 PER, PCR, PBR 대비 낮은 주가에 거래되는 주식들은 배당금이 많다(기업의 PER, PCR, PBR 정보를 알 수 있는 곳은 12장 440쪽 참고).

1장과 2장에서 살펴보았듯 투자자들이 인기주에 지불하는 돈과 눈밖에 난 주식에 지불하는 돈은 그 격차가 어마어마하다. 예를 들어 닷컴 버블이 꺼지기 직전 투자자들이 지불한 주가를 달러당 수익과 비교했을 때 따분하고 고루한 JP모건 체이스보다 인터넷의 총아 이토이스에 100배나 되는 거금을 쏟아부었다. 이처럼 투자액에 차이가 생기는 이유는 투자자들이 미래를 정확히 예측하는 스스로의 역량을 과신하기 때문이다. 서프라이즈! 그럼 예측이 빗나갈 때 어떤 일이 생기는지 살펴보자.

서프라이즈 : 연구에서 밝혀진 사실들

애널리스트들이 오류를 범할 때 주가가 어떻게 반응하는지 알아보기 위해 나는 에릭 러프킨, 블라디미라 일리에바, 넬슨 우다드Nelson Woodard 박사와 함께 장기간에 걸쳐 많은 연구를 진행했다. 2010년에 끝난 마지막 연구는 38년간의 자료를 대상으로 진행되었다.[1] 일관성을 위해 8장에서 애널리스트의 오류를 측정할 때 사용한 것과 동일한 애널리스트 집단의 합의 예측치로 작업했다.

우리는 투자자들에게 중요한 다음 몇 가지 요소를 측정하고 싶었다.

첫째, 애널리스트의 예측이 잘못됐을 때 주가에는 어떤 영향을 미치는가?

둘째, (첫 번째만큼 중요하다.) 어닝 서프라이즈가 비인기 주식과 인기 주식에 미치는 영향은 동일한가? 어마어마한 고가에 거래되는 황제주가 존재하는 이유는 애널리스트들이 황제주의 미래를 낙관하기 때문이며, 어쩌면 과도한 낙관주의까지 살짝 맞물려 있기 때문일 것이다. 어닝 서프라이즈 발생 시 황제주의 주가 역시 투자자의 눈밖에 난 주식들과 동일한 움직임을 보였는가?

셋째, 투자자들이 기대하는 애널리스트 예측의 정확도가 어느 정도인가? 해답을 얻기 위해 우리는 주당 1페니가 넘으면 서프라이즈로 분류해 아주 미미한 서프라이즈들까지 주가 동향에 어떤 영향을 미치는지 조사했다.

이 세 가지 의문에 대한 해답을 구하기 위해 PER, PCR, PBR 이 세 가지 가치평가지표를 활용해 투자자들이 주식의 전망을 어느 정도 밝거나 어둡게 보는지에 따라 주식을 분석했다. 투자자에게는 세 가지 비율이 높을수록 구미가 당기기 때문에 기꺼이 더 많은 돈을 지불한다. 반대로 세 가지 비율이 낮을수록 인기가 없는 주식이다. 우리는 1973년부터 2010년까지 모든 분기 동안 이 세 가지 가치평가지표에 따라 주식의 서열을 매긴 후 3개의 그룹으로 나누었다. 예를 들어 PER이 가장 높은 상위 20%를 상위 그룹(5분위 그룹)으로, 그다음 21~80%를 중간 그룹, 나머지 하위 20%를 하위 그룹으로 분류했다. 세 가지 가치평가지표 모두에 이 원칙을 적용해 주식을 분류한 후, 이 원칙을 토대로 매 분기마다 포트폴리오를 재구성했다. 그런 다음 1973년 1분기부터 2010년 4분기까지 모두 38년 동안 서프라이즈가 각 그룹의 주식에 미친 영향을 계산했다.[2]

이 연구에는 컴퓨스태트Compustat 데이터베이스에 있는 1,500대 기업을 활용했다. 그리고 3월, 6월, 9월, 12월을 회계연도가 끝나는 시기로 잡았다.[3] 연구에 포함된 분기는 총 152개에 달하는데 매 분기마다 약 750~1,000개 기업을 활용했다.

서프라이즈 : 역사적 기록이 증명하는 것

다음으로 시장 서프라이즈의 결과를 측정할 척도를 세웠다. 애널리스트
들의 합의 예측치, 즉 8장에서 설명한 대로 각 주식에 대한 애널리스트
집단의 평균 예측치를 기준으로 서프라이즈를 측정했다. 실제 수익 대
비 서프라이즈가 측정되므로, 실제 수익이 예측치보다 높은지 낮은지는
상관 없다. 예를 들어 월스트리트의 예측으로는 주당 1달러 하락이었는
데, 실제 주가가 주당 80센트 하락하였다면 20센트만큼의 긍정적 서프
라이즈 또는 25%(20÷80)의 긍정적 서프라이즈로 간주된다.

서프라이즈가 인기주나 비인기주 모두에 동일한 영향을 미쳤을까?

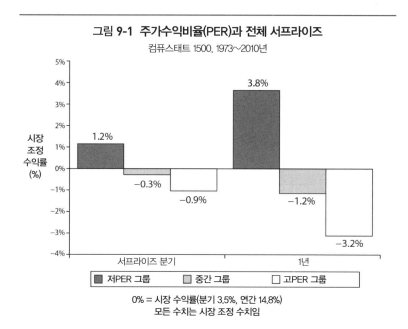

그림 9-1 주가수익비율(PER)과 전체 서프라이즈

컴퓨스태트 1500, 1973~2010년

0% = 시장 수익률(분기 3.5%, 연간 14.8%)
모든 수치는 시장 조정 수치임

출처: ©데이비드 드레먼, 2011. 데이터
출처: Compustat North American Data, Abel/Noser Corp., I/B/E/S and Thomson First Call

주식을 가장 인기가 높은 상위 그룹, 중간 그룹, 가장 인기 없는 하위 그룹 3개로 나눈 다음 긍정적 서프라이즈와 부정적 서프라이즈의 효과를 종합해본 결과, 그림 9-1, 9-2, 9-3이 도출되었다. 각각 PER(그림 9-1), PCR(그림 9-2), PBR(그림 9-3) 세 가지 가치평가지표에 따라 선호도 하위 20%인 주식은 검은색 막대, 60%인 주식의 중간 그룹은 회색, 가장 인기 있는 상위 20% 주식은 흰색으로 표시했다.[4] 차트는 152분기 동안 매 분기마다 시장평균 수익률을 웃돌거나 밑도는 정도를 표시하고 있다.

차트의 세로축 중간시장 수익률(시장 수익률은 각 차트 아래에 표시되어 있다)은 0%로 표시되어 있다. 매 기간마다 시장 수익률에 서프라이즈 수익률을 합해 총수익률을 산출한다. 예를 들어 막대가 1% 긍정적 수익률을 보인다면 해당 주식은 3개월 동안의 시장평균 수익률보다 1%포인트 더 많은 수익을 올렸다는 것을 의미한다. 시장 수익률이 평균 3.5%였다면 분기 총수익률은 4.5%(시장 수익률에 1%를 더한 값으로 분기 평균 4.5%)가 된다. 차트에서 보듯 1년 동안 해당 주식의 수익이 시장평균보다 1%포인트 높다면 연평균 수익률은 14.8%(시장평균)에 1%를 더해 15.8%가 된다. 분기별 수익률이 −3%라면 시장 수익 대비 3%포인트 밑도는 실적을 보인 것이다. 이런 식으로 보면 서프라이즈가 각 그룹의 주식에 미치는 영향을 쉽게 판단할 수 있다.

그림 9-1, 9-2, 9-3은 어닝 서프라이즈의 영향을 보여주는데, 이 수치들은 수익 공표에 따른 어닝 서프라이즈가 수익 공표 이후까지 미치는 영향을 보여준다. 우리는 이러한 분기를 '서프라이즈 분기'라고 한다. 좌측에 있는 막대들은 서프라이즈가 발표된 분기에 일어난 영향을, 우측에 있는 막대들은 1년 뒤에 미친 영향을 나타낸다.

차트를 대충 훑어봐도 전체 서프라이즈(긍정적 서프라이즈와 부정적 서프

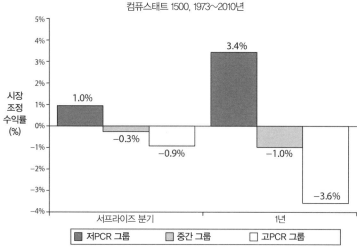

그림 9-2 주가현금흐름비율(PCR)과 전체 서프라이즈

컴퓨스태트 1500, 1973~2010년

시장
조정
수익률
(%)

서프라이즈 분기   1년

■ 저PCR 그룹   ▨ 중간 그룹   □ 고PCR 그룹

0% = 시장 수익률(분기 3.5%, 연간 14.8%)
모든 수치는 시장 조정 수치임

출처: ⓒ데이비드 드레먼, 2011
데이터 출처: Compustat North American Data, Abel/Noser Corp., I/B/E/S and Thomson First Call

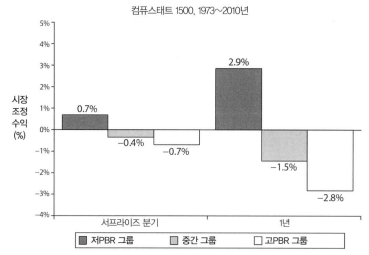

그림 9-3 주가순자산비율(PBR)과 전체 서프라이즈

컴퓨스태트 1500, 1973~2010년

시장
조정
수익
(%)

서프라이즈 분기   1년

■ 저PBR 그룹   ▨ 중간 그룹   □ 고PBR 그룹

0% = 시장 수익(분기 3.5%, 연간 14.8%)
모든 수치는 시장 조정 수치임

출처: ⓒ데이비드 드레먼, 2011
데이터 출처: Compustat North American Data, Abel/Noser Corp., I/B/E/S and Thomson First Call

라이즈의 총합)가 비인기 주식에 도움이 되었고, 인기 주식에는 타격이 되었다는 사실을 알 수 있다. PER을 기준으로 한 그림 9-1을 보면 비인기 주식의 경우, 전체 연구 대상 기간에 걸쳐 서프라이즈 분기에서 시장 수익을 1.2%포인트 초과했는데, 이는 시장평균보다 3분의 1 높은 값이다.

더욱이 서프라이즈가 미치는 유리하거나 치명적인 영향은 서프라이즈 분기를 넘어서 한 해 동안 계속 커졌다. 비인기 주식(그룹)의 경우, 서프라이즈의 총합 덕분에 매해 연간 수익이 시장 대비 3.8%포인트 초과했다. 연구 기간 전체를 통틀어 보면 이는 매년 시장평균 대비 26% 상회한 값이다. 또한 서프라이즈 분기보다 3배 높은 값이기도 하다.

반면 그림 9-1에서 보듯 고PER 그룹에 속하는 인기주들은 해당 분기에 시장 대비 약 1%포인트 밑도는 수익을 거두었다. 그리고 연구 기간 전체를 통틀어 보면 시장 대비 수익 하락폭은 더 벌어져 연평균 3.2%포인트, 즉 시장보다 약 25% 밑도는 실적을 보였다.

짐작대로 중간 그룹을 차지하는 60%의 주식에는 서프라이즈가 큰 영향을 미치지 못한 듯 보인다. 이런 주식들은 대체로 크게 고평가되거나 저평가되지 않았기 때문이다. 그림 9-1에서 보듯 서프라이즈 분기에 중간 그룹의 주가는 0.3%포인트 정도 하락했다. 서프라이즈 1년 뒤에는 소폭 부정적 영향(-1.2%포인트)이 있었다.

그러나 '최상위' 주식과 '최하위' 주식의 경우 서프라이즈 때문에 받는 영향은 시간이 지날수록 점점 격차가 벌어졌다. 서프라이즈 분기에 '최하위' 주식의 수익은 '최상위' 주식보다 2.1%포인트 웃돌았고, 꾸준히 상승하더니 해마다 7.0%포인트까지 올랐다(즉 시장 수익의 약 50%).

그림 9-1을 요약하면 어닝 서프라이즈가 다양한 PER 그룹에 미치는 영향은 동일하지 않다. 저PER 그룹인 비인기 주식에는 서프라이즈가

유리하게 작용하며, 고PER 그룹인 인기 주식에는 서프라이즈가 불리하게 작용한다. 그리고 중간 그룹에 미치는 영향은 미미했다. 그렇다면 가치평가 기준을 달리해 순위를 매기면 서프라이즈가 미치는 영향도 달라질까?

서프라이즈 : 평가 척도에 상관없는 공통된 격차

그림 9-2는 주가현금흐름비율^{PCR}로 분류한 주식들에 서프라이즈가 미친 영향을 보여준다. 서프라이즈 분기와 이후 1년 동안의 차트는 그림 9-1과 흡사하다. 그림 9-1과 마찬가지로 저PCR 그룹은 긍정적 서프라이즈와 부정적 서프라이즈 모두에서 시장보다 상당히 높은 실적을 기록했다. 마찬가지로 PCR 상위 20%에 속하는 인기주들의 실적은 긍정적 서프라이즈와 부정적 서프라이즈 모두에서 시장평균을 상당폭 밑돌았다. PCR이라는 가치평가 잣대로 보아도 애널리스트의 예측이 빗나가는 서프라이즈가 발생할 때, 가장 인기가 없는 주식 그룹에 아주 유리하게 작용하고, 가장 높이 평가된 주식에는 불리하게 작용한다.

그림 9-3은 주가순자산비율^{PBR}을 기준으로 서프라이즈가 미친 영향을 보여준다. 다시 말하지만 PBR이 높을수록 인기 있는 주식이며, 낮을수록 인기 없는 주식이다. 이번에도 결과는 비슷하다. 서프라이즈 분기에 인기주들의 실적은 시장평균을 밑돌았고(−0.7%포인트), 1년 동안의 실적은 더 형편없었다(−2.8%포인트). 비인기주들은 서프라이즈 분기에 시장 대비 초과 실적을 올렸고(+0.7%포인트), 1년 동안의 실적은 시원하게 시장평균을 넘어섰다(시장평균 대비 +2.9%포인트). 이번에도 중간 그룹인

60% 주식은 어닝 서프라이즈의 영향을 훨씬 작게 받았다.

세 가지 가치평가 기준 모두에서 비인기주의 실적이 가장 좋은 것도 놀랍지만, 어떤 가치평가 기준을 선택하든 실적이 유사하다는 점 역시 놀랍다. 이제 주식시장에서 돈 버는 길이 어렴풋이 보인다. 긍정적이든 부정적이든 어닝 서프라이즈가 인기주와 비인기주에 미치는 영향은 사뭇 다르다. 서프라이즈 발생 시 비인기주는 꾸준히 시장평균 대비 초과 실적을 올린 반면, 인기주들의 실적은 시장평균을 밑돌았다. 이제 감이 잡히는가? 자, 그럼 다음 심리 지침을 통해 눈을 뜨자.

심리 지침 18

어닝 서프라이즈는 인기주의 실적에는 불리하게 작용하지만, 비인기주의 실적에는 유리하게 작용한다. 수익 격차는 상당하다. 포트폴리오 실적을 높이려면 비인기주를 선정해 애널리스트의 큰 예측 오류를 이용해야 한다.

반대로 인기주를 사면 돈을 날리게 된다. 얼마나? 서프라이즈의 영향이 얼마나 큰지 살펴보면 정신이 번쩍 들 것이다. 곧 입증해 보이겠다.

긍정적 서프라이즈의 영향

앞서 PER, PCR, PBR 등 세 가지 주요 펀더멘털 지표를 기준으로 긍정적 서프라이즈와 부정적 서프라이즈를 살펴보았다. 이번에는 긍정적 서프라이즈와 부정적 서프라이즈를 분리해 긍정적 서프라이즈가 각각의 펀더멘털 지표에 미치는 영향을 살펴볼 것이다.

그림 9-4는 긍정적 서프라이즈가 고PER, 저PER, 중간 그룹 주식에

미치는 영향을 나타낸다. 보다시피 긍정적 서프라이즈로 하위 20% 주식은 날개를 달았다. 서프라이즈 분기에 하위 20% 주식의 실적은 시장평균 대비 2.6%포인트, 즉 75% 높았다. 1년을 보면 저PER 그룹은 1973년부터 2010년까지 연평균 시장 수익을 6.7%포인트, 즉 21.5%를 웃도는 놀라운 실적을 올렸다.

여기서 잠깐 생각해보자. 1920년대 중반 이후 주식의 연평균 수익률은 약 9.9%였다.[5] 비인기 주식을 보유하고 있다면 긍정적 서프라이즈가 발생할 때 시간이 흐름에 따라 시장 수익의 약 2배를 거머쥘 수 있다. 이런 엄청난 수익률 증가가 어떻게 가능한지 살펴보도록 하자.

긍정적 서프라이즈는 중간 그룹 주식에도 뚜렷한 영향을 미치지만 강

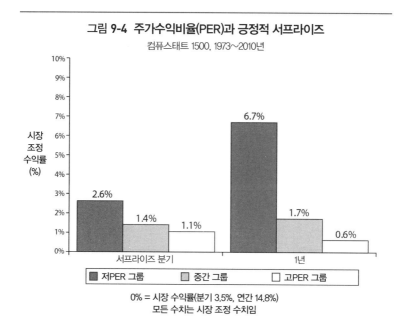

그림 9-4 주가수익비율(PER)과 긍정적 서프라이즈
컴퓨스태트 1500, 1973~2010년

시장
조정
수익률
(%)

저PER 그룹 ■ 중간 그룹 ■ 고PER 그룹 □

0% = 시장 수익률(분기 3.5%, 연간 14.8%)
모든 수치는 시장 조정 수치임

출처: © 데이비드 드레먼, 2011
데이터 출처: Compustat North American Data, Abel/Noser Corp., I/B/E/S and Thomson First Call

도는 훨씬 약하다. 동일 분기에 중간 그룹의 수익률은 시장 대비 1.4%포인트 웃돌았다. 그러나 나머지 기간 동안 시장 대비 초과폭은 내내 동일했다. 또한 이 그룹의 주식은 꾸준한 오름세를 타지 못했다. 긍정적 서프라이즈에 따른 가격 변동은 크지 않은데, 이는 중간 그룹이 저평가와 고평가 정도가 가장 작기 때문인 듯하다.

마지막으로 인기주는 긍정적 서프라이즈에 따른 영향이 훨씬 작았다. 서프라이즈 분기에 긍정적 서프라이즈가 발생한 주식의 수익은 시장 대비 1.1%포인트 높았다. 그러나 중간 그룹과 마찬가지로 '최상위' 주식들도 가격이 꾸준히 상승하지 못했다. 가격이 꾸준히 오르기는커녕 그나마 얻은 작은 수익의 절반이 이후 9개월 동안에 증발하였다.

그림에는 표시되지 않았지만 PCR, PBR이 가장 낮은 하위 20% 그룹의 주가 동향도 유사하다. 서프라이즈 분기와 1년 동안 주가가 급등해 인기주의 실적을 훨씬 상회했다. 중간 그룹 60%의 주식도 역시 앞선 차트의 중간 그룹과 결과가 비슷했다.

긍정적 서프라이즈가 발생한 분기에 '최상위' 주식의 주가 오름폭이 시원찮은 이유는 무엇일까? 애널리스트나 투자자 모두 향후 수년 동안 진정한 승자가 될 주식을 정확하게 예측할 수 있다고 믿기 때문에, 긍정적 서프라이즈는 이들의 예상을 재확인하는 것 외에는 딱히 의미가 없다. 최상위 기업은 수익, 시장점유율, 이익의 고속 성장이 예상되는 기업들이므로 긍정적 서프라이즈가 큰 의미가 없다. 따라서 연말 무렵이면 서프라이즈의 영향은 극히 미미하다. 곧 살펴보겠지만 인기, 비인기, 중간 그룹 주식들이 서프라이즈에 다양한 반응을 보이는 이유를 최근 신경경제학의 연구 결과로 설명할 수 있다.

세 가지 가치 척도 중 어떤 잣대로 그룹을 나누든 투자자는 비인기 기업의 긍정적 서프라이즈에는 아주 상이한 반응을 보였다. 비인기 주식은 계속 맥을 못 출 것이라는 이유 때문에 최하위 그룹으로 분류되었다. 이 주식들은 투자 세계의 '실패작'들이므로 투자자는 으레 가치가 가장 떨어진다고 판단한다. 이 그룹의 주식이 긍정적 서프라이즈를 기록하면 말 그대로 사건이다. 아마 투자자는 놀라서 눈을 비비고 다시 보게 될 것이다. 투자자는 이 기업들이 애널리스트와 투자자들의 생각처럼 그렇게 형편없지는 않다고 판단하게 될지도 모른다. 그러나 인기주는 서프라이즈 분기에 반짝 상승했다가 다시 하락하는 반면, 비인기주는 서프라이즈 이후 1년 동안 시장 대비 꾸준히 상승한다.

　　가장 중요한 3대 가치 측정법을 활용해 주식을 상위, 하위, 중간 그룹으로 나누고 어닝 서프라이즈가 발생할 때 각 그룹의 주가 동향을 살펴보았다. 그러나 화창한 날이 있으면 흐린 날이 있듯, 시장에 호재만 있는 건 아니다. 그렇기 때문에 투자자들의 간담을 서늘하게 만드는 부정적 서프라이즈 역시 살펴보아야 한다.

부정적 서프라이즈의 영향

그림 9-5와 9-6은 PCR, PER의 최고, 최악, 중간 그룹의 주식에 부정적 서프라이즈가 미치는 영향을 보여준다. 이번에도 비인기주가 낙승한다. PCR부터 살펴보자(그림 9-5). 애널리스트의 예측보다 실적이 저조할 때 하위 20% 주식이 가장 영향이 작았다. 그 결과 서프라이즈 분기에 하위 20% 주식의 하락폭은 시장 대비 0.3%포인트에 불과했다. 더욱이 1년 뒤에는 어닝 서프라이즈의 영향을 떨쳐버리고 시장 대비 실적이 1.3%포

인트 상회한다(따로 여기에 그림으로 제시하지는 않았지만 PBR로 구분했을 때도 결과는 비슷했다).

비인기주의 경우 부정적 서프라이즈는 오리의 등에 묻은 물과 같다. 즉 물은 흡수되지 못하고 그냥 흘러내린다. 투자자들은 어차피 별 볼 일 없는 주식이라고 생각하고 기대를 안 하기 때문에 이런 주식은 실적이 실망스러워도 눈살을 찌푸리지 않는다. 즉 서프라이즈 분기에 부정적 서프라이즈는 별 사건이 아니며, 이후 9개월 동안은 의미 없는 사건이 된다.

반면 '최상위' 그룹들을 생각해보자. 투자자는 주가가 쭉 상승할 것이라고 기대하며, '좋은' 주식의 미래를 정확히 점칠 수 있다고 과신한다. 이런 주식이 실망을 안겨줄 것이라고 생각하지 못하기 때문에 아주 비싼 값에 매수한다. 따라서 부정적 서프라이즈가 발생하면 결과는 참혹해진다.

그림 9-5는 PCR 최상위 주식들이 부정적 서프라이즈에 반응하는 양상을 보여준다. 투자자들이 소식을 접한 분기에 주가는 시장 대비 평균 3.6%포인트나 하락했다. '나쁜' 소식을 접했을 때 이들 주식의 주가는 저 PCR 그룹보다 12배나 더 떨어졌다. 설상가상으로 이후 9개월 동안 비인기주는 시장평균보다 소폭 올랐지만, 인기주는 계속 미끄러져 연말에는 시장평균 대비 9.4%포인트 낮은 수준으로 마감했다. 부정적 서프라이즈를 기록한 인기주의 수익률은 시장평균 대비 14.8% 밑돌았고, 연구대상 기간인 38년 동안 연평균 수익률이 시장평균에 비해 무려 64%나 낮았다. 그림 9-5에서도 보듯 고PCR 그룹과 중간 그룹이 저조한 실적에 허덕이는 사이, 저PCR 그룹은 고PCR 그룹 대비 10.7%포인트나 웃도는 실적을 보였다.

그림 9-5 주가현금흐름비율(PCR)과 부정적 서프라이즈

컴퓨스태트 1500, 1973~2010년

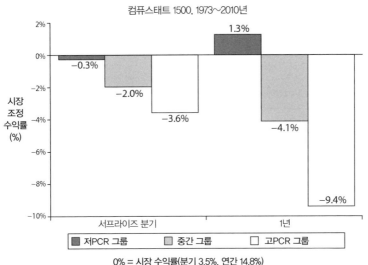

0% = 시장 수익률(분기 3.5%, 연간 14.8%)
모든 수치는 시장 조정 수치임

출처: © 데이비드 드레먼, 2011
데이터 출처: Compustat North American Data, Abel/Noser Corp., I/B/E/S and Thomson First Call

그림 9-6은 PER에 따른 부정적 서프라이즈의 영향으로 비슷한 결과를 보여준다. 부정적 서프라이즈를 기록하면 PER 상위 20% 그룹의 주식은 서프라이즈 분기에 주가가 급락하고, 이후 9개월 동안에도 대폭 하락한다.

이 수치들을 어떻게 활용할 수 있을까? 출중할 것이라고 기대한 기업들이 실망스러운 실적을 보이면 투자자들은 큰 충격에 빠진다. 실망이 클 필요는 없다. 애널리스트 예측치가 얼마나 정확해야 하는지를 알아보기 위해 오차범위 1% 내외의 소폭 오차를 활용했다는 점을 상기하기 바란다. 예측치가 조금만 빗나가도 전도양양한 주식들은 대폭 하락했다. 이 점을 고려할 때, 주식 가치평가에 요구되는 정밀한 수익 예측치가 사실상 별 소용이 없어 보인다. 그러나 정밀한 수익 예측은 오늘날 주식평가의 근간을 이루고 있다. 목적지에서 오차범위가 수백 킬로미터 반경인 GPS를 사용할 비행기 조종사는 없겠지만, 금융시장에서는 이런 GPS를 안심하고 사용하고 있다.

8장의 표 8-3에서 보았듯 오차범위 ±5%를 넘어서는 부정적 서프라이즈를 피할 확률은 10분기 동안은 62분의 1, 20분기 동안에는 3,800분의 1이었다. 오늘날 연구 결과에 따르면 인기주의 실제 수익이 예측치보다 낮을 때, 투자자들의 인내심은 훨씬 빨리 바닥난다. 부정적 서프라이즈가 인기주에 미치는 엄청난 충격파를 고려할 때 제정신이라면 이런 확률을 보고 싶지 않을 것이다.

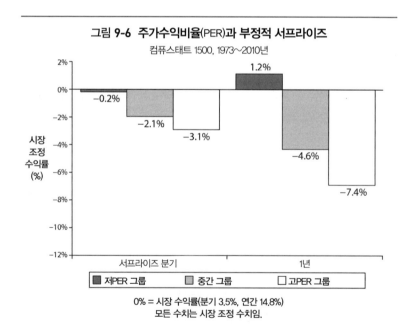

그림 9-6 주가수익비율(PER)과 부정적 서프라이즈

컴퓨스태트 1500, 1973~2010년

0% = 시장 수익률(분기 3.5%, 연간 14.8%)
모든 수치는 시장 조정 수치임.

출처: © 데이비드 드레먼, 2011
데이터 출처: Compustat North American Data, Abel/Noser Corp., IBES, and Thomson First Call

애널리스트는 대체로 예측의 정확도를 지나치게 낙관한다는 사실 또한 8장에서 확인했다. 기념비적인 한 연구 결과에 따르면 애널리스트의 과도한 낙관주의와 큰 폭의 예측 오차가 합쳐져 연간 오차범위는 9%였다. 이는 인기주 매수자에게 치명적인 수치다.[6]

그림 9-5와 9-6은 예상대로다. PCR로 구분할 때 서프라이즈 분기와 해당 분기를 포함한 1년 동안 부정적 서프라이즈는 저PCR 그룹보다 중간 그룹 60%의 주식에 더 큰 영향을 미쳤다. 그리고 고PCR 그룹에 미친 영향은 훨씬 컸다. 그러나 저PCR 그룹의 이런 충격파는 긍정적 서프라이즈로 대부분 상쇄되었다. 그림 9-1, 9-2, 9-3은 아주 흡사한 결과를 보여준다. 9장의 차트에 포함된 정보는 모두 통계학적으로 중요한 의미를 갖는다.[7]

사건 유발의 영향

어떤 평가 기준을 사용하든 비인기주의 수익이 애널리스트의 예측을 웃돌면 주가는 탄력을 받는다. 애널리스트의 예측이 지나치게 낙관적이면 PER이나 PCR 상위 20% 주식의 수익률은 대폭 하락한다. 이 연구 결과를 보면 '최고' 주식에 대한 고평가와 '최악' 주식에 대한 저평가가 종종 극단으로 치닫는다는 것을 알 수 있다. 여기서 자연스럽게 다음 심리 지침에 도달하게 된다.

인간은 미래의 복잡한 결과를 예측하는 자신의 능력을 과신한다. 의료에서 법률, 공장 건축에 이르기까지 수많은 분야에서 입증된 사실이다. 기업, 산업, 경제, 정치의 수많은 돌발변수가 끊임없이 발생하는 주식시장은 분명 예측이 가장 곤란한 분야다.

시장에는 호재와 악재가 자주 터지는데, 호재든 악재든 '최고'와 '최악' 주식의 주가는 정반대의 움직임을 보인다. 저PCR 주식이 연간 시장 대비 3.4%포인트 초과 수익을 올리고, 고PCR 주식이 시장 대비 3.6%포인트 미달하고(그림 9-2 참고, 그림 9-1, 9-3도 비슷한 결과를 보임), 고PCR 주식의 수익률이 저PER 주식보다 7.0%포인트 낮다. 그런데 5년 동안 연간 수익이 시장 대비 2~3%포인트 높으면 '스타' 펀드매니저로 간주된다는 점을 감안하면, 이 수치는 어마어마하다. 물론 이 격차는 미래 사건을 정확히 예측할 수 있다는 투자자들의 지나친 자기 확신에 기인한다. 이로써 어닝 서프라이즈가 주가에 미치는 영향은 엄청나며, 체계적이고 예측 가능하다는 것을 알 수 있다.

차트를 찬찬히 살펴보면 어닝 서프라이즈를 기록할 때 '최고' 주식과 '최악' 주식 모두 뚜렷한 두 가지 주가 동향의 패턴을 보인다. 첫 번째를 '사건 유발Event Trigger', 두 번째를 '사건 강화Reinforcing Event'라고 부르겠다.

전망이 아주 좋을 것이라고 믿었던 주식이 뜻밖에 나쁜 소식을 전하거나, 전망이 썩 좋지 않다고 믿었던 주식이 뜻밖에 좋은 소식을 전하는 경우를 사건 유발이라고 한다. 사건 유발을 겪고 나면 사람들은 두 종류의 주식을 전혀 다른 시각으로 보게 된다. 부정적 선입견이나 장밋빛 선입견에서 벗어나게 되는 것이다. 이로써 기업을 더 현실적으로 평가하게 되고, 이러한 재평가로 인해 과거 시장의 과잉반응이 조정을 받는 중대한 주가 변동이 발생한다.

첫 번째 사건 유발 : 인기 기업의 부정적 서프라이즈

사건 유발에는 두 가지 유형이 있다. 첫째는 인기 기업의 부정적 서프라이즈로, 이 경우 주가를 끌어내린다. 둘째는 비인기주의 긍정적 서프라이즈로, 이 경우 주가를 대폭 끌어올린다. 사건 유발은 투자자의 인식을 바꾸어놓는데, 이 과정은 꽤 오랜 시간에 걸쳐 이루어진다. 앞서 밝혔듯, 이 과정은 서프라이즈 발표 분기를 넘어 이후 1년에 걸쳐 계속된다. 다음 장에서는 이 과정이 훨씬 오랫동안 지속된다는 점에 대해 살펴볼 것이다.

사건 유발의 원인이 되는 요인은 수익뿐만이 아니다. 미국식품의약국 FDA이 중요한 신약의 사용을 승인하거나, 실험을 허가하지 않을 때도 서프라이즈가 촉발된다. 역사의 한 획을 그었던 담배 소송의 승패 역시 마찬가지였다. 갑자기 반도체를 무용지물로 만드는 신기술 등 아주 다양한 사건들이 서프라이즈의 원인이 될 수 있다. 어떤 서프라이즈든 주가에 급격하고 지속적인 충격파를 줄 수 있다. 아직 검증되지는 않았지만 관찰 결과, 이런 유형의 서프라이즈가 주가에 미치는 영향은 어닝 서프라이즈가 최고, 최악, 중간 그룹에 미치는 영향과 비슷할 것이라고 예상된다.

그러나 가장 자주 발생하는 사건 유발은 어닝 서프라이즈다. 사건 유발의 첫 번째 유형은 평가가 좋은 기업이 부정적 서프라이즈를 기록할 경우다. 예를 들어 암젠은 암을 비롯한 중증 질환 관리 분야에서 가장 탄탄한 생산라인을 갖춘 세계 최대의 생명공학 의료 기업이다. 하지만 부정적 서프라이즈로 주가가 폭락한 바 있다. 암젠의 주요 생산품은 암환자 빈혈 치료제인 아라네스프와 에포젠인데, 2006년 장래가 밝은 암 치료 신약인 벡티빅스도 개발했다. 2002년부터 2005년까지 암젠은 두드러진 수익 성장세를 보였다. 그리고 탄탄한 생산라인에 신약 공급 루트로 촉망받으면서 2005년 초 57달러이던 주가는 2005년 말 86달러까지 상승했다. 애널리스트들은 수익 예측치를 계속해서 상향 조정했다.

그런데 지붕이 무너졌다. 아라네스프는 늘 사망률 때문에 골머리를 앓고 있었는데, 2006년 말 아라네스프의 판매시장을 넓히려고 시도하던 암젠은 과거 연구에 비해 최근 연구에서 사망률이 조금 더 높아졌다는 사실을 발견했다. 종양학 권위자들은 심각한 우려를 표명했다. 허용 가능한 복용량을 낮추든지, 아니면 판매를 전면 금지해야 한다는 권고가 이어지자 애널리스트와 투자자는 충격에 빠졌다. 월스트리트는 앞선 분기들의 화려한 수치에서 수익 예측치를 대폭 하향 조정했고, 주식 가치도 하향 조정했다. 2008년 3월 암젠 주가는 54% 폭락했다.

애널리스트가 상상한 '멸망의 날' 시나리오는 생각했던 것보다는 나쁘지 않았다. 미국식품의약국은 아라네스프에 경고 문구를 추가하라고 명령했고, 복용량도 조금 줄였다. 그럼에도 아라네스프는 암젠의 핵심 수익원이었다. 2008년 수익 성장에 속도가 붙어 2009년까지 상승세를 보였다. 그러나 영광은 사라졌다. 2010년 가을, 암젠은 더 이상 '인기주'로 선호되지 않았다. PER 10배로 거래되던 암젠의 주식은 '최악의 주식'으로 평가받으면서 강등되었다.

사건 유발이 발생하면 투자자는 기업을 재평가하게 된다. 앞서 보았듯 투자자는 선호 기업의 미래를 과대평가하는 경향이 있다. 이런 기업의 주식이 부정적 서프라이즈, 즉 실망 실적을 기록하고 비관적인 소식이 겹치면 사람들은 이런 일이 '최고' 주식에도 일어날 수 있다는 사실에 충격을 받는다. 이들이 주식을 투매하면서 주가 하락으로 이어지는데, 대체로 급락하는 경우가 많다. 당초 예상보다 실제 상황이 심각하지 않고, 기업이 원래 목표 수익률을 거의 달성했다고 하더라도 섬뜩한 경험은 뇌리에 오래 머무른다. '최고' 기업의 실적이 반등하는 경우도 종종 있지만 대체로 주가는 한동안 하락세가 지속된다.

두 번째 사건 유발 : 비인기주의 긍정적 서프라이즈

투자자들은 기업의 전망이 별 볼 일 없다고 생각될 때 긍정적 서프라이즈를 기대하지 않는다. 이런 기업이 긍정적 서프라이즈를 기록하면 사람들의 인식은 변화하게 된다. 주식은 긍정적인 방향으로 재평가되며, 시장 실적을 훌쩍 뛰어넘는 수익을 올리는데, 이런 상승폭에는 애초 저평가되었다는 점이 큰 몫을 차지한다.

두 번째 유형의 사건 유발은 비인기주의 긍정적 서프라이즈 또는 연속되는 긍정적 서프라이즈다. 레이놀즈 아메리칸을 예로 들어보자. 레이놀즈 아메리칸은 미국의 2대 담배 제조사로 투자자들이 가장 기피하는 주식이었다.

담배 소비는 해마다 줄어들고 있었지만 레이놀즈는 콘우드 스모크리스 타바코Conwood Smokeless Tobaccos를 비롯해 수차례 인수를 거쳐 수익이 대폭 성장했다. 레이놀즈는 생산설비를 노스캐롤라이나에 집중해 남아도는 공장을 없애면 10억 달러가 훌쩍 넘는 비용을 줄이고, 수익을 대폭 늘릴 수 있다고 공표했다. 레이놀즈는 그대로 실행했다. 2004년 3월부터 큰 폭의 어닝 서프라이즈를 연속적으로 기록하며 주가를 154% 끌어올렸다. 2007년 중반 배당수익률은 무려 6%였다(지금은 꿈도 못 꿀 배당수익률이다). 많은 사람이 레이놀즈를 그다지 탐탁지 않게 여겼지만, 레이놀즈 주식을 산 투자자들은 두둑한 수익을 거두었다.

어닝 서프라이즈가 계속되면 주식에 대한 어닝 서프라이즈가 강화된다

어떤 기업이나 업계 또는 시장에 대한 투자자의 인식은 단발성 긍정적 또는 부정적 서프라이즈로는 잘 바뀌지 않는다. 예를 들어 애널리스트의 예측을 연구한 미시건대학 제프리 아바바넬과 빅터 버나드의 연구에 따르면 애널리스트들이 어닝 서프라이즈에 적응하는 속도는 느리다. 예측치가 너무 높든 낮든, 애널리스트는 예측치를 즉각 바로잡지 않고 서프라이즈가 발생한 후 3분기 뒤에나 수정한다고 한다.[8] 예측치가 지나치게 높으면 서프라이즈 이후 9개월 동안 계속해서 높게 유지되고, 예측치가 지나치게 낮으면 이후 3분기 동안 계속해서 낮게 유지된다.

아바바넬과 버나드의 말을 빌자면 애널리스트는 "최근 수익 보고에 조심스럽게 대응한다." 이런 조심스러운 대응 때문에 또다시 서프라이즈가 발생하고, 투자자가 기업에 대한 견해를 바꾸도록 촉진하는 계기가 된다. 예를 들어 선호주가 부정적 서프라이즈를 기록해 투자자들을 놀라게 하고(애널리스트들이 수익 예측치를 충분히 낮추지 않은 결과로), 이어지는 분기들에서 또 부정적 서프라이즈가 발생하면 기업에 대한 평가가 점점 하향 조정되어 주가는 더 떨어진다. 다양한 분기별·연도별 서프라이즈 차트에서 볼 수 있듯이 사건 유발은 여러 분기에 걸쳐 지속된다. 비인기주가 잇달아 긍정적 서프라이즈를 기록할 때도 마찬가지다.[9]

사건 강화의 영향

나는 두 번째 유형의 어닝 서프라이즈를 '사건 강화'라고 부른다. 이 유형은 주식에 대한 투자자들의 인식을 바꾸지 않고, 오히려 기업에 대해 투자자가 현재 품고 있는 신념을 강화한다. 따라서 이 유형의 어닝 서프라이즈는 주가에 큰 영향을 미치지 않는다. 인기주가 긍정적 서프라이즈를 기록하거나 비인기주가 부정적 서프라이즈를 기록할 때 사건 강화라고 규정한다. 인기주가 긍정적 서프라이즈를 기록하면 탁월한 기업이라는 기존의 인식이 강화된다. 좋은 기업은 잘되는 게 당연하다. 따라서 긍정적 서프라이즈를 기록한다고 해도 예견된 사건일 뿐이다.

세계 최대의 소프트웨어 개발업체이자 제조업체인 마이크로소프트는 사건 강화를 기록하는 전형적인 인기주다. 2003년 말 '미스터 소프티 (마이크로소프트를 이렇게도 부른다)'는 소비시장과 중소기업시장에서 모두 상당폭 성장을 기록했다. 2003년 말과 2004년 초에는 예측치를 가볍게 넘겼다. 그러나 불과 몇 달 만에 주가는 14% 하락했고, 2년 뒤인 2006년 말에는 13% 하락해 시장 수익률을 한참 밑돌았다. PER이 최상위권인 초일류 기업은 기대 수익을 훌쩍 넘는 긍정적 서프라이즈를 기록해도 주가 상승폭은 그저 그랬다.

비인기주의 사건 강화 사례로 보잉을 들 수 있다. 몇 해 전 보잉은 세계적인 경기 침체로 주력 산업인 민간 항공기 시장이 위축된 데다, 기술자 파업과 747, 787 항공기와 관련한 소송까지 겹쳐 곤욕을 치렀다. 2008년 6월부터 4분기 연속 실적이 기대에 못 미치자 2009년 3월 보잉 주가는 29달러로 바닥을 찍으면서 최악의 비인기주로 격하되었다. 그러나 이후 주가 반등에 성공해 2010년 4월까지 165% 이상 상승했다. 수익이 계속 기대에 못 미친 기업치고는 괜찮은 성적이다!

그림 9-7은 어닝 서프라이즈가 사건 유발과 사건 강화에 미치는 영향의 차이를 보여준다(서프라이즈 분기는 왼쪽, 이후 1년 동안은 오른쪽). 서프라이즈의 영향을 측정하기 위해 PER을 사용했지만 PCR이나 PBR을 사용해도 비슷한 결과가 나온다. 사건 강화(긍정적 서프라이즈가 인기주에 미치는 영향과 부정적 서프라이즈가 비인기주에 미치는 영향)보다 두 가지 유형의 사건 유발(부정적 서프라이즈가 인기주에 미치는 영향과 긍정적 서프라이즈가 비인기주에 미치는 영향)이 주가에 미치는 영향이 훨씬 더 컸다.

그림 9-7의 서프라이즈 분기와 1년 동안의 그래프를 살펴보자. 서프

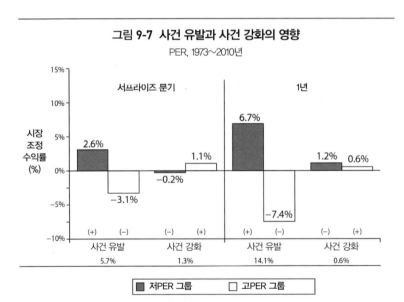

그림 9-7 사건 유발과 사건 강화의 영향

PER, 1973~2010년

0% = 시장 수익률(분기 3.5%, 연간 14.8%)
모든 수치는 시장 조정 수치임

출처: © 데이비드 드레먼, 2011. 데이터 출처: Compustat North American Data, Abel/Noser Corp., I/B/E/S, and Thomson First Call

라이즈 분기에 사건 유발이 발생한 경우 분기 평균 총 주가 변동은 5.7% 포인트다(+2.6%와 −3.1%의 합). 반면 동일 분기의 사건 강화(서프라이즈 분기 오른쪽에 있는 막대 2개)를 합치면 서프라이즈가 주가에 미치는 영향은 훨씬 줄어서 1.3%포인트(1.1%와 −0.2%의 합)가 된다. 1년 동안 주가 동향을 보면 사건 유발의 규모는 2배 이상 커져서 14.1%포인트가 된다. 이는 앞서 보았듯 비인기주의 긍정적 서프라이즈와 인기주의 부정적 서프라이즈가 주가에 미치는 영향은 서프라이즈 분기보다 1년 동안이 훨씬 크기 때문이다. 반면 사건 강화의 영향은 미미해 1년 뒤 주가 변동폭은 0.6%포인트에 불과하다.

그림 9-7은 뚜렷이 구별되는 서프라이즈 유형인 사건 유발과 사건 강화를 보여줄 뿐만 아니라, 뜻밖의 호재나 악재에 대한 반응이 사뭇 다르다는 점을 보여준다. 사건 유발은 인식의 변화를 가져오는데, 이러한 변화는 1년 뒤까지 지속되어 주가에 큰 영향을 미친다. 반면 사건 강화가 서프라이즈 이후 1년까지 주가에 미치는 영향은 미미하다.

신경경제학과 시장

신경경제학은 빠르게 성장하는 중요한 신흥 경제학이다. 신경경제학의 주요 업적들과 새로운 연구 결과는 어닝 서프라이즈가 찾아낸 가설을 강력하게 뒷받침한다. 특히 사건 유발과 사건 강화는 신경경제학의 새로운 연구 결과 덕분이다. 그림 9-7에 나타난 네 가지 유형의 서프라이즈 역시 신경경제학에 힘입은 바 크다.

신경경제학은 네 가지 유형의 서프라이즈가 미치는 영향을 잘 설명하고 있는데 생물학, 화학, 신경심리학 전문가가 아니라도 이해할 수 있다. 네 가지 서프라이즈의 상호작용은 매우 간단하게 이해할 수 있다.

먼저 도파민부터 시작해보자. 도파민은 두뇌 화학작용의 쾌락 시스템과 관련 있는 화학물질로 인체에서 자연 분비된다. 도파민이 분비되면 즐거움과 활력을 느껴 특정 활동을 하고 싶은 의욕이 생긴다. 본능적인 보상 경험인 음식, 섹스, 특정 약물 그리고 이런 것들과 연관된 신경전달물질인 도파민은 신경 자극을 전달한다. 뇌에는 약 1,000억 개의 신경세포, 즉 뉴런이 있는데 이 중 약 0.001%만이 도파민을 분비한다. 그러나 아주 작은 이 집단이 뇌가 어떤 선택을 내리는지에 중대한 영향을 미친다.

투자결정은 물론 알코올 중독, 약물 중독에도 지대한 영향을 미친다. 훌륭한 칼럼니스트이자 저자인 제이슨 츠바이크Jason Zweig는《머니 앤드 브레인 : 신경경제학은 어떻게 당신을 부자로 만드는가》에서 알코올, 마리화나, 코카인, 모르핀, 암페타민은 모두 도파민 분비와 관련이 있다고 한다. "이런 물질을 사용하면 다양한 방식으로 뇌의 도파민 유발 영역에 영향을 미친다.[10]" 예를 들어 코카인 1회분을 복용하면 평소보다 15배나 빨리 뇌에서 도파민이 분비되어 황홀감이 퍼지도록 도와준다. 사우스캐롤라이나대학의 앙투안 베차라Antoine Bechara는 이 과정에 대해 "도파민은 뇌 구석구석까지 손을 뻗친다"라고 말했다.[11] 도파민 뉴런이 활성화되면 결정하고 행동으로 옮기는 뇌 전체에 에너지가 분출된다. 얄궂게도 코카인을 흡입해 도파민이 급속도로 활성화될 때의 뇌 반응과 투자자가 투자결정을 내린 직후 짜릿함을 느낄 때의 뇌 반응은 거의 동일하다.[12]

도파민은 단순한 흥분물질 이상이다. 그러나 투자자는 이 점을 알아야 한다. 바로 일정한 행위를 할 때 상당한 보상이 있다는 점이다. 또한 투자자는 보상을 획득하는 데 요구되는 행위를 감행해야 한다.

이제 다양한 형태의 어닝 서프라이즈에서 도파민의 역할을 살펴보자. 도파민 뉴런은 기대보다 나은 보상 사건이 발생했을 때 분비되고, 예상한 것과 동일한 사건에는 반응하지 않는다. 또한 예상보다 더 나쁜 사건이 발생하면 억제된다. 앞서 살펴본 네 가지 형태의 어닝 서프라이즈가 미치는 영향이 장기간 일관성을 유지하는 핵심 이유가 바로 도파민의 이런 속성 때문인 것으로 보인다.

하지만 명심할 것이 있다. 사건 유발과 사건 강화가 무작위가 아닐 확률은 1,000분의 1, 즉 0.1%다. 신경경제학과 어닝 서프라이즈 간의 연결고리가 유효하고 그 증거가 분명하다면, 예측 가능하고 반복되는 경제 사건들과 신경경제학 그리고 감정 사이에 강력한 유대관계가 형성될 것이다. 사건 유발과 사건 강화가 순전히 우연에 따라 발생되는 것이 아니라는 점을 고려할 때 이들 간의 상관관계는 꽤 개연성이 높다. 만약 그렇다면 신경경제학의 실험이 발견한 것과 어닝 서프라이즈의 연구를 통해 드러난 결과 간의 유사성은 흥미진진한 연구 대상이 될 것이다. 현재 실험을 통해 둘 사이의 연결고리를 보여준다면 주요 경제학 연구 수단으로서 신경경제학의 중요성은 더욱 커질 것이다.

어닝 서프라이즈에는 네 가지 범주가 있는데, 이는 또 사건 유발과 사건 강화 두 가지 유형으로 뚜렷이 구별된다. 그렇다면 이 네 가지 어닝 서프라이즈를 설명해주는 신경경제학 연구를 잠깐 살펴보자. 케임브리지대학의 울프람 슐츠Wolfram Schultz(생리학 및 신경과학과), 베일러 의과대학의 리드 몬터규Read Montague, 런던대학의 피터 다이얀Peter Dayan은 도파민과 보상에 관한 중요한 연구 결과를 다수 제시했다. 이들의 연구 결과에 따르면 기대한 바를 얻으면 도파민이 분비되지 않았고, 전기 자극이 초당 3회 정도밖에 되지 않아 거의 쉬는 것과 마찬가지다. 투자자들이 열광할 만한 보상이라고 예측되었어도 역시 전기 자극은 작동되지 않았다.

고PER 주식이 긍정적 서프라이즈를 기록하거나 비인기주가 사건 강화로 부정적인 서프라이즈를 기록할 때도 바로 이런 현상이 일어난다. 보상(이 경우 인기주의 긍정적 서프라이즈)이 실제 투자자의 기대 이상이라도 반응은 미지근하고 때로는 부정적이다. 약물 중독자들이 동일한 쾌감을 얻으려고 점점 더 복용량을 늘리는 것처럼, 투자자들은 '최고 주식의 주가를 더 끌어올리기 위해' 더 많은 수익을 요구한다.

신경경제학자들에게는 사건 유발이 진정한 서프라이즈라고 할 수 있다. 이 서프라이즈는 예기치 않은 사건들이다. 패미 찬드라세카르Pammi Chandrasekhar, C. 모니카 카프라C. Monica Capra, 사라 무어Sara Moore, 찰스 노사르Charles Noussair, 그레고리 번스Gregory Berns의 연구에 따르면[13] 예상보다 높은 보상은 예기치 못한 사건이므로 도파민 분비로 이어진다. 비인기주가 긍정적 서프라이즈를 기록하는 것 역시 해당 주식을 보유하거나, 관심을 갖고 있는 투자자들에게는 예기치 못한 사건이다. 주식이 긍정적 서프라이즈를 기록하면 이들은 '희열'과 '환희'를 경험하는데, 그 결과 뇌에서 도파민이 분비된다.

원숭이를 대상으로 한 실험 역시 뜻밖의 긍정적 서프라이즈가 강력한 결과로 이어진다는 것을 보여준다(원숭이와 인간을 비교해서 불쾌한 독자가 있다면 먼저 사과의 말씀을 드린다. 굳이 변명하자면 일부 신경심리학 실험에서 원숭이, 침팬지, 비둘기가 인간보다 점수가 높았다).

원숭이의 뇌를 연구한 슐츠는 예상했던 보상을 받았을 때보다 뜻밖의 사건으로 도파민이 분비될 때 도파민 뉴런들이 훨씬 더 강렬하고 오랫동안 활성화된다는 것을 발견했다.[14] 사건 유발에 대해서는 이제 막 연구를 위한 실험이 시작되고 있지만, 이 연구는 사건 유발에서 저PER 주식이 예상치 못한 긍정적 서프라이즈로 이어진다는 점을 입증한다. 비인기주에 투자한 투자자 역시 예상 밖으로 높은 수익을 얻게 되면 도파민이 즉각 세차게 분비될 확률이 높은데, 슐츠의 연구에 따르면 초당 3~40회 분비된다고 한다. 슐츠는 이렇게 말한다. "이런 유형의 긍정적 강화는 보상에 관심을 기울이게 만든다. 보상 때문에 더 많은 보상을 바라고 계속 돌아오게 된다.[15]" 2000년 〈애뉴얼 리뷰 오브 뉴로사이언스Annual Review of Neuroscience〉에 실린 글에서 슐츠와 앤서니 디킨슨Anthony Dickinson은 이렇게 말했다. "요약하면 보상 반응은 보상의 발생과 예측 간의 차이에 의존한다(도파민 반응 = 발생한 보상 – 예견된 보상).[16]"

찬드라세카르와 동료의 연구 결과에 따르면 뇌의 뒤쪽 대상피질, 왼쪽 해마, 왼쪽 배쪽줄무늬체, 뇌간/중뇌(중간뇌)로 이루어진 신경 회로망의 활성화는 희열과 관련이 있다.[17] 실험은 하지 않을 테니 걱정하지 마시라. 신경회로에서 벌어지는 상호작용이 얼마나 복잡한지 보여주려는 것일 뿐이다.

마찬가지로 두 번째 사건 유발인 인기주의 부정적 서프라이즈는 후회와 실망을 불러온다. 이 경우 또 다른 신경회로망인 피질 회로망이 활성화된다. 피질 회로망은 후회를 활성화한다.[18] 신경경제학자들은 자기공명영상fMRI를 사용해 두 가지 유형의 서프라이즈를 측정할 수 있었다.

슐츠, 몬터규, 다이얀은 기대한 보상이 실현되지 않으면 도파민이 고갈된다는 것도 밝혀냈다.[19] 보상이 올 것이라는 신호를 감지하면 도파민 뉴런이 활성화되는데, 보상이 오지 않으면 도파민 뉴런들은 즉시 도파민 분비를 멈춘다. 그러면 뇌는 기대한 도파민 분비를 저지당해 실망하

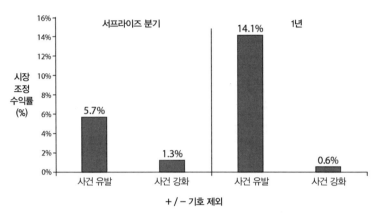

그림 9-8 사건 유발 대 사건 강화의 절대 수익률

주가수익비율(PER), 1973~2010년

출처: © 데이비드 드레먼, 2011

데이터 출처: Compustat North American Data, Abel/Noser Corp., I/B/E/S and Thomson First Call

게 된다. 이는 인기주가 부정적 서프라이즈(사건 유발)를 기록할 때 우리가 보이는 반응과 유사하다. 슐츠와 디긴슨이 관찰한 바에 따르면, 보상이 따르지 않으면 도파민 뉴런들이 예상치 못한 보상을 받을 경우와 정반대의 변화를 보인다고 한다. 기대한 보상이 일어나지 않으면 보상이 일어났어야 할 그 시각에 도파민 뉴런들이 억제된다. 이는 코드 입력 오류를 발생시키는데, 오류로 인해 예측에 대한 인식이 방해받는 현상과 유사하다.[20]

긍정적 보상을 기대하던 최고의 주식이 긍정적 보상은커녕 부정적 서프라이즈를 기록하면 주가는 즉각 현저히 하락한다. 뿐만 아니라 지속적인 주가 하락으로 이어진다. 앞서 보았듯 긍정적 효과와 부정적 효과 모두 적어도 4분기까지 영향을 미친다.

이와는 다른 두 가지 유형의 어닝 서프라이즈, 즉 인기 기업이 긍정적 서프라이즈를 기록하거나 비인기주가 부정적 서프라이즈를 기록하는 사건 강화를 살펴보자. 신경심리학자들의 연구에 따르면 이 경우의 서프라이즈는 신경계의 정보 처리에 큰 영향을 미치지 않기 때문에 시장에 미치는 영향도 크지 않다.

예를 들어 승률이 높은 도박에서 돈을 딸 때는 승률이 낮은 게임에서 돈을 딸 때보다 쾌감이 훨씬 작다. 마찬가지로 패배할 확률이 높은 게임에서 돈을 잃으면 패배할 확률이 낮은 게임에서 돈을 잃을 때보다 아쉬움이 훨씬 작다. 찬드라세카르와 그의 동료들이 말한 것처럼 희열이나 아쉬움의 정도는 승리나 패배 확률과 상관관계에 있다. 승리에 대한 기대가 높을수록 희열의 강도는 낮아지며, 승리에 대한 기대가 낮을수록 희열의 강도는 높아진다. 또한 아쉬움과 희열의 강도가 강해질 때 뇌가 활성화되는 부위도 다르다.

저자들은 이렇게 끝맺는다. "우리가 연구한 바에 따르면 아쉬움이나 희열과 연관된 신경회로망은 서로 뚜렷이 구별되지만 겹치는 부분이 있다.[21]" 이 분석에 따르면 인기주가 기대한 긍정적 서프라이즈를 기록할 때 희열의 강도는 낮다. 마찬가지로 비인기주가 부정적 서프라이즈를 기록할 때 애석함의 강도도 낮다.

그림 9-8에서 보듯 사건 강화를 기록한 주식들의 주가 동향 역시 이점을 정확히 보여주고 있다(그림 9-8의 사건 유발은 총합으로 +/- 부호를 없앴다. 사건 강화 역시 마찬가지다). 신경경제학자들의 연구가 보여주듯 사건 유발과 사건 강화가 미치는 영향의 정도가 다른 것도 흥미롭다. 서프라이즈 분기에 사건 유발이 주가에 미치는 영향은 사건 강화가 주가에 미치는 영향보다 4배 크며, 1년 뒤에는 거의 24배 정도에 달한다(+/- 부호 삭제). 이 차트의 통계적 유의도는 0.1% 수준이다. 즉 이 결과가 순전히 우

연일 확률은 1,000분의 1이다. 투자자로서는 신경경제학의 연구 결과가 비인기주의 매수를 옹호하는 확실하고 탄탄한 증거가 되고 있다.

장기간에 걸친 서프라이즈의 영향

서프라이즈 발표 후 1년 뒤까지 서프라이즈가 '최고' 주식과 '최악' 주식에 미치는 영향을 살펴보았다. 그렇다면 1년 뒤에도 그 여파가 미칠까? 그림 9-9에 해답이 있다. 그림 9-9는 매수 후 보유 전략을 이용해 어닝 서프라이즈 이후 5년간 PER 측면에서 '최고' 그룹과 '최악' 그룹의 실적을 측정한 것이다(연구 착수 시점부터 3개월마다 5년의 기간을 계산했다. 132개 기간이 연구 대상에 포함되었다). 그림을 보면 저PER 그룹이 긍정적 서프라이즈(저PER 긍정적)를 기록할 경우 20분기 내내 시장보다 실적이 좋았으며, 5년 동안 수익률이 시장 수익률보다 30.3% 높았다. 반대로 고PER 그룹이 부정적 서프라이즈(고PER 부정적)를 기록하면 이후 5년 내내 모든 분기에서 시장 수익률을 밑돌았고, 시장보다 수익률이 30.4% 낮았다. 보다시피 5년 내내 두 그룹의 격차는 점점 더 커졌다.

두 유형의 사건 유발이 보여주는 실적 차이는 모두 어닝 서프라이즈의 결과일까? 최초의 서프라이즈로 투자자들의 인식이 영구히 변했을까? 지금 당장 대답하기는 통계학적으로 불가능하다. 투자자들은 '최고' 주식과 '최악' 주식 모두에 대해 자신의 점괘를 터무니없이 과신하는 경향이 있다. 따라서 '최고' 주식은 지나치게 고평가되고, '최악' 주식은 지나치게 저평가된다. 지나치게 낙관적이거나 비관적으로 보이는 색안경을 벗고 나면 상황은 역전된다. 앞에서도 언급했지만 애널리스트의 예측 오류 이외에 서프라이즈를 포함해 서프라이즈가 한 번에 그치지 않고 계속 발생하면 주가는 계속 재평가 압력을 받는다.

그러나 저PER, 저PCR, 저PBR 주식들은 시장 수익률을 훨씬 상회하고, 고PER, 고PCR, 고PBR 주식은 시장 수익률을 밑돈다. 이 사실은 '최고' 주식과 '최악' 주식에 대한 투자자의 인식이 바뀌려면 사건 또는 일련의 사건이 있어야 한다는 것을 보여준다.

사건 강화가 미치는 영향 역시 살펴보았다. '최악' 주식이 부정적 서프라이즈를 기록하면(저PER 부정적) 서프라이즈 분기와 이후 19분기까지 꾸준히 시장 수익률을 상회하며, '최고' 주식이 긍정적 서프라이즈를 기록하면(고PER 긍정적) 꾸준히 시장 수익률을 밑돈다. 사건 유발이 발생한 서프라이즈 분기에 '최고' 주식과 '최악' 주식의 차이만큼은 아니지만, 이

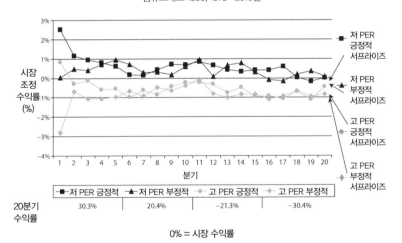

그림 9-9 긍정적 및 부정적 서프라이즈

컴퓨스태트 1500, 1973~2010년

| 20분기
수익률 | 30.3% | 20.4% | -21.3% | -30.4% |

0% = 시장 수익률

출처: © 데이비드 드레먼, 2011. 데이터
출처: Compustat North American data, Abel/Noser Corp., I/B/E/S and Thomson First Call

경우 역시 현격한 차이를 보인다. 5년 동안 '최고' 주식은 시장 수익률 대비 21.3% 낮은 수익률을 보였고, '최악' 주식은 시장 수익률 대비 20.4% 높은 수익률을 보였다(PCR, PBR로 분류한 결과 역시 이번에도 비슷하다).

　중간 그룹은 그림 9-9에 나타나진 않았지만 장기적으로 보아 1년 뒤 결과와 차이는 거의 없을 것이다. 발표 분기에는 서프라이즈가 큰 영향을 미쳤지만 이후에는 시장 수익률과 엇비슷했다. 총체적으로 긍정적 서프라이즈와 부정적 서프라이즈는 서로 상쇄했다. 중간 그룹은 그다지 고평가되거나, 저평가되지 않았으므로 이런 결과를 어느 정도 짐작할 수 있다.

놀라운 기회

심리 지침 18에 따르면 비인기주를 선정해 애널리스트의 예측 오류나 기타 다른 서프라이즈를 이용해야 한다. 이제 서프라이즈의 영향을 좀 더 상세하게 살펴볼 것인데, 이는 앞으로 설명할 전략에서 필수적인 도구이다. 서프라이즈에 대한 연구 결과를 심리 지침 20으로 요약했다.

심리 지침 20(a)
서프라이즈는 비인기주 그룹의 성과를 높이고, 인기주 그룹의 성과를 감소시킨다.

심리 지침 20(b)
긍정적 서프라이즈는 비인기주의 주가를 대폭 끌어올리지만, 인기주의 주가에 미치는 영향은 미미하다.

> **심리 지침 20(c)**
> 부정적 서프라이즈는 인기주의 주가를 대폭 끌어내리지만, 비인기주의 주가에는
> 사실상 전혀 영향을 미치지 않는다.
>
> **심리 지침 20(d)**
> 어닝 서프라이즈의 영향은 상당 기간 지속된다.

지금까지 서프라이즈의 역할을 살펴보았다. 투자자들이 비관적으로 예측하는 주식들이 일관되게 서프라이즈의 수혜를 받았다. 그리고 투자자들이 알짜라고 믿는 주식들은 서프라이즈에 일관되게 타격을 입었다. 8장에서 보았듯, 어닝 서프라이즈가 자주 발생한다는 점을 감안할 때 서프라이즈는 고평가 또는 저평가라는 이전의 주식평가를 뒤집는 강력한 무기가 될 수 있다.

다음 장에서는 강력한 투자 전략을 수립할 때 서프라이즈와 그에 따른 투자자의 기대 변화가 얼마나 중요한지 살펴볼 것이다. 돈을 딸 확률이 점점 올라가고 있으므로 이제 소매를 걷어 붙이고 주식시장이라는 도박판에 앉을 때다. 자, 여러분이라면 어떤 확률에 돈을 걸겠는가?

제  부

시장의 과잉반응
: 새로운 투자 패러다임

10장

수익을 거두는 강력한
역발상 투자 전략

42회 슈퍼볼 경기를 앞두고 뉴욕 자이언츠를 응원한 사람들은 포기를 모르는 뉴요커나 지는 맛으로 경기를 보는 사람들뿐이었다. 나는 후자에 속한다. 도박사들은 뉴잉글랜드 패트리어츠의 우세를 점치며 17점이라는 엄청난 점수 차로 이길 것이라고 예측했다. 즉 패트리어츠 승리에 베팅해 돈을 따려면 패트리어츠가 자이언츠보다 두 번의 터치다운과 한 번의 필드골을 더 넣어야 한다.

대중과 전문가 모두 패트리어츠의 승리를 믿어 의심치 않았다. 〈보스턴 글로브〉는 패트리어츠의 승리를 전제로 아마존닷컴에서 책을 선판매하고 있었다. 책 제목은 《19-0 : 무적 뉴잉글랜드 패트리어츠의 역사적인 챔피언 시즌》이었다. 패트리어츠가 반드시 이긴다고 예상하고 경기 직후 책을 출시할 예정이었다.

팬들과 중계진은 유례가 없을 정도로 두 팀 전력의 격차가 크다고 생각했다. 열세로 평가받으며 플레이오프에 진출한 자이언츠는 예상을 깨고 챔피언십까지 진출했다. 2008년 2월 5,000만 명 이상이 TV를 통해 격전을 지켜봤다. 결과는 자이언츠가 무적 패트리어츠를 제압했고, 경기는 끝났다. 흩날린 종이 꽃가루는 깨끗하게 치워졌고, 42회 슈퍼볼도 막을 내렸다. 자이언츠가 패트리어츠를 끝장 내는 데는 마지막 35초, 단한 번의 터치다운으로 충분했다. 아무튼 이게 현실이었고, 놀란 팬들은 망연자실했다.

수십 년 이래 최강 전력이라던 풋볼 팀이 어쩌다가 이런 망신을 당했을까? 최첨단의 강력한 시장분석 기술로 무장한 채 폴 스튜어트 정장에 페라가모 넥타이를 매고 으리으리한 사무실에 앉아 있는 수많은 펀드매니저, 투자 전문가 역시 궁금할 것이다. 최고의 연구기관과 투자 자문을 고용했는데, 실적이 어쩌면 이렇게 처참할 수가 있을까.

아무리 생각해도 도무지 이해가 되지 않을 것이다.

그런데… 전문가들이 좋아하는 주식을 정말 사야 할까? 앞서 보았듯 절대 그렇게 해서는 안 된다. 애널리스트와 펀드매니저가 선호하는 주식들은 어닝 서프라이즈 발생 시 일관되게 일격을 당했다. 반면 아무도 좋아하거나 원하지 않는 주식은 일관되게 서프라이즈의 수혜를 입었다. 투자자들이 인기주에 열광하면 주가가 지나치게 비싸지기도 하고, 투자자들이 심드렁하면 주가가 맥없이 빠지기도 한다. 어닝 서프라이즈를 비롯한 각종 서프라이즈는 인기주와 비인기주가 모두 재평가되는 결과로 이어지고, 주가는 더욱 현실에 맞게 조정된다.

이 문제는 크고 중요한 퍼즐 조각이 틀림없다. 그렇다면 실제 투자 전략에서 이 조각을 어떻게 맞추어 넣어야 할까? 어쨌든 시장의 역학을 분석하기만 하는 건 소용이 없고, 시장의 역학을 이용해 수익을 취할 수 있는 패턴을 익혀야 한다. 이번에는 방법을 바꿔서 사례들을 모아 연역적 추리를 해나가는 대신, 바로 검토할 수 있도록 당장 해답부터 제시하겠다. 검증된 투자 접근법의 핵심을 식별하기 전에 다음 심리 지침을 수립해보자.

> **심리 지침 21**
> 인기주는 시장 수익률을 밑도는 반면, 비인기 기업은 시장 수익률을 상회한다. 그러나 재평가에는 대체로 시간이 걸린다.

시장에서 꾸준하게 높은 수익을 올리려면 재평가 과정이 관건이다. 재평가 과정은 감정과 신경경제학 등 새로운 경제학의 연구 결과의 영향을 크게 받는다. 시장이 처음 형성될 때부터 '최고' 투자처와 '최악' 투자처에 대한 대중의 반응은 한결 같았고, 예측 가능했다. 실용을 중시하는 독자들을 위해 결론부터 말하겠다. 투자자가 어떻게 행동할지는 뻔히 보이므로 평범한 독자도 이것을 이용해 돈을 벌 수 있다. 즉 비교적 작은 위험으로 시장 수익률을 가볍게 뛰어넘을 수 있는 검증된 역발상 전략이다. 게다가 복잡하지도 않다.

이제 제1부에서 살펴본 수십 년 동안 대성공을 거둔 검증된 투자 방식에 첨단 심리학을 결합해 새로운 투자 패러다임을 제시하겠다. 이 투자 방식을 활용하려면 그동안 우리가 배웠던 주식, 채권 등 투자 수단에 관한 통념적인 평가 방식 일부를 무시해야 한다. 그렇다고 해서 새로운 방식을 맹목적으로 따르라는 이야기는 아니다. 모든 방식은 장기간 심리학에 의해 검증되거나 우월한 투자 실적을 통해 검증되었다.

너무 서두르는가? 내가 이렇게 단언하는 이유를 처음부터 설명하겠다. 지금까지 대성공을 거둔 다섯 가지 주요 역발상 전략들의 구조와 기능을 살펴보고 이 전략의 타당성을 통계학적으로 논증해 보이겠다. 이 열쇠를 사용하면 퍼즐 조각들이 재빨리 착착 제자리에 맞아 들어가게 될 것이다. 폴 스튜어트 양복이나 페라가모 넥타이를 할인받지는 못하겠지만 말이다.

다섯 가지 주요 전략은 다음과 같다.

1. 저PER 전략
2. 저PCR 전략
3. 저PBR 전략
4. 고배당 전략
5. 업종 저가주 전략

이 전략들에는 각각 개인 사정에 맞게 조정할 수 있는 하위 범주들이 있다. 아주 새롭고 차별화된 전략인 '다섯 가지 역발상 전략'은 12장에서 소개할 것이다.

투자의 통념은 뒤집혔다

전문가의 예측을 검토해본 결과, 그들이 가장 선호하는 주식을 사면 안 된다는 점이 분명해졌다. 그러므로 질문의 방향을 이렇게 바꾸어보자. 전문가와 대중이 추종하는 주식을 피하고, 전문가와 대중이 기피하는 주식을 추종해야 하는가? 대답은 무조건 '그렇다.'

이 투자 전략이 꾸준히 성공을 거둔다는 사실은 80년 전으로 거슬러 올라가 입증할 수 있다. 이 투자 전략은 통념과 상반되는데, 바로 이 점이 시장에서 통하는 이유다.

PER, PCR, PBR, 고배당, 업종 저가주 이 다섯 가지 잣대로 볼 때 시장 전문가들이 전망이 가장 밝다고 본 주식들은 꾸준히 최악의 실적을 거두었고, 시장 전문가들이 장래가 가장 어둡다고 본 주식들이 꾸준히 최고의 실적을 거두었다. 사실 효율적 시장 가설이나 오늘날 투자 기법을 신봉하는 독실한 신도들에게 역발상 기법은 마치 사탄 숭배처럼 보일 것이다. '최고' 투자처가 악이 되고, '최악' 투자처가 선이 되어 선악이 뒤집혔으니 말이다.

그러나 마법을 사용한 것도 아니고 부두교의 주술은 더더욱 아니다. 대다수 투자자는 수익과 경제 사건 예측이 대단히 어렵다는 점을 모르고 있고, 예측이 실패하면 투자자는 '예상대로' 반응한다. 여기서 우리는 아이러니에 직면한다. 즉 대중은 예측이 탁월하거나 시원치 않다고 생각하는 기업들에 언제나 과잉반응하는데, 바로 이 점이 시장에서 통하는 투자 전략을 수립할 때 가장 분명하고 일관된 변수로 작용한다. 이 전략은 과거의 모든 시장에서 통했듯이 오늘날의 시장에서도 확실히 통한다.

기발한 사업 개념을 내세운 주식들, 공동묘지에 묻히다

'최고' 주식을 평가하려면 수익을 꽤 먼 미래까지 아주 정밀하게 예측해야 한다. 8장에서 보았듯이 예측의 신뢰도는 정말 어처구니 없이 낮다. 또한 인기 기업의 수익이 예측치에 못 미치는 아주 작은 어닝 서프라이즈에도 주가는 심각한 타격을 입는다는 사실도 확인했다. 그리고 정확한 예측에 토대를 둔 투자 전략은 변덕스러웠다. 1996~2000년 닷컴 버블 당시 수많은 인터넷 기업과 초기 버블의 비슷한 주식들, 허울 좋은 사업 개념을 내세우며 아무리 비싸도 '반드시 매수'해야 하는 주식으로 꼽히던 기업들이 지금은 주인 없는 무덤 신세가 되었다.

수많은 전문가와 개인 투자자가 사용하는 '최고'라는 말은 내재된 위험을 숨기고 있다. 반대로 전망이 가장 어두운 주식들이 심하게 저평가되었다는 것이 드러났고, 이런 주식이 긍정적 서프라이즈를 기록하면 주가가 대폭 상향 조정되었다. 2장에서 보았듯 기대치가 높은 주식은 내재 위험이 과소 평가되고, 기대치가 낮은 주식은 내재 위험이 때로는 아주 심하게 과장된다. 이로써 우리는 이 책을 통해 만능 열쇠를 손에 쥐게 되었다. 그리고 우리의 투자 전략이 장기간 좋은 실적을 올리는 이유도 이해할 수 있게 되었다.

저PER 전략의 성공 : 초기 증거

1960년대에 접어들면서 연구자들은 오늘날 주식분석에서 대들보 역할을 하는 '가시성'이 통념처럼 견실한지 의심하기 시작했다. 과거 데이터베이스를 쉽게 입수할 수 있었던 PER부터 연구가 시작되었다. 당시 연구자 중 한 사람은 이런 의문을 던졌다. "시장 실적의 척도로서 PER은 얼마나 정확한가?"

당시 프로비던트내셔널뱅크Provident National Bank 소속 프랜시스 니콜슨이 던진 질문이다. 1968년 고PER 주식과 저PER 주식의 실적을 비교한 연구에서, 니콜슨은 1937~1962년은 26년 동안 18개 업종, 189개 기업을 분석했다.[1] 이 기업들은 투자회사로 따지면 신탁회사 수준의 우량기업들이었다. 분석 결과는 그림 10-1에서 볼 수 있다.

니콜슨은 PER 순위에 따라 5개 그룹으로 주식을 분류한 다음 각각의 그룹을 다시 1~7년 동안의 PER 순위로 배열했다. 새로운 PER 정보를 토대로 각 그룹들을 해마다 재조사한 결과, 가장 인기 없는 주식들은 연구 대상 기간 전체에 걸쳐 16%의 연간 수익률을 거두었다. 반대로 고PER 그룹은 동일 대상 기간 동안 연간 수익률이 3%에 그쳤다. 주식 보유 기간이 길수록 투자 성과의 격차는 줄어들었지만, 원래 포트폴리오를 7년 동안 그대로 유지할 때에도 최하위 20% 그룹 주식의 성과가 최고위 20% 그룹 주식보다 약 2배 높았다.

투자자들은 한결같이 향후 성과를 오판했다. 결과는 언제나 같았다.

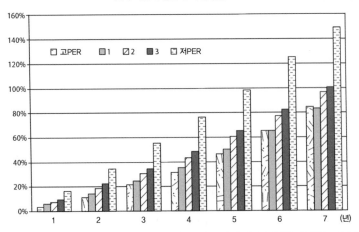

그림 10-1 프랜시스 니콜슨의 선구적인 연구
수익률, 1937~1962년
전체 기간의 평균 주가 상승률

출처: 프랜시스 니콜슨, 'PER과 투자 결과', 〈파이낸셜 애널리스트 저널〉
(1968, 1~2, v. 24, No. 1, pp. 105-109)

가장 인기 있는 주식(상위 20%)은 다른 그룹에 비해 투자 성과가 현저하게 낮은 반면, 가장 인기 없는 주식(하위 20%)의 성과가 가장 좋았다. 두 번째로 인기가 높은 그룹이 두 번째로 투자 성과가 낮았고, 두 번째로 인기 없는 주식이 두 번째로 성과가 좋았다.

벤저민 그레이엄은 《현명한 투자자The Intelligent Investor》에서 다우존스산업평균지수에 편입된 30개 주식을 분석한 연구를 인용했다(표 10-1). 1937년부터 1969년까지 다우존스산업평균지수에서 저PER 10개 주식과 고PER 10개 주식 그리고 다른 주식의 투자 성과를 비교한 연구였다. 그런데 기간에 상관 없이 저PER 주식들은 시장 수익률을 초과했고, 고PER 주식들은 시장 수익률에 미달했다.

이 연구에서는 1937년 다우존스산업평균지수 고PER 그룹 또는 저PER 그룹에 1만 달러를 투자한 뒤 5년마다 PER을 다시 계산한 후 계속해서 고PER 그룹 또는 저PER 그룹에 투자했다. 이런 식으로 투자하자

표 10-1 다우존스산업평균지수 주식들의 연평균 수익률 또는 손실

1937~1969년

기간	저PER 최하위 10개 주식	고PER 최상위 10개 주식	다우존스산업평균 30개 주식
1937~1942	−2.2%	−10.0%	−6.3%
1943~1947	17.3%	8.3%	14.9%
1948~1952	16.4%	4.6%	9.9%
1953~1957	20.9%	10.0%	13.7%
1958~1962	10.2%	−3.3%	3.6%
1963~1969	8.0%	4.6%	4.0%

출처: 벤저민 그레이엄, 《현명한 투자자》, 4판, p. 80.
Copyright © 1973 by Harper & Row Publishers, Inc.
HarperCollins Publishers, Inc.의 허가를 받아 전재

1937년 저PER 그룹에 투자한 1만 달러는 1962년 말에는 6만 6,866달러로 불어났다. 반면 고PER 그룹에 투자한 1만 달러는 겨우 2만 5,437달러가 되었다. 다우존스산업평균지수에 1만 달러를 투자했다면 1962년에는 3만 5,600달러로 불어났을 것이다(그레이엄의 연구 결과는 약 35년 뒤 '다우의 개'라는 이름의 떠오르는 신종 투자 전략으로 다시 세상 빛을 보았다).

1960년대에 나온 다수의 다른 연구도 비슷한 결론에 도달하고 있다. 물론 이들 연구의 결론도 저PER 주식이 30년 정도의 기간 동안 투자 성과에서 뚜렷한 우위를 보인다는 점이었다. 그러나 신성불가침의 원리처럼 특정 이론에 대한 집착은 좀처럼 사라지지 않는 법이어서 당시에는 이런 연구 결과들이 별다른 반향을 일으키지 못했다.[2]

불신의 시대

그런데 저PER 주식들의 실적을 분석해놓아도 트집을 잡았다. 우선 투자자 중에는 성장학파, 즉 기업의 성장률을 중시하는 학파를 따르는 무리들이 다수였다. 다수 기관투자자는 저PER 주식의 실적이 좋다는 연구 결과의 효력을 믿으려 하지 않았다. 전문가의 수익 예측을 불신한 연구들처럼, PER 연구 결과 역시 대대로 내려오던 투자 관행(어쩌면 세뇌)을 감히 내팽개쳤다는 것이다. 1976년 초 과거 연구 결과 일부를 압축해서 논문을 발표했더니 많은 전문가가 그런 정보는 한 물 갔다며 이렇게 말했다. "1970년대 시장은 전혀 다릅니다."

저PER 전략을 연구하는 이들은 대단한 것을 발견하고 있었지만, 효율적 시장 가설이 빠르게 부상하면서 묵살되고 말았다. 1960년대 말 마침내 금융 전문가들은 효율적 시장 가설이라는 가공할 무기를 완성했다. 학계에서 진수한 '효율적 시장 가설 호' 전함에 따르면 저PER 전략이 효과적이라는 연구 결과는 아예 존재할 수가 없다. 실제로 존재하든 안 하든 말이다. 그리고 그걸로 끝이었다.

효율적 시장 이론가들은 저PER 주식은 위험이 커서(달리 말하면 베타가 높아서) 수익이 클 수밖에 없다고 주장했다. 5장과 6장에서 효율적 시장 이론가들이 활용한 위험 측정법이 실패했음을 자세히 살펴보았다. 그러나 학계에서 사실로 고착된 신념을 이기기는 어려웠다. 학계는 방법론을 비난하면서 결정타를 날렸는데, 적어도 설득력이 있다기보다 사소한 꼬투리를 잡아 물고 늘어지는 것으로 보였다. 아인슈타인의 격언을 상기하자. "관찰이 이론을 결정하는 것이 아니라 이론이 관찰을 결정한다." 전함 '효율적 시장 가설' 호가 전통적인 투자 관행을 무찌르며 승승장구할 때 저PER 전략의 연구 결과들은 설 땅이 없었다.[3]

과거 실적을 분석한 연구 자료에 따르면 저PER 주의 매수 전략은 성공적이었다. 실제로 내게는 그 전략이 통했고, 믿을 만한 증거가 적지 않았다. 우선 《심리학과 주식시장Psychology and the Stock market》(1977)에서 활용한 연구들을 보완 수정했고, 그다음 《역발상 투자Contrarian Investment Strategy》(1979)에서 활용한 연구들을 보완 수정했다. 저PER 주의 매수 전략이 성공적이라는 연구 결과는 여전히 확고했다.

다시 한 번 저PER 전략의 우위가 명백해졌다. 1971~1972년의 이원화 시장, 1973~1974년의 하락장(당시로서는 전후 최악의 약세장) 그리고 이어지는 회복장을 연구해보니 투자자가 꼭짓점에서 투자를 시작하든, 바닥에서 시작하든 상관없이 모든 시장 사이클 단계에서 저PER 전략이 더 높은 수익을 거두었다.

1980년대부터 1990년대 중반까지 나는 (여러 동료와 함께) 저PER 전략에 대해 5~6건의 연구를 수행했는데, 대부분 〈포브스〉에 실렸다(마이크 베리Mike Berry와 공저한 논문 한 편은 〈파이낸셜 애널리스트 저널〉에 실렸다). 한 번은 1963~1985년 동안 컴퓨스태트에 편입된 1,800개 대기업을 연구했는데 저PER 그룹 주식의 연간 수익률은 20.7%, 고PER 그룹 주식의 연간 수익률은 10.4%였다.[4] 1969~1989년간 21년 동안 컴퓨스태트에 편입된 6,000개 주식의 성과를 분석했는데, 시장 규모에 따라 5개 그룹으로 나눈 다음 각 그룹을 다시 PER 순위에 따라 5개 하위 그룹으로 나누었다. 시장가치 5,000만 달러 수준인 최하위 그룹과 시장 가치가 60억 달러 수준인 최상위 그룹에 이르기까지 5개 시장 규모에서 모두 저PER 그룹의 수익이 고PER 그룹의 수익을 훨씬 뛰어넘었다.[5]

1964년부터 1985년 3월 31일까지 22년을 대상으로 750개 대기업을 활용해 PCR이 낮은 주식(저PCR)의 성과를 분석했다. 연구 결과는 표 10-2에 정리되어 있다. 이번에도 5개 그룹으로 나눈 다음 매년 PCR에 따라 순서대로 배열했다.[6] 표에서 보듯 22년이라는 긴 세월 동안 선호도 최하위 주식(저PCR)의 연간 투자 성과가 선호도 최상위 주식(고PCR)보다 2배가량 높았다.[7]

그런데 과거에 받았던 비난은 지금도 유효할까?[8] 과거의 비난에 따라 실험을 조정해도 결과는 표 10-2에서 보는 대로 여전히 저PER 전략은 통한다.

1970년대 말과 1980년대 초에 수행한 연구들도 앞선 연구 결과들을 확인해주고 있다. 산조이 바수Sanjoy Basu●가 세심하게 준비한 3건의 연구 결과 역시 비슷한 결론에 도달했다.[9] 바수는 1956년 8월~1971년 8월 사이 뉴욕증권거래소 1,400개 기업의 데이터를 활용한 연구를 〈저널 오

표 10-2 역발상 현금흐름

그룹별 PCR	총수익률 (%)	주가 상승률	배당률	그룹별 PCR	총수익률 (%)	주가 상승률	배당률
장기적으로 보아 (1963년 4월 1일부터 1985년 3월 31일까지 22년 동안) 이익만 따진 경우보다 현금흐름을 따져 투자할 때 수익이 더 높았다.				강한 상승장이었던 1978년 1월 1일부터 1985년 3월 31일까지 7년 동안 현금흐름에 따른 역발상 투자는 시장에서 통했다.			
최하위	20.1%	14.6%	5.5%	**최하위**	27.4%	21.0%	6.4%
차하위	14.3	8.0	6.3	차하위	20.1	12.2	7.9
중위	8.7	3.2	5.5	중위	17.4	11.4	6.0
차상위	8.0	3.8	4.2	차상위	19.4	15.3	4.1
최상위	10.7	8.2	2.5	최상위	16.5	14.2	2.3

출처: 〈포브스〉, 1986년 6월 16일

브 파이낸스〉(1977년 6월호)에 실었다. 바수는 12월 31일 회계기간이 끝난 750개 기업을 선정한 다음 이듬해 4월 1일 주가를 이용해 해마다 포트폴리오를 평가했다. 앞선 연구들과 마찬가지로 바수 역시 주식을 PER 순위에 따라 5개 그룹으로 나누었다. 총수익률을 이용한 결과는 표 10-3에 정리되어 있다.

바수의 연구 결과 역시 마찬가지로 저PER 주의 수익률이 더 높았고, 위험도 낮았다. 바수는 이렇게 말했다. "그러나 자본시장 이론과 반대로 저PER로 구성된 포트폴리오의 수익률은 높았지만, 체계적 위험은 낮았다. 즉 고수익과 고위험은 상관관계가 없었다. 또한 저PER 최하위 포트

● 나는 1980년대 중반 바수와 잠깐 함께 일하며 알고 지낼 기회가 있었는데, 얼마 후 바수는 안타깝게 이른 나이에 사망하고 말았다. 나는 바수와 함께 이 책에 활용한 업종별 상대적 역발상 전략의 최초 개념을 구상했다. 사망하기 전 바수는 실험을 통해 우리의 방향이 옳았다는 것을 입증했다.

표 10-3 PER 순위별 수익률

1957년 4월~1971년 3월

PER 5분위	연평균 수익률(%)	베타 (체계적 위험)
A (최상)	9.3	1.1121
A*	9.6	1.0579
B	9.3	1.0387
C	11.7	0.9678
D	13.6	0.9401
E (최하)	16.3	0.9866

A = 고PER 그룹
A* = 부정적 실적의 주식을 제외한 고PER 그룹

출처: 산조이 바수, 'PER 대비 주식투자 성과 : 효율적 시장 가설의 검증',
〈저널 오브 파이낸스〉 32(1977년 6월): p.67

폴리오인 D와 E의 체계적 위험이 고PER 포트폴리오 A, A*, B보다 낮았다.[10"] 이 연구와 함께 후속 연구까지 과거 비판직 견해를 수용해 1980년대 중반까지 수정 보완되었으며, 저PER 주의 우월한 실적을 보여주는 자료는 70여년에 걸쳐 이어지게 되었다.

역발상 전략이 오래 빛을 보지 못한 이유

증거의 중요성을 고려하면, 역발상 가치투자 전략은 벌써 오래 전에 투자자의 상상력(그리고 지갑)을 사로잡아야 하는 것 아닐까? 1990년대의 소수의 개척자만이 보상을 손에 쥐었고, 혜택받은 소수만이 역발상 전략의 위력을 알고 있었던 황금시대를 돌아보아야 했다. 그러나 우리는 그때를 돌아보지 않았다. 2011년에도 역발상 투자자는 극소수였으며, 계속해서 극소수파로 남을 가능성이 높다.

상황이 이렇게 된 데에는 역사적인 이유도 한몫했다. 효율적 시장 가설이 이 땅을 장악해 월스트리트에서 이교도들을 내쫓은 사실을 기억할 것이다. 새로운 '정교'의 지위를 차지한 효율적 시장 가설은 월스트리트를 통치해 번영을 누리면서 전부 손에 넣을 수 있었다. 물론 또 다른 이론이 출현해 월스트리트에 자리 잡는 데 성공한다면 잃을 것도 많을 것이다. 앞으로 살펴보겠지만 분야를 막론하고 걸핏하면 방향를 바꿔가며 우르르 몰려다니는 게 군중심리고, 인간의 본성이다. 따라서 효율적 시장 가설 역시 언제 외면받을지 몰랐다.

1970년대 말부터 1980년대 말까지 우리의 연구는 효율적 시장 가설에 비해 열세에 있었다. 특히 시장 근본주의의 신성하고 고귀한 신전인 시카고대학에 거주하고 있는 자들에게 이교도의 앞잡이인 나는 걸핏하면 분노를 샀다. 연구는 신랄하게 공격을 받았고, 교수들은 내가 쓴 〈포브스〉의 칼럼을 조목조목 반박하라는 과제를 학생들에게 냈다. 재수 없는 편집자들은 수시로 내 연구나 칼럼을 비방하는 항의 편지를 10통 넘게 받았고, 인심 좋게 실어주었다.

내가 책을 내고 추가로 논문도 발표하자, 공격은 더욱 심해졌다. 독자들은 편지를 보내 사사건건 시비를 걸었다. 트집 잡히지 않은 건 논문 선정 소감밖에 없었다. 통계학적 오류를 발견한 사람은 아무도 없었지만, 대중은 효율적 시장 가설의 압도적인 위세와 장엄함을 이해하지 못하는 원시인 같은 나의 믿음을 힐난했다.

1977년, 나는 〈파이낸셜 애널리스트 저널〉에 논문을 제출했는데, 논문은 채택도 기각도 되지 않았다. 그리고 패러다임에 맞지 않는 이론들이 가는 '연옥'행 처분을 받았다.

저PER이라는 이상치가 확대되자 학계와 월스트리트도 주목하게 되었다. 학계는 위험 측정이라는 전가의 보도(가문에 내려오는 보검)를 휘두르며 저PER 전략을 일축했다. 저PER 주의 수익이 좋을지는 몰라도 위험이 너무 크다고 비판했다. 합리적인 투자자는 높은 수익만큼의 위험만 수용한다면서 말이다. 안타깝게도 이 반박도 그다지 정확하지 않다는 것이 입증되었다.

위대한 발견

1980년대에 역발상 투자 전략에 대한 월스트리트의 관심은 계속해서 높아졌다. 데이터베이스가 계속 수정되고 쌓이면서 역발상 전략은 효능이 확인되었고, 점점 더 강력한 무기가 되었다.

역발상 전략의 기세는 갈수록 거세졌다. 예를 들어 데니스 스태트먼, 바 로젠버그, 케네스 리드, 로날드 랜스틴은 저PBR 주식이 고PBR 주식과 시장평균보다 초과 수익을 올린다는 사실을 발견했다.[11] 아울러 베타는 주가를 예측하는 지표로서 아무런 효용이 없다는 증거도 많이 제시되었다. 근본주의자들은 30년 동안 논리적 설명으로 떨쳐버리려고 했지만, 눈치 없는 검은 백조들은 날아가지도 않고 짜증만 북돋았다. 저PER 전략이 통하고 변동성은 통하지 않는다는 사실은 효율적 시장의 종말을 알리는 종소리였다.

그렇다면 신흥 종교의 가련한 사도는 어떻게 해야 할까? 답은 저PER 전략이 통한다는 사실과 변동성은 통하지 않는다는 사실 모두 부인할 수 없게 되었으므로, 검은 백조를 최초로 발견한 자가 되는 것이다. 효율적 시장의 사도인 유진 파마가 그랬다. 1990년대 학자들은 역발상 전략이라는 신대륙에 자신들의 깃발을 단단히 꽂았다.

파마는 과거 30년의 기간을 대상으로 한 혁신적인 논문을 발표했는데 논문의 결과는 1960년대 프랜시스 니콜슨, 1970년과 1980년대 산조이 바수, 스태트먼, 로젠버그 그리고 내가 발견한 것과 정확히 일치했다. 바로 역발상 전략이 통한다는 사실이다. 설상가상으로 6장에서 보았듯 베타는 통하지 않았다. 사도와 제자 무리가 사용한 위험 척도, 즉 베타가 무용지물이라는 사실이 드러나면서 역발상 전략은 위험이 크기 때문에 수익이 좋았다라는 30년 동안의 주장 역시 헛것이 되고 말았다.

사실 파마와 프렌치[12]는 바수, 스태트먼, 로젠버그 그리고 레이 볼도 언급했는데,[13] 레이 볼은 저PER 전략은 분명하게 구분하거나 포착할 수 없는 모든 위험이 내포된 잡동사니 주머니라고 주장했다. 대다수 효율적 시장 이론가들은 볼의 설명을 오랫동안 수용했다.

볼의 논리는 18세기를 풍미했던 플로지스톤 이론(초기 화학이론에서 모든 연소성 물질을 부분적으로 구성한다고 하는 가상적인 불을 주장하는 원리)과 유사하다. 플로지스톤 이론에 따르면 인화성이 높은 물질과 낮은 물질이 있는데, 플로지스톤 성분이 많으면 인화성이 높고, 플로지스톤 성분이 적으면 인화성이 낮다. 플로지스톤은 질량도 없고 냄새도 없어서 감지할 수 없지만 그럼에도 불구하고 존재한다. 존재하지 않는데 어떻게 연소가 일어나겠는가(위험을 감지할 수 없다는 사실은 차치하고라도, 저PER 전략이 위험이 크지 않다면 어떻게 시장 수익률을 앞지를 수 있겠는가)? 오류가 있는 순환논리였지만 볼, 파마 등은 모두 이런 논리로 효율적 시장 가설을 옹호했다. 두 경우 모두 효율적 시장 이론가들은 자신들의 논리로 설명할 수 없는 이론에 부딪히자 애매한 사실을 내세우며 얼렁뚱땅 둘러댄 것이다(앞서 보았듯 효율적 시장 가설에는 이런 변명거리가 끝없이 나오는 요술 주머니가 있다).

파마와 프렌치는 1992년 기념비적인 논문에서 장기적으로 저PBR 주식, 저PER 주식, 시가총액이 작은 주식의 수익이 가장 좋다는 것을 밝혔다.[14] 그림 10-2는 파마와 프렌치가 PBR에 따른 수익을 분석한 결과이다. 컴퓨스태트 노스 아메리카 데이터베이스에서 매년 선정한 2,300개 기업의 평균을 표본으로 사용했다. 주가 수익률은 PBR에 따라 0~25%까지 표시했는데, PBR은 해마다 다시 계산했다. 세 번째 막대가 고PBR 그룹이며, 첫 번째 막대가 저PBR 그룹, 즉 가장 인기가 낮은 그룹이다. 그림에서 보듯 전체 연구 대상 기간을 통틀어서 연평균 수익률을 따지면 저PBR 그룹의 수익률이 20.5%로 고PBR 그룹 대비 2배가 넘는다. 저PBR 최하위 그룹의 연평균 수익률은 시장평균 대비 4.6%포인트 높았고, 고PBR 그룹의 연평균 수익률은 시장평균 대비 5.7%포인트 낮았다.

파마는 저PER 주의 수익이 높은 것은 저PBR 그룹과 겹치는 주식들이 많기 때문이라며, 저PER 효과를 깎아내렸다. 그렇다면 '저PBR 그룹의 수익이 좋은 이유는 저PER 그룹과 겹치는 주식이 많기 때문이다'라는 명제도 옳다고 인정해야 한다. 〈포천〉은 이렇게 지적했다. "학자들이 시시콜콜 물고 늘어진다고 말할 사람도 있을 것이다.[15]" 파마는 30년 가까이 저PER 효과를 부정했기 때문에 학계의 체면이 구겨지는 것을 막으려고 몸부림쳤는지도 모른다.

바수의 표 10-3으로 잠깐 돌아가보자. 바수는 마지막 열에 위험(베타)을 추가했는데 저PER 주가 고PER 주보다 변동성이 낮았다. 효율적 시장 이론가들은 저PER의 베타(위험)가 고PER의 베타보다 높다고 단언한다. 왜냐하면 비인기주가 고PER 주식 대비 수익이 좋기 때문에 베타(위

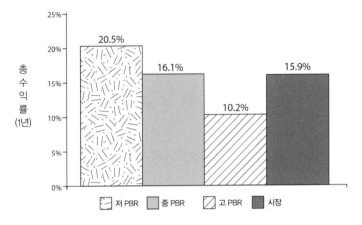

그림 10-2 주가순자산비율(PBR)

CRSP & 컴퓨터태트 데이터, 1963~1990년

험)도 커야 하기 때문이다. 6장에서 살펴본 자본자산 가격결정모형, 파마의 3요소 모델, 효율적 시장 가설, 위험−수익 모델의 핵심 전제는 고수익은 더 큰 위험(변동성)을 감수할 때만 가능하다는 파마의 선언이다. 그들은 아직 이 명제를 입증할 증거를 찾지 못하고 있다.

그 사람들은 그렇게 놔두고 우리는 앞으로 나가보자. 시카고의 고매한 사제들께서 역발상 전략을 축복하자 투자 세계에서는 이때까지 금지되어 있던 금단의 열매를 먹을 수 있게 되었다. 바로 가치투자다. 사람들은 가치투자 전략에 다시 존경의 눈빛을 보냈고, S&P, 프랭크 러셀 그리고 수많은 컨설턴트가 가치 지수를 도입했다.

파마의 연구에 힘 입어 다른 학자들도 과감히 과거에 뛰어들었다.《역발상 투자, 외삽 그리고 위험^{Contrarian Investment, Extrapolation, and Risk}》에서 조셉 래코니쇼크^{Josef Lakonishok}, 안드레이 슐라이퍼^{Andrei Shleifer}, 로버트 비쉬니^{Robert Vishny}는 우리가 살펴본 세 가지 주요 가치 전략들의 실적을 계산했는데 비슷한 결과를 얻었다.[16] 이 성가신 역발상 전략들은 효율적 시장 가설보다 훨씬 오랫동안 반대파들의 공격을 이겨냈다. 사실 해마다 더욱 강해졌다.

이런 일련의 발견들은 시장을 이길 수 있는 지속적이고 승산 높은 길이 있다는 강력한 증거이다. 따라서 희소식이 아닐 수 없다. 곧 살펴보겠지만 이 방법은 하락장에서 자본을 지켜주기도 한다. 두 마리 토끼를 모두 잡을 수 있다는 소리처럼 들린다. 하지만 이 전략은 스스로를 제어할 수 있는 자제력이 큰 투자자에게 통한다. (내가 투자자의 심리적 실패를 토대로 심리 지침을 포함시킨 것도 이런 이유에서다. 이 심리 지침은 이 책을 통틀어 계속 여러분을 일깨우는 경고등 역할을 할 것이다.)

마지막 대못

앞서 보았듯 저PER 외에 다른 많은 역발상 전략도 문제 없이 통한다. 저PCR 주와 저PBR 주에 투자하는 전략 역시 시장 대비 초과 수익을 얻을 수 있는 강력한 도구다. 최근에 내가 수행한 연구에 따르면 고배당주 매수 전략 역시 어떤 업종에서든 저PER 주식을 매수하는 전략만큼이나 시장평균 대비 높은 수익으로 이어졌다(업종 내 상대적 전략). 시장평균을 웃도는 수익을 올린다는 건 쉽지 않다. 앞서 언급했던 뱅가드의 존 C. 보글에 따르면 10년을 조사 대상 기간으로 했을 때 펀드매니저 중 약 10%만이 시장평균을 상회하는 수익을 올린다고 한다. 그러나 누군가는 이런 질문으로 정곡을 찌를 수도 있다. "그렇군요. 1930년대부터 1990년대까지는 저PER 주의 수익이 괜찮았다고 할 수 있겠죠. 하지만 그 뒤로 상황이 아주 많이 변했죠. 최근 역발상 투자 전략의 실적이 어떤가요?"

투자 전략을 훨씬 상세히 다룬 다음 장에서 살펴보겠지만, "썩 준수하다." 우리가 검토한 다섯 가지 역발상 투자 전략 모두 1970~2010년 사이 시장평균을 능가하는 수익을 올렸는데, 이 기간은 1929~1932년을 제외하고 역사상 최악의 폭락 사태를 두 번이나 겪은 시기였다.

1971년부터 2010년 12월 31일까지 41년을 분석한 그림 10-3을 보면 역발상 가치투자 전략이 얼마나 효과적이었는지 알 수 있다. 컴퓨스태트 1500을 분석한 결과이다. 저PER, 저PBR, 저PCR, 고배당 등 네 가지 가치 척도를 활용했다. 이 네 가지 기준에 따라 주식을 5분위로 나눈 다음 해마다 결과를 계산했다. 차트는 41년 동안 이들 전략을 각각을 활용했을 때 시장 대비 수익률을 나타낸다. 앞서 제시한 차트에서 설명한 방식과 비슷하다.

가치투자 전략의 기세는 맹렬했다! 네 가지 전략 모두 시장평균을 넘어서는 실적을 거두었고, 세 가지 전략은 탁월했다. 1970년 컴퓨스태트 1500에서 저PER 주식에 1만 달러를 투자했다면 2010년 12월 31일에 327만 4,000달러로 불어나 있을 것이다(모든 수치는 배당금 재투자를 전제로 함). 동일한 기간에 같은 금액인 1만 달러를 투자했을 때 시장평균 수익인 91만 3,000달러의 4배에 가까운 실적이다. 달리 생각하면 1970년에 1만 달러가 327배로 불어난 셈이다!

벤저민 그레이엄이 선호하는 전략인 저PBR 주에 투자하는 전략은 저PER 전략보다는 수익이 뒤졌지만, 다른 두 전략보다는 좋았다. 또한 40년 동안 시장평균 수익의 약 3배에 이르는 수익을 올렸다. 컴퓨스태트에

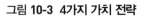

그림 10-3 4가지 가치 전략
1970~2010년

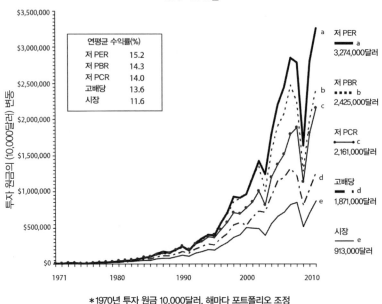

연평균 수익률(%)	
저 PER	15.2
저 PBR	14.3
저 PCR	14.0
고배당	13.6
시장	11.6

a 저 PER
━━ a
3,274,000달러

b 저 PBR
■■■ b
2,425,000달러

c 저 PCR
•—• c
2,161,000달러

d 고배당
■—• d
1,871,000달러

e 시장
── e
913,000달러

*1970년 투자 원금 10,000달러, 해마다 포트폴리오 조정

출처: © 데이비드 드레먼, 2011
데이터 출처: Compustat North American data and Thomson First Call

서 입수할 수 있는 통계를 통해 저PCR 주에 투자하는 전략 역시 실적이 괜찮았다(투자 전략의 성능을 높여주는 온갖 조정을 빼고도 말이다).

차트 위쪽 작은 상자에 표시한 수익률은 눈여겨볼 만하다. 닷컴 버블 붕괴와 2007~2008년 폭락을 겪었지만 41년 동안의 연평균 수익률을 보면 저PER 주가 15.2%, 저PBR 주가 14.3%, 저PCR 주가 14.0%였다. 1920년대 중반 이후 일반적인 주식의 장기 연평균 수익률인 9.9%와 비교되는 수치이다. 41년 동안 역발상 투자 전략의 수익률은 일반적인 주식의 장기 수익률보다 37~54% 높았다. 2000~2010년까지 시장 상황은 끔찍했지만 역발상 전략들은 무너진 하늘에서 솟아날 구멍이 되었다고 장담할 수 있다.

　다음으로 고배당 투자 전략을 살펴보자. 이 가치투자 전략은 다른 세 가지 전략과 약간 다르다. 대체로 수도·전기·가스를 비롯한 유틸리티 업종들이 고배당 종목인데, 주가가 빨리 상승하지도 않는다. 반대로 배당금이 적거나 아예 없는 주식들은 대개 급성장하는 업종들인데, 이런 기업은 배당금을 지급하는 대신 성장을 위해 현금을 유보한다. 그동안 고배당 주식이 평균 주가 상승률을 따라가는지에 대해 논란이 많았다.

　결과는 놀라웠다. 세 가지 가치투자 전략보다는 뒤지지만 고배당 주식은 시장 대비 105% 높은 수익을 올렸다(모든 전략에 재투자된 배당 포함). 얄궂게도 많은 투자자가 수입을 위해 고배당 주식을 매수하지만 이 방식은 아마도 비과세 계좌에 가장 적합한 듯하다. 수익에서 큰 부분을 차지하는 배당금이 정부에 세금으로 돌아가기 때문에 최고 세율이 적용되는 구간에서는 시장 대비 초과 실적이 갖는 장점이 현저히 줄어든다.

　이런 질문도 할 법하다. "동일한 척도로 분류할 때 인기주들의 실적은 어땠을까?" 형편없었다. 어떤 척도를 적용하든 41년 동안 시장평균 대비 높은 수익을 올린 인기주는 없었다. 고PER 그룹에 1만 달러를 투자했다고 가정하면 2010년 말 원금은 25만 9,000달러가 되는데, 이는 시장 평균 수익인 91만 3,000달러의 30%에도 못 미치는 성과다. 고PBR 주식들에 1만 달러를 투자했다면 고작 24만 2,000달러가 되고, 고PCR 주식들에 동일한 금액을 투자했다면 20만 9,000달러로 불어난다. 각각 시장 평균 수익률의 27%, 23%에 해당하는 성과다. 의외로 최상위 그룹에서 가장 실적이 좋았던 주식은 배당금이 적거나 없는 그룹이었지만, 2010년 말 시장가치의 33%에 불과한 암울한 수익을 거두었다.

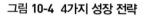

그림 10-4 4가지 성장 전략

1970~2010년

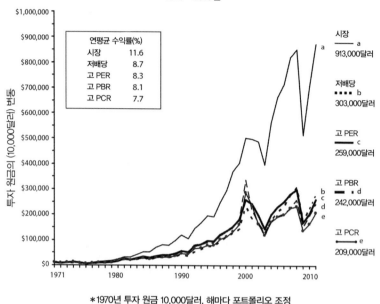

연평균 수익률(%)	
시장	11.6
저배당	8.7
고 PER	8.3
고 PBR	8.1
고 PCR	7.7

시장
——— a
913,000달러

저배당
■■■■ b
303,000달러

고 PER
——— c
259,000달러

고 PBR
■ ■ d
242,000달러

고 PCR
●——● e
209,000달러

＊1970년 투자 원금 10,000달러, 해마다 포트폴리오 조정

출처: © 데이비드 드레먼, 2011
데이터 출처: Compustat North American data and Thomson First Call

　　분명한 것은 동일한 기간을 대상으로 분석한 결과, 가장 널리 쓰이는 네 가지 가치평가 척도를 적용했을 때 비인기 주식은 시장평균보다 현저히 높은 수익을 올렸고, 인기주는 시장평균보다 현저히 낮은 수익을 올렸다.

　　성장을 신봉하는 사람들에게는 안 된 일이지만, 장기적으로 볼 때 '참패'는 여기서 멈추지 않는다. 금융 및 투자 언론매체, 모닝스타 같은 투자자문 서비스 회사에서 가치나 성장 전략이 장기적으로 성공을 보장하는지 여부에 대해 갑론을박이 계속됐지만, 이 연구 결과는 명백하다. 첫째, 어떤 가치 척도를 선택하든 역발상 전략이 성장 전략보다 실적이 우수하다. 둘째, 장기간에 걸친 실적 격차는 엄청나다. 저PER 주는 고PER 주보다 약 13배 높은 수익을 올린다. 1970년 고PER 주에 1만 달러를 투자했다면 25만 9,000달러로 불어나지만, 1만 달러를 저PER 주에 투자했다면 327만 4,000달러로 불어난다. 마찬가지로 고PBR 주에 1만 달러를 투자했다면 원금은 24만 2,000달러로 불어나지만 저PBR 주에 투자했다면 242만 5,000달러로 불어난다. PCR로 비교해도 결과는 비슷하다. 역발상 전략이 인기주 투자 전략보다 훨씬 실적이 좋다는 것은 분명하다. 또한 역발상 전략을 이용했다면 1970년에 시작해 대공황 이후 최악의 폭락장을 거쳐 2010년까지 투자 원금이 327배로 늘어났다는 것 또한 입증되었다.

그러나 여기서 끝이 아니다. 대다수 투자자는 상승장에서 원금이 늘어나는 것만을 바라지 않는다. 상승장에서 원금이 불어나는 것만큼이나 하락장에서 원금을 온전히 보호하고 싶어 한다. 2007~2008년 하락장에서 밑천을 보전하려고 얼마나 치열하게 버텼는지 생각해보라. 모닝스타, 리퍼, 포브스 애뉴얼 뮤추얼 펀드 서베이 등은 하락장 실적에 따라 뮤추얼 펀드의 실적을 평가하기도 한다.

하락장에서 역발상 전략의 실적을 확인하기 위해 52분기를 대상으로 PER 등 4개 범주 모두에서 가치주들의 수익을 취한 다음 평균을 산출했다. 그림 10-5a에서 보듯 동일한 기간(1970~2010년)의 하락장에서 가치 투자 전략은 모두 시장평균보다 실적이 좋았다. 수치로 나타나듯 하락 분기에서 시장평균 하락폭은 7.6%인데 저PER, 저PCR, 저PBR 주 모두 시장평균보다 하락폭이 작았다. 실적이 가장 좋은 그룹은 고배당주였는데 하락폭은 3.8%로 시장평균 대비 절반에 지나지 않았다.

역시 짐작했겠지만 고PER, 고PCR, 고PBR, 저배당주는 타격이 컸다.

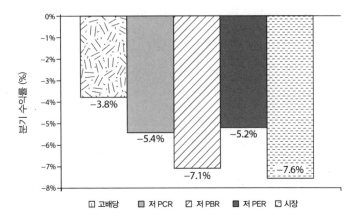

그림 10-5a 하락장에서의 가치투자 전략

'최악 주식'의 하락장 수익률, 1970~2010년

분기 수익률 (%)

-3.8%
-5.4%
-7.1%
-5.2%
-7.6%

◫ 고배당　◪ 저PCR　◿ 저PBR　■ 저PER　⊞ 시장

출처: © 데이비드 드레먼, 2011
데이터 출처: Compustat North American data and Thomson First Call

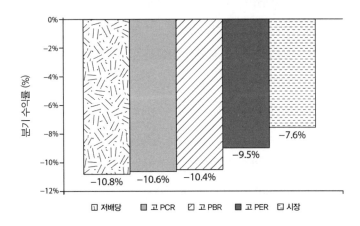

그림 10-5b 하락장에서의 가치투자 전략

'최고 주식'의 하락장 수익률, 1970~2010년

분기 수익률 (%)

-10.8%
-10.6%
-10.4%
-9.5%
-7.6%

◫ 저배당　◪ 고PCR　◿ 고PBR　■ 고PER　⊞ 시장

출처: © 데이비드 드레먼, 2011
데이터 출처: Compustat North American data and Thomson First Call

그림 10-5b에서 보듯 네 가지 전략 모두 하락폭이 9.5~10.8%로 가치투자 전략보다 하락폭이 클 뿐 아니라,* 시장평균인 7.6%보다 하락폭이 컸다. 가치주는 상승장에서 실적이 우수할 뿐만 아니라 하락장에서 방어 실적도 탁월하다. 벤저민 그레이엄을 비롯한 시장의 선구자들이 처음 제시한 가치투자 전략은 그들이 상상했던 것만큼, 아니 상상했던 것보다 훨씬 훌륭하게 활약했다.

물론 이렇게 오랜 기간 주식에 자금을 묻어둘 사람은 드물 것이다. 그러나 또다시 주식시장을 떠나 쥐꼬리 만한 수익에도 재무부 채권 등을 매수한 기관과 연기금 그리고 장기 보유자들은 군중이 주식시장에서 떠나기를 멈출 때 이 전략을 꼭 고려해봐야 한다.

총정리

앞선 연구들의 일관성은 놀라울 정도다. 어떤 시기를 대상으로 하든 전망이 가장 밝다고 평가되는 주식은 역발상 주식보다 현저하게 수익이 낮았다. 이를 토대로 다음 심리 지침을 제안한다.

> **심리 지침 22**
> 현재 시장에서 인기가 없지만 탄탄한 기업의 주식을 매수하라. 즉 PER, PCR, PBR이 낮은 기업이나 고배당 기업의 주식을 매수하라.

이 전략이 그렇게 잘 통한다면 왜 모두 이 전략을 사용하지 않을까?

● 실적 수치에 관해 한 가지 유의할 사항이 있다. 인기주와 역발상 주의 모든 수치는 단순히 연구 기간 내 하락 분기의 평균이다. 모든 하락 분기에서 역발상 주의 실적이 앞서지 않았고, 모든 하락 분기에서 성장 전략이 뒤처지는 것도 아니다. 10장에 나온 모든 도표도 마찬가지다.

이 궁금증을 해결하려면 이제 투자 심리(경제학자들은 행동재무학이라고 함)의 세계로 들어가야 한다.

통계를 보면 가치투자 진영에 합류하고 싶지만, 반대편에서도 마음이 끌린다. 대중은 흥미진진한 새로운 사업 개념을 내세우는 기업에 마음을 뺏기는 법이다. 2장에서 설명했듯이 한창 뜨는 새로운 아이디어에 투자해서 대박을 치고 싶은 유혹 때문에 경고가 귀에 들어오지 않는다. 전문가들의 페이스북이라고 할 수 있는 링크드인Linkedln은 2011년 5월 상장 첫날, 상장가 45달러에서 시작해 122.70달러까지 주가가 치솟았다. PER 대비 548배, PBR 대비 134배에 거래되었고, 2011년 5월 하순 리얼디RealD는 PER 대비 170배에 거래되었다. 어찌나 휘황찬란한지 눈이 부실 정도였다.[17]

투자자의 평가가 미쳐 날뛴 극단적인 사례들이긴 하지만, 장기간에 걸쳐 가치투자 전략이 잘 통하는 이유를 보여주는 사례이다. 대중은 링크드인이나 리얼디처럼 주가가 터무니없이 고평가된 트렌디한 업종에 지갑을 연다. 또한 이런 기발한 사업 개념에 열광하는 만큼 투자자는 전망이 불투명한 기업을 기피한다.

반면 인기주는 돈으로 살 수 있는 것 중에서 최고의 가시성을 자랑한다. 그렇다면 어떻게 정반대로 가라고 권할 수 있을까? 인간은 놀랍도록 일관되게 심리적 오류를 저지른다. 물론 높은 PER이 마땅한 우량주도 있고, 아주 낮은 PER이 마땅한 주식도 있다. 그러나 그동안의 증거가 입증하듯, PER이 높아도 그만한 이유가 있는 '최고' 주식은 극소수이므로, 이런 주식을 식별하기란 매우 어렵다.

투자자는 스스로의 예측 능력에 한계가 있다는 사실을 모르기 때문에 역발상 전략이 통한다. 투자자들이 인기주와 비인기주의 미래를 정확하게 내다볼 수 있다고 믿는 한, 역발상 전략으로 고수익을 얻을 수 있다. 인간의 본성이기에 역발상 전략이 갖는 우위는 앞으로도 꽤 오랫동안 지속될 것이다. 역발상 전략을 읽는 새로운 독자층이 수백만 명 생기지 않는 이상 말이다(그렇게 된다고 해도 출판사와 함께 기꺼이 문제를 해결하겠다).

지금까지 장기간에 걸쳐 역발상 전략이 꾸준하게 통한다는 사실을 살펴보았다. 심리학에서 새로 발견되는 연구 결과와 역발상 전략이 서로 조화를 이룬다는 사실은 우리에게 희소식이다. 심리학에 의해 기본 가정의 오류가 속속 드러나고 있는 효율적 시장 가설, 현대 포트폴리오 이론과 정반대 현상이다. 장기간 주식 실적을 연구한 데이터를 분석해보면 시장 대비 꾸준히 초과 수익을 얻을 수 있는 승산 높은 방법이 있다. 이제 우리가 마주하게 될 험난한 시장에서 살아남는 동시에, 수익도 올릴 수 있는 이 전략들을 어떻게 활용할지 살펴보자.

11장

투자자의 과잉반응을
이용한 수익 창출

10장에서 오늘날 시장에서 살아남은 방법은 물론 성공 투자로 이끌 중요한 네 가지 역발상 전략을 살펴보았다. 그리고 이 전략들을 장기간 적절히 활용하면 놀라운 결과를 얻을 수 있다는 것도 확인했다. 11장에서는 위험 측정은 물론이고, 시장과 투자자의 행동을 효율적 시장 가설보다 더 분명하게 규명할 수 있는 새로운 투자 가설을 소개할 것이다. 그렇다면 연구 결과들을 어떻게 실전에 활용할 것인가?

새로운 가설을 지지하는 사람들에서 기존 가설의 오류를 입증하고 새로운 가설을 대안으로 제시하는 일은 항상 어렵다. 새로운 가설을 지지한다고 화형을 당하거나 종신 가택연금형을 받지는 않을 것이다. 만약 누군가 새로운 가설을 내놓는다면, 수많은 대학원생이 티끌만 한 결점이라도 찾아내려고 달려들 것이고, 구두점 오류까지 파헤치려고 할 것이다. 기존의 낡은 이론은 명성을 지키는 안전한 도구요, 널리 수용된 가설을 연구하고 전파하고 확장하는 데 평생을 바친 저명한 학자들의 업적을 지키는 안전망이다. 또한 포트폴리오의 실적을 높이기 위해 그 이론에 의지하는 수많은 사람, 그 이론의 효능에 대해 배운 수많은 사람, 그 이론의 타당성을 믿기에 매일 투자에 적용하는 수많은 사람에게 심리적 안정감을 제공한다. 지배적인 이론을 믿는 사람들에게는 도전자의 이론이 통하는지 여부는 문제가 되지 않는다. 새로운 이론이 등장한 뒤 50년 정도는 그렇다. 하지만 독자 입장이라면 이런 문제에 구애받지 않아도 된다. 독자 여러분은 가두 연설에 나서 역발상 투자를 믿는다고 선언할 필요는 없다. 역발상 전략에 따라 자본을 재투자하고 때가 무르익으면 수익을 거두기만 하면 된다.

지금까지 설명을 통해 새로운 가설은 상당량의 증거와 조사를 토대로 정립되었다는 점을 이해했을 것이다. 그러나 아직 '가설'이라고 선언하기에는 이르다. 연구를 계속해야 하기 때문에 투자 전략이나 포트폴리오 접근법에 관한 '책을 덮을 수 없다.' 지금까지 연구 결과는 아주 고무적이었지만, 새로운 길과 전략을 개척하고 역발상 전략의 연구 결과와 역발상 전략을 잉태한 심리학을 긴밀하게 연결하려면 아직도 해야 할 일이 있다.

지금까지 오늘날 시장에서 투자가 실패하는 주요 원인들을 살펴보았다. 이런 함정에 빠지지 않는 법을 모른 채 현재의 시장 환경에서 성공할 수 있는 투자자는 드물다. 투자의 이런 측면을 이해했다면 이제 보상이 기다리고 있는 곳으로 넘어가자. 새로운 심리학의 지침을 지킬 때 보상은 손에 들어온다.

이것이 오늘날 우리가 다루어야 할 투자이다. 때로는 혼란의 소용돌이 속에서 새로운 생각을, 새로운 관점에서 수용해야 한다. 그러면 미래의 절망적인 비관이 아니라 '대박'의 기회를 보게 될 것이라고 확신한다. 그러나 기회를 잡으려면 싸워야 하는 상대가 누구인지, 승산이 가장 높은 전략이 무엇인지 알아야 한다.

섹션 1 : 투자자 과잉반응 가설 IOH, Investor Overreaction Hypothesis

시장에 사건이 터지면 투자자들이 처음에는 과잉반응하고, 그다음에는 처음의 반응을 수정하면서 주가가 큰 폭으로 반전된다는 것을 살펴보았다. 1장과 2장에서 보았듯 투자자는 버블과 광기의 상황에서는 과도한 낙관주의에 사로잡히고, 폭락장에서는 패닉에 빠져 투매에 나선다. 투자자들이 공포에 질려 주식을 내던지면 주가는 80~90%까지 무섭게 폭락한다. 이처럼 극과 극을 오가는 과정이 시장에서 반복된다. 투자자의 이런 행동을 유발하는 가장 큰 심리적 요인은 감정으로, 종종 다른 인지적 편향이 함께 작용하기도 한다. 그런데 이처럼 예측 가능한 과잉반응은 광기, 전염, 패닉에서만 일어나는 현상이 아니다.

정상적인 시장 환경에서도 이런 과잉반응은 얼마든지 목격된다. 9장에서 설명한 어닝 서프라이즈 발생 시 투자자의 행동을 예로 들어보자. PER, PBR, PCR 등 다양한 척도를 기준으로, 전망이 가장 밝은 주식들은 어닝 서프라이즈가 발생할 때 현저하게 실적이 나빴다. 마찬가지로 동일한 기준을 적용할 때 '최악' 주식들은 언제나 실적이 좋았다. '최고' 주식은 시장 대비 약 7%포인트 밑도는 수익을 올렸고, '최악' 주식은 시장 대비 약 7%포인트 웃도는 수익을 올렸는데, 이 수치는 1920년대 중반 이래 주식의 연평균 수익률인 9.9%의 약 70%에 해당한다.

'최고' 주식들이 꾸준히 저조한 실적을 보이는 이유는 투자자와 애널리스트가 수익을 정확하게 예측할 수 있다고 스스로의 능력을 과신하기 때문이다. 하지만 경험적 증거에 따르면 정확한 예측은 불가능하다. 예측 능력을 과신하고 성장 전망에 몰입하는 것은 모두 감정의 발현이다. 그런데 오늘날 증권분석에서 가장 중요시되는 요소들이 바로 예측 능력과 성장 전망이며, 해마다 중요성이 커지고 있다. 펀더멘털 요소와 재무 건전성에 치중했던 그레이엄과 도드는 잊어버리자. 그레이엄과 도드는 오늘날 애널리스트들의 협소한 분석은 쳐다보지도 않을 것이다. 그런데 최근 수십 년 동안 실패가 입증되었지만, 대다수는 아직도 직간접으로 이런 분석 지침을 따르고 있다.

10장에서 수십 년에 걸쳐 비인기주들이 인기주보다 훨씬 실적이 좋았다는 것을 확인했다. 유진 파마와 공동 저자인 케네스 프렌치가 자신의 웹사이트에 올린 통계에 따르면 1940년대 이후 매 10년마다 이런 현상이 반복해서 나타났다.• 그림 10-3, 10-4에서 보듯 1970년에 1만 달러로 저PER 주를 매수한 투자자는 1만 달러로 고PER 주를 매수한 투자자에 비해 13배 높은 수익을 올렸다. 그러나 마크 피터슨과 도이치뱅크의 조사에 따르면 주식형 펀드 투자자들이 보유한 주식 중 약 3%만이 역발상 전략주라고 한다.[1]

이번에도 해답은 감정이다. 인간은 본능적으로 '최고' 주식이나 업종을 선호하고 '최악'은 멀찌감치 피한다. 같은 실수를 수십 번 해도 바뀌지 않는다. 감정의 영향력은 너무 강력해서 의사결정 과정을 흔들 수밖에

●케네스 프렌치 사이트, http://mba.tuck.dartmouth.edu/pages/faculty/ken.french/data_library.html

없다. 버블이나 광기에서 감정은 아주 쉽게 감지된다. 물론 버블이 꺼지고 난 후 뒤돌아보면 알게 된다. 그러나 대다수는 '최악' 주식 대신 '최고' 주식을 고를 때, 어닝 서프라이즈 발생 시 '최고' 주식이 아닌 '최악' 주식의 실적이 좋다는 것을 무시할 때 감정은 아주 은밀하게 작동한다. 정신질환의 경우, 노이로제 환자는 겉보기에는 정상으로 보이기 때문에 정신과 의사가 진단하기 어렵다. 반면 심한 편집증이나 조현병은 진단이 쉽다. 감정 역시 마찬가지다. 주가 변동폭이 아주 작은 정상적인 시장보다는 광기와 버블에서 감정의 영향력이 더욱 노골적으로 드러난다. 그런데 데이터를 보면 정상적인 시장에서도 분명 감정이 영향력을 행사한다.

이 책을 통해 투자자는 사건에 과잉반응하며, 과잉반응은 일관되고 예측 가능하다는 사실이 입증되었다. 투자자의 과잉반응의 일부는 지난 수십 년에 걸쳐 발견되었고, 일부는 최근 새롭게 발견된 것으로 이 증거들을 토대로 나는 투자자 과잉반응 가설을 정립했다. 1979년《역발상 투자》초판에도 이 가설을 소개한 바 있다. '과잉반응'이라는 용어는 '시장'만큼이나 오래된 용어이며, 나는 이것을 실험이 가능한 가설로 발전시켰다. 당시에는 비인기주의 월등한 실적과 저등급 채권의 꾸준히 좋은 실적 등을 검증해볼 '이상치' 사례가 얼마 되지 않았다. 1977년에는 산조이 바수,[2] 1985년에는 행동재무학의 선구자인 워너 드봉Werner DeBondt과 리처드 탈러가 투자자의 과잉반응에 대해 언급했다. 하지만 주로 '최고' 주식과 '최악' 주식의 실적에 한정되어 있었다. 나는 감정과 신경경제학이 새로 발견한 심리학 연구 결과를 통해 한층 강화된 가설을 여기에서 제시하려고 한다.

1985년 이후 수십 년 동안 과잉반응이 발생하는 '이상치' 사례 건수가 몇 배로 급증했다.[3] 투자자 과잉반응 가설은 투자자들이 일관되며 예측 가능한 방식으로 특정 사건에 과잉반응한다고 단언한다.

투자자 과잉반응 가설

제1부에서 연구 결과를 통해 상세히 검토한 심리적 요인과 9장에서 논의한 신경경제학을 통해 나타난 새로운 생물학적 발견들이 이 명제의 토대이다. 투자자 과잉반응 가설의 세 가지 핵심 예측은 다음과 같다.

1. 투자자는 항상 인기주의 가치를 과대평가하고 비인기주의 가치를 평가절하한다.
2. 투자자는 '최고' 주식의 장기 예측을 지나치게 낙관하며, '최악' 주식의 장기 예측을 지나치게 비관한다.
3. 장기적으로 인기주와 비인기주 모두 평균회귀한다. 그 이유는 어닝 서프라이즈가 발생하거나 펀더멘털 여건에 변동이 생기면 '최고' 주식은 실적이 떨어지고, '최악' 주식은 실적이 오르기 때문이다.

앞서 자세히 살펴본 대로 이 예측들은 시장의 역사를 통해 증명되고 있다. 안타깝게도 (이 사실을 입증하는) 좋은 실례들은 오랫동안 바닥나지 않을 것이다. 그럼 투자자 과잉반응 가설에서 예측하는 행위를 그대로 보여주는 몇 가지 사례들을 더 살펴보도록 하자.

투자자는 긍정적 또는 부정적 예측의 양극단을 꽤 먼 미래까지 끌고 가 인기주의 주가는 지나치게 과대평가되고, 비인기주의 주가는 지나치게 과소평가된다(물론 '최고' 주식과 '최악' 주식의 실적은 직접 비교 가능하다. 그런데 주식 이외의 다른 투자 수단 역시 '최고'와 '최악'이 있을 수 있고, 어떤 시장에서는

'최고'가 다른 시장에서는 '최악'이 될 수 있다).**4** 예를 들어 1980년과 2009~2011년 8월까지 '최고' 투자에는 금이 포함되었다. 1980년 온스당 850달러로 최고치를 기록했던 금값은 2008년이 되어서야 다시 온스당 850달러를 회복해 2011년 8월에는 온스당 1,892달러까지 치솟았다. '최악'의 투자처로는 비과세 뮤추얼 펀드가 있었는데, 채권가격이 폭락하면서 수익률이 15%까지 급등했다. 인기 투자처가 고평가되는 정도나 비인기 투자처가 저평가되는 정도는 상당하며, 고평가 또는 저평가 현상은 장기간 지속된다.

1990년대 초반 이후 저등급 채권에서도 비슷한 반응이 발견된다. 저등급 채권은 장기간에 걸쳐 디폴트(채무불이행 상태) 수준까지 하락하였다가 시간이 지나면서 매우 높은 수익을 올렸다. 다른 금융시장에서도 이처럼 지속적인 평균 초과 또는 평균 미달 수익이 존재한다.

투자자 과잉반응 가설은 우리가 심리적으로 알고 있는 사실을 토대로 반복되는 투자자의 과잉반응을 예측하는 것이 주식을 비롯한 다양한 투자 대상의 가시성을 예측하려는 시도보다 안전한 접근법이라고 말한다.

투자자 과잉반응 가설의 핵심 예측 12가지

투자자 과잉반응 가설의 중요한 예측들을 모두 살펴보자.

1a. 절대적 역발상 전략은 장기적으로 탁월한 수익을 제공한다.
1b. 세 가지 주요 펀더멘털 척도인 저PER, 저PCR, 저PBR 주식들이 대체로 5~10년 이상 장기간에 걸쳐 시장 대비 초과 수익을 올린다.
1c. 고PER, 고PCR, 고PBR의 높은 인기주들은 동일 기간에 시장 대

비 낮은 수익을 올린다.

2a. 상대적 역발상 전략은 장기적으로 탁월한 수익을 제공한다(이 전략에 관한 상세한 설명은 12장 업종 저가주 전략 참고).

2b. 각 업종 내 비인기주는 비교적 장기인 4~6년 동안 시장 대비 초과 수익을 올린다.

2c. 각 업종 내 인기주는 같은 기간 시장 대비 낮은 수익을 올린다.

2d. 동일 업종 내 비인기주는 동일 업종 내 인기주 대비 높은 수익을 올린다.

3. 인기주는 고평가되어 있고, 비인기주는 저평가되어 있다. 시간이 흐르면 어닝 서프라이즈나 기타 펀더멘털 여건 변화로 '최고' 주식은 실적이 기대에 못 미치고, '최악' 주식은 기대보다 실적이 좋아 평가가 적정 수준으로 회복되어 '최악' 주식과 '최고' 주식 모두 평균으로 회귀한다.

4a. 투자자 과잉반응 가설은 비인기주의 기대를 웃도는 실적과 인기주의 기대에 못 미치는 실적은 심리적 영향(감정, 인지적 어림판단, 기타 심리적 변수) 때문이라고 상정한다.

4b. 절대적 기준에서의 주식들과 마찬가지로 업종 상대적 기준에서의 모든 주식에는 감정이 적용된다.

5. 어닝 서프라이즈는 두 개의 뚜렷한 범주로 구별된다.

　a. 사건 유발 : 최저 가치의 주식이 긍정적 서프라이즈를 기록하거나, 최고 가치의 주식이 부정적 서프라이즈를 기록하는 경우가 있다. 두 경우 모두 주가 움직임에 크게 영향을 미친다.

　b. 사건 강화 : 최저 가치의 주식이 부정적 서프라이즈를 기록하고, 최고 가치의 주식이 긍정적 서프라이즈를 기록하는 경우이

다. 두 경우 모두 주가 움직임에 미치는 영향은 비교적 작다.

6a. 상위 20%와 하위 20% 그룹을 제외한 중간 그룹 주식(전체의 60%)은 대체로 서프라이즈의 영향을 훨씬 작게 받았다. 이 그룹들은 앞서 언급한 펀더멘털 가치 척도를 사용했을 때 고평가되거나 저평가되는 폭이 작다.

6b. 9장에서 밝혔듯 PER, PCR, PBR 등 어떤 척도로 분류하든 '최고' 주식은 '최악' 주식 대비 낮은 실적을 거둔다. 따라서 장기적으로 볼 때 사건 유발이 발생하지 않아도 '최고' 투자와 '최악' 투자는 시장평균으로 회귀한다.

7. 오늘날 투자 이론의 상당 부분이 정확한 예측에 의존하고 있다. 투자자 과잉반응 가설은 다음과 같이 예측한다.

   a. 애널리스트와 경제학자의 합의 예측치는 지나치게 낙관적이다.

   b. 개별 주식에 대한 애널리스트의 합의 예측치는 장기간 크게 빗나가며, 지속적으로 주가가 상당폭 왜곡되는 결과를 낳는다.

   c. 업종에 대한 애널리스트의 합의 예측치는 장기간 크게 빗나가며, 지속적으로 주가가 상당폭 왜곡되는 결과를 낳는다.

8. 다음과 같은 중요한 사건들이 시장에서 발생하면 투자자들은 어김없이 지나치게 낙관한다.

   a. 공모주

   b. 애널리스트와 경제학자의 지나치게 낙관적인 수익 예측

9. '최고' 주식과 '최악' 주식을 재평가하게 되는 사건 유발이나 기타 요인들이 발생하기 전에 과잉반응이 나타난다. 사건 유발 이후 다른 재평가 동력이 발생해 평균회귀 현상이 지속된다. 여러 해에

걸쳐 '최악' 주식은 계속 주가가 상승하고, '최고' 주식은 계속 주가가 하락한다.

10. 오늘날 금융 이론에서 과잉반응 대 과소반응 논쟁은 연구 결과들이 보여주듯 실은 동일한 과정을 이루는 부분들이다.•5

11. 주가는 늘 잘못 책정되기 마련이므로, 시장은 지속적으로 주식 가치를 재조정하고 있다. 따라서 효율적 시장 가설과 대다수 경제 이론의 가르침과 달리 주식을 비롯한 금융시장은 결코 균형가격에 이를 수 없다.

12. 효율적 시장 가설에서 위험에 대한 이론은 미심쩍으며,6 변동성이 크면 수익이 크다거나 변동성이 낮으면 수익이 작다는 확고한 증거는 없다.

투자자 과잉반응 가설을 토대로 다음 다섯 가지 역발상 전략을 도출할 수 있다.

1. 저PER 전략

2. 저PCR 전략

3. 저PBR 전략

4. 고배당 전략

5. 업종 저가주 전략

•www.signallake.com/innovation/DremanLufkin2000.pdf에서 《Investor Overreaction: Evidence That Its Basis Is Psychological(투자자 과잉반응: 과잉반응이 심리에 기인한다는 증거)》(데이비드 드레먼, 에릭 루프킨 공저) 참고

심리적 선택 : 효율적 시장 가설인가, 투자자 과잉반응 가설인가?

효율적 시장 가설의 위험 이론과 경제 이론의 상당 부분은 18세기로 거슬러 올라가는데, 거의 모든 정보를 알고 있는 투자자가 합리적으로 행동한다는 명제를 가정하고 있다. 그러나 이 명제는 입증된 바가 없다. 알다시피 이 가정은 최근에 발견된 중요한 심리학적 사실과 20세기에 밝혀진 인간 행동에 관한 연구 결과를 무시하고 있다. 따라서 효율적 시장 가설은 통하지 않았고 통할 수도 없다. 반대로 심리학이 밝혀낸 확고한 증거, 즉 투자자는 수시로 과잉반응한다는 사실은 이를 뒷받침하고 있다. 투자자 과잉반응 가설은 심리학 원칙을 근거로 하기 때문에 위험과 불확실성이 존재하는 다른 분야에도 적용될 수 있다.

투자자 과잉반응 가설를 뒷받침하는 경험 증거는 매우 유의미하며, 시간이 지날수록 증거는 차곡차곡 쌓일 것이다. 투자자 과잉반응 가설을 정립하는 데 사용된 증거 중 일부는 효율적 시장 신봉자들에 의해 일탈로 간주되어 '이상치'로 치부되었다.

투자자 과잉반응 가설의 결정적인 함의

1. 어떤 시장에나 '최고' 주식과 '최악' 주식이 존재한다는 사실은 효율적 시장 가설이 금과옥조로 여기는 개념인 합리적 가격결정은 지속적으로 성립할 수 없다는 것을 의미한다. 오늘날 최고나 최악 주식들이 무더기로 제시되면서 투자자 과잉반응 가설은 효율적 시장 가설의 가르침과 결론을 거부한다.
2. 대부분의 경우 투자자 과잉반응 가설의 전제와 결론은 효율적 시장 가설과 대척점에 있으며, 동일한 사실에서 효율적 시장 가설과

전혀 다른 결론에 도달한다. 곧 확인하게 되겠지만, 아주 판이하고도 낙관적으로 개선된 위험측정법이 제시될 것이다.

예를 들어 1987년 폭락에서 투자자 과잉반응 가설이 정립되어 있었더라면 치명적인 시장의 과잉반응과 지독한 패닉으로 이어졌던 지수차익거래와 포트폴리오 보험에 대해 경고할 수 있었을 것이다. 투자자 과잉반응 가설의 목표 중 하나는 주요 시장의 과잉반응과 파괴적인 결과로 이어지는 원인을 줄이는 것이다. 예전부터 높은 수준의 레버리지와 유동성은 패닉을 동반한 폭락으로 이어졌다. 따라서 높은 레버리지와 과도한 유동성은 과잉반응을 초래할 수 있다는 것이 투자자 과잉반응 가설이 경고하는 바다. 물론 과도한 과잉반응은 위험하다. 지난 3번의 주요 폭락 사태는 투자자의 과잉반응 때문이었다. 그러나 5장에서 보았듯 효율적 시장 가설의 위험 이론은 오로지 변동성만을 유일한 위험으로 가정하므로 과잉반응의 위험성을 완전히 배제한다.

3. 효율적 시장 가설이나 일반 경제 이론과 달리 투자자 과잉반응 가설은 시장의 균형상태가 존재했다거나, 존재할 것이라고 믿지 않는다. 역동적이고 끊임없이 변하는 글로벌 경제에서 정치, 경제, 투자, 기업과 관련된 새로운 정보가 홍수처럼 쏟아지는 동시에 즉각 시장에 흡수된다. 따라서 의사결정은 항상 유동적이므로 시장의 균형상태는 불로초만큼이나 찾기 어렵다.

4. 너무나 많은 경제학자가 '합리성'이라는 가정을 채택해 이상적인 틀로 세상을 보려고 했지만, 투자자 과잉반응 가설은 세상을 있는 그대로 보려고 한다. 투자자 과잉반응 가설은 인간 행동에 관한 최근의 검증된 자료들을 토대로 정립되었고, 투자자들이 이 가설

이 예측하는 방식으로 행동한다는 확고한 통계학적 자료를 갖고 있다. 십계명에는 못 미치지만 역발상 전략을 따르는 사도들에게 는 투자자 과잉반응 가설의 12가지 예측이 있다. 또한 역발상 전략은 9장과 10장에서 검토한 연구들을 통해 통계학적으로 개연성이 아주 높다는 사실이 확인되었다.

섹션 2. 투자자 과잉반응 가설에서 도출한 네 가지 역발상 전략

이제 투자자 과잉반응 가설에서 막 수확한 자료들을 이용해, 역발상 전략을 어떻게 활용해야 수익을 올릴 수 있을지 논의해보자. 대학 강의와 마찬가지로, 뇌에 얼마나 많은 정보를 투입하느냐보다 비판적 사고를 어떻게 주제에 적용하느냐가 중요하다.

최근 역발상 전략의 성과

많은 규칙이 허망하게 폐기되는 오늘날의 투자 환경에서 역발상 전략이 통하는지 궁금할 것이다. 아니, 도무지 통하는 전략이 있기는 한지 묻고 싶을 것이다. 분명 통한다. 그림 11-1과 11-2를 보자.

그림 11-1과 11-2는 짧지만 격랑에 휩싸였던 시기를 보여준다. 이 기간에는 2000~2002년 닷컴 버블 붕괴, 바로 뒤이어서 주택 버블과 금융위기, 2009년의 시장 반등이 있었다. 쉽게 버틸 수 있는 시장이 결코 아니었지만 비인기주는 인기주보다 험한 풍랑을 잘 견뎠다. 차트를 보면 2000년부터 2010년까지 네 가지 역발상 전략 중 하나로 1만 달러를 투자했다면, 이 기간 내내 시장 대비 초과 수익을 올릴 수 있었다. 저

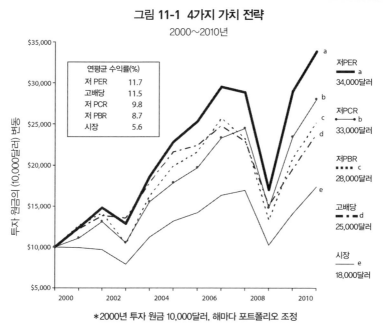

그림 11-1 4가지 가치 전략

2000~2010년

연평균 수익률(%)	
저 PER	11.7
고배당	11.5
저 PCR	9.8
저 PBR	8.7
시장	5.6

저PER
a
34,000달러

저PCR
b
33,000달러

저PBR
c
28,000달러

고배당
d
25,000달러

시장
e
18,000달러

*2000년 투자 원금 10,000달러, 해마다 포트폴리오 조정

출처: © 데이비드 드레먼, 2011
데이터 출처: Compustat North American data and Thomson First Call

PER 주의 수익이 가장 좋았는데 '잃어버린 10년'이라고 부르는 이 기간 동안 시장의 연평균 수익률은 5.6%였지만 저PER 주의 연평균 수익률은 11.7%였다. 저PCR, 저PBR, 고배당 전략 역시 시장(컴퓨스태트 1500) 평균 대비 초과 수익을 올렸다. 이번에도 인기주는 모두 시장에 못 미치는 수익을 거두었고, 저배당 주 외에는 모두 마이너스 수익이었다. 고PCR 주(연평균 수익률 -2.9%)와 고PBR 주(연평균 수익률 -3.0%)가 최악의 성적을 거두었다. '최고' 주식과 '최악' 주식의 실적 격차는 컸다. 저PER 주와 저 PBR 주의 수익은 고PER 주와 고PBR 주 대비 11.7%포인트 높았다.

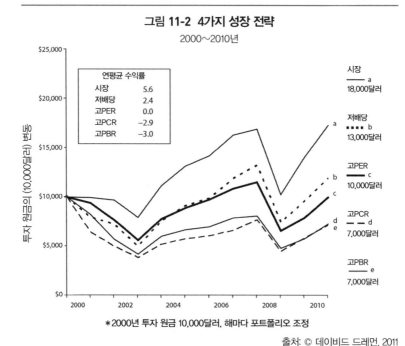

그림 11-2 4가지 성장 전략

2000~2010년

연평균 수익률	
시장	5.6
저배당	2.4
고PER	0.0
고PCR	−2.9
고PBR	−3.0

시장
a
18,000달러

저배당
b
13,000달러

고PER
c
10,000달러

고PCR
d
7,000달러

고PBR
e
7,000달러

투자 원금의 (10,000달러) 변동

*2000년 투자 원금 10,000달러, 해마다 포트폴리오 조정

출처: © 데이비드 드레먼, 2011
데이터 출처: Compustat North American data and Thomson First Call

포트폴리오 구성하기

그렇다면 어떻게 하면 시장보다 높은 수익을 올리면서, 하락장에서도 선방할 수 있는 포트폴리오를 짤 수 있을까? 매도 시점을 정하는 일이 가장 어려운데, 어떤 지침을 사용해야 할까? 11장과 12장에서 제시할 지침들에는 2007~2008년 시장 붕괴를 토대로 새롭게 추가된 지침이 포함되어 있다. 그런데 최고 수익을 올린다고 장담할 수는 없지만(누가 아는 사람이 있으면 편지를 보내주기 바란다), 승산은 높다. 수익을 방어할 수 있는 매도 시점을 알아보기 전에, 무엇을 매수할지부터 생각해보자. 다행히

이에 대한 네 가지 검증된 방법이 있다.

역발상 전략 1 : 저PER 전략

역발상 전략 중 가장 역사가 오래되었으며, 기록도 가장 좋은 전략이 저PER 전략이다. 오늘날 시장 전문가들이 가장 널리 활용하는 전략이기도 하다. PER을 계산하는 방식은 다양하지만 가장 보편적인 방법은 기업이 보고한 지난 12개월의 수익(비경상 이익 및 비경상 손실 반영 전)을 주가로 나누는 것이다. 이 전략은 1930년대 중반 이후 상승장과 하락장 모두에서 시장 대비 초과 수익을 거두었고, 아마 앞으로 상당 기간 그럴 것이다. 그림 11-3은 저PER 전략의 수익률로, 대상 기업은 컴퓨스태트 1500대 기업, 대상 기간은 2010년 12월 31일까지 41년이다.[7] 해마다 투자자가 얻은 수익은 두 가지 기본 요소인 주가 상승에 따른 수익과 배당

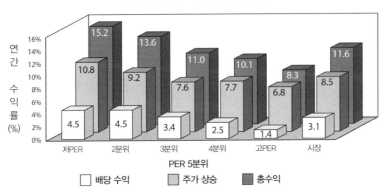

그림 11-3 주가수익비율(PER)

배당, 주가 상승, 총수익
1970년 1월 1일 ~ 2010년 12월 31일

출처: © 데이비드 드레먼, 2011
데이터 출처: Compustat North American data and Thomson First Call

금 수익으로 구분되어 있다. 지금까지 방식대로 PER 순위에 따라 5개 그룹으로 주식을 나누었고, 수익은 연 단위로 계산했다.[8]

그림 11-3을 보면 이번에도 저PER 그룹의 수익이 탁월하다. 연구 대상 기간인 41년 동안 저PER 그룹의 연평균 수익률은 15.2%로 시장평균인 11.6%(오른쪽 맨 끝 막대기)보다 높았고, 고PER 그룹의 8.3%보다 높았다. 저PER 그룹은 고PER 그룹 대비 연평균 6.9%포인트 초과 수익을 올렸고, 41년 동안 수익은 거의 2배에 달했다. 그림 10-3, 10-4에서 보듯이 정도 수익 격차라면 연금 펀드에 장기간 돈을 투자할 경우 격차는 어마어마하게 커진다.

그림 11-3을 다시 보자. 저PER 주식들은 배당금 수익도 좋았다. 수치가 증명하듯 연구 대상 기간에 시장평균 배당수익률은 3.1%, 고PER 그룹은 고작 1.4%인 반면, 저PER 그룹은 4.5%이다. 배당수익률에서 '최악' 주식은 '최고' 주식 대비 3.1%포인트 초과 수익을 올렸다. 41년 동안 1만 달러를 투자했다면, 4.5%와 1.4% 수익률 차이는 결국에는 4만 3,098달러만큼 차이가 난다.

그런데 그림 11-3에 나타난 주가 상승폭을 보자. 뭔가 한참 잘못된 것 같다. 전문가들은 '최고' 주식, 즉 고PER 주식들이 상승폭이 가장 크다고 했지만, 현실은 달랐다. 고PER 주식이 가장 저조했다. 그리고 투자 업계에서 별 볼 일 없다고 하는 이른바 '잡주'들, 즉 저PER 주들이 가장 탁월했다. 자본을 늘리기 위해 '최고' 주식에 투자한 돈은 전혀 최고의 활약을 보여주지 못했다. 이번에도 밑바닥 주식들이 최상위 주식을 앞질렀다. 저PER 주식들은 고배당과 주가 상승폭 모두에서 최고의 실적을 거두었는데 업계 통념에 따르면 절대 일어날 수 없는 일이다.

배당금 수익이 높아지면 하락장에서 값싼 주식의 주가를 떠받치게 되는데, 이는 역경의 시대에 저PER 전략을 비롯한 역발상 전략의 실적이 좋은 중요한 이유 중 하나이다. 잦은 매매를 좋아하지 않는다면 역발상 전략이 안성맞춤이다. 포트폴리오 변경을 거의 하지 않거나 전혀 하지 않아도 높은 수익이 유지될 수 있기 때문이다.

표 11-1은 1970~2010년의 기간 동안 저PER 주식을 매수해 2~8년 동안 보유했을 때의 결과를 보여준다. 한눈에 알 수 있듯이, 결과는 놀랍다. 저PER 주식으로 포트폴리오를 구성하면 5년 동안의 연간 수익률은 15.2%로, 고PER 그룹의 연간 수익률(9.4%)과 시장평균(12.0%)을 크게 앞지른다. 8년간 연간 수익률뿐 아니라 3년간, 5년간 연간 수익률에서도 저PER 그룹은 시장평균이나 고PER 그룹을 훨씬 앞지른다.

오랜 기간 이 정도로 높은 수익을 계속 유지한다는 점은 놀랍다. 이는 저PER 주식이 현저하게 저평가되었음을 나타낸다. 저PER 주식을 9년 동안(표에는 표시되지 않음) 보유해도 여전히 시장평균 대비 초과 수익을 얻을 수 있으며, 첫해부터 계산한 성과도 나빠지지 않았다. 한편 고PER 주식 역시 심각하게 고평가되었다. 5년이 지난 뒤에도 이 그룹의 수익은 시장

표 11-1 주가수익비율(PER) 매수 후 보유 연간 수익률

1970년 1월 1일 ~ 2010년 12월 31일

PER 5분위	2년	3년	5년	8년
저PER	15.5%	14.3%	15.2%	15.2%
고PER	9.9%	9.2%	9.4%	10.3%
시장	13.3%	11.9%	12.0%	12.7%

출처: © 데이비드 드레먼, 2011
데이터 출처: Compustat North American data and Thomson First Call

에 훨씬 못 미쳤다.

저PER 전략을 비롯한 역발상 전략의 장점은 또 있다. 바로 손이 덜 간다는 점이다. 방금 살펴보았듯, 시가총액이 큰 기업들로 해마다 저 PER 포트폴리오를 조정하면 시장보다 훨씬 높은 수익을 얻을 수 있다. 물론 조정 횟수를 줄여도 된다. 역발상 전략은 저강도 전략으로 고강도 결과를 얻을 수 있다. 어떤 주식을 골라야 할지 골머리를 썩일 필요도 없다. 그리고 기업과 업종, 경제에 관한 복잡다단한 정보를 해석하고 추적하느라 골치를 앓을 필요도 없다. 그저 포트폴리오를 짜서(곧 포트폴리오 구성 방법을 살펴보겠다) 자동 조종 모드를 설정해놓으면 된다. 골치 아픈 일도 적고 세금, 수수료, 거래 비용도 아낄 수 있다. 게다가 시장을 훌쩍 뛰어넘는 수익을 얻을 수 있다. 알다시피 펀드매니저들도 시장 대비 초과 수익을 얻는 경우가 드물다. 이 차트의 핵심은 한 번 정한 포트폴리오는 절대 건드리지 말라는 것이 아니라, 부지런할수록 성공한다는 직업 윤리가 투자에는 도움이 안 된다는 것이다. 뿐만 아니라, 때로는 역효과가 날 수도 있다는 것이다.

나 역시도 포트폴리오를 짜놓고 8년 동안 한 번도 쳐다보지도 않고 내버려두지는 않을 것이다. 하지만 표 11-1(지난 41년 동안 대량의 주식 샘플)에서 볼 수 있듯이 처음에 신중하게 주식을 고른 뒤, 조금씩만 조정해나가면 시장에서 큰 돈을 벌 수 있다.

역발상 전략 2 : 저PCR 전략

이번에는 중요한 역발상 전략의 하나인 PCR 전략을 살펴보자. 이 전략은 PCR에 따라 주식을 고르는 것으로 현금흐름은 대체로 세후 수익에 감가상각과 기타 비현금 비용을 더한 것이다. 많은 애널리스트가 기업을 평가할 때 수익보다 더 중요하게 생각하는 것이 현금흐름이다. 왜 냐하면 경영진은 유보금 증가나 비용 상각을 통해 수익을 낮출 수도 있 고, 적절한 감가상각이나 기타 필요 비용을 회계에 기입하지 않음으로 써 수익을 높일 수 있기 때문이다. 수익만 따지면 이런 항목들이 보이지 않지만 현금흐름에서는 분명하게 드러난다. 미국회계기준위원회[FASB]는 1988년 중반부터 기업의 현금흐름표 공개를 의무화했다.

그런데 엔론과 월드컴 같은 기업들이 신종 수법으로 회계를 조작하 자, 세상은 또 한 번 발칵 뒤집혔다. 1990년대 후반 엔론은 시티그룹 등 의 은행들에서 자금을 빌린 다음 신출귀몰한 솜씨로 현금흐름을 복잡하 게 조작했다.

엔론이 파산한 뒤 회계 장부를 감사한 회계법인 아서 앤더슨은 형사 고발되었고, 면허를 자진 반납했다. 또한 은행들은 신용 사기에 가담한

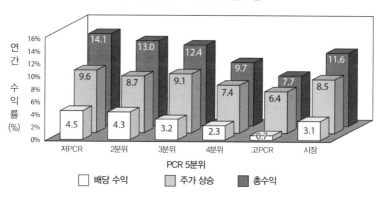

그림 11-4 주가현금흐름비율(PCR)

배당, 주가 상승, 총수익

1970년 1월 1일 ~ 2010년 12월 31일

출처: © 데이비드 드레먼, 2011

데이터 출처: Compustat North American data and Thomson First Call

죄로 수십억 달러의 벌금을 물었다. 월드컴은 38억 달러가 넘는 비용을 회계에 반영하지 않아 수익을 크게 부풀렸다. 요약하면 사기꾼들은 마음만 먹으면 현금흐름조차도 마음대로 조작해 투자자의 뒤통수를 친다는 것이다. 그림 11-4는 저PCR 전략의 실적이다.

역발상 전략 3 : 저PBR 전략

저PBR 전략은 벤저민 그레이엄을 비롯한 초기 가치 분석가들이 가장 즐겨 사용했던 전략으로,[9] 그림 11-5에 결과가 정리되어 있다. 표본, 기간, 방식은 PER과 동일하다. PCR로 구별한 그림 11-4와 PBR로 구별한 그림 11-5를 보면, PCR 최하위 20%, PBR 최하위 20%인 '최악' 주식들이 최상위 20%보다 높은 실적을 올렸다. 결과는 놀랍도록 비슷하다. 41년간 저PER 전략의 연평균 수익률은 15.2%로 저PBR의 14.3%, 저

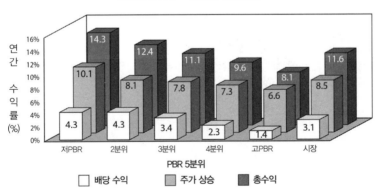

그림 11-5 주가순자산비율(PBR)
배당, 주가 상승, 총수익
1970년 1월 1일 ~ 2010년 12월 31일

출처: © 데이비드 드레먼, 2011
데이터 출처: Compustat North American data and Thomson First Call

PCR의 14.1%보다 조금 높다.

그러나 세 가지 가치 전략 모두 수월하게 시장 대비 초과 수익을 올렸고, '최고' 주식을 큰 폭으로 앞질렀다. 이번에도 높은 수익의 핵심 요인이 드러났다. 저PCR, 저PBR 주는 시장평균 대비 배당금이 현저하게 높았고, 각 범주에서 '최고' 주식보다 3배 이상 높아서 총수익을 올리는 데 큰 역할을 했다.

저PCR, 저PBR 그룹의 상승폭을 살펴보자. 주가 상승이라는 잣대로 보았을 때 두 그룹 모두 최상위 주식뿐 아니라 시장평균을 쉽게 앞질렀다. 이렇게 주가 상승폭이 크기 때문에 '최고' 주식을 매수해야 한다는 논리도 허위임이 드러났다. 그림 11-3, 11-4, 11-5는 역발상 주식들이 주가 상승폭도 크고 배당금도 많다는 것을 보여준다. 최하위 20% 그룹의 배당금 수익이 최상위 20% 그룹 대비 약 3배에 달해 이번에도 비인기 주식이 낙승을 거뒀다.

그림 11-3, 11-4, 11-5는 보수적인 투자자와 공격적인 투자자는 투자 목표를 근본적으로 달리 설정해야 한다는 통념이 근거 없는 환상에 지나지 않는다는 것을 보여준다. 이 사실을 단초로 다음의 중요한 심리 지침 하나가 도출된다.

심리 지침 23
고가의 개념주가 시장평균 이상의 수익을 올릴 것이라고 예단하지 마라. 과부나 고아들이 일반적으로 선택하는 우량주 주식들이 공격적인 투자자들에게 권하는 고위험 주식보다 성과가 좋다.

배당금이 낮고 PBR이 높아서 많은 증권사가 '상당한 위험이 따르는 투자'로 분류하는 주식은 종종 손실을 보기 일쑤며, 언제나 시장 대비 수익이 낮다. 이런 주식에는 '우매한 투자'라는 이름이 더 어울린다. 그림 11-3, 11-4, 11-5는 '상당한 위험이 따르는 투자'로 분류하는 주식을 매수해야 한다는 생각이 그릇된 믿음임을 증명하고 있다. 이것은 지극히 미국적인 생각으로, 오늘날에는 믿는 사람이 적고 브로커들만이 귀찮게 매수를 권하면서 수수료를 두둑하게 챙기고 있다.

앞서 보았듯 PBR 또는 PCR 최하위 20% 그룹의 주식을 매수하는 전략은 상승장이나 하락장 모두에서 통한다. 저PCR과 저PBR 주식을 매수 후 2년, 3년, 5년, 8년(표에 없음) 동안 변동 없이 보유하면 저PER 주식을 매수 후 보유할 때와 흡사한 수익을 얻을 수 있다(표 11-1). 저PER이나 저PCR 주식에 투자하면 시장평균을 훌쩍 초과하는 수익을 올릴 수 있을 뿐 아니라 2년, 3년, 5년, 8년까지 기간에 상관없이 인기주보다 훨씬 높은 수익을 올릴 수 있다.[10] 해당 기간 '최고' 주식들의 수이은 여전히 시장평균에 못 미친다.

바짝 긴장하며 시장을 노려보고 있다가 새로운 정보가 들어올 때마다 총잡이가 총을 뽑듯 번개같이 반응할 필요는 없다. 긴장을 풀어라. 느긋하게 기다리면 훨씬 더 많은 것을 손에 넣을 수 있다. 프로들도 서두르다가 제 발등을 찍는 일을 우리는 피할 수 있다.

마지막으로 저PER, 저PCR, 저PBR 주식을 매수 후 보유할 때 큰 이점이 있다. 바로 거래비용과 세금이 싸서 장기적으로 자본을 크게 증식할 수 있다는 점이다. 거래비용을 무시하는 투자자도 많지만, 거래비용은 가랑비에 옷 젖듯이 자본을 잠식한다. 특히 유동성이 낮은 주식일 경우 더욱 그렇다. 장기적인 관점에서 이 세 가지 역발상 전략은 수익이 많은 반면, 거래 횟수가 적어 비용을 크게 낮출 수 있기 때문에 포트폴리오 수익을 한층 더 끌어올린다. 이것으로 유용한 심리 지침을 또 얻을 수 있다.

심리 지침 24

쓸데없는 거래를 피하라. 시간이 흐르면서 거래비용이 수익을 잠식할 수 있다. 장기에 걸쳐 매수 후 보유 전략을 쓰면 시장 대비 큰 폭의 초과 수익을 올릴 수 있으며, 포트폴리오 조정을 줄여서 세금과 과도한 거래비용을 대폭 줄일 수 있다.

저PER, 저PCR, 저PBR 주식에 투자하는 전략은 고수익을 거둘 수 있을 뿐 아니라 추가 거래비용을 피할 수 있다. 마지막으로 소중한 배당을 높일 수 있는 고배당 전략을 살펴보자.

역발상 전략 4 : 고배당 전략

그림 11-6에는 고배당 전략의 연간 수익률이 정리되어 있다. 방법과 기간은 앞선 세 가지 전략과 동일하다. 그런데 차트에서 보듯 고배당 전략은 앞선 역발상 전략들과 조금 다른 양상을 보인다. 고배당 전략은 시장 대비 연간 0.9%포인트 초과 수익을 올렸고, 배당이 적거나 없는 주식 대비 연간 4.0%포인트 초과 수익을 달성했다. 그러나 수익의 구성이 다르다. 고배당 그룹의 연간 수익률 12.5% 중 절반 이상이 배당금이다. 더욱이 41년 동안 연간 주가 상승폭은 6.0%로 다른 '최악' 그룹이나 시장보다 낮다. 고배당 주식을 매수하면 시장평균보다는 높은 수익을 얻지만, 총수익은 앞선 세 가지 역발상 전략들에 못 미친다.

이번에도 배당률이 높은 그룹(고배당)에는 매수 후 보유 전략이 잘 먹힌다. 지속적으로 시장 대비 초과 수익을 올릴 뿐 아니라, 보유 기간이

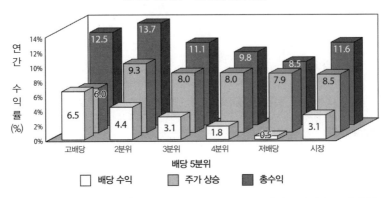

그림 11-6 배당
배당, 주가 상승, 총수익
1970년 1월 1일 ～ 2010년 12월 31일

연간 수익률(%)

	고배당	2분위	3분위	4분위	저배당	시장
배당 수익	6.5	4.4	3.1	1.8	-0.5	3.1
주가 상승	6.0	9.3	8.0	8.0	7.9	8.5
총수익	12.5	13.7	11.1	9.8	8.5	11.6

배당 5분위

☐ 배당 수익　　☐ 주가 상승　　■ 총수익

출처: © 데이비드 드레먼, 2011
데이터 출처: Compustat North American data and Thomson First Call

길수록 수익이 증가한다(배당금은 재투자한다). 그림 11-6에서 보듯 연구 대상 기간의 연평균 배당수익률은 6.5%이다. 또한 주목할 점은 시간이 흐르면서 배당금 비율이 올라가며, 불황의 그늘이 조금씩 걷히면서 배당금 비율은 놀라울 정도로 오른다는 것이다.

　수입이 필요한 투자자라면 장기적으로 보아 고배당 전략이 채권 보유보다 훨씬 나아 보인다. 왜냐하면 금리가 치솟으면 채권가격은 급락하기 때문이다. 예를 들어 금리가 1% 오를 때마다 30년 만기 채권가격은 12% 하락한다. 최근 수십 년 사이 금리 변동이 심했기 때문에 채권시장은 주식시장만큼이나 변동성이 컸다. 배당금이 절실한 투자자라면 고배당 주식을 매수하는 것이 합당한 전략이다. 시간이 지나면서 배당금은 오르지만 채권 지급 이자는 오르지 않는다. 우리는 단기 국채 수익률이 0에 가까운 극히 비정상적인 시기에 살고 있다. 그런데 이 역시 투자자에게는 함정이 될 수 있다. 이에 대해서는 14장에서 자세히 살펴보겠다.

그림 10-5a에서 보듯 고배당주는 하락장에서 가장 훌륭한 방어책이다. 배당금을 중시하는 투자자에게는 하락장에서 고배당주가 원금 보존에 유리하며, 배당 수익도 올리고 자본 증식에도 기여할 수 있다. 장기 채권의 경우 드물게 자본 증식이 일어난다(채권과 주식의 장기 수익에 관한 상세한 비교는 14장 참고). 그러나 2007~2008년, 이어서 2009~2010년 끔찍한 하락장에서 목격했듯이 이 전략이 언제나 통하는 것은 아니다. 당시 많은 고배당주의 배당금이 깎일 대로 깎여 사람들은 비교적 안전한 배당 수익 대신 고정 금리 채권으로 돌아서기도 했다. 다행히도 이 정도 규모의 심각한 하락장은 수십 년에 한 번 일어날까 말까 하다.

그렇다면 누구나 이 전략을 써도 될까? 그건 아니다. 이 전략은 지속적인 수입원이 필요한 사람에게 가장 좋은 전략이다. 비과세 계좌에 주식을 넣어 두지 않았다면 배당 소득은 과세 대상이 된다. 당장 필요한 수익이 어느 정도인지에 따라 다르긴 하겠지만, 비과세 계좌라면 그림 11-3, 11-4, 11-5에서 보았듯 장기적으로 볼 때 앞에서 설명한 세 가지 역발상 전략들이 고배당 전략보다 훨씬 수익이 크다. 그러므로 이 세 가지 전략 중 하나를 사용하는 편이 더 유리하다.

주식시장의 여건에 상관없이 전천후로 통하는 전략을 찾는다면 역발상 전략이 가장 적합하다. 이제 다양한 역발상 전략을 실행하는 데 도움이 되는 지침들을 살펴보자.

섹션 3. 실전에 역발상 전략 적용하기

역발상 주식 선정 : 기본 원칙

투자자라면 누구나 고민하는 첫 번째 문제는 어떤 방식으로 주식을 선정하고, 포트폴리오에 몇 주나 보유할지를 결정하는 것이다. 오랜 시간에 걸쳐 효능이 입증된 몇 가지 간단한 지침을 소개한다.

1. 역발상 주식만 매수하라. 실적이 월등하기 때문이다.
2. (어느 정도 자산 규모가 된다면) 15개 이상의 다양한 업종에서 30~40주를 균등하게 투자하라.

분산 투자는 필수다. 개별 주식의 수익은 차이가 크기 때문에, 소수의 기업이나 업종에 '올인'하는 것은 위험하다. 위험을 분산하면 앞서 본 비인기 주식들과 비슷한 수익을 거둘 확률이 훨씬 높다. 그러나 이보다 수익이 훨씬 높거나 낮을 가능성은 작다.[11]

3. 뉴욕증권거래소에서 시가총액 규모가 중간 이상인 기업의 주식을 매수하거나 나스닥, AMEX에서 시가총액 규모가 큰 기업의 주식만 매수하라.

연구 결과에 따르면 이런 기업은 대체로 시가총액이 작은 기업보다 회계부정을 저지를 가능성이 낮다. 또한 이 차이가 자본을 보호하는 추가 수단이 된다. 회계에는 온갖 술수가 개입될 수 있으므로 초보자뿐 아니라 투자자, 전문가들도 막대한 손실을 입게 된다.

투자자 입장에서 중대형 기업이 갖는 장점은 또 있다. 바로 지켜보는 눈이 많다는 점이다. 데스밸리의 모래 사막에 묻혔던 스테이크 식당 체인점이 회생하면 주목하는 사람은 별로 없다. 하지만 포드 사가 회생하면(2009년) 세간의 이목이 집중된다. 마지막으로 큰 기업은 끈질기게 버티는 '지구력'이 좋아서 소기업이나 신생기업에 비해 도산할 확률이 훨씬 낮다.[12]

증권분석을 완전히 폐기해야 할까?

지금까지 보았듯 증권분석에 의지하지 않고 역발상 전략에 따라 주식을 고르면 장기간에 걸쳐 시장평균 대비 초과 수익을 올릴 수 있다. 그렇다면 증권분석을 완전히 포기하는 것을 염두에 두어야 할까? 지금까지 살펴본 증거에 따르면 증권분석은 그다지 도움이 되지 않는다. 그러나 완전히 폐기하라고는 말하지 않겠다(내가 '구교'의 교리에 푹 젖어 있어서 그런 건 아니다). 역발상이라는 틀 안에서도 증권분석의 일부는 가치가 있다고 생각한다.

역발상 투자 방식 때문에 빗나가기 십상인 수익 예측 같은 전통적 분석법은 제거되거나 가치가 하락하게 되었다. 증권분석의 한계를 인식하고, 역발상 전략 내에서 증권분석을 잘 활용한다면 훨씬 좋은 결과를 얻을 것이라고 믿는다. 그러나 이 책의 원칙을 토대로 분산투자가 잘된 역발상 인덱스 펀드에 투자하는 것이 확실한 방법이다. 그러나 안타깝게도 선택의 여지가 거의 없다.

우리 회사는 시가총액 대, 중, 소기업에 투자하는 역발상 인덱스 펀드 Dreman Market Overreaction Fund들을 운용하고 있는데, 내 예상을 뒤엎고 실패한 펀드는 거의 없다. 31년 동안 역발상 전략은 시장을 훨씬 앞지르는 수익을 올렸다. 역발상 전략의 시대가 도래한 것은 분명하지만 정말 펀드 매니저들이 말하는 대로 굴러갈 수 있을지 펀드 설명서를 꼼꼼히 읽어보고 포트폴리오를 철저히 검토해야 한다.

다음으로 앞에서 살펴본 역발상 주식 선정의 기본 원칙을 보완하는 다섯 가지 펀더멘털 지표를 살펴볼 것이다. 그런 다음 증권분석에 기대지 않는 또 다른 역발상 방식을 살펴보겠다. 이 방식 역시 시장평균 대비 초과 수익을 올릴 수 있다. 다양한 방식을 검토한 후 자신에게 가장 잘 맞는 방식을 선택하면 된다.

주식 선정을 위한 다섯 가지 지표

저PER 방식을 실전에 적용해보면서 나는 PER 최하위 20% 그룹의 주식을 골랐다. 최하위 그룹을 선정하면 다음 보조지표를 적용할 수 있는 여지가 커진다.

지금까지 이 책에서 제시한 자료들을 본 뒤에도 증권분석에 발을 담그고 싶은 투자자들을 위해, 가장 유용한 지표들을 소개하겠다.

지표 1. 탄탄한 재무 건전성. 유동성을 확보하기 힘든 오늘날 시장에서 재무 건전성은 매우 중요하다. 재무 건전성은 기업 재무제표에 포함된 정보를 통해 쉽게 판단할 수 있다. •

• 유동자산 대 유동부채, 자본 대비 부채비율, 이자보상비율 등의 적정 비율이 어느 정도인지는 주요 증권사에서 무료로 제공하는 자료나 재무 관련 도서를 참고하라(마틴 S. 프리드슨(Martin S. Fridson)의 저서 《재무제표분석(Financial Statement Analysis)》(New York: Wiley, 2002)에는 일반 투자자에게 필요한 기업 회계와 중요한 재무비율이 간략하게 설명되어 있다.)

역발상 전략에서 고르는 기업들도 종종 경영상 어려움을 겪는데, 재무가 탄탄하면 경영이 어려울 때도 타격을 입지 않고 무사히 지나갈 수 있다. 또한 재무 건전성은 기업의 배당금이 유지되거나, 인상될지 여부를 결정하는 데 중요한 요소다. 게다가 우리가 얼마 전 겪었고, 앞으로도 계속될 유동성 위기에서는 재무 건전성에 따라 생존하기도 하고 파산하기도 한다. 다행히도 이런 심각한 위기는 100년에 한 번 올까 말까 하다. 어쨌든 재무가 탄탄한 기업은 이런 상황에서도 살아남고, 때로는 성공을 거둔다. 워런 버핏이 투자한 버크셔 해서웨이^{Berkshire Hathaway Inc.}만 봐도 알 수 있다.

지표 2. 영업비율과 재무비율을 최대한 참고하고, 영업비율과 재무비율이 좋은 기업을 선정하라. 영업비율과 재무비율이 좋은 기업은 구조적 결함이 없다. 상세한 비율은 재무 관련 도서를 참고하라.

지표 3. 최근 S&P500보다 이익 성장률이 좋고, 단기간에 이익 성장률이 급락하지 않을 기업을 선정하라. 이익 성장률 예측은 정확한 수치보다는 전반적인 방향을 알기 위한 것이다. 여기서는 최악으로 예측되는 최하위 주식들을 취급하고 있다는 점을 명심하라. 전통적인 예측 방식을 사용하는 사람들과 달리 우리는 정확한 수치는 필요 없다. 그저 1년 정도 단기간의 방향만 알면 된다.

역발상 전략을 연구하던 초기에는 나도 '순수주의'를 고집했다. 역발상 전략이 통하는 데 애널리스트의 빗나간 예측이 한 몫 한다면 예측에 완전히 신경을 꺼도 되지 않을까? 그런데 쓰디 쓴 고배를 마시고 나서 입장이 바뀌게 되었다.

예를 들어 어떤 기업의 수익이 당분간 감소한다고 월스트리트에서 예측한다면 내가 사용하는 지표가 아무리 긍정적이라도 서둘러 그 기업의 주식을 사지는 않을 것이다. 앞서 보았듯 애널리스트는 종종 지나치게 낙관적이다. 수익이 소폭 하락한다는 애널리스트의 예측이 나오면 십중 팔구 폭락한다. 2007~2008년 애널리스트들은 금융주가 비교적 소폭 감소할 것이라고 예측했지만 실제 시티그룹, 와코비아, AIG 등 금융주의 수익은 곤두박질쳤다.

수익의 대체적인 방향을 예측하는 일은 정확한 예측치를 도출하는 것과 분명 차이가 있다. 대체적인 방향을 예측하는 일이 훨씬 간단하고 적중률도 훨씬 높다.

지표 4. 수익 예측은 언제나 보수적으로 잡아야 한다. 애널리스트들이 놀라울 정도로 지나치게 낙관적으로 예측한다는 사실을 고려한다면 보수적으로 예측해야 하며, 이는 그레이엄-도드의 '안전 마진' 원칙과도 맞는다. 수익 예측치가 얼마나 현실과 동떨어진 수준인지, 현실에 맞게 끌어내리려면 때로는 연필이 아니라 대형 굴착기가 필요하다. 예측은 대체적인 방향만 참고하고 매우 보수적인 입장을 취해야 잘못될 가능성이 줄어든다는 것을 명심하라. 이렇게 하고도 해당 기업의 수익이 1년 이상 S&P500보다 가파르게 성장한다면 그때는 투자가 결실을 거두게 된다.

지표 5. 지속적으로 배당수익률이 시장평균을 초과하고, 지속적으로 상승한다. 다섯 번째 지표는 지표 1~4가 유리할 때 적용 가능하다. 앞서 살펴본 대로 지금까지 배당금에 대한 통념은 틀렸음이 드러났다. 고배당 전략 역시 시장 대비 초과 수익을 올린다. 이 전략을 실행해본 결과 역발상 주식을 매수하는 기본 전략과 함께 사용하면 지표 5의 실적이 향상되었다.

모든 역발상 전략에 유용한 지표 다섯 가지를 살펴보았다. 그렇다면 이제 관점을 바꾸어 생각해보자. 종종 이런 질문을 받는다. "역발상 전략을 활용하는 최선의 방법은 무엇인가? PER이나 PBR 등 한 가지 전략을 골라서 집중하는 것이 나을까?" 그렇지 않다. 한 가지 전략만 갖고도 고수익을 올릴 수 있지만, 나라면 여러 가지 기법을 같이 쓰겠다. 내가 운영하는 자산관리회사는 저PER 전략이 핵심이지만, 나머지 세 가지 역발상 전략도 두루두루 활용하고 있다. 투자 기회는 다양하며, 어떤 전략으로는 뚜렷하게 보이지 않던 기회가 다른 전략으로는 분명하게 보이는 경우가 있다.

주요 일간지 경제면에는 주가 옆에 PER이 표시되므로, 네 가지 역발상 전략 중 저PER 전략이 가장 손쉽게 사용할 수 있는 전략이다. PER, PCR, PBR 모두 분기별로 정보가 갱신된다. 배당률 정보도 언제든지 입수할 수 있지만, 다른 세 가지 역발상 전략의 수익이 더 높기 때문에 부차적인 전략으로 쓰는 것이 좋다.

역발상 전략

이제 전선의 참호로 들어가 집중 포화 속에서 역발상 결정을 내린 과정을 살펴보자. 과거 내가 쓴 〈포브스〉 칼럼을 통해 독자들에게 추천한 방식, 투자 컨설팅 회사 고객들에게 추천한 방식, 내가 운용하는 드레먼 하이 오퍼튜니티 뮤추얼 펀드Dreman High Opportunity Mutual Fund를 예로 들 것이다. 패전이나 퇴각 경험은 쏙 빼고 승전만 떠올리며 무용담을 늘어놓는다며 힐난할 수도 있다. 하지만 역발상 전략의 주식 선정 기본 원칙과 다섯 가지 지표를 적용한 실제 사례를 보여주는 편이 유용할 것이라고 생각했다. 역발상 전략의 주식 선정 기본 원칙과 다섯 가지 지표는 사후 평가의 관점뿐 아니라 당시 관점으로 보아도 분명한 결과를 보였다.

저PER 전략 적용 사례

• 알트리아 그룹Altria Group

나는 2004년 9월 말 〈포브스〉 칼럼에서 알트리아 그룹(49달러)을 추천했다. 알트리아 그룹은 크라프트 푸드Kraft Foods와 필립 모리스Philip Morris의 모기업이다. 알트리아 그룹은 전형적인 가치주로 미국 최대 담배 제조사인 필립 모리스를 자회사로 거느리고 있었다. 그런데 필립 모리스는 당시 몇 건의 집단 소송에 걸려 있었기 때문에 필립 모리스 주식은 대중의 눈밖에 나 있었다. 언론에서는 집단 소송으로 회사가 임청난 타격을 입을 수 있다고 대문짝만 하게 헤드라인을 뽑았지만, 우리는 집단 소송을 밀착 조사한 뒤 그다지 큰 타격은 아니라고 판단했다. 알트리아의 재무상태는 탄탄했고, 현금흐름 역시 아주 원활했기 때문이었다. •

알트리아는 벤저민 그레이엄이 꿈꾸던 주식이었다. 우선 2003년 당시 PER 10배, PCR 9배로 아주 낮았다. 더욱이 1930년대 이후로 거의 해마다 배당금을 인상하고 있었고, 2004년 당시 배당수익률은 6%였다.

큰 소송도 걸려 있고 언론에서 뭇매를 맞고 있었지만, 모든 소송에서

●펀드매니저는 적법한 범위 내에서 최선의 기회를 고객에게 제공해야 할 신의성실의 의무가 있다. 담배, 주류, 방위산업 관련 주식을 매수할 때는 도덕적 판단이 따르는 데, 이는 고객이 판단할 문제다.

피고는 U.S. 토바코의 자회사(필립 모리스 USA)였다. 알트리아의 기업 가치를 계산해보니, 보수적으로 잡아도 주당 약 105달러였고, 총 기업 가치 중 필립 모리스의 국내 가치는 43%인 45달러였다. 소송으로 어마어마한 돈을 날릴 것이라는 근거 없는 두려움이 너무 커서 알트리아 주식은 실제 가치에서 60% 이상 하락한 가격에 거래되고 있었다. 더욱이 미 대법원은 징벌적 보상금이 원고가 실제 입은 피해의 10배, 100배에 이르는 등 실제 피해에 비해 너무 크다는 점을 우려하고 있었다. 즉 대법원에서는 징벌적 배상금 규모에 관해 우려하고 있었다.

우리는 철두철미하게 분석했고, 특히 파산 가능성에 대해 면밀히 검토했다. 그러나 그럴 가능성은 전혀 없어 보였다. 대법원이 실제 피해를 초과하는 보상금 액수를 크게 낮추었고, 집단 소송에 대한 규정을 엄격하게 해석해 필립 모리스 측에 유리했다. 그리고 2008년 3월 무렵 주가와 배당금은 2배 이상 뛰었다.

• 아파치 코퍼레이션Appache Corporation

1982년 이후 석유시장은 수요가 공급을 초과했고, 하루 100만 배럴 이상 생산할 수 있는 유전은 1979년 카자흐스탄 이후 발견되지 않고 있었다. 때문에 2008년 후반까지 유가가 꾸준히 상승했다. 유가가 상승하면서 국내에서 대형 유전과 자원을 보유한 석유 탐사 및 개발 기업이 가장 유망한 산업으로 떠올랐다. 마찬가지로 유가가 하락하면 엑손 모빌, 로열더치쉘, BP 같은 다국적 기업보다 수익이 하락했다. 나는 2005년 7월 25일 〈포브스〉에서 아파치 매수를 추천했는데 당시 아파치 주가는 65달러, PER은 11배로 시장평균 대비 아주 낮았다.

당시 아파치는 현금을 두둑하게 보유하고 있었고, 대형 유전도 소유하고 있었다. 그리고 새로운 유전과 가스를 발견하는 데 점점 더 많은 자금을 투입하고 있었다. 비교적 안전한 지역에서 새 유전을 발견하는 프로젝트는 몇 년에 걸쳐 성공을 거두었다.

아파치는 유전 탐사 자금을 효율적으로 사용했고, 석유 보유량도 증가했다. 2007년 말 시장이 방향을 선회해 급락하는 와중에 아파치 주가는 〈포브스〉에 추천할 때보다 70% 상승했다. 시장은 미적지근했지만 아파치는 3개 지표의 목표를 모두 충족하며 강세를 보였다.

1929~1932년 이후 최악의 폭락장이었던 2008년 아파치도 큰 타격을

그림 11-7 아파치 코퍼레이션
주가 차트

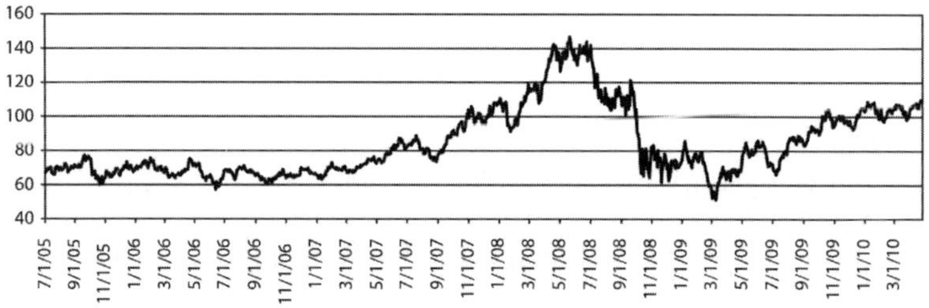

APA	2003	2004	2005	2006	2007	2008	2009(년)
주가	40.6	50.6	68.5	66.5	107.5	74.5	103.2
배당수익률	0.5%	0.6%	0.5%	0.8%	0.6%	0.8%	0.6%
PER	12.1배	10.0배	8.7배	8.7배	12.8배	35.7배	—
PBR	2.0배	2.0배	2.2배	1.7배	2.3배	1.5배	2.2배
PCR	4.9배	5.2배	5.3배	5.1배	6.3배	3.6배	8.2배

출처: FactSet Fundamentals

입었다. 유가가 폭락하면서 2009년 초 주가는 바닥인 51달러까지 곤두박질쳤다가 2009년 봄 가파르게 상승하면서 반등했다. 2011년 겨울 유가는 배럴당 110달러까지 올랐고, 아파치 주가도 130달러선을 회복했다. 게다가 아파치는 굴러 들어온 기회를 놓치지 않았다. 2010년 여름 BP의 원유 유출 사건이 터지자 아파치는 퍼미언 분지, 캐나다, 이집트에 있는 70억 달러 가치의 유전을 BP로부터 헐값에 사들였다.

아파치는 가치주를 매수해 시장 상황이 안 좋을 때도 계속 보유하면 결실을 보는 훌륭한 사례였다. 당장 대공황이 닥친다는 우려만 없다면 말이다(그림 11-7 참고).

저PCR 전략 적용 사례

- BHP 빌리턴^{BHP Billiton}

그림 11-4에서 보듯 저PCR 주식들 역시 장기적으로 시장평균을 훌쩍 상회하는 수익을 제공했다. 시장 상황이 안 좋을 때는 감가상각비 같은 비현금비용이 큰 기업의 경우 PER보다 PCR이 더 요긴할 수 있다.●
경기침체기에는 경기순환주(경기 변동에 따라 주가가 변하는 주식)의 수익이 폭락한다. 따라서 이런 시기에 저PER 경기순환주를 매수하려고 하면 PER이 아주 높아진다. BHP 빌리턴이 그랬다.

BHP 빌리턴은 세계 최대의 천연자원 개발회사로, 나는 2009년 2월 〈포브스〉에서 당시 주가 48달러이던 BHP 빌리턴 주를 매수 추천했다. BHP 빌리턴은 비교적 재무가 탄탄한 회사였지만, 2008년 12월 무렵에

●이런 비용은 손익계산에는 반영되지만 현금흐름에는 표시되지 않는다. 물론 결국에는 감가상각비를 정산해야 한다. 그러나 자금 사정이 어려울 때 대금 납부 시에는 감가상각이 숨통을 틔워준다.

는 전 세계적인 불황으로 천연자원 매수세가 말라버리는 바람에 BHP
빌리턴은 수익이 곤두박질치고 있었다. 2008년 회계연도(6월 30일 마감)
에는 BHP의 수익은 사상 최대인 5.11달러였는데, 2009년 회계연도에
서는 2.11달러로 급감해 62% 하락했다. 그리고 현금흐름 역시 50%가량
감소했다. 그러나 이전까지 현금흐름과 재무 건전성 모두 좋았기 때문
에 역발상 전략주로 손색이 없었다.

이번에도 거대 산업기업과 광산기업이 회복하려면 족히 수년이 걸릴
것이라는 기사가 신문의 경제면, 심지어 1면을 가득 메웠다. BHP가 전

그림 11-8 BHP 빌리턴
주가 차트

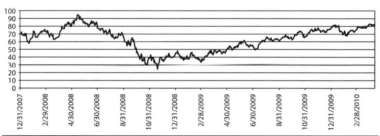

BHP	2007년 회계연도 (6월 마감)	2008년 회계연도 (6월 마감)	2009년 회계연도 (6월 마감)
주가	59.8	85.2	54.7
배당수익률	1.3%	1.3%	3.0%
PER	13.0배	15.5배	25.9배
PBR	5.7배	6.2배	3.8배
PCR	11.2배	13.1배	8.1배

출처: FactSet Fundamentals

세계에서 천연자원을 최저가에 생산하기로 손꼽히는 기업이라는 사실은 까맣게 잊은 듯했다. BHP는 서서히 회복하는가 싶더니, 2010년에는 수익과 현금흐름이 대폭 반등해 두 번째로 좋았던 2007년 수준을 회복했다. 2010년 12월이 되자 내가 〈포브스〉에서 추천할 때보다 주가가 2배 가까이 뛰어 93달러에 거래되었다. 현금흐름은 아주 원활해 2008년에는 배당률을 50%로 인상했고, 2009년에는 다시 17% 추가 인상했다. BHP가 배당률을 인상한 것에 대해 애널리스트와 언론이 종종 놀라 호들갑을 떨어도, 어쨌든 경영진은 탄탄한 재무 건전성으로 회사의 안전성을 자신하고 있었다는 것을 의미한다(그림 11-8 참고).

삼진 아웃!

• 패니 매 Fannie Mae

오랜 세월 우량주로 명성을 누렸던 패니 매는 2007년 말 무렵 37달러에 거래되며 싸구려 주식이 되는 듯했다. 그러나 나는 이때 매수하라고 추천했다. 패니 매는 수십 년 동안 시장평균을 웃도는 수익 성장률을 기록했다. 서브프라임 모기지를 비롯한 비우량 주택담보대출시장이 빠르게 하락하는 와중에 패니 매는 여러 분기 동안 계속해서 손실을 보고 있었고, 앞에도 내리막길이 놓여 있었다. 그러나 루스벨트 정부 시절인 1938년에 설립된 패니 매는 주택시장 급랭을 여러 차례 겪었다. 미국의 주택담보금융업체로 양대 산맥을 이루는 패니 매 그리고 패니 매보다 규모가 작은 프레디 맥Freddie Mac은 은행, 저축대출조합, 투자 은행보다 대출 기준이 훨씬 까다로웠다. 두 회사의 채무불이행 비율을 보면 주택담보대출 기준이 훨씬 까다롭기 때문에 채무불이행 비율이 훨씬 낮았다는 것을 확인할 수 있다. PER도 낮았을 뿐 아니라 막강한 권한, 보호받는 사업 모델, 높은 이익 성장률 때문에 나는 패니 매 주식을 매수했다.

당시 이사회 의장 등 고위직 임원을 연이어 만났는데, 당시에는 그들이 말하는 목가적인 풍경 같은 미래는 현실과 거리가 멀다는 사실을 몰랐다. 패니 매와 프레디 맥은 민주당 하원의원인 바니 프랭크, 감독기관인 미국 연방주택금융청^{FHFA} 수장인 제임스 B. 록하트 3세가 이끄는 부시 행정부 양쪽에서 엄청난 정치적 압박에 시달리고 있었다. 민주당과 부시 행정부는 저소득층에게 주는 담보대출을 늘리지 않으면 회사 생존에 필수적인 저비용 자금조달은 없다고 거듭 협박했다.

2008년 봄, 재무장관 행크 폴슨과 뉴욕 연방준비은행장 팀 가이트너는 패니 매와 프레디 맥이 법규가 요구하는 적정 자기자본 요건을 넘어서 현금을 과도하게 보유하고 있다고 지적했다. 팀 가이트너는 패니 매와 프레디 맥의 영업이 개선되고 있으므로, 자기자본 요건을 낮추어서 급락하는 모기지시장에 더 많은 대출을 내주도록 하겠다고 선언했다. 가이트너는 2008년 8월까지 비슷한 내용을 계속해서 발표했는데, 이런 발표의 배경에는 재무장관 행크 폴슨의 묵인이 있었다.

2008년 9월 6일 패니 매와 프레디 맥은 재무부에 의해 재산관리 상태에 들어갔고, 주가는 1달러 아래까지 떨어졌다. 이어지는 발표에서 패니 매와 프레디 맥은 압력에 못 이겨 '닌자(수입·직업·자산이 없는 고위험 채무자)' 대출에 상당한 자금을 추가 투입했고, 종종 계약금도 받지 않고 대출을 해주었다. 물론 일이 잘못되자 연방준비은행, 행정부, 의회는 대출 관행이 엉망이라며 패니 매를 비난하면서 자신들은 쏙 빠졌다. 비극은 계속되었고 S&P500 파이낸셜 셀렉트 섹터 SPDR(S&P500 내 금융주의 가격 변화율과 수익률을 추종하는 펀드)은 2007년에서 2009년 3월 사이 83% 폭락했다. 이는 1929~1932년 대폭락 이후 최대 낙폭이자, 매우 짧은 기간에 일어난 일이었다.

우리의 분석에 문제가 있었던 걸까? 패니 매와 프레디 맥, 은행, 투자
은행에 근무하는 가치투자 분석가들의 분석에 무슨 문제가 있었을까?
쓰디 쓴 경험을 통해 얻은 두 가지 중요한 교훈을 소개한다.

1. 손실을 보고 있는 기업의 주식은 절대 사지 마라. 손실은 어딘가
   잘못 돌아가고 있다는 것을 경고하는 신호다. 괜찮은 기업은 대부
   분 제자리를 찾아가지만, 그렇지 않은 기업은 호되게 당한다. 지금
   까지 살펴본 역발상 전략에서는 한 분기라도 영업 손실을 기록한

그림 11-9 패니 매
주가 차트

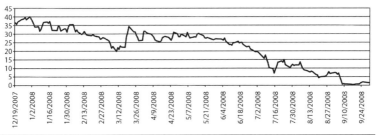

FNM	2007년	2008년	2009년
주가	40.0	0.8	1.2
배당수익률	4.8%	NA	—
PER	—	—	—
PBR	1.4배	—	—
PCR	0.9배	0.1배	—

출처: FactSet Fundamentals

기업은 예외 없이 배제하고 있고, 장기적으로 결과는 좋았다.

2. 글로 쓸 필요도 없지만 지키지 않으면 막대한 손해를 보기 때문에 적는다. 기업이나 업종이 어려움을 겪을 때는 고위 각료, 심지어 장·차관급 인사가 아무 문제 없다고 말해도 절대 믿으면 안 된다. 콩으로 메주를 쑨다고 해도 믿으면 안 된다. 이럴 때는 십중팔구 해당 주식이나 업종을 포기해야 한다(그림 11-9 참고).

저PBR 전략 적용 사례

• JP모건 체이스

기업이 휘청거리고 수익이 급감할 때, PCR보다 더 탁월한 역발상 지표가 바로 PBR이다. 2007~2008년 금융위기 때 은행주들이 좋은 사례다. 서브프라임 사태가 악화되면서 금융주는 폭락했다. 영민한 CEO 제이미 다이먼이 이끄는 JP모건 체이스는 서브프라임 사태의 심각성을 가장 먼저 인식한 대형 은행이다. JP모건 체이스는 2007~2008년 주택대출시장에서 서서히 발을 빼는 한편, 서브프라임 모기지를 비롯한 신용등급이 낮은 주택담보대출 보유분을 대폭 줄여나갔다. 대다수 금융주와 마찬가지로 JP모건 체이스의 PBR은 시장평균보다 현저히 낮았다.

그러나 한 가지 큰 차이가 있었다. JP모건 체이스의 자산가치는 대체로 허수가 없었다. 비유동 모기지를 매입하지 않고 충분한 유동성을 확보한 덕분에, 2008년 3월 16일 일요일 연방준비제도와 재무부는 월스트리트 최대 투자 은행으로 손꼽히는 베어스턴스를 매수하도록 전격 허용했다. 매입가격은 주당 2달러로, 며칠 전 금요일 종가에서 93% 할인된 금액이었다. 매수에 나선 기업들이 많았지만 믿을 만한 기업은 JP모건 체이스뿐이었고, 연방준비제도의 특혜로 경쟁자들을 따돌렸다. JP모건 체이스는 본사 빌딩 가치만 시가 12억 달러로 추산되는 회사를 단돈 15억 달러에 손에 넣었다.[13] JP모건 체이스는 베어스턴스의 부실 자산도 인수했는데, 연방준비제도는 아주 낮은 금리로 300억 달러의 부실 자산 인수 자금을 지원했다. 베어스턴스를 인수하자 JP모건 체이스는 그동안 다른 경쟁자들에게 뒤처져 있던 투자금융 업계의 거목으로 우뚝 서게 되었다.

그런데 신묘한 '백마술'은 또 있었다. 2008년 9월 말, 워싱턴 뮤추얼WaMu의 대량 예금 인출 사태 이후 미국연방예금보험공사FDIC는 미국 최대의 저축기관인 워싱턴 뮤추얼을 약 19억 달러에 JP모건 체이스에 매각했다. 3,070억 달러의 자산, 1,880억 달러의 예금, 15개 주에 있는 2,200개 지점이 매각 대상에 포함되었다.[14] 규모를 따져보자. 저축 및 대부기관의 위기를 담당한 정부 기구인 미국정리신탁공사RTC는 1989년부터 1995년까지 모두 747개 저축기관을 매각했다.[15] 그런데 워싱턴 뮤추얼의 자산 규모는 이 747개 저축기관을 모두 합친 자산가치의 3분의 2에 달했다. 이 매각 건으로 JP모건 체이스는 미국 내 예금 보유 규모 1위 기업으로 올라섰다.

JP모건 체이스는 저PBR, 양질의 금융자산으로 금융 제국을 건설했다. 물론 한동안은 어려움도 있었다. 2009년 3월 JP모건 체이스의 주식은 순자산가치의 40%인 16달러에 거래되었다. 그러나 2010년 4월 무렵에는 주가가 45달러를 돌파하기도 했다.

JP모건 체이스는 규제 당국으로부터 푼돈에 미국 최대의 은행 지점망을 갖춘 후, 투자금융 부서를 통합했다. 이로 인해 수익 증대에 막대한 도움이 되었는데, 이 모든 일이 JP모건 체이스의 재정이 튼튼했기에 가능한 일이었다. 어쨌든 인수 건은 앞으로도 오랫동안 막대한 수익을 창

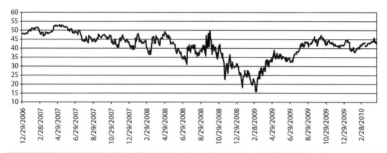

그림 11-10 JP모건 체이스

주가 차트

JPM	2007년	2008년	2009년
주가	43.7	31.5	41.7
배당수익률	3.4%	4.8%	0.5%
PER	10.0배	37.5배	18.6배
PBR	1.2배	0.9배	1.0배
PCR	—	4.9배	1.3배

출처: FactSet Fundamentals

출할 것이다(그림 11-10 참고).

고배당 전략 적용 사례

• 서던 컴퍼니^{Southern Company}

앞서 보았듯이 고배당 전략 역시 시장 대비 초과 수익을 제공한다. 고배당 전략을 가장 효과적으로 활용하려면 다른 역발상 전략과 함께 사용해야 한다. 즉 저평가된 주식을 찾아서 시장 대비 초과 수익과 배당 수입, 주가 상승에 따른 수익을 모두 챙기는 것이다. 앞서 설명했듯 고배당

은 일시적으로는 수익이 나쁘다 해도 경영진이 기업의 미래에 자신감을
갖고 있다는 것을 의미한다. 심각한 문제가 있을 때 경영진과 이사회가
어떻게 대처하느냐는 주목할 만한 가치가 있다.

유틸리티주는 종종 고배당, 저PER로 투자자들에게 짭짤한 수익을 안
겨준다. 고배당 전략과 저PBR 전략을 함께 이용해도 역시 좋은 결과를
얻을 수 있다.

서던 컴퍼니는 조지아, 앨라배마, 플로리다, 미시시피 주에 440만 명
의 고객을 보유하고 있으며, 4개 업체를 운영하고 있는 전기가스 공급회

그림 11-11 서던 컴퍼니
주가 차트

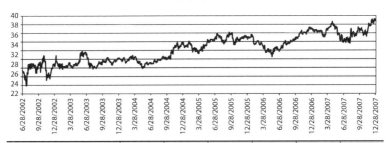

SC	2002년	2003년	2004년	2005년	2006년	2007년
주가	28.4	30.3	33.5	34.5	36.9	38.8
배당수익률	4.8%	4.6%	4.2%	4.3%	4.1%	4.1%
PER	15.3배	15.0배	16.3배	16.2배	17.6배	17.0
PBR	2.3배	2.3배	2.4배	2.4배	2.4배	2.4배
PCR	7.2배	7.2배	9.3배	10.2배	9.8배	8.7배

출처: FactSet Fundamentals

사다. 서던은 오랫동안 더디지만 꾸준한 성장세를 보이고 있었다. 유틸리티가 대개 그렇듯 가끔 소소한 사건으로 주가가 하락하지만, 곧 시장의 우려는 사라진다. 2002년 중반에도 그랬다. 당시 서던 컴퍼니의 주가는 24달러로 떨어져 PER 13배에 거래되었고, 배당수익률은 5.6%였다.

주식 수익과 배당금은 이후 5년 6개월 동안 계속 증가해 2007년 무렵에는 수익과 배당금을 합쳐 109%의 수익을 올렸고, 배당수익률은 최초 매수가격의 7%였다.

서던 컴퍼니 사례에서 보듯 투자자의 과잉반응은 고 변동성 주식에만 한정되는 현상이 아니다. 유틸리티와 비내구 소비재 주식 투자자 역시 가끔 과잉반응을 보인다(그림 11-11 참고).

요약 : 역발상 전략의 실적

알트리아 그룹, BHP 빌리턴, 아파치 코퍼레이션, JP모건 체이스, 서던 컴퍼니 등 다섯 가지 사례에서 살펴본 역발상 전략의 성공은 이 전략의 우위를 보여준다. 종종 역발상 주식들의 주가는 대폭 상승하기도 하는데, 이럴 때 주식을 계속해서 보유해도 좋다. 수익 증가 속도가 빨라서 PER, PBR, PCR은 계속 낮은 상태를 유지하기 때문이다.

고객도, 나도 여기 제시한 역발상 접근법을 장기간 사용했는데 모두 결과가 좋았다. 물론 이 기록이 최종적이라고 주장할 마음은 추호도 없다. 하지만 역발상 전략은 상승 분기, 하락 분기와 상관없이 통했다.[16] 물론 어느 정도 버느냐는 개인마다 차이가 있고, 동일인이라도 시기에 따라 차이가 있다. 하지만 역발상 전략은 복잡한 판단 없이 확실한 수익을 내는 투자 전략이다.

지표 1, 2, 4, 5는 산출법이 아주 간단해 앞서 논의한 감정, 구성적 사고 문제, 정보처리 문제를 대부분 피할 수 있다. 수익의 대체적인 방향만 예측하는 지표 3은 사용하기에 훨씬 쉽고 안전하므로, 주식 애널리스트들이 많이 사용하는 정밀한 예측 기법보다 성공할 확률도 높다. 지표 3은 내가 가장 즐겨 사용하는 방법이다.

지금까지 설명한 방식대로 역발상 전략을 사용해도 좋고, 다음 장에서 살펴볼 변형 전략을 사용해도 좋다. 앞으로 설명할 변형 전략들 역시 시장 대비 초과 수익을 올린다. 변형 전략을 살펴보기 전에 우선 역발상 카지노부터 가보자. 이 카지노는 손님이 돈을 딸 확률이 높으므로 마음에 쏙 들 것이다. 사실 문제는 카지노 실소유주가 누구냐는 것이다.

투자자 과잉반응 가설의 실제 승률

연구 결과

이쯤에서 누가 투덜대는지 귀가 간지럽다. 그럴 만도 하다. 이 방법이 좋으니, 저 방법이 좋으니, 투자 방법을 홍보하는 책은 널리고 널렸다. 그렇다면 역발상 전략이 시장평균 대비 초과 수익을 올린다는 실제 승률이 있을까? 물론이다.

컴퓨스태트 데이터베이스에서 시가총액 기준으로 대형주 1,500개를 선정해 41년 동안 수익을 계산한 결과, 1분기에서 역발상 전략이 시장 대비 초과 수익을 올릴 확률은 64%였다. 라스베이거스와 애틀랜틱시티 카지노들은 승률 우위 5~10%로 떼돈을 번다. 따라서 역발상 전략으로 시장을 이길 확률은 카지노보다 높다.

역발상 전략의 확률을 자세히 살펴보자. 결과를 보면 아마 놀랄 것이다. 라스베이거스와 달리 주식 투자는 시장평균만큼만 해도 주머니를 두둑이 채워서 유유히 사라질 수 있다. 본전을 건지는 건 물론이고, 보너스까지 두둑이 챙길 수 있다. 그림 10-3에서 보듯 시장에 1만 달러를 투자하면 41년 뒤 포트폴리오 가치는 91만 3,000달러가 된다. 시장만큼만 해도 41년 뒤에는 본전이 91배로 불어난 것이다.

그런데 그림 10-3을 보면 장기간 역발상 전략을 썼다면 더 큰돈을 벌 수 있었다. 저PCR 전략을 썼다면 투자한 1만 달러는 216배로 불어나 시장 대비 2배의 초과 수익을 올렸을 것이다. 저PBR 전략을 썼다면 242배로 불어나 저PCR 전략보다 더 벌었을 것이다. 이런 주식에 투자하면 시장평균만 되어도 어마어마한 수익을 손에 넣을 수 있다. 이처럼 역발상 전략을 채택하면 결과는 눈부시다.

이쯤에서 몇 가지 의문이 떠오를 것이다. 먼저, 40년이라는 기간이 현실적인가? 40년 가까이 투자할 사람이 과연 몇 명이나 될까? 20~30대 투자자가 종잣돈을 IRA 같은 퇴직계좌에 넣어둔다면 25년이나 30년 동안의 투자가 터무니없는 소리는 아닐 것이다.

그런데 표 11-2를 보면 더 짧은 기간에 올린 수익에 군침이 돈다. 표 11-2는 앞서 살펴본 네 가지 역발상 전략을 사용해 원금 1만 달러 투자했을 때 5~25년 동안의 시장 대비 수익을 보여준다.[17] 보다시피 기간에 상관없이 4개 전략 모두 시장을 압도했다. 게다가 기간이 길어질수록 시장 대비 초과 수익은 가파르게 상승한다. 전반적으로 저PER 전략의 수익이 가장 좋다. 5년간 저PER 전략을 사용할 때 18% 차로 시장을 따돌릴 수 있다. 15년이면 초과 수익률은 69%, 20년이면 101%로 늘어난다. 해를 거듭할수록 격차는 더 벌어진다. 5년 뒤 저PER 전략의 수익은 시장 대비 초과 수익이 3,203달러, 10년 뒤는 1만 2,419달러, 25년 뒤는 20만

9,687달러이다. 1만 달러를 한 번 투자했을 때의 수익이라는 점을 유념하기 바란다.

이쯤 되면 궁금할 독자도 있을 것이다. "연구 결과로 보면 역발상 전략이 꽤 괜찮아 보이는데 실전에서 시장을 이길 확률이 얼마나 될까?" 문제는 또 있다. 2007~2008년 폭락장에서 대다수가 퇴직 연금과 적금을 왕창 날렸는데, 그런 위기가 또 닥치면 어떻게 될 것인가.

이번에도 장기간 시장을 따돌릴 확률을 카지노 용어로 설명하겠다. 41년을 대상으로 한 연구 결과[18]에 따르면 1회 승률은 60대40으로 역발상 전략이 유리하다. 그런데 게임을 계속하면 어떻게 될까? 즉 몇 년 동안 계속 역발상 전략을 쓰면 승률은 어떻게 될까?

해답을 얻기 위해 우리는 통계학적 연산 방식을 사용했다. 프로그램 이름은 공교롭게도 몬테카를로 시뮬레이션이다. 1분기를 '카드 1장'으로 가정한다. 연구 대상 기간이 41년이므로 총 164분기가 된다. 41년, 즉 164분기 중 무작위로 1분기를 뽑은 뒤, 저PER 전략을 채택해 시장 대

표 11-2 역발상 전략 활용 시 수익

투자 원금 10,000달러를 1970~2010년 사이 투자 시 수익, 해마다 포트폴리오 조정 (단위: 달러)

	5년	10년	15년	20년	25년
저PER	20,535	42,165	86,167	176,964	361,103
저PCR	20,567	41,980	86,160	174,939	356,489
저PBR	19,974	39,972	79,894	158,468	316,463
고배당	18,757	35,027	65,363	121,326	226,288
시장	17,332	29,746	51,035	88,087	151,416

몬테카를로 시뮬레이션 10,000회에 따른 복리 수익 중간값

출처: © David Dreman, 2011
데이터 출처: Compustat North American data and Thomson First Call

비 수익을 계산한다. 그런 다음 카드를 다시 164분기가 있는 카드 묶음에 넣는다. 다시 똑같은 방식으로 무작위로 다른 카드를 뽑아 수익을 계산하고, 해당 카드를 다시 카드 묶음에 넣는다. 이런 식으로 하면 어떤 분기는 1회 이상 뽑히기도 하고, 어떤 분기는 한 번도 뽑히지 않을 수도 있다. 164분기 중 무작위로 분기를 선정해 실제 시장을 이길 확률이 얼마나 되는지 알아보려는 것이다. 100회, 즉 25년을 한 게임으로 가정한다.[19] 이렇게 하면 수많은 조합이 가능하므로 장기간 전략이 어느 정도 통하는지 정확하게 알 수 있다. 몬테카를로 시뮬레이션은 수십억 개의 조합이 가능하다. •

그런데 대다수 투자자는 한 번에 자금을 전부 투자하지 않고 해마다 수백에서 수천만 원씩 나누어서 투자한다. 컴퓨터가 따분해할까 봐 우리는 투자금을 1,000달러에서 2만 달러까지 다양하게 설정하고, 각 전략을 사용해 1만 번 게임할 때 시장을 이길 확률을 계산하라고 명령했다. 컴퓨터는 따분하지 않았는지 별 불평 없이 네 가지 역발상 전략의 승률을 계산했다.

표 11-3은 투자금을 다양화했을 때 저PER 전략의 승률이다. 역발상 전략을 활용하면 머리가 어찔할 정도로 큰돈을 벌 수 있다. 25년간 비과세 계좌에 해마다 1,000달러를 투자하면 26만 2,709달러로 불어나고, 해마다 2만 달러를 투자하면 25년 뒤 525만 4,173달러로 불어난다.

저PER 전략을 사용하되 매 분기마다 PER 최하위 그룹으로 포트폴리오를 조정하면 25년에 걸쳐 시장을 이길 확률은 얼마일까? 고급 카지노

• 정확히 말하면 164의 100승 개의 조합으로 지구에서 200만 광년 떨어진 안드로메다 은하까지의 거리를 인치로 환산한 수보다 많다.

도 군침을 흘릴 만한 승률이다. 카드 뽑기 100회를 1만 번할 때 9,978번은 이긴다! 저PER 전략은 1만 번 중 시장 수익에 미달할 확률은 겨우 22번에 지나지 않는다. 즉 100번 카드를 뽑을 때 시장보다 뒤처질 확률은 0.22%이다.[20] 게다가 시장은 카지노와 달리 졌다고 빈손으로 나가지 않는다. 시장 수익률을 어느 정도만 따라잡으면 칩을 두둑이 챙겨 나갈 수 있다.

하지만 25년을 투자하기에는 너무 길다. 그렇다면 기간을 10년으로 바꾸면 어떻게 될까? 이 전략을 10년 동안 유지한다면 시장을 이길 확률이 줄어들지만 그렇다고 크게 줄지는 않는다. 1만 번 중 9,637번은 이기게 되어 있다. 이런 식으로 5년을 투자한다면 그래도 시장을 이길 확률

표 11-3 종자돈을 쉽게 불리는 법

해마다 적립 투자 시, 1970~2010년 (단위 : 달러)

투자금 (달러)		5년	10년	15년	20년	25년
1,000	저PER	7,860	23,999	56,948	124,763	262,709
	시장	7,039	19,119	39,853	75,755	137,299
5,000	저PER	39,300	119,995	284,738	623,816	1,313,543
	시장	35,196	95,595	199,264	378,775	686,494
10,000	저PER	78,600	239,989	569,477	1,247,632	2,627,086
	시장	70,392	191,189	398,529	757,549	1,372,988
20,000	저PER	157,200	479,978	1,138,953	2,495,263	5,254,173
	시장	140,784	382,378	797,058	1,515,099	2,745,976

몬테카를로 시뮬레이션 10,000회에 따른 복리 수익 중간값

출처: © David Dreman, 2011
데이터 출처: Compustat North American data and Thomson First Call

이 100번 중 90번은 된다. 이 전략의 승률은 도박사나 투자자들이 꿈에 그리던 승률이다.

분기마다 포트폴리오 일부를 조정하는 일이 질색이라면 어떨까? 분기마다 포트폴리오를 조정해야 한다면 골머리가 아플 것이다. 우울증 치료제를 달고 살아야 할지도 모른다. 그럼, 보유 기간을 1년쯤으로 잡고 포트폴리오를 전혀 건드리지 않으면 어떨까? 이번에도 카지노는 꿈에 그리던 두둑한 돈을 내놓을 것이다. 연구 대상 기간 내내 1년 단위로 이 전략을 실행하고 해마다 포트폴리오를 조금씩만 수정해나가면 승률이 높아지는데, 1만 번 중 9,998번을 이기게 된다. 보유 기간을 더 단축하면 시장을 이길 확률이 낮아지지만 그래도 승률은 여전히 높다. 10년 동안은 99%, 5년 동안은 94%이다.

이 전략의 승률은 저PCR, 저PBR 전략과 거의 동일하다. 카지노 주인이라면 무슨 짓을 해서라도 이런 승률을 만들고 싶을 것이다. 사실 '벅시' 시겔을 비롯해 일부 카지노 주인들은 이보다 훨씬 더 작은 승률 때문에 비명횡사했다.

이 확률은 지금까지 내가 알고 있는 어떤 투자 전략보다 일관되게 높은 승률이다. 땅 짚고 헤엄치기나 다름 없지만, 희한하게도 이 방식을 사용하는 사람이 드물다. 언제나 그랬고, 앞으로도 그럴 것이다.

참는 자에게 복이 있나니

역발상 전략을 이용한 투자는 장기전이라는 점을 명심해야 한다. 카지노 주인에게 주사위 굴리기 한 번이나 블랙잭 한 게임은 아무 의미가 없다. 카지노 주인은 알고 있다. 만약 누가 연전연승을 하면 하룻밤, 일주일 치, 때로는 한 달 치 수입이 날아갈 수 있다는 것을 말이다. 그러나 돈을 내주면서 투덜거리기는 하겠지만 카지노 문을 닫지는 않는다. 돈을 회수할 수 있기 때문이다.

투자자 역시 똑같은 원칙을 따라야 한다. 매 게임마다 돈을 딸 수는 없다. '대박'을 터뜨릴 때가 있는가 하면, 수익이 형편 없을 때도 있다. 그러나 역발상 전략을 사용하면 카지노 확률처럼 유리한 고지를 점할 수 있다는 것을 명심 또 명심해야 한다. 일반 투자자처럼 전문 투자자도 종종 이 중요한 원칙을 잊고 매 게임마다 떼돈을 벌어야 한다고 생각한다.

어떤 전략이 탁월한 수익을 올린다고 해도, 언제나 통하는 전략은 없다. 거침없이 급성장하는 주식이 때로는 저PER 등 역발상 방식으로 선정한 주식들을 몇 년, 아니 그 이상 끽소리 못 하게 압도하는 경우도 있다. 1996~2000년이 그랬다. 그러나 장기적으로 보면 승부는 뻔하다. 2000년, 2001년 저PER 주식은 급반등해 이후 10년 동안 성장주를 크게 앞질렀다. 말을 타면 달리고 싶은 것이 인간의 본능인지라 늘 기대치가 하늘을 찌르는 게 문제다.

역발상 전략은 누구나 활용할 수 있을까? 지금까지 살펴본 인간의 심리에 따르면 계속 유효할 것이라 확신한다. 그리고 만약 돈을 걸라고 하면 인간의 행동은 잘 변하지 않는다는 쪽에 거는 사람이 대다수일 것이다. 그러나 인간의 태도는 변하며, 특히 뜨는 주식들로 시장이 격변하면 사람들의 생각도 달라지기 마련이다. 아무리 아는 것이 많아도 모두들 신나게 거품 목욕을 즐기고 있는데 혼자 꿋꿋이 찬물 샤워나 하고 있을 사람은 많지 않다.

인간의 의사결정에 감정이나 심리가 미치는 영향은 결코 과소평가할 수 없다. 나 역시 새로운 심리학도 익히 알고 있고, 숙달된 프로 투자자이지만 감정이나 심리에 영향을 받지 않을 수 없다. 누구나 사정은 마찬가지다. 나 역시 다른 사람들처럼 광기, 낙담, 공포에 휘둘린다. 하지만 그래도 알고 있는 것이 모르는 것보다는 훨씬 도움이 된다. 물론 안다고 해서 심리의 영향에서 완전히 벗어날 수 있는 건 아니다.

역발상 전략으로 수십 년에 걸쳐 강세장과 약세장을 막론하고 막대한 수익을 올리는 것을 보고도, 해마다 빠짐없이 수익을 거두지 못한다며 실망한다. 블랙잭에서 100연승을 거두기 어려운 것처럼 어떤 투자 전략도 해마다 빠짐없이 수익을 거둘 확률은 희박하다. 데이터를 철저히 이성적으로 분석해보면 분명해진다. 그러나 인간은 그렇게까지 이성적이지 않다. 인간은 불가능한 것을 요구하며, 잡을 수 없는 것을 잡으려다 거듭 잘못된 판단을 내린다.

수익을 내는 전략이 얼마나 쉽게 폐기되는지 보여주는 사례를 살펴보자. 1998~1999년 성장주 투자가 가치주 투자보다 훨씬 높은 수익을 냈다. 1998~1999년 당시 S&P500은 56% 상승했는데, 가치투자 전략을 활용하는 펀드매니저들은 S&P500 평균 대비 수익률이 14~15% 낮았다. 역발상 전략의 실적은 몇 년 동안 계속 시장평균을 밑돌았다. 일부 컨설턴트들과 좀 안다 하는 고객들 사이에서 가치투자는 한 물 갔다는 소리가 흘러나왔다. 많은 사람이 이렇게 말했다. "옛날에는 역발상 전략이 통했는지 몰라도 이제는 너도나도 역발상 전략을 쓰니 효험이 없어."

그런데 상상할 수 없는 일이 벌어졌다. 2000년 1월과 2월 역발상 전략의 수익률은 더 추락했다. 어떻게 이런 일이! 2000년 초 피델리티 인베스트먼트Fidelity Investments는 역발상 투자팀의 수장인 조지 밴더하이든을 퇴출하고, 대신 성장주 투자팀을 꾸렸다. 밴더하이든은 72억 달러 규모의 피델리티 데스티니 펀드를 운용하고 있었는데 나 역시 피델리티 데스티니를 포함해 3개 펀드에 20년 가까이 투자하고 있었다.

주주들이 한창 뜨는 인터넷주와 급성장하는 닷컴 펀드로 떠나버리자 내가 운용하고 있던 40억 달러 남짓한 역발상 펀드는 거의 반토막이 났다. 역발상 주식이 이토록 고전하는 광경은 처음이었다. 인터넷주와 닷컴주 대다수가 편입되어 있는 나스닥은 훨훨 날고 있었고, 이런 나스닥을 따라잡으려면 몇 년이 걸릴지 몰랐다.

그런데 몇 년은커녕 몇 달도 걸리지 않았다. 3월 중순이 되자 인터넷 버블이 꺼지기 시작했고, 첨단 기술주도 곤두박질쳤다. 한편 드레먼 밸류 매니지먼트의 역발상 포트폴리오와 뮤추얼 펀드는 고공행진했다. 2000년 말 S&P500은 9% 하락했지만 역발상 포트폴리오는 40% 상승했다. 열 달도 못 돼 1997~2000년의 손실을 모두 회복하고도 남았다. 몇 년 뒤 〈월스트리트저널〉은 조지 밴더하이든이 운용하던 포트폴리오를 그대로 놔뒀으면 어떻게 됐을까 계산해보았는데, 수익률이 40%였다.

다시 한 번 말하지만 이는 단순히 확률의 법칙 때문이다. 역발상 주식은 하락장에서 더 수익률이 높지만, 그렇다고 매번 고수익이 나는 건 아니다(그림 10-5a에서 보듯 해마다 수익을 내지 않아도 시장평균을 훨씬 웃도는 수익을 올린다). 그런데도 컨설턴트와 전문가, 개인 투자자는 역발상 주식이 고전하면 역발상 전략이 경쟁력을 상실했다고 생각한다. 대형 기관에서 개미들에 이르기까지 수많은 투자자가 역발상 주식의 실적이 바닥에 있을 때 역발상 전략을 포기한다. 그런데 바로 그때부터 역발상 전략은 쉽게 시장을 따돌린다, 몇 년 동안.

경험은 훌륭한 스승

나 역시 역발상 전략을 사용하는 펀드매니저들과 비슷한 경험을 했다. 지난 35년 동안 기간을 막론하고 역발상 주식의 수익이 시장을 밑돌 때마다 그랬다. 드물게 찾아오는 고난과 역경의 시간을 잘 견딜 수 있다면 멋지게 해낼 수 있다. 그러나 끝까지 진득하게 버티는 게 생각처럼 쉽지 않다. 마지막으로 아주 중요한 심리 지침을 제시한다.

> **심리 지침 25**
> 지금까지 살펴본 투자자 심리는 최대의 원군이자 최대의 적이다. 이기려면 전장을 떠나서는 안 되지만 많은 사람에게는 불가능에 가까울 정도로 어렵다.

역발상 전략은 단순하고 활용하기도 쉽지만, 당장 눈앞에서 벌어지는 사건들이 큰 영향력으로 다가온다. 제1부에서 대다수가 이런 사건의 영향력에서 벗어날 수 없는 이유와 이런 사건의 영향력에서 벗어나는 데 도움이 되는 원칙들을 살펴보았다. 이제 투자자들이 직면할 새롭고 낯선 세계가 어떤 곳인지, 이 세계를 헤쳐나갈 전략은 무엇인지 살펴보자.

12장

업종별 역발상 전략

인터넷 버블과 붕괴, 2007~2008년 시장 붕괴 사태 당시 11장에서 논의한 네 가지 역발상 전략이 시장보다 훨씬 잘 버텼다는 점을 확인했다.

이제 역발상 주식과 한치도 어긋남 없이 작동 원리는 동일하지만, 방식은 판이한 새로운 전략을 살펴보자. 이 전략을 사용하면 인덱스 펀드처럼 거의 모든 주요 업종에 참여할 수 있다. 그러나 인덱스 펀드와 달리 시장평균을 훨씬 웃도는 수익을 낼 수 있다. 앞서 여러 증거 자료를 통해 보았듯이 투자자들은 어떤 주식이 수익을 내고, 어떤 주식이 손실을 볼지 예측하는 자신의 능력을 전적으로 과신한다. 그리고 시장의 유행에 휩쓸려 인기주에 몰리기도 한다. 11장에서 본 절대적인 역발상 지표로 측정한 '최고' 주식과 '최악' 주식에도 이런 성향이 마수를 뻗칠까? 그렇다고 볼 수 있다.

새로운 역발상 전략

시장 전반에 추세와 유행이 존재한다면, 심리학적 관점으로 보아 특정 산업에도 추세와 유행이 존재한다고 보는 것이 타당하다.[1] 애널리스트의 연구, 전문가 견해, 현재의 예측 등 수많은 변수가 전체 시장에 대한 투자자의 기대에 영향을 미치는 것처럼, 업종 역시 마찬가지다. 한 업종 내에서 인기주에 대한 투자자의 기대는 지나치게 높고, 비인기주에 대한 투자자의 기대는 지나치게 매몰차다. 예를 들어 컴퓨터 관련 산업에서 애플Apple은 최고 인기주이지만 델Dell은 '굼벵이' 주로 인식된다. 마찬가지로 보험 업계에서 처브Chubb는 인기주지만, 하트포드Hartford는 아무도 거들떠보지 않고 사려는 사람이 없는 주식이다. 업종 내에서도 인기주는 지나치게 주가가 높고 비인기주는 지나치게 주가가 낮다면, 이번에도 역발상 전략으로 접근하면 문제가 없을 것이다. 이론적으로는 타당한 듯하다. 그런데 고매한 학자들과 달리 좀 무례한 질문을 하려고 한다. 그 전략이 통할까?

먼저 최근 경험한 험난한 환경에서 역발상 업종 전략이 얼마나 잘 먹히는지부터 알아봐야 한다. 시장 환경이 험난하면 할수록 정확한 판단을 내려야 한다. 역발상 업종, 즉 상대적 역발상 전략은 11장에서 살펴본 절대적 역발상 전략과 마찬가지로 주식을 비싼 값에 매수하지 않고, 오류가 입증된 베타 등의 변동성 지표를 사용하지 않으면서 오판 확률을 대폭 낮추어야 한다.

나는 해답을 얻기 위해 1970년부터 1996년까지 에릭 러프킨과 함께 연구했고,[2] 1995년 1월 1일부터 2010년 12월 31일까지 블라디미르 일리에바와 후속 연구에 나섰다. 연구 대상은 컴퓨스태트 데이터베이스에서 추출한 시장 규모 1500대 기업이었다. 이후 S&P의 글로벌산업분류^{GICS}에 따라 1500개 주식을 68개 업종으로 분류해 연구했다.[3] 각 업종에서 PER, PCR, PBR 상위 20% 그룹과 배당수익률 최하위 그룹을 최고 인기주로 분류했다. 그리고 각 업종에서 PER, PCR, PBR 하위 20% 그룹과 배당수익률 최상위 그룹을 비인기주로 분류했다. 상위 20%, 하위 20% 그룹 주식과 중간 60% 그룹 주식 모두 같은 방식으로 수익을 계산했다.

업종별 전략을 취해 특정 업종, 예를 들어 민간 은행 산업에서 PER 최하위 주식을 선정하면 PER이 10배, 생명공학 업종에서 PER 최하위 주식을 선정하면 PER이 40배가 될 수도 있다. 아무튼 우리가 옳다면 두 업종 모두에서 PER 최하위 그룹은 시장 수익을 훌쩍 넘는 초과 수익을 올려야 한다. 지금까지 살펴본 절대적 전략은 전체 시장에서 PER 최하위 그룹을 활용하지만, 상대적 전략은 한 업종에서 PER 최하위 그룹을 활용한다는 점을 유의해야 한다.

그림 12-1과 12-2는 저PER, 저PCR 하위 그룹의 실적에 관한 가장 최근의 연구 결과이다. 예를 들어 그림 12-1을 보면 각 업종의 PER 하위 20% 그룹 주식의 수익률은 13.9%, 상위 20% 그룹 주식의 수익률(두 번째 막대)은 11.3%, 시장평균 수익률은 10.2%이다. 연구 대상 기간 전체로 볼 때 저PER 그룹의 연간 수익률이 고PER 그룹보다 2.6%포인트 높았다. 가장 중요한 사실은 업종별 저PER 주식의 연간 수익이 시장 대비 3.7%포인트 높았다는 점이다.

그림 12-2를 보면 PCR 전략의 연간 수익률은 15.1%로 저PER 전략보다 높다. 각 업종의 저PCR 주식의 수익률은 고PCR 주식과 시장평균을 모두 앞질렀다. 뿐만 아니라 그림 12-1의 저PER 주식보다 더 큰 차이로 따돌렸다.

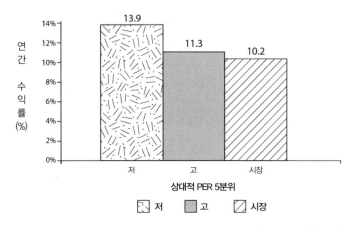

그림 12-1 업종별-상대적 주가수익비율(PER)

총수익, 1995년 1월 1일 ~ 2010년 12월 31일

출처: © 데이비드 드레먼, 2011.
데이터 출처: Compustat North American data, Standard & Poor's, and Thomson First Call

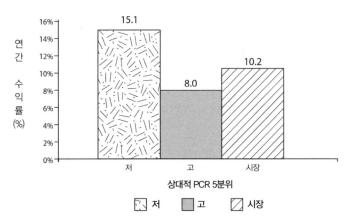

그림 12-2 업종별-상대적 주가현금흐름비율(PCR)

총수익, 1995년 1월 1일 ~ 2010년 12월 31일

출처: © 데이비드 드레먼, 2011
데이터 출처: Compustat North American data, Standard & Poor's, and Thomson First Call

PER 5분위	2년	3년	5년	8년
저PER	11.9%	10.1%	9.9%	9.2%
고PER	9.1%	7.9%	8.0%	7.2%
시장	9.8%	9.0%	9.1%	8.0%

출처: © 데이비드 드레먼, 2011
데이터 출처: Compustat North American Data, Standard & Poor's, and Thomson First Call

표 12-1은 업종 전략으로 저PER 주식을 매수해 2, 3, 5, 8년 동안 보유했을 때의 수익률이다. 이번에도 업종별 비인기주에 투자한 결과는 전체 시장의 비인기주에 투자한 경우와 비슷하지만, 업종별 투자 수익률이 조금 낮다. 표 12-1에서 보듯 '굼벵이' 주식의 수익률이 시장평균을 초과하지만, 시간이 흐를수록 절대적 역발상 전략에 비해 수익률이 더 빨리 하락한다. 이 전략을 활용할 때는 해마다 포트폴리오를 조정하는 것이 최선이다. PCR, PBR 수익(표에 없음) 역시 대동소이하다.

그림 12-3을 보면 전체 연구 대상 기간인 16년 동안, 상대적 역발상 전략(즉 업종 내 역발상 전략)의 수익률이 시장평균 수익률을 가뿐하게 넘어선다. 상대적 저PCR의 수익률이 가장 높다. 이 방식으로 초기에 1만 달러를 투자했다면 16년 뒤 원금은 9만 5,000달러로 불어나 시장 수익률을 102% 초과한다(배당금은 재투자한다). 상대적 저PBR, 저PER 역시 고수익을 내며, 고배당 전략 역시 시장을 앞지르지만 다른 세 가지 전략보다는 약간 뒤처진다.

그림 12-4를 보면 절대적 역발상 전략에서와 비슷하게, 업종 내 상대

그림 12-3 4가지 가치 전략 : 업종별—상대적 전략
1995~2010년

연평균 수익률(%)	
상대적 저PCR	15.1
상대적 저PER	13.9
상대적 저PBR	13.6
상대적 고배당	12.4
시장	10.2

저PCR
- - - a
95,000달러

저PER
b
80,000달러

저PBR
・・・・ c
77,000달러

고배당
- ・ - d
65,000달러

시장
e
47,000달러

*1995년 투자 원금 10,000달러, 해마다 포트폴리오 조정

출처: © 데이비드 드레먼, 2011
데이터 출처: Compustat North American Data, Standard & Poor's, and Thomson First Call

적 전략에서도 최고 그룹은 시장 수익률에 뒤처지는데, 고PER 그룹은 예외적이다. 11장에서 살펴본 절대적 전략과 지금 보고 있는 상대적 전략의 실적은 놀라울 정도로 유사하다. 그림 12-3을 보면 최악의 업종 내상대적 전략이 시장평균을 넘어선다.

그 이유는 비인기주가 많은 업종들의 실적이 우수하기 때문일까? 그렇지 않다. 특정 업종에서 가장 인기가 없는 주식들은 헐값이든, 비싼값이든 상관 없이 인기주나 시장평균보다 실적이 좋았다. 예를 들어 저PER 주식의 수익률은 고PER 주식의 수익률을 약 50% 초과했다. 상대적 가치는 모든 업종에서 위력을 발휘한다는 점이 증거 자료를 통해 입증

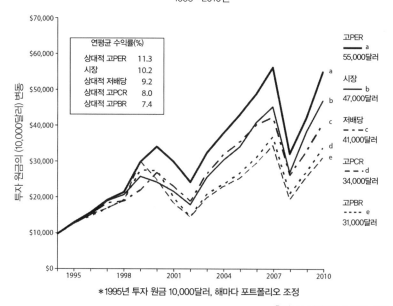

그림 12-4 4가지 성장 전략 : 업종별–상대적 전략

1995~2010년

연평균 수익률(%)

상대적 고PER	11.3
시장	10.2
상대적 저배당	9.2
상대적 고PCR	8.0
상대적 고PBR	7.4

고PER
a
55,000달러

시장
b
47,000달러

저배당
c
41,000달러

고PCR
d
34,000달러

고PBR
e
31,000달러

투자 원금의 (10,000달러) 변동

＊1995년 투자 원금 10,000달러, 해마다 포트폴리오 조정

출처: © 데이비드 드레먼, 2011

데이터 출처: Compustat North American Data, Standard & Poor's, and Thomson First Call

된 것이다. 이제 새로운 전략이 탄생했다.[4] 심리 지침으로 신 전략의 개념을 요약해보자.

심리 지침 26

네 가지 역발상 척도로 판단해봤을 때 특정 업종 내에서 가장 저렴한 주식을 매수하라. 이때 해당 업종의 전반적인 주가가 높고 낮음은 따지지 마라.

이 전략은 대부분의 시기에 시장을 손쉽게 따돌린다. 11장에서 살펴본 역발상 전략의 배경에는 인간의 심리가 있었는데, 새로운 전략도 바로 이 심리 때문에 통한다. 절대적 역발상 전략과 마찬가지로 놀라운 실적의 배경에는 감정이 동력으로 작용한다. 절대적인 주가의 높고 낮음에 상관없이 투자자가 전체 시장에서 최고 인기주와 비인기주를 선택할 때와 한 업종에서 최고 인기주와 비인기주를 선택할 때의 감정은 거의 동일한 영향을 미친다. 연구 대상 기간인 37년에 걸친 두 기간에 업종 내 상대적 가격-가치투자 전략의 실적이 좋은 이유는 펀더멘털이 아니라 감정의 영향이 더 큰 듯하다.

표 12-2는 가장 저렴한 업종과 가장 비싼 업종에서 여러 가지 역발상 가치비율의 차이를 보여준다. 주가가 싼 하위 20% 업종에서 저PBR 그룹의 주가는 주당순자산 가치의 0.9배였다. 이 그룹의 연평균 수익률은 13.4%이다(시장 연평균 수익률 10.2%보다 높음). 주가가 비싼 상위 20% 업종에서 저PBR 그룹의 주가는 주당순자산 가치의 2.2배였다. 이는 주가 하위 20% 업종의 2.4배가 넘는 비율이다. 그런데도 주가 상위 20% 업종에서 저PBR 그룹의 연평균 수익률은 14.1%로 시장을 초과한다. 표 12-2

표 12-2 업종 내 역발상 비율
1995~2010년

업종 내 주가 하위 20% 주식의 주가/가치비율은 업종 내 주가 상위 20% 주식의 비율보다 훨씬 낮다. 전반적인 수익은 업종 내 주가 하위 20% 주식이 높다.

업종 내 주가 하위 20%			업종 내 주가 상위 20%		
	비율	수익률		비율	수익률
저PER	8.9	14.1%	저PER	17.4	13.2%
저PCR	4.1	15.7%	저PCR	10.7	14.8%
저PBR	0.9	13.4%	저PBR	2.2	14.1%

출처: © David Dreman, 2011
데이터 출처: Compustat North American Data, Standard & Poor's, and Thomson First Call

를 훑어보면 PBR을 제외하고 주가 하위 20% 업종의 수익률이 주가 상위 20% 업종의 수익률보다 높다. 이로써 우리는 시장을 이길 수 있는 두 가지 별개의 무기, 즉 통계학적으로 확고하게 입증된 무기를 손에 쥔 셈이다.

한 업종에서 가장 싼 주식을 사야 하는 이유

이런 의문을 가질지도 모르겠다. "전체 시장에서 가장 싼 주식을 사지 않고 한 업종에서 가장 싼 주식을 사면 어떤 점이 유리할까?" 몇 가지 이유가 있다. 조금 전 살펴보았듯이, 수많은 투자자와 기관투자자는 투자 컨설턴트의 조언대로 투자했다가 돈을 날리는 데 신물이 나서 인덱스 펀드로 갈아탔다. 현재 1조 달러가 넘는 돈이 상장지수펀드ETF를 비롯한 인덱스 펀드에 투자되고 있다. 새로운 연구 결과에 의하면 일군의 주요 업종들에서 가장 저렴한 주식을 매수하면 장기적으로 탁월한 수익을 거둘 수 있을 뿐 아니라, 시장 전반에 걸쳐 다양한 주식에 투자할 수 있다. 투자자라면 누구나 이 공식을 활용할 수 있다. 우리가 연구한 결과에 따르면 인덱스 펀드보다 훨씬 수익률이 높다. 68개 업종을 통틀어 각 업종에서 2개 주식 정도로 구성된 폭넓은 포트폴리오를 감당할 수 있는 투자자라면 이 전략으로 수익을 올릴 수 있다.

이 전략은 68개 주요 업종에서 각 업종의 비인기주를 소유하는 방식으로, 수백 개의 주식을 소유하는 인덱스 펀드와는 다르다. 앞서 보았듯 장기적으로 S&P500을 훌쩍 넘는 수익을 냈다. 비슷한 포트폴리오 구성으로 S&P500 대비 초과 수익을 달성하고자 하는 인덱스-플러스 펀드

대신 이 전략을 활용할 수 있다. 인덱스-플러스 펀드와 달리 업종 내 상대적 역발상 포트폴리오가 장기간 시장 대비 초과 수익을 달성한 증거 자료가 있다.

표 12-2의 역발상 주식에서 보듯 일단 포트폴리오가 자리를 잡고 난 뒤에는 미세하게 조정할 필요가 있다. 어떤 역발상 전략을 선호하든, 한 업종에서 가장 저평가된 주식들로 포트폴리오를 구성한 뒤, 전혀 손 보지 않고 그대로 보유하면 절대적 역발상 전략과 달리 수익이 '저하'될 수 있다. 그래도 여전히 수익률은 시장을 앞선다. 한두 해마다 포트폴리오를 조정하면 수익 면에서 유리하다.

업종 내 전략이 통한다는 연구 결과를 계속 얻고 있지만, 성공의 원인은 앞서 언급했듯이 감정을 비롯한 심리적 영향들이다.

그레이엄과 도드가 《증권분석》에서 밝혔듯이, 기업의 운명은 세월 따라 변한다. 이는 절대적 역발상 전략이나 상대적 역발상 전략 모두에서 공통된 현상이다.[5] 한 업종에서 맥을 못 추던 기업이 허리띠를 졸라매고 경영을 개선해 시장점유율을 높이는 경우도 있다. 그리고 신상품을 개발해 상당 기간 시장 수익을 초과하는 경우가 종종 있다.

그러나 이런 변화 역시 감정의 영향을 받는다. 애널리스트와 투자자는 '굼벵이' 주식에 대한 의견을 쉽게 바꾸지 않는다. 기업의 실적이 예상을 깨고 예측치를 훌쩍 뛰어넘으면 그제야 시장은 갈채를 보내며 주가를 끌어올린다. 인기주의 경우 정반대 현상이 벌어진다. 이런 주식에 대한 예측은 지나치게 낙관적이고, 기대치도 너무 높아서 아무리 경영이 훌륭해도 이런 기대를 충족하지 못한다. 그리고 언젠가는 어려움이 닥치게 되어 있다.

이 방식이 유용한 이유를 하나 더 살펴보면서 '왜'에서 '어떻게'로 넘어가고자 한다. 각각의 주요 업종에서 가장 저평가된 주식을 매수하면 절대적 역발상 전략을 활용할 때보다 더 넓은 투자 세계가 활짝 열린다. 절대적 전략으로 가장 저렴한 주식에 투자하면, 시장 전체에서 최하위 20% 그룹 주식에만 적용할 수 있다. 그러나 상대적 전략을 활용하면 전체 시장의 모든 업종에서 골고루 기회를 노릴 수 있다.[6]

업종 내 역발상 전략을 활용하면 절대적 역발상 전략보다 업종이 훨씬 다양화되는 장점이 있다. 시장 전체에서 가장 인기 없는 주식과 업종이 철저히 외면당한다면, 절대적 역발상 전략의 경우 수익이 감소할 수 있다. 그런데 업종 내 역발상 전략에서는 포트폴리오가 다각화되므로 수익 감소를 어느 정도 막을 수 있다. 따라서 통신기기나 생명공학 같은 업종이 훨훨 날 때도 소외감을 느끼지 않게 된다.

수익 면에서 업종 내 상대적 전략은 절대적 전략에 비해 뒤처지지만 시장평균은 훨씬 상회한다. 앞서 보았듯 최종적으로는 수익을 낸다고 해도 개인 투자자는 물론이고, 심지어 전문 투자자도 장기간 인기 없는 포지션을 계속 보유하기는 어렵다.

어리석게도 분기 실적에 매달리는 컨설턴트와 고객이 많기 때문에, 오랜 기간 뒤처지는 펀드매니저는 해고의 철퇴를 맞기 십상이다. 나중에 그 사람이 옳았다는 것이 밝혀지더라도 사후약방문이다. 남들 다 하는 대로 부화뇌동하고 싶은 심리를 누르기는 어렵고, 때로 불가능하다. 결국 역발상 전략을 지키기 힘든 첫 번째 이유는 심리적 압박이다.

수비 전략

업종 내 상대적 전략에 관해 많은 투자자가 이렇게 묻고 싶을 것이다. "두 마리 토끼를 다 잡을 수 있을까? 장기적으로 수익이 좋다는 건 알겠지만 하락장에서는 얼마나 수익을 낼 수 있을까?"

그림 12-5a에서 보듯 아주 좋다. 절대적 역발상 전략의 실적을 정리한 그림 10-5a와 마찬가지로 그림 12-5a는 하락장에서 업종 내 상대적 전략의 수익률을 나타내고 있다. 네 가지 절대적 역발상 전략처럼 연구 대상 기간 중 시장이 하락한 20개 분기에서 상대적 역발상 전략은 시장 평균 대비 초과 수익을 올리고 있다. 이번에도 고배당 전략이 빛을 발했는데 하락 분기 시장은 8.1%로 수익률이 감소한 반면, 고배당 주식은 불과 5.1% 감소했다. 주가가 상승한 44분기를 대상으로 조사한 그림 12-

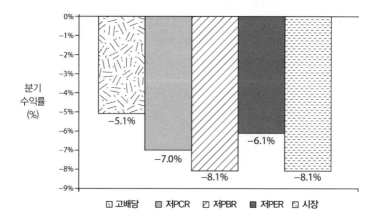

그림 12-5a 하락장에서 업종 내 역발상 전략
저 업종 내 주식의 하락장 수익률, 1995~2010년

분기
수익률
(%)

-5.1%
-7.0%
-8.1%
-6.1%
-8.1%

① 고배당　■ 저PCR　☑ 저PBR　■ 저PER　⊡ 시장

출처: © 데이비드 드레먼, 2011
데이터 출처: Compustat North American Data, Standard & Poor's, and Thomson First Call

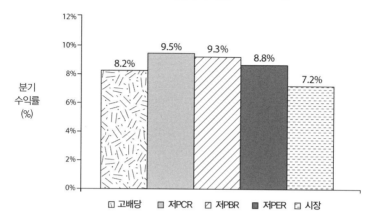

그림 12-5b 상승장에서 업종 내 역발상 전략

저 업종 내 상대적 상승장 수익률, 1995~2010년

출처: © 데이비드 드레먼, 2011
데이터 출처: Compustat North American Data, Standard & Poor's, and Thomson First Call

5b 역시 종류에 상관없이 업종 내 상대적 전략 모두 시장 대비 초과 수익을 올렸다.

데이터베이스와 연구 대상 기간은 다르지만, 1998년 발간된 《역발상 투자》에서 1970~1996년을 대상으로 에릭 러프킨과 함께 연구한 결과와 아주 흡사하며, 증거 자료 역시 탄탄하다. 핵심은 이 전략이 오랜 세월에 걸쳐 유효성이 입증되었다는 점이다.

기타 포트폴리오 고려 사항들

통계는 어디서 구할까?

상위 20%, 하위 20% 등 5분위 통계를 어디서 구하는지 궁금할 것이다. 증권사, 자문 서비스 회사, 금융 관련 서적 등에서 종종 역발상 주식 목록을 제시한다.● 소액 수수료만 내면 통계 데이터베이스 제공 업체인 인베스터즈 얼라이언스Investors Alliance, 866-627-9090와 아메리칸 어소시에이츠 오브 인디비주얼 인베스터즈American Association of Individual Investors, 800-428-2244에서 기업 정보를 검색해볼 수 있다.

직접 역발상 주식을 선별하고 싶으면 몇 가지 간단한 규칙으로도 충분하다. 먼저, 현재의 PER, PCR, PBR을 다양한 경로를 통해 쉽게 구할 수 있는 S&P500 같은 시장지수를 정한다. 2011년 9월 현재 S&P500의 PER은 약 12배, PCR은 7배, PBR은 1.9배, 배당수익률은 2.3%포인트이다. 기초가 탄탄한 기업들을 골라야 하는데, 경험을 바탕으로 대략적인 규칙을 정하자면 PER, PCR, PBR 중 하나를 취해 S&P500보다 20% 남짓 할인된 주식을 고른다. 또 배당수익률이 시장 대비 최소 1%포인트 이상인 주식을 고르면 된다. S&P500 대비 낮으면 낮을수록 역발상의 강도가 세진다. PER, PCR, PBR 하위 20% 그룹 주식을 고르는 건 특별할 게 없다. 기준점을 컴퓨터에 입력해놓고 데이터를 추출하면 간단하다. 역발상 전략을 연구한 거의 모든 자료에서 보았듯이 이 그룹은 꾸준히 시장보다 높은 수익을 냈다.

이들 전략을 위한 5분위가 없다면 아주 효과적인 간단한 방법이 있다. 이 비율을 어떻게 구할까? 증권사에서 손쉽게 비율을 구할 수 있다. 특히 밸류라인 인베스트먼트 서베이는 매주 세 가지 비율의 목록을 제공하고 배당수익률 상위 주식의 목록도 제공한다. 주요 신문에도 매일

● 예를 들어 밸류라인 서베이는 매주 1,700개 기업 중에서 PER, PCR, PBR 최하위 100개 주식과 배당수익률 최상위 100개 주식을 제시한다.

배당수익률이 실린다. 다시 한 번 말하지만 이 목록을 S&P500 지수평균과 비교하면 된다. S&P500 지수평균은 여러 자료에서 쉽게 구할 수 있으며 소액만 내면 모닝스타, 벨류라인 웹사이트 등 다양한 서비스 업체에서 PCR, PBR 관련 정보를 구할 수 있다.

주식 선정의 측면에서 역발상 투자가 만인 공통의 최종적인 해답이라고 생각하지는 않는다. 하지만 역발상 투자는 강세장과 약세장 모두에서 꾸준히 높은 수익을 내고 있다. 또한 투자자의 최대 오류이자, 가장 중대한 오류의 원천은 과잉반응인데, 역발상 전략은 과잉반응을 효과적이며 체계적으로 저지할 수 있는 유일한 전략이다.

역발상 전략으로 해결되지 않는 것

역발상 전략을 다른 전략과 함께 쓰든, 아니면 다른 형태의 증권분석을 배제한 채 역발상 전략에만 몰두하든 명심해야 할 것이 있다. 역발상 전략이 특정 주식의 진입 시점과 청산 시점까지 결정해주지는 않는다는 것이다. 특정 주식의 진입 시점과 청산 시점을 정확하게 판단해 고수익을 올리는 전략은 내가 아는 한 없다. 기술적 분석이 그렇게 할 수 있다고 주장했지만, 4장에서 본 것처럼 보기 좋게 망하고 말았다. 무엇보다 상승장이든 하락장이든 매도 경고 신호나 매수 신호를 받을 수 없다.

역발상 전략이 해줄 수 있는 것은, 특히 오늘날처럼 어려운 시장 환경에서 상대적으로 최선의 기회를 주는 것이다. 즉 하락장에서는 보유 주식의 하락폭이 시장평균보다 작고, 상승장에서는 상승폭이 시장평균보다는 크다는 의미이다. 하지만 평균에는 함정이 있다. 대부분의 하락장에서 역발상 주식이 더 높은 수익을 올리지만, 모든 하락장에서 그런 것은 아니다. 마찬가지로 장기적으로 역발상 전략이 평균을 대폭 상회하는 수익을 제공하지만, 언제나 그런 것은 아니다. 자신이 카지노 주인이라고 생각해보자. 확률은 카지노 주인에게 아주 유리하지만, 주식시장 같은 금융판 카지노에서는 1997~2000년과 2007~2008년처럼 몇 년째 고전을 면치 못했다. 하지만 결과적으로 엄청난 수익을 올리는 경우도 있다. 최대의 난적은 책 첫 부분에서 소개한 심리이다. 당장 떼돈을 벌고 싶은 욕구만 제어할 수 있다면 승률을 높일 수 있다. 심지어 아주 낯선 시장 환경이 도래해도 마찬가지다.

지금까지 보았듯 상승장과 하락장에서 역발상 주식을 장기 보유하면 눈부신 수익을 거둘 수 있다. 보유 기간이 길수록 결과는 더욱 좋다. 최고의 자본투자 방식은 두 가지가 있는데, 그 중 하나가 주식 소유이다. 이를 입증하는 인상적인 증거 자료를 곧 제시할 것이다. 이 자료는 지난 10년뿐 아니라 200년을 대상으로 주식 보유가 최고의 자본투자 방식이라는 점을 입증하고 있다.

13장

낯설고 새로운 환경에서 투자하기

요즈음 투자 업계는 너무도 낯설다. 마치 우주복을 입고 운석 위에 서 있는 듯하다. 우주복 밖에서는 갈라진 암반 사이로 바람이 휙휙 불고, 저 멀리 어딘가에서 운석이 바위에 부딪쳐 폭발하는 소리가 들린다. 어두 침침한 가운데 깊이를 알 수 없는 분화구들이 바로 옆에서 아찔하게 입을 벌리고 있다. 빛이라곤 까마득히 멀리서 지구가 비추는 빛뿐이다. 중력이 거의 없으므로 성큼성큼 걷다가는 분화구 안으로 굴러 떨어지거나, 뾰족한 봉우리에 부딪친다. 환영한다! 바로 이것이 많은 사람이 체감하는 오늘날 투자 세계의 실상이다.

불과 10여 년 전 우리가 열정적으로 참여했던 세계와는 너무나 다른, 난해하고도 종잡을 수 없는 세계다. 이제 오늘날 투자 세계에 도사리고 있는 새로운 위험들과 위험에 대처하는 방법 그리고 새로운 기회를 살펴보자.

우리가 그동안 배우고 익혔던 투자 법칙과 개념이 때로는 변한 것 같고, 때로는 낯설어 보인다. 오늘날 우리 앞에 놓인 현실은 이렇다. 심한 변동성, '플래시 크래시Flash Crash(갑작스러운 붕괴)'라고 부르는 일시적인 주가 급락, 대침체(2009년 서브프라임 사태 이후 미국과 전 세계가 겪고 있는 경기 침체) 이후 뒷걸음질만 치는 경제, AIG 같은 대형기관들조차 붕괴하게 만든 복잡한 파생상품 폭탄, 툭하면 삐걱거리며 제 구실을 못하는 주식시장과 채권시장. 이처럼 생소한 투자 환경에 적응하려면 두려움을 떨쳐버리고 용기를 내야 한다.

플래시 크래시와 2011년 8월의 패닉

IT 기술로 과거에 실행할 수 없었던 시장 전략들이 가능하게 되었다. 하지만 시장이 폭락하는 결과를 빚기도 했고, 폭락 속도는 훨씬 빨라졌다. 2010년 5월 6일 다우존스산업평균지수가 뜬금없이 9.2% 폭락했다. 1987년 폭락 이후 최대 낙폭이었다. 10분도 안 돼 미국 주식시장에서 8,620억 달러가 증발했다. 최악의 거래들이 취소되며 장 마감 무렵에는 시장의 낙폭이 3.2%로 줄었지만, 투자자들은 그날 하루 엄청난 손실을 보고 말았다. 2007~2008년 폭락으로 심한 타격을 입은 투자자들은 설상가상으로 '플래시 크래시'로 자신감을 완전히 상실했다. 미국증권거래위원회와 상품선물거래위원회는 2010년 9월 30일 플래시 크래시에 대한 보고서를 발표했다. 하지만 수박 겉핥기일 뿐, 문제의 본질은 간파하지 못했다. 미국증권거래위원회는 지금도 꼼꼼하지만 여전히 느리게 움직이고 있다. 플래시 크래시에 대해 잘 아는 많은 전문가가 1987년처럼 증권거래위원회의 반응이 너무 느린 나머지 훨씬 심각한 폭락이 도래할지도 모른다고 우려하였다.

거대하고 새로운 세력 하나가 오늘날까지 분석되지 않고 있는데, 바로 초단타 매매High-Frequency Trading, HFT이다. 초단타 매매를 하는 트레이더 중 최고수들은 1,000분의 1초 단위로 작동하는 트레이딩 시스템을 구축해놓는데, 어떤 트레이딩 패턴이든 컴퓨터가 미세한 수익을 감지하면 자동으로 매매가 성사된다. 대개 주당 수익이 1페니도 안 되지만 거래량은 어마어마하다. 정확한 수치는 알 수 없지만 일부 자료에 따르면 2000년대 초반 미국 시장 총 거래량의 10%를 차지했던 초단타 매매는 2006년에는 33%, 2009년 중반에는 약 75%에 이른 것으로 추정된다. 거래량은 어마어마하지만 현재 미국에서 영업 중인 2만여 개 증권사 중 2%만이 초단타 매매를 하고 있다.[1]

초단타 매매는 과학자, 소프트웨어 개발자, 수학 고수, 정보기술 개발자의 합작품으로 이들의 목표는 1회 매매에서 주당 1페니도 안 되는 수익을 쥐어짜내는 것이다. 텍사스 주 오스틴에 있는 초단타 매매회사인 RGM 어드바이저스RGM Advisors는 로비에 1페니 동전이 가득한 돌항아리를 놓아두었다. 주당 1페니도 안 되는 수익이지만 하루에 수백만 주를 거래해 돈을 번다는 것을 되새기는 상징물이다. RGM 같은 초단타 매매 증권사들은 미국 증권시장을 움직이는 새로운 동력이다. 무엇보다 속도가 관건이다. 100만분의 1초의 시간 동안 큰돈이 왔다 갔다 할 수 있다.

초단타 매매를 하는 사람들은 시카고에서 오스틴, 레드뱅크, 뉴저지까지 본거지를 넓혔다. 이들은 알고리즘, 속도가 월등한 컴퓨터, 거의 빛의 속도로 데이터를 전송하는 전용선으로 무장하고 몇천분의 1초 차이로 우위를 점하고 있다. 이들은 주식 그 자체의 가치를 따지기보다 어마어마한 속도를 이용해 공개시장이나 비공개시장에서 과거의 주가에서 일탈하는 움직임을 순간적으로 포착해 돈을 번다. 이들은 돈이 된다면 풋옵션, 콜옵션, 선물도 이용한다.

초단타 매매 산업이 급성장하자, 고성능 컴퓨터로 무장하고 경쟁자를 물리치는 청바지를 입은 컴퓨터 전문가들이 무더기로 배출되었다. 프로그래머들은 뮤추얼 펀드의 매수-매도 움직임을 찾아내는 방정식을 만들어 뮤추얼 펀드가 매수하거나 매도하기 전에 선수를 쳤는데, 이를 '게이밍'이라고 부른다. 초단타 매매를 전문으로 하는 업체들은 1회의 대량 주문을 여러 뭉치로 '쪼개기' 해서 소량의 주문만 노출되게 만드는 '아이스 버깅' 같은 수법을 사용하기도 한다. '상어'라고 부르는 개인 트레이더들도 소량 매매 주문을 넣어 감춰진 대량 매매를 파악한 뒤 선수를 친다.

5월 6일 미국 주식시장이 10분 만에 폭락한 사건이 일어났는데, 그 배후에 초단타 매매가 있었다. 증권거래위원회와 상품선물거래위원회의 (이하 SEC-CFTC)의 합동 보고서에 따르면 시카고상품거래소에서 약 41억 달러에 달하는 선물계약 매도가 자동 실행되면서 폭락이 촉발되었다. 또한 보고서가 첨언한 바에 따르면 선물계약 매도로 초단타 매매 업체들에서 거래가 폭발적으로 증가했다고 한다.[2]

SEC-CFTC 보고서에 의하면 5월 6일 하루 동안 시장은 이미 3% 하락했다. 캔자스 주에 본사를 둔 자산운용사 W&R^Waddell & Reed은 '일상적인 헤지거래'의 일환으로 E-mini S&P500 선물계약(일반적인 S&P500 선물계약 대비 5분의 1 규모의 선물계약) 7만 5,000건을 체결하는 주문을 냈다. W&R은 일상적인 거래라고 항변했지만, 결코 통상적인 거래가 아니었다. W&R 자산의 15%가 넘는 공격적인 펀드거래였다. 주문은 신중하게 했다지만, 초단타 매매자들과 일부 증권사들이 주가 하락을 주도했다.

E-mini S&P500 선물이 폭락하자 이들은 매수를 중단하고 선물 매도에 나섰다. 이것이 그러잖아도 급락하는 주가를 더욱 끌어내리면서 시장 폭락의 결정적인 원인이 되었다. 중개인들은 대개 고객의 포지션과 반대 포지션을 취하는데, 고객이 매도 주문을 내면 갖가지 교묘한 수법을 이용하여 거래 체결을 줄이는 한편, 매수 주문은 계속 체결했다. 이런 식으로 사실상 자신들의 물량을 고객에게 매도해 물량을 털어냈다. 그러자 심각한 유동성 고갈이 초래되었다. 이튿날 규제 당국과 거래소는 일부 거래를 취소했다. 하지만 플래시 크래시 이전 가격 수준보다 60% 이상 낮은 수준에서 일어난 거래만 취소가 허용되었다.

투자자들이 입은 타격은 컸다. 폭락 이전보다 60% 이상 떨어진 가격에 체결된 총 550만 주, 2만 건의 매매가 취소되었다. 그중 절반은 개인 투자자의 주문이었다. 물론 폭락 이전보다 크게 떨어진 가격에 나온 거래들 중 취소되지 않은 건이 훨씬 많았다.[3] 규제 당국은 왜 이런 소심하기 짝이 없는 조치를 취했을까?

투자자들로서는 몇 분 사이에 주식 가치의 60%를 날린다는 것은 듣도 보도 못한 일이다. 이 사건 이후로 주가 등락폭이 갑자기 커질 때 주식거래를 일시 중단하는 서킷 브레이커 제도가 다양한 거래 유형에 도입되었다.• 시장이 일정 수준 이상 상승하거나 하락하면 서킷 브레이커가 발동되는데, 나스닥100의 경우 주가에 따라 3~15%, 대형 상장주의 경우 대체로 10% 이상 급등락할 때 발동된다. 다우존스산업평균지수를 비롯한 각종 지수들에는 별도의 규제를 두고 있다. 주식별, 시장별로 서

• 서킷 브레이커는 주가 등락폭에 제한을 두는 제도로 일정폭을 초과하면 거래가 일시 중지된다. S&P500 옵션, 주식 옵션에도 서킷 브레이커가 적용된다.

킷 브레이커의 구체적 내용에는 크게 차이가 있으며, 때로는 아주 복잡하다.

그런데 규제 당국이 불과 몇 달 전, 개인 투자자가 새로운 한계 금액의 20배에 달하는 60%까지 손실을 입도록 방치한 이유는 무엇일까? 이에 대해서는 해답을 내놓지 못했다. 놀랍게도, 아니 어쩌면 그다지 놀랍지도 않지만, 플래시 크래시로 돈을 번 사람은 초단타 매매자와 극소수 중개인들뿐일 것이다.

안타깝지만 이번에도 역시 거래소와 규제 당국이 문제였다. 이러한 폭락 사태로 누가 돈을 챙겼을까? 소액 투자자와 뮤추얼 펀드일까, 아니면 개미 투자자와 뮤추얼 펀드를 등쳐먹고 사는 초단타 매매자와 헤지펀드일까? 물어보나 마나다. 밑바닥 인생들을 등쳐먹는 초단타 매매자와 헤지펀드 때문에 기관과 소액 투자자들이 퇴출되는 것을 규제 당국은 먼 산 바라보듯 했다. 얼마 전에 있었던 또 다른 폭락 사태가 생각나지 않는가?

플래시 크래시 사태는 빙산의 일각인지도 모른다. 초단타 매매자는 자신들이 유동성을 공급한다고 역설하지만, 가장 결정적인 순간에는 초단타 매매가 유동성을 고갈시키는 것 아니냐는 의문이 계속 제기되고 있다. 2010년 5월 16일 플래시 크래시 이후 발표된 최초의 SEC-CFTC 보고서는 초단타 매매자의 주장과 상충된다. SEC-CFTC 보고서에 따르면 예비 분석 결과 오후 2시 30분과 3시 사이에 거래량이 폭증했고, 매수-매도 호가의 격차가 벌어지면서 시장의 활기가 감소했다. 유동성은 대폭 감소했는데, 유동성 감소분 대부분이 오후 2시 42분과 2시 45분 사이에 발생했다.[4] SEC-CFTC 보고서는 이렇게 말한다. "오후 2시 30분과 3시 사이 30분 동안 거래량이 지난 30일간 동일 시간대 일평균 거래량의 약 10배에 달했다.^{5"} 보고서에 따르면 2시 42분과 2시 45분 사이에 유동성이 고갈되었고, 그 이후 거래량이 폭증했다.

초단타 매매자들의 주장과 달리 S&P500 선물은 추가 유동성을 공급하지 않았다. 유동성 공급은커녕 1987년 대폭락과 흡사한 방식으로 유동성을 고갈시켰다. 강력한 공매도로 인해 주가는 크게 하락했다. 패닉이 시작되면 대체로 공매도 세력은 주가가 하락할 때 한 발 물러서 지켜보고 있다가 매수세가 돌아오면 그제야 다시 나타난다. 이런 공매도 행태 덕분에 초단타 매매자들은 크게 한몫 잡는다. 그런데 이 모두가 미국의 발명품이다.

초단타 매매 업계를 잘 아는 내부자는 플래시 크래시와 1987년 대폭락 직전의 주가 급락 간에 유사성이 많다고 지적한다. 이것만 보아도 초단타 매매는 유동성을 공급하는 요긴한 매매 형태가 아니며, 시장 안정을 심각하게 해친다는 것을 알 수 있다. 그리고 언제 또 1987년 같은 시장 대폭락 사태가 촉발될지 모른다.

초단타 매매의 문제점들

안타깝게도 초단타 매매의 위험성은 여기서 그치지 않는다. 블룸버그 통신은 리노이 주 위넷카 소재 데이터 제공 업체인 나넥스^{Nanex}의 보고서를 인용해 일부 매매 행태는 분명 공정하지 못하다고 보도했다. 나넥스 연구원들에 따르면 특정 주식에 대한 대량 주문이 1초 상간에 이루어졌다가 거의 동시에 취소되며 거래 시스템을 농락했다.⁶ 이 과정 때문에 초단타 매매를 부르는 용어가 하나 더 생겼는데, 바로 '쿼트 스터핑^{Quote}

stuffing(대규모의 주식 매매 주문을 냈다가 바로 취소해 가격상의 일시적인 괴리에서 발생하는 차익을 추구하는 거래 기법으로 초단타 매매, 극초단타 매매라고도 한다)'이다. 샌프란시스코에 있는 보유 자산 20억 달러 규모의 금융자산 관리회사인 컨탱고 캐피털 어드바이저스Contango Capital Advisors CEO 조지 파이거 George Feiger는 이렇게 말한다.

"초단타 매매자들은 기업의 펀더멘털 가치에는 관심이 없다. 재빨리 사냥한 후 다음 먹잇감을 찾아나설 생각뿐이다."

규제 당국은 고성능 컴퓨터로 이뤄지는 초단타 매매의 고삐를 죌 방책을 찾느라 골몰하고 있다. 증권거래위원회와 면담을 가진 업체들에 따르면 증권거래위원회는 최소 시간 단위 이상 유지되어야 매수—매도 호가의 유효성이 보장되는 방안을 모색하고 있다고 한다. 이를테면 1,000분의 50초 등으로 최소 시간 단위를 두는 것이다. 증권거래위원회는 또한 시장이 어려울 때 초단타 매매 전문 기업들이 시장에서 철수하지 않고 계속 남아서 유동성을 유지하도록 만드는 방안도 검토하고 있다고 한다. 어쨌든 초단타 매매자들이 시장에서 하는 주 기능이 유동성 공급이니 말이다.

당시 델라웨어 주 상원의원이었던 테드 카우프만은 S&P500 선물가격 추락에 따른 피해를 줄일 수 있는 여러 가지 보호 장치를 제안했다. 카우프만은 주문 취소 수에 제한을 두자고 건의했다. 그리고 증권거래위원회는 일일 주식 거래 건수가 200만 건을 초과하는 업체를 감시하는 법규를 제안했다.

그러나 이런 변화도 규제를 집행하는 자들이 초단타 매매 업체만큼 기민하게 움직일 수 있을 때에야 가능한 얘기다. MIT 금융공학연구소 소장이자 알파심플렉스 그룹의 계량분석 헤지펀드 CSO(최고과학책임자)

인 앤드류 로는 이렇게 말한다. "기술 발전이 너무 빨라 우리 능력으로는 규제할 수 없습니다. 서부 활극시대와 마찬가지죠.[7]"

초단타 매매 : 8월의 포성

2010년 말부터 2011년까지 증권거래위원회와 거래소들은 서킷 브레이커와 규제를 도입해 일정 시간 내 선물지수나 주식의 등락폭을 제한했다. 또한 플래시 크래시에 대한 조사를 계속하는 한편, 초단타 매매 업체들을 소환했다.

초단타 매매를 제어할 수 없다는 회의론이 팽배했지만, 조사가 진행되는 사이 규제 당국은 제한을 둔 채 초단타 매매를 허용했다. 그러자 변동성은 아주 낮은 상태를 유지했고, 주가는 상승했다. 하지만 증권거래위원회를 비롯한 규제 당국의 조사는 느릿느릿하게 진행되었다.

그런데 상황이 변하기 시작했다. 2011년 7월 27일 S&P500은 27포인트(2%) 하락했다. 7월 한 달간 S&P는 아주 소폭(2.1%) 하락했는데 변동성 역시 여전히 매우 낮은 수준이었다. 그리고 2009~2011년 시장이 대폭 상승한 것에 비해 조정도 미미했다. 하지만 8월로 접어들자 천장이 무너지기 시작했다. 8월 1일에 소폭 하락한 S&P는 8월 2일에는 33포인트(2.6%) 하락하더니 8월 4일에는 60포인트(4.8%)나 폭락했다. 그리고 8일에는 80포인트(6.7%) 하락했다. 한편 다우존스는 8일에 635포인트 폭락했다. 7월 8일부터 8월 8일까지 S&P500은 17.3% 하락해(8월 첫 6거래일 동안에만 13.4% 폭락) 새로운 약세장의 서막을 알렸다(20% 이상 하락 시 약세장으로 간주함).

그러자 변동성이 급등했다. 시카고옵션거래소^{CBOE}에서 거래되는 변동성 지수^{VIX}는 S&P500 지수옵션의 변동성을 나타내는 지표로, 일명 '공포 지수'라고 부른다. 변동성 지수가 낮을수록 투자자들은 시장이 급등락하지 않는다고 확신한다. 2011년 7월 이전 18개월 동안 변동성 지수는 20 내외에서 거래되었는데, 이 정도면 변동성이 낮은 수준이다.

그런데 갑자기 공포가 시장을 휩쓸었다. 변동성 지수가 치솟으면서 S&P500이 급락했고, 며칠 사이에 변동성 지수는 2배로 급등했다. 7월 초 변동성 지수는 16에서 상승하기 시작해 8월 초에는 급등했다. 8월 4일 32이던 변동성 지수는 8월 8일 48까지 상승했는데, 시장이 급락할 때도 이처럼 변동성이 급등한 사례는 거의 없었다. 엄청난 변동성 때문에 시장은 패닉으로 뒤덮였다. 미국 시장을 따라 전 세계 시장도 비슷한 폭으로 하락했는데, 하락폭이 더 큰 시장도 많았다.

3주도 안 돼 미국 내에서만 투자자와 기관들이 3조 달러가 넘는 돈을 날렸다. 불이 난 극장에서 빠져나가듯 투자자들은 주식시장에서 탈출했다. 9월 중순까지 4개월 동안 투자자가 미국 주식시장에서 대거 이탈하여 750억 달러가 미국 주식펀드에서 빠져나갔다. 이는 리먼브라더스 파산 이후 5개월 동안 이탈한 자금보다 더 많은 규모였다.[8] 한편 금값과 사실상 제로 금리 상태이던 국채 금리는 급등했다. 전 세계적으로 투자자는 8월 말까지 3개월 동안 920억 달러 규모의 주식을 매도했는데, 이는 시장이 랠리를 시작한 2009년 봄부터 주식시장에 유입된 총자금보다 더 큰 규모였다.

투자자들 사이에 공포 심리가 전염병처럼 번졌다. 많은 사람이 주가가 2007~2008년 폭락 이후 27개월 동안 계속되던 상승세를 멈추고 신저점을 향해 추락하고 있다고 생각하였다. 그리고 가격을 따지지 않고

'묻지마' 매도에 나섰다. 주가 하락과 높은 변동성은 2011년 10월 초까지 계속되었다.

뉴욕은행 등 일부 은행은 돈이 너무 많이 몰리자 거액의 계좌를 신규 개설할 때 수수료를 받겠다고 선언했다. 예전 같으면 있을 수 없는 일이 었다. 어쩌다가 이런 소동이 벌어졌을까?

아직도 전장에는 포연이 자욱하고 몇 달 내로 걷힐 것 같지도 않은 데, 규제 당국과 전문가들은 초단타 매매를 이 사태의 주범으로 지목하였다. 해당 기간에 3배로 증가한 초단타 매매는 미국 시장을 쥐락펴락했다. 〈월스트리트저널〉에 실린 시장조사 업체 탭 그룹^{Tabb Group}의 보고서에 따르면, 미국 주식 총거래량에서 초단타 매매 거래가 차지하는 비중이 7월 53%에서 8월 65%로 증가했다고 한다.

이 기간에 초단타 매매를 포함한 주식 거래량은 80% 증가했는데, 대다수 투자자는 큰 손실을 입었지만 초단타 매매 업체들은 돈을 쓸어 담았다. 8월 4일부터 8월 10일까지 총 주식 거래량은 일평균 160억 주로, 역사상 가장 분주한 5거래일이었다. 이어지는 보고서 내용에 따르면 다우지수가 635포인트 하락한 8월 8일에 특히 거래량이 많았는데, 역사상 4번째로 분주한 거래일이었다. 탭 그룹에 따르면 미국 주식시장이나 선물시장에서 초단타 매매 거래자들은 8월 8일 하루 동안 약 6,000만 달러를 벌어들였다. 같은 주 다른 날들의 수익은 4,000만 달러에서 5,600만 달러에 이른다.

〈월스트리트저널〉은 수많은 업체가 떼돈을 벌었다고 말하면서 그 중 뉴저지 주 레드 뱅크의 트레이드웍스^{Tradeworx Inc.}를 지목하며 8월 8일과 9일 트레이드웍스는 '횡재'했다고 말했다. 시카고에 본사를 둔 겟코 LLC^{Getco LLC} 역시 떼돈을 벌었다. 뉴욕 주 이스트 세타우켓의 헤지펀드인 르네상스 테크놀로지스 LLC^{Renaissance Technologies LLC}는 운용하는 2개 펀드를 통해 8월 첫째 주와 둘째 주에 총 2억 달러를 벌었다.

탭 그룹은 2009년 주식 초단타 매매 수익이 720억 달러에 이른다고 추산했다. 초단타 매매자들은 주식 선물, 원유와 금 같은 주요 상품시장에서도 활발하게 움직이고 있다. 많은 주요 헤지펀드, 뮤추얼 펀드, 개인 투자자를 포함하여 다른 주식 매수자들이 심한 타박상을 입는 사이, 초단타 매매자들은 막대한 수익을 거머쥐었다. 탭 그룹 수석 연구원인 애덤 서스만^{Adam Sussman}은 인터뷰에서 이렇게 말했다. "개미 투자자가 넋이 나간 사이, 초단타 매매자는 왕창 뜯어 먹었죠.⁹"

웨드부시 증권^{Wedbush Securities} 부사장 게리 웨드부시^{Gary Wedbush}는 블룸버그 통신과의 인터뷰에서 이렇게 말했다. 웨드부시 증권은 초단타 매매를 활용하는 최대의 증권회사로 이 인터뷰를 통해 초단타 매매의 문제점이 선명하게 드러났다. "초단타 매매 알고리즘과 자동 시스템으로 변동성이 정상적인 환경보다 2배, 3배 혹은 5배까지 많은 주식을 거래하고 있습니다. 초단타 매매는 거래량이 어마어마하죠. 이들은 거래로 돈을 벌며, 변동성으로 더 많은 기회를 창출합니다. 다시 말하자면 이런 거죠. **변동성 지수 차트**(가장 널리 쓰이는 변동성 척도)를 보면 **초단타 매매 거래량과 완벽하게 정비례합니다**(강조문은 필자의 주장).¹⁰" 웨드부시가 월스트리트 사람답지 않은 말투로 하려는 이야기는 초단타 매매가 주식과 지수 선물가격의 엄청난 변동성을 촉발한 주범이며, 패닉의 주요 원인이라는 것이다. 플래시 크래시 사태에서 몇 분 만에 변동성이 급등해 주가가 60% 이상 하락한 일을 기억해보자.

변동성 급등으로 초단타 매매는 떼돈을 벌었지만 시장이 위아래로 정신없이 출렁이자 기관 투자자와 대다수의 개인 투자자는 공포에 질렸다. 그렇게 단기간에 변동성이 급등한 사례는 없었기 때문이다. 이로써 변동성이 급등하면 시장이 패닉에 빠진다는 사실이 입증되었다.

초단타 매매 거래자는 합법적인 시장 조성자로 보기 힘들다. 대부분의 사람이 공감하겠지만 이들은 '부의 파괴자'라고 보아야 한다. 일부 트레이더는 당시 시장 변동성이 시장 조작에 따른 것이라고 생각한다. 시장 물정에 밝은 트레이더들도 CNBC에서 그렇게 주장했다.

존 나자리안Jon Najarian은 8월 3일 이후 벌어진 모든 일은 논의할 만한 주제라고 말했다. 특히 2011년 7월 5일, 콘솔리데이티드 쿼트 시스템CQS이 용량을 33% 늘려 초당 100만 개의 주문을 낸 사실을 인용하면서 나자리안은 이렇게 말했다. "시장이 격변하면 (투자자들은) 무슨 일이 벌어지고 있는지조차 알 수 없어요." 다른 트레이더들도 이 말에 동의한다. 팀 세이모어Tim Seymour는 이렇게 말한다. "조작의 냄새가 솔솔 풍기네요." 트레이더 조 테라노바Joe Terranova는 '주문이 늘어나면 문제가 생긴다는 의미'라고 말했다. 존 나자리안은 이렇게 덧붙였다. "기계 때문에 일이 훨씬 빨리, 훨씬 크게 돌아가죠. 증권거래위원회와 상품선물거래위원회가 개입해서 제동을 걸어야 합니다.[11]"

사실 규제 당국은 일부 초단타 매매 기법을 예의주시하고 있다. 규제 당국은 대량 주문을 내고 1,000분의 1초 안에 철회하는 이런 행태가 주가를 왜곡하는지, 특히 비슷한 알고리즘을 사용하는 수십 개 업체가 동시에 이런 주문을 내고 있는지 살펴보고 있다. 시장이 급락해 매도 주문이 물밀 듯이 밀려오면, 얼른 빠져나가고 싶은 것이 인간의 자연스러운 심리이다.

이 기간에 증권거래위원회는 초단타 매매 업체의 기록을 압수해 초단타 매매가 플래시 크래시 같은 시장 급등락에 미친 영향을 분석하는 한

편, 다른 활동들도 들여다보고 있다. 2011년 초 증권거래위원회 위원장 메리 샤피로는 이렇게 말했다. "초단타 매매 업체와 알고리즘을 둘러싼 규제 전체를 검토해보아야 합니다.[12]" 샤피로가 강조한 문제는 알고리즘이 스트레스 지수가 높은 시장에서 적절히 작동하는지 여부였다. 상품선물거래위원회 위원 스콧 오말리아Scott O'Malia는 2010년 5월 플래시 크래시 이후 발생한 세 차례의 폭락 역시 알고리즘 매매와 관련이 있다고 했다.[13] 법무부와 증권거래위원회는 현재 초단타 매매의 시장 조작 가능성에 대해서도 조사하고 있다.[14]

몇 달 전 유럽도 초단타 매매에 관한 조치들을 취하기 시작했다. 유럽 시장에서도 비슷한 반응이 나오자, 유럽 최고 권위의 증권 규제 당국인 유럽증권시장청ESMA은 초단타 매매를 옥죄는 엄격한 법안을 연이어 내놓고 있다. 이 법안들은 2011년 채택을 목적으로 서둘러 통과되어 기존의 2개 증권 규제 법안에 통합될 예정이었다. 2011년 초 뉴욕증권거래소 유로넥스트NYSE Euronext가 6거래일 동안 과도한 변동성으로 3번이나 거래가 중단되고, 5월과 6월에 CHI-X에서 3번 거래가 중단된 후 이 법률들이 도입되고 있다. 영국 중앙은행 금융안정국의 앤드류 할데인 국장은 7월 초 초단타 매매 급증으로 주가 '이상치'가 발생했고, 이런 사태가 확산될지도 모른다는 우려를 제기했다.[15] 초단타 매매 행태에 의문을 던지는 새로운 증거들이 거의 매일 쏟아지고 있다.

초단타 매매는 칠흑같이 어두워 속을 알 수 없지만, 그나마 분명한 게 있다면 수많은 매매 전략에 활용될 수 있다는 점이다. 그러나 지금까지 살펴본 바에 의하면, 최근 두 차례 시장 위기에서 다음 한 가지 전략이 두드러진다. 초단타 매매자들은 1,000분의 1초 단위의 엄청난 속도를 이용해 시장이 상승하거나 하락하는 속도를 높인다. 플래시 크래시처럼 시장이 몇백 포인트 하락하고 매도가 증가하면, 초단타 매매 업체들은 S&P500 선물을 비롯한 주식 파생상품을 대량 공매도한다. 이렇게 하려면 엄청난 속도가 필요하므로 고성능 컴퓨터가 필수다. 초단타 매매 업체들은 시장이 대폭 하락하거나 상승하는 장 시작과 장 마감에 아주 활발하게 거래해 하락이나 상승 속도를 높이게 된다.

초단타 매매 업체 대다수가 비슷한 시나리오를 토대로 프로그래밍된 알고리즘을 사용하는 것으로 보인다. 따라서 초단타 매매자 한 사람이 컴퓨터 알고리즘을 통해 공매도 주문을 내면 초단타 매매 업체들은 거의 동시에 공매도 주문을 낸다. 앞서 플래시 크래시 사태에서 이 기법으로 다우지수가 8~10분 사이에 600포인트까지 떨어지고, 시장에 공포가 확산되는 양상을 살펴보았다. 패닉이 S&P500 주식선물을 지나 주식시장까지 파고들면 개별 종목을 매도하게 된다. 플래시 크래시 사태에서 보았듯 많은 주식이 40~60% 폭락하는 등 참극이 벌어졌다.

초단타 매매 업체들은 1,000분의 1초 만에 어마어마한 양의 선물이나 주식 매도-매수 주문을 낸 다음 그와 비슷한 속도로 거래를 취소한다. 매수 포지션 청산 같은 경우는 타당한 이유가 있다고 봐야 한다. 그러나 끝까지 끌고 갈 것도 아니면서 대량으로 허위 주문을 낸다면 이야기가 달라진다. 급락하는 시장에서 이런 행위를 한다면 미심쩍을 수밖에 없다. 공황상태의 시장에서 이렇게 하는 한 가지 이유는 주가를 더 끌어내리려는 것이다. 몇몇 극초단타 매매 업체들은 주가를 끌어내리기 위해 대량 매도 주문을 낸 다음 1,000분의 1초 만에 주문을 취소한다. 그러면 다른 투자자는 잠깐 사이에 대량 매도 주문이 있을 것이라고 착각해 대홍수를 피하려고 당장 매도에 나선다.

크게 상승하는 시장에도 똑같은 전략이 적용될 수 있는데, 극초단타 매매 기법을 활용해 시장의 상승세를 유지하거나 촉진하는 전략으로 사용 가능하다. 따라서 초단타 매매 업체들은 하락장과 상승장 모두에서 돈을 번다. 상승장이든 하락장이든 엄청난 변동성이 필요하므로, 초단타 매매자는 변동성 확대를 조장한다. 결국 비정상적으로 변동성이 높아지면서 많은 사람이 도박판 같은 시장을 떠나게 된다.

시장은 투자결정을 내릴 수 있는 안정적이고 변동성이 작은 환경에서 번성한다. 극초단타 매매자는 불안정하고 급락이나 급등하는 시장에서 활개를 친다. 지금까지 보았듯 이들은 시장의 불안을 이용해 큰돈을 벌지만, 수많은 투자자는 시장에서 쫓겨난다. 초단타 매매자들은 시장 변동성을 높이기 위해 교묘하게 공포 심리를 이용한다. 2011년 8월 플래시 크래시에서 초단타 매매자들은 막대한 수익을 올렸지만 대다수 투자자와 전문 투자자는 돈을 잃었다. 초단타 매매 업체들이 눈 깜짝할 사이에 이익을 취하는 행위는 시장 참여자 절대 다수의 이해에 반하는 형태다.

초단타 매매 업체들의 행위는 작은 눈덩이가 언덕을 굴러 내려오면서 점점 커져 눈사태를 일으키는 양상과 비슷하다. 초단타 매매자는 변동성이 높을수록 좋아한다는 점을 명심해야 한다. 이들이 변동성을 높이기 위해 반기는 상황이 또 한 가지 있는데, 바로 패닉이다.

대형 초단타 매매 업체 일부가 조작 행위를 하는지 여부는 아직 알 수 없다. 그러나 내 짐작이 맞다면, 곤란한 것은 증권거래위원회만이 아니다. 시장 건전성을 유지하려고 애쓰는 전문 투자자와 개인 투자자 역시 심각한 시련에 직면하게 된다. 초단타 매매 업체들은 주식이나 지수를 소유할 생각도, 1,000분의 몇 초로 시장에 참여할 생각도 눈곱만큼도 없으면서 시장을 위태롭게 하는 존재들이다. 초단타 매매로 시장은 파괴되고 있지만, 그들은 시장을 죽일 생각이 전혀 없다. 황금알을 낳는 거위를 죽이기는 싫은 것이다. 그러나 수익을 좇는 이들의 행태는 시장을 위태롭게 만들고 있다.

시장을 위협하는 초단타 매매를 제어할 방법이 있을까? 쉽지 않을 것이다. 앞서 보았듯 1987년 폭락 사태 때도 지수차익거래와 포트폴리오 보험의 상호작용으로 비슷한 상황에 처한 바 있다. 그러나 1987년이 우발적인 사건이었다면, 2010년 사태는 의도적인 것이었다. 초단타 매매는 상당 기간 높은 변동성을 유지하는 데 효율적인 무기가 될 것이므로 빨리 조치를 취해야 한다.

초단타 매매 업체가 거래하는 주식선물에 대해 증거금 비율을 25~50%까지 높이는 방안이 해결책이 될 수도 있다. 아니면 이들이 선물을 초단타로 매매하면서 시장을 교란하고 있으므로, S&P500 선물 등 선물 매수 또는 매도 포지션 규모에 제한을 두는 방안도 있다. 세 번째는 증권거래위원회가 지난 9월 제안한 방안으로 서킷 브레이커 발동 기준을 10%에서 7%로 낮추고, 다우존스산업평균 대신 더 광범위한 시장인 S&P500을 이용하는 것이다.[16] 네 번째는 주당 거래비용을 소폭 인상하는 것이다. 초단타 매매 업체들은 주당 1페니도 안 되는 수익을 위해 거래하므로, 거래비용을 조금만 높여도 거래량이 대폭 감소할 것이다. 시장 물정에 밝은 사람이라면 더 많은 방안을 생각해낼 수 있을 것이다. 이대로 그냥 두면 시장이 위태로워질 수도 있으므로 조만간 좋은 방안이 나왔으면 한다.

재앙으로 가는 급행열차

증권거래위원회와 상품선물거래위원회의 임무는 대중을 보호하는 것이지, 티셔츠와 청바지 차림의 재기발랄한 컴퓨터광들, 즉 시장에서 우위를 점해 투자자의 주머니를 털 생각밖에 없는 자들을 보호하는 것이 아니다. 초단타 매매 업체가 합법적인 서비스를 지속적으로 제공하고, 일반 투자자나 뮤추얼 펀드에 피해를 입히지 않았다면 그들의 행위를 비난하기는 어렵다. 그러나 플래시 크래시 사태와 낙폭이 매우 컸던 2011년 7월 말부터 9월의 사태를 보면 현실은 그렇지 않은 듯하다. 증권거래위원회는 플래시 크래시 사태로 주식시장이 붕괴될 때 변동성이 높아졌다는 점을 지적했다. 더욱이 대량 주문을 낸 다음 1초 만에 주문을 취소하는 쿼트 스터핑 같은 매매 행태는 위험천만하다.

이런 전략들은 똑똑한 투자 업계 종사자들이 고성능 시스템을 구비하여 시스템 운용에 필요한 전문 인력을 갖추는 데 수천만 달러를 투자한 결과물이다. 자선 사업을 하자는 게 아닌 건 분명하다. 초단타 매매는 일반 대중과 주요 금융기관 모두를 위협하는 존재가 될 수 있다. 필자를 비롯해 많은 사람이 초단타 매매에 의한 조작이 만연하다고 생각하지만, 증권거래위원회는 아직도 혐의를 조사하고 있다. 많은 사람이 폭락장 사태에서 초단타 매매 업체들만이 막대한 수익을 거둔 이유를 궁금해한다. 결국 투자자들의 잔고는 바닥나고, 시장에 대한 투자자의 신뢰는 크게 떨어졌다. 철저한 분석이 필요한 사항들, 진지하게 의문을 제기해야 할 사항이 아직 많다. 절대 다수의 투자자를 보호하려면 모든 의문이 남김없이 해소될 때까지 초단타 매매를 엄격하게 규제하는 것이 현명할 것이다.

어떻게 해야 할까

내 생각이 옳다면 초단타 매매 때문에 여러 가지 방식으로 피해를 입을 수 있다. 물론 최악의 경우는 시장이 폭락하는 것이다. 그렇다고 시장에서 뛰쳐나오면 안 된다. 우선 규제 당국이 느리지만 조치를 취하는 방향으로 움직이고 있다. 그러나 규제 당국이 너무 굼뜬 나머지 시장이 잘못되면 최악의 상황이 벌어질 수 있다. 그래도 1987년 폭락장 이후 회복 반등한 것처럼 시장은 상당히 빨리 회복할 것이라고 예상한다.

그런데 막대한 손실을 피하는 길이 있다. 초단타 매매자들은 시장을 공황에 빠뜨려 떼돈을 번다. 물론 하늘에 맹세코 아니라고 부인하겠지만 말이다. 여기에 당하지 않으려면 손절매 주문이나 시장가 매도 주문(가격 지정 없이 그날 시장에서 형성되는 가격으로 매매해 달라는 주문)은 피해야 한다. 대신 항상 지정가 주문을 이용해야 한다. 지정가 주문은 중개인이 특정 가격 이하로 매도할 수 없도록 가격에 제한을 두는 주문이다. 지정가 주문을 하면 폭락장에서 주식, 파생상품, 선물계약이 낮은 가격에 매도되지 않는다.

문제가 말끔히 해결되기 전까지는 손절매 주문은 금물이다. 만약 손절매 주문을 하면 막대한 손실을 입을 수도 있다. 손절매 주문은 과거에는 유용했지만, 초단타 매매가 존재하는 오늘날에는 러시안 룰렛이나 다름없는 도박이다.

회오리바람 같은 변동성

우리가 살고 있는 이 낯선 세계에서 엄청난 변동성을 부추기는 초단타매매는 한 가지 위협일 뿐이다. 폭락에 따른 변동성보다 더 큰 변동성이 발생할 수도 있기 때문이다. 6월에 변동성은 3년 최저치를 기록 중이었지만, 주가가 급등락하거나 중대한 금융 사건이나 경제 사건이 터지면 한순간에 시장이 출렁일 수 있다. 2008년 가을, 공포가 들불처럼 번졌다. 한 투자자는 시장이 더 하락했을 때 특정 가격에 매도할 수 있는 권리인 풋옵션을 매수해 우량주를 지키려고 했다. 변동성이 아주 크면 90~100일 프리미엄이 원금의 20~25%까지 치솟기 때문에 풋옵션 매수에는 자금이 어마어마하게 든다. 풋옵션 프리미엄이 변하지 않는다 해도 연간 비용은 80~85%까지 오를 수 있다. 일부 소형주의 경우 옵션가격이 연환산으로 130%까지 상승했다.

풋 매수로 위험 헤지 보험을 들었다면 1년도 못 돼 우량주 포트폴리오는 쑥대밭이 되었을 것이다. 풋 매수를 통한 보험료는 18세기와 19세기 초 런던의 로이드 보험사가 신대륙과 극동에서 돌아오는 상선과 화물에 판매했던 보험료보다 훨씬 높았다.

이 사례를 통해 말하고 싶은 것은 위기가 닥쳤을 때 옵션 매매는 소용이 없다는 사실이다. 거래 상대방은 위험에 완벽히 대비하고 있는 노련한 트레이더인 데다, 거래를 원하는 트레이더가 극소수이므로 현재의 위험 비용보다 훨씬 높은 프리미엄을 요구할 것이다.

그래도 굳이 하겠다면 비용이 적게 드는 보유주 공매도(증권거래에 의해 이익을 차기로 이전시키기 위해 투자자가 이미 보유하고 있는 주식을 대주하는 행위) 같은 대안이 있는데, 패닉상태에서는 대체로 바닥에서 판다는 점이 역시 문제가 된다. 하락장 대비책은 될지 몰라도 보유주 공매도 후 만약 시장이 반등하면 주식 포지션은 물거품이 된다. 예를 들어 주가가 바닥을 향해 치닫던 2009년 3월, 내가 역발상 훈련을 잊어버리고 패닉에 빠져 이 방법을 사용했더라면 2011년 6월 S&P500이 100% 이상 반등할 때 손 놓고 지켜볼 수밖에 없었을 것이다. 문제는 늘 이렇다는 것이다.

10년 전쯤 우리 회사 고객 서비스 부장은 시장이 5% 더 하락할 거라며, 불안한 나머지 주식에 투자한 돈을 모두 빼냈다. 나는 시장 타이밍 기법은 통하지 않는다며 말렸지만, 부장은 고집대로 했다. 결과는 오판이었다. 주식을 사서 다시 시장에 진입하려 했지만 주가는 10% 상승한 뒤였다. 다행히 우리 회사는 마켓 타이밍 기법을 사용하지 않으며, 고객에게도 권하지 않는다.

안타깝지만 변동성은 극복해야 할 존재다. 80년에 한 번 혹은 100년에 한 번은 잘못될 수도 있지만, 끝까지 버틴다면 결국에는 훨씬 더 풍성한 포트폴리오를 보유할 수 있다. 역발상 포트폴리오는 대체로 하락 국면에서 시장평균을 넘어서는 실적을 낸다는 사실을 기억하자.

방어 수칙

방어 수칙 1 : 풋과 콜

포트폴리오를 방어하기 위해 풋과 콜을 매수해야 할까? 패닉에서 풋은 좋은 투자가 아니다. 풋옵션과 콜옵션은 변동성이 큰 시장에서 투자자를 보호하는 수단이 될 수 있다. 주가 상승이 예상되면 투자자는 시장에서 한 발 물러서 콜옵션을 매수한다. 프리미엄을 지불하고 콜옵션을 매수하면 나중에 행사가격에 주식을 매수할 수 있는 권리를 얻게 된다. 마찬가지로 상승하던 시장의 오름세가 꺾이고 변동성의 축소가 예상된다면, 프리미엄을 받고 풋옵션을 매도한다. 풋옵션 매입자는 현재가격이 행사가격보다 낮으면 매도 권리를 행사하고, 현재가격이 행사가격보다 높으면 매도 권리를 포기하고 시가에 대상 자산을 매도한다.

간단해 보이지만 변동성이 큰 시장에서는 지독하게 어려운 게임이다. 우선 프리미엄이 비싼데, 시장 변동성이 커질수록 프리미엄이 오른다. 2008년 12월, 2009년 1~2월 일부 주식의 프리미엄 가격은 20%까지 올랐고, 연간 상승률은 훨씬 더 컸다. 콜옵션은 미리 정한 가격에 자산을 살 수 있는 권리로, 만기 9개월 콜옵션을 매수한다면 원금의 상당 부분을 프리미엄으로 지불해야 한다. 주가가 50% 상승해도 겨우 손익분기점이다. 자산을 살 수 있는 권리를 산다는 발상은 좋지만 종종 비용이 너무 많이 든다.

주식마다 여러 옵션이 있어서 계산은 더 복잡해진다. 게다가 상어떼가 득실거린다. 옵션거래자들은 우리의 주머니를 최대한 약탈하려고 호시탐탐 노리고 있다. 흥분하지 마시라, 이것이 바로 게임이다. 해당 주식이 유동성이 없으면 정상적인 프리미엄(블랙-숄즈 모델로 계산한)에 더하여 상당한 액수를 더 지불해야 된다(위험 프리미엄은 정확하지는 않지만, 달라질 것은 없다).

결론은 옵션에 능수능란하지 않으면 풋이나 콜을 매수하면 안 된다는 것이다. 설사 능수능란하더라도 대개는 불리한 게임이다. 매도의 경우, 옵션 매도에 따른 리스크를 완전히 꿰뚫고 있지 않는 한 콜이나 풋 매도는 절대, 절대 금물이다.

앞에서 상세히 논의한 변동성 지수는 이런 시장에서 투자자를 보호하는 데 도움이 될까? 변동성 지수 상품 매수자는 변동성이 급격히 커지면 돈을 벌고, 변동성이 급격히 낮아지면 돈을 잃는다. 이것이 시장이라는 카지노 판에 등장한 새로운 게임 중 하나다. 변동성 지수는 시카고옵션 거래소가 실시간 S&P500 지수옵션의 매수-매도 호가를 이용해 계산한 후 배포하는 수치로 널리 유포되기는 하지만, 판매용은 아니다.

그러나 걱정하지 마시라. 시카고 시장의 물주들은 이렇게 빨리 돌아가는 판에 돈을 걸 수 있는 다양한 방법을 고안해냈다. 어쨌든 이런 기발한 착상을 내놓은 도박장에 상을 주어야 한다. 다양한 변동성 지수 파생상품이 있어 투자자는 기초자산 지수를 소유하지 않고도 변동성 지수 포지션을 취할 수 있다. 변동성 지수 옵션, 표준 변동성 지수 선물계약 그리고 최근에 추가된 미니-변동성 지수 선물 등 특이한 변종들이 많이 있다.

변동성이 커지면 매수자가 돈을 벌고, 변동성이 작아지면 매도자가 돈을 번다. 흥미롭긴 하지만 거래소의 상어들이 주로 사용하는 투기에 가까운 투자 수단이다. 한 가지 사례만 봐도 이유를 충분히 알 수 있을 것이다. 2009년 1월 30일 상장지수펀드인 VXX ETN이 새롭게 출시되어 변동성 지수 옵션들을 매수했다. 이후 지금까지(2011년 6월) VXX ETN 펀드는 94.9% 하락했다. VXX 펀드가 추종하는 변동성 지수는 63.2% 하락했다. 계약 만료 비용, 수수료, 계약 갱신 비용이 높아서 펀드와 지수의 연동관계는 의미가 없어졌다. 그 결과 VXX 펀드는 31.7% 추가 하락했다. 제정신이라면 보수적인 포트폴리오인 변동성 지수 옵션에 손대면 안 된다.

방어 수칙 2 : 상장지수와 인덱스 펀드

상장지수펀드ETF는 대체로 대다수 뮤추얼 펀드보다 비용이 적게 든다. 지수를 추종하므로 포트폴리오가 대체로 고정되어 있어서 거래비용이 적기 때문이다. 뮤추얼 펀드처럼 환매되지 않고, 공개시장에서 다른 사람에게 판매해야 한다. ETF는 말 그대로 수백 가지가 있어 30년 만기 국채를 공매도할 수도 있고,[•] 금을 사거나 팔 수도 있고, 특정 산업에 투자할 수도 있다. 잠재력이 있지만 변동성이 심한 산업에 분산 투자할 수 있으므로 포트폴리오만 신중하게 검토한다면 투자 목표를 달성하는 데 도움이 된다.

변동성이 심한 시장에서 한 가지 업종만 매수하는 것은 아주 위험하므로 분산 투자는 중요하다. 해당 업종에서 하나의 주식만 보유하는 것도 아주 위험하다. 업종 리스크만 해도 상당한데 계란을 모두 한 바구니에 담으면 리스크는 대폭 상승한다.

다음 두 가지 사례를 살펴보자.

첫 번째 사례로, 2008년 현금으로 금융주를 샀다면 막대한 손실을 보았을 것이다. 주식 선정을 잘못했다면 깡통 계좌만 남았을 것이다. 그러나 S&P500 금융주 가중평균인 XLF 같은 ETF를 매수했다면 엄청난 손실을 보았을 것이다. 2007년 고점을 찍은 뒤 2009년 초 83% 하락하면서 저점을 찍었는데, 1929~1932년 이후 최악의 폭락이었다. 이후 투자금은 회복했다. 2009년 3월 저점을 찍은 XLF는 2011년 6월 무렵 158% 이

● 돈을 더 빨리 날리고 싶다면 공매도하는 재무부 채권을 2배로 늘리면 된다. 몇 해 전 우리 회사 젊은 애널리스트 몇 사람이 채권가격 급락을 확신하고 재무부 채권을 대량 공매도했다.

상 상승했다. 금융업은 장기적으로 강력한 회복세를 보일 것이라고 생각한다.

두 번째 사례는 SPDR S&P 석유 및 가스 탐사·생산 기업(종목 기호 XOP)에 투자하는 ETF로, XOP는 원유 및 가스 탐사, 개발 관련 기업들에 폭넓게 투자하는 포트폴리오다. 2008년 6월 말 71.38달러로 역대 최고점을 찍은 XOP 지수는 속절없이 추락하더니 11월 20일 5개월 만에 70%나 하락해 23.01달러까지 하락했다. 이후 유가와 더불어 재빠르게 회복해 2011년 6월에는 161%까지 상승했다.

XLF, XOP 이 두 가지 ETF는 선호하는 업종에 분산 투자하는 좋은 사례들이다. 이 ETF들은 얼마 전에 겪은 것처럼 변동성이 극대화되는 장세에서는 등락폭이 크다는 점에 유의해야 한다. 이런 변동성 장세는 또 닥칠 수 있는데, 2008~2009년 초나 2011년 8월과 9월처럼 살벌하지는 않았으면 한다.

주의할 점 또 있다. 다른 대부분의 ETF는 소규모 거래가 드물기 때문에 손대지 않는 것이 좋지만, ETF에 투자하려면 일 거래량이 충분해서 나의 주문에 영향을 받지 않아야 한다. 덧붙여 자산가치를 매일 확인해 시장가격이 자산 가치와 거의 차이가 없도록 신중한 점검이 필요하다.

방어 수칙 3 : 섹터 펀드

업종–섹터 펀드는 펀드매니저가 주식을 고른다는 점에서 ETF와 구별된다. 따라서 거의 모든 경우 수수료가 더 많고, 펀드매니저의 역량에 의존한다. 그러나 일부 펀드는 좋은 기회가 될 수도 있다. 먼저 펀드매니저의 실적을 최소 10년 치는 살펴보라고 권한다. 업계 평균보다 실적이 좋다면 눈여겨볼 만하다. 펀드 수수료도 확인하는 것이 좋다. 비싼 수수료는 장기적으로 실적 부진의 주요 원인이 된다.

방어 수칙 4 : 시장 대비 초과 수익을 올리는 뮤추얼 펀드

앞서 보았듯 펀드매니저들의 실적이 공개된 이래로, 10년 동안 시장 대비 초과 수익을 올린 매니저는 10%에 지나지 않는다. 그다지 높은 비율은 아니다. 뮤추얼 펀드는 간접 투자를 원할 경우 분산 투자할 수 있는 수단이지만, 그래도 수익은 올려야 한다. 다행히도 좋은 해답이 몇 가지 있다. 첫째는 수수료와 비용을 차감하고도 장기간 시장 대비 초과 수익을 올린 뮤추얼 펀드를 매수하는 것이다. 이에 최소 10년의 기록을 점검해볼 것을 권한다. 그 펀드매니저가 아직도 해당 펀드를 운용하고 있는지 확인하라. 펀드매니저가 바뀌는 경우는 다반사다.

표 13-1 최고 실적 대형 가치주 펀드 : 10년 순위		
2011년 6월 30일 기준		
기업	자산 규모 (단위: 100만 달러)	10년 수익률
와사치 라지캡 밸류 펀드(Wasatch Large Cap Value Fund)	1,812.8	7.2%
ING코프 리더스 트러스트 시리즈 펀드 ; B(ING Corp Leaders Trust Series Fund ; B)	580.9	7.1%
아메리칸 인디펜던스 스톡 펀드(American Independence Stock Fund)	158.5	6.4%
파이오니어 쿨렌 밸류 펀드 ; A(Pioneer Cullen Value Fund ; A)	5,354.5	6.4%
밸리 포지 펀드(Valley Forge Fund)	27.1	6.0%
페더레이티드 클로버 밸류 펀드 ; A(Federated Clover Value Fund ; A)	945.5	5.9%
포레스터 밸류 펀드 ; N(Forester Value Fund ; N)	12.2	5.6%

출처: © 데이비드 드레먼, 2011
데이터 출처: Lipper Inc. and Factset Research Systems Inc

자금이 넉넉하지 않다면 포트폴리오 구성이 폭넓은 뮤추얼 펀드를 매수하는 것이 최선이다. 리퍼, 모닝스타, 밸류라인 뮤추얼 펀드 서비스, 〈포브스〉, 〈배런스〉 등 펀드 선정 과정에 도움이 되는 정보는 아주 많다(〈포브스〉는 최소 2번의 하락장을 검토해 하락장 펀드 순위를 매긴다. 전체 주식펀드 중 상위 5%가 최고 등급, 하위 5%가 F등급이다). 이 업체들은 분기별 펀드 실적과 몇 년 치 실적을 제공한다. 자신과 잘 맞는 전략을 사용하면서 상당 기간 시장 대비 초과 수익을 올린 펀드를 고른다. 펀드 종류는 당황스러울 정도로 많은데, 이 기준으로 거르면 소수로 압축될 것이다. 표 13-1은 지난 10년간 강세장과 약세장에서 대형 가치주 뮤추얼 펀드의 수익률로, 출처는 리퍼이다.

방어 수칙 5 : 인덱스 펀드

선택한 뮤추얼 펀드가 장기간 시장 대비 초과 수익을 올린 확실한 기록이 없다면, S&P500을 추종하고 수수료도 아주 싼 인덱스 펀드를 권한다. 뱅가드500 인덱스 펀드(VFINX, 자산 규모 1126억 달러, www.vanguard.com)는 S&P500을 추종하고 연간 비용과 수수료가 0.17%밖에 안 되는 인덱스 뮤추얼 펀드이다. S&P500 ETF도 권할 만하다. 자산 규모가 가장 큰 펀드는 942억 달러 규모인 SPDR S&P500 ETF로 연간 비용은 0.15%이다(www.spdrs.com). 대형 가치주 지수를 선호한다면 자산 규모 120억 달러, 연간 비용 0.15%인 iShares 러셀1000 인덱스 펀드를 권한다. 러셀 1000(www.ishares.com)은 현재 미국에서 가장 널리 추종되는 가치 지수이다.

소형주 지수를 선호하는 사람도 있을 것이다. 자산 규모 156억 달러, 비용 0.20%인 iShares 러셀2000 인덱스 펀드 그리고 자산 규모 226억 달러, 비용 0.26%인 뱅가드 스몰캡 인덱스 펀드^{Vanguard Small-Cap Index Fund}를 눈여겨보자. 모두 소형주 인덱스 펀드로 가치주와 성장주를 보유한다. 투자자의 눈길을 끌 만한 전략이 있는데, 역발상 전략의 변종으로 새로운 전략이다. 이에 대해 살펴보도록 하자.

매수 후 솎아내기 전략

앞서 매수 후 보유 전략이 통한다는 것을 살펴보았다. 이 접근법을 살짝 변형한 전략이 매수 후 솎아내기 전략이다. 이는 역발상 주식으로 포트폴리오를 구성한 뒤, 시장비율에 근접하거나 시장비율을 초과하는 주식 또는 일정 기간이 지난 후 시장 실적에 못 미치는 주식을 주기적으로 추려내고 새로운 역발상 주식으로 교체하는 것이다.

예를 들어 포트폴리오에서 한 주가 차지하는 비중이 약 2.5%이고, 40주로 구성된 저PER 포트폴리오를 보유하고 있다가 10%를 매도했다면, 주당 비중이 약 2.5%인 저PER 주식 4주로 10%를 대체한다. 연구 결과를 보면 각 주식의 보유 기간이 길면(5~6년 이상) 대체로 수익이 감소한다. 이 방법을 사용하면 단순한 매수 후 보유 전략보다 전반적으로 수익률을 끌어올릴 수 있다.

주식을 추려내는 과정에서 역발상 주식 포트폴리오의 수익이 시장평균보다 높은 상태를 유지해야 한다. 어떤 전략을 선택하든 리스크는 평균 이하로 줄이고, 주식 선정 시간은 최소한으로 줄이면서 시장 대비 초과 수익을 올릴 확률을 높게 해야 한다.

역발상 전략의 대안들

국내외 펀드

최근 미국 경제가 휘청거리는 사이 해외 시장은 펄펄 날았다. 중국, 환태평양, 라틴아메리카, 브라질, 아르헨티나로 수십억 달러가 빠져나 갔다. 그리고 보수적인 투자자들은 유럽과 일본 시장에 투자했다. 우리 도 한몫 끼어야 할까? 좋다, 대신 신중해야 한다.

먼저 해외 시장은 이미 크게 움직였다. 그리고 대공황 이후 비관주의 가 최고조에 달했던 2008~2009년보다 나아졌다고는 하지만, 아직도 비 관론이 팽배하다. 미국 경제는 몇 년 안에 늪에서 빠져 나오겠지만, 사람 들이 어지간히 놀란 건 부인할 수 없다. 만약 미국 경제가 회복한다면 우 리 앞에는 국내 상승장이 기다리고 있다. 특히 오랜 침체를 딛고 인플레 이션이 빠르게 상승한다면 더욱 가능성이 높다.

그러나 성장성, 재무 건전성 그리고 더욱 신뢰가 높아진 투자 규제 등 으로 해외 시장은 그 어느 때보다 잠재력이 크다. 투자 수칙은 국내뿐 아 니라 해외 시장에도 동일하게 적용된다는 점을 명심해야 한다. 사업 개 념이 흥미진진하다고 성급하게 덤비면 안 된다. 중국, 홍콩, 러시아, 멕 시코에서 투기성 투자로 투자자들이 수십억 달러를 날렸다. 옛날이야기 가 아니다. 여기서 얻을 수 있는 교훈은 해외 투자가 만병통치약은 아니 라는 사실이다. 해외 시장에도 국내 시장과 똑같은 역발상 원칙을 적용 해야 한다. 1997년 환태평양 시장의 붕괴는 투자자들이 역발상 원칙을 지키지 않은 전형적인 사례다. 환태평양 지역에는 종종 투기 바람이 몰 아치기 때문에 휩쓸리지 않도록 특히 조심해야 한다.

또한 해외 기업에 투자할 때는 환율 변동에 따른 환위험으로 총수익이 대폭 증가하거나 감소할 수 있다는 점을 고려해야 한다. 해외 시장 투자 수익이 미국 시장을 앞지르던 시기의 수익 요인은 해외 시황이 좋았다기보다는 달러 약세의 결과였던 경우가 더 많다. 따라서 최근 몇 년간 달러가 약세를 보이자, 많은 펀드가 대대적으로 광고했듯이 해외 포트폴리오 실적은 눈부셨다. 원인은 시장 자체에 있다기보다 미 달러 약세로 주식 가치가 올랐기 때문이었는데, 지금도 이런 경우인 듯하다. 달러가 강세를 보이면 상황은 역전될 수 있다.

표 13-2는 국내 주식과 해외 주식의 수익을 비교한 자료로 출처는 S&P500, MSCI EAFE(미국을 제외한 선진국 지수) 지수 데이터이다. MSCI EAFE 지수는 미국과 캐나다 이외 선진 경제권의 증권시장 실적을 측정하는 지표다.

6개 기간별 실적을 보자. MSCI EAFE 주식의 실적이 S&P500 대비 좋은 구간도 있고 나쁜 구간도 있다. 6개 기간 중 4번은 S&P500이, 2번은 MSCI EAFE가 우세였다. 두 지수의 실적은 막상막하로 장기적으로 어느 쪽이 이길지는 경마처럼 사진 판독이 필요할 정도다.

표 13-2 MSCI EAFE와 S&P500 총수익 비교
2010년 12월 31일

	3년	5년	10년	15년	20년	25년	평균 PER	평균 시가 총액
MSCI EAFE	−6.5%	2.9%	3.9%	5.1%	6.2%	8.5%	14	50.2
S&P500	−2.9%	2.3%	1.4%	6.8%	9.1%	9.9%	15	88.2

*단위: 10억 달러

출처: © 데이비드 드레먼, 2011. 데이터 출처: FactSet Research Systems and Bloomberg LP

그렇다면 선택을 더 어렵게 만들어보자. 주식은 짓궂기 짝이 없는 '생물'로 언제 어떤 행동을 할지 예측할 수가 없다. 투자자가 고려해야 할 요소는 또 있다. 국내 주식을 보유하면 환율 등락을 걱정하지 않아도 되고, 지정학적 불안 요소도 없고, 소량으로 거래되는 투기시장도 피할 수 있다.

결과는 무승부다. 현재 EU를 제외하고 해외 시황이 더 좋은 것은 분명하다. 그러나 무작정 이 사실만 믿어도 될까? 차트에서 보듯 해외 시장은 PER 기준으로 비싸면서 시가총액도 적다.

외국이 전부 안전하지는 않다는 점도 명심해야 한다. 나는 서유럽이나 캐나다에 안심하고 투자하다가 PER이 하락하면 일본에 투자한다. 중국, 환태평양, 남미, 러시아에 투자할 때는 훨씬 신중하게 접근한다. 은행들과 해외 투자자들은 브라질, 아르헨티나, 러시아에 투자했다가 채무불이행과 구조조정 때문에 호되게 당한 바 있는데, 투자금을 절반 넘게 날리기도 했다. 해외 주식 인수업자들은 지금은 사정이 다르다고 설득한다. 그럴 수도 있지만, 한번 채무불이행 상태에 빠진 정부가 또 그러지 말라는 보장은 없다.

해외 시장 투자에 따른 위험도 있지만, 해외 주식에 기회도 있다. 개인 투자자에게 최선의 전략은 미국 시장에서 거래되는 해외 주식 중 역발상 전략에 맞는 주식을 매수하는 것이다. 내가 운용하는 포트폴리오에서 이 전략을 자주 활용했는데 결과가 아주 좋았다.●

이렇게 하면 비싼 해외 중개료와 예탁료를 피할 수 있고, 외화 환전에

● 우리 회사가 운용하는 저PER ADR 해외 펀드가 정확히 이런 방식으로 투자하고 있다. 펀드평가서 리퍼에 따르면 이 펀드는 출시된 이래로 백분위 순위 13위에 올라 있다.

대한 부담도 줄일 수 있다. 미국 주식예탁증서^{ADR}는 비미국 기업의 주식에 투자할 수 있도록 미국 시장에서 발행하는 주식예탁증서다. 로열더치쉘, 소니, 필립스 같은 대기업들이 주식예탁증서 형태로 뉴욕증권거래소에 상장되어 있고, 영어로 된 상세한 재무 정보도 제공된다.

원리는 간단해서 해외 주식, 펀드 등 많은 금융 상품이 활발하게 거래되고 있다. 역발상 지표를 통해 볼 때 해외 주식은 동일 업종의 미국 기업보다 더 저렴한 값에 거래되므로 현명한 투자처가 될 수 있다. 예를 들어 네덜란드 소비재 기업인 유니레버는 규모 면에서 프록터앤드갬블의 절반인데, 시장 가치는 900억 달러이다. 유니레버는 애널리스트가 앞으로 수년 동안 비슷한 성장률을 예상하는 미국 소비재 기업들보다 PER은 낮고 배당수익률은 높다. 밸류라인 인베스트먼트 서베이, 모닝스타 웹사이트, 전문 투자자들은 블룸버그, 팩트셋 등을 활용할 수 있다. 동일 업종의 미국 기업들보다 가치가 우수한 기업은 많다.

나처럼 특정 업종에서 미국 내 주식 대신 해외 주식들을 활용해도 좋고, 국가별이나 업종별로 포트폴리오를 다각화해도 좋다. 미국 주식예탁증서를 활용하면 잘 분산된 해외 포트폴리오를 구성할 수 있다. 우연의 일치인지 주식예탁증서 형태로 거래되는 외국 주식 중에는 역발상 기준을 가볍게 통과하는 탄탄한 대기업들이 많이 있다. 그러나 통화 가치 변동에 따른 환위험은 사라지지 않는다는 점을 명심해야 한다. 해당 주식이 발행되는 국가의 통화 대비 달러가 급등하면 주가는 하락한다. 반대로 해당 주식이 발행되는 국가의 통화 대비 달러가 하락하면 주가는 상승한다.

해외 시장에 보수적으로 접근하는 방법은 다양하다. 첫 번째 대안은 해외 주식의 가중평균 가치를 나타내는 인덱스 펀드나 비슷한 대체 상품을 매수하는 것이다. 해외 펀드를 매수한다면, 나라면 해외 시장에서 실적이 괜찮은 인덱스 펀드나 역발상 펀드를 선택하겠다.[17]

두 번째 대안은 고수익이 입증된 전략으로, 폐쇄형 펀드가 인기가 없을 때 전망이 좋고 정국이 안정된 주요 국가들에 투자하는 폐쇄형 펀드를 매수하는 것이다.

해외 투자의 첫째 수칙은 국내 투자의 첫째 수칙과 동일하다. 너도나도 다 사려고 덤벼들고, 언론이 대대적으로 홍보한다고 덩달아 매수하면 안 되고, 헐값일 때 사야 한다. 미국의 뜨는 상장주나 개념주처럼 주가가 상승할 때는 기분 좋게 취하지만, 고통스러운 숙취 현상이 찾아오기 마련이다.

마지막으로 역발상 전략을 사용할 때 반드시 풀어야 할 난제를 살펴보겠다. 어떤 전략을 사용해도 이 문제는 반드시 풀어야 한다. 바로 매도 시기이다.

언제 팔아야 하는가

어떤 전략을 활용하든 가장 결정하기 어려운 것이 매도 시기이다. 투자자들마다 각각 다른 해답을 갖고 있겠지만, 전문가들조차 자신의 매도 규칙을 철저하게 지키지 않는다. 매도결정을 할 때마다 심리적 영향으로 엉뚱한 결정을 내릴 때가 많은데, 종종 참담한 결과를 낳기도 한다. 많은 펀드매니저가 엄격한 매도 목표를 정해놓는 것을 보고 초기에는 나도 그렇게 했다. 그러나 설정된 가격을 향해 주가가 빠르게 치솟으면 대개 주가 상승과 함께 호재가 쏟아지기 마련이다.

20달러에 매수하면서 매도 목표가를 40달러로 설정했다고 하자. 그런데 주가가 40달러를 돌파하면 펀드매니저는 종종 매도가를 상향 조정한다. 40달러가 50달러가 되고, 50달러가 60달러가 된다. 이럴 경우 주가가 계속 상승하다가 결국엔 미끄러지는 '왕복 여행'으로 끝나는 경우가 허다하다.

우리의 지식을 바탕으로 판단할 때, 가장 안전한 방식은 심리적 영향을 상당 부분 방지하도록 기계적인 수칙에 의존하는 것이다. 내가 사용하는 일반 수칙은 다음과 같다.

심리 지침 27
PER(또는 다른 역발상 지표)이 전체 시장 PER에 근접하면 전망이 아무리 좋아 보여도 해당 주식을 매도하고 다른 역발상 주식으로 대체하라.

예를 들어 저PER 전략을 채택하고 있는데 시장 PER이 16배라고 하자. 보유 주식 중 하나(쉐브론이라고 하자)를 PER 10배에 샀는데 16배로 상승했다면, 이 주식을 팔고 PER이 낮은 다른 주식으로 대체해야 한다.•

따라서 첫 번째 수칙은 간단하다. 주식 매수 시점에서 매도 포인트를 설정하라. 주가가 매도 포인트에 도달하면 이를 악물고, 마음을 단단히 먹고 팔아버려야 한다. 주가가 더 오르는 경우도 있기 때문에 속이 쓰릴 수도 있다. 하지만 욕심 부려 뭐하겠는가. 쏠쏠한 수익을 올렸으면 그것으로 충분하다. 이 게임이라는 게 원래 그렇다(유일한 예외가 있다면 인수될 것이 확실한 회사의 주식이다).

•시간이 지나 주가가 변하면 포트폴리오에서 주식 비중이 달라지기 마련이다. 주식을 매각할 때는 비중을 고려해 포트폴리오의 균형을 맞추어야 한다.

그런데 주가가 올랐을 때 주식을 매도하는 것만이 능사는 아니다. 저 PBR 전략을 이용하는데, 주가가 급등해도 시장평균 PBR이 계속 상승하면 저PBR은 여전히 시장평균을 밑도는 경우가 있다. 주가가 2배, 3배 뛰어도 자산 가치 역시 2배, 3배 뛰어서 PBR은 몇 년 동안 낮게 유지되는 경우도 있다. 저PER, 저PCR, 고배당 전략 역시 마찬가지다.

실적이 지지부진한 주식을 얼마나 오래 보유해야 하는지도 문제다. 투자자들은 자신이 보유한 주식에 애착을 갖게 마련이다. 포트폴리오에는 수치상으로 괜찮아 보이는 기업들 수십 개로 구성되어 있는데, 막상 시장에서는 부진을 면치 못하고 실적이 형편없는 경우가 있다.

이 문제 역시 몇 가지 해결책이 있지만 딱 부러지는 시원한 해결책은 없다. 내 생각에는 2년 반에서 3년 정도 기다려주는 것이 적당한 것 같다 (경기순환주가 수익이 하락하고 있다면 3년 반 정도 기다릴 수 있다). 2~3년이 지난 뒤에도 여전히 실적이 형편없다면 매도하라. 가치투자의 달인인 존 템플턴John Templeton은 기다리는 기간을 6년으로 잡았다. 각자 알아서 판단하되 일단 기간을 정하면 그대로 지키고, 미련 없이 매도하라.

중요한 규칙이 또 있다. 장기 펀더멘털이 크게 악화되면 당장 주식을 매도해야 한다. 아무리 공을 들여 조사해도 잘못되는 경우가 있고, 그 결과 기업이나 업종의 전망이 악화될 수 있기 때문이다. 분기 수익이 나쁘다든가 일시적인 부정적 서프라이즈를 말하는 것이 아니다. 그런 경우에는 얼마든지 주가를 회복할 수 있다. 그러나 과거 금융위기 때 수많은 금융주들처럼 기업 전망이 어두워지는 큰 변화가 있을 때에는 보따리를 챙겨서 자리를 떠나는 것이 그나마 손실을 줄일 수 있다.

결론적으로 말하면 이렇다. 고집 부리지 말고, 욕심 부리지 말고, 작은 손실을 두려워하지 마라. 무엇보다 주식을 살 때 어느 수준에서 팔지 결정하고 그 결정을 고수하라. 고점보다 몇 포인트 낮은 수준에서 매도하면 조금 손해는 보겠지만, 매도를 미루다가 결국 손실을 보는 것보다는 훨씬 낫다.

절충형 매도 전략을 쓰는 경우, 한 가지 문제가 더 생긴다. 30~40개 주식으로 구성된 포트폴리오가 있는데 보유 주식들보다 더 낮은 역발상 비율에 거래되고, 지표상 순위가 훨씬 높은 새로운 주식을 발견했다고 하자. 주식을 교체해도 되지만 포트폴리오 주식 수는 고정되어야 한다는 점을 명심해야 한다. 즉 하나를 매수할 때마다 다른 주식 하나를 매도해야 한다. 주식 교체에는 판단력이 많이 개입되므로 실수할 가능성도 크다. 따라서 과다 매매의 위험을 피하려면 주식 교체는 비교적 드물게 해야 한다. 경마꾼들 사이에는 이런 격언이 있다.

"일단 찍었으면 바꾸지 마라."

내가 오랫동안 고수했던 규칙 하나는 일회성 경비 과다 지출 또는 일시적 경영 여건으로 수익이 하락하여 PER이 높아진 주식은 매도하지 않는다는 것이다. 그런데 2007~2008년 시장 붕괴 이후 심사숙고한 끝에 생각을 바꾸었다. 지출이 일회성 경비지만, 반복되지 않는다는 확신이 없다면 당장 파는 것이 상책이다. 2007~2008년의 시장 붕괴를 통해 드러난 것처럼 일회성 경비는 앞으로도 기업을 휘청거리게 할 경비 지출이 계속된다는 의미이다. '일회성 경비'는 금융업을 무너뜨렸고, 수많은 가치투자 펀드매니저의 고객에게 피해를 입혔다. 내 고객들도 마찬가지였다. 일회성 경비가 과도하게 지출되면 당장 매도하고, 그래도 미련이 남는다면 회사가 수익력을 회복할 때 다시 매수하면 된다. 나는 저PER 포트폴리오를 선정할 때 컴퓨터 시뮬레이션으로 항상 해당 분기에 수익이 없는 주식을 탈락시켰다.

새로운 핵심적 위험과 기회들을 검토했으므로 이제 긴급히 주목해야 할 주제를 살펴보자. 바로 오늘날 널리 활용되는 파산 이론을 대체할 더 나은 위험 이론이다.

14장

진일보한 위험 이론을 향하여

위험은 어떤 때는 요부 같고, 어떤 때는 인정사정없는 신 같다. 위험은 우리를 카지노나 시장으로 불러들인 뒤 가끔 불가능을 비웃으며 놀라운 보상을 안겨준다. 돈을 따면 챙겨서 나가는 경우는 드물다. 십중팔구 게임을 계속하다 딴 돈을 몽땅 날리고 본전까지 날린다.

역사에는 엄청난 역경을 딛고 승승장구한 위대한 장군들이 많다. 나폴레옹, 로버트 E. 리, 에르빈 롬멜을 생각해보라. 그러나 병력과 군사들의 의지, 국가 산업 경쟁력을 합쳐 계산한 승률은 언제나 역사에서 거듭 위용을 발휘했다. 그리고 위대한 장군들 역시 마지막에는 결국 이 승률에 무릎을 꿇고 말았다. 오늘날 대중 사회에서는 금융 관련 언론들이 3개월, 1년, 3년 동안 탁월한 실적을 보인 펀드매니저, 애널리스트, 투자매니저들의 인터뷰를 내보낸다. 이들이 무슨 말을 하면 아무리 엉뚱한 소리라도 한 마디, 한 마디가 새로운 복음으로 인식된다. 하지만 결국 확률의 법칙에 의해 실적은 추락한다. 보드빌 쇼에서 긴 갈고리가 나와서 무대 위 어릿광대들을 끌고 사라지듯 말이다. 무대 위에서 어릿광대가 사라지면 눈부신 단기 실적의 새로운 스타가 무대에 나타나고 관중들은 환호성을 지르며 맞이한다. 위험을 비웃는 지상 최대의 쇼는 계속된다.

대다수는 위험에 대해 이중적인 태도를 지니고 있다. 승산이 작은 쪽이 승리하는 것을 보고 싶어 하며 계속 응원한다. 그리고 승산이 큰 쪽을 꺾고 예상 밖의 승리를 거두면 기뻐한다. 이런 주식에 돈을 걸었다면 말할 것도 없다. 약팀을 응원하거나, 약팀에 돈을 걸었다면 더 말할 나위도 없다. 그러나 정작 시장에서는 아무도 이런 주식을 원하지 않는다. 시장은 확률을 믿고, 승률이 높을수록 좋아한다. 유일한 목표는 당연히 돈을 버는 것이다. 요즘은 상황이 복잡해지면서 실제 승률을 판단하기가 어려워졌다.

효율적 시장에서는 모든 게 간단해 보였다. '미스터 리스크, 즉 미스터 변동성'은 고결한 사람이었다. 자신이 누군지, 무슨 일을 하는지 정확하게 말했다. 그리고 어느 정도 위험을 감수해야 하는지 확실히 알려주었기 때문에 바이올린 거장이 현을 조율하듯 정확하게 포트폴리오를 조정할 수 있었다. 이런 이유로 미스터 변동성은 수십 년 동안 사랑받았다. 사람들은 유사 이래 미쳐 날뛰던 위험이라는 마귀를 드디어 우리에 잡아 가두었다고 생각했다.

그런데 상황이 변하기 시작했다. 투자 세계가 낯설고 험난해지자, 아무래도 미스터 변동성은 본인이 주장했던 것만큼 좋은 사람이 아닌 것 같다. 사실 거들먹거리면서 투자자들에게 이래라저래라 해놓고는, 추천한 대로 했는데 왜 약속한 수익이 나지 않느냐고 물으면 육중한 덩치로 겁을 주기 때문이다.

전문 용어로 다시 이야기해보자. 앞서 논의했듯이 베타를 비롯한 변동성 지표들은 위험 측정에 부정확하고 엉망인 인간의 어림짐작을 배제하는 객관적 척도로 도입되었다. 특히 베타는 효율적 시장 이론에서 시금석이 되는 위험 지표가 되었다. 무조건 환영할 일이었지만 사소한 문제가 하나 생겼다. 주식시장의 장기 실적 데이터에서 불거진 문제였는데, 바로 변동성의 크기와 실제 수익 간에 상관관계가 없다는 점이다. 미스터 변동성의 수치는 통하지 않았다. 말은 얼마나 청산유수인지, 투자자들이 쉽게 이해할 수 있는 명쾌한 이론을 제시했다. 그리고 투자자들은 기꺼이 그 이론에 기대어 포트폴리오 전략을 짰다. 그러나 미스터 변동성은 150년 전 열렬한 창조론자에 맞서 찰스 다윈의 진화론을 옹호했던 토마스 헉슬리의 논리에 직면했다. 헉슬리는 당시 창조론에 대해 이렇게 받아쳤다. "과학의 커다란 비극은 추악한 사실로 멋진 가설을 죽이는 것이다."

데이터가 충분하지 않았다면 모를까, 2장에서 살펴본 대로 검증되지 않은 위험 이론은 위험 행위에 대한 감정 연구 결과와 정면으로 부딪힌다. 다수의 실험을 거친 감정 연구에 따르면 위험과 수익은 반비례한다. 감수하는 위험이 클수록 인지된 수익은 낮고, 반대로 감수하는 위험이 작을수록 인지된 보상은 더 크다. 이 결과들은 효율적 시장 가설의 핵심 위험 이론과 정면으로 배치된다.

결국 광기가 일 때마다 변동성이 낮다고는 하지만 실제로는 변동성이 매우 큰, 즉 베타 값이 1보다 큰 공격적인 주식에 무모하게 뛰어드는 행태는 최근의 감정 연구 결과가 타당함에 대해 부분적으로는 입증하고 있다. 처음부터 효율적 시장 가설의 위험 이론은 현실성이 없어 보였다. 그리고 시간이 흐를수록 문제는 더 커지기만 했다. 다시 한 번 말하지만 오늘날 위험 이론은 의혹의 눈길을 받고 있고, 그 근거는 놀랍다.

그러나 변동성이 위험을 파악하는 최선의 척도라는 주장이 증명되지 않자, 이 이론을 옹호하는 사람들은 개념을 포기하지 않고 변동성 연산 방식을 바꾸어 새로운 변동성과 수익 간의 상관관계를 찾고자 했다. 이들은 계속 새로운 위험 모델을 내놓았지만 신뢰할 만한 모델은 없었고, 활용된 과학적 방법론은 미심쩍었다. 한편 우리에게는 오늘날 투자 세계에서 가장 두드러진 문제가 남았다. 바로 투자자 대다수가 의존하고 있는 위험 분석이 빛 좋은 개살구라는 것이다.

스탈린 동상 끌어내리기

1989년 소비에트 연방 붕괴 이후 동유럽 일대에서 스탈린의 동상이 철거되던 광경을 많은 사람이 기억할 것이다. 작은 동상들은 인부들이 줄과 사슬로 끌어내렸고, 큰 동상들은 트렉터 같은 건설 장비를 이용해 무너뜨렸다. 러시아의 미래는 불안했지만 돌이킬 수는 없었다. 공산주의가 몰락했을 때처럼 우리는 질문해야 한다. 변동성이 무너지면 무엇으로 대신할 것인가? 14장의 핵심은 다양한 상황에 적용할 수 있는 위험 척도를 제공하는 것이다.

먼저 과거의 위험 패러다임에서 간과되었던 중요 요소들부터 점검해보자. 수백 년 동안 각각의 요소가 입힌 피해를 살펴보겠다. 더 중요한 사실은 투자자들을 위해서나 경제를 위해서나 피해의 상당 부분을 저지할 수 있었다는 점이다. 앞으로 이 점도 살펴보겠다.

베타는 죽었지만, 모두 죽은 것은 아니다. 현대 투자자들을 위해 훨씬 훌륭한 원칙들 일부를 조합해나갈 것이다. 최근 수십 년 사이 포트폴리오에 엄청난 타격을 입혔지만 지금까지 투자자들이 대체로 간과해온 위험 요인들부터 살펴보자.

유동성 : 금융 대재앙을 몰고 오는 첫 번째 기수

먼저 오늘날 투자자가 직면한 가장 심각한 위험 중 하나를 살펴보자. 바로 유동성에 대한 잘못된 이해와 대처 방법이다. 5장에서 세 번의 폭락장에서 유동성 고갈이 미친 영향을 자세하게 살펴보았다. 유동성이 고갈되면서 유동성이 낮은 주식과 선물가격이 폭락하고, 결국 시장은 패닉상태에 빠졌다.

유동성 부족은 전혀 새로운 위험이 아니다. 시장이 탄생할 무렵부터 유동성 위험은 계속 존재했다. 19세기 영국을 비롯한 여러 나라에서 유동성 부족이라는 말이 조금만 들려도 예금자들이 은행으로 몰려가 자금을 인출하는 바람에 은행들이 파산하곤 했다. 1933년 예금자들은 몇 푼이라도 더 인출하기 위해서 길게 줄을 서 있었고, 정부는 모든 은행이 한시적으로 문을 닫은 은행 휴일을 선포했다.

물론 유동성 부족에 따른 피해는 은행에서 그치지 않는다. 최근 사례로는 몇 년 전 주택 및 부동산 회사 대출이 있다. 주택 건설업자들과 부동산 회사들이 받은 대출금의 상당 부분이 은행이나 상업적 대부자들에게서 대출받은 것으로, 대출액이 대폭 깎이거나 갱신이 안 되면 채무자는 아주 곤란한 지경에 처하는 경우가 많다. 재고를 헐값에 처분하든지 혹은 가격이 폭락했다면 법정관리에 들어가든지, 아니면 사정이 별반 나을 것도 없는 은행과 담판을 벌여야 했다. 과거 일부 상업용 부동산 대출에서도 같은 상황이 발생했다.

2007~2009년 사이 미국 기업들, 특히 일자리의 대부분을 차지하는 100인 이하 사업장들은 확장에 필요한 은행 자본을 이용할 수 없어 인력을 고용할 수 없었고, 항상 의존하던 자금을 대출받을 수 없어서 운영비를 절감해야 하는 문제에 시달렸다. 서브프라임 위기가 유동성 부족에 따른 결과를 크게 부풀린 것은 사실이지만, 유동성 부족이 서브프라임보다 훨씬 큰 문제이다. 안전하고 재정이 튼튼한 기업들에게도 유동성부족은 진행 중인 문제다.

우리가 여기서 주로 관심을 갖는 피해는 가용 자금이 풍부한 시기에발생한다. 가용 자금이 풍부하면 은행과 금융기관들은 대출 요건을 대폭 완화한다. 이제는 모르는 사람이 없지만 서브프라임 모기지의 대출요건은 한심했다. 헤지펀드와 대출 업체들은 높은 레버리지의 비우량담보대출을 남발했고, 대출 업체들의 부실대출심사는 기껏해야 형식적인 수준이었다.

1980년대 말과 1990년대 초 상업용 부동산가격이 급등할 때도 은행들은 대형 프로젝트의 자본 여건을 제대로 검토하지 않았다. 서로 대출해주겠다고 은행들끼리 경쟁이 치열했기 때문에 건설업자들은 프로젝트 비용의 105%까지 대출을 받을 수 있었다. 1960년대 이후 거의 10년마다 한 번씩 이런 부동산 버블이 생기고 있다.

부동산 버블의 끝은 언제나 놀라울 정도로 비슷했다. 어느 순간 은행을 비롯한 금융기관들은 프로젝트가 당초 예상만큼 수익이 나지 않는다는 사실을 깨닫는다. 설상가상으로 대폭 할인이 아니면 누구도 부동산을 사려고 하지 않아서 현금화가 아주 힘들어진다. 1992년 도널드 트럼프 같은 채무자는 극심한 자금난에 시달리게 되었다. 1980년대 말에서 1990년대 초 은행들이 겪은 위기처럼 금융기관들은 어찌 해볼 수가 없었다. 조지 H. W. 부시 대통령은 정리신탁공사RTC를 설립해 부실 은행과 저축기관을 인수했고, 고군분투하는 일부 기관들을 위해 자금을 조성했다. 그러나 은행주는 50~60%나 폭락했고, 부동산시장은 붕괴했다.

1999년 11월 글래스-스티걸법(1933년 미국에서 은행개혁과 투기 규제를 목적으로 제정된 법)이 폐지되면서 은행 대출이 훨씬 자유로워지자 유동성 부족 문제는 한층 악화되었다. 그러나 대다수 은행과 다양한 부류의 전문 투자자는 위험 선별에서 이 중차대한 위험을 철저히 무시했다.

유동성은 유동성을 낳지 않는다

앞서 언급했듯이 1987년 폭락에서 가장 큰 몫을 차지한 것은 유동성이었다. 시장 상황이 변하면서 유동성이 급변할 수 있다는 사실은 심각한 문제지만, 제대로 인식하는 사람이 거의 없다. 효율적 시장 가설은 "유동성은 유동성을 낳는다"고 주장한다. 즉 가격이 떨어지면 매수자들이 몰려온다는 의미이다. 그러나 이 명제가 정확하게 들어맞는다는 증거는 없지만, 시장이 극도로 경색되면 주가 폭락에 직면해 유동성이 고갈된다는 증거는 수두룩하다. 1987년 폭락 사태 당시 S&P500 선물시장에서 이런 현상이 발생했다는 점을 상기해보라. 그럼에도 효율적 시장 가설의 검증되지 않은 이 전제는 폭락장 이후에도 시장의 핵심 원리로 간주되고 있다. 2010년의 플래시 크래시와 2011년 7~8월, 9월의 패닉을 비롯한 폭락에서도 유동성은 유동성을 낳지 않는다는 것이 분명하게 드러났다. 현실은 정반대다. 주가나 지수 선물가격이 급락하면 유동성이 급격하게 감소하고, 앞서 언급한 사례들에서 보듯 최악의 경우 완전히 고갈돼 하락폭을 키운다. 이 시점에서 새로운 심리 지침이 유용할 것이다.

심리 지침 28(a)
주가가 급락하면 유동성이 증가하지 않고 오히려 감소한다. 시장이 빠른 속도로 하락하며 유동성이 대폭 감소할 수 있다. 그리고 주식을 비롯한 금융 상품의 유동성이 낮을수록 유동성 감소가 가격에 미치는 부정적 영향은 더 크다.

심리 지침 28(b)
주식이나 기타 투자 수단의 가격이 급등할 때 대체로 유동성이 증가한다.

레버리지 : 금융 대재앙을 몰고 오는 두 번째 기수

타격을 입힌다는 점에서 레버리지는 유동성과 동일선상에 있다. 낮은 수준의 증거금은 그 자체만으로 폭락의 주요 요인이 되어 왔다. 유동성과 마찬가지로 레버리지 역시 감정을 비롯한 심리적 영향력의 상호작용은 비슷하기 때문에 처리하기가 어렵다. 앞서 확인한 것처럼 1987년과 2007~2008년 폭락 그리고 롱텀캐피털매니지먼트 사태처럼 유동성과 레버리지가 함께 작용하면 결과는 처참하다. 심리 지침 29가 경고하듯 레버리지는 보수적인 투자자가 피해야 할 위험이다.

레버리지에 관해 거듭 상기해야 할 논점이 있다. S&P500 선물, 금융 선물을 매수하면 주식을 매수할 때보다 증거금이 훨씬 적게 든다(S&P500 선물 포지션을 설정할 때는 최초 증거금 7%, S&P 주식은 50%). 1929년 증거금은 10%로, 의회는 이처럼 낮은 증거금률을 폭락의 주요 원인으로 지목하였다. 그런데 10%보다 증거금률이 더 낮아졌다. 사실 1934년 의회가 연방준비제도에게 주식 증거금률 지정 권한을 부여한 이후로 연방준비제도에서는 50%에서 100% 사이에서 결정하고 있다.

시카고상품거래소를 비롯한 거래소들에게 선물증거금을 7%(1987년 폭락 이전에는 5%)로 낮게 설정하는 것을 허용하자, 시장의 투기성과 변동성이 모두 확대되었다. 그리고 이 점이 1987년 폭락과 플래시 크래시에서 그대로 드러났다.

유동성과 레버리지 : 치명적인 조합

유동성과 레버리지로 금융시장이 초토화되다시피 한 2007~2008년 현대 금융사 최악의 신용위기는 쉽사리 잊히지 않을 것이다. 높은 레버리지 수준과 극단적인 유동성 고갈이 어우러져 금융 시스템을 쓸어버렸다. 유동성 부족과 함께 레버리지 역시 1929년부터 1987년까지 있었던 폭락 사태를 일으키는 데 큰 몫을 담당했다.

유동성 경색 문제를 피하는 방법

안타깝게도 유동성 경색 국면에는 다양한 유형이 있기 때문에 이것저것 두루 해결할 수 있는 비책은 없다. 폭락장에서는 견디는 것 외에는 별로 할 수 있는 것이 없다. 유동성 문제가 폭락 사태의 원인이라는 사실이 드러나면, 대체로 주가는 빠른 속도로 회복한다.

1987년 폭락에서도 1년 남짓 만에 유동성으로 인한 주가 하락폭을 거의 회복했고, 2010년 플래시 크래시에서도 폭락 당일 하락폭을 대부분

회복했다. 그리고 몇 달 후에는 전부 회복했다. 유동성으로 인한 폭락 국면에서는 주식을 매도하면 안 된다.

유동성과 레버리지를 어떻게 처리해야 할까

안타깝게도 상승장에서 유동성과 레버리지는 구미가 당기지 않을 수가 없고, 저항하기 힘든 유혹이다. 특히 대출이 쉽다면 더더욱 그렇다. 유동성이 낮은 주식이나 채권을 선호할수록 그리고 수익이 클수록 돈을 더 빌려 추가 매수해 상승세에 박차를 가하고 싶은 마음이 굴뚝같다. 과다하게 레버리지를 사용하는 것과 유동성이 너무 떨어지는 것 모두 강력한 긍정적 감정의 부산물이다. 헤지펀드, 은행, 투자 은행을 비롯해 수많은 투자자가 심리적 중독 상태에 있는 듯하다.

유동성과 레버리지 문제에서 벗어나는 유일한 길은 레버리지와 유동성이 낮은 주식 소유를 엄격히 제한하는 것이다. 동일 섹터에 있는 유동성이 낮은 주식을 매수할 때는 특히 엄격해야 한다. 끊으려면 단번에 끊는 게 좋다. 1920년대에 유효했던 심리 지침은 오늘날에도 타당하다.

> **심리 지침 29**
> 현명한 투자자라면 레버리지나 마진거래를 멀리하고, 포트폴리오에서 유동성이 낮은 주식의 비중을 크게 낮춰야 한다.

다음은 피해야 할 함정들이다.

1. 선물을 활용하기로 결정했다면 너무 무리하지 않도록 유의하라. 먼저 매수 또는 매도 물량을 결정하라. 원하는 물량이 2만 달러인데 계약 가능한 최소 선물계약 단위가 20만 달러라면 당장 빠져나

와야 한다. 아니면 실제 원하는 양보다 10배를 매수해야 한다. 이 간단한 규칙을 지키지 않아서 자멸하는 사람이 얼마나 많은지 놀라울 뿐이다.

2. 패키지 개념 상품, 복잡한 모기지 상품, 기타 헤지펀드, 투자 은행, 은행들이 파는 복잡한 상품들을 조심하라. 이런 상품들은 주로 협약을 통해 파생상품을 구조화해 제공하는 구조화 거래 상품으로 가격 거품이 크다. 대부분 유동성이 크게 떨어지고 실적도 대체로 좋지 않다. 은행 관계자나 중개인에게 회사에서 각 상품에 얼마나 투자하는지 물어보고 대답을 회피해도 놀라지 마라.

   이런 상품들에는 공통분모가 있다. 대부분 솔깃하게 만드는 개념을 동반하는 상품으로 수익성이 높다고 이야기한다. 비용이 주식 수수료보다 훨씬 높아서 가끔은 연간 비용이 수익의 20%까지 깎아 먹기 때문에 나는 이런 상품은 절대 사지 않는다. 더 중요한 사실은 이런 거래가 성공할 것 같은 느낌이 전혀 들지 않는다는 것이다. 실적 기록도 없고, 유동성도 없고, 비용만 높은 금융 상품을 좋아하는 게 아니라면 근처에 가지 않는 것이 좋다. 이상하게도 많은 자산을 보유한 투자자가 이런 상품을 덥석 무는 경우가 많다. 바라건대 여러분은 그러지 않았으면 한다.

3. 거래가 희박한 주식을 직접 사거나 구주분매를 통해 매수할 때는 돌다리도 두드려 보고 건너라. 이 경우도 유동성 문제에 부딪혀 손실을 볼 확률이 높다. 매수할 때는 적어도 시장 조성자가 어느 정도 존재하는지 확인하고, 일 거래량보다 초과하는 양을 매수하지

마라.

4. 미국 증권회사에서 파는 미국 주식을 기초자산으로 하는 유럽식 풋이나 콜 같은 색다른 파생상품을 멀리하라. 이런 상품들은 대체로 미국 거래소의 파생상품들보다 비싸고, 유동성이 낮아서 팔고 싶을 때 현금화하기 어렵다.

5. 이해가 안 되는 채권, 헤지펀드, 증권 등은 매수하지 마라. 수익이 아무리 구미가 당겨도 무시해야 원금을 지킬 수 있다. 이해하기 쉬운 더 좋은 기회가 찾아온다. AAA등급 서브프라임 모기지론이나 AA등급 채권을 매수한 사람들은 달러당 70센트나 날렸다는 사실을 명심하라. 상황이 좋을 때에도 연간 수익률이 겨우 2~3%라는 점을 고려하면 터무니없이 큰 손실이다.

다른 위험 요소들

효율적 시장 가설의 위험 이론이 변동성에만 초점을 맞추면서, 수백 년 동안 지켜졌던 위험 분석의 중요한 가이드라인이 허물어졌다. 그레이엄과 도드를 비롯한 선도적인 금융 이론가들이 확립한 주식 위험 분석은 효율적 시장 이론가들이 경시했기 때문에 폐기되거나, 진지한 고려의 대상이 되지 못했다. 이들은 어차피 전부 변동성으로 치환되는데, 성가시게 그럴 필요가 있느냐고 생각했다.

이제 기존의 위험 진단 원칙들을 소생시켜야 할 때다. 이 원칙들은 변동성으로 설명되지 않는 다양한 위험 유형들을 판단하는 데 훨씬 유용하다. 다음은 변동성으로 환산되지 않는 위험 요인들이다.

1. 유동성 부족
2. 과도한 레버리지
3. 채권 리스크 관리 기법
4. 주식 리스크 관리 기법

이 책에서 수많은 주식이나 채권의 리스크 관리 기법을 일일이 검토할 수는 없다. 그레이엄과 도드의 《증권분석》(6판, 2008년) 등 리스크 관리 기법에 대한 기초 지식을 얻을 수 있는 좋은 책들이 많다. 이 원칙들은 아주 중요하며 지난 수십 년 동안 큰 변화가 없었다.

이제 다가올 미래에 특별히 주의해야 할 새로운 위험 요인들을 살펴보자.

인플레이션 : 금융 대재앙을 몰고 오는 세 번째 기수

위험의 역사를 간단하게 훑어보고, 위험이 방심한 자들을 어떻게 파멸로 이끄는지 살펴보자. 시카고학파 창립 멤버 중 한 사람인 프랭크 H. 나이트는 시대의 획을 긋는 저서 《위험, 불확실성, 수익Risk, Uncertainty and Profit》(1921)[1]에서 위험과 불확실성 간에는 큰 차이가 있다고 단언했다. 나이트에 따르면 불확실성은 계량화가 불가능한 반면, 위험은 '측정 가능한 양'이다.

나이트의 정의에 의하면 위험은 경마, 야구 도박, 축구 도박 같은 다양한 도박은 물론이고, 위험을 계산할 수 있는 모든 활동에 적용될 수 있다. 불확실성은 격변기의 주식가치, 선물 공매도, 주식을 기초자산으로 공매도 포지션을 취하는 파생상품, 부동산 레버리지 등 상승장이든 하락장이든 수익이나 손실이 불확실한 수많은 상황에 적용될 수 있다.

지난 60년 동안 가장 위험한 새로운 위험은 인플레이션이었다. 인플레이션은 여러 가지 방식으로 잔고를 갉아먹는다. 살인적인 인플레이션이 발생했던 미국 혁명전쟁과 남북전쟁 그리고 해외의 비슷한 시기들을 제외하면 수세기 동안 물가 상승이 미미했기 때문에 과거에는 인플레이션에 주목하지 않았다. 1802~1870년까지 물가 상승률은 0.1%로 극히 미미했고, 1871년부터 1925년까지는 0.6%였다.[2]

주요 국가들이 금본위제를 채택하고 있을 때 채권 보유자는 국채와 기업 채권 대다수를 통화나 금으로 환급받을 수 있었다. 인플레이션이 없는 상태나 마찬가지였기 때문에 1830년 매사추세츠 주 대법원의 새뮤얼 퍼트넘 판사에 의해 '신중한 관리자 원칙Prudent-man rule'이 도입되었고, 150년 동안 자금 관리의 중요한 가이드라인으로 활용되었다. 퍼트넘은 분별 있는 사람은 투기하지 않는다며 피신탁인에게 '분별 있고 신중하며 똑똑한 사람들이 일을 어떻게 처리하는지 잘 관찰하고' 그에 따라서 행동하라고 명령했다. 따라서 채권과 함께 다수의 인기주와 소수의 우량주를 보유하는 것이 가장 현명했다.[3]

그러나 위험은 교활한 맹수이다. 위험이라는 맹수는 인플레이션이라는 무기를 휘둘러 방어막을 뚫고 몰래 잠입해 우리의 자본을 날려버린다. 인플레이션은 제2차 세계대전 이후 퍼트넘 판사의 신중한 관리자 원칙을 따르던 투자자들을 쩔쩔매게 만들었다. 제2차 세계대전 종전 당시 국채에 10만 달러를 투자했다면 오늘날 1946년 대비 28만 달러의 구매력이 남아 있을 것이다.[4] 그러나 이는 소득세 차감 전으로 1946~2010년의 평균 소득세율은 60%였다. 금융 대재앙을 알리는 두 기수인 인플레이션과 세금이 국채를 짓밟고 지나간 후 최고세율 구간에서 소득세를 납부한 투자자들과 그들의 상속자들은 2010년이 되자 1946년 구매력의 27%밖에 남아 있지 않았을 것이다.

법률이 경제 변화와 금융 변화에 수십 년 뒤처지는 경우가 종종 있는데, 많은 투자자와 펀드 매니저가 아직도 한참 시대에 뒤처진 퍼트넘의 원칙을 믿고 따르고 있다. 당시에는 적절한 조치였지만 오늘날은 사정이 다르다. 오랫동안 제 역할을 톡톡히 했던 신중한 관리자 원칙이지만 제2차 세계대전 이후 이 원칙을 따랐던 수많은 미국인은 자본이 거덜 나고 말았다. 퍼트넘은 사람들의 자산을 보호하기 위해 잘 설계된 법안을 내놓았지만, 급격한 물가 상승이라는 위험이 이 법률을 뚫고 갑자기 튀어나와 오늘날 투자자들에게 최대의 위험 요소가 되었다. 그리고 앞으로 21세기 내내 이 위험은 상존하게 되었다.

다음으로 주식시장과 채권시장의 위험을 처리하는 최선의 방안을 살펴보자.

신중한 관리자 원칙을 넘어서

제2차 세계대전 이후 투자 세계에 첫발을 들여놓은 인플레이션은 지금까지 계속 눌러앉아 있다. 인플레이션의 최대 희생자는 우리가 가장 안전한 투자처라고 믿고 있는 예금, 단기 국채, 장기 국채, 기업 채권, 기타 확정금리부 유가증권이지만 이 독성 바이러스로부터 안전한 것은 아무 것도 없다. 평상시에는 비교적 소수의 기업이 재정적으로 휘청거리거나 파산하고(오늘날의 금융위기나 대침체 같은 끔찍한 일부 사건은 예외로 한다), 우리가 지금 겪고 있는 것처럼 금융위기에는 더 많은 기업이 재정적으로 어려움을 겪거나 도산할 것이다. 하지만 장기적으로 보아 대부분의 투자자는 신용 위험보다 인플레이션 위험에서 훨씬 더 큰 손실을 입는다. 제2차 세계대전 이후 물가 상승으로 주식, 장기 국채, 단기 국채의 수익 분포는 급격하게, 철저히 바뀌었다.

주식은 위험한가

퍼트넘 판사의 신중한 관리자 원칙에서 보았듯이 장기적으로는 주식보다 채권이 덜 위험하다는 것이 오랜 세월 전해진 상식이었다. 어쨌든 기업 채권을 보유한 사람들은 주주보다 금융 위험이 훨씬 낮았다. 기업이 재정난에 부딪히면 주주 배당금은 삭감할 수 있지만, 채권은 이자를 지급해야 하고 만기에는 원금도 상환해야 한다. 기업이 지불불능 상태에 빠지면 채권자들은 기업이 소유한 자산은 무엇이든 매각하여 원금과 이자를 보상받으려 하기 때문에 주주들은 한 푼도 건질 수 없다. 제2차 세계대전 이전 투자자들에게는 재무적 위험, 즉 기업이 파산하는 것이 가장 큰 위험이었다. 당시에는 인플레이션 위험이 그다지 큰 걱정거리가 되지 못했다.

전후 급속한 인플레이션으로 위험 방정식은 모조리 뒤죽박죽이 되고 말았다. 장기적으로 단기 국채나 장기 국채보다 주식이 항상 수익이 높

앞으며, 1945년 이후 세 가지 투자처 간의 격차는 엄청나게 벌어졌다. 투자자가 1946년 단기 국채에 10만 달러를 투자했다면 2010년 인플레이션 조정 후 수익은 13만 3,000달러로, 실질 연간 수익률은 고작 0.4%이다. 이런 수익률이라면 원금을 2배로 불리는 데 160년이 걸린다. 장기 국채는 조금 나아서 1946년 투자한 10만 달러가 2010년 말 28만 달러가 되어 연간 수익률은 1.6%가 된다(앞서 언급했듯이 두 경우 모두 세전 수치다). 1946년 주식에 10만 달러를 투자했다면 대박을 터뜨릴 수 있었다. 2010년 말 원금은 602만 5,000달러로 불어나 단기 국채에 비해 45배, 장기 국채에 비해 21배 높은 수익률(세전 수치)을 거두었을 것이다. 세후 수익률로 따지면 단기 국채와 장기 국채 대비 주식의 수익률은 크게 높아지는데, 이는 오랫동안 단기 국채와 장기 국채의 수익률이 마이너스로 떨어졌기 때문이다.

따라서 제2차 세계대전 이후 인플레이션과 세금은 단기 국채, 장기 국채, 예금, 기업 부채에 심각한 타격을 입히게 되었다. 그러나 평상시에도 채무 증권 대비 주식의 월등한 수익을 위험 계산에 적용하는 투자자는 거의 없다. 지난 65년 동안 주식의 수익률은 탁월했지만, 지금 이 시간(2011년 9월)에도 자금은 주식과 뮤추얼 펀드를 이탈해 국채로 향하고 있다. 그런데 초단기 국채의 수익률은 0.05%, 10년 만기 국채의 수익률은 1.9%, 30년 만기 국채의 수익률은 2.9%다. 마지막 장에서 단기 국채와 장기 국채에 자금을 투입하는 것이 얼마나 위험한지 살펴보겠다.

위험을 수익으로 바꾸기

표 14-1은 1946년 이후 1년에서 30년 단위로 주식, 장기 국채와 단기 국 채의 인플레이션 조정 수익률을 나타낸다. 표에서 분명히 드러나듯 보 유 기간이 길수록 주식 수익률과 장기 국채 및 단기 국채 수익률의 격차 가 벌어진다. 첫 번째 행을 보면 1946~2010년을 통틀어 주식의 인플레 이션 조정 연평균 수익률은 6.5%이다. 5년 뒤 주식에 투자한 원금은 평 균 37.1% 불어나며, 10년 뒤에는 평균 87.9%, 30년이 넘으면 6배가 된 다. 장기 국채와 단기 국채는 느릿느릿 거북이 걸음이다. 10년 뒤 장기 국채(2열)에 투자한 원금은 17.2% 불어나며(인플레이션 조정), 30년 뒤에도 고작 61% 불어난다. 단기 국채의 수익률은 더 낮다(3열). 10년 뒤 원금은 4.5% 불어나며(인플레이션 조정), 20년 후에는 9.2% 불어난다.

표 14-1 인플레이션 조정 후 복리 수익률
1946~2010년

포트폴리오 보유 기간	수익률			장기 및 단기 국채보다 주식 수익률이 높을 확률	
	주식	장기 국채	단기 국채	장기 국채	단기 국채
1년	6.5%	1.6%	0.4%	63%	68%
2년	13.4%	3.2%	0.9%	67%	73%
3년	20.8%	4.2%	1.3%	71%	79%
4년	28.7%	6.6%	1.8%	73%	77%
5년	37.1%	8.3%	2.2%	74%	75%
10년	87.9%	17.2%	4.5%	84%	82%
15년	157.5%	26.9%	6.8%	94%	88%
20년	252.9%	37.3%	9.2%	98%	100%
25년	383.7%	48.7%	11.6%	98%	100%
30년	563.0%	61.0%	14.1%	100%	100%

출처: © 데이비드 드레먼, 2011. 데이터 출처: Ibbotson® SBBI® Classic Yearbook 2011

이렇게 말할지도 모르겠다. "그만하면 괜찮군. 주식은 등락이 심해. 다양한 상황에서 장기 국채나 단기 국채 대비 주식의 수익률이 높을 확률은 얼마나 될까?" 좋은 질문이다. 장기적으로 주식의 수익률이 더 높다는 것은 알지만 존 케인스가 말했듯 "우리 모두 언젠가는 죽는다." 돈을 벌어봐야 너무 늦게 벌면 쓰지도 못하고 죽을 테니, 돈 쓰는 낙을 누릴 수 있을 정도로 좀 더 짧은 기간 주식의 수익률을 보면 어떨까?

표 14-1의 5열은 1년부터 30년까지 다양한 보유 기간에 장기 국채 대비 주식의 수익률이 높을 확률, 6열은 단기 국채 대비 주식의 수익률이 높을 확률을 나타낸다. 보다시피 보유 기간이 4년 이상이 되면 주식이 압도한다. 주식 보유 시 4년 뒤 장기 국채보다 수익률이 높을 확률은 평균 73%이며(인플레이션 조정), 단기 국채보다 수익률이 높을 확률은 평균 77%이다. 보유 기간이 길수록 확률이 높아지다가 15년이 되면 장기 국채 대비는 94%, 단기 국채 대비는 88%가 된다. 15년이 지나면 장기 국채와 단기 국채보다 주식 수익이 높을 확률은 100%에 육박한다. 장기 보유 시 주식, 장기 국채, 단기 국채 중에서 위험이 가장 작은 것은 단연 주식이다.

그럼 다른 시기에는 주식과 국채의 실적이 어떠했는지 살펴보자. 표 14-2는 1802년에서 2010년 사이 보유 기간 동안 장기 국채와 단기 국채 대비 주식의 수익이 높을 확률, 단기 국채 대비 장기 국채의 수익이 높을 확률을 보여준다(인플레이션 조정). 분석 대상 기간은 1802~1870년, 1871~1945년, 1946~2010년이다. 각 기간마다 1년에서 30년 단위로 보유했을 때 주식이 장기 국채 또는 단기 국채보다 수익이 높을 확률을 측정했다. 표를 보면 시간이 흐를수록 주식이 장기 국채나 단기 국채를 앞지를 확률이 높아진다. 더욱 중요한 사실은 보유 기간이 1~20년 사이일 때,

단기 국채나 장기 국채 대비 주식의 수익이 높을 확률이 제2차 세계대전 이전 145년보다 더 높다는 것이다.

보유 기간이 5년일 때 주식이 장기 국채를 앞지를 확률은 1802~1870년, 1871~1945년에는 65%였다가 전후에는 74%로 상승한다. 1946~2010년에 20년 보유 시 주식이 단기 국채 대비 수익이 더 높을 확

표 14-2 단기 국채 대비 장기 국채가 초과 수익을 거둘 확률

장기 국채 및 단기 국채 초과 수익을 거둘 확률, 인플레이션 조정, 1802~2010년

포트폴리오 보유 기간		주식 수익률이 장기 국채 수익률 초과	주식 수익률이 단기 국채 수익률 초과	장기 국채 수익률이 단기 국채 수익률 초과
1년	1802~1870	63.8%	59.4%	44.9%
	1871~1945	57.3%	61.3%	58.7%
	1946~2010	63.1%	67.7%	49.2%
2년	1802~1870	63.8%	59.4%	42.0%
	1871~1945	60.0%	62.7%	65.3%
	1946~2010	67.2%	73.4%	57.8%
5년	1802~1870	65.2%	69.6%	40.6%
	1871~1945	65.3%	69.3%	69.3%
	1946~2010	73.8%	75.4%	60.7%
10년	1802~1870	78.3%	75.4%	40.6%
	1871~1945	80.0%	85.3%	76.0%
	1946~2010	83.9%	82.1%	48.2%
20년	1802~1870	87.0%	87.0%	30.4%
	1871~1945	92.0%	98.7%	74.7%
	1946~2010	97.8%	100.0%	50.0%
30년	1802~1870	98.6%	92.8%	17.4%
	1871~1945	97.3%	100.0%	76.0%
	1946~2010	100.0%	100.0%	50.0%

출처: © 데이비드 드레먼, 2011. 데이터 출처: Jeremy Siegel and Ibbotson® SBBI® Classic Yearbook 2011

률은 100%이다. 1802~1870년에 20년 보유 시 단기 국채 대비 주식의 수익이 더 높을 확률은 87%이며, 1871~1945년 사이에는 99%까지 높아진다.

잠깐, 이게 끝이 아니다.

세금 : 금융 대재앙을 몰고 오는 네 번째 기수

금융 대재앙을 몰고 오는 네 번째 기수 입장이요! 세금이 도끼를 들고 달려오며 장기 국채, 단기 국채 등 확정금리부 유가증권 보유자들을 말발굽 아래 짓밟는구나. 표 14-3은 표 14-1과 동일한 양식으로, 인플레이션 및 세금 조정 이후 주식, 장기 국채, 단기 국채의 수익률을 보여준다. 보유 기간은 1년부터 30년까지이며 1946년부터 2010년까지 전후 전체 기간 동안 최고 연방 소득세율인 평균 60%를 적용했다.•

인플레이션 조정을 적용한 후 세후 수익을 보면 주식의 복리 수익률은 연간 4.4%이다. 투자자는 10년 동안 53.4%, 20년 동안 135.3%까지 원금을 불릴 수 있었다.

표 14-3에서 보듯 확정금리부 유가증권의 세후 수익은 더욱 급격하게 감소한다. 아무리 그럴 듯해 보여도 장기 국채 매입은 1929년 10월 24일 대공황 직전에 대출을 잔뜩 받아 주식을 구입하는 것만큼이나 위험하며 수익과 거리가 먼 투자다. 과세 등급 60%에서 투자자가 제2차

• 1946~2010년 사이 최고 연방 소득세율은 평균 62%였다. 나는 보수적으로 60%를 적용했다. 또한 주 소득세와 시 소득세를 제외해 최고 소득세율을 낮추었다.

세계대전 후 10만 달러를 장기 국채에 투자했다면 2010년 구매력은 2만 7,000달러밖에 되지 않는다. 그렇다. 인플레이션과 세금이 투자 원금의 73%를 갉아 먹은 것이다.[5]

단기 국채의 실적 역시 형편없으며, 과세 등급이 낮다고 해서 단기 국채나 장기 국채 매수자에게 별 도움이 되지 않는다. 결국 10만 달러를 '가장 위험이 크다'는 우량주에 투자했다면, 인플레이션 조정과 세율

표 14-3 인플레이션 및 세금 조정 후 복리 수익률
1946~2010년

보유 기간	수익률			주식이 초과 수익률 올린 기간 비율	
	주식	장기 국채	단기 국채	장기 국채	단기 국채
1년	4.4%	−2.0%	−2.2%	65%	71%
2년	8.9%	−4.0%	−4.4%	77%	77%
3년	13.7%	−5.9%	−6.5%	78%	81%
4년	18.7%	−7.8%	−8.6%	81%	82%
5년	23.8%	−9.7%	−10.6%	80%	79%
10년	53.4%	−18.5%	−20.2%	91%	88%
15년	90.0%	−26.4%	−28.6%	100%	98%
20년	135.3%	−33.5%	−36.2%	100%	100%
25년	191.4%	−40.0%	−43.0%	100%	100%
30년	260.9%	−45.8%	−49.1%	100%	100%

출처: © 데이비드 드레먼, 2011. 데이터 출처: Ibbotson® SBBI® Classic Yearbook 2011

60%를 적용해도 65년 동안 포트폴리오는 160만 달러로 늘어났을 것이다. 주식에 투자하는 것이 장기 국채에 투자하는 것보다 57배나 가치가 있다.

장기 국채나 단기 국채를 사면 곡소리가 난다. 오래 보유할수록 곡소리는 요란해진다. 장기 국채를 10년 보유한다면 인플레이션과 세금 차감 뒤 원금의 약 20%를 날리게 되고, 20년 뒤에는 35%, 계속 이런 식이다. 마지막 2열은 보유 기간 1년에서 30년 동안 장기 국채와 단기 국채 대비 주식의 수익률이 높을 확률이다. 4년 보유 후 주식 수익률이 장기 국채와 단기 국채 수익률을 앞지를 확률은 80%이며, 시간이 지날수록 확률은 점점 높아진다. 15년 보유 시 장기 국채 대비 주식의 수익률이 높을 확률은 100%, 단기 국채 대비 주식의 수익률이 높을 확률은 98%이다. 따라서 대다수가 거의 '위험이 없다'고 생각하는 국채에 투자하는 행위는 패망의 지름길이다.

주식은 단기간에는 변동성이 비교적 큰 자산이다. 하지만 표 14-1, 14-3에서 보듯 장기적으로는 장기 국채나 단기 국채보다 훨씬 높은 수익을 제공한다.

그림이 뭔가 이상하지 않은가

앞서 보았듯 현대 포트폴리오 이론의 출발점은 대체로 단기 국채처럼 '무위험' 자산에서 투자자가 얻는 수익이다. 이를 바탕으로 투자자는 아무 생각 없이 변동성으로 따져 위험이 없는 자산과 위험이 있는 자산을 혼합해 최적의 포트폴리오를 구성한다. 학술 이론상 '무위험 자산'인 단기 국채는 시간이 지나면 가장 위험이 큰 자산이 된다는 점이 문제다.

학계 투자 이론의 가정은 현실과 거리가 멀어도 한참 멀다. 합리적인 투자자라면 은퇴 이후의 미래를 위해 투자할 경우 인플레이션과 세금을 차감한 후에도 잔고가 그대로 유지되거나 불어나도록 해야 한다. 이것이 투자자가 당면한 가장 큰 위험이다. 투자자 대다수가 염두에 두는 기간은 한 달, 1분기, 1~2년 후가 아니다. 은퇴 후나 자녀의 대학 학자금 등 먼 미래의 비용을 위한 자금이므로 수년 후를 내다봐야 한다. 어쨌든 정부가 과세유예 연금 펀드, 개인퇴직계좌[IRA] 등의 프로그램을 마련하고 수백만 명이 여기에 몰리는 것도 이런 이유 때문이다. 대다수 투자자의 투자 목적은 잔고를 가능한 가장 안전하게 불려 돈이 필요할 때 빼내어 쓰는 것이다.

단기 주가 변동성은 겉보기에만 크게 위험해 보일 뿐, 정작 중요한 위험은 따로 있다. 자금 증식을 통한 장기 투자 목표에 도달하지 못하는 것이 가장 큰 실질적인 위험이다. 30년, 20년, 10년, 5년 앞을 내다보고 투자하는 투자자들이 단기 등락에 매몰되는 것은 투자 의도에 맞지 않다. 단기 변동성에 집착하면 안전하다고 생각하지만, 주식 또는 주식에 상응하는 상품(부동산, 주택, 우량 사모펀드 등)을 장기 보유할 때 얻을 수 있는 높은 수익은 좌절된다. 이러한 사실을 토대로 중요한 심리 지침이 또 하나 생긴다.

심리 지침 30 (a)
장기 투자에 성공하려면 주식, 장기 국채, 단기 국채 등 투자처의 장기 수익률을 활용해 위험을 측정해야 한다. 보유 기간을 어느 정도로 내다보고 투자하느냐에 따라 적절한 수익률 벤치마크를 활용해야 한다.

믿을 수 없는 단기 국채

장기적으로 주식 수익률이 단기 국채와 장기 국채를 압도하지만 지금까지 보았듯 대다수 투자자, 수탁자, 임원진은 여전히 단기 금융 위험에만 집착하고 있다. 훨씬 강력하고 보편적인 위험인 인플레이션과 세금은 기껏해야 부차적인 고려 사항이다. 학계의 위험 이론 역시 단기 국채를 무위험 투자처로 취급함으로써 이런 통념을 수용하고 있다. 그러나 대다수 시장 참여자와 마찬가지로 학계의 금융 이론가들이 방정식에 넣지 못한 요소가 있다. 바로 인플레이션에 따른 구매력 감소가 현재 가장 큰 위험 요인이라는 사실이다.

인플레이션 조정을 적용하면 주식처럼 위험이 크다고 생각했던 자산들이 훨씬 안전해진다. 20년 동안 주식 보유 시, 단기 국채 대비 수익률이 높을 확률은 100%, 장기 국채 대비 수익률이 높을 확률이 98%이다. 게다가 인플레이션 조정 후 주식을 보유한 투자자들이 10년마다 원금을 2배로 불릴 확률, 20년마다 4배로 불릴 확률을 생각해보면 주식을 '위험' 자산이라고 하기 어렵다(제2차 세계대전 종전 이후 전 기간을 관통하는 명제다).

반대로 '무위험'으로 인식되던 자산들은 시간이 흐를수록 위험 요인이 증가한다. 따라서 최근 수십 년 동안 높은 인플레이션이 투자자에게 미친 영향과 오늘날의 시장 환경에 내재된 여러 유형의 위험을 토대로 위험에 대한 정의를 다시 내려야 한다.

진일보한 위험 측정법

그렇다면 투자 위험을 측정하는 더 좋은 방법은 무엇일까? 다양한 정의가 있겠지만, 금융 및 투자시장에서는 실질 구매력을 보존하고 증강시키는 것을 출발점으로 삼는 것이 좋다. 투자 목표는 장기적으로 인플레이션 조정 그리고 (적절하다면) 세금 조정 수익률을 기반으로 포트폴리오의 잔고를 지키고 불리는 것이다.

위험 측정이 현실성이 있으려면 인플레이션과 세금에 따른 자산 손실 가능성을 고려해야 한다. 또한 동시에 적어도 다음 두 가지 요인을 포함해야 한다.

1. 선택한 투자 수단이 투자자가 의도한 보유 기간 동안 원금을 보존할 가능성
2. 해당 기간에 선택한 투자 수단이 대체 투자 수단보다 높은 수익을 거둘 가능성

학계가 제시한 변동성 척도와 달리 이러한 위험 척도는 5년, 10년, 15년, 20년 혹은 30년까지 적정 투자 기간과 미래에 필요한 자금을 고려한다. 시장 위험은 몇 달 또는 심지어 몇 년 동안 크게 확대될 수 있지만, 앞서 보았듯 장기적으로는 빠르게 감소한다.

표 14-1, 14-2, 14-3을 보면 인플레이션과 세금 조정 후 모든 기간에서 주식이 장기 국채와 단기 국채 대비 수익률이 높다는 것을 알 수 있다. 신중한 독자라면 이 시점에서 이런 의문이 들 것이다. "좋아요. 시간이 지날수록 주식이 장기 국채나 단기 국채를 앞지를 확률이 점점 커지는군요. 그런데 주식은 한참 잘나가다가도 몇 년 동안 바닥을 헤매기도 하잖아요. 그렇다면 장기 국채와 단기 국채보다 높은 수익을 거머쥘 확률이 얼마나 되죠?"

해답은 표 14-4와 14-5에 있다. 표 14-4는 전후 기간에 주식 투자 시 인플레이션 조정 후 수익률이 시장평균 수익률의 50%를 초과할 확률(2열)부터 150%를 초과할 확률(6열)을 나타낸 것으로 보유 기간은 1년부터 30년까지이다.

표 14-4의 1열은 보유 기간 1년부터 30년까지 각 기간 동안 시장평균 수익률의 50%에 해당하는 수익을 올렸을 때 포트폴리오의 총 가치, 전문 용어로 '부의 상대치'를 나타낸다. 인플레이션 조정 후이며 조사 대상 기간은 1946~2010년이다. 곧 설명하겠지만 이 기간은 정말 최악의 상황이다. 2열의 수치는 1946~2010년 사이, 시장평균 수익률의 50%를 초과하는 수익을 올릴 확률이다. 일부 예외가 있지만 보유 기간이 길어지면 시장 수익률보다 높은 수익을 올릴 확률이 높아진다. 따라서 첫해 포트폴리오 가치가 100에서 출발했다면 1년 뒤 3% 이상 가치가 불어날 확률은 62%이다(103, 1열). 10년 뒤 38% 이상 불어날 확률(138, 1열)은 73%(2열)이며, 25년 뒤 123%의 수익(223, 1열)을 올릴 확률은 93%이다. 주식 보유 시 수익률이 시장 수익률 대비 반토막이 나는 경우는 시장 역사에서 대공황 기간 동안 몇 차례에 불과했는데, 이 경우에도 수익이 꽤 짭짤했다.

7열과 8열은 장기 국채와 단기 국채의 누적 수익률을 나타낸다. 보유 기간에 상관없이 주식에 투자해 시장평균 대비 절반만 수익을 올려도 장기 국채 또는 단기 국채보다 수익률이 높다는 것을 알 수 있다. 다시 한 번 말하지만 25년 동안 투자해 시장평균 수익률의 50%밖에 올리지 못할 확률은 0에 가까우므로, 최악의 재앙을 가정한 상황이다. 25년 보유 시 시장 수익률의 절반 이상을 거둘 확률은 93%(2열)이다. 어쨌든 단기 국채나 장기 국채보다는 주식 수익률이 높다.

보유 기간이 길어질수록 채권 대비 주식의 수익률은 더 높아진다. 앞서 보았듯 장기간 시장평균 수익만 올려도 어마어마하다. 15년 뒤 포트폴리오는 157% 불어나 장기 국채 수익률의 6배, 단기 국채 수익률의 22

표 14-4 주식 수익률이 다양한 수익 수준에 도달할 확률

1.0 = 투자 원금, 인플레이션 조정
1946~2010년

	시장 수익률의 50%		시장 수익률의 100%		시장 수익률의 150%			
	(1)	(2)	(3)	(4)	(5)	(6)	(7)	(8)
포트폴리오 보유 기간	주식 포트폴리오 평균 가치	확률*	주식 포트폴리오 평균 가치	확률*	주식 포트폴리오 평균 가치	확률*	장기 국채 포트폴리오 평균 가치	단기 국채 포트폴리오 평균 가치
1년	103	(62%)	107	(55%)	110	(52%)	102	100
5년	117	(70%)	137	(59%)	159	(43%)	108	102
10년	138	(73%)	188	(63%)	254	(43%)	117	104
15년	162	(75%)	257	(59%)	404	(37%)	127	107
20년	190	(74%)	353	(52%)	644	(26%)	137	109
25년	223	(93%)	484	(51%)	1026	(12%)	149	112
30년	261	(100%)	663	(42%)	1635	(0%)	161	114

100 = 투자 원금
*포트폴리오 가치가 각각 시장 수익률의 50%, 100%, 150%를 초과할 확률
출처: © 데이비드 드레먼, 2011. 데이터 출처: Ibbotson® SBBI® Classic Yearbook 2011

배가 넘는다. 25년 뒤 순자산은 장기 국채 대비 3배, 단기 국채 투자 대비 4배가 넘는다. 이 정도로 큰 수익을 얻지는 못한다 해도 시장평균 대비 초과 수익을 얻을 확률은 꽤 높다. 5열처럼 시장 수익률의 150% 수익을 올린다면 채권과 재무부 단기 채권을 압도한다. 이런 신나는 상황이라면 투자자는 15년 동안 장기 국채에 투자했을 때보다 11배, 20년 동안 장기 국채에 투자했을 때보다 15배 가까운 수익을 거머쥘 수 있다.

이제 결론이 나왔다. 실적이 나쁠 때에도 주식의 장기 수익률은 장기 국채나 단기 국채를 넘어서며, 여건이 괜찮으면 주식의 수익률은 더욱 빛을 발한다. 어디에 돈을 투자할지 결정하기는 어렵지 않을 것이다.

표 14-5 주식 수익률이 다양한 수익 수준에 도달할 확률

1.0 = 투자 원금, 인플레이션 및 세금 조정
1946~2010년

포트폴리오 보유 기간	시장 수익률의 50%		시장 수익률의 100%		시장 수익률의 150%			
	(1)	(2)	(3)	(4)	(5)	(6)	(7)	(8)
	주식 포트폴리오 평균 가치	확률*	주식 포트폴리오 평균 가치	확률*	주식 포트폴리오 평균 가치	확률*	장기 국채 포트폴리오 평균 가치	단기 국채 포트폴리오 평균 가치
1년	102	(58%)	104	(57%)	107	(54%)	98	98
5년	111	(64%)	124	(59%)	137	(52%)	90	89
10년	124	(73%)	153	(64%)	189	(50%)	82	80
15년	138	(71%)	190	(61%)	259	(51%)	74	71
20년	154	(63%)	235	(52%)	356	(48%)	66	64
25년	172	(66%)	291	(44%)	489	(29%)	60	57
30년	191	(89%)	361	(42%)	672	(6%)	54	51

100 = 투자 원금
*포트폴리오 가치가 각각 시장 수익률의 50%, 100%, 150%를 초과할 확률
출처: © 데이비드 드레먼, 2011. 데이터 출처: Ibbotson® SBBI® Classic Yearbook 2011

표 14-5(표 14-4와 동일한 설정)는 세금 조정 후 수익률이므로 주식의 절대 수익은 감소하지만, 장기 국채와 단기 국채의 수익성은 더 큰 폭으로 감소한다. 이번에도 보유 기간이 길어지면 모든 경우 주식의 수익률이 장기 국채와 단기 국채를 크게 상회한다.[6]

먼저 시장평균 수익률을 보면(3열), 보면 10년 뒤 주식 수익률은 장기 국채(7열) 대비 73% 웃돌고, 주식으로 시장평균 대비 초과 수익을 올릴 확률은 64%이다. 장기 국채의 경우 인플레이션 및 세금 조정 후에는 구매력이 감소한다.

동일 기간 단기 국채의 실적은 더 낮다. 10만 달러를 국채가 아닌 주식에 투자했다면 자본 증식 속도는 급격하게 상승한다. 10년 뒤에는 자본이 90% 더 불어나며 25년 뒤에는 약 4배가 된다. 반면 장기 국채와 단기 국채에 투자한 자본의 구매력은 40% 감소한다.

마지막으로 주식이 10년 동안 장기 수익률 대비 초과 수익을 올린다면 어떤 일이 벌어지는지 간단하게 살펴보자. 대다수 투자자는 요즈음에는 그런 일이 불가능하다고 생각하지만, 나를 비롯해 그럴 가능성이 꽤 높다고 생각하는 사람들도 있다. 그 이유는 마지막 장에서 제시하겠다. 불가능해 보이는 이 꿈이 실현된다면 원금은 10년 만에 89% 불어나며 15년 뒤에는 159% 불어난다.

진일보한 위험 분석을 향하여

제2차 세계대전 이후 인플레이션이 높은 환경에서 장기적으로 장기 국채와 단기 국채는 주식형 투자 수단의 적수가 안 된다는 것이 입증되었다. 장기 국채와 단기 국채 대신 주식을 보유하면 위험이 얼마나 큰지에 관한 질문에 나는 두 가지로 대답하고자 했다.

첫째, 전후 1년에서 30년까지 다양한 보유 기간 동안 인플레이션 조정 후 주식이 장기 국채나 단기 국채 대비 초과 수익을 올릴 확률(표 14-1) 그리고 인플레이션과 세금 조정 후 주식이 장기 국채나 단기 국채 대비 초과 수익을 올릴 확률(표 14-3)이다. 앞서 확인했듯이 두 경우 모두 주식이 낙승을 거두었고, 보유 기간이 길수록 격차는 더 벌어졌다. 단기 국채나 장기 국채는 주식 대비 낮은 수익을 올릴 확률이 크며, 3~5년 뒤에는 확률이 더 커진다.

둘째, 표 14-4와 14-5를 통해서 주식 수익률이 장기 평균 대비 급격히 감소할 때 주식 보유의 위험을 검토했다. 설혹 그렇게 된다고 해도(예를 들어 수익률이 장기 평균 수익률의 50%밖에 안 된다고 해도) 5년이 지난 뒤 주식 수익률은 국채를 크게 상회하며 5년까지는 소폭 상회한다.

위험을 제대로 측정하려면 반드시 함께 고려해야 할 두 가지 척도를 다시 살펴보자.

1. 선택한 투자 수단이 투자하기로 의도한 기간 동안 원금을 보존할 가능성
2. 해당 기간에 선택한 투자 수단이 대체 투자 수단보다 수익률이 높을 가능성

결론은 명확하다. 주식은 두 기준을 모두 충족한다. 이 위험 기준을 전후 기간에 적용하면 장기적으로 주식이 가장 위험이 낮다. 예를 들어 지금 30대이고, 65세 은퇴가 목표라면 우량주를 매수해야 한다. 왜냐하

면 자본이 불어날 확률, 장기 국채와 단기 국채 대비 수익이 높을 확률이 100%이기 때문이다. 다른 채권에 대비해 몇 배의 수익을 올릴 확률 역시 매우 높다. 이보다는 낮지만 투자 기간을 15년으로 잡아도 확률은 아주 높으며, 4년이나 5년으로 잡아도 꽤 높다. 위험의 관점에서 보면 장기 국채와 단기 국채 매입은 불과 몇 년 후에 주식 대비 밑지는 장사가 될 확률이 높다. 장기 국채와 단기 국채는 미래를 설계할 만한 투자처가 되지 못하며, 거의 65년의 세월이 이 사실을 입증하고 있다.

이제 투자자가 필요한 기간 동안 다양한 투자 수단을 보유할 때의 위험을 자금 투입 전에 더욱 현실적으로 판단할 수 있는 새로운 위험분석법이 모습을 드러내고 있다. 이 분석법을 통해 다른 투자처 대비 수익이 높거나 낮을 확률을 판단할 수 있을 뿐 아니라, 그 폭이 어느 정도일지도 판단할 수 있다. 장기 수익률 기록만 있다면 부동산, 보석 등 다른 투자처를 평가할 때도 이 틀을 적용할 수 있다. 예를 들어 인상주의 회화 등 소장 가치가 있는 예술품과 주식의 수익률을 비교하고 싶다면 1960년대 이후 〈배런스〉가 매주 발표하는 소더비지수를 확인하면 된다.

이 방식을 나름대로 변형해서 활용할 수도 있다. 어쨌든 과거 투자 환경과 판이하게 다른 전후 투자 환경에서 이 방식을 통해 위험 노출 정도를 더 정확하게 판단할 수 있다.

앞서 살펴본 표들에서 1945년 이후 완전히 새로운 투자환경에 진입했다는 점이 명확히 드러났다. 인플레이션과 높은 세율은 확정금리부 유가증권 보유자들에게 즉각적이고 지속적인 영향을 미친다.• 전후 몇 년 동안은 이런 상황이 주식 수익률은 크게 좀먹지 않았고, 주가와 배당금

●확정금리부 증권이란 재무부 채권, 회사채, 금융채, 저축예금 등 모든 확정이자부 유가증권을 가리킨다.

이 급등하면서 오히려 주식 수익률은 증가했다. 1949년 중반부터 1961년 말까지 다우지수는 355% 상승했다.

이런 사건들을 통해 위험에 대한 중요한 교훈을 얻을 수 있다. 이 교훈을 투자 심리 지침으로 만들어보자.

심리 지침 31
장기적으로 높은 인플레이션과 세율 때문에 위험 구조는 영구적으로 변했다. 높은 인플레이션과 세율은 주식, 부동산, 주택 투자 등에 크게 유리하고 채권 등 확정금리부 유가증권 등 정액 소득 투자 수단에는 크게 불리하기 때문이다.

앞서 언급했듯 이러한 변화가 60여 년에 걸쳐 계속되고 있지만 심리적으로 인간은 훨씬 단기간에 집중하므로 오늘날 위험의 역동성에 제대로 반응하기가 어렵다.

주가는 변동성이 있기 때문에 인플레이션이 장기적으로 주가에 긍정적 영향을 미친다는 사실을 알고 있음에도 심리적으로는 상전벽해가 된 위험 변화의 전면을 포착하지 못한다. 따라서 많은 사람이 결론을 분명히 깨닫지 못한다. 이것 역시 심리 지침으로 만들어보자.

심리 지침 32
바뀐 경제 환경으로 분명하게 드러난 사실은 주식을 비롯해 인플레이션을 앞지르는 수익률을 보이는 투자 수단을 오래 보유할수록 장기적으로 지금 사정이 더욱 좋아진다는 점이다.

14장에 있는 표들만 보아도 많은 사실이 바로 드러난다. 다음 추가 심리 지침을 소개한다.

14장에 있는 표들을 보면 이 모든 것이 명백해지지만, 인간의 통념은 너무 느리게 변한다.

위험과 불확실성을 구별한 나이트 교수의 이론에는 아주 중요한 교훈이 담겨 있다. 시기를 막론하고 주식과 채권시장의 단기 실적은 불확실하다. 시간이 흐르면 이런 불확실성은 위험으로 변한다. 주식의 경우처럼 상황이 유리하게 돌아가면 위험은 우리의 친구가 된다. 주식 및 유사 투자 수단의 경우 시간이 흐를수록 위험은 높은 승률로 변한다는 점을 명심해야 한다.

자금을 넣어둘 기간이 아니라 단기투자에 집중하면 수익은 지지부진해진다. 단기 변동성이 아니라 얼마나 길게 주식 포트폴리오를 보유할 것인지에 따라 최적화해야 한다.

이 발견들을 요약해 심리 지침으로 만들어보자.

행동재무학의 창시자 중 한 사람인 시카고대학의 리처드 탈러가 나에게 이런 얘기를 했다. "주가가 매일 발표되지 않았으면 좋겠다." 주가가 지나치게 자주 노출되다 보니 특히 상황이 안 좋을 때는 성급하고 어리석은 결정을 내리게 된다는 것이다. 매일 시가가 발표되지 않는 부동산처럼 주가도 매일 발표되지 않는다면 사람들의 재정 사정은 훨씬 나아질 것이다. 탈러가 옳았다. 장기 확률에만 집중하고 한 달 한 달, 또는 한 해 한 해 사건에 휘둘려 탈선하지 않는다면 우리 모두의 자금 사정은 훨씬 넉넉해질 것이다.

마지막 제5부에서는 투자자들의 앞날을 점치고 합리적으로 예측해야 하므로, 이 결과들을 심사숙고해볼 것이다. '합리적'이라는 말에 주목하라. 시장에서는 여전히 예상을 벗어나는 깜짝 사건이 일어나며, 어떤 투자자도 미래가 고정되어 있다고 단정하지 말기를 바란다.

제 5 부

우리 앞에 놓인
도전과 기회

그들은 당신의 돈으로
도박을 즐기고 있다

전 세계가 격찬하는 골드만삭스 카지노에 온 것을 환영한다. 전 세계에서 가장 웅장한 카지노로 손꼽히는 이곳에 여러분을 모시게 되어 뿌듯하다. 쫙 빼 입은 정중한 직원들은 일부 박사 학위 소지자를 포함하여 대부분 석사 이상으로, 오늘날 이 업계에서 가장 유능하고 명석하다. 노련한 직원들이 도박에 관한 것이라면 무엇이든지 여러분을 도울 것이다. 또한 당사 직원들은 세련된 우리 투자 카지노가 자랑하는 수백 가지 게임에 관한 전문지식을 여러분께 나누어줄 것이다. 짜릿한 '파생결합 상품'에서 따끈따끈한 '해외 투자 상품'까지 독특한 기회들은 이 카지노에서만 제공한다. 어떤 게임을 선택하든 걸출한 당사 직원이 언제든 열심히 확률을 알려줄 것이므로, 여러분은 언제나 승률을 최대한 끌어올릴 수 있다.

화려한 도박장으로 가는 당신의 모습이 보인다. 로비에는 군침 도는 수많은 게임이 있는데, 몇 가지는 처음 보는 것들이다. 노름꾼들은 신나서 들떠 있고, 테이블에는 칩이 수북이 쌓여 있다. 현명하게도 익숙한 게임을 선택한 당신은 우아한 마호가니 룰렛 테이블로 걸어간다. 칩 몇 개를 걸면 비싼 옷을 걸친 잘생긴 딜러가 조그만 은구슬을 굴린다. 딜러가 휠을 굴리자 은구슬이 녹색 칸에 떨어진다. 녹색 칸에 구슬이 떨어질 확률은 37분의 1이다. 이 사실을 아는 당신은 자금의 2배를 딸 확률이 약 50대50인 적색 칸에 칩을 건다. 딜러가 구슬을 떨어뜨리고 다시 휠을 굴리자 녹색 칸에 구슬이 떨어진다. 연속으로 녹색 칸에 떨어질 확률은 극히 낮으므로 계속 적색 칸에 돈을 건다. 그런데 놀랍게도 구슬이 10번 중 8번 녹색 칸에 떨어진다.

확률을 비웃는 엄청난 행운의 연속에 놀란 당신은 가진 돈을 몽땅 녹색 칸에 건다. 그러자 딜러가 칩을 거두더니 다시 당신 앞에 놓는다. 당신은 고개를 들어 이유를 묻는다. 딜러가 정중하게 대답한다. "선생님, 죄송하지만 녹색 칸은 하우스 전용입니다."

뒤에서 구경하던 노인이 말한다. "젊은이, 끝내주는 휠 아닌가? 카지노가 저걸 고치느라고 몇 년 걸렸지." 이어지는 노인의 이야기에 따르면 금융공학 권위자 여러 명이 나서서 고쳤다고 한다. 처음 고칠 때는 10번 휠을 돌릴 때마다 녹색 칸에 구슬이 몇 번만 떨어졌다고 한다. 그러나 걸출한 금융공학자들이 각고의 노력 끝에 구슬이 녹색 칸에 떨어지는 확률을 높였다. 이제 하우스가 목표한 대로 10번 중 8번은 구슬이 녹색 칸에 떨어진다.

"35배의 배당을 받으니까 카지노가 떼돈을 벌지. 하우스에게 유리한 게임은 이것 말고도 수십 가지나 된다네. 번화가를 걷다 보면 모건스탠리, 크레디트 스위스, 시티그룹 등 멋진 카지노들이 즐비하지. 리먼과 베어스턴스도 한때는 멋진 건물들을 소유하고 있었는데 그만 불이 나서 홀랑 타버렸지." 노인은 이렇게 말을 끝맺었다.

당신은 현명하게도 떠나기로 결심하지만 카지노에게 이토록 유리한 승률이 허가된 경위가 궁금하다. 라스베이거스에서 이런 일이 있으면 그 카지노는 한 시간도 안 돼 문을 닫아야 한다. 서부 개척시대에 카지노 업주가 이런 말도 안 되는 속임수를 썼다면 당장 교수형에 처해졌을 것이다. 그런데 월스트리트에서는 극찬이 쏟아진다. 게다가 규제 당국도 한통속이니 당국에 고발할 수도 없다.

물론 이 이야기는 소설이다. 투자 은행과 은행이 직접 카지노를 소유하고 있지는 않다. 세부적인 내용 역시 말 그대로 사실은 아니다. 따라서 이야기를 읽다가 어떤 유사점이라도 발견한다면 단순한 우연일 뿐이다.

아니, 말 그대로 사실인가?

구슬픈 노랫소리, '구제금융'

"세계 최강대국인 미국이 어떻게 이런 끔찍한 지경에 빠질 수 있을까?" 2008년 말 7,000억 달러에 달하는 부실자산 구제 프로그램이 의회에서 통과된 직후 내가 〈포브스〉에 쓴 글이다. 글은 이렇게 이어진다. "7,000억 달러 구제금융이라니 눈살이 찌푸려진다. 구제금융이 필요악이라지만 투자자로서 기분이 좋지는 않다." 그리고 사상 최악의 금융위기를 불러온 원인에 대해 이야기했다.[1]

금융위기가 불러온 높은 실업률만큼이나 구제금융도 사람들의 마음을 심란하게 만들었다. 게다가 수백만 명이 집을 압류당하고 거리로 쫓

겨나야 했기 때문에, 구제금융 소식은 대중의 분노에 기름을 부은 격이 되었다. 사실상 모든 가해자가 징역형 선고 대신 수백만 달러의 퇴직급여를 받고 유유히 사라지는 모습에 많은 사람이 격노했다. 경제를 망친 금융가 임원들이 이런 짓을 하고도 수십만, 수백만 달러의 보너스를 받았다는 사실이 어쩌면 가장 쓰라리다. 티파티가 부상하고 2010년 11월 하원 선거에서 공화당이 압승한 사실을 보면 더딘 일자리 창출과 건설적인 변화에 유권자들이 불만을 품고 있음이 분명하다. 여론은 실제 사건의 진실에 접근한 걸까, 아니면 사실을 몰랐던 걸까?

3개 하원위원회(놀라울 정도로 초당파적이다)는 수십만 건의 이메일을 증거물로 압수해 산더미 같은 증거를 확보했다. 구제금융을 받은 은행과 투자 은행에 관해 연방정부와 재무부는 청문회에 앞서 어떤 해명도 하지 않았다. 그러나 하원위원회들이 철저히 조사한 덕분에 지금은 훨씬 많은 사실이 드러났다.

우리가 알게 된 사실 중에는 충격적인 것들도 있다. 은행들은 대중을 감쪽같이 속였고, 은행들의 탐욕은 역사에 견줄 만한 사례가 없을 정도였다. 그렇다. 하원은 어리석은 역사가 반복되지 않도록 행동을 취했지만 아직도 많은 의문이 풀리지 않고 있다. 미래에 위기를 불러올 가능성이 있는 원인들을 조명하기 위해 지금까지 알게 된 것들부터 살펴보자.

먼저 연방준비제도의 전·현직 의장과 클린턴 행정부, 부시 행정부 그리고 현 행정부의 고위 관료들이 어떤 역할을 했는지 살펴보겠다. 그런 다음 은행, 투자 금융회사, 기타 핵심 기관들을 살펴보겠다. 금융위기와 대침체를 불러온 책임을 어느 한 집단에만 물을 수 없다. 모두 알듯이 금융위기와 대침체는 퍼펙트 스톰(경제, 사회 분야에서 두 가지 이상의 악재가 겹쳐 영향력이 더욱 커지는 현상)처럼 여러 악재가 동시다발로 발생해 일어난 사태다. 무능과 잘못된 사상이 뿌리 깊었고, 세간에 알려지지 않은 특수 이익 집단들과 많은 사람의 무서운 탐욕이 퍼펙트 스톰을 일으키는 데 큰 몫을 했다는 사실을 아는 사람은 드물다.

이 책으로 산적한 문제들을 다 해결할 수는 없다. 그러나 앞으로 당분간은 투자자들이 계속 부딪혀야 할 문제들이므로 이런 문제들이 어떤 해악을 끼치는지 이해하면 도움이 될 것이다.

의장, 막강한 경제 권력

미국 역사상 가장 막강한 경제 권력으로 손꼽히는 사람을 소개할까 한다. 프랭클린 루스벨트나 로널드 레이건 같은 정치인이 아니다. 한때 기가 막힌 행보로 '예언자'라는 칭송을 받았던 인물, 미국 경제뿐 아니라 전 세계 경제를 구원했다고 많은 사람이 믿었던 인물이다. 바로 앨런 그린스펀 이야기다. 경제학 박사이자 1987년부터 2006년까지 미국 연방준비제도 의장을 역임했다. 월스트리트에서 그린스펀은 투자자들이 처음 접하는 델포이 신탁에 가장 가까운 인물이었다.

연방준비제도 의장 재임 시 그린스펀은 이념에 심취한 듯 보였다. 알다시피 그린스펀은 《아틀라스, 지구를 떠받치기 거부한 신》의 저자이자 자유지상주의의 모태가 된 지성인인 아인 랜드^Ayn Rand의 제자이다. 20대 후반 그린스펀은 객관주의 운동에 푹 빠졌고, 랜드의 사상에 경도되었다. 랜드는 자유시장을 옹호하고 강력한 정부에 반대했는데, 그린스펀은 랜드의 저서 《자본주의 : 미지의 이상》에 수필 몇 편을 기고했다. 그린스펀은 금본위제를 강력히 옹호하기도 했는데, 젊은 시절에는 연방정부에게 통화 공급 확대나 감축 권한을 주어서는 안 된다고 생각했다. 그린스펀은 오랜 세월 아인 랜드와 가깝게 지냈고, 규제 완화를 신봉했다. 1987년 여름 레이건 대통령 앞에서 의장 취임 선서를 할 때 아인 랜드와 그린스펀의 어머니도 증인으로 배석하였다.

자연인 시절, 그린스펀의 철학은 비교적 단순했다. 바로 규제는 악이며, 자유로운 기업 활동은 선이라는 것이다. 더 나아가 〈언론 대담〉이라는 TV 프로그램에 나와서 독점금지법이 철폐되어야 한다고 주장하기까지 했다. 그린스펀은 뉴딜 정책을 완전히 몰아내고자 했을 뿐 아니라, 20세기 초 공화당 출신인 시어도어 루스벨트 대통령의 트러스트(기업합동) 근절 노력도 되돌리려고 했다. 그린스펀의 시각은 1996년 미국은행협회에서 한 연설에 잘 집약되어 있다. "은행 관련 규제를 완화하면, 은행들은 원하는 만큼 위험을 부담할 것이며, 시장은 은행의 채무를 평가해 그에 따라 가격을 매길 것입니다.[2]" 단순한 것 맞다. 순진한 것도 맞다. 그런데 크게 성공했다. 사실 엄청난 성공을 거두는 바람에 은행 규제 완화는 10여 년 뒤 은행을 공중 분해시켰고, 경제를 망가뜨리는 데 큰 몫을 하게 된다. 연방준비제도를 20년 동안 이끈 사람이 오늘날 은행의 복잡성, 규모, 상호의존성을 전혀 고려하지 않았다.

그린스펀은 초기 형태의 자유 기업, 즉 1830년대와 1840년대의 자유방임 경제를 신봉하는 듯하다. 그린스펀이 오늘날 보고 싶어 하는 펀더멘털 요소들이 당시에는 모두 작동하고 있었다. 열성적인 그린스펀의 이상주의가 간과한 것은 19세기 초의 이상주의가 시대에 전혀 맞지 않았다는 점이다. 대다수가 찢어지게 가난했고, 영국 인구의 50~60%가 영양실조에 시달렸다. 아동 노동이 만연했고, 대부분의 노동자가 주 7일을 일했다. 영국의 공장주들은 종종 공장 입구에 이런 표지판을 붙였다.

"일요일에 출근 안 한 사람은 월요일에 출입 금지."

전국 방방곡곡에 채무자 감옥이 있었다. 워털루 전쟁을 승리로 이끈 '철의 공작' 웰링턴이 수상으로 있을 무렵, 열악한 노동 조건에 항의하는 대규모 폭동이 제조업 도시들과 런던에서 일어났다. 만약 그린스펀이 19세기 초 '황금시대'에 살았다면 오늘날처럼 성공했을 확률은 제로에 가깝다는 것이 역사의 아이러니다. 왜냐하면 당시에는 상류층이 주요 직책을 독식했기 때문이다. 그린스펀은 뼛속 깊이 19세기 인간이다.

다행히도 그린스펀은 훨씬 뒤에 태어나 엄청나게 출세했다. 전성기에 그린스펀은 지구상에서 가장 유능한 중앙은행장이라고 여겨졌다. 많은 사람에게 그린스펀은 진화하는 금융과 경제 문제를 이해하고 솜씨 있게 처리해 세계 평화와 번영을 이끈 인물, 경제의 구원자였으며, '선지자', '예언자'라는 애칭을 선사받았다.

그린스펀이 한마디 할 때마다 기삿거리가 되었고, 전 세계 금융시장은 즉각 반응했다. 어떤 경제 포럼도 그린스펀이 강연하거나 참석하지 않으면 격이 떨어졌다. 그린스펀의 초상화가 무려 150만 400달러에 팔렸고,[3] 그린스펀과 밥 한 끼 같이 먹으려면 250만 달러를 내야 했다.[4] 더 중요한 사실은 연방준비제도 의장에 임명된 이래로 민주당, 공화당을 막론하고 하원의원, 상원의원 대부분 그리고 로널드 레이건에서 조지 W. 부시까지 모든 대통령이 그린스펀의 말에 귀를 기울였다는 점이다.

그린스펀이 의회에 등장할 때마다 월스트리트는 그린스펀이 무슨 말을 할지 예측했다. 그린스펀이 연설을 하면 생방송으로 중계되었고, 연설 내용은 언론에 미리 배포되었다. 수많은 사람이 그린스펀의 말 한마디, 한마디를 분석했지만 그의 말은 복잡하고 해석하기 어려웠다.

내가 보기에 그린스펀의 말은 해석하기 어려울 뿐 아니라 그 전에 한 말과 상충되는 경우가 많았다. 이런 사실을 내가 아는 펀드매니저들에게 이야기하거나 〈포브스〉에 칼럼으로 쓰면 사람들은 연방준비제도 의장은 으레 그래야 한다고 했다. '예언'은 원래 그런 식으로 하는 거라고 말하는 사람들도 있었다. 유명한 기자이자 정치 분야 저술가인 밥 우드워드에게 그린스펀은 이렇게 말했다. 자신이 그런 식으로 말하는 것은 금융계가 쩔쩔매도록 만들어서 자신의 행동을 완전히 이해할 수 없게 하려는 것이라고. 그린스펀은 이것을 '건설적인 모호함'이라고 불렀다.[5]

그린스펀의 말은 애매했을지 몰라도, 연방준비제도 의장으로 20년 가까이 재임하면서 그가 보여준 행보는 전혀 모호하지 않았다. 그리고 사상 최악의 금융위기에서 중요한 역할을 한 것도 바로 그의 분명한 행동 때문이었다. 중요한 문제들에 대한 그린스펀의 결정은 일관성 있고 예측 가능했으며, 여러 차례 반복되었다. 그런데 그 패턴을 포착한 사람이 드물다는 사실이 놀랍다.

그린스펀은 정부기관에 의한 규제를 원하지 않았고, 은행을 비롯한 금융기관들을 규제하기 위해 부여된 연방준비제도의 책무, 소비자를 보호해야 하는 의무들 중 많은 부분을 실행하고 싶어 하지 않았다. 그린스펀은 규모, 업종, 환경에 상관없이 기업은 스스로의 이익을 위해 자율적으로 규제할 수 있다고 확고하게 믿었다. 의장으로 있는 20년 동안 그린스펀의 행보에는 자율 규제에 대한 믿음이 스며들어 있었다.

그린스펀은 클린턴 행정부 시절 재무장관 로버트 루빈, 정계에 연줄이 있는 하버드대학의 경제학자 로렌스 서머스(이후 재무장관이 된다)와 함께 글래스-스티걸법 폐지에 중요한 역할을 했다. 이 법은 상업은행이 투자 금융 업무를 하지 못하도록 제한하고, 상업 은행이 감수할 수 있는 위험의 수준을 대폭 축소하는 법으로 당시에는 대체로 효과가 있었다.

그린스펀 치하의 연방준비제도가 1980년대 말 서서히 은행의 업무 범위를 확장하는 등 일련의 조치를 통해 글래스—스티걸법을 재해석하기 시작하면서 결국 이 법은 폐기되었다.[6]

대다수 미국인의 행복과 생계를 좌우한 엄청난 결정들은 연방준비제도 고위 간부와 재무부 정책 입안자들의 작품이었고, 그들의 개인적인 사상에 기인한 것이었다. 그런데 이들의 사상은 유권자들의 생각과는 한참 거리가 멀었다.

그렇게 간단하지가 않으니 문제!

그린스펀은 '파생상품 규제 철폐에 앞장선' 사람이기도 했다.[7] 시장을 잘 아는 많은 사람이 파생상품 규제를 완화하면 클린턴 행정부의 마지막 1년 동안에 파생상품 활용에 대한 안전장치가 심각하게 훼손될 거라며 우려했다. 전임 선물거래위원회 의장인 브룩슬리 본 역시 규제 완화에 반대했다. 본은 복잡하기 이를 데 없는 파생상품들과 치명적인 신용부도 스왑을 계속 규제 아래 두려고 노력했다. 신용부도 스왑 때문에 AIG가 무너졌고, 수많은 금융기관과 헤지펀드가 붕괴 직전까지 갔다. 재무장관 로버트 루빈, 로렌스 서머스 그리고 앨런 그린스펀까지 나서서 본에게 반기를 들었다. 그리고 1998년 4월 21일 이들은 돌아가며 본에게 입장을 바꾸라고 다그쳤다.[8] 어떤 평가에 따르면, 서머스는 점잖게 말해 아주 주관이 뚜렷했다고 한다. 규제 완화에 끝까지 반대하던 본은 결국 클린턴 행정부에서 퇴출되었다.[9]

루빈과 서머스는 그린스펀의 강력한 지원을 등에 업고 상품선물현대화법(파생상품 거래에 대한 대폭적인 규제 완화법)을 밀어붙였고, 클린턴은 임기 마지막 달에 법안에 서명했다. 이런 악성 파생상품에 대한 규제 완화가 시장에 미친 영향은 어마어마했다. 2009년 4월 ABC 뉴스는 재무장관 루빈과 루빈이 선택한 후임자 서머스에게 어떤 조언을 들었느냐고 클린턴에게 물었다. 클린턴은 이렇게 대답했다. "파생상품에 대한 이야기였어요. 그들은 틀렸어요. 그들의 말을 수용한 나도 틀렸고요.[10]"

금융위기가 닥치기 몇 년 전, 시장에 정통한 여러 금융 전문가가 파생상품의 파괴력에 관해 수차례 경고했다. 기민하게 파운드화에 투자해 '영국 은행을 굴복시킨' 헤지펀드 매니저 조지 소로스는 파생상품을 멀리하는 이유에 대해 이렇게 말했다. "파생상품이 돌아가는 원리를 제대로 아는 사람은 아무도 없기 때문이죠.[11]" 1970년대 뉴욕시를 파산에서 구한 펠릭스 로하틴은 파생상품을 잠재적 '수소 폭탄'이라고 불렀다. 선견지명이 있는 워런 버핏은 2007~2008년 시장 붕괴 5년 전, 파생상품은 '지금은 잠잠하지만 치명적인 위험을 안고 있는 금융계의 대량 살상무기'라고 말했다.[12] 이 밖에도 수많은 경고가 있었지만 아무도 귀를 기울이지 않았다.

1990년부터 4년 동안 연방준비제도는 금리를 대폭 인하했다. 대출이 쉬워지고 금융 기법이 빠르게 발전하면서 장외 파생상품시장이 폭발적으로 성장해 1995년 액면가 25조 달러이던 시장 규모가 2005년에는 10배로 커졌다.

앨런 그린스펀은 파생상품 규제를 푸는 데 적극적인 역할을 했다. 게다가 파생상품시장은 규제를 완화해야 좋다는 철학에 흔들림이 없었던 그린스펀으로서는 경종을 울릴 아무런 이유가 없었다. 1990년대 중반 파생상품 투자 스캔들이 시장에 충격파를 던지고, 파생상품 계약자들이 수십억 달러를 날린 뒤에도 그린스펀은 규제 완화를 더 거세게 밀어붙였다.

그린스펀은 2003년 상원은행위원회에 출석해 파생상품 규제를 강화하는 것은 "실수라고 생각했다"고 증언했다.[13] 2008년 시장 붕괴 기간에 조지타운대학에서 열린 강연에서 그린스펀은 파생상품에 문제가 있는 것이 아니라 파생상품을 이용하는 사람들의 '탐욕'이 화근이라고 말했다. 샌디에이고대학 법학 교수이자 파생상품과 금융 규제 전문가인 프랭크 파트노이는 "파생상품이 위기의 근원이라는 사실이 명백하다"고 주장하며 그린스펀에 맞섰다.[14]

정책이 실패에 실패를 거듭했지만, 그린스펀은 초지일관 고집스럽게 규제 완화를 추진했다. 지금까지 살펴본 것처럼 금융위기를 눈덩이처럼 키운 주요 정책결정들과 연방준비제도가 경제에 미친 타격을 감안할 때 연방준비제도의 권한을 축소해야 하는 건 아닌지 묻지 않을 수 없다.

그린스펀 의장은 파생상품 문제에도 고집불통이었지만, 과도한 주택 시장 버블을 억제하는 데도 어떤 조치도 취하지 않았다. 서브프라임은 2004~2005년에 시작된 문제가 아니다. 서브프라임 문제는 10여 년 전 1986년 세제 개혁법 통과 당시로 거슬러 올라간다. 세제 개혁법이 통과되면서 주 거주지 및 주 거주지 외 주택 한 채에 대한 이자분의 소득세 공제가 허용되었다.[15] 따라서 대출을 받는 사람 입장에서는 세금 공제가 안 되는 소비자 금융 대신 서브프라임 모기지를 받으면 결국 더 싸게 대출을 받는 셈이었다. 신용등급이 낮아서 주택담보대출을 받을 수 없었던 사람들에게 새로운 시장이 활짝 열린 셈이었다. 대출은 가능해졌지만 금리는 높아져서 수많은 금융회사, 즉 악덕 고리대금업자가 돈 되는 먹잇감을 찾아 새로운 사업으로 몰려들었다.

1997년 무렵 대출 연체금이 예상을 뛰어넘고, 원금을 못 갚는 지불불능 채권이 늘어나고, 고개가 갸웃거리게 만드는 회계 문제가 생겼다. 여신 위험이 저평가되었고, 금융 산업이 휘청거린다는 사실이 분명해졌다. 1996년 10대 모기지 발행기관 중 2000년까지 명맥을 유지한 업체는 단 한 곳뿐이었다. 신용평가사, 연방준비제도, 규제 당국, 은행들은 이 암울했던 사건을 마음에 새겼을까? 고통스러운 진실이지만 그렇지 못했다. 불과 1년 후 서브프라임 수요는 다시 치솟았고, 주택가격은 급등했다. 주택 버블이 시작된 것이다.

서브프라임 잔치

1996~2000년 첨단기술 버블이 붕괴되자 그린스펀 의장이 이끄는 연방준비제도는 금리를 대폭 인하했다. 그리고 2000~2002년 폭락장에서 투자자들은 약 7조 달러로 추산되는 엄청난 돈을 날렸는데, 시장 충격을 완화하기 위해 아주 손쉬운 정책이 수립되었다. 바로 통화정책이었다. 연방준비제도는 폭락장에서 투자자가 입은 손실로 소비 활동이 심각하게 위축되고, 기업 소비도 감소해 미국 경제가 불황에 빠질까 두려워했다. 이러한 사태를 막기 위해 연방기금 금리를 13차례나 연속 인하해, 2000년대 중반 6.5%이던 연방기금 금리가 2003년 1%까지 떨어졌다. 그리고 그사이에 첨단기술 거품이 꺼졌다. 장기 국채 금리는 7%에서 4.5%로 떨어졌다.[16]

2000~2002년 첨단기술 버블이 붕괴한 뒤 사람들이 깨달은 것이 있었다. 바로 시장에서 많은 사람이 막대한 손실을 보았지만 대체로 지금까

지 순자산에서 가장 큰 비중을 차지하는 주택은 별 타격을 받지 않았을 뿐 아니라, 가격이 꾸준히 오르고 있다는 것이다. 2002년부터 주택건설 붐이 크게 확산되자 과잉 공급 상태에 들어섰다. 앞으로 살펴보겠지만 세계 금융 시스템이 붕괴 직전으로 몰리고, 1930년대 이후 최악의 경제 상황이 온 것은 모두 주택시장 버블 탓이 컸다.

2002~2007년 사이 12조 5,000억 달러에 달하는 주택담보대출이 신규로 허용되었다. 위험 부담이 큰 서브프라임 대출 발행 건수가 일반 담보대출보다 크게 늘어나 2002년 전체 주택담보대출의 6.6%이던 서브프라임 대출이 2006년에는 21.7%로 급증했다.[17] 서브프라임 산업이 대박을 쳤다!

그러나 금융 분야가 종종 그렇듯, 자화자찬하는 번지르르한 연간 보고서나 분기 보고서에는 진실이 드러나지 않는다. 아무도 진실을 보지 못하도록 맨 뒤페이지 주석에 깊숙이 숨어 있다.

거대한 도박판으로 변해버린 모기지 금융시장

이제 수입이나 재원이 거의 없는 주택 매수자들도 담보대출을 이용할 수 있게 되었고, 주택가격이 폭등하자 너도나도 집을 사려고 줄을 섰다. 서브프라임 대출을 주로 판매한 은행과 투자 은행은 물론이고, 주택담보대출을 취급하는 업체와 부동산 투자신탁회사들은 몇십 년 만에 한 번 올까 말까 한 기회가 왔음을 알아차리고 기민하게 움직였다.

서브프라임 대출을 판매하는 영업사원들에게는 엄청난 인센티브를 주면서 영업을 독려했다. 많은 주택담보대출 담당 은행원(이들에 비하면 중고차 판매원들은 아주 양심적이라고 할 만큼 파렴치한 장사치들이다)은 1년에 100만 달러 이상을 벌어들이며 짭짤한 부수입도 챙겼다. 이들이 판매한 상품은 냉장고에 넣지 않고 며칠씩 방치해둔 생선보다 더 고약한 냄새를 풍겼다.

모기지 대출기관들의 목표는 수입이 아예 없거나 거의 없는 저소득층 또는 직업조차 없는 사람들도 쉽게 주택을 살 수 있을 정도로 서브프라임 대출 요건을 완화하고, Alt A(Alt A 등급은 소득증빙이 제대로 되지 않은 사람을 대상으로 하거나, 기타 대출 조건의 융통성이 아주 높은 모기지다) 등급도 대출을 받을 수 있도록 하는 것이었다. 사실상 누구나 대출을 받을 수 있었다. 부실 여부는 아예 고려 대상이 아니었다. 금융기관은 저신용 고객에게 판매된 채권과 유사한 다른 채권들을 즉시 한데 묶어서 풀^{pool}을 만들고, 이를 다시 굶주린 투자 업체들에게 판매했다.

시티뱅크, 뱅크오브아메리카, 와코비아, 골드만삭스, 모건스탠리, 리먼브라더스, 베어스턴스 모두 이 게임의 큰손들이었다. 이들은 주택금융 전문회사인 모기지뱅크로부터 모기지 채권을 사들였을 뿐 아니라, 모기지뱅크를 공격적으로 인수해 수직 결합함으로써 더 큰 수익을 얻고자 했다.•

모기지가 증권화되면 무디스, S&P, 피치 등 신용평가사들이 등급을 매겼는데, 대체로 모기지 풀의 위험도에 비해 신용등급이 과도하게 높았다. 은행이 신용평가사에서 높은 등급을 받을수록 모기지 채권이 잘 팔렸다. 담보물의 실상이 어떤지 누구도 살펴보려고 하지 않았다. 모기

•대다수 모기지는 모기지 채권 자체를 담보로 신속하게 증권으로 만들어져 기관 고객, 헤지펀드, 기타 수많은 매수자에게 매각되었다. 이 과정을 증권화라고 한다.

지 금융 상품은 그저 날개 돋친 듯 팔려나갔다. 그랬다. 수천만 달러어치가 불타나게 팔렸다.

기운이 남았다면 잠시 내막을 들여다보자. 다양한 상품들을 살펴보겠지만, 하나같이 구매자가 애당초 엄청난 손해를 보게 되어 있는 상품들이다. 모기지 브로커, 즉 모기지 발행인의 사무실부터 살짝 들여다보자. 브로커는 저당권자들이 좋아하는 온갖 상품을 구비한 채 영업할 만반의 준비를 갖추었다.

브로커는 이렇게 말한다. "여기 닌자 대출 상품이 있는데요. 금방 마감됩니다." "닌자가 뭐죠?" 브로커가 대답한다. "영업사원들끼리 다음 모기지 상품의 첫 자를 따서 부르는 이름이죠. 소득, 직업, 자산이 없는 사람들을 위한 주택담보대출이랍니다. 걱정은 붙들어 매세요. 주택시장이 펄펄 끓고 있어요. 집값은 더 오를 겁니다. 안전합니다."

다른 영업사원이 끼어든다. "여기 역상환 모기지도 있어요. 닌자 대출을 받은 사람들은 이 상품을 정말 좋아한답니다." 무슨 말일까? 단순하다! 2~3년 동안은 이자 한 푼 안 내고 당장 골라 놓은 집에 들어가서 살아도 된다는 뜻이다. 금리가 높아서 3년 뒤에는 원래 집값의 140%에 해당하는 빚을 지게 되지만 은행도, 모기지뱅크도 전혀 개의치 않는다. 은행과 모기지뱅크는 이 담보대출들을 기관 매수자들에게 떠넘긴다. 마치 뜨거운 감자를 떠넘기듯 말이다. 이런 과정이 다 수익이 된다. 일부는 거액의 수수료를 챙기고, 일부는 연말에 수백만 달러를 보너스로 받는다.

3년 뒤에는 28만 달러를 상환해야 하는데, 무일푼인 사람에게 20만 달러 닌자 대출을 내줄 사람이 있을까? 우리가 그랬다. 그래 놓고 납세자들이 낸 돈으로 부실 은행들을 구제했다.

다음으로 서브프라임의 최대 매장으로 들어가보자. 여기에는 변동금리 저당대출ARM이 구비되어 있다. 대체로 고객들은 낮은 티저 금리(처음 1~2년간 적용되는 낮은 금리)라는 미끼에 낚여 이 상품을 덥석 물었다. 아주 인기가 높은 변동금리 저당대출로 2-28, 3-27이 있었다. 2-28의 경우 저당권자는 2년 동안 2%의 고정금리를 제공하고 이후 28년간은 11~12%의 금리를 적용한다. 3-27의 경우 채무자는 3년 동안은 3% 이자를 내고, 이후 27년 동안은 10~12% 금리를 적용받는다. 변동금리 저당대출은 찾는 사람이 많아서 2005년 170만 개 이상이 팔려 전체 서브프라임 대출의 80%를 차지했다. 그리고 주택시장 버블이 있었던 2000~2007년을 통틀어서는 전체 대출의 70%를 차지했다.[18]

그린스펀 의장은 서브프라임이 고정금리보다 더 싼 경우가 많다면서, 연방준비제도 차원에서 서브프라임을 승인했다. 통상적인 고정금리 담보대출은 서브프라임 모기지보다 간접비용이나 별도 부과금이 훨씬 적어서 만기 때까지 비용을 따지면 서브프라임 모기지가 10% 이상까지는 아니라도 6% 정도 더 높다. 따라서 나는 그린스펀의 계산을 이해할 수가 없다.

서브프라임과 Alt-A 등급 모기지를 수박 겉핥기 식으로만 보고 있지만, 이제 어느 정도는 감을 잡았으리라 본다. 서브프라임 대출을 받은 대부분의 사람은 정상이었다. 하지만 이들은 입심 좋은 영업자들한테 넘어갔다. 언변이 뛰어난 일부 영업자들은 노인이나 길고 복잡한 대출 서류를 이해할 수 없는 사람들만을 전문으로 상대해 대출 서류에 서명을 받아냈다. 법원은 물론이고, FBI와 지역 당국까지 이런 희생자들의 사건을 수없이 처리했다. 미국 최대의 서브프라임 대출기관인 컨트리와이드 파이낸셜의 전임 CEO 안젤로 모질로는 브리오니 정장을 입고 머리를 말끔하게 손질하고 항상 태닝을 했는데, 2010년 10월 증권거래위원회와 6,750만 달러의 벌금을 내는 것으로 사기 혐의에 대해 합의했다.[19]

물론 이런 담보대출을 받은 사람들 중에는 투기꾼도 있고, 장사치도 있었다. 그러나 집값이 계속 오르는데 계약금도 내지 않고 큰돈을 벌 기회가 있다면 낮은 증거금을 활용해 주식을 사는 행위와 크게 다를 바 없다. 게다가 판매자는 하겠다고 마음만 먹으면 매수자의 신용과 만기 때 이자와 원금을 지불할 능력을 확인할 아주 정밀한 방법을 갖고 있다. 하지만 그 방법을 사용하는 경우가 드물었다. 처음부터 서브프라임 산업은 치명적인 결함을 안고 있었다. 많은 사람이 24개월 또는 36개월 뒤 4~5배가 되는 이자는 물론이고, 초기 티저 금리인 2~3% 이자도 갚을 능력이 없었다. 애초부터 실패가 예정되어 있었고, 그렇게 되었다.

연방준비제도와 규제 당국은 뭐 하고 있었나

앨런 그린스펀처럼 20년 동안 우두머리 한 사람이 그런 영향력을 행사할 수 있다는 사실이 찜찜하다. 예언자는 연방준비제도 의장 재임 기간에 탁월한 기록을 남겼다. 그린스펀이 연방준비제도를 이끄는 동안 미 역사상 최악의 금융 붕괴 사태가 1987년과 2000~2002년에 걸쳐 두 번이나 일어났다.•

그린스펀은 연방준비제도를 지휘하면서 2002~2006년 부동산 버블

• 공정성을 위해 한마디 하자면, 그린스펀은 1987년 대폭락 사태 불과 몇 달 전에 연방준비제도 의장으로 취임했다. 그러나 그린스펀이 효율적 시장을 굳게 믿는다는 점 그리고 대폭락 이후 그린스펀의 발언을 보면, 1987년 대폭락으로 이어진 정책을 지지했을 확률이 높다고 보는 것이 합리적인 추론이다.

을 키운 인사로, 사임 후 얼마 지나지 않아 1929년 이래 최대 규모의 시장 붕괴와 서구 역사상 최악의 금융위기가 발생했다. 연방준비제도 역사상 재임 기간 중에 한 차례 이상의 시장 붕괴 사태를 치른 의장은 없었다. 대다수 의장이 단 한 차례도 시장 붕괴를 겪지 않았다.

2006년부터 전국적으로 신문들이 거듭 모기지에 문제가 있다는 기사를 냈다. 그런데도 예언자나 후임인 벤 버냉키 그리고 연방준비제도 고위 간부들은 왜 문제를 보지 못했을까? 이들은 주택시장이 하락세로 돌아서고 몇 달이 지났는데도 왜 문제를 깨닫지 못했을까?

노벨 수상자 폴 크루그먼과 퓰리처 상 수상자 그레첸 모겐슨은 2006년부터 서브프라임 문제를 다양한 측면에서 상세하게, 거듭 논평했다. 어쩌면 그린스펀에게는 〈뉴욕타임스〉가 너무 진보적이었는지도 모르겠다. 어쨌든 그린스펀은 자신이 자유주의자라고 천명했다. 그러나 〈월스트리트저널〉도 서브프라임 문제를 다루었고, 미국 전역의 주정부들 역시 모기지 대부업자들의 추악한 행태 일부를 금지하려는 조치를 취하고 있었다. 2007년 가을 그린스펀은 서브프라임 위기가 시작되고 10달이 지난 후에도 위기를 감지하지 못했다고 시인했다.[20]

규제가 제대로 시행되지 못한 것은 연방준비제도가 부추긴 탓인 듯하다. 위기가 눈앞에 닥쳤음을 인식하고서도 연방준비제도와 그린스펀은 노골적인 대출 행태를 저지하기 위한 어떠한 조치도 취하지 않았다. 사실 노스캐롤라이나를 비롯한 몇몇 주정부가 모기지 대출을 남발하는 연방은행들에 대한 조치를 취하려고 했지만 연방준비제도는 이를 저지하려고 했다.

2000년 연방준비제도 이사인 에드워드 그램리치는 은행뿐 아니라 서브프라임 대출기관의 대부 업무까지 조사하자고 제안했지만, 그린스펀은 거부했다. 그램리치는 서브프라임 대출기관의 영업 실태가 위험하다고 거듭 공개적으로 이야기했다. 한 전문가는 서브프라임 시장이 폭발할 위험이 있다는 것을 감지한 후 더 강력한 규제가 필요하다고 역설했고, 그린스펀에게도 이야기했다. 그러나 인간은 신을 이길 수 없다. 당시 진정한 영웅에 속했던 그램리치는 2007년 백혈병으로 사망하기 직전 《서브프라임 모기지 : 미국의 마지막 경기 과열과 파국》이라는 책을 발간해 서브프라임의 위험을 목청껏 경고했다. 2008년 서브프라임 위험을 감지하지 못했느냐는 질문을 받자 그린스펀은 그저 이렇게 대답했다. "오판이었습니다. 저도 깜짝 놀랐어요. 유감입니다.[21]" 금융위기와 그 여파로 고통 받았던 수많은 미국인에게 돌아온 보상이라고는 이런 넋두리 뿐이었다.

그린스펀은 1994년 의회가 통과시킨 법안인 주택 소유 및 자산보호법 HOEPA으로 대출 행태를 제어할 수 있는 권한이 있었다. 하지만 규제 반대를 철저히 신봉했던 그린스펀은 끝까지 고집을 꺾지 않았다.

2005년 연방준비제도 의장 그린스펀과 2006년 후임 의장 벤 버냉키는 강력한 조치를 취해 거품을 꺼뜨릴 수 있는 기회를 완전히 놓쳐버렸다.[22] 설상가상으로 연방준비제도가 법안 시행을 거부하자 대출 관행을 독려하는 꼴이 되어 수십만 명의 서브프라임 대출자와 수많은 대출기관이 희생되고 말았다. 시장 붕괴 과정 내내 연방준비제도는 사전 대책을 강구하지 못했고, 일이 터지고 나서야 뒤늦게 반응했다.

연방준비제도가 사태의 심각성을 깨달았을 때는 늦어도 한참 늦은 후였다. 2007년 벌써 버블이 펑펑 터지고 있는데도 그린스펀과 버냉키는 별일 없을 것이라며 안심시키는 성명만 계속 발표했다. 2007년 3월 버냉키는 이렇게 말했다. "이 중차대한 시기에… 서브프라임 시장이 금융시장과 일반 경제에 미치는 영향은 억제될 듯하다.[23]" 리먼브라더스가 파산하기 3개월 전에는 이렇게 말했다. "경제가 '심각한 경기 하강'에 빠질 위험은 줄어들었다.[24]"

그린스펀보다 정도는 조금 덜하지만 버냉키는 어쩌다 이런 엄청난 실수를 저질렀을까? 2009년 의회 청문회에서 그린스펀은 자신의 세계관이 판단 착오였음을 시인했는데, 대니얼 카너먼은 이 2007~2008년 파국의 본질을 드러낸 가장 적나라한 순간으로 꼽았다. 그린스펀은 금융회사와 시장은 합리적이므로 그들 스스로의 존재를 해치는 위험을 감수하지 않고, 스스로의 이익을 보호할 것이라고 기대하고 믿었다. 카너먼에 따르면 그린스펀의 착오는 금융회사와 펀드매니저(직원)의 목표 사이에는 커다란 간극이 존재한다는 점을 간과한 데 있다. 금융회사는 수익성을 장기적인 관점에서 내다본다. 직원들은 승진, 급여 인상, 보너스 등 훨씬 단기적인 관점을 취한다. 앞서 보았듯 임원들은 그런 위험을 감수했다고 해서 자살하지 않았다. 이들은 털끝 하나 상하지 않고 유유히 빠져나갔다. 불구가 되거나 자살한 것은 그들이 경영하던 회사였다.

카너먼의 절친이자 금융 분야 베스트셀러 《블랙 스완》의 저자인 나심 탈레브는 이렇게 말했다. "인간은 자신이 엄청난 위험을 감수하고 있다는 사실을 흔쾌히 인정하지 않는다. … 연방준비제도 의장 앨런 그린스펀은 재임 기간 동안 눈을 꼭 감은 채 아이들이 가득 탄 버스를 운전했다.[25]"

연방준비제도의 행태가 위기 대응에 턱없이 부적절했을 뿐 아니라, 연방준비제도가 경제의 맥을 짓누르고 있었다. 극심한 유동성 위기가 이미 미국의 금융 동맥을 18개월 가까이 꽉 막고 있는 상태에서 2008년 9월에 닥칠 시장 붕괴를 전혀 알아차리지 못했던 것으로 보인다.

연방준비제도의 권한이 너무 막강한 것은 아닌지 논란이 있다. 그러나 유동성 위기와 대침체에서 연방준비제도가 가진 권한을 적절하게 활용하지 못했다는 점은 명백하다. 버냉키 의장을 비롯해 중앙은행장들은 연방준비제도가 대공황 시기에도 권한을 제대로 행사하지 못했다고 말했다. 하지만 2007~2008년 시장 붕괴 몇 년 전 잭슨 홀에서 열린 회의에서 버냉키는 연방준비제도의 방식이 고도로 정밀해서, 이제는 큰 충격파를 던지는 경제위기는 재발하지 않을 것이라고 말했다. 얄궂게도 의회와 오바마 행정부는 2010년 금융개혁법을 통해 연방준비제도에 더 많은 감독 권한을 부여했다.

이런 촌극이 또 벌어질까? 가능하다. 버냉키는 그린스펀의 정책을 너무 늦게까지 끌고 갔다. 2010년 말이 되어서야 규제가 더 필요하다고 말했지만, 2007년 초에는 전혀 말이 달랐다. 나는 버냉키가 제2의 그린스펀이라거나, 그의 정책을 계속 고집할 것이라고 생각하지 않는다. 그러나 차기 의장이 될 카멜레온은 또 어떤 모습을 보일까? 양극단인 자유주의자나 사회주의자가 통화정책을 좌지우지하는 상황을 막을 수단이 보이지 않는다.

연방준비제도와 클린턴 행정부, 부시 행정부는 글래스-스티걸법 시행 이후 은행 규제에 지나치게 관대했을 뿐 아니라, 위험한 장외 파생 상품을 용인했다. 글래스-스티걸법을 통해 은행과 투자 은행은 금융 시스템, 은행, 투자 은행이 붕괴되기 직전까지 막대한 이익을 취했다.

시스템을 가지고 놀다

15장 초반부에 신용평가사들, S&P, 무디스, 피치가 모기지담보부 증권에 지나치게 높은 신용등급을 부여했다는 사실을 잠깐 언급했다. 신용평가사들은 1929년 대폭락 사태와 대공황을 거치면서도 상처를 입지 않았고, 이 어려운 시기에도 신용등급 평가는 흔들림이 없었다. 시간이 흐르면서 신용평가사에 대한 신뢰가 쌓였다. 투자자들은 신용평가사들의 신용등급이 정확하다고 믿었고, 거의 예외 없이 널리 수용되었다.

그렇다면 신용평가사들이 100년 이상 쌓아 올린 명성에 먹칠을 하게 된 이유는 무엇일까? 1930년대 악명 높은 은행강도 윌리 서턴은 왜 은행을 털었느냐는 기자의 질문에 이렇게 대꾸했다. "돈이 있으니까 털지, 멍청아.²⁶" 그렇다. 돈 때문이었다.

3대 신용평가사는 15장 초반부에 언급한 모기지 대출 업체와 마찬가지로 떼돈을 벌었다. 2002년 30억 달러이던 수입이 2007년에는 2배로 증가해 60억 달러가 되었다. 이처럼 급증한 수입의 대부분은 복잡한 금융상품의 신용등급평가에서 나왔다.

은행과 투자 은행에서 판매되는 모든 증권은 신용등급이 높아야 팔수 있다. 서브프라임 버블이 절정에 달할 무렵 무디스와 S&P는 서브프라임 모기지에 AAA 신용등급을 수없이 남발했다.

신용평가사를 조사하던 금융위기조사위원회 위원장이자 상원의원필 앤젤리데스는 이렇게 말했다. "무디스는 잘나갔습니다. 그러나 무디스의 평가를 믿은 투자자들은 손해를 보았죠. 무디스는 2000년부터 2007년까지 4만 2,625개 모기지담보부 증권에 탐스러운 AAA등급을 매겼습니다. 무디스는 AAA 생산 공장이었어요. 2006년에만 9,029개 모기지담보부 증권에 AAA등급을 부여했죠.[27]"

S&P도 오십보백보였다. 신용도 측면에서 서브프라임이 넘볼 수 없을 정도로 까마득히 우월한 극소수 미국의 우량기업이나 외국 정부만이 AAA등급을 받은 사실과 비교해보라.

신용평가사에게는 평가등급 부여가 아주 짭짤한 사업이었다. 단순한 작업은 비용이 5만 달러, 아주 복잡한 신용 파생상품인 부채담보부 증권 CDO의 경우 비용이 100만 달러를 넘는다. ●

이들이 번 액수를 보면 눈이 팽팽 돌아간다. 주택저당담보부 채권과 부채담보부 증권에서 나온 무디스의 총수입은 2002년 6,100만 달러, 2006년에는 2억 800만 달러가 넘었다. 1998년에서 2007년까지 복잡한 금융 상품에 대한 신용평가를 통해 얻은 수입은 523%나 증가했다.[28] S&P의 신용평가 연간 수입은 2002년 5억 1,700만 달러에서 2007년에는 11억 6,000만 달러로 늘었다. 2002~2007년 재정 수입구조를 보면 상당 부분이 부채담보부 증권에서 나왔는데, 이와 관련된 수입은 2002년 1억 8,400만 달러에서 2007년 5억 6,100만 달러로 3배 이상 증가했다.

흥미롭게도, 수많은 AAA등급 서브프라임이 추풍낙엽처럼 떨어지자 대공황 이후 최악의 금융위기로 이어졌다. 하지만 2011년 8월 30일 S&P는 또 다른 서브프라임 대출자에게 AAA등급을 부여했다. 한 달 전인 7월에는 미국 국채의 신용등급을 낮추었던 S&P가 말이다.

2000~2007년 사이 신용평가사의 주가는 평균 3~4배 뛰었고, 무디스 주가는 6배가 넘게 뛰었다. 그러나 대가는 끔찍했다. 파우스트 박사처럼

● CDO는 모기지담보부 증권, 신용카드 빚, 비담보부 사채, 은행 융자 등 다양한 채무를 기초자산으로 하여 발행한 증권으로, 레버리지 비율이 훨씬 높고 아주 복잡한 모기지 증권이다. CDO는 규제 당국의 인가를 받은 금융기관이 발행한다.

신용평가사들은 악마에게 영혼을 팔았다.

은행과 투자 은행에게는 성장하는 거대한 주택저당담보부 채권시장이 있었다. 은행과 투자 은행은 모기지를 담보로 주택저당담보부 증권을 만든 다음, 위험도를 적당히 재분류한 후 재유동화한다. 그리고 이렇게 재유동화한 금융 상품을 투자자들에게 재판매해 수익을 챙겼다. 투자자들로서는 재유동화 금융 상품이 모기지 담보가 없는 다른 채권이나 증권보다 훨씬 수익도 높고 신용평가사의 신용등급도 좋았다. 은행들은 2000년대 초에 해결책을 찾았다. AAA, AA, A등급 상품을 위험도에 따라 재분류해 투자등급을 높게 유지하는 것이다. 이는 법적으로 투자 적격 증권만 매수할 수 있는 많은 매수자에게 꼭 필요한 것이었다.

이 해결책은 술집에서 글렌피딕 싱글몰트 위스키나 고가 브랜드의 위스키에 물을 타서 손님에게 파는 행위, 마약상이 마약에 다른 재료를 섞어 파는 수법이나 다름없다. 핵심은 금융기관과 신용위험평가사들 간의 협조였다. 메릴린치, UBS, 뱅크오브아메리카, 와코비아, 골드만삭스, 크레디트 스위스, RBS, 리먼브라더스, 베어스턴스 등 월스트리트 최대 투자 은행들을 비롯한 수많은 증권 인수업자는 주택저당담보부 증권, 더 구체적으로는 서브프라임 관련 사업에 신용평가사들과 손을 잡고 있었다. 투자 은행들은 다른 곳과 사업을 하겠다며 신용평가사를 협박하고 구슬렸다. 이때부터 고객은 한마디로 '봉'이 되었다.

최고 신용등급을 얻어낸 은행들은 악성 모기지를 순진한 고객들에게 팔아넘겼다. 이런 상품을 판 은행들은 도랑 치고 가재 잡은 격이었다. 무슨 말인고 하니 엄청난 돈을 벌었을 뿐 아니라, 높은 신용등급의 상품 속에 투기등급 채권을 끼워 처분했기 때문이다. 판매고는 수천억 달러에 달했고, 은행들의 수익은 하늘 높은 줄 모르고 치솟았다.

그런데 이건 그저 시작일 뿐이었다. 은행들은 높은 신용등급을 손에 쥐자 부채담보부 증권, 구조화 투자전문회사^{SIV} 등 온갖 복잡한 채권을 고객들에게 팔 수 있었다. 2003년부터 2006년까지 공급이 수요를 도저히 따라가지 못하는 상태가 되었다. 보험회사, 은행, 헤지펀드, 부채담보부 증권이 어디서 최고 신용등급과 수익을 얻을 수 있겠는가? 어음 및 신용증권을 매도해 5장에서 살펴본 것처럼 부채담보부 증권, 구조화 투자전문회사, 헤지펀드는 투자 자본 대비 30~35배로 레버리지했다. 그리고 고객들은 연간 15% 이상의 수익을 꾸준히 올렸다.

그러나 은행들은 수십억 달러에 달하는 수익에 만족하지 않았다. 은행들은 팔고자 하는 악성 자산에 대해 내부 정보로 재간을 부려 더 많은 수익을 올렸다. 로버트 루빈, 래리 서머스, 그린스펀 의장이 상품선물현대화법을 밀어붙인 덕에 '이색 상품', '합성 상품'이라는 이름이 붙은 더 복잡한 파생상품이 생겨났다.

이색 상품은 부실자산에 대해 매도^{short} 포지션을 취하려는 은행이 발행하는 아주 복잡한 파생상품이다. 앞으로 헐값이 될 확률이 아주 높은 부실자산에 대해 매도 포지션을 취해, 가격 하락 시 이득을 취하려는 것이다. 은행들은 부실채권을 찾아내 단순히 모기지 포트폴리오를 복제함으로써 최악의 악성 자산들에 대해 매도 포지션을 취했다. 어떤 법규도 없었으므로 복제는 간단했다. 상세한 금융 정보와 모기지 풀의 구성 그리고 월수익만 있으면 가능했다. 투기등급 자산에 대해 매도 포지션을 취한 은행이 돈을 벌 확률은 카지노에서 하우스의 승률만큼이나 높았다. 게다가 카지노는 손님들에게 수천 달러를 뜯어내지만 이 은행들은 수십억 달러를 챙겼다.

서브프라임과 금융 붕괴 사태에 연루된 금융기관은 많았지만 상원과 의회위원회가 공개한 조사 결과와 이메일에 따르면, 그중에서도 골드만삭스가 단연 압권이었다. 골드만삭스는 최악의 서브프라임 여신이나 Alt-A 모기지를 시장에서 찾아내는 능력이 탁월했다. 이런 모기지를 발견하면 고객이나 다른 매수자들에게 떠넘겼고, 자산 가치가 하락하면서 매수자들은 거덜 났다. 승률을 높이기 위해 골드만삭스는 최악의 불량 채권 발행자뿐 아니라, 그들이 발행한 최악의 채권을 찾아나섰다.

이를 위해 골드만삭스 분석가들은 불량 발행자가 발행한 높은 신용등급의 모든 모기지 시리즈를 샅샅이 뒤졌다. 이들은 수천 가지의 모기지 시리즈를 꼼꼼하게 조사했다. 예를 들면 이전에 부여받은 높은 신용등급에 관계없이 불량 발행자의 모기지 중 어떤 것에 마이너스 상각률이 높고 불리한 옵션이 붙어 있는지, 즉 부도 확률이 더 높은 최악의 닌자 시리즈가 있는지 찾아보는 것이다. 수백만 달러가 투입된 골드만삭스의 조사 및 트레이딩팀에게는 이외에도 정교한 무기가 많았다. 아직 파생상품 계약서에 서명할 기운이 남아 있는 희생자나 고객을 쓰러뜨리기 위해 온갖 무기가 총동원되었다. 골드만삭스뿐만이 아니었다. 위에 언급한 대다수 은행들도 똑같은 게임을 했지만 골드만삭스가 단연 챔피언이었다.

가장 큰 먹잇감은 AIG였다. 골드만삭스와 은행 인수단은 신용파산스왑을 매입해 AAA등급 모기지에 악성 서브프라임을 끼워서 AIG에 팔았다. 거대 보험회사인 AIG는 막대한 손실을 입고 부도 직전까지 갔다. 뉴욕연방준비은행 총재 티모시 가이트너가 개입해 은행인수단에게 총 620억 달러를 지불했다. 부실자산 구제 프로그램TARP 감독관 닐 바로프스키는 연방준비제도가 납세자의 돈으로 골드만삭스와 은행 인수단에 수백억 달러를 과도하게 지불했다고 말했지만, 이건 또 다른 이야기다.

골드만삭스는 서브프라임 시장의 약세를 예측했고, 2006년 가을이
되자 서브프라임 시장은 하락세로 돌아섰다. 골드만삭스는 재빨리 남은
물량을 처분하려고 했다. 서브프라임 시장의 유동성이 점점 경색되고
있었고, 물량을 처분하는 것도 어려워져 크게 할인해야 될 형편이었다.
어떻게 하면 될까? 간단하다. 고객에게 팔면 된다. 표 15-1에서 보듯 골
드만삭스는 총 65억 달러에 달하는 6개의 펀드를 고객에게 모두 팔았다.
2006년 말과 2007년 초 골드만삭스는 6개의 서브프라임 모기지 풀을 새
로 만들어 재빨리 시장에 내놓았다. 5개 펀드가 전체 채권의 70~80%에
AAA등급을 받았다.

골드만삭스는 신용평가사로부터 높은 등급을 얻는 데 앞장섰고, 철저
히 조사를 했기 때문에 악성 자산의 등급이 사상누각이라는 것을 알고
있었다. 최대 규모 펀드는 허드슨 메자닌으로 서브프라임이었지만 AAA
등급 모기지가 72% 포함되어 있었다. 1년도 못 돼 허드슨 메자닌 펀드

표 15-1 골드만삭스 컨베이어 벨트

	롱비치 모기지론 트러스트 2006-A	GSAMP 2007-FM1 (Freemont loans)	허드슨 메자닌 2006-1	앤더슨 메자닌 2007-1	팀버울프 1	아바쿠스 2007 AC1
규모	4억 9,500만 달러	7억 700만 달러	20억 달러	3억 700만 달러	10억 달러	20억 달러
AAA* 등급 비율	71.0%	77.5%	72.0%	70.2%	80.8%	19.2%
현재 최고 등급	Ca	Baa2	Withdrawn	Caa3	Withdrawn	Ca

*무디스 신용 등급 기준

출처: U.S. Senate Subcommittee on Investigations, 2010년 4월

는 50% 이상 하락했고, 매도했던 골드만삭스는 돈을 벌었지만 고객은 투자금을 왕창 날렸다.

서브프라임 시장에 균열이 생길 무렵인 2007년 초, 골드만삭스는 민첩하게 악성 모기지를 고객에게 팔아넘겼다. 허드슨 메자닌에 이어 앤더슨 메자닌 2007-1, 팀버울프 1도 팔아넘겼다. 이 두 펀드로 골드만삭스는 13억 달러를 벌었다. '합성 상품'으로 고객들은 무엇을 산 것일까? 골드만삭스가 털어버리려고 하는 치명적인 자산 이상이었다. "팀버울프는 한마디로 쓰레기였다." 레빈 소위원회에 따르면 전직 골드만삭스 국제증권영업부 사장이었던 토마스 몬테크는 이렇게 말했다.[29] 팀버울프 1을 팔아넘기기 위해 골드만삭스 담보대출부 대니얼 스팍스는 영업직원들에게 이 썩어빠진 채권을 처분하면 '어마어마한 보상'을 주겠다고 약속하는 이메일을 다량 살포했다.

허드슨 메자닌 2006-1에는 서브프라임 모기지 채권이 꽤 섞여 있었지만, 무디스 최고 등급인 AAA등급을 받았다. 표 15-1에서 보듯 서브프라임이 급락하자 투자자들은 투자금의 대부분을 날렸다. 골드만삭스가 고객들에게 팔아넘기기 전, 최고 신용등급을 보였던 당시를 보자. AAA등급이 꽤 포함되어 있었던 6개 펀드 중 무디스가 부여된 등급을 철회한 펀드는 허드슨 메자닌, 팀버울프 1이다. 롱비치 모기지론 트러스트 2006-A, 앤더슨 메자닌, 아바쿠스 2007-AC1은 투기등급으로 하락했고, GSAMP 2007-FMI만이 Baa2로 투기등급을 간신히 면했다. 결국 신용등급은 신용평가사에 의해 급락했는데, 평균적으로 6개월 정도밖에 걸리지 않았다.

최근에 보여준 골드만삭스의 정직성을 감안할 때, 청문회에서 발언한 골드만삭스 CEO 로이드 블랭크페인의 말을 믿지 않을 수 없다. 블랭크페인은 청문회에서 골드만삭스는 막강한 리서치와 마케팅 능력을 고객의 이해에 반하도록 행사하지 않았다고 말했다. 골드만삭스가 2008년과 2009년 초에 지불한 110억 달러 보너스 중 상당 부분이 서브프라임 영업에서 나오지 않았다는 말 역시 믿을 수밖에 없다. 블랭크페인은 청문회에서 서브프라임 영업으로 손실을 보았다고 증언했다.● 보너스가 어디서 나온 돈인지는 대답하지 않았다.

2011년 중반 상원소위원회가 제기한 문제들을 정부에서 조사하기 시작하자 블랭크페인을 비롯한 간부들은 형사 전문 변호사를 고용했다. 조사소위원회는 보고서를 통해 복잡한 모기지 관련 투자 상품에 대한 정보를 고객에게 제대로 제공하지 않은 혐의로 골드만삭스를 고발했다. 조사소위원회 위원장인 상원의원 칼 레빈은 블랭크페인이 의회도 속였다고 주장했다.[30] 또한 이 기간에 골드만삭스가 고객에게 매도하거나 공매도한 수많은 고등급 채권에 대한 소송도 다수 제기된 상태다. 골드만삭스가 고객에게 공매도한 채권의 승률은 15장 도입부에서 밝힌 카지노의 승률보다 더 높다.

이런 거래로 2010년 의회 및 상원 소위원회 청문회에서 지적된 투자은행은 골드만삭스뿐만이 아니었다. 모건스탠리와 시티그룹 역시 이런 식의 유가증권 인수 업무로 조사를 받았다. 골드만삭스는 벌금 3억 달러, 관련 기관투자자들에 대한 배상금 2억 5,000만 달러를 지불하는 것으로 증권거래위원회와 합의를 보았다.

골드만삭스를 비롯해 많은 은행이 채권에 대한 정보를 고객에게 제공

●사실이 아니다. 블랭크페인은 사내 이메일을 통해 이렇게 말했다. "회사는 손실을 보았지만 공매도 덕분에 손실보다 많은 돈을 벌었습니다." 아마 여기서 논의한 것처럼 인수업무를 통해 고객에게 채권을 팔아서 수익의 상당 부분을 챙겼을 것이다.

하지 않았는데, 이는 신탁 의무에 위배되는 행위였다. 뿐만 아니라 이들 채권을 고객에게 팔아넘기기까지 했다. 이런 행위가 불법은 아닐지 모르지만, 용서하기 힘든 상도덕 위반이다. 골드만삭스와 많은 은행은 서브프라임 시장이 붕괴 직전이라는 사실을 알고도 수백억 달러어치의 비우량 모기지담보부 증권을 새로 발행해 고객에게 팔았다. 고객에게 시장 상황에 대한 견해를 제공하고, 견실한 채권을 고객에게 매도하도록 하는 것이 증권 인수업자의 신의성실 의무이다. 골드만삭스를 비롯한 많은 은행은 이에 대한 어떤 의무도 지키지 않았다.

2008년 9월 금융위기가 시작되자 투자자들은 골드만삭스, 모건스탠리에서 자산을 대거 인출했다. 연방준비제도가 시티그룹에게 대규모 융자를 내준 것처럼 골드만삭스, 모건스탠리에게 은행 업무를 허가하고 대규모 융자를 내주었기 때문에 두 기업은 소생할 수 있었다. 미국 내 주요 은행들 역시 구제금융을 받았다. 수많은 미국인이 고통 받는 사이에 폭락 사태의 주범인 대부분의 은행들은 위기를 모면하고 무사히 빠져나왔다.

투자자 여러분은 이제 교훈을 발견했는가? 아마 많은 교훈을 얻었으리라 생각한다. 첫째, 사태의 주범인 은행들은 구제금융을 받고도 사사건건 금융 개혁에 저항했다. 금융 개혁이 도움이 되기는 하겠지만 능사는 아니다는 식으로 증권거래위원회 역시 이해가 상충할 때 적극적인 조치를 취하지 않았다. 소규모 투자회사들이 사소한 법규 하나만 어겨도 난리를 부리면서 말이다.

투자회사와 은행이 파는 복잡한 금융 상품들은 피해야 한다. 역발상 전략을 고수한다면 장기적으로 훨씬 많은 수익을 거둘 수 있다. 증권거래위원회의 규제를 받지 않는 상품을 살 때는 종류를 막론하고 인수 금융기관의 윤리 조항은 에누리해서 들어야 한다. 은행과 투자 은행의 증권 인수업자들은 그렇게 하고 있다.

16장

보이는 손

자유시장 경제학의 아버지인 애덤 스미스는 1776년 대표작 《국부론》에서 '보이지 않는 손'에 대해 말했다. 자원과 자본을 가장 생산적인 곳으로 인도하는 보이지 않는 손은 경제학 문헌에서 가장 유명한 이미지로 꼽힌다. 스미스의 표현을 빌리면 인간은 "공익을 추구하려는 의도도 없고 스스로가 얼마나 공익에 이바지하는지도 모른다. … 인간은 오직 자신의 이익만을 추구한다. … 보이지 않는 손에 이끌려 의도하지 않았던 목적을 진척시킨다. … 인간은 의도적으로 사회를 위해 공헌하고자 할 때보다 자신의 사익을 추구할 때 더욱 효과적으로 공익에 이바지한다.[1]"

애덤 스미스는 자유기업 체제의 가장 순수한 형태인 자유방임 경제학의 발전에 크게 기여한 인물이다. 동시에 스미스는 독점과 담합에 강력하게 반대했으며, '매수자들에게 짜낼 수 있는 한 가장 고가'에 가격을 정하는 '담합'에 대해 거듭 경고했다.[2] 또한 스미스는 진짜 자유방임 경제가 되면 기업과 산업이 재빨리 담합하여 정계와 입법부에 영향력을 행사해 소비자는 피해를 보게 된다는 것도 경고했다. 지금까지 돌아가는 모양새를 보아 하니 애덤 스미스의 예언이 맞는 듯하다.

20세기 마지막 수십 년과 21세기 첫 10년은 미국에게는 경제적 실험 기간이었다. 큰 정부가 명령해서도 아니고, 대중이 목청껏 변화를 요구해서도 아니다. 자유시장의 힘에 대한 미국의 믿음이 컸던 탓이다. 많은 경제학자와 금융 전문가가 이러한 믿음을 증폭시켰다. 그리고 로널드 레이건 행정부 이래 공화당 행정부와 민주당 행정부 모두 자유시장을 옹호했다.

시장에 대한 이런 믿음의 근저에는 매수자와 매도자가 가능한 최상의 결과에 이르도록 작동하는 '보이지 않는 손'에 대한 신뢰가 있다. 주택이든, 자동차든, 건설 장비든, 아니면 월마트 상품이든 혹은 온라인 제품이든 시장은 수요와 공급을 조정해 적정가격, 공평한 분배를 통해 사회 전체에 이로운 결과를 낳도록 작동한다. 아무튼 토대가 되는 논리는 이렇다.

그런데 보이지 않는 손은 지금도 보이지 않는가? 결론부터 말하면 일부 시장 참여자들은 사리사욕과 제 주머니를 채우기 위해 보이지 않는 손을 '돕고' 싶어 안달이 나 있다. 이는 경쟁에 반하는 행위이자 시장 독점 행위로, 미국은 지금까지 수십 년 동안 이런 반경쟁이나 독점 행위에 저항했지만 부분적인 성공만 거두었다.

애덤 스미스는 그린스펀과 달리 독점의 폐해와 규제 필요성을 분명히 인식하고 있었다. 앞장에서 보았듯 그린스펀은 애덤 스미스를 존경했지만 아인 랜드가 신봉했던 절대적 자유경제학파에 더 큰 영향을 받았던 것 같다. 자유방임론의 창시자인 애덤 스미스가 독점의 폐해를 해결하는 데 트러스트 파괴 정책을 펼친 테디 루스벨트 편에 선 것은 운명치고는 참 얄궂은 운명이었다. 이 문제에 대해 그린스펀이 어떤 입장이었는지는 이미 살펴보았다.

고삐 풀린 규제 완화 시대는 끝난 듯하다. 하지만 보이지 않는 손이냐, 돕는 손이냐에 관한 논쟁은 그 어느 때보다 지금 치열하게 전개되고 있다. 바로 '자유무역'을 둘러싼 대립이다. 악명 높은 앙숙인 이 둘의 대립은 세계 경제에 대한 우려가 커지면서 더 불이 붙었다. 이 논쟁이 앞으로 어떻게 전개되느냐에 따라 국내외 투자자의 자산은 크게 불어날 수도, 줄어들 수도 있다. 투자의 측면에서 보면, 주요 경제권들 사이의 연계성이 유례없이 강해져 세계 경제 체제가 되었다는 점은 의심할 여지가 없다.

우리가 직면하고 있는 세계 경제 체제를 고려할 때, 투자금을 지키려면 투자자는 두 가지 문제를 반드시 고려해야 한다. 바로 자유무역(수수께끼 같은 공정무역과 함께)과 인플레이션의 도래를 암시하는 불길한 신호들이다. 인플레이션은 영원히 죽일 수 없는 불멸의 용으로, 자유무역과 함께 앞으로 투자에 큰 영향을 미칠 것이다.

자유무역에 대하여

당연한 말이지만 애덤 스미스는 자유무역을 철저히 신봉했다. 미국 초대 재무장관인 알렉산더 해밀턴은 1790년대 걸음마 단계에 있던 미국 산업들을 보호하기 위해 무역 장벽을 세우려고 했다. 그러나 애덤 스미스는 미국이 상당한 비교우위에 있는 값싼 농산품을 자유롭게 수출하면

더 유리하다고 확신했기 때문에 해밀턴의 입장에 반대했다.³

비교우위의 법칙은 200년 가까이 자유무역의 핵심 신조였다. 비교우위는 1817년 영국 경제학자 데이비드 리카도가 처음 주창한 것으로,⁴ 영국과 포르투갈의 사례를 들어 비교우위 학설을 설명했다. 포르투갈은 와인과 옷을 영국보다 더 싼값에 생산할 수 있다. 영국은 와인 생산비는 아주 비싸지만 옷 생산비는 조금 더 비싸다. 포르투갈의 옷 생산비가 영국보다 싸지만, 포르투갈로서는 와인을 더 많이 생산하여 와인을 영국 옷과 교환하는 것이 여전히 더 싸게 먹힌다. 이렇게 해서 포르투갈은 와인과 옷을 더욱 많이 보유할 수 있다. 영국으로서는 옷 생산비는 여전히 동일하지만, 와인을 더 싼값에 얻을 수 있으므로 영국에게도 이 거래가 역시 이득이다. 따라서 양국 모두 비교우위가 있는 상품을 만드는 데 집중하고, 이 상품을 다른 상품과 교환하는 것으로 이득을 본다.⁵

지난 200년 동안 자유무역은 경제적, 도덕적, 사회정치적으로 가장 큰 논란거리 중 하나였다. 최근 실시된 미국의 한 여론조사에 따르면 무려 응답자의 53%가 자유무역에 반대했다. 놀랍게도 고소득층에서 반대 비율이 더 높았다.⁶

지난 수십 년 동안 자유무역을 옹호하거나 반대하는 새로운 가설들이 수없이 쏟아졌다. 새로운 가설들 중 자유무역을 옹호하는 논리들조차도 비교우위 법칙에 이의를 제기하고 있다. 폴 크루그먼은 이렇게 말했다. "자유무역은 완전히 한물간 논리는 아니지만, 예전처럼 한 점 의혹 없는 완전무결한 논리로는 결코 돌아갈 수 없다. 자유무역이 좋은 정책으로 작용하는 경우도 아직 있고, 정치적으로는 유용한 목표가 될 수 있다. 하지만 경제학 이론이 언제나 옳다고 지지할 수 있는 정책으로는 결코 돌아갈 수 없다.⁷"

지금은 신 자유무역 시대인가

가끔 삐걱거리기는 하지만 미국에서 보이지 않는 손에 대한 제약이 점점 줄어드는 분야가 하나 있다. 바로 자유무역이다. 리카도의 사고는 당대에는 옳았다. 그러나 리카도의 논리에 따르면 극동 지역이나 기타 멀리 떨어진 저개발 지역의 대중은 결코 국제 인력시장에 참여할 수 없다. 설사 국제 인력시장에 편입된다고 해도 원자재를 해당 지역까지 운송하는 비용과 완제품을 다시 유럽까지 운송하는 비용 때문에 최종 가격이 높을 수밖에 없다. 그러나 지난 60년 동안 이들 국가의 기술 발전과 숙련된 인력 때문에 19세기 초에 통했던 논리는 뒤집혔다. 운송이 편리해지고, 교육 받은 숙련된 노동자가 있고, 어떤 국가로든 쉽게 기계를 옮길 수 있게 되면서 아시아를 비롯한 타 지역의 생산비가 급감했다.

그 결과 미국 같은 고임금 국가들은 저임금 국가들에 비해 심각한 비교열위에 있다. 2008년 미국의 평균 시급은 18달러였다. 거기다 시간당 보험 3.60달러, 국민연금 6.2%까지 합치면 고용주가 지불하는 시간당 비용은 약 22.90달러가 된다. 2008년 중국의 평균 시급은 2달러, 인도네시아 0.65달러, 인도 0.41달러, 태국은 1.67달러였다.[8]

중국 노동자의 1시간 노동비용은 미국 노동자에게 지불되는 비용의 9%도 되지 않는다. 사실 미국의 노동 시간당 평균 사회보장세는 중국 노동자 임금의 3분의 2에 육박하며, 인도 노동자의 평균 시급보다 3배나 많다. 조금 더 깊이 들어가보면 완전경쟁 체제에서 미국에 1억 5,000만 명, 중국과 인도 그리고 인도네시아를 비롯한 저임금 아시아 국가들에 10억 명의 노동자가 있다고 하면 미국이 경쟁우위를 유지하기 위해서는 동일 제품 생산 시 미국 노동자 1명의 평균 임금은 22.90달러에서 대폭

삭감되어야 한다.

수출할 수 없는 직무도 많기 때문에 이는 최악의 시나리오다. 그런데 안타깝게도 여기에는 진실 이상의 의미가 담겨 있다. 지금 미국이 최고의 일자리 수백만 개를 해외 아웃소싱에 의존하고 있고, 앞으로도 그럴 수밖에 없는 이유가 여기에 있다. 리카도는 미래를 내다보지 못했고, 동시대 경제학자들도 난제가 많은 이 문제를 정면으로 다루지 않고 있다.

첫째, 다른 나라들도 마찬가지지만 미국 소비자들은 더 싼 가격에 동일하거나 심지어 더 나은 품질의 제품을 원한다. 이런 수요 덕분에 45년 전에 창업한 월마트는 미국 최대의 유통 체인으로 부상했다. 월마트의 혁명은 수십 개 분야의 수많은 업종으로 번져 이제는 다른 업종들도 저비용 제품을 만들거나 팔아야 한다.

둘째, 저렴한 해외 노동력 덕분에 많은 업종이 해외 공장을 통해 경쟁력을 유지할 수 있다. 외국의 자동차 부품 제조사들이 더 싼 값에 부품을 공급하므로, 미국의 자동차 부품 제조 업체는 오랫동안 경쟁에서 불리한 위치에 있었다. 미국 자동차 업계의 '빅 3'인 제너럴 모터스, 포드, 크라이슬러는 상당수 납품 업체에게 부품 공장을 아시아로 이전하라고 요구하였고, 이를 거부하면 납품 계약을 해지해야 했다. 수많은 업체로서는 해외 공장 건설이 생존을 위한 방편이었다.

다른 산업들이 받는 비용 인상 부담이 늘어나는 한편, 수익 증대를 향한 자연스러운 욕구 때문에 미국 업체들은 해외의 저렴한 서비스를 이용하게 되었다. 영어가 제2공용어, 때로는 제1공용어인 인도는 자연스럽게 이런 서비스의 공급처 역할을 하고 있다. 유나이티드 항공의 예약, 출발, 도착 정보에서, 아메리칸익스프레스의 신용카드 정보를 비롯해 많은 기업의 고객 전화 상담 서비스 등 수많은 기업의 고객 서비스가 인도에서 제공되고 있다. 미국 내 일자리들이 아주 낮은 임금으로 대체된 것이다. 그런데 서비스 범위는 훨씬 광범위하고 더 복잡할 수도 있다. 소프트웨어 엔지니어가 필요한 미국 회사의 경우 미국인 엔지니어를 고용하려면 연 8~9만 달러를 지불해야 하지만, 해외 인력을 고용하면 연간 1만 달러면 해결된다. 증권사들은 장 마감 후 일부 부서의 일간 데이터 처리를 해외로 넘겨 다음 날 새벽 완성된 결과를 받는다. 일상적인 회계 업무 상당수도 인도에 보내면 훨씬 낮은 인건비에 완성된 결과물을 이메일로 바로 받을 수 있다.

일부에서 멕시코 국경을 넘어오는 불법 이민자들 때문에 미국인들이 최소 임금 일자리를 빼앗기고 있다고 격분하고 있다. 하지만 연방정부는 고임금 숙련직 일자리를 아시아를 비롯한 저임금 국가들에 빼앗기는 사태는 크게 걱정하지 않는 듯하다.

분명 아무런 제한도 없는 자유무역은 많은 제조 상품의 가격을 낮추고, 인플레이션을 억제하므로 소비자와 바이어들에게 유리하다. 그러나 국가를 위해서도 좋은 걸까? 반드시 그렇지는 않다. 엄청난 임금 격차 때문에 결국 일자리 수백만 개가 없어진다면 말이다. 만약 일자리 상실이 심각해지면, 나라 전체의 구매력이 낮아지고 삶의 질은 저하된다. 구매력이 떨어지면 가격에 상관없이 많은 물건을 살 수 없게 된다.

2011년 9월 미국의 실업률은 9.1%였다. 공식 수치는 아니지만 비자발적 자영업자, 시간제 노동자, 일자리를 찾지 못해 포기하는 바람에 인력시장에서 낙오한 사람들까지 포함하면 2011년 9월의 실업률은 16.5%로 대공황 시기의 실업률보다 그다지 낮지 않다.

미국으로서는 이런 실업률이 엄청난 타격이 될 수 있다. 이런저런 사정을 알면서도 고임금 일자리들을 내보냄으로써 미국은 지금까지 겪어

보지 못한 심각한 사태에 직면하게 되었다. 높은 실업률과 그에 따른 사회적 불안, 지속적인 산업 기반 파괴는 해외에서 저임금 인력을 수입하는 이점을 상쇄하고도 남는 폐해를 끼친다. 싼값에 해외 인력을 수입하면 미국인의 삶의 질은 위협받겠지만 중국과 인도, 아시아 호랑이들(타이완, 홍콩, 싱가포르, 대한민국)을 비롯한 저임금 국가들의 생활수준은 높아질 것이다.

미국 앞에는 두 가지 길이 놓여 있다. 하나는 생활수준을 고의로 낮추는 것이다. 이는 지금 미국이 실제로 고려하고 있는 방안으로, 2010년 말 한 독립위원회는 대통령에게 사회보장을 비롯한 각종 복지혜택을 축소하고, 서서히 은퇴연령을 높이고 있다. 한편으로 급여 예산이 부족하므로 미국 전역에서 교사나 경찰을 해고할 것을 제안했다. 아니면 생활수준을 지키기 위해 취약 계층을 위한 적극적인 고용 개선 조치를 취할수도 있다.

이 그림을 완성하는 마지막이자, 가장 중요한 부분은 어떤 나라도 리카도가 의도한 의미 그대로 자유무역을 하는 나라는 없다는 것이다. 심지어 미국도 마찬가지이다. 자유무역은 실은 그릇된 통념이다. 대다수 국가는 정도의 차이는 있지만, 공정무역을 하고 있다. 대체로 공정무역은 협상, 투명성, 대화를 바탕으로 협력관계나 제휴관계를 맺어 국제 무역에서 공정성을 높이는 것을 목표로 한다. 공정무역은 협력 국가에 더 좋은 교역 조건을 제시하고, 경제적으로 취약한 생산자와 노동자들의 권리를 보호하고자 한다. 또한 어느 정도 시장을 개방하되 자국 노동자들이 심각한 영향을 받지 않도록 한다. 중국, 인도, 아시아 호랑이들 같은 아시아의 주요 교역 상대국을 포함해 많은 국가가 자유무역은 고사하고 공정무역 국가인지조차도 의문스럽다.

25년 전 일본이 그랬듯이 오늘날에는 중국이 불공정무역의 전형적인 사례이다. 1980년대 일본처럼 중국은 수출 주도의 성장 전략을 추진하면서 국내 소비를 제한하고, 저축을 장려하며, 전략 산업에 투자를 유도하고 있다. 많은 무역장벽을 세우고 있으며, 위안화 평가절하 정책을 펴고 있다. 수많은 무역장벽을 교묘하게 쌓아올려 미국과의 경쟁에서 상대적 열세에 있는 주요 시장을 세심하게 보호하고 있다. 가장 적나라한 사례가 미국이 상당한 비용우위에 있는 금융업이다. 그런데 금융회사 소유 제한을 비롯한 수많은 장벽 때문에 미국은 이러한 강점을 이용하지 못하고 있다. 다른 나라들도 동일한 보호 조치를 통해 미국이 자국 금융업에 진출하는 것을 막고 있다.

미국을 비롯한 선진국이 경쟁우위에 있는 부문, 특히 서비스나 기술 산업 등 많은 업종에 규제를 두고 있다. 이런 일이 거듭 일어나면 '자유무역'이라는 새로운 보드 게임이 된다. 이 보드 게임의 목표는 교역우위를 최대한 확보하는 사이 '자유무역'이라는 말을 계속 되뇌는 것이다. 승자독식이라는 점에서 모노폴리와 비슷하지만, 이 게임에서는 최대한 많은 외화를 획득해 지속적으로 무역 흑자를 최대한 확보하는 나라가 이긴다.

애덤 스미스라면 이런 상황을 신 중상주의라고 불렀을 것이다. 애덤 스미스의 글과 알렉산더 해밀턴에게 보낸 편지를 보건대, 스미스는 신 중상주의에 극구 반대했을 것이다. 중상주의는 수출을 장려하고 수입을 제한하는 보호무역주의 정책을 의미하는데,《국부론》의 4분의 1이 중상주의를 비판하는 내용이다. 자유무역은 모든 교역 상대국이 동의하지 않으면 성립할 수 없으므로, 오늘날 세계에서 자유무역은 사실상 불가능하다. 세계가 자유무역 정책을 채택하지 않는 상황에서 애덤 스미스라면 자유무역 정책을 채택할 나라가 하나라도 있을 거라고 기대할까? 그럴 리가 없다고 생각한다. 애덤 스미스의 이론은 한 국가에 국한된 이론이 아니라, 여러 국가에 걸쳐 있는 이론이기 때문이다.

미국은 이 게임을 알고 있고, 게임의 전술도 알고 있다. 그런데 영악하기 짝이 없는 적수들은 무역 협상 드림팀이 수십 년째 계속 활약하고 있는데, 미국은 행정부가 바뀔 때마다 선수가 교체되고 있다. 미국은 매우 심각하게 게임에 임해야 한다. 버락 오바마는 한국이 한국 내 공장에서 한국형 제트 엔진을 개발한다면 미국이 지원하겠다고 제안했다. 만약 정말 진지하게 이런 제안을 한 것이라면 미국은 첨단기술은 물론이고, 여전히 상당한 비교우위에 있는 산업 하나를 통째로 갖다 바치는 셈이 된다. 이 조치로 한국이 싼값에 엔진을 수출하게 되면 미국의 무역적자는 한층 심해지고, 숙련직 일자리는 더 많이 사라질 것이다.

2011년 1월 말 항공기 기술과 제트엔진을 공급하는 항공 산업 최대 납품 업체로 손꼽히는 GE는 중국 국영기업과 상업 비행 합작투자를 위한 협약에 서명했다. 이로써 중국 기업은 GE의 차세대 여객기 보잉 787 드림라이너에 사용된 기술을 비롯하여 최첨단 항공전자 기술을 공유하게 되었다. 중국은 세계 최첨단 산업 분야의 기술 지원을 받으면서 언젠가는 보잉과 에어버스의 걸작들을 위협하게 될 것이다. 선진국은 거대한 중국 시장을 먹을 수 있다는 희망을 안고 주도 산업인 기술 산업의 전문 기술을 제공한다.[9] 이 게임에 많은 선진국 기업이 참여하면 중국은 초정밀 기술 제품 개발에 비약적 도약을 이룰 것이다. 그렇게 되면 중국의 수출은 늘어나고, 생활수준이 높은 국가의 수출은 감소할 것이다. 더욱이 아시아 호랑이들과 신 중상주의 국가들 역시 이런 방식의 새로운 '자유무역' 행태에 능숙해지면 문제는 더욱 악화될 것이다.

중국은 지적재산권을 적극 보호하는 데 주력하고 있지만, 지적재산권이 보호받지 못하는 경우가 더 많다. 설상가상으로 중국은 컴퓨터 소프트웨어, 음악 및 연예기획사의 CD, DVD, 비디오게임, 최고급 패션에서 미국의 지적재산을 그대로 베끼고, 대놓고 저작권을 침해했다. 그 액수가 연간 수십억 달러에 이른다. 2010년 블룸버그 기사에 따르면 2005년에서 2009년 사이 해적판 소프트웨어는 2배로 증가해 75.8억 달러로 추산된다. 마이크로소프트 CEO 스티브 발머에 따르면 "중국보다는 인도나 인도네시아가 훨씬 흥미롭다.[10]" 한 소식통에 따르면 중국에서 사용되는 마이크로소프트 윈도 수백만 개 중 20%만이 정식 구매품이고, 나머지는 불법 복제품으로 추정된다.[11]

중국인 수백만 명이 중산층에 편입되면서 프라다, 루이비통, 버버리, 롤렉스 같은 명품 브랜드 모조품도 활개를 치며 광범위하게 유통되고 있다. 타임워너 같은 미디어 거물의 영화와 지적재산, 음악과 컴퓨터 게임 산업의 지적재산 역시 계속 복제되고 있다.[12] 심지어 미국은 훨씬 싼 로열티에 중국 영화의 미국 내 유통을 허가하고 있지만, 중국은 검열을 통해 수십 편의 미국 영화의 중국 영화관 개봉을 금지했다.

안타깝지만 문제는 여기서 그치지 않는다. 미국은 중국을 비롯한 저임금 국가들에 일자리를 수출하고 있을 뿐 아니라, 모조품 때문에 수많은 일자리를 중국에 빼앗기고 있다. 특허는 노골적으로 무시되고 있으며, 중국 노동자들은 특허와 저작권을 무시하고 미국을 비롯한 여러 선진 공업국들의 제품을 중국에서 만들고 있다. 모조품 제조 규모는 방대하다. 중국에서 연간 약 480억 달러어치의 모조품이 제작되는 데 상당수가 미국 제품이다. 이는 2010년 미국의 대중국 무역적자 총액인 2,730억 달러보다 75% 많은 액수다.[13] 이처럼 막대한 금액이지만 언론에서는 거의 다루지 않는다. 다음은 상원의원 칼 레빈의 의회–행정부 중국위원회 청문회 발언이다. "중국 정부 자체 추산에 따르면 중국에서 생산되는 모든 제품의 15~20%가 모조품이며, 이는 중국 연간 국민총생산의 약 8%에 해당한다.[14]" 2011년 1월 '아시아 무역 및 금융 전문가' 웨인 모리슨은 미 의회조사국 보고서에서 이 발언을 그대로 인용했다.[15]

또한 중국은 불법적인 수단을 통해 미국과 선진 공업국들에서 양질의 일자리를 탈취해 중국 노동자들에게 주고 있는데, 특허와 라이선스를 무시하고 훨씬 싼값에 제품을 만들고 있다. 그 결과 모조품은 중국 경제에서 상당 부분을 차지하고 있으며, 미국 노동력과 산업 모두 심각한 피해를 입고 있다.

클린턴, 부시, 오바마 행정부는 국제사법재판소에 제소까지 하면서 불공정무역 관행을 근절하려고 했지만 별다른 진전이 없었다. 이란과 북한, 지구온난화 같은 정치적 고려 사항 등 다른 요인들도 미국이 더 강력한 조치를 취하는 데 걸림돌이 되고 있다.

중국과 갈등을 빚고 있는 문제는 또 있다. 예를 들어 미국은 위안화를 적정 수준으로 절상하라고 목소리를 높이고 있다. 하지만 중국은 귀를 막고 있다. 위안화가 절상되면 미국의 대중국 수출은 증가하고, 수입은 감소한다. 대미 무역 흑자를 기록하고 있는 다른 수십 개국과도 비슷한 협상이 진행되고 있다.

이런 문제들을 어떻게 해결해야 할까? 아니, 해결할 수나 있을까? 가장 심각한 문제는 높은 실업률과 높은 실업률이 고질병이 되지는 않을까 하는 염려이다. 지난 10년 동안 미국은 한쪽에서 일자리가 늘면 다른 쪽에서 일자리가 그만큼 줄어 순 신규 고용이 '0'이었다. 미중 무역만으로 28만 개의 일자리가 사라지거나 대체되었다. 그리고 아시아 호랑이들을 비롯한 저임금 국가들에게도 일자리를 빼앗겼는데, 이들 국가 모두 자유무역 정책을 시행하지 않는다. 앞서 언급했듯 오바마 행정부의 통계에 따르면 2007~2008년 경기 침체기에 일자리 25%가 사라졌는데, 이때 사라진 일자리는 영원히 회복불능일 것이라고 한다. 더욱이 미국 일자리를 해외에 아웃소싱하는 추세가 심해지는데, 이런 현상 역시 누그러질 기미가 보이지 않는다. 즉 시간이 흐를수록 실업률이 고공행진한다는 점을 의미한다.

일자리 부족은 지난 수십 년 동안 미국이 당면하고 있는 가장 심각한 문제다. 경기 침체 이후 4년 동안 미국의 노동 인구는 약 3% 증가했다. 견실한 경제라면 일자리가 그만큼 늘었을 것이다. 현재 미국의 일자리는 마지막 침체기가 시작되기 전보다 5% 감소했다.[16]

사태를 변화시킬 방법은 분명 있다. 미국은 석유를 제외하고는 천연자원 대부분을 자급자족할 수 있으며,● 제조업과 기술 기반이 어느 때보다 탄탄하다. EU 국가를 비롯해 대부분의 국가가 교역 상대국과 벌이는 게임 방식을 미국 역시 활용할 수 있다. 즉 협상력을 확대하고 높여서 무역 흑자 규모가 큰 나라를 대상으로 무역장벽을 허물고, 시장을 개방하라고 요구하는 것이다. 미국 제조업이 만들지 못하는 것을 중국이나 아시아 호랑이들이 제조하는 경우는 거의 없다.

미국은 강력한 공정무역 정책을 시행하는 한편, 주요 시장 개방을 거부하거나, 미국의 지적재산권을 침해하고 제품을 베끼는 대규모 해적행위에 탐닉하는 국가들에게는 일시적으로 무역장벽을 세울 수 있다.

● 미국은 어마어마한 천연가스 매장량을 보유하고 있고, 근래에는 셰일 가스 덕분에 천연가스 매장량이 급증했다. 미국 내 운송 수단의 연료를 천연가스로 바꾼다면 석유 수입 물량은 대폭 줄어들고 신규 일자리가 많이 생길 것이다.

과징금 폭탄과 제재 등 징벌을 엄격하게 부과해야 한다. 과징금을 내지 않으면 낼 때까지 관세장벽을 올릴 수도 있다. 물론 이 조치는 정치적 사안들을 무시할 수 있을 때 가능하다.

마찬가지로 미국이 중국을 비롯한 저임금 국가들에게 최소한 수준의 환경 보호, 노동자 권리 보장, 노동자 의료 보장 및 복지를 준수하라고 요구하면, 인건비가 상승해 이런 국가들의 대미 수출이 상당폭 감소할 것이다. 이는 위험한 조치로 환경 기준을 제외한 다른 조치들은 연방정부가 직접 다루지 않는 게 좋다. 그러나 과거 미국은 무모하게도 이런 조치를 실행에 옮긴 적이 있다. 아동노동 위반을 적발하고, 1980년대 흑인 투표권이 없었던 남아프리카공화국에 강력한 금수조치를 내려 기업과 노조, 개인이 남아프리카공화국과 교류하지 못하게 막기도 했다.

비슷한 조치로, 국내 고용률을 높이는 기업에게 세제 혜택을 줄 수도 있다. 해외 인력을 계속 고용하는 기업에게는 세제 혜택을 줄이거나, 미국 내 일자리 창출에 수익을 사용하지 않는다면 수익을 자국으로 송금할 때 내는 세금을 올릴 수도 있다. 지금까지 클린턴과 부시 행정부는 물론이고, 어떤 경제학자도 이 문제의 심각성을 제대로 책임지거나 인식하지 못하고 있다.

여러 행정부를 거치면서 정부 정책이 미국의 자동차 산업을 망치는 데 한몫하고 있다. 약 30년 동안 차량 1대당 생산비용은 1,500달러에서 2,000달러로 상승해 해외 경쟁업체들보다 더 높다. 노동조합이 없는 해외 기업들은 미국 기업과 달리 싼 노동력을 활용하고 있다. 또한 외국 자동차 업체의 입주를 바라는 미국의 여러 주들은 해외 기업에 세제 혜택까지 주고 있다. GM과 크라이슬러가 도산한 뒤에야 기울어진 운동장이 잠시나마 수평상태가 되었다. 반면 미국 이외의 제조업 국가가 안방시장에 들어온 외국 기업에게 경쟁우위를 내주었다는 이야기는 들어본 적이 없다. 미국은 수십 년 동안 국내 제조 업체의 노동조합을 유지하는 정책을 펴왔고, 미국 내 외국 제조 업체에게는 무노조 경영을 허용하고 있어 미국 자동차 산업은 끝장 날 위기에 처했다.

이런 심각한 결과들에 대한 논의 없이, 미국 혼자 관대한 공정무역 정책을 주창하면서 시행할 수는 없다. 미국이 지금 같은 공정무역의 길을 계속 간다면 어마어마한 국부가 미국 시민의 호주머니에서 빠져나가 중국과 같은 제3세계 국민들의 호주머니로 들어갈 것이다. 그리고 미국은 만성적인 고실업에 시달리게 될지도 모른다. 물론 이런 문제에 직면하고 있는 사람은 없겠지만, 지금 이 문제를 똑바로 응시하지 않는다면 시간이 흐를수록 악화될 것이다.

현재로서는 어려워 보이지만 세월 따라 상황은 변하게 되어 있다. 계속 높은 실업률로 골머리를 앓고 있으며, 조만간 해결될 기미가 전혀 보이지 않는다면, 그 여파가 점점 더 많은 유권자를 흔들어 깨울 것이다. 월스트리트, 수많은 미국 도시 그리고 점차 많은 유럽 도시에서 시위하는 군중을 통해 이미 그 단초가 보이고 있다. 미국에서 완전고용을 요구하는 정치적 압력이 거세질 것이며, 무역 정책의 수정을 요구하는 목소리도 커질 것이다. 민주당이나 공화당은 이런 요구에 등을 돌리기는 힘들 것이다. 2년 혹은 5년 안에 미 행정부는 결국 더욱 공정한 무역을 향해 공격적 정책을 추진하게 될 것이다.

애덤 스미스와 데이비드 리카도 모두 자유무역의 장점에 대해 설파했다. 그들이라면 미국이 현재 당면한 문제들을 교역 상대국 간의 단순한 갈등으로 볼까? 아니다. 특히 국부라고 할 수 있는 인력이 구조적인 문제로 일자리를 빼앗기고, 더 낮은 임금을 감수해야 하는 시기에는 더욱 그럴 리가 없다. 우리는 자유무역을 영위하는 대가로 자손들에게 삶의 질을 포기시키고 있다.

앞으로 닥칠 인플레이션에 대하여

대침체기를 겪으며 놀란 투자자들은 만신창이가 되었다. 자신감이 완전히 바닥 나지는 않았지만, 크게 흔들리고 있다. 그렇게 안 되는 것이 이상하지 않은가? 우리가 경험한 것은 단순한 경기침체가 아니라 미국 역사상 두 번째로 심각한 공황이었다. 경제학자들은 경기 하락이 아무리 심해도 1945년 이후로 공황이라는 용어를 쓰지 않았고, 지금도 '패닉'이라는 용어를 사용하지 않는다. 1930년대부터 패닉의 'ㅍ' 자도 꺼내지 않는데, 이는 경제학자들이 감정 이론을 엉뚱하게 적용해서가 아니라 다시 'ㅍ' 자를 입에 올리는 날에는 뭇매를 맞는다는 것을 알기 때문이다.

그러나 투자자들이 겪은 사태의 공식 명칭이 무엇이든, 새로운 심리학 도구로 무장해 우리 앞에 닥친 일을 평범한 투자자보다 더 잘 헤쳐나갔으면 한다. 누구도 시장을 정확히 예측할 수 없으며, 예측이 위험하다는 것을 숙지했다. 14장에서 보았듯이 주식과 부동산 및 기타 유사한 투자처가 장기적으로 수익이 높다는 점 역시 명심해야 한다.

미국인 대다수는 미국 정부가 사상 최대 적자 예산을 운용하고 있다는 점 역시 (떠올리고 싶지는 않지만) 알고 있다. 절대적 수치뿐만 아니라 비율로 따져도 사실이다. 2009년 1조 4,000억 달러(회계연도 마감 9월 30일), 2010년 회계연도 1조 3,000억 달러, 2011년 회계연도 1조 3,000억 달러 적자였다. 거기에다 연방은행과 재무부는 구제금융과 경기 부양 자금으로 2조 달러 이상을 투입했다. 재무부는 계속해서 달러를 어마어마하게 찍어내고 있다. 비율로 따져보면, 부실자산 구제 프로그램이 금융 시스템을 살리기 위해 뿌린 구제금융은 총 7,000억 달러로 이는 재무부가 예산 적자, 구제금융 대비 자금, 경기 부양책을 감당하기 위해 이미 찍어낸 돈의 약 12%에 해당한다. 구제금융 7,000억 달러는 회수되었다.

분열된 의회가 해마다 7,000억 달러만큼 지출을 줄이거나 증세하지 않는다면, 적자는 계속 불어나게 된다. 대침체가 몰고 온 공포가 서서히 잦아드는 지금, 투자자들은 앞으로 다가올 사태에서 생존 이상을 바라보고 있다.

고용률이 아주 느리게 계속 상승한다고 해도 인플레이션이 닥칠 것이다. 처음 몇 년 동안은 완만하게 진행되겠지만, 점점 더 증가에 속도가 붙을 것이다. 경제를 살리기 위해 미국만 구제금융을 뿌린 것은 아니다. 세계 대다수 국가가 구제금융을 투입했다. 경기 부양책으로 중국이 2조 1,000억 달러, EU 5,000억 달러, 대한민국 1,170억 달러, 러시아 1,110억 달러, 브라질 800억 달러, 캐나다는 580억 달러를 투입했다. 전 세계가 마구 돈을 찍어내고 있다.[17]

특히 인플레이션이 현실이 되고 있다는 전조는 금값 동향이다. 2008년 10월 말에서 2011년 8월 말까지 금값은 156% 상승해 1,117달러가 되었다. 그리고 같은 기간 석유 및 상품가격 역시 상승했다. 석유는 42%, 구리는 149%, 밀은 54% 상승했다. 전 세계에 돈이 넘쳐나고 있고, 각국의 조폐공사 인쇄기는 적어도 앞으로 몇 달 동안은 하루 24시간, 일주일 내내 멈추지 않을 것이다.

현명한 투자자라면 어떻게 해야 할까? 먼저 화들짝 놀라서 주식을 팔고 현금을 채권이나 은행계좌에 넣으면 안 된다. 많은 투자자가 이렇게 하고 있지만, 사실 요즈음 시장을 좀 안다는 사람들은 절대 이렇게 하면 안 된다. 장기 국채와 단기 국채가 1945년 이후 주식에 비해 얼마나 뒤처지는지 앞서 살펴본 바 있다. 대공황 이래 최저 금리이므로 분명 이런 현상이 반복될 것이고, 많은 투자자가 손실을 볼 것이다. 2007~2008년 이후에 주식을 팔아 채권에 투자하는 행위는 마치 여우를 피하려다 호랑이 만나는 격이다. 국채 등 채권 비중을 지나치게 높이면 포트폴리오는 큰 타격을 입게 된다.

대공황 시절에는 디플레이션 덕분에 채권가격이 떨어지지 않았고, 제2차 세계대전까지 디플레이션이 채권가격 상승을 뒷받침했다. 그러나 오늘날은 사정이 딴판이다. 인플레이션이 다시 불붙는 조짐이고, 국채 금리는 제로에 가까운 저금리로 장기 국채와 단기 국채 등 확정금리부 증권은 14장에서 보았듯 큰 손실을 볼 확률이 크다. 어느 정도일지 곧 살펴보겠다.

나는 앞으로 심각한 인플레이션, 어쩌면 미국이 1978~1982년 사이에 겪었던 것 같은 그런 심한 인플레이션이 닥칠 것이라고 생각한다. 2008년 이후 돈이 엄청나게 풀렸기 때문이다. 단기 금리가 이미 제로까지 내려갔으므로, 돈을 찍어내도 경기 부양 효과가 없을 것이다. 최근 수십 년간 연방준비제도가 내렸던 미심쩍은 결정들을 다시 보는 듯하다. 연방준비제도가 국채를 다시 사들이는 것에 대해 반대가 심하고, 대다수 주요 교역 상대국이 격렬하게 비난하는 데도 더 많은 돈을 빌려 국채 매입에 나서고 있다. 중국과 러시아뿐만 아니라 EU, 특히 독일과 영국 역시 비난에 가세하고 있다. 브라질을 비롯한 신흥 경제들도 연방준비제도의 긴축 완화로 해외에서 자산 버블이 재발하지나 않을까 두려워하고 있다.[18]

국제 사회가 두려워하는 것은 연방준비제도가 노골적으로 달러 약세를 의도해, 미국의 수출을 늘리고 수입을 줄이려고 꾀한다는 점이다. 그 과정에서 미국 내 인플레이션이 상승할 수도 있고, 다른 나라들도 미국을 따라 더 많은 돈을 찍어내면 인플레이션이 전 세계로 확산될 수도 있다.[19] 이런 상황을 고려할 때 만약 미국의 교역 상대가 중국뿐이라면 대중국 무역 적자를 줄이는 수단이 될 수도 있다. 하지만 교역 상대국이 100개국을 훌쩍 넘기 때문에 아주 위험한 전술이며, 성공할 가능성도 없다. 더욱 치명적인 인플레이션만 불러올 뿐이다.

1978~1982년 물가가 유례없이 연간 9% 가까이 상승했다. 인플레이션이 가장 심했을 때 장기 국채 이율은 15%, 단기 국채 이율은 17%였다. 최악의 경우를 가정해 1978~1982년 같은 인플레이션이 재발하고 채권 수익률도 당시로 돌아간다고 하자. 현재 30년물 국채를 보유한 투자자들은 이자율(2011년 9월 수준인)이 2.9%에서 15%로 상승할 것이라고 내다볼 것이다. 국채 수익률은 이자 지급분을 포함하더라도 63% 하락했다. 그런데 인플레이션 때문에 채권의 구매력은 추가적으로 53% 상실된다. 따라서 5년 뒤 투자자들의 세전 구매력은 원래의 17%밖에 남지 않는다. 다시 살펴보겠지만 이런 상황에서 장기 국채는 재앙이다. 인플레이션이 덮치면 채권 만기가 짧을수록 손실이 작다는 점을 명심하라.

이 분석에 동의한다면 14장의 조언을 계속 경청해야 한다. 지금까지 항상 그랬듯이 주식은 탄탄대로로 순항할 것이다. 연구 결과에 따르면 물가가 급등하는 하이퍼인플레이션 시대에도 주식은 잘나갔다. 몇 년 전 《주식에 장기 투자하라》의 저자 제레미 시걸은 내가 요청한 몇 가지 차트를 보내주었다. 1920년대 독일 바이마르공화국부터 제2차 세계대전 이후 브라질과 아르헨티나까지 하이퍼인플레이션 시절 주식 동향을 보여주는 차트였다. 이 국가들의 통화 구매력은 과거에 비해 10억분의 1로 쪼그라들었다. 그러나 독일, 브라질, 아르헨티나 모두 인플레이션을 상쇄할 만큼 주가가 상승한 것은 물론, 인플레이션 속도보다 주가의 상승 속도가 더 빨랐다.

오늘날처럼 침체된 시장에서는 타석에 들어설 때마다 홈런을 칠 필요는 없다. 인덱스 펀드에 투자하면 성적이 탁월할 것이다(참고로 이 책은 2011년에 쓰였다. 이후의 수익률을 생각해보라!). 역발상 전략의 장기 성공을 신뢰해 11장과 12장처럼 역발상 주식들로 포트폴리오를 분산해 수십 년 동안 운용한다면, 시장보다 상당히 높은 수익을 얻을 수 있다. 부동산과 예술품 역시 우리가 진입하게 될 시기에 아주 훌륭한 헤지 수단이라고 생각하지만, 부동산과 예술품에 대해 속속들이 알아야 한다. 금도 인플레이션 헤지 수단이지만 장기적으로 주식만큼 수익이 많지는 않다.

16장까지 긴 여정을 헤쳐왔다. 오늘날 투자 환경은 아주 상이하고 앞으로도 당분간은 이런 환경이 계속될 것이다. 그러나 좋은 기회가 없는 것도 아니다. 벤저민 그레이엄은 대공황 끝 무렵인 1934년 저서 《증권분석》를 펴내면서 이런 명구를 인용했다. "지금 무너진 많은 것이 다시 일어설 것이오, 지금 영화로운 많은 것이 무너지리라(호라티우스, 《시학》, 18 B.C.).[20]" 언제나 그랬고, 앞으로도 그럴 것이다.

우리는 끔찍한 시절을 지나고 있다. 그러나 경제 시스템은 타격을 입긴 했지만 아직 건재하다. 경제는 회복할 것이다. 엄청난 금융 손실이 있었지만 금융 제도와 민주주의는 아직 제자리에 튼튼하게 서 있다.

80여 년이 지난 지금 1930년대 대공황을 돌이켜보면 미국 사회는 갈가리 찢어져 있었다. 무정부주의자, 공산주의자, 평범한 많은 사람이 미국의 체제를 신랄하게 비난했다. 제1차 세계대전 참전용사 수천 명도 모든 걸 바쳤지만, 조국이 자신들을 극빈 상태에 내팽개쳤다며 1932년 워싱턴 거리를 행진했다. 흉흉한 민심을 감지하고 사회체제가 크게 흔들릴 것을 두려워한 조지프 케네디는 자신의 가족이 여생을 평화롭고 안전하게 보낼 수 있도록 하기 위해 재산의 절반을 내놓겠다고 말했다고 한다.[21] 우리 역시 어려운 시절을 살고 있지만 과거에는 더 암담한 시절도 있었다.

대부분 현대 심리학을 바탕으로 우리가 이 책에서 논의한 수단들은 시장에서 통했고, 인간의 본성이 변하지 않는 한 앞으로도 통할 것이다. 아직 많은 사람이 사용하지 않은 새로운 도구라는 점 역시 명심해야 한다. 어떤 사람은 있는지 몰라서 못 쓰고, 어떤 사람들은 학계 주류가 못마땅해 하니까 안 쓴다. 그러나 가장 큰 이유는 심리학을 바탕으로 하기 때문이다. 당대에 인정받는 최고의 이론으로부터 벗어나기는 쉽지 않다. 감정의 강한 이끌림, 신경심리학, 과신 등 당신을 다른 길로 가도록 강요하는 기타 유사한 과잉 세력들을 피하는 일은 더욱더 어렵다. 이러한 세력들은 한번쯤 우리에게 영향을 준다. 그러한 것들을 많이 연구해온 만큼 나 또한 생각했던 것보다 더 자주 그러한 세력들이 엄습해오는 것을 느낀다.

그러나 실체를 알고 나면 중대한 타격을 피할 수 있을 뿐 아니라, 꼼짝 못하게 족쇄를 채울 수도 있다. 그것이 이 책이 제시하는 전략들의 분명한 목표이다. 또한, 모든 증거, 연구, 분석, 투자 경험, 전문성을 총동원해 매일 땀 흘리며 시장에 신항로를 개척한 결과이다. 견실한 역발상 투자 전략을 활용하되 제대로 선택하고 운영한다면 승승장구할 것이다.

새로운 심리학적 방식을 기꺼이 사용하려는 분들에게 행운을 빈다. 건승하시길!

주석

서문_

1. Bradley Keoun and Phil Kuntz, "Wall Street Aristocracy Got $1.2 Trillion in Secret Loans," Businessweek, August 22, 2011.
2. J. C. Bogle, The Little Book of Common Sense Investing: The Only Way to Guarantee Your Fair Share of Stock Market Returns (Hoboken, N.J.: Wiley, 2007), p. 81.

1장_ 거품천지

1. Charles Mackay, Extraordinary Popular Delusions and the Madness of Crowds(New York: Noonday, 1974), p. 55. 초판은 1841년 리처드 벤틀리Richard Bentley가 발간했다.
2. 2002년 8월 30일, 캔자스시티Kansas City 연방준비은행이 후원한 와이오밍 주 잭슨홀Jackson Hole 심포지엄에서 앨런 그린스펀Alan Greenspan의 강연 '경제 변동성Economic Volatility'.
3. Virginia Cowles, The Great Swindle: The Story of the South Sea Bubble(London: Crowley Feature, 1960).
4. Mackay, Extraordinary Popular Delusions, pp. 19-20.
5. 앞의 책.
6. Gustave Le Bon, The Crowd (New York: Macmillan, 1896), p. 2.
7. 앞의 책, pp. 23-57.

2장_ 감정의 위험

1. M. L. Finucane, A. Alhakami, P. Slovic, and S. M. Johnson, "The Affect Heuristic in Judgements of Risks and Benefits," Journal of Behavioral Decision Making 13 (2000): 1-17.
2. 앞의 자료.
3. Paul Slovic, Melissa L. Finucane, Ellen Peters, and Donald G. MacGregor, "Rational Actors or Rational Fools? Implications of the Affect Heuristic for Behavioral Economics," in Behavioral Economics and Neoclassical Economics: Continuity or Discontinuity? Sponsored by the American Institute for Economic Research,

Great Barrington, Mass., July 19-21, 2002. 이 논문은 다음 논문을 개정한 것이다. Paul Slovic, Melissa Finucane, Ellen Peters, and Donald G. MacGregor, "The Affect Heuristic," in Heuristics and Biases: The Psychology of Intuitive Judgment, ed. T. Gilovich, D. Griffin, and D. Kahneman (New York: Cambridge University Press, 2002), pp. 397-420. 이 논문의 초판은 Journal of Socio-Economics 31, No. 5 (2002): 329-342이다.

4. S. Epstein, "Integration of the Cognitive and Psychodynamic Unconscious," American Psychologist 49 (1994): 710.

5. Slovic et al., "Rational Actors or Rational Fools?" p. 17.

6. 앞의 자료, p. 13.

7. G. F. Loewenstein, E. U. Weber, C. K. Hsee, and E. S. Welch, "Risk as Feelings," Psychological Bulletin 127 (2001): 267-286.

8. Robert J. Shiller, "Initial Public Offerings: Investor Behavior and Underpricing," Yale University, September 24, 1989. Photocopied.

9. Y. Rottenstreich and C. K. Hsee, "Money, Kisses and Electric Shocks: On the Affective Psychology of Risk," Psychological Science 12 (2001): 185-190.

10. B. Fischhoff, P. Slovic, S. Lichtenstein, and B. Coombs, "How Safe Is Safe Enough? A Psychometric Study of Attitudes Towards Technological Risks and Benefits," Policy Sciences 9 (1978): 127-152.

11. P. Slovic, D. G. MacGregor, T. Malmfors, and I. F. H. Purchase, Influence of Affective Processes on Toxicologists' Judgements of Risk. Report No. 99-2 (Eugene, Ore.: Decision Research, 1999).

12. Slovic et al., "Rational Actors or Rational Fools?" p. 17.

13. A. S. Alhakami and P. Slovic, "A Psychological Study of the Inverse Relationship Between Perceived Risk and Perceived Benefit," Risk Analysis 14, No. 6 (1994): 1085-1096.

14. Y. Ganzach, "Judging Risk and Return of Financial Assets," Organizational Behavior and Human Decision Processes 83 (2001): 353-370.

15. D. T. Gilbert, E. C. Pinel, T. D. Wilson, S. J. Blumberg, and T. P. Wheatley, "Immune Neglect: A Source of Durability Bias in Affective Forecasting," Journal of Personality and Social Psychology 75 (1998): 617-638.

16. Y. Trope and N. Liberman, "Temporal Construal and Time-Dependent Changes in Preference," Journal of Personality and Social Psychology 79 (2000): 876-889. Y. Trope and N. Liberman, Temporal Construal (New York: New York University, Department of Psychology, 2001).

17. D. Dreman, S. Johnson, D. MacGregor, and P. Slovic, "A Report on the March

2001 Investor Sentiment Survey," Journal of Psychology and Financial Markets 2 (2001): 126-134.

18. Slovic et al., "The Affect Heuristic."

19. Sidney Cottle, Roger F. Murray, and Frank E. Block, Graham and Dodd's Security Analysis, 5th ed. (New York: McGraw–Hill, 1988).

3장_ 의사결정 과정에 도사린 위험천만한 지름길

1. Scott Plous, Psychology of Judgment and Decision Making (New York: McGraw–Hill, 1993).

2. "Death Odds," Newsweek, September 24, 1990, p. 10.

3. Jaws. Zanuck/Brown Productions Universal Pictures, 1975.

4. Amos Tversky and Daniel Kahneman, "Judgments Under Uncertainty: Heuristics and Biases," Science 185 (1974): 1124-1130.

5. Baruch Fischhoff, "Debiasing," in Judgment Under Uncertainty: Heuristics and Biases, ed. D. Kahneman, P. Slovic, and A. Tversky (New York: Cambridge University Press, 1982).

6. A. Tversky, P. Slovic, and D. Kahneman (eds.), Judgment Under Uncertainty: Heuristics and Biases (New York: Cambridge University Press, 1982).

7. Amos Tversky and Daniel Kahneman, "Availability: A Heuristic for Judging Frequency and Probability," Cognitive Psychology 5 (1973): 207-232.

8. Amos Tversky and Daniel Kahneman, "Intuitive Predictions: Biases and Corrective Procedures," Management Science, Spring 1981; Amos Tversky and Daniel Kahneman, "Causal Schemata in Judgments Under Uncertainty," in Progress in Social Psychology, ed. M. Fishbein (Hillsdale, N.J.: Lawrence Erlbaum Associates, 1973); Don Lyon and Paul Slovic, "Dominance of Accuracy Information and Neglect of Base Rates in Probability Estimation," Acta Psychologica 40, No. 4 (August 1976): 287-298.

9. Amos Tversky and Daniel Kahneman, "Belief in the Law of Small Numbers," Psychological Bulletin 76 (1971): 105-110.

10. Value Line New Issue Survey.

11. T. Loughran and J. Ritter, "The New Issues Puzzle," Journal of Finance 50, No. 1 (1995): 23-51.

12. J. R. Ritter, "The Long–Run Performance of Initial Public Offerings," Journal of Finance 46, No. 1 (1991): 3-27.

13. David Dreman and Vladimira Ilieva, "The Performance of IPO's during the Great

Bubble 1996-002," working paper, The Dreman Foundation, 2011.

14. H. Nejat Seyhun, "Information Asymmetry and Price Performance of IPOs," working paper, University of Michigan, 1992.

15. M. Levis, "The Long-Run Performance of Initial Public Offerings: The UK Experience 1980-8," Financial Management 22 (1993): 28-41.

16. Bharat Jain and Omesh Kini, "The Post-Issue Operating Performance of IPO Firms," Journal of Finance 49 (1994): 1699-1726.

17. Loughran and Ritter, "The New Issues Puzzle," 46.

18. Tversky, Slovic, and Kahneman, Judgment Under Uncertainty.

19. David Dreman, "Let's Hoard Crude Oil," Forbes, June 8, 2009, p. 104.

20. Tversky and Kahneman, "Belief in the Law of Small Numbers."

21. Tversky and Kahneman, "Judgment Under Uncertainty: Heuristics and Biases," pp. 1125-1126; Tversky and Kahneman, "Intuitive Predictions," pp. 313-327.

22. 2장의 "위험과 보상은 반비례한다"를 잠깐 돌아보면 버블에서 드러난 이 중요한 심리학적 발견으로 더 높은 수익을 얻을 수 있다는 것이 입증되었다. 즉 S&P500에서 훨씬 안전하지만 대중이 열광할 만한 요소가 작은 보수적인 우량주의 수익이 더 높고 위험도 낮았다. 따라서 2장에서 언급한 심리학자들의 연구 결과는 정확했다. 즉 S&P500에서 수익이 높은 주식은 안전한 주식보다 위험이 높다고 생각한 투자자들의 짐작 역시 틀렸다. 또한 서킷브레이크 발동 후 S&P500의 낙폭보다 '뜨는' 주식의 낙폭이 훨씬 컸다. 장기적으로 S&P500의 수익률이 '뜨는' 주식보다 훨씬 높았다.

23. Reed Abelson, "From Bulls to Bears and Back Again," The New York Times, July 28, 1996, p. D1.

24. Robert McGough and Patrick McGeehan, "Garzarelli Proves She Can Still Roil the Market," The Wall Street Journal, July 24, 1996, p. C1.

25. James Cramer, The Street, December 29, 1999.

26. Tversky and Kahneman, "Causal Schemata in Judgments Under Uncertainty"; Daniel Kahneman and Amos Tversky, "On the Psychology of Prediction," Psychological Review 80 (1973): 237-251.

27. Paul Slovic, Baruch Fischhoff, and Sarah Lichtenstein, "Behavioral Decision Theory," Annual Review of Psychology 28 (1977): 1-39.

28. Kahneman and Tversky, "On the Psychology of Prediction."

29. 이 지침은 8장의 '내부 관점' 대 '외부 관점'에 관한 논의에서 권장하는 수칙이기도 하다.

30. Tversky and Kahneman, "Judgment Under Uncertainty"; Tversky and Kahneman, "Intuitive Predictions."

31. Kahneman and Tversky, "On the Psychology of Prediction."

32. Roger G. Ibbotson and Rex A. Sinquefield, Market Results for Stocks, Bonds, Bills and Inflation for 1926-2010, 2011 Classic Yearbook (Chicago: Morningstar, 2011); Roger G. Ibbotson and Rex A. Sinquefield, Stocks, Bonds, Bills, and Inflation: The Past (1926-1976) and the Future (1977-2000) (Charlottesville, Va.: Financial Analysts Research Foundation, 1977).

33. "The Death of Equities," BusinessWeek, August 13, 1979.

34. Tversky and Kahneman, "Intuitive Predictions."

35. Herbert Simon, "Theories of Decision Making in Economics and Behavioral Sciences," American Economic Review 49 (1959): 273.

36. 앞의 자료, pp. 306-307.

37. Nelson Cowan, "The Magical Number 4 in Short-Term Memory: A Reconsideration of Mental Storage Capacity," Behavioral and Brain Sciences 24 (2000): 87-185.

38. B. Shiv and A. Fedorikhin, "Heart and Mind in Conflict: Interplay of Affect and Cognition in Consumer Decision Making," Journal of Consumer Research 26 (1999): 278-282.

39. Kahneman and Tversky, "On the Psychology of Prediction."

40. Tversky and Kahneman, "Judgment Under Uncertainty."

41. Benjamin Graham, David Dodd, Sidney Cottle, and Charles Tatham, Security Analysis, 4th ed. (New York: McGraw-Hill, 1962), p. 424.

42. 예를 들어 다음 책을 참고하라. George Katona, Psychological Economics (New York: American Elsevier, 1975).

43. S. C. Lichtenstein and Paul Slovic, "Reversals of Preference Between Bids and Choices in Gambling Decisions," Journal of Experimental Psychology 89 (1971): 46-55; S. C. Lichtenstein, B. Fischhoff, and L. Phillips, "Calibration of Probabilities: The State of the Art," in Decision Making and Change in Human Affairs, ed. H. Jungermann and G. de Zeeuw (Amsterdam: D. Reidel, 1977).

44. Baruch Fischhoff, "Hindsight Does Not Equal Foresight: The Effect of Outcome Knowledge on Judgment Under Uncertainty," Journal of Experimental Psychology: Human Perception and Performance 1 (August 1975): 288-299; Baruch Fischhoff, "Hindsight: Thinking Backward?" Psychology Today, April 1975, p. 8; Baruch Fischhoff, "Perceived Informativeness of Facts," Journal of Experimental Psychology: Human Perception and Performance 3 (1977): 349-358; Baruch Fischhoff and Ruth Beyth, "I Knew It Would Happen: Remembered Probabilities of Once-Future Things," Organizational Behavior and Human Performance 13, No. 1 (1975): 1-16; Paul Slovic and Baruch Fischhoff, "On the Psychology of

Experimental Surprises," Journal of Experimental Psychology: Human Perception and Performance 3 (1977): 511-551.

45. John F. Lyons, "Can the Bond Market Survive?" Institutional Investor 3 (May 1969): 34.

4장_ 트위드 재킷을 입은 정복자들

1. Winston Churchill, radio speech, 1939.
2. Edward Gibbon, The History of the Decline and Fall of the Roman Empire, Vol. 6, chap. 37, para. 619.
3. Louis Bachelier, "Theorie de la Speculation," trans. A. James Boness, in The Random Character of Stock Market Prices, ed. Paul H. Cootner (Cambridge, Mass.: MIT Press, 1964), pp. 17-78.
4. Harry V. Roberts, "Stock Market Patterns and Financial Analysis: Methodological Suggestions," Journal of Finance 14 (March 1959): 1-10.
5. M. F. M. Osborne, "Brownian Motion in the Stock Market," Operations Research 7, No. 2 (March-April 1959): 145-173.
6. Fischer Black, "Implications of the Random Walk Hypothesis for Portfolio Management," Financial Analyst Journal 27, No. 2 (March-pril 1971): 16-22.
7. Arnold B. Moore, "Some Characteristics of Changes in Common Stock Prices," in The Random Character of Stock Market Prices, ed. Paul H. Cootner (Cambridge, Mass.: MIT Press, 1964), pp. 139-161.
8. Clive W. J. Granger and Oskar Morgenstern, "Spectral Analysis of New York Stock Market Prices," Kyklos 16 (1963): 1-27.
9. Eugene F. Fama, "The Behavior of Stock Market Prices," Journal of Business 38 (January 1965): 34-105.
10. Eugene F. Fama, "Efficient Capital Markets: A Review of Theory and Empirical Work," Journal of Finance 25 (May 1970): 383-417.
11. Fama, "The Behavior of Stock Market Prices."
12. Black, "Implications of the Random Walk Hypothesis."
13. Burton G. Malkiel, A Random Walk Down Wall Street (New York: Norton, 1973), p. 126.
14. Black, "Implications of the Random Walk Hypothesis."
15. Fama, "Efficient Capital Markets."
16. B enjamin Graham and David Le Fevre Dodd, Security Analysis (New York: McGraw-Hill, 1951).

17. Alfred Cowles III, "Can Stock Market Forecasters Forecast?" Econometrica 1, Issue B(1933): 309-324; Alfred Cowles, "Stock Market Forecasting," Econometrica (1944): 206-214.

18. Irwin Friend, Marshall Blume, and Jean Crockett, Mutual Funds and Other Institutional Investors: A New Perspective, Twentieth Century Fund Study (New York: Mc-Graw Hill, 1971).

19. 예를 들어 마이클 젠센은 1945~1964년 동안 155개 펀드의 위험 조정 실적을 평가했다. 위험은 학계가 정의한 바에 따랐다. 그러자 115개 펀드 가운데 43개 펀드만이 비용 후 실적이 시장을 초과했다. 1970년 와튼 스쿨의 어윈 프렌드, 마샬 블룸, 장 크로켓은 당시로서는 가장 폭넓게 뮤추얼 펀드에 대해 연구했다. 이들은 1960년 1월 1일~1968년 6월 30일 사이 136개 펀드의 실적을 평가했고 연평균 수익률이 10.7%였다. 같은 기간 뉴욕증권거래소 주식의 연평균 수익률은 12.4%였다. 각 기업 사외주의 수에 가중치를 부여할 때(즉 대기업의 주가 변동에 비중을 둠) 수익률은 9.9%였다. 다음 자료를 참고하라. Michael C. Jensen, "The Performance of Mutual Funds in the Period 1945-964," Journal of Finance 23 (May 1968): 389-16; and Friend, Blume, and Crockett, Mutual Funds and Other Institutional Investors.

20. 판매 수수료가 없거나 낮은 펀드의 실적이 소폭 더 좋았다.

21. Eugene F. Fama, Lawrence Fisher, Michael Jensen, and Richard Roll, "The Adjustment of Stock Prices to New Information," International Economic Review 10 (February 1969): 1-21; James H. Lorie and Mary T. Hamilton, The Stock Market: Theories and Evidence (Homewood, Ill.: Dow Jones-Irwin, 1973), pp. 171ff.

22. Ray Ball and Phillip Brown, "An Empirical Evaluation of Accounting Income Numbers," Journal of Accounting Research 6 (Fall 1968): 159-178.

23. 여기서 효율적 시장 이론가들은 모순을 시인한다. 시장의 효율성을 유지하는 것은 대체로 펀더멘털 분석(기본적 분석)이므로 상당수의 투자자가 효율적 시장 가설을 믿고 분석을 중단한다면 시장은 비효율적이 될 것이다.

24. Daniel Seligman, "Can You Beat the Stock Market?" Fortune, December 26, 1983, p. 84.

25. James H. Lorie and Victor Niederhoffer, "Predictive and Statistical Properties of Insider Trading," Journal of Law and Economics 11 (April 1968): 35-53.

26. Fama, "Efficient Capital Markets."

27. Eugene F. Fama, "Efficient Markets: II," Journal of Finance 46 (December 1991): 1575-1617.

28. Eugene F. Fama, "Market Efficiency, Long-Term Returns, and Behavioral Finance," Journal of Financial Economics 49 (1998): 283-306.

29. Fama, "Efficient Markets: II."

30. 앞의 자료.

31. Seligman, "Can You Beat the Stock Market?"

32. Paul H. Cootner, "Stock Prices: Random Versus Systematic Changes," Industrial Management Review (Spring 1962): 25.

5장_ 대수롭지 않은 상처

1. Bob Tamarkin, The New Gatsbys: Fortunes and Misfortunes of Commodities Traders (New York: Morrow, 1985).

2. William Glaberson, "How Risk Rattled the Street," The New York Times, November 1, 1987.

3. Tamarkin, The New Gatsbys.

4. 앞의 책.

5. Hayne E. Leland, "Who Should Buy Portfolio Insurance?" Journal of Finance 35, No. 2(May 1980): 581-594.

6. Barbara Donnelly, "Is Portfolio Insurance All It's Cracked Up to Be?" Institutional Investor II (November 1986): 124-139. 인용문은 p. 126에 있다.

7. Roger Lowenstein, When Genius Failed: The Rise and Fall of Long-Term Capital Management (New York: Random House, 2000).

8. 앞의 책.

9. 앞의 책.

10. 앞의 책, p. 78.

11. 앞의 책, p. 159.

12. Paul Krugman, "How Did Economists Get It So Wrong?" The New York Times, September 6, 2009.

13. John Cassidy, "Rational Irrationality: Interview with Eugene Fama," The New Yorker, January 13, 2010. Online at www.newyorker.com.

6장_ 효율적 시장과 프톨레마이오스의 천동설

1. Maurice A. Finocchiaro, Retrying Galileo, 1633-1992 (London: University of California Press, 2007).

2. J. Michael Murphy, "Efficient Markets, Index Funds, Illusion, and Reality," Journal of Portfolio Management 4, No. 1 (1977): 5-20.

3. 앞의 자료. 다음 자료도 참고하라. Shannon Pratt, "Relationship Between Variability

of Past Returns and Levels of Future Returns for Common Stocks, 1926-0," Business Valuation Review 27, No. 2 (Summer 2008); Fischer Black, Michael Jensen, and Myron Scholes, "The Capital Asset Pricing Model: Some Empirical Tests," in Studies in the Theory of Capital Markets, ed. M. Jensen (New York: Praeger, 1972); R. Richardson Pettit and Randolph Westerfield, "Using the Capital Asset Pricing Model and the Market Model to Predict Securities Returns," Journal of Financial and Quantitative Analysis 9, No. 4 (September 1974): 579-605 (published by the University of Washington School of Business Administration); Merton Miller and Myron Scholes, "Rates of Return in Relation to Risk: A Re-Examination of Some Recent Findings," in Studies in the Theory of Capital Markets, ed. M. Jensen (New York: Praeger, 1972); Nancy Jacob, "The Measurement of Systematic Risk for Securities and Portfolios: Some Empirical Results," Journal of Financial and Quantitiative Analysis 6 (March 1971), pp. 815-833 (published by Cambridge University Press).

4. Dale F. Max, "An Empirical Examination of Risk-Premium Curves for Long-Term Securities, 1910-1969," unpublished Ph.D. thesis, University of Iowa, 1972, microfilm Order No. 73-13575.

5. Marshall Blume and Irwin Friend, "A New Look at the Capital Asset Pricing Model," in Methodology in Finance-Investments, ed. James L. Bicksler (Lexington, Mass.: Heath-Lexington, 1972), pp. 97-114.

6. Albert Russell and Basil Taylor, "Investment Uncertainty and British Equities," Investment Analyst (December 1968): 13-22.

7. Quoting J. Michael Murphy, "Efficient Markets" (the foregoing three citations are references made by Murphy within the quoted passage).

8. Robert A. Haugen and James A. Heins, "Risk and the Rate of Return on Financial Assets: Some Old Wine in New Bottles," Journal of Financial and Quantitative Analysis (December 1975): 775-784.

9. Paul Krugman, "How Did Economists Get It So Wrong?" The New York Times, September 6, 2009.

10. Eugene Fama and James MacBeth, "Risk, Return, and Equilibrium: Empirical Tests," Journal of Political Economy 81 (1973): 607-636; 다음 자료도 참고하라. Eugene Fama, "Efficient Capital Markets: A Review of Theory and Empirical Works," Journal of Finance 25 (1970): 383-417.

11. 다음 자료를 참고하라. Eugene Fama and Kenneth French, "The Cross Section of Expected Stock Returns," Journal of Finance 67 (1992): 427-465.

12. 다음 자료를 참고하라. Eric N. Berg, "Market Place: A Study Shakes Confidence in

the Volatile-Stock Theory," The New York Times, February 18, 1992, p. D1.

13. Bill Barnhart, "Professors Say Beta Too Iffy to Trust: A Substitute Stock Scorecard Is Proposed," Chicago Tribune, July 27, 1992, p. 3.

14. Terence P. Pare, "The Solomon of Stocks Finds a Better Way to Pick Them," Fortune, June 1, 1992, p. 23.

15. Bill Barnhart, "Professors Say Beta Too Iffy."

16. Mary Beth Grover, "Slow Growth," Forbes, October 12, 1992, p. 163.

17. David Dreman, "Bye-Bye to Beta," Forbes, March 30, 1992, p. 148.

18. Barnhart, "Professors Say Beta Too Iffy."

19. Eugene F. Fama and Kenneth R. French, "The CAPM Is Wanted Dead or Alive," Journal of Finance 5, Issue 5 (December 1996): 1947-1958.

20. 앞의 자료.

21. Eugene F. Fama, "Market Efficiency, Long-Term Returns, and Behavioral Finance," Journal of Financial Economics 49 (1998): 208-306.

22. George M. Frankfurter, "The End of Modern Finance," Journal of Investing 3, No. 3 (Fall 1994).

23. 베타의 영향력은 시장 이외의 훨씬 넓은 영역까지 미친다. 오랫동안 기업 경영진은 새로운 벤처 사업의 호감도를 판단할 때 CAPM(자본자산 가격결정모형)을 사용해왔다. 베타가 높은 기업들이 그만큼 수익이 높다는 것이 일반적 통념이었으므로 베타가 높은 기업의 최고재무책임자CFO는 수익을 낼 수 없으면 신규 공장에 투자를 꺼릴 것이다. 어느 기업 컨설턴트는 이렇게 말한 바 있다. "CAPM을 권좌에서 몰아낸 것이 미국 기업 역사상 가장 잘한 일일 것이다(Pare, "The Solomon of Stocks")." 미국 기업의 입장에서 CAPM은 오랫동안 잘못된 결정을 유도했다.

24. Jonathan Burton, "Revisiting the Capital Asset Pricing Model," interview with William Sharpe, Dow Jones Asset Manager (May-June 1998): 20-28. 허락을 받고 인용.

25. Milton Friedman, "The Methodology of Positive Economics," in Essays on Positive Economics (Chicago: University of Chicago Press, 1953), p. 15.

26. Fama, "Market Efficiency."

27. Fama, "Efficient Capital Markets."

28. 따라서 효율적 시장 가설로 역설이 생긴다. 효율적 시장 가설에 따르면 전문가들은 시장의 효율적 운영에 중요한 존재들이라면, 즉 가격을 가치와 동일한 수준으로 유지하는 데 도움이 되는 존재들이다. 그렇다면 효율적 시장 가설에 따르면 전문가들은 가장 우선시 되는 직업 목표, 즉 시장을 넘어서는 수익을 고객에게 안겨준다는 목표를 달성할 수 없다.

29. J. Michael Murphy, "Efficient Markets, Index Funds, Illusion, and Reality."

30. 앞의 자료, p. 10.

31. Michael C. Jensen, "The Performance of Mutual Funds in the Period 1945-964," Journal of Finance 23 (May 1968): 389-416.

32. J. Michael Murphy, "Efficient Markets, Index Funds, Illusion, and Reality."

33. 스스로의 이익을 위해 방대한 자원을 이용하는 특출하게 능숙한 극소수 전문가들은 제외한다.

34. Tim Loughran and Jay Ritter, "The New Issues Puzzle," Journal of Finance 50, No. 1 (1995): 23-51.

35. Fama and French, "The Cross—Section of Expected Stock Returns."

36. Burton G. Malkiel, A Random Walk Down Wall Street (New York: Norton, 1973).

37. R. Ball and P. Brown, "An Empirical Evaluation of Accounting Income Numbers," Journal of Accounting Research 6 (1968): 159-178.

38. V. Bernard and J. Thomas, "Evidence That Stock Prices Do Not Fully Reflect the Implications of Current Earnings for Future Earnings," Journal of Accounting and Economics 13 (1990): 205.

39. Fama, "Market Efficiency."

40. Eugene Fama, Lawrence Fisher, Michael Jensen, and Richard Roll, "The Adjustment of Stock Prices to New Information," International Economic Review 10 (1969): 1-21.

41. 자세한 내용과 차트를 보려면 다음을 참고하라. chap 17 in Contrarian Investment Strategies: The Next Generation.

42. David L. Ikenberry, Graeme Rankine, and Earl K. Stice, "What Do Stock Splits Signal?" Journal of Financial and Quantitative Analysis 31, No. 3 (September 1996): 357-375.

43. Hemang Desai and Prem C. Jain, "Long—Run Common Stock Returns Following Stock Splits and Reverse—Splits," Journal of Business 70 (1997): 409-433.

44. Ray Ball and Philip Brown, "An Empirical Evaluation of Accounting Income Numbers."

45. Myron S. Scholes, "The Market for Securities: Substitution Versus Price Pressure and the Effects of Information on Share Prices," Journal of Business 45 (1972): 179-211.

46. Eugene Fama, "Efficient Capital Markets: II," Journal of Finance 46 (1991): 1601.

47. Gregor Andrade, Mark Mitchell, and Erik Stafford, "New Evidence and Perspectives on Mergers," Journal of Economic Perspectives 15, No. 2 (2001): 103-20; Michael C. Jensen and Richard S. Ruback, "The Market for Corporate Control: The Scientific Evidence," Journal of Financial Economics 11 (1983): 5-50; Gregg A.

Jarrell, James A. Brickley, and Jeffry M. Netter, "The Market for Corporate Control: The Empirical Evidence Since 1980," Journal of Economic Perspectives 2, No. 1 (1998): 49-68.

48. Roni Michaely, Richard H. Thaler, and Kent Womack, "Price Reactions to Dividend Initiations and Omissions: Overreaction or Drift?" NBER working paper series no. 4778 (Cambridge: National Bureau of Economic Research, 1994).

49. Victor Bernard and Jacob Thomas, "Evidence That Stock Prices Do Not Fully Reflect the Implications of Current Earnings for Future Earnings," Journal of Accounting and Economics 13 (1990): 305-340; Victor Bernard and Jacob Thomas, "Post−Earnings−Announcement Drift: Delayed Price Response or Risk Premium?" Journal of Accounting Research 27(S) (1989): 1-36; George Foster, Chris Olsen, and Terry Shevlin, "Earnings Releases, Anomalies, and the Behavior of Security Returns," Accounting Review 59 (1984): 574-603; Ray Ball and Philip Brown, "An Empirical Evaluation of Accounting Income Numbers."

50. Jeffery Abarbanell and Victor Bernard, "Tests of Analysts' Overreaction/Underreaction to Earnings Information as an Explanation for Anomalous Stock Price Behavior," Journal of Finance 47 (1992): 1181-1206.

51. 예를 들어 다음 표를 참고하라. 표 11-1, 12-1.

52. Robert J. Shiller, "Do Stock Prices Move Too Much to Be Justified by Subsequent Changes in Dividends?" American Economic Review 71 (1981): 421-436.

53. 앞의 자료, pp. 432-433.

54. Edward M. Saunders, Jr., "Testing the Efficient Market Hypothesis Without Assumptions," Journal of Portfolio Management (Summer 1994): 28.

55. Karl R. Popper, The Logic of Scientific Discovery (New York: Basic Books, 1959).

56. David N. Dreman, Psychology and the Stock Market (New York: AMACOM , 1977), p. 221.

57. Alfred W. Stonier and Douglas C. Hague, A Textbook of Economic Theory (London: Longmans, Green, 1953), p. 2.

58. Krugman, "How Did Economists Get It So Wrong?"

59. Joseph Stiglitz, "Information and the Change in the Paradigm in Economics," Nobel Prize lecture, December 8, 2001, pp. 519-520.

60. Tim Icano, "How Did Economists Fail Us So Badly?" The Wall Street Journal, November 30, 2010.

61. John Cassidy, "The Decline of Economics," The New Yorker, December 2, 1996, pp. 50-60.

62. 앞의 자료.

63. 앞의 자료.

64. Thomas S. Kuhn, The Structure of Scientific Revolutions (Chicago: University of Chicago Press, 1970).

65. 앞의 자료, p. 23.

66. 앞의 자료, p. 52.

7장_ 예측 중독에 빠진 월스트리트

1. Woody Guthrie, "Pretty Boy Floyd," Dust Bowl Ballads, 1939, RCA.

2. P. J. Hoffman, P. Slovic, and L. G. Rorer, "An Analysis of Variance Model for the Assessment of Configural Cue Utilization in Clinical Judgment," Psychological Bulletin 69 (1968): 338-349.

3. 쌍방향은 15가지, 3방향은 20가지, 4방향은 15가지, 5방향은 6가지, 6방향은 한 가지 조합이 가능하다.

4. L. G. Rorer, P. J. Hoffman, B. D. Dickman, and P. Slovic, "Configural Judgments Revealed," in Proceedings of the 75th Annual Convention of the American Psychological Association 2 (Washington, D.C.: American Psychological Association, 1967), pp. 195-196.

5. Lewis Goldberg, "Simple Models or Simple Processes? Some Research on Clinical Judgments," American Psychologist 23 (1968): 338-349.

6. Paul Slovic, "Analyzing the Expert Judge: A Descriptive Study of a Stockbroker's Decision Processes," Journal of Applied Psychology 53 (August 1969): 225-263; P. Slovic, D. Fleissner, and W. S. Bauman, "Analyzing the Use of Information in Investment Decision Making: A Methodological Proposal," Journal of Business 45, No. 2 (1972): 283-301.

7. Goldberg, "Simple Models or Simple Processes?"

8. Paul Slovic, "Behavioral Problems Adhering to a Decision Policy," IGRF Speech, May 1973.

9. Dale Griffin and Amos Tversky, "The Weighing of Evidence and the Determinants of Confidence," Cognitive Psychology 24 (1992): 411-435; S. Lichtenstein and B. Fischhoff, "Do Those Who Know More Also Know More About How Much They Know? The Calibration of Probability Judgments," Organizational Behavior and Human Performance 20 (1977): 159-183.

10. W. Wagenaar and G. Keren, "Does the Expert Know? The Reliability of Predictions and Confidence Ratings of Experts," in Intelligent Decision Support in Process Environments, ed. E. Hollnagel, G. Maneini, and D. Woods (Berlin:

Springer, 1986), pp. 87-107.

11. Stewart Oskamp, "Overconfidence in Case Study Judgments," Journal of Consulting Psychology 29 (1965): 261, 265.

12. L. B. Lusted, A Study of the Efficacy of Diagnostic Radiology Procedures: Final Report on Diagnostic Efficacy (Chicago: Efficacy Study Committee of the American College of Radiology, 1977).

13. J. B. Kidd, "The Utilization of Subjective Probabilities in Production Planning," Acta Psychologica 34 (1970): 338-347.

14. M. Neal and M. Bazerman, Cognition and Rationality in Negotiation (New York: Free Press, 1990).

15. C. A. S. Stael von Holstein, "Probabilistic Forecasting: An Experiment Related to the Stock Market," Organizational Behavior and Human Performance 8 (1972): 139-158.

16. S. Lichtenstein, B. Fischhoff, and L. Phillips, "Calibration of Probabilities: The State of the Art to 1980," in Judgment Under Uncertainty: Heuristics and Biases, ed. D. Kahneman, P. Slovic, and A. Tversky (Cambridge, England: Cambridge University Press, 1982).

17. G. Keren, "Facing Uncertainty in the Game of Bridge: A Calibration Study," Organizational Behavior and Human Decision Processes 39 (1987): 98-114; D. Hausch, W. Ziemba, and M. Rubenstein, "Efficiency of the Market for Racetrack Betting," Management Sciences 27 (1981): 1435-1452.

18. J. Frank Yates, Judgment and Decision Making (Englewood Cliffs, N.J.: Prentice-Hall, 1990).

19. Wall Street Transcript 45, No. 13 (September 23, 1974).

20. Herbert Simon, Models of Man: Social and Rational (New York: Wiley, 1970).

21. 편집증 환자는 누구나 그림에서 어떤 특징을 강조한다는 것은 호랑이 담배 피던 시절의 터무니없는 이야기다.

22. L. Chapman and J. P. Chapman, "Genesis of Popular but Erroneous Psychodiagnostic Observations," Journal of Abnormal Psychology (1967): 193-204; L. Chapman and J. P. Chapman, "Illusory Correlations as an Obstacle to the Use of Valid Psychodiagnostic Signs," Journal of Abnormal Psychology (1974): 271-280.

23. Amos Tversky, "The Psychology of Decision Making," in Behavioral Finance and Decision Theory in Investment Management, ed. A. Wood, ICFA Continuing Education Series (Stanford, Calif.: Stanford University Press, 1995), pp. 2-6.

24. 앞의 책.

25. 앞의 책, p. 6.

26. 앞의 책.

27. Jennifer Francis and Donna Philbrick, "Analysts' Decisions as Products of a Multi-Task Environment," Journal of Accounting Research 31 (Autumn 1993): 216-230.

28. 드레먼 재단에서 근무했던 천체물리학 박사.

29. 자세한 내용은 다음 책을 참고하라. David N. Dreman, *The New Contrarian Investment Strategy* (New York: Random House, 1982), app. I, pp. 303-307.

30. "Vanderheiden Choices Top Other Pickers," The Wall Street Journal, January 3, 1994, p. R34; John R. Dorfman, " 'Value' Still Has Value, Says This Quartet of Stock Pickers," The Wall Street Journal, January 4, 1993, p. R8; John R. Dorfman, "Cyclicals Could Be the Right Way to Ride to New Highs in 1992," The Wall Street Journal, January 2, 1992, p. R24; John R. Dorfman, "New Year's Stock Advice in an Icy Economy: Insulate," The Wall Street Journal, January 2, 1991, p. R22; John R. Dorfman, "The Sweet Smell of Success Might Be One of Caution," The Wall Street Journal, January 2, 1990, p. R6; John R. Dorfman, "Champion Stock-Picker Is Facing 3 Challengers for Title," The Wall Street Journal, January 3, 1989, p. R6; John R. Dorfman, "Four Investment Advisors Share Their Favorite Stock Picks for 1988," The Wall Street Journal, January 4, 1988, p. 6B; John R. Dorfman, "Stock Pickers Nominate Big Gainers for 1987," The Wall Street Journal, January 2, 1987, p. 4B; Rhonda L. Rundle, "Stock Pickers Make Their Picks Public, Betting on Low Inflation, Falling Rates," The Wall Street Journal, January 2, 1986, p. R4.

31. 장기적으로 전문가들조차 시장 실적을 넘어설 수 없다는 명제가 성립한다면 전문가들이 시장 실적보다 크게 뒤처질 수 없다는 명제도 성립해야 한다. 결국 가격을 적정 수준으로 유지하는 것은 우선 그들의 의사결정이기 때문이다. 그러나 조사 결과는 효율적 시장론자들의 형세 판단과 다르다. 상승장과 하락장 모두에서 큰 폭으로 시장에 뒤처지는데, 이는 효율적 시장론자들의 가장 중요한 가정이 대량의 증거와 모순된다는 점을 보여준다. 효율적 시장 가설은 실체가 없는 허수아비다.

8장_당신은 승산 없는 게임에 얼마를 걸겠습니까?

1. Ben White, "On Wall Street, Stock Doublespeak; Public, Private Talk at Odds, Papers Show," The Washington Post, April 30, 2003, p. E01.

2. Gretchen Morgenson, "Bullish Analyst of Tech Stocks Quits Salomon," The New York Times, August 16, 2002.

3. "The Superstar Analysts," Financial World, November 1980, p. 16.

4. 앞의 자료.

5. 앞의 자료.

6. David Dreman, "Cloudy Crystal Balls," Forbes, Vol. 154, Issue 8, October 10, 1994, p. 154; David Dreman, "Chronically Cloudy Crystal Balls," Forbes, Vol. 152, Issue 8, October 11, 1993, p. 178; David Dreman, "Flawed Forecasts," Forbes, Vol. 148, Issue 13, December 9, 1991, p. 342; David Dreman, "Hard to Forecast," Barron's, March 3, 1980, p. 9; David Dreman, "Tricky Forecasts," Barron's, July 24, 1978, pp. 4-5, 16, speech at Fortieth Annual Meeting of the American Financial Association, December 29, 1981. 이 연구는 1996년 6월 당시 드레먼 재단에 재직하던 에릭 러프킨Eric Lufkin과 협력하여 수정 보완되었다.

7. David Dreman and Michael Berry, "Analyst Forecasting Errors and Their Implications for Security Analysis," Financial Analysts Journal 51 (May-une 1995): 30-41.

8. 기업 담당 애널리스트들의 예측치 평균. 연구 결과 예측치들이 꽤 가깝게 몰려 있었다.

9. 1980년대 초 이전, 데이터베이스는 벨류라인 투자 통람의 애널리스트 예측치를 사용했는데 이는 대체로 합의 예측치와 아주 유사했다.

10. 우리는 에이블/노우저Abel/Noser Corporation의 데이터베이스를 활용했다. 여기에는 유수의 전망 서비스 회사의 예측치가 포함되어 있다. 1981년 이전에는 벨류라인Value Line, 1981년부터는 잭스 인베스트먼트 리서치Zacks Investment Research, 1984년부터는 I/B/E/S를 사용했다. 데이터베이스에서 50개의 개별 예측치를 사용했다. 드레먼 재단의 에릭 러프킨이 1993년 3분기까지는 에이블/노우저의 데이터, 이후로는 I/B/E/S 데이터를 이용해 1991~1996년 결과를 업데이트했다. 톰슨 퍼스트 콜Thomson First Call은 1997~2010년 데이터를 제공했다.

11. 오차 측정 방식은 네 가지가 있다.
    SURPE = (실제 수익 − 예측치) / |실제 수익|
    SURPF = (실제 수익 − 예측치) / |예측치|
    SURP8 = (실제 수익 − 예측치) / 실제 수익의 표준편차, 8분기 추적
    SURPC7 = (실제 수익 − 예측치) / 실제 수익의 표준편차, 7분기 추적
    이 책의 실적은 모두 SURPE로, 실제 수익으로 나눈 예측치 오차이다.

12. ± 기호는 삭제했다. 경기 확장기에는 총 18만 9,158건의 서프라이즈(긍정적 서프라이즈 10만 4,538건, 부정적 서프라이즈 6만 9,411건)가 발생했고, 경기 위축기에는 3만 6,901건의 서프라이즈(긍정적 서프라이즈 1만 9,477건, 부정적 서프라이즈 1만 4,941건)가 발생했다. 경기 확장기와 위축기 모두에서 긍정적 서프라이즈가 부정적 서프라이즈보다 많았다는 점에 주목하라. 제로 서프라이즈는 서프라이즈라고 할 수 없지만 애널리스트의 전반적인 정확도를 평가할 때 필요하므로 총 서프라이즈 건수를 집계할 때 포함시켰다.

13. Dov Fried and Dan Givoly, "Financial Analysts' Forecasts of Earnings: A Better

Surrogate for Market Expectations," Journal of Accounting and Economics 4 (1982): 85-07; Patricia C. O'Brien, "Analysts' Forecasts as Earnings Expectations," Journal of Accounting and Economics 10 (1988): 53-83; K. C. Butler and L. H. Lang, "The Forecast Accuracy of Individual Analysts: Evidence of Systematic Optimism and Pessimism," Journal of Accounting Research 29 (1991): 150-156; M. R. Clayman and R. A. Schwartz, "Falling in Love Again: Analysts' Estimates and Reality," Financial Analysts Journal (September-ctober 1994): 66-68; A. Ali, A. Klein, and J. Rosenfeld, "Analysts' Use of Information About Permanent and Transitory Earnings Components in Forecasting Annual EPS," Accounting Review 87 (1992): 183-198; L. Brown, "Analysts' Forecasting Errors and Their Implications for Security Analysis: An Alternative Perspective," Financial Analysts Journal (January-ebruary 1996): 40-47.

14. J. G. Cragg and B. Malkiel, "The Consensus and Accuracy of Some Predictions of the Growth of Corporate Earnings," Journal of Finance 23 (March 1968): 67-84.

15. 앞의 자료. 밀^{Meehl}의 임상심리사 연구를 기억할 것이다. 이 연구는 훈련된 심리학자에 대한 20건의 개별 연구에서 나타난 분석적 진단법을 보여주고 있다. 사실 심리학을 필두로 많은 분야에서 기계적 예측 방식이 이러한 문제들의 직접적 결과로 제시되며, 이어지는 장들에서 제시하는 전략에도 이런 방식이 포함될 것이다.

16. I. M. D. Little, "Higgledy Piggledy Growth," Bulletin of the Oxford University Institute of Economics and Statistics (November 1962): 31.

17. I. M. D. Little and A. C. Rayner, Higgledy Piggledy Growth Again (Oxford: Basil Blackwell, 1966).

18. 예를 들어 다음을 참고하라. Joseph Murray, Jr., "Relative Growth in Earnings per Share—Past and Future," Financial Analysts Journal 22 (November-ecember 1966): 73-76.

19. Richard A. Brealey, An Introduction to Risk and Return from Common Stocks (Cambridge, Mass.: MIT Press, 1968).

20. Francois Degeorge, Jayendu Patel, and Richard Zeckhauser, "Earnings Management to Exceed Thresholds," Journal of Business 72, no. 1 (January 1999): 1-33.

21. John Dorfman, "Analysts Devote More Time to Selling as Firms Keep Scorecard on Performance," The Wall Street Journal, October 29, 1991, p. C1.

22. 앞의 자료. 다음 자료도 참고하라. Amitabh Dugar and Siva Nathan, "Analysts' Research Reports: Caveat Emptor," Journal of Investing 5 (Winter 1996): 13-22.

23. Michael Siconolfi, "Incredible Buys: Many Companies Press Analysts to Steer Clear of Negative Ratings," The Wall Street Journal, July 19, 1995, p. A1.

24. I bid., p. 3; Debbie Gallant, "The Hazards of Negative Research Reports," Institutional Investor (July 1990): 73-80.

25. Siconolfi, "Incredible Buys."

26. E. S. Browning, "Please Don't Talk to the Bearish Analyst," The Wall Street Journal, May 2, 1995, p. C1.

27. Dugar and Nathan, "Analysts' Research Reports."

28. Siconolfi, "Incredible Buys."

29. 앞의 자료.

30. D. Kahneman and A. Tversky, "On the Psychology of Prediction," Psychological Review 80 (1973): 237-251.

31. D. Kahneman and D. Lovallo, "Timid Choices and Bold Forecasts: A Cognitive Perspective on Risk Taking," Management Science 39 (January 1993): 1-16.

32. E. Merrow, K. Phillips, and C. Myers, Understanding Cost Growth and Performance Shortfalls in Pioneer Process Plants (Santa Barbara, Calif.: Rand Corporation, 1981).

33. J. Arnold, "Assessing Capital Risk: You Can't Be Too Conservative," Harvard Business Review 64 (1986): 113-121.

9장 _ 고약한 서프라이즈와 신경경제학의 역사

1. 자세한 내용은 다음 자료를 참고하라. "Don't Count on Those Earnings Forecasts," Forbes, Vol. 161, Issue 2, January 26, 1998, p. 110; David Dreman and Michael Berry, "Overreaction, Underreaction, and the Low-PER Effect," Financial Analysts Journal 51 (July-August 1995): 21-30; David Dreman, "Nasty Surprises," Forbes, July 19, 1993, p. 246.

2. 우리는 첫 분기 시작 시점에 포트폴리오를 구축했고 이후부터 어닝 서프라이즈를 측정했다.

3. S&P가 제공하는 컴퓨스태트는 가장 방대한 주식 데이터베이스로 손꼽히는데, 3만 4,000여 개 주식에 대한 주가, 수익, 기타 정보를 이용할 수 있다. 여기 언급된 연구에서는 매년 초 시가총액을 기준으로 뉴욕증권거래소, AMEX, 나스닥에서 거래되는 상위 1,500개 기업을 사용했다(여기서는 컴퓨스태트 1500으로 지칭했다). 주가와 회계 정보는 모두 컴퓨스태트 데이터베이스를 사용한다.

4. 마이너스 수익을 제어하기 위해 수익이 없거나 마이너스 수익을 기록한 기업은 제거했다. 실적이 부진한 분기 때문에 실적이 미미한 주식을 제어하기 위해 PER 값이 45 이상인 기업(1997년부터 75개 기업)도 제거했다. 이 과정에서 아쉽게도 가장 인기가 높은 주식 일부가 삭제되었다.

5. Ibbotson SBBI, 2011 Classic Yearbook: Market Results for Stocks, Bonds, Bills and Inflation, 1926-2010.

6. Jennifer Francis and Donna Philbrick, "Analysts' Decisions as Products of a Multi-Task Environment," Journal of Accounting Research 31 (Autumn 1993): 216-230.

7. T−통계량^T-statistics에 따르면 이런 결과들이 우연일 확률은 1,000분의 1 미만이며 때로는 1,000분의 1보다 훨씬 작다.

8. Jeffery Abarbanell and Victor Bernard, "Tests of Analysts' Overreaction/Underreaction to Earnings Information as an Explanation for Anomalous Stock Price Behavior," Journal of Finance 47 (July 1992): 1181-1208; V. Bernard and J. K. Thomas, "Evidence That Stock Prices Do Not Fully Reflect the Implications of Current Earnings for Future Earnings," Journal of Accounting and Economics 13 (1990): 305-340.

9. 나는 에릭 러프킨과 함께 한 연구에서 아바바넬, 버나드와 비슷한 결론을 얻었다. 서프라이즈 분기 뒤 이후 3개 분기 동안 고PER, 저PER, 중 PER 그룹 주식들을(해당 분기에 긍정적 서프라이즈 기록)의 실적은 긍정적 서프라이즈가 없는 동일 그룹 주식들보다 좋았다(PBR, PCR로 분류했을 때도 결과는 동일했다). 긍정적 서프라이즈가 발생하면 이후 3분기 동안 긍정적 서프라이즈가 이어지고, 부정적 서프라이즈가 발생하면 이후 3분기 동안 부정적 서프라이즈가 이어지기 때문인 듯하다. 이 역시 애널리스트의 예측치가 시장 상황 변화에 신속하게 조정되지 않는다는 점을 보여준다.

10. Jason Zweig, Your Money and Your Brain: How the New Science of Neuroeconomics Can Help Make You Rich (New York: Simon and Schuster, 2007), p. 66.

11. 앞의 책, p. 64.

12. 앞의 책.

13. Pammi V. S. Chandrasekhar, C. Monica Capra, Sara Moore, Charles Noussair, and Gregory S. Berns, "Neurobiological Regret and Rejoice Functions for Aversive Outcomes," NeuroImage 39 (2008): 1472-1484.

14. Wolfram Schultz, Paul Apicella, Eugenio Scarnati, and Tomas Ljungberg, "Neuronal Activity in Monkey Ventral Striatum Related to the Expectation of Reward," Journal of Neuroscience 12 (1992): 4595-4610.

15. Jason Zweig, "Your Money and Your Brain."

16. W. Schultz and A. Dickinson, "Neuronal Coding of Prediction Errors," Annual Review of Neuroscience 23 (2000): 473-500.

17. Chandrasekhar et al., "Neurobiological Regret and Rejoice Functions," p. 1479.

18. 앞의 자료. 아직 fMRI가 어닝 서프라이즈에는 사용되지 않지만, 십여 가지의 비슷한 실험을 통해 애석함과 환희, 낙심과 의기양양함의 신경상관물을 조사한 결과 금융을

비롯한 여러 분야에서 동일한 결과가 나왔다.

19. Zweig, "Your Money and Your Brain."

20. Schultz and Dickinson, "Neuronal Coding of Prediction Errors."

21. Chandrasekhar et al., "Neurobiological Regret and Rejoice Functions."

10장_ 수익을 거두는 역발상 투자 전략

1. Francis Nicholson, "Price−Earnings Ratios in Relation to Investment Results," Financial Analysts Journal 24, No. 1 (January-February 1968): 105-109.

2. 프랜시스 니콜슨Francis Nicholson은 수익이 미미한 기업을 제거했던 이전 검증에서 1937~1954년 동안 화학 산업의 고PER 주, 저PER 주의 실적을 측정했다. 결과는 저 PER 주의 압승이었다. 제임스 맥윌리엄스James McWilliams는 1953~1964년 동안 S&P 컴퓨스태트 테이프에서 900개 주를 표본으로 사용했는데, 저PER 주의 실적이 좋다 는 사실을 확인해주었다. 맥윌리엄즈에 따르면 특정 연도에 오름폭이 가장 큰 주식들 은 무작위로 분포되어 있었지만, 낙폭이 가장 큰 주식들은 고PER 그룹에 집중되어 있 었다. 윌리엄 브린William Breen은 1953~1966년 동안 컴퓨스태트 테이프에 오른 1,400 개 기업을 사용했다. 브린은 수익 성장률이 10% 이하인 모든 주식을 제거하고 시장 대비 PER이 가장 낮은 10개 주식으로 포트폴리오를 구축했다. 그런 다음 해마다 무 작위로 선정한 10개 주식으로 구성된 포트폴리오와 실적을 비교했다. 다음을 참고하 라. Francis Nicholson, "Price/Earnings Ratios," Financial Analysts Journal 16 (July-August 1960): 43-45; James D. McWilliams, "Prices and Price−Earnings Ratios," Financial Analysts Journal 22 (May-June 1966): 137-142; William Breen, "Low Price/Earnings Ratios and Industry Relatives," Financial Analysts Journal 24 (July-August 1968): 125-127.

3. 다음 자료의 표 7−3을 참고하라. "A Workable Investment Strategy," in David Dreman, Contrarian Investment Strategies: The Next Generation (New York: Simon and Schuster, 1998), p. 147.

4. David Dreman, "A Strategy for All Seasons," Forbes, July 14, 1986, p. 118.

5. David Dreman, "Getting Ready for the Rebound," Forbes, July 23, 1990, p. 376.

6. 우리는 모든 연구에서 제11장에서 설명한 방법론을 사용했다.

7. David Dreman, "Cashing In," Forbes, June 16, 1986, p. 184.

8. 우리는 실험 설계를 해치지 않는 선에서 이전 연구의 방법론에 대한 비판을 수용해 조 정했다. 니콜슨과 마찬가지로 1962년까지 살아남은 주식을 선정한 것은 사후 확신 편 향이며 1937년 당시 투자자는 알 수 없는 것이었다. 또한 이전 연구에서는 연말 수익 과 주가를 사용했는데 투자자들은 연말이 몇 달 지난 후에야 수익을 알 수 있었다. 나 는 이렇게 해도 결과가 크게 달라지지 않을 거라고 짐작했는데 실제 결과도 큰 차이가

없었다.

9. Sanjoy Basu, "Investment Performance of Common Stocks in Relation to Their Price—Earnings Ratios: A Test of the Efficient Markets Hypothesis," Journal of Finance 32 (June 1977): 663-682; Sanjoy Basu, "The Effect of Earnings Yield on Assessments of the Association Between Annual Accounting Income Numbers and Security Prices," Accounting Review 53 (July 1978): 599-625; Sanjoy Basu, "The Relationship Between Earnings' Yield, Market Value and Return for NYSE Common Stocks: Further Evidence," Journal of Financial Economics 12 (June 1983): 129-156.

10. Basu, "Investment Performance of Common Stocks."

11. B. Rosenberg, K. Reid, and R. Lanstein, "Persuasive Evidence of Market Inefficiency," Journal of Portfolio Management 13 (1985): 9-17; Dennis Stattman, "Book Values and Stock Returns," Chicago MBA: A Journal of Selected Papers 4 (1980): 25-45.

12. Eugene Fama and Kenneth French, "The Cross—Section of Expected Stock Returns," Journal of Finance 47 (June 1992): 427-465.

13. Ray Ball, "Anomalies in Relationships Between Securities' Yields and Yield—Surrogates," Journal of Financial Economics 6 (1978): 103-126.

14. Fama and French, "The Cross—Section of Expected Stock Returns."

15. Terence Pare, "The Solomon of Stocks Finds a Better Way to Pick Them," Fortune, June 1, 1992, p. 23.

16. J. Lakonishok, A. Shleifer, and R. Vishny, "Contrarian Investment, Extrapolation, and Risk," Journal of Finance 49 (December 1994): 1541-1578.

17. D. G. MacGregor, P. Slovic, D. Dreman, and M. Berry, "Imagery, Affect and Financial Judgment," Decision Research Report 97—11 (Eugene, Ore., 1997).

11장_투자자의 과잉반응을 이용한 수익 창출

1. "Investors Lack Exposure to Contrarian Value Investing Strategies," presentation given to David Dreman of Dreman Value Management, LLC, by DWS Scudder Deutsche Bank Group. Sources: Deutsche Asset Management, Inc., and Morningstar, Inc., 2006.

2. Sanjoy Basu, "Investment Performance of Common Stocks in Relation to Their Price—Earnings Ratios," Journal of Finance 32, No. 3 (June 1977): 663-682.

3. Werner F. M. De Bondt and Richard Thaler, "Does the Stock Market Overreact?" Journal of Finance (July 1985): 793-805.

4. 원래의 투자자 과잉반응 가설은 다음 자료에서 업데이트되었다. David Dreman and Michael Berry, "Overreaction, Underreaction and the Low PER Effect," Financial Analysts Journal (July-August 1995): 21-30.

5. David N. Dreman and Eric A. Lufkin, "Investor Overreaction: Evidence That Its Basis Is Psychological," Journal of Psychology and Financial Markets 1, No. 1 (2000): 61-75.

6. 표준 위험-보상 모델에 관한 개요는 다음 책을 참고하라. Zvi Bodie, Alex Kane, and Alan Marcus, Investments, 9th ed. (New York: McGraw-Hill/Irwin, 2010).

7. 컴퓨스태트 데이터베이스에는 미국에서 거래되는 대다수 주요 기업들, 해외에서 거래되는 수백 개의 주식예탁증서ADR이 있다.

8. 방법론은 9장, 319~320쪽에 설명한 연구 방법론과 동일하다.

9. 그레이엄의 시대에는 투자자들이 실제 장부가를 사용한 반면, 오늘날에는 대다수 투자자가 상대적 자산가치, 즉 업종이나 시장 대비 기업의 상대적 장부가를 사용한다. 제2차 세계대전 이후 인플레이션으로 물가가 몇 배나 뛰는 바람에 대다수 기업의 경우 토지, 공장, 설비의 대체원가가 재무상태표에 나타난 가치보다 훨씬 높기 때문이다. 현재 S&P500의 평균적인 기업은 장부가의 1.9배에 거래된다.

10. 차트에는 표시되지 않았지만 세 가지 전략 모두 10년까지 시장 대비 초과 수익을 올린다. 통계를 좋아하는 이들을 위해 언급하자면, t-검증 수치도 높았다. 예를 들어, 저PER 결과가 순전히 우연일 확률은 200분의 1, 저PCR 결과가 순전히 우연일 확률은 200분의 1, 저PBR 결과가 순전히 우연일 확률은 100분의 1이다. 각 가치 척도에서 최고 주식들의 경우 20분의 1 확률이다. 고PER 주의 경우 t-검증 수치가 대체로 약하지만 20분의 1(신뢰 수준 95%)이면 대체로 최소 한도의 유의성을 담보하는 것으로 평가된다.

11. 금융 연구에 따르면 16개 주라도 분산 투자가 충분한 포트폴리오의 경우 모집단 수익률을 되풀이할 확률이 약 85~90%로 아주 높고 시장 전체가 모집단이어도 마찬가지이다.

12. 그러나 대기업 규칙도 영구불변은 아니다. 《역발상 투자Contrarian Investment Strategies: The Next Generation》(1998) 15장에서 보듯, 장기적으로 역발상 소기업은 역발상 대기업보다 다소 수익률이 높다. 그러나 소형주 전략은 판이하며, 제대로 수행하려면 상당한 자원이 필요하다. 따라서 포트폴리오에서 비교적 적은 부분에만 소형주 전략을 활용해야 한다.

13. Andrew Ross Sorkin and Landon Thomas, Jr., "J.P. Morgan Acts to Buy Bear Stearns at Huge Discount," The New York Times, March 16, 2008.

14. Robin Sidel, David Enrich, and Dan Fitzpatrick, "WaMu Is Seized, Sold Off to J.P. Morgan, in Largest Failure in U.S. Banking History," The Wall Street Journal, September 26, 2008.

15. David Ellis and Jeanne Sahadi, "JPMorgan to Buy WaMu," CNN Money, September 26, 2008.

16. 하락장을 포함한 역발상 전략의 실적은 10장을 참고하라. 소폭 하락장인 1976~1982 년 실적을 제시했다. 이 시기에도 역발상 전략은 S&P500 대비 초과 실적을 올렸다.

17. 이 결과는 에릭 러프킨과 공동으로 수행한 1970~1996년, 27년을 대상으로 한 연구에 서 도출되었다. 이후에 2010년까지로 연구 결과를 업데이트했다.

18. 60여 년에 걸친 다른 연구들도 비슷한 결과를 보인다.

19. 이는 1개 분기에 해당한다. 1년을 보려면 뽑은 카드를 다시 넣는 방식으로 25번을 뽑 아야 한다.

20. 수치가 놀랍지만 사실이다. 추가로 몬테카를로 시뮬레이션을 10만 회 실시했는데 저 PER주가 9만 9,891회 이겼다.

12장_ 업종별 역발상 전략

1. 이 작업은 산조이 바수와 나눈 의견을 토대로 했다. 바수는 예비 결과를 얻었지만 안타 깝게도 1983년 갑자기 사망하면서 결과가 분실되었다.

2. 역발상 전략의 효능 여부를 탐구한 과거 문헌으로는 윌리엄 브린William Breen의 다 음 자료가 있다. "Low Price–Earnings Ratios and Industry Relatives," Financial Analysts Journal (July-August, 1968): 125-127. 브린은 1953~1966년 사이 1년의 기 간 별로 저PER주를 분석했다. 그 결과, 절대적 저PER 주의 실적이 한 업종 내 PER 최 하위 주들보다 아주 근소하게 높았다. 그러나 각 10개 주로 표본이 너무 작았다. 다 음 자료에 따르면 업종별 저PER 주의 실적은 시장을 초과했다. R. Fuller, L. Huberts, and M. Levinson, "Returns to E/P Strategies, Higgledy–Piggledy Growth, Analysts' Forecast Errors, and Omitted Risk Factors," Journal of Portfolio Management (Winter 1993): 13-14.

3. 러프킨과 내가 함께 수행한 최초의 연구는 1973~1996년을 대상으로 했다. 우리는 1990년대 중단된 정부의 업종 분류 체계를 사용했다. 금융 관련 목적으로는 S&P와 모 건 스탠리 캐피털 인터내셔널GICS가 개발한 업종 분류법이 더 정확하다. 새로운 분류 법에서 신뢰할 만한 자료는 1995년부터 시작된다.

4. 절대적인 저가주가 가장 많은 업종들이 평균 대비 근소하게 수익이 높았지만 업종별 상대 전략주보다 훨씬 낮았다.

5. Benjamin Graham, David Dodd, Sidney Cottle, and Charles Tatham, Security Analysis, 4th ed. (New York: McGraw–Hill, 1962), p. 179.

6. 나는 이 전략에 대형주를 이용하므로 독자는 기발상 사업을 내세운 소형주와 공모주를 피할 수 있다. 이런 주식은 연구 대상이 아니며 비슷한 실적을 낼 수 있을지도 의심스 럽다.

13장_낯설고 새로운 환경에서 투자하기

1. Rob Iati, "The Real Story of Trading Software Espionage," Advanced Trading, July 10, 2009. Online at http://www.advancedtrading.com/algorithms/218401501.

2. Kambiz Foroohar, "Trading Pennies into $7 Billion Drives High-Frequency's Cowboys," Bloomberg, October 6, 2010.

3. Jim McTague, "The Real Flash-Crash Culprits," Barron's, October 9, 2010. 온라인 자료는 다음을 참고하라. http://online.barrons.com/article/58500042405.html.

4. "Preliminary Findings Regarding the Market Events of May 6, 2010—Report of the Staffs of the CFTC and SE C to the Joint Advisory Committee on Emerging Regulatory Issues—May 18, 2010," p. 65.

5. 앞의 자료.

6. Foroohar, "Trading Pennies into $7 Billion."

7. Whitney Kisling, "Fund Outflows Top Lehman at $75 Billion," Bloomberg, September 19, 2011.

8. Tom Lauricella, "Pivot Point: Investors Lose Faith in Stocks," The Wall Street Journal, September 26, 2011.

9. Jenny Strasburg, "A Wild Ride to Profits," The Wall Street Journal, August 16, 2011.

10. Nina Mehta, "High-Frequency Firms Tripled Trades Amid Rout, Wedbush Says," Bloomberg, August 12, 2011.

11. CNBC, Fast Money, August 8, 2011.

12. Kevin Drawbaugh, "SE C Head Eyes Fast Traders on Crash Anniversary," Reuters, May 6, 2011.

13. Jenny Strasburg and Jean Eaglesham, "Subpoenas Go Out to High-Speed Trade Firms," The Wall Street Journal, August 8, 2011.

14. Mehta, "High-Frequency Firms Tripled Trades Amid Rout, Wedbush Says."

15. Tim Cave, "European Regulator Moves to Limit High-Speed Trading," Financial News, July 21, 2011.

16. Jacob Bunge and Brendan Conway, "Regulators Hone Circuit-Breaker Proposals," The Wall Street Journal, September 28, 2011.

17. 이 뮤추얼 펀드들의 실적은 다음 자료를 참고하라. Forbes 2010 Mutual Fund Guide. Similar information on no-oad funds can be found on Lipper, Morningstar, or Barron's.

14장 _ 진일보한 위험 이론을 향하여

1. Frank H. Knight, Risk, Uncertainty, and Profit, Hart, Schaffner, and Marx Prize Essays, No. 31 (Boston and New York: Houghton Mifflin, 1921): 불확실성과 위험을 혼용하는 경우가 많지만, 불확실성은 금융 용어인 위험과 근본적으로 구별되는 개념이다. 일상 대화나 경제에 관한 논의에서 대충 '위험'을 두 가지 의미로 모두 쓰고 있는데, 이 두 가지는 경제 조직의 현상에 관한 인과관계를 볼 때 범주상으로 명확히 구별된다. '위험'은 어떤 경우 계량화될 수 있는 것을 의미하며, 다른 경우 계량화될 수 없는 것을 의미한다. 둘 중 어느 쪽이 발현하고 작동하느냐에 따라 위험 현상에는 결정적인 차이가 존재한다. 계량화가 가능한 불확실성은 앞으로 '위험'이라고 지칭하겠다. 또한 '위험'은 계량화가 불가능한 불확실성과 거리가 멀다. … 계량화가 불가능한 불확실성은 실은 불확실성이 아니다. … 따라서 우리는 '불확실성'이라는 용어를 계량화가 불가능한 유형에만 한정한다.
2. Jeremy J. Siegel, Stocks for the Long Term (New York: Irwin), 1994.
3. FDIC, Trust Examination Manual, section 3, "Asset Management," 1부, "Investment, Principles, Policies and Products."
4. Ibbotson SBBT, 2011 Classic Yearbook: Market Results for Stocks, Bonds, Bills and Inflation for 1926-2010. 1946년부터 2010년까지 인플레이션 조정 후 국채 수익 10만 달러.
5. Tax Foundation, "Federal Individual Income Tax Rates History," www.taxfoundation.org/files/fed_individual_rate_history-20110323.pdf.
6. 이 차트의 초기 버전은 다음 책을 참고하라. in David Dreman, Contrarian Investment Strategies: The Next Generation (New York: Simon and Schuster, 1998), p. 314.

15장 _ 그들은 당신의 돈으로 도박을 즐기고 있다

1. David Dreman, "Bailout Blues," Forbes, Vol. 182, Issue 10, November 17, 2008, p. 136.
2. Frank Partnoy, "The Case Against Alan Greenspan," Euromoney Institutional Investor, September 1, 2005, p. 2.
3. Lucette Lagnado, "After the Bubble, Beauty Is But Fleeting for Greenspan Portraits," The Wall Street Journal, February 19, 2010.
4. Alex MacCallum, "Want Alan Greenspan to Come to Dinner? That'll Be $250,000," Huffington Post, March 28, 2008.
5. Partnoy, "The Case Against Alan Greenspan."
6. "The Tragedy of Robert Rubin, the Fall of Citigroup, and the Financial Crisis—

Continued," The Strange Death of Liberal America, November 30, 2008, http://thestrangedeathofliberalamerica.com/the-tragedy-of-robert-rubin-the-fall-of-citi group-and-the-financial-crisis-continued.html.

7. Peter S. Goodman, "Taking a Hard Look at a Greenspan Legacy," The New York Times, October 9, 2008.

8. Marshall Auerback, "Robert Rubin Is Back: Nooooo!!!" Business Insider, January 5, 2010.

9. Robert Scheer, "The Rubin Con Goes On," The Nation, August 11, 2010.

10. 앞의 자료.

11. Goodman, "Taking a Hard New Look at a Greenspan Legacy."

12. 앞의 자료.

13. 앞의 자료.

14. 앞의 자료.

15. Souphala Chomsisengphet and Anthony Pennington-Cross, "The Evolution of the Subprime Mortgage Market," Federal Reserve Bank of St. Louis Review (January-February 2006): 38.

16. Board of Governors of the Federal Reserve System, "20-Year Treasury Constant Maturity Rate," May 31, 2011, www.federalreserve.gov/releases/h15/current/h15.pdf.

17. "Residential MBS Insurance," Inside MBS and ABS, LoanPerformance, Amherst Securities, 2010.

18. "Characteristics and Performance of Nonprime Mortgages" (Washington, D.C.: United States Government Accountability Office, July 28, 2009).

19. SEC Press Release, "Former Countrywide CEO Angelo Mozilo to Pay SE C's Largest-Ever Financial Penalty Against a Public Company's Senior Executive," October 15, 2010, www.sec.gov/news/press/2010/2010-197.htm.

20. Peter Ryan and Kym Landers, "I Didn't See the Subprime Crisis Coming: Greenspan," ABC News, September 17, 2007.

21. I . P. Greg, James R. Hagert, and Jonathan Karp, "Housing Bust Fuels Blame Game," The Wall Street Journal, February 27, 2008.

22. Jeremy W. Peters, "Fed Chief Addresses Foreclosures," The New York Times, May 18, 2007.

23. "The Economic Outlook," testimony by chairman Ben S. Bernanke before the Joint Economic Committee, U.S. Congress, March 28, 2009.

24. 앞의 자료.

25. Guy Rolnik, interview with Nobel laureate Daniel Kahneman, "Irrational

Everything," Haaretz, April 10, 2009.

26. Maurice Marwood, "That's Where the Money Is," Nassau Institute, January 18, 2004.

27. "Opening Remarks of Chairman Phil Angelides at the Financial Crisis Inquiry Commission Hearing on the Credibility of Credit Ratings," June 2, 2010.

28. Zeke Faux and Jody Shenn, "Subprime Mortgage Bonds Getting AAA Rating S&P Denies to U.S. Treasuries," Bloomberg Businessweek, August 31, 2011.

29. United States Senate Permanent Subcommittee on Investigations, Committee on Homeland Security and Government Affairs, "Exhibits: Hearing on Wall Street and the Financial Crisis—The Role of Investment Banks," Exhibit 105, e-mail from Tom Montag to Daniel L. Sparks, Washington, D.C., April 27, 2010.

30. Christine Harper and David Voreacos, "Goldman Sachs Chief Blankfein Hires Attorney Weingarten for Probe by U.S.," Bloomberg Businessweek, August 22, 2011.

16장_보이는 손

1. Adam Smith, An Inquiry into the Nature and Causes of the Wealth of Nations (London: W. Strahan and T. Cadell, 1776), Vol. 1, p. 349.

2. 앞의 책, p. 43.

3. T. G. Buchholz, New Ideas from Dead Economists: An Introduction to Modern Economic Thought (London: Penguin, 1999), p. 17.

4. David Ricardo, On the Principles of Political Economy and Taxation (London: John Murray, 1817).

5. 앞의 책.

6. John Harwood, "53% in US Say Free Trade Hurts Nation: NBC/WSJ Poll," CNBC, September 28, 2010.

7. Paul R. Krugman, "Is Free Trade Passe?" Journal of Economic Perspectives 1, No. 2 (1987): 131-144.

8. Ministry of Labour and State Statistical Bureau, "(DA) Labour-Related Establishment Survey." Survey. Laborsta Internet. ILO Department of Statistics. 〈http://laborsta.ilo.org〉 중간연도 환율로 수치 산출

9. David Barboza, Christopher Drew, and Steve Lohr, "G.E. to Share Jet Technology with China in New Joint Venture," The New York Times, January 17, 2011.

10. Mark Lee and Bruce Einhorn, "Microsoft's Ballmer Says China Piracy Makes India a Better Bet," Bloomberg, May 25, 2010.

11. 앞의 자료.

12. Shaun Rein, "Piracy from China: How Microsoft, Ralph Lauren, Nike and Others Can Cope," Seeking Alpha, April 9, 2007.

13. "Trade in Goods with China," U.S. Census Bureau: Foreign Trade, revised June 2009, 2011. Online at http://www.census.gov/foreign-trade/balance/c5700.html.

14. 중국위원회 청문회, 상원의원 칼 레빈Carl Levin의 발언. "Will China Protect Intellectual Property? New Developments in Counterfeiting, Piracy and Forced Technology Transfer," September 22, 2010.

15. Wayne M. Morrison, "China-U.S. Trade Issues," Congressional Research Service, CRS Report for Congress, January 7, 2011, p. 2.

16. Catherine Rampell, "Second Recession in U.S. Could be Worst Than First," The New York Times, August 7, 2011.

17. Grail Research, "Global Financial Crisis: Bailout/Stimulus Tracker," September 12, 2009. 모든 정부가 경기부양책을 발표했다.

18. Jeannine Aversa, "Bernanke Hits Back at Critics of Bond-Buying Plan," Washington Associated Press, November 19, 2010.

19. 앞의 자료.

20. Benjamin Graham and David L. Dodd, Security Analysis: Principles and Technique (New York: McGraw-Hill, 2005).

21. Richard J. Whalen, "Joseph P. Kennedy: A Portrait of the Founder," Fortune, April 10, 2011.

심리 지침 1

신중한 주식분석을 통해 추산된 주가라면 비록 현재의 시장가격과 차이가 크다고 해도 함부로 폐기하지 마라. 시간이 흐르면 시장가격은 원래 추산한 가격과 비슷한 수준으로 회귀한다.

심리 지침 2(a)

'사례 비율'에만 의존하지 마라. 수익 또는 손실의 과거 확률인 '기본 비율'을 고려하라. 주식의 장기 수익(기본 비율)은 다시 굳건히 자리 잡는 경향이 높다.

심리 지침 2(b)

주식이나 시장이 과거의 상궤를 벗어날 때 개별 주식이나 시장의 최근 수익률(사례 비율)에 현혹되지 마라. 수익이 지나치게 높거나 낮으면 이는 이상치일 확률이 높다.

심리 지침 3

현재의 투자 환경과 과거의 투자 환경 간에 유사성이 보이더라도 그 이면을 볼 수 있어야 한다. 현저히 다른 결과로 이어질 수 있는 중요한 요소들을 고려해야 한다.

심리 지침 4

아무리 눈부신 실적이나 예측이라고 해도 펀드매니저, 애널리스트, 시장 타이밍 예측가, 경제학자의 단기 실적이나 '신통한' 시장 예측에 흔들리지 마라. 의미도, 실체도 없는 허울뿐인 경제계 소식이나 투자 업계에 떠도는 풍문을 덥석 수용하지 마라.

심리 지침 5
시장이 복잡하고 불확실성이 클수록 단기 수익이 아무리 눈부시더라도 사례 비율의 비중을 낮추고, 기본 비율을 중시해야 한다.

심리 지침 6
자신이 도입한 전략이 시장에서 즉시 성공할 것이라고 기대하지 마라. 전략이 성과를 낼 때까지 어느 정도 시간이 필요하다.

심리 지침 7
방대한 정보를 다루어야 하는 직업이 어렵다는 것을 인정하라. 방대한 정보를 제대로 활용할 수 있는 사람은 드물다. 심층 정보가 바로 고수익으로 이어지지는 않는다.

심리 지침 8
상관관계를 바탕으로 투자를 결정하지 마라. 시장의 모든 상관관계는 사실이든 착각이든 변하기 마련이며, 얼마 못 가 사라진다.

심리 지침 9
애널리스트의 예측은 대체로 과도하게 낙관적이다. 수익 예측치를 적당히 하향 조정하라.

심리 지침 10
현재의 투자 방식을 사용하되 조심스럽게 한 발 한 발 내디더라. 인간은 대체로 복잡한 정보를 처리하는 데 한계가 있기 때문에 투자 방식을 제대로 활용하기 어렵다.

심리 지침 11

장기적 관점에서 정확한 수익 예측치를 얻을 확률은 미미하다. 수익 예측치를 주식 매수 또는 매도의 중요한 근거로 삼지 마라.

심리 지침 12

애널리스트의 예측을 신뢰할 수 있는 업종은 없다. 애널리스트의 예측을 믿다가는 곤란한 지경에 빠진다.

심리 지침 13

오늘날 대다수 주식분석 방식은 애널리스트의 예측치에 의존하지만, 정확한 예측은 불가능하다. 높은 수준의 정확도가 요구되는 분석 방식을 피하라.

심리 지침 14

정치, 경제, 산업, 경쟁 환경이 끊임없이 바뀌는 역동적인 경제에서 과거를 이용해 미래를 예측한다는 것은 불가능하다.

심리 지침 15

애널리스트의 추천을 받고 싶다면, 적어도 3~5년 동안의 보고서를 모두 구해서 실적이 어떤지 살펴본다. 실적이 변변치 않거나 보고서를 주지 않으면 거래하지 말라.

심리 지침 16

장기적으로 외부 관점은 대체로 더 높은 수익을 창출한다. 수익을 극대화하려면 외부 관점 접근법을 제공하는 투자 상품을 구매하라.

심리 지침 17

현실적인 눈으로 투자의 부정적 측면을 바라보라. 최악의 경우는 생각보다 훨씬 참담할 것이라고 예상하라.

심리 지침 18

어닝 서프라이즈는 인기주의 실적에는 불리하게 작용하지만, 비인기주의 실적에는 유리하게 작용한다. 수익 격차는 상당하다. 포트폴리오 실적을 높이려면 비인기주를 선정해 애널리스트의 큰 예측 오류를 이용해야 한다.

심리 지침 19

긍정적 서프라이즈와 부정적 서프라이즈는 '최고' 주식과 '최악' 주식에 정반대의 영향을 미친다.

심리 지침 20(a)

서프라이즈는 비인기주 그룹의 성과를 높이고, 인기주 그룹의 성과를 감소시킨다.

심리 지침 20(b)

긍정적 서프라이즈는 비인기주의 주가를 대폭 끌어올리지만, 인기주의 주가에 미치는 영향은 미미하다.

심리 지침 20(c)

부정적 서프라이즈는 인기주의 주가를 대폭 끌어내리지만, 비인기주의 주가에는 사실상 전혀 영향을 미치지 않는다.

심리 지침 20(d)

어닝 서프라이즈의 영향은 상당 기간 지속된다.

심리 지침 21

인기주는 시장 수익률을 밑도는 반면, 비인기 기업은 시장 수익률을 상회한다. 그러나 재평가에는 대체로 시간이 걸린다.

심리 지침 22

현재 시장에서 인기가 없지만 탄탄한 기업의 주식을 매수하라. 즉 PER, PCR, PBR이 낮은 기업이나 고배당 기업의 주식을 매수하라.

심리 지침 23

고가의 개념주가 시장평균 이상의 수익을 올릴 것이라고 예단하지 마라. 과부나 고아들이 일반적으로 선택하는 우량주 주식들이 공격적인 투자자들에게 권하는 고위험 주식보다 성과가 좋다.

심리 지침 24

쓸데없는 거래를 피하라. 시간이 흐르면서 거래비용이 수익을 잠식할 수 있다. 장기에 걸쳐 매수 후 보유 전략을 쓰면 시장 대비 큰 폭의 초과 수익을 올릴 수 있으며, 포트폴리오 조정을 줄여서 세금과 과도한 거래비용을 대폭 줄일 수 있다.

심리 지침 25

지금까지 살펴본 투자자 심리는 최대의 원군이자 최대의 적이다. 이기려면 전장을 떠나서는 안 되지만 많은 사람에게는 불가능에 가까울 정도로 어렵다.

심리 지침 26

네 가지 역발상 척도로 판단해봤을 때 특정 업종 내에서 가장 저렴한 주식을 매수하라. 이때 해당 업종의 전반적인 주가가 높고 낮음은 따지지 마라.

심리 지침 27

PER(또는 다른 역발상 지표)이 전체 시장 PER에 근접하면 전망이 아무리 좋아 보여도 해당 주식을 매도하고 다른 역발상 주식으로 대체하라.

심리 지침 28(a)

주가가 급락하면 유동성이 증가하지 않고 오히려 감소한다. 시장이 빠른 속도로 하락하며 유동성이 대폭 감소할 수 있다. 그리고 주식을 비롯한 금융 상품의 유동성이 낮을수록 유동성 감소가 가격에 미치는 부정적 영향은 더 크다. 심리 지침 28(b) 주식이나 기타 투자 수단의 가격이 급등할 때 대체로 유동성이 증가한다.

심리 지침 29

현명한 투자자라면 레버리지나 마진거래를 멀리하고, 포트폴리오에서 유동성이 낮은 주식의 비중을 크게 낮춰야 한다.

심리 지침 30(a)

장기 투자에 성공하려면 주식, 장기 국채, 단기 국채 등 투자처의 장기 수익률을 활용해 위험을 측정해야 한다. 보유 기간을 어느 정도로 내다보고 투자하느냐에 따라 적절한 수익률 벤치마크를 활용해야 한다.

심리 지침 30(b)

단기 위험을 장기 자본수익률의 벤치마크로 삼으면 투자 수익에 심각한 공백이 생길 수 있다. 단기 위험으로 장기 투자 수익률을 가늠하는 행태는 오늘날 투자자들이 빠지기 쉬운 가장 심각한 위험에 속한다.

심리 지침 31

장기적으로 높은 인플레이션과 세율 때문에 위험 구조는 영구적으로 변했다. 높은 인플레이션과 세율은 주식, 부동산, 주택 투자 등에 크게 유리하고 채권 등 확정금리부 유가증권 등 정액 소득 투자 수단에는 크게 불리하기 때문이다.

심리 지침 32

바뀐 경제 환경으로 분명하게 드러난 사실은 주식을 비롯해 인플레이션을 앞지르는 수익률을 보이는 투자 수단을 오래 보유할수록 장기적으로 자금 사정이 더욱 좋아진다는 점이다.

심리 지침 33(a)

단기 시황 변동은 무시하라. 5년 이상 투자할 목적이라면 주식이나 유사 투자 수단은 인플레이션 비율, 즉 물가 상승률보다 가격 상승 속도가 더 빠르므로 진짜 위험은 주식 보유에 있지 않다.

심리 지침 33(b)

수익률이 아주 높은 경우가 아니라면, 채권, 예금, 기타 저금리 확정이자부 증권에 투자하지 마라. 채권, 예금을 비롯한 저금리 확정이자부 증권은 위험이 큰 투자 수단으로 시황에 따라 불리하게 작용한다. 보유 기간이 길수록 위험은 커진다. 중 · 단기용 현금 보관처로만 생각하라.

심리 지침 34(a)

주식을 장기 보유하면 인플레이션과 세금에 따른 위험이 급격하게 감소한다.

심리 지침 34(b)

국채, 기타 채권, 예금을 장기 보유하면 인플레이션과 세금에 따른 위험이 급격하게 증가한다.

옮긴이 신가을

서울대학교 영어영문학과를 졸업하고 서울대학교 인문대학원 영문학 석사
과정을 수료하였다. 현재 외국계 기업 한국 지사에 근무 중이며, 경제경영 분
야의 국제적 감각으로 번역 프리랜서로도 활동하고 있다. 역서로는 에드워드
소프의 《딜러를 이겨라》, 알렉산더 엘더 박사의 《심리투자 법칙》, 토마스 K.
카 박사의 《추세매매기법: 추세와 친구가 되라》, 존 볼린저의 《볼린저 밴드
투자기법》, 반 K. 타프의 《슈퍼 트레이더》, 버프 도르마이어의 《거래량으로
투자하라》, 《언제 매도할 것인가》 등이 있다.

감수 백승우

고려대학교 경영학과와 한양대학교 전기공학과를 졸업하고 네덜란드 RSM
에서 MBA 학위를 취득했다. 한국투자증권, Entrue Consulting, Atlantis
Investment Management, 미시간벤처캐피탈, 대경창업투자 등에서 애널
리스트, 펀드매니저, 벤처캐피탈리스트, 컨설턴트로 근무하며 투자 및 컨설
팅 업무를 담당했다. 투자자산운용사, 증권투자상담사, 펀드투자상담사, 파
생상품투자상담사 자격증을 보유하고 있다. 현재 투자 컨설팅 사업과 경제/
경영/투자 분야 번역을 병행하고 있다. 역서로는 《하버드 재무제표 수업》《하
버드 말하기 특강》이 있다.

데이비드 드레먼의
역발상 투자

초판 1쇄 발행 2017년 9월 10일
초판 9쇄 발행 2024년 10월 30일

지은이 데이비드 드레먼
옮긴이 신가을 | **감수** 백승우

펴낸곳 (주)이레미디어
전화 031-908-8516(편집부), 031-919-8511(주문 및 관리) | **팩스** 0303-0515-8907
주소 경기도 파주시 문예로 21, 2층
홈페이지 www.iremedia.co.kr | **이메일** mango@mangou.co.kr
등록 제396-2004-35호

책임편집 정은아, 최연정 | **디자인** 박정현 | **마케팅** 김하경

ISBN 979-11-86588-99-4 03320

·책값은 뒤표지에 있습니다.
·잘못된 책은 구입하신 서점에서 교환해드립니다.

이 도서의 국립중앙도서관 출판예정도서목록(CIP)은 서지정보유통지원시스템
홈페이지(http://seoji.nl.go.kr)와 국가자료공동목록시스템(http://www.nl.go.kr/kolisnet)에서
이용하실 수 있습니다. (CIP제어번호 : CIP2017009380)